神奇的考点母题

2023年 注册会计师全国统一考试

经济法

应试指导及母题精讲

（下册）

编著◎张晓婷

CPA

神奇母题® ①

團结出版社
UNITY PRESS

第 7 章　证券法律制度

本章思维导图

本章是商事法律制度编最重要的一章，也是本门课程最难理解但分值最高的一章。案例分析题 18 分/15 分必有一道（通常要和公司法的考点相结合）。本章内容和考点很多。内容主要包括证券法律制度概述、股票的发行、公司债券的发行与交易、股票的公开交易、上市公司收购和重组、证券欺诈的法律责任六个方面。具体知识结构分布图如 7-1。

图 7-1　第 7 章知识框架图

近三年本章考试题型及分值分布

题型	2022	2021	2020
单选题	3 题 3 分	3 题 3 分	3 题 3 分
多选题	2 题 3 分	2 题 3 分	2 题 3 分
案例分析题	1 题 15 分	1 题 12.5 分	1 题 18 分
合计	20 分	18.5 分	24 分

扫码畅听增值课

第一节 证券法律制度概述

本节考点、考点母题及考点子题

考点 1 证券法律制度的基本原理

（一）企业融资与证券法

商业社会发明了证券作为融资工具，减少了直接融资的困难。无论是股票还是公司债券，都是对直接融资交易的等额量化，资金富裕方的融资权利被固化在小额的、标准化的证券上，便利了融资交易（在证券发行中购买证券者即等于愿意按照某约定条件向证券发行人提供融资），便利了权利行使（持有证券者即有权享受融资权利，同等证券上的权利相同），也方便了交易转让（标准化的证券容易形成大规模的交易市场），增强了融资的流动性。

但标准化证券并不能解决信息不对称问题，投资者在不能获得充分信息评估证券发行人风险、不能监控证券发行人资金使用行为的情况下，仍然不会愿意购买证券。公司法对股东权利的保护，对董事、监事和高级管理人员义务的要求，主要是用来解决股权投资者对公司（证券发行人）的监控问题；公司法和合同法在某种程度上也为公司债券持有人提供了保护。现代证券法则主要被用来解决信息不对称问题。

2019 年 12 月 28 日，十三届全国人大常委会第十五次会议闭幕会上表决通过最新修订的《中华人民共和国证券法》，并自 2020 年 3 月 1 日起施行，此次修订在证券定义、注册制改革、投资者保护和违法惩戒方面都有所突破。《证券法》是证券市场的基本法。《证券法》以及其他法律中有关证券管理的规定、国务院和政府有关部门发布的有关证券方面的法规、规章以及规范性文件，构成了我国的证券法律体系。

（二）《证券法》的适用范围

《证券法》适用于法定的“证券”在证券市场上的公开发行和交易。

1. 适用于《证券法》的“证券”

【考点母题——万变不离其宗】适用于《证券法》的“证券”

<table>
<tr><td colspan="5">（1）下列各项中，属于《证券法》中的“证券”范围的有（　）。</td></tr>
<tr><td rowspan="9">A. 股票</td><td>概念</td><td colspan="3">股票是股份的纸面形式，是公司签发的证明股东所持股份的凭证。股东据此有价证券以取得股息，行使管理权，取得清盘资产，或在证券市场上转让</td></tr>
<tr><td>特征</td><td colspan="3">股票具有收益性、流通性、非返还性和风险性等特点</td></tr>
<tr><td rowspan="7">种类</td><td rowspan="2">按股东承担风险程度和享有权利的不同</td><td colspan="2">普通股</td></tr>
<tr><td colspan="2">优先股</td></tr>
<tr><td rowspan="5">按投资对象及定价币种的不同</td><td>人民币普通股（A 股或内资股）</td><td>是由我国境内的公司发行，供境内机构、组织或个人（不含港、澳、台投资者）以人民币认购和交易的普通股股票</td></tr>
<tr><td rowspan="2">境内上市外资股（B 股）</td><td>是以人民币标明面值，以外币认购和买卖，在境内证券交易所上市交易的股票</td></tr>
<tr><td>其投资者限于：外国的自然人、法人和其他组织，港澳台地区的自然人、法人和其他组织，定居在国外的中国公民以及中国自然人、法人和其他组织</td></tr>
<tr><td rowspan="2">境外上市外资股</td><td rowspan="2">是指股份有限公司向境外投资者发行、以人民币标明面值、以外币认购、在境外公司的证券交易场所流通转让的股票</td></tr>
<tr></tr>
<tr><td rowspan="3">B. 公司债券</td><td>概念</td><td colspan="3">公司债券是指公司依照法定程序发行的、约定在一定期限还本付息的有价证券，是企业债券的一种</td></tr>
<tr><td rowspan="2">特点</td><td colspan="3">（2）与公司股票相比，公司债券的特点有（　）。</td></tr>
<tr><td colspan="3">A. 债券是债权凭证，债券持有人享有要求公司还本付息的权利；股票是股东权凭证，股东享有参与公司的经营管理权和利润分配权
B. 债券有偿还期限，股票没有偿还期限
C. 债券通常有固定的利率，与公司的绩效没有直接联系，收益比较稳定，风险比股票小
D. 在公司破产时，债券持有人享有优先于股东对公司剩余资产的索取权</td></tr>
<tr><td>C. 可转换公司债券</td><td>概念</td><td colspan="3">是指一种无担保、无追索权、信用级别较低的、兼有债务性和股权性的中长期混合型融资和投资工具，发行人依照法定程序发行、在一定期间内依据约定的条件可以转换成股份的公司债券</td></tr>
</table>

续表

<table>
<tr><td rowspan="4">C. 可转换公司债券</td><td rowspan="4">特点</td><td colspan="2">(3)下列关于可转换公司债券特征的表述中，正确的有(　)。</td></tr>
<tr><td rowspan="2">A. 可转换公司债券是一种附认股权的债券，兼有债券和股票的双重法律特点</td><td>可转换公司债券是公司债券的一种，具有公司债券所有的特点</td></tr>
<tr><td>一旦持有人选择将可转换债券转换为股份，则这部分债务便转换为资本的构成部分，债权也转变成股东权</td></tr>
<tr><td>B. 可转换债券是一种混合性的金融品种，它是公司债券与买入期权的组合体</td><td>其期权属性赋予投资人可以在一定期限内，依据本身的自由意志，选择是否可以约定的条件将持有的债券转换为发行公司的股票</td></tr>
<tr><td rowspan="13">D. 存托凭证</td><td>概念</td><td colspan="2">是指由存托人签发、以境外证券为基础在中国境内发行、代表境外基础证券权益的证券</td></tr>
<tr><td rowspan="5">主体</td><td>基础证券发行人</td><td>基础证券发行人应符合证券法关于股票等证券发行的基本条件，参与存托凭证发行，依法履行信息披露等义务，并按规定接受证监会及证券交易所监督管理</td></tr>
<tr><td rowspan="3">存托人</td><td>基础证券发行人在境外发行的基础证券由存托人持有，并由存托人在境内签发存托凭证</td></tr>
<tr><td>存托人应按照存托协议约定，根据存托凭证持有人意愿行使境外基础证券相应权利，办理存托凭证分红、派息等业务</td></tr>
<tr><td>存托人资质应符合证监会有关规定</td></tr>
<tr><td colspan="2">存托凭证持有人</td></tr>
<tr><td rowspan="3">存托协议</td><td colspan="2">基础证券发行人、存托人及存托凭证持有人通过存托协议明确存托凭证所代表权益及各方权利义务</td></tr>
<tr><td colspan="2">投资者持有存托凭证即成为存托协议当事人，视为其同意并遵守存托协议约定</td></tr>
<tr><td colspan="2">存托协议应约定因存托凭证发生的纠纷适用中国法律法规规定，由境内法院管辖</td></tr>
<tr><td rowspan="3">基础财产</td><td colspan="2">包括境外基础证券及其衍生权益</td></tr>
<tr><td colspan="2">存托人可在境外委托金融机构担任托管人；托管人负责托管存托凭证基础财产，并负责办理与托管相关的其他业务</td></tr>
<tr><td colspan="2">存托人和托管人应为存托凭证基础财产单独立户，将存托凭证基础财产与其自有财产有效隔离、分别管理、分别记账，不得将存托凭证基础财产归入其自有财产，不得违背受托义务侵占存托凭证基础财产</td></tr>
<tr><td colspan="3">存托凭证与基础证券之间转换的具体要求和方式由中国证监会规定</td></tr>
</table>

续表

E. 其他	政府债券、证券投资基金份额的上市交易，适用《证券法》；其他法律、行政法规另有规定的，适用其规定(不上市不适用)
	资产支持证券、资产管理产品发行、交易的管理办法，由国务院依照《证券法》的原则规定(准证券)

【考点子题——举一反三，真枪实练】

[1] (2020 年真题 · 多选题)根据证券法律制度的规定，在我国境内发行下列证券时，应当适用《中华人民共和国证券法》的有(　)。

A. 股票　B. 公司债券　C. 政府债券　D. 存托凭证

[2] (2021 年 · 多选题)下列各项中，适用我国《证券法》的有(　)。

A. 证券投资基金份额的上市交易　B. 政府债券的上市交易

C. 存托凭证的发行和交易　D. 公司债券的发行和交易

2. 证券公开发行

【考点母题——万变不离其宗】证券公开发行

(1)下列关于证券公开发行注册制的表述中，正确的有(　)。	
A. 公开发行证券，必须符合法律、行政法规规定的条件，并依法报经国务院证券监督管理机构或者国务院授权的部门注册 B. 未经依法注册，任何单位和个人不得公开发行证券	
(2)证券公开发行，是指发行人通过公开出售证券向不特定投资者募集资金的行为。根据《证券法》的规定，下列情形中，构成证券公开发行的有(　)。	
A. 向不特定对象发行证券的	不特定对象是指对于证券的购买人没有任何资质要求，例如通过随机打电话的方式确定投资者
B. 向特定对象发行证券累计超过 200 人，但依法实施员工持股计划的员工人数不计算在内	特定对象主要是指符合一定资质条件要求的投资者，主要是指那些具有获取发行人信息的能力、具有风险识别能力的投资者，即所谓的合格投资者
	在证券为股票的情况下，表现为对公司股东人数的限制，即公司的股东人数如果超过 200 人，即使都是合格投资者，也构成了公开发行
C. 如果采用广告、公开劝诱和变相公开等方式宣传证券发行活动，无论拟发行对象的人数多少，即可认定其构成了公开发行	
(3)根据《证券法》的规定，非公开发行证券，不得采用的方式有(　)。	
A. 广告　B. 公开劝诱　C. 变相公开	

3. 证券市场

【考点讲解】证券市场的分类

<table>
<tr><th>分类标准</th><th colspan="3">种类</th></tr>
<tr><td rowspan="2">市场行为和功能</td><td>一级市场</td><td colspan="2">证券发行市场 为企业提供融资渠道 主要是指公开发行的市场</td></tr>
<tr><td>二级市场</td><td colspan="2">证券交易市场 让企业实现证券流通价值的最大化</td></tr>
<tr><td>上市/挂牌的条件或门槛</td><td colspan="3">主板、二板、三板市场和其他市场(如区域性股权交易市场)</td></tr>
<tr><td rowspan="3">证券交易场所的组织形式</td><td>场内交易市场</td><td>证券交易所市场，场内市场主要采取集中交易方式，多个买者和多个卖者之间进行价格磋商，体现价格发现机制；上市标准高，信息披露要求更严格</td><td>上交所 深交所 北交所</td></tr>
<tr><td rowspan="2">场外交易市场</td><td rowspan="2">泛指在证券交易所外进行交易的场所，多采取一对一的磋商机制，但这一划分标准已经落后</td><td>集中交易的公开型场外市场：全国股转系统</td></tr>
<tr><td>非集中交易的场外市场：区域性股权市场</td></tr>
</table>

【考点母题——万变不离其宗】证券交易场所

<table>
<tr><td colspan="4">(1)根据《证券法》的规定，下列关于证券交易场所要求的表述中，正确的有(　)。</td></tr>
<tr><td colspan="4">A. 公开发行的证券，应当在依法设立的证券交易所上市交易或者在国务院批准的其他全国性证券交易场所交易
B. 非公开发行的证券，可以在证券交易所、国务院批准的其他全国性证券交易场所、按照国务院规定设立的区域性股权市场转让</td></tr>
<tr><td colspan="4">(2)按照上市或挂牌的条件或门槛不同，我国的证券市场的种类有(　)。</td></tr>
<tr><td>A. 主板市场</td><td colspan="3">上海证券交易所的主板和深圳证券交易所的主板</td></tr>
<tr><td rowspan="2">B. 创业板和科创板(二板市场)</td><td colspan="2">创业板：深市</td><td rowspan="2">全面适用注册制</td></tr>
<tr><td colspan="2">科创板：沪市</td></tr>
<tr><td rowspan="4">C. 北京证券交易所</td><td colspan="3">第一家公司制证券交易所，适用注册制</td></tr>
<tr><td colspan="3">(3)北京证券交易所的特点有(　)。</td></tr>
<tr><td rowspan="2">A. 发行人范围有法定限制</td><td colspan="2">存量发行人为全国股转系统原精选层的挂牌公司(平移)；(新增)发行人应当为在全国股转系统连续挂牌满 12 个月的创新层挂牌公司</td></tr>
<tr><td colspan="2">(4)发行人在北京证券交易所公开发行股票，应当符合的规定有(　)。</td></tr>
</table>

续表

<table>
<tr><td rowspan="4">C. 北京证券交易所</td><td rowspan="3">A. 发行人范围有法定限制</td><td>A. 具备健全且运行良好的组织机构
B. 具有持续经营能力，财务状况良好
C. 最近 3 年财务会计报告无虚假记载，被出具无保留意见审计报告
D. 依法规范经营</td></tr>
<tr><td>(5)发行人及其控股股东、实际控制人存在特定情形之一的，发行人不得在北京证券交易所公开发行股票。该特定情形有(　)。</td></tr>
<tr><td>A. 最近 3 年内存在贪污、贿赂、侵占财产、挪用财产或者破坏社会主义市场经济秩序的刑事犯罪
B. 最近 3 年内存在欺诈发行、重大信息披露违法或者其他涉及国家安全、公共安全、生态安全、生产安全、公众健康安全等领域的重大违法行为
C. 最近 1 年内受到中国证监会行政处罚</td></tr>
<tr><td>B. 投资者范围有法定限制(准入)</td><td>发行人仅得向不特定的合格投资者进行公开发行，即参与申购和交易的投资者应符合中国证监会和北京券交易所关于投资者适当性的管理规定。在北京证券交易所市场从事证券交易及相关业务的证券经营机构履行投资者适当性管理职责</td></tr>
<tr><td rowspan="2">D. 全国中小企业股份转让系统(新三板)</td><td colspan="2">全国股转系统与三大证券交易所市场一起构成了我国的公开证券市场</td></tr>
<tr><td colspan="2">在全国股转系统的公开发行和公开交易，适用《证券法》</td></tr>
<tr><td rowspan="4">E. 区域性股权市场</td><td colspan="2">(6)下列关于区域性股权市场的表述中，符合《证券法》规定的是(　)。</td></tr>
<tr><td colspan="2">A. 按照国务院规定设立的区域性股权市场为非公开发行证券的发行、转让提供场所和设施</td></tr>
<tr><td colspan="2">(7)下列关于区域性股权市场的禁止性规定的表述中，正确的有(　)。</td></tr>
<tr><td colspan="2">A. 不得将任何权益拆分为均等份额公开发行
B. 不得采取集中交易方式进行交易
C. 不得将权益按照标准化交易单位持续性挂牌交易
D. 权益持有人累计不得超过 200 人，法律、行政法规另有规定的除外；无论是发行还是转让环节都要遵守该规定，以信托、委托代理等方式代持的，按实际持有人数计算
E. 不得以集中交易方式进行标准化合约交易
F. 未经国务院相关金融管理部门批准，不得设立从事保险、信贷、黄金等金融产品交易的交易场所，其他任何交易场所也不得从事保险、信贷、黄金等金融产品交易
【注意】按照国务院规定设立的区域性股权市场中发生的虚假陈述侵权民事赔偿案件，参照适用最高人民法院《关于审理证券市场虚假陈述侵权民事赔偿案件的若干规定》。</td></tr>
</table>

【考点子题——举一反三，真枪实练】

[3] (2021 年 · 多选题)根据证券法律制度规定，下列各项中，属于公开发行证券交易场所的有(　)。

A. 各地产权交易所　　B. 区域性股权市场

C. 全国中小企业股份转让系统　　D. 证券交易所

[4] (2021 年 · 多选题)根据证券法律制度规定，全面适用注册制的市场板块包括(　)。

A. 科创板　　B. 创业板

C. 新三板　　D. 主板

[5] (2020 年 · 单选题)根据证券法律制度规定，下列关于区域性股权市场相关规则的表述中，正确的是(　)。

A. 可采用协议转让的方式进行交易

B. 可将权益拆分为均等份额公开发行

C. 可将权益按照标准化交易单位持续挂牌交易

D. 权益持有人累计可超过 200 人

考点 2 证券市场监管体制

对证券市场的监管包括政府管理和自律管理两部分。

【考点母题——万变不离其宗】证券市场监管体制

<table>
<tr><td colspan="4">(1)我国证券市场监管包括(　)。</td></tr>
<tr><td rowspan="2">A. 政府的统一管理</td><td colspan="3">国务院证券监督管理机构依法对全国证券市场实行集中统一监督管理</td></tr>
<tr><td colspan="3">目前国务院授权中国证券监督管理委员会(以下简称中国证监会)负责证券监督管理工作</td></tr>
<tr><td rowspan="3">B. 行业自律管理</td><td>中国证券业协会</td><td colspan="2">全国性自律管理组织，其会员是各类证券经营机构。会员大会是其最高权力机关，决定协会的重大事项</td></tr>
<tr><td rowspan="2">证券交易场所</td><td rowspan="2">证券交易所</td><td>(2)证券交易所主要从特定方面进行自律管理。该特定方面包括(　)。</td></tr>
<tr><td>A. 对证券交易活动的一线监管
B. 对会员进行自律管理
C. 对上市公司进行自律管理</td></tr>
</table>

续表

B. 行业自律管理	证券服务机构	国务院批准的其他全国性证券交易场所（主要是全国股转系统）
		会计师事务所、律师事务所、资产评估机构等中介机构及其从业人员，依照国家有关规定，对公开发行股票的公司的财务报告、资产评估报告、招股说明书和法律意见书进行审核鉴证，实行监督，并承担相应的法律责任

考点 3　强制信息披露制度

（一）强制信息披露的概念和分类

1. 强制信息披露的概念

信息披露也称信息公开，是指证券发行人及法律、行政法规和国务院证券监督管理机构规定的其他信息披露义务人（以下简称信息披露义务人，在证券发行、上市、交易过程中，按照法定或约定要求将应当向社会公开的财务、经营及其他有关影响证券投资者投资判断的信息向证券监督管理机构和证券交易所报告，并向社会公众公告的活动。

2. 强制信息披露的分类

【考点母题——万变不离其宗】信息披露的分类

以披露的信息内容是否为法律强制规定必须公开的内容为标准，信息披露可以分为强制信息披露和自愿信息披露	强制信息披露	（1）强制信息披露规范主要适用于（　）。
		A. 公开发行的证券
		（2）根据《上市公司信息披露管理办法》的规定，信息披露义务人有（　）。
		A. 上市公司及其董事、监事、高级管理人员、股东、实际控制人 B. 收购人 C. 重大资产重组、再融资、重大交易有关各方等自然人、单位及其相关人员 D. 破产管理人及其成员 E. 法律、行政法规和中国证监会规定的其他承担信息披露义务的主体
	自愿信息披露	（3）下列关于自愿信息披露的表述中，正确的有（　）。
		A. 除依法需要披露的信息之外，信息披露义务人可以自愿披露与投资者作出价值判断和投资决策的有关的信息，但不得与依法披露的信息相冲突，不得误导投资者

续表

以披露的信息内容是否为法律强制规定必须公开的内容为标准，信息披露可以分为强制信息披露和自愿信息披露	自愿信息披露	B. 发行人选择披露依法需披露的信息之外的信息，则应采用与强制信息披露同样的披露原则（如真实、准确、完整等），如果在自愿披露的内容中出现虚假陈述，也要承担相应民事赔偿责任 C. 自愿信息披露也应遵守公平原则，保持信息披露的持续性和一致性，不得进行选择性披露 D. 信息披露义务人不得利用自愿披露的信息不当影响公司证券及其衍生品种交易价格，不得利用自愿性信息披露从事市场操纵等违法违规行为
以信息的披露内容为标准，信息披露可以分为客观信息的披露和主观信息的披露	客观信息的披露（“硬信息”、历史性信息的披露）	发行人、上市公司将其已发生的相关事实依法进行披露
	主观信息的披露（“软信息”、预测性信息的披露）	（4）下列关于主观信息披露的表述中，正确的有（　）。
		A. 主观信息的披露，即“软信息”、预测性信息的披露，指发行人、上市公司对公司未来经营情况、财务状况进行判断并公布，一般表现为盈利预测和管理层讨论和分析 B. 预测性信息披露也可能因未进行充分风险提示、预测无依据等情形构成虚假陈述
以信息披露的发生阶段为标准，信息披露可以分为发行信息公开（首次信息公开）和持续信息公开		

（二）信息披露的原则和要求

【考点母题——万变不离其宗】信息披露的原则和要求

根据《证券法》的规定，下列关于信息披露原则和要求的表述中，正确的有（　）。
A. 发行人及法律、行政法规和国务院证券监督管理机构规定的其他信息披露义务人应当及时依法披露义务 B. 披露义务人披露的信息应当真实、准确、完整，简明清晰，通俗易懂，不得有虚假记载、误导性陈述或者重大遗漏 C. 证券同时在境内、境外公开发行、交易的，信息披露义务人在境外披露的信息应当在境内同时披露 D. 上市公司的董事、监事、高级管理人员应当忠实、勤勉地履行职责，保证披露信息的真实、准确、完整，信息披露及时、公平

（三）信息披露的内容

【考点母题——万变不离其宗】信息披露的内容

<table>
<tr><td colspan="3">(1)根据证券法律制度的规定，信息披露的内容有（　）。</td></tr>
<tr><td rowspan="3">A. 首次信息披露</td><td colspan="2">(2)首次信息披露，也称发行信息披露，主要是首次公开发行股票和公司债券的信息披露。根据有关规定，首次信息披露的文件是（　）。</td></tr>
<tr><td rowspan="2">A. 招股说明书</td><td>(3)下列关于招股说明书的表述中，正确的有（　）。</td></tr>
<tr><td>A. 招股说明书是公开发行股票最基本的法律文件；这是由发行人制订，向社会公众公开披露公司主要事项以及招股情况的文件；发行人首次公开发行股票的信息主要是通过招股说明书披露
B. 招股说明书内容与格式准则是信息披露的最低要求；不论准则是否有明确规定，凡是对投资者作出投资决策有重大影响的信息，均应当予以披露；发行人应当在招股说明书中披露已达到发行监管对公司独立性的基本要求
C. 招股说明书中引用的财务报表在其最近一期截止日后 6 个月内有效；特别情况下发行人可申请适当延长，但至多不超过 3 个月；财务报表应当以年度末、半年度末或者季度末为截止日
D. 招股说明书的有效期为 6 个月，自公开发行前招股说明书最后一次签署之日起计算
E. 发行人及其全体董事、监事和高级管理人员应当在招股说明书上签署书面确认意见，保证招股说明书的内容真实、准确、完整；招股说明书应当加盖发行人公章
F. 保荐人及其保荐代表人应当对招股说明书的真实性、准确性、完整性进行核查，并在核查意见上签字、盖章
G. 发行人的控股股东、实际控制人应当对招股说明书出具确认意见，并签名、盖章
H. 发行人股票发行前只需在一种中国证监会指定报刊刊登提示性公告，告知投资者网上刊登的地址；同时将招股说明书全文和摘要刊登于中国证监会指定的网站并将招股说明书全文置于发行人住所、拟上市证券交易所、保荐人、主承销商和其他承销机构的住所，以备公众查阅
I. 保荐人出具的发行保荐书、证券服务机构出具的有关文件应当作为招股说明书的备查文件，在指定的网站上披露，并置备于发行人、拟上市证券交易所、保荐人、主承销商和其他承销机构的住所，以备公众查阅
J. 申请文件受理后，发行审核委员会审核前，发行人应当将招股说明书（申报稿）在中国证监会网站预先披露；发行人可以将招股说明书（申报稿）刊登于其企业网站，但披露内容应当完全一致，且不得早于在中国证监会网站的披露时间；预先披露的招股说明书（申报稿）不是发行人发行股票的正式文件，不能含有价格信息，发行人不得据此发行股票</td></tr>
</table>

续表

<table>
<tr><td>A. 首次信息披露</td><td>A. 招股说明书</td><td colspan="3">K. 对于在适用注册制的板块首次公开发行股票的公司，交易所受理注册申请文件后，发行人应当按规定，将招股说明书、发行保荐书、上市保荐书、审计报告和法律意见书等文件在交易所网站预先披露；但预先披露的招股说明书及其他注册申请文件不能含有价格信息，发行人不得据此发行股票</td></tr>
<tr><td rowspan="3">B. 债券募集说明书</td><td colspan="4">公司发行债券应当编制公司债券募集说明书，也称债券募集办法</td></tr>
<tr><td colspan="4">是公司债券的发行人依法编制，记载公司债券发行相关的重要信息的法律文件</td></tr>
<tr><td colspan="4">有关招股说明书的规定，适用于公司债券募集说明书。具体内容依照中国证监会的相关规定披露</td></tr>
<tr><td rowspan="2">C. 上市公告书</td><td colspan="4">(4)下列关于上市公告书的表述中，正确的有(　)。</td></tr>
<tr><td colspan="4">A. 发行人发行证券完成后，申请证券上市交易，应当按照证券交易所的规定编制上市公告书，并经证券交易所审核同意后公告
B. 发行人的董事、监事、高级管理人员应当对上市公告书签署书面确认意见，保证所披露的信息真实、准确、完整
C. 股票上市公告书和公司债券上市公告书的主要内容依照中国证监会的相关规定披露
D. 上市公司在非公开发行新股后，应当依法披露发行情况报告书</td></tr>
<tr><td rowspan="6">B. 持续信息披露</td><td colspan="4">(5)证券上市后，信息披露义务人承担持续披露义务，持续信息披露的信息主要有(　)。</td></tr>
<tr><td rowspan="4">A. 定期报告</td><td>年度报告</td><td colspan="2">应当在每一个会计年度结束之日起 4 个月内编制完成并披露</td></tr>
<tr><td>中期报告</td><td colspan="2">应当在每个会计年度的上半年结束之日起 2 个月内编制完成并披露</td></tr>
<tr><td colspan="3">【注意 1】上市公司预计经营业绩发生亏损或者发生大幅变动的，应当及时进行业绩预告。定期报告披露前出现业绩泄露，或者出现业绩传闻且公司证券及其衍生品种交易出现异常波动的，上市公司应当及时披露本报告期相关财务数据。</td></tr>
<tr><td colspan="3">【注意 2】年度报告中的财务会计报告应当经符合《证券法》规定的会计师事务所审计。定期报告中财务会计报告被出具非标准审计意见的，上市公司董事会应当针对该审计意见涉及事项作出专项说明。定期报告中财务会计报告被出具非标准审计意见，证券交易所认为涉嫌违法的，应当提请中国证监会立案调查。</td></tr>
<tr><td>B. 临时报告</td><td colspan="3">临时报告是指在定期报告之外临时发布的报告。凡发生可能对上市公司证券及其衍生品种交易价格产生较大影响的重大事件，投资者尚未得知时，上市公司应当立即提出临时报告，披露事件内容，说明事件的起因、目前的状态和可能产生的影响。</td></tr>
</table>

续表

B. 持续信息披露	B. 临时报告	(6) 发生可能对上市公司、股票在国务院批准的其他全国性证券交易场所交易的公司的股票交易价格产生较大影响的重大事件，投资者尚未得知时，公司应当立即将有关该重大事件的情况向国务院证券监督管理机构和证券交易场所报送临时报告，并予公告，说明事件的起因、目前的状态和可能产生的法律后果。下列各项中，属于重大事件的有(　)。
		A. 公司的经营方针和经营范围的重大变化 B. 公司的重大投资行为，公司在一年内购买、出售重大资产超过公司资产总额 30%，或者公司营业用主要资产的抵押、质押、出售或者报废一次超过该资产的 30% C. 公司订立重要合同、提供重大担保或者从事关联交易，可能对公司的资产、负债、权益和经营成果产生重要影响 D. 公司发生重大债务和未能清偿到期重大债务的违约情况 E. 公司发生重大亏损或者重大损失 F. 公司生产经营的外部条件发生的重大变化 G. 公司的董事、1/3 以上监事或者经理发生变动，董事长或者经理无法履行职责 H. 持有公司 5% 以上股份的股东或者实际控制人，其持有股份或者控制公司的情况发生较大变化，公司的实际控制人及其控制的其他企业从事与公司相同或者相似业务的情况发生较大变化 I. 公司分配股利、增资的计划，公司股权结构的重要变化，公司减资、合并、分立、解散及申请破产的决定，或者依法进入破产程序、被责令关闭 J. 涉及公司的重大诉讼、仲裁，股东大会、董事会决议被依法撤销或者宣告无效 K. 公司涉嫌犯罪被依法立案调查，公司的控股股东、实际控制人、董事、监事、高级管理人员涉嫌犯罪被依法采取强制措施 L. 国务院证券监督管理机构规定的其他事项 【注意】公司的控股股东或者实际控制人对重大事件的发生、进展产生较大影响的，应当及时将其知悉的有关情况书面告知公司，并配合公司履行信息披露义务。
		(7) 发生可能对上市交易公司债券的交易价格产生较大影响的重大事件，投资者尚未得知时，公司应当立即将有关该重大事件的情况向国务院证券监督管理机构和证券交易场所报送临时报告，并予公告，说明事件的起因、目前的状态和可能产生的法律后果。下列各项中，属于重大事件的有(　)。
		A. 公司股权结构或者生产经营状况发生重大变化 B. 公司债券信用评级发生变化 C. 公司重大资产抵押、质押、出售、转让、报废

续表

<table>
<tr><td rowspan="2">B. 持续信息披露</td><td>B. 临时报告</td><td>D. 公司发生未能清偿到期债务的情况
E. 公司新增借款或者对外提供担保超过上年末净资产的 20%
F. 公司放弃债权或者财产超过上年末净资产的 10%
G. 公司发生超过上年末净资产 10%的重大损失
H. 公司分配股利，作出减资、合并、分立、解散、申请破产决定，或者依法进入破产程序、被责令关闭
I. 涉及公司的重大诉讼、仲裁
J. 公司涉嫌犯罪被依法立案调查，公司的控股股东、实际控制人、董事、监事、高级管理人员涉嫌犯罪被依法采取强制措施
K. 国务院证券监督管理机构规定的其他事项</td></tr>
<tr><td colspan="2">【注意】上市公司披露重大事件后，已披露的重大事件出现可能对上市公司证券及其衍生品种交易价格产生较大影响的进展或者变化的，应当及时披露进展或者变化情况、可能产生的影响。上市公司控股子公司发生重大事件，可能对上市公司证券及其衍生品种交易价格产生较大影响的，上市公司应当履行信息披露义务。</td></tr>
</table>

【考点子题——举一反三，真枪实练】

[6] (2012 年 · 单选题　改编) 下列关于招股说明书中引用的财务报表的有效期的表述中，符合证券法律制度规定的是(　)。

A. 招股说明书中引用的财务报表在其最近一期截止日后 3 个月内有效，特别情况下发行人可申请适当延长，但至多不超过 1 个月

B. 招股说明书中引用的财务报表在其最近一期截止日后 3 个月内有效，特别情况下发行人可申请适当延长，但至多不超过 6 个月

C. 招股说明书中引用的财务报表在其最近一期截止日后 6 个月内有效，特别情况下发行人可申请适当延长，但至多不超过 1 个月

D. 招股说明书中引用的财务报表在其最近一期截止日后 6 个月内有效，特别情况下发行人可申请适当延长，但至多不超过 3 个月

[7] (2017 年 · 单选题　改编) 根据证券法律制度的规定，招股说明书的有效期为 6 个月。该有效期的起算日是(　)。

A. 发行人全体董事在招股说明书上签名、盖章之日

B. 招股说明书在中国证监会指定网站第一次全文刊登之日

C. 自公开发行前招股说明书最后一次签署之日

D. 保荐人及保荐代表人在核查意见上签字、盖章之日

[8] (2020 年 · 单选题) 根据证券法律制度的规定，上市公司应当在每个会计年度结束之日起一定期限内编制年度报告并披露。该期限是(　)个月。

A. 3　　B. 1　　C. 4　　D. 6

（四）信息披露的事务管理

【考点母题——万变不离其宗】信息披露的事务管理

<table>
<tr><td rowspan="9">上市公司信息披露的制度化管理</td><td colspan="2">(1)下列上市公司信息披露制度化管理的表述中，正确的有(　)。</td></tr>
<tr><td colspan="2">A. 制定信息披露事务管理制度
B. 定期报告的编制、审议、披露程序和重大事件的报告、传递、审核、披露程序</td></tr>
<tr><td rowspan="4">C. 关联关系的披露和关联交易的审议</td><td>上市公司董事、监事、高级管理人员、持股5%以上的股东及其一致行动人、实际控制人应当及时向上市公司董事会报送上市公司关联人名单及关联关系的说明</td></tr>
<tr><td>在关联交易的审议过程中，应当严格执行关联交易回避表决制度</td></tr>
<tr><td>交易各方不得通过隐瞒关联关系或者采取其他手段，规避上市公司的关联交易审议程序和信息披露义务</td></tr>
<tr><td>通过接受委托或者信托等方式持有上市公司5%以上股份的股东或者实际控制人，应当及时将委托人情况告知上市公司，配合上市公司履行信息披露义务</td></tr>
<tr><td rowspan="2">D. 信息披露的方式</td><td>依法必须披露的信息，应当在证券交易所的网站和符合中国证监会规定条件的媒体发布，同时将其置备于上市公司住所、证券交易所，供社会公众查阅</td></tr>
<tr><td>信息披露文件的全文应当在证券交易所的网站和符合中国证监会规定条件的报刊依法开办的网站披露，定期报告、收购报告书等信息披露文件的摘要应当在证券交易所的网站和符合中国证监会规定条件的报刊披露</td></tr>
<tr style="display:none"><td></td><td></td></tr>
<tr><td rowspan="4">上市公司及其他信息披露义务人在信息披露工作中的职责</td><td colspan="2">(2)下列关于上市公司及其他信息披露义务人在信息披露工作中职责的表述中，正确的有(　)。</td></tr>
<tr><td rowspan="3">A. 信息披露义务人应当及时依法履行信息披露义务，披露的信息应当真实、准确、完整，简明清晰、通俗易懂，不得有虚假记载、误导性陈述或者重大遗漏</td><td>信息披露义务人披露的信息应当同时向所有投资者披露，不得提前向任何单位和个人泄露。但是，法律、行政法规另有规定的除外</td></tr>
<tr><td>在内幕信息依法披露前，内幕信息的知情人和非法获取内幕信息的人不得公开或者泄露该信息，不得利用该信息进行内幕交易。任何单位和个人不得非法要求信息披露义务人提供依法需要披露但尚未披露的信息</td></tr>
<tr><td>证券及其衍生品种同时在境内、境外公开发行交易的，其信息披露义务人在境外市场披露的信息，应当同时在境内市场披露</td></tr>
</table>

续表

<table>
<tr><td rowspan="7">上市公司及其他信息披露义务人在信息披露工作中的职责</td><td colspan="2">B. 信息披露义务人应当将信息披露公告文稿和相关备查文件报送上市公司注册地证监局</td></tr>
<tr><td colspan="2">C. 信息披露义务人不得以新闻发布或者答记者问等任何形式代替应当履行的报告、公告义务，不得以定期报告形式代替应当履行的临时报告义务</td></tr>
<tr><td rowspan="4">D. 上市公司应当在最先发生的以下任一时点，及时履行重大事件的信息披露义务</td><td>(3)上市公司应当在最先发生的以下任一时点，及时履行重大事件的信息披露义务。该时点有(　)。</td></tr>
<tr><td>A. 董事会或者监事会就该重大事件形成决议时
B. 有关各方就该重大事件签署意向书或者协议时
C. 董事、监事或者高级管理人员知悉该重大事件发生时
【注意】“及时”是指自起算日起或者触及披露时点的两个交易日内。</td></tr>
<tr><td>(4)在上述规定的时点之前出现特定情形之一的，上市公司应当及时披露相关事项的现状、可能影响事件进展的风险因素。该特定情形有(　)。</td></tr>
<tr><td>A. 该重大事件难以保密
B. 该重大事件已经泄露或者市场出现传闻
C. 公司证券及其衍生品种出现异常交易情况</td></tr>
<tr><td colspan="2">E. 上市公司参股公司发生可能对上市公司证券及其衍生品种交易价格产生较大影响的事件的，上市公司应当履行信息披露义务</td></tr>
<tr><td rowspan="2">上市公司董事、监事、高级管理人员在信息披露工作中的职责</td><td colspan="2">(5)下列关于上市公司董、监、高在信息披露工作中职责的表述中，正确的有(　)。</td></tr>
<tr><td colspan="2">A. 发行人的董事、高级管理人员应当对证券发行文件和定期报告签署书面确认意见
B. 发行人的监事会应当对董事会编制的证券发行文件和定期报告进行审核并提出书面审核意见；监事应当签署书面确认意见
C. 发行人的董事、监事和高级管理人员应当保证发行人及时、公平地披露信息，所披露的信息真实、准确、完整
D. 董事、监事和高级管理人员无法保证证券发行文件和定期报告内容的真实性、准确性、完整性或有异议的，应当在书面确认意见中发表意见并陈述理由，发行人应当披露；发行人不予披露的，董事、监事和高级管理人员可以直接申请披露
E. 上市公司的董事、监事、高级管理人员应当勤勉尽责，关注信息披露文件的编制情况，保证定期报告、临时报告在规定期限内披露，配合上市公司及其他信息披露义务人履行信息披露
【说明】董事、监事和高级管理人员如果仅对相关信息披露文件有异议(即使该异议早在公司内部审议或表决时就已记录在案)，不构成其免责的充分理由。如果想要以自己曾在公布的证券发行文件或定期报告中明确声称无法保证该文件内容的真实性、准确性、完整性或有异议为由主张自己已勤勉尽责、没有过错、不承担虚假陈述民事赔偿责任的，则应做到：在公司公布该信息披露文件时以书面方式发表附具体理由的异议意见并依法披露，且在公司内部审议、审核该信息披露文件时未投赞成票(投反对票或弃权)。</td></tr>
</table>

续表

<table>
<tr><td rowspan="4">上市公司董事、监事、高级管理人员在信息披露工作中的职责</td><td colspan="2">(6)下列关于上市公司及其董、监、高在信息披露工作中义务的表述中，正确的有(　)。</td></tr>
<tr><td colspan="2">A. 上市公司应当制定定期报告的编制、审议、披露程序，重大事件的报告、传递、审核、披露程序；上市公司通过业绩说明会、分析师会议、路演、接受投资者调研等形式就公司的经营情况、财务状况及其他事件与任何单位和个人进行沟通的，不得提供内幕信息
B. 董事应当了解并持续关注公司的生产经营情况、财务状况和公司已经发生的或者可能发生的重大事件及其影响，主动调查、获取决策所需要的资料
C. 监事应当对公司董事、高级管理人员履行信息披露职责的行为进行监督，关注公司信息披露情况，发现信息披露存在违法违规问题的，应当进行调查并提出处理建议
D. 高级管理人员应当及时向送是会报告有关公司经营或者财务方面出现的重大事件、已披露的事件的进展或者变化情况及其他相关信息
E. 董事会秘书负责组织和协调公司信息披露事务，汇集上市公司应予披露的信息并报告董事会，持续关注媒体对公司的报道，主动求证报道的真实情况，并负责办理上市公司信息对外公布等相关事宜</td></tr>
<tr><td rowspan="2">F. 上市公司董事、监事、高级管理人员应当对公司信息披露的真实性、准确性、完整性、及时性、公平性负责，但有充分证据表明其已经履行勤勉尽责义务的除外</td><td>上市公司董事长、经理、董事会秘书，应当对公司临时报告信息披露的真实性、准确性、完整性、及时性、公平性承担主要责任</td></tr>
<tr><td>上市公司董事长、经理、财务负责人应当对公司财务会计报告的真实性、准确性、完整性、及时性、公平性承担主要责任</td></tr>
<tr><td rowspan="6">上市公司的股东、实际控制人在信息披露中的职责</td><td colspan="2">(7)下列关于上市公司的股东、实际控制人在信息披露中职责的表述中，正确的有(　)。</td></tr>
<tr><td rowspan="4">A. 上市公司的股东、实际控制人发生以下事件时，应当主动告知上市公司董事会，并配合上市公司履行信息披露义务</td><td>持有公司5%以上股份的股东或者实际控制人持有股份或者控制公司的情况发生较大变化，公司的实际控制人及其控制的其他企业从事与公司相同或者相似业务的情况发生较大变化</td></tr>
<tr><td>法院裁决禁止控股股东转让其所持股份，任何一个股东所持公司5%以上股份被质押、冻结、司法拍卖、托管、设定信托或者被依法限制表决权的</td></tr>
<tr><td>拟对上市公司进行重大资产或者业务重组的</td></tr>
<tr><td>中国证监会规定的其他情形</td></tr>
<tr><td colspan="2">B. 应当披露的信息在依法披露前已经在媒体上传播或者公司证券及其衍生品种出现交易异常情况的，股东或者实际控制人应当及时、准确地向上市公司作出书面报告，并配合上市公司及时、准确地公告</td></tr>
</table>

续表

上市公司的股东、实际控制人在信息披露中的职责	C. 上市公司的股东、实际控制人不得滥用其股东权利、支配地位，不得要求上市公司向其提供内幕信息
	D. 上市公司的控股股东、实际控制人和发行对象在上市公司非公开发行股票时，应当及时向上市公司提供相关信息，配合上市公司履行信息披露义务
	E. 通过接受委托或者信托等方式持有上市公司5%以上股份的股东或者实际控制人，应当及时将委托人情况告知上市公司，配合上市公司履行信息披露义务
证券服务机构在信息披露中的职责	(8)下列关于证券服务机构在信息披露中职责的表述中，正确的有(　)。
	A. 为信息披露义务人履行信息披露义务出具专项文件的证券公司、证券服务机构及其人员，应当勤勉尽责、诚实守信，按照法律、行政法规、中国证监会规定、行业规范、业务规则等发表专业意见，保证所出具文件的真实性、准确性和完整性；在为信息披露出具专项文件时，发现上市公司及其他信息披露义务人提供的材料有虚假记载、误导性陈述、重大遗漏或者其他重大违法行为的，应当要求其补充、纠正；信息披露义务人不予补充、纠正的，保荐人、证券服务机构应当及时向公司注册地证监局和证券交易所报告 B. 会计师事务所应当建立并保持有效的质量控制体系，独立性管理和投资者保护机制，秉承风险导向审计理念，遵守法律、行政法规、中国证监会的规定，严格执行注册会计师职业准则、职业道德守则及相关规定，完善鉴证程序，科学选用鉴证方法和技术，充分了解被鉴证单位及其环境，审慎关注重大错报风险，获取充分、适当的证据，合理发表鉴证结论 C. 资产评估机构应当建立并保持有效的质量控制体系、独立性管理和投资者保护机制，恪守职业道德，遵守法律、行政法规、中国证监会的规定，严格执行评估准则或者其他评估规范，恰当选择评估方法，评估中提出的假设条件应当符合实际情况，对评估对象所涉及交易、收入、支出、投资等业务的合法性、未来预测的可靠性取得充分证据，充分考虑未来各种可能性发生的概率及其影响，形成合理的评估结论

第7章

【考点子题——举一反三，真枪实练】

[9] (2017年·单选题) 甲上市公司上一期经审计的净资产额为50亿元人民币。甲公司拟为乙公司提供保证担保，担保金额为6亿元，并经董事会会议决议通过。甲公司章程规定，单笔对外担保额超过最近一期经审计净资产10%的担保须经公司股东大会批准。根据证券法律制度的规定，甲公司披露该笔担保的最早时点应当是(　)。

A. 甲公司股东大会就该笔担保形成决议时

B. 甲公司董事会就该笔担保形成决议时

C. 甲公司与乙公司的债权人签订保证合同时

D. 证券交易所核准同意甲公司进行担保时

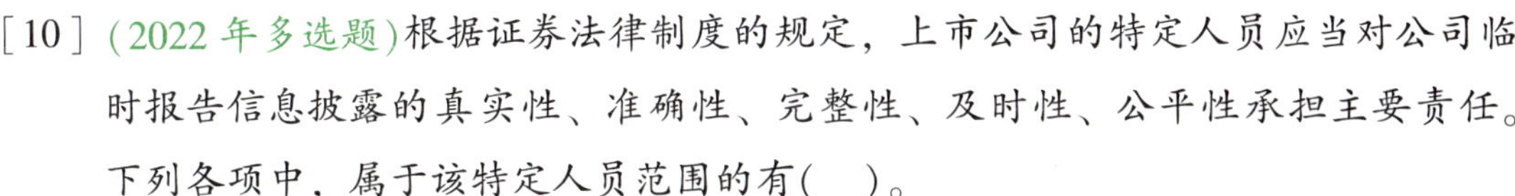

[10]（2022 年多选题）根据证券法律制度的规定，上市公司的特定人员应当对公司临时报告信息披露的真实性、准确性、完整性、及时性、公平性承担主要责任。下列各项中，属于该特定人员范围的有(　)。

A. 董事长　　　　　　　　B. 监事会主席

C. 董事会秘书　　　　　　D. 经理

（五）信息披露义务人的法律责任

【考点母题——万变不离其宗】违反信息披露的行为

违反信息披露义务的行为有(　)。
A. 应按规定披露而未披露　　B. 披露的信息存在虚假记载、误导性陈述或者重大遗漏

考点 4　投资者保护制度

（一）区分普通投资者和专业投资者

【考点母题——万变不离其宗】区分普通投资者和专业投资者

区分标准	(1)区分普通投资者和专业投资者时应考虑特定因素。该特定因素有(　)。
	A. 财产状况　　B. 金融资产状况 C. 投资知识和经验　　D. 专业能力
证券公司的适当性义务	(2)下列关于证券公司向投资者销售证券、提供服务时，应尽的适当性义务有(　)。
	A. 应当充分了解投资者的基本情况、财产状况、金融资产状况、投资知识和经验、专业能力等相关信息；如实说明证券、服务的重要内容，充分揭示投资风险；销售、提供与投资者上述状况相匹配的证券、服务 B. 投资者在购买证券或者接受服务时，应当按照证券公司明示的要求提供前款所列真实信息；拒绝提供或者未按照要求提供信息的，证券公司应当告知其后果，并按照规定拒绝向其销售证券、提供服务 C. 证券公司违反上述 A 项规定导致投资者损失的，应当承担相应的赔偿责任
对普通投资者的特殊保护	(3)下列关于普通投资者与证券公司发生纠纷时的举证责任的表述中，正确的是(　)。
	A. 普通投资者与证券公司发生纠纷(包括诉讼纠纷或非诉讼纠纷)的，证券公司应当证明其行为符合法律、行政法规以及国务院证券监督管理机构的规定，不存在误导、欺诈等情形；证券公司不能证明的，应当承担相应的赔偿责任(自证清白)

【考点子题——举一反三，真枪实练】

[11]（2021年·多选题）根据证券法律制度规定，下列各项中，可用于区分普通投资者和专业投资者的有（ ）。

A. 投资的知识和经验　　B. 金融资产状况

C. 财产状况　　D. 专业能力

（二）投资者保护机构

【考点母题——万变不离其宗】投资者保护机构

代理权征集	(1)下列关于代理权征集制度的表述中，正确的有（ ）。
	A. 上市公司董事会、独立董事、持有1%以上有表决权股份的股东或者依照法律、行政法规或者国务院证券监督管理机构的规定设立的投资者保护机构，可以作为征集人，自行或者委托证券公司、证券服务机构，公开请求上市公司股东委托其代为出席股东大会，并代为行使提案权、表决权等股东权利 B. 依照上述规定征集股东权利的，征集人应当披露征集文件，上市公司应当予以配合 C. 禁止以有偿或者变相有偿的方式公开征集股东权利 D. 公开征集股东权利违反法律、行政法规或者国务院证券监督管理机构有关规定，导致上市公司或者其股东遭受损失的，应当依法承担赔偿责任 【注意】在征集人范围中，持有1%以上有表决权股份的股东通常理解为单独持有。对于被征集主体，应理解为上市公司发行在外所有持有表决权股份的股东，不得对被征集主体设置比例限制。
证券纠纷调解	(2)下列关于证券纠纷调解的表述中，正确的有（ ）。
	A. 投资者与发行人、证券公司等发生纠纷的，双方可以向投资者保护机构申请调解 B. 普通投资者与证券公司发生证券业务纠纷，普通投资者提出调解请求的，证券公司不得拒绝
证券支持诉讼	(3)下列关于证券支持诉讼的表述中，正确的是（ ）。
	A. 投资者保护机构对损害投资者利益的行为，可以依法支持投资者向人民法院提起诉讼
股东派生诉讼	(4)下列关于投资者保护机构的股东派生诉讼的表述中，正确的是（ ）。
	A. 发行人的董事、监事、高级管理人员执行公司职务时违反法律、行政法规或者公司章程的规定给公司造成损失，发行人的控股股东、实际控制人等侵犯公司合法权益给公司造成损失，投资者保护机构持有该公司股份的，可以为公司的利益以自己的名义向人民法院提起诉讼，持股比例和持股期限不受《公司法》规定的限制

续表

<table>
<tr><td rowspan="2">代表人诉讼</td><td>(5)下列关于投资者保护机构代表人诉讼的表述中，正确的有(　)。</td></tr>
<tr><td>A. 投资者提起虚假陈述等证券民事赔偿诉讼时，诉讼标的是同一种类，且当事人一方人数众多的，可以依法推选代表人进行诉讼
B. 投资者保护机构受 50 名以上投资者委托，可以作为代表人参加诉讼，并为经证券登记结算机构确认的权利人依照前款规定向人民法院登记，但投资者明确表示不愿意参加该诉讼的除外(默示加入 明示退出)</td></tr>
</table>

【考点子题——举一反三，真枪实练】

[12]（经典子题·多选题）根据证券法律制度规定，特定主体可以作为征集人，自行或者委托证券公司、证券服务机构，公开请求上市公司股东委托其代为出席股东大会，并代为行使提案权、表决权等股东权利。该特定主体有(　)。

A. 上市公司董事会

B. 上市公司独立董事

C. 持有 1%以上有表决权股份的股东

D. 依法设立的投资者保护机构

[13]（2021 年·多选题）根据证券法律制度规定，甲上市公司的下列机构或人员中，可以作为征集人自行或委托证券公司、证券服务机构，公开请求上市公司股东委托其代为出席股东大会，并代为行使表决权等股东权利的有(　)。

A. 职工监事李某

B. 独立董事刘某

C. 甲公司董事会

D. 持有甲公司 3%有表决权股份的股东王某

[14]（经典子题·单选题）根据证券法律制度规定，投资者保护机构受一定数量以上的投资者委托，可以作为代表人参加证券民事赔偿诉讼。该数量为(　)。

A. 40 名　　B. 20 名　　C. 50 名　　D. 30 名

（三）先行赔付

【考点母题——万变不离其宗】先行赔付

根据证券法律制度的规定，下列关于先行赔付的表述中，正确的有(　)。
A. 发行人因欺诈发行、虚假陈述或者其他重大违法行为给投资者造成损失的，发行人的控股股东、实际控制人、相关的证券公司可以委托投资者保护机构，就赔偿事宜与受到损失的投资者达成协议，予以先行赔付 B. 先行赔付后，可以依法向发行人以及其他连带责任人追偿

【考点子题——举一反三，真枪实练】

[15]（经典子题·多选题）根据证券法律制度的规定，发行人因欺诈发行、虚假陈述或者其他重大违法行为给投资者造成损失的，某些特定主体可以委托投资者保护机构，就赔偿事宜与受到损失的投资者达成协议，予以先行赔付。该特定主体有（ ）。

A. 发行人的控股股东　　B. 发行人的实际控制人

C. 发行人的独立董事　　D. 相关的证券公司

第二节　股票的发行

本节考点、考点母题及考点子题

考点 5　股票公开发行注册制

【考点母题——万变不离其宗】股票公开发行注册制

(1)根据证券法律制度的规定，下列关于证券公开发行注册制的表述中，正确的有（　）。
A. 公开发行证券，必须符合法律、行政法规规定的条件，并依法报经国务院证券监督管理机构或者国务院授权的部门注册 B. 未经依法注册，任何单位和个人不得公开发行证券 C. 证券发行注册制的具体范围、实施步骤，由国务院规定 D. 国务院证券监督管理机构或者国务院授权的部门依照法定条件负责证券发行申请的注册 E. 证券公开发行注册的具体办法由国务院规定 F. 按照国务院的规定，证券交易所等可以审核公开发行证券申请，判断发行人是否符合发行条件、信息披露要求，督促发行人完善信息披露内容
(2)根据证券法律制度的规定，参与证券发行申请注册的人员，应遵守的规定有（　）。
A. 不得与发行申请人有利害关系　　B. 不得直接或者间接接受发行申请人的馈赠 C. 不得持有所注册的发行申请的证券　　D. 不得私下与发行申请人进行接触

考点 6　股票发行的类型

发行股票是发行人公司以出售股权换得投资者出资的一种募资方式，投资者在出资后获得发行人公司的股权。股票的发行可以区分为公开发行与非公开发行两种方式，后者习惯上被称为私募。

【考点母题——万变不离其宗】股票发行的类型

(1)依据发行主体、发行方式和发行的目的不同，证券法律制度对股票发行类型的划分有（　）。	
A. 非公众公司非公开发行股票	是指发行后发行人股东人数不超过 200 人（≤200 人），发行方式也没有采用公开发行方式的股票发行

续表

A. 非公众公司非公开发行股票	此种股票发行不需经过《证券法》规定的注册程序，而由发行人自行决定，只需要遵守《公司法》中的相关组织内部治理规定，不承担《证券法》规定的强制信息披露义务
	投资者的保护完全依据投资者与发行人之间的协议安排、公司章程和《公司法》的规定来执行
	这种类型的发行即为私募发行，因不属于公开发行的范畴，不适用《证券法》第二章的规定
B. 非公众公司向特定对象发行股票，导致发行后股东超过200人（>200人）的发行	“向特定对象发行证券累计超过200人，但依法实施员工持股计划的员工人数不计算在内”的发行，为公开发行
	即使股票发行没有采用向社会公开的方式（例如广告、公告、公开劝诱等），只是针对特定对象，但只要发行结果导致股东总人数超过200人，就仍然构成了公开发行
	向特定对象发行股票后，股东累计超过200人的公司，应当持申请文件向中国证监会申请核准
	如果是全国股转系统挂牌公司向特定对象发行股票后，股东累计不超过200人的，中国证监会豁免核准，由全国股转系统自律管理
C. 非上市公众公司的定向发行	非上市公众公司向特定对象定向发行股票，需要经过中国证监会的核准
D. 向不特定合格投资者的公开发行	在北京证券交易所公开发行并上市的公司，依法履行《证券法》规定的注册程序，可以向不特定合格投资者公开发行股票
E. 首次公开发行股票并上市	当发行人向社会公众公开发行股票，并且在发行完毕后拟去证券交易所上市的，需要符合法定条件，依法履行《证券法》规定的注册程序；发行上市后，发行人成为上市公司
F. 上市公司发行新股	上市公司无论是公开发行新股还是非公开发行新股，都属于公开发行的范畴，必须符合法定条件，依法履行《证券法》规定的注册程序

【考点子题——举一反三，真枪实练】

[16]（2019年·多选题 改编）根据证券法律制度的规定，下列股票发行行为中，应报证监会注册的有（ ）。

A. 非公众公司向特定对象发行股票，发行后股东人数为200人

B. 上市公司发行新股

C. 非公众公司非公开发行股票

D. 股份有限公司首次公开发行股票并上市

考点 7　非上市公众公司

目前在全国股转系统挂牌的非上市公众公司的公开转让(股东超过 200 人)、定向发行仍然适用核准制，即由中国证监会予以核准；是否采用注册制，还待国务院的进一步规定。

(一)非上市公众公司的概念

【考点母题——万变不离其宗】非上市公众公司的概念

非上市公众公司，是指未在证券交易所上市、但具有“公众性”或“公开性”的公司。	
(1)非上市公司的“公众性”特定事由。下列各项中，属于该特定事由的有(　)。	
A. 公司曾进行过公开发行行为 C. 公司已选择在非证券交易所的公开市场进行交易	B. 公司的股票被公开转让过
(2)非上市公众公司是指有特定情形之一且其股票未在证券交易所上市交易的股份有限公司。该特定情形有(　)。	
A. 股票向特定对象发行或者转让导致股东累计超过 200 人	B. 股票公开转让

【考点子题——举一反三，真枪实练】

[17] (2017 年 · 单选题)根据证券法律制度的规定，下列关于非上市公众公司的表述中，正确的是(　)。

A. 非上市公众公司不包括虽然在全国中小企业股份转让系统进行公开转让，但股东人数未超过 200 人的股份有限公司

B. 非上市公众公司向特定对象发行股票，无须中国证监会核准

C. 非上市公众公司包括股票向特定对象转让导致股东累计超过 200 人，但其股票未在证券交易所上市交易的股份有限公司

D. 非上市公众公司经中国证监会核准，可以在全国中小企业股份转让系统向不特定对象公开发行股票

(二)非上市公众公司的股票转让

【考点母题——万变不离其宗】非上市公众公司的股票转让

股份公司可以因特定原因经过中国证监会的核准后成为非上市公众公司。该特定原因有(　)。

续表

<table>
<tr><td rowspan="4">A. 因股票以非公开方式转让导致股东累计超过200人</td><td>股票向特定对象转让导致股东累计超过200人的股份有限公司，应当自上述行为发生之日起3个月内，按照中国证监会有关规定制作申请文件，申请文件应当包括但不限于：定向转让说明书、律师事务所出具的法律意见书、会计师事务所出具的审计报告</td></tr>
<tr><td>股份有限公司持申请文件向中国证监会申请核准</td></tr>
<tr><td>在提交申请文件前，股份有限公司应当将相关情况通知所有股东</td></tr>
<tr><td>如果股份公司在3个月内将股东人数降至200人以内的，可以不提出申请</td></tr>
<tr><td rowspan="5">B. 因股份公司申请其股票公开转让</td><td>股份公司申请其股票公开转让，董事会应当依法就股票公开转让的具体方案作出决议，并提请股东大会批准，股东大会决议必须经出席会议的股东所持表决权的2/3以上通过</td></tr>
<tr><td>股东人数超过200人的公司申请其股票公开转让，应当按照中国证监会有关规定制作公开转让的申请文件，申请文件应当包括但不限于：公开转让说明书、律师事务所出具的法律意见书、具有证券期货相关业务资格的会计师事务所出具的审计报告、证券公司出具的推荐文件、证券交易场所的审查意见；公司持申请文件向中国证监会申请核准</td></tr>
<tr><td>中国证监会在受理申请文件后，依法对公司治理和信息披露进行审核，在20个工作日内作出核准、中止审核、终止审核、不予核准的决定</td></tr>
<tr><td>对于股东人数未超过200人的公司申请其股票公开转让，中国证监会豁免核准，由全国股转系统进行审查</td></tr>
<tr><td>在《非上市公众公司办法》施行前股东人数已经超过200人的股份公司，符合条件的，可以申请在全国股转系统挂牌公开转让股票，也可以申请首次公开发行股票并在证券交易所上市</td></tr>
</table>

（三）非上市公众公司的定向发行

【考点母题——万变不离其宗】非上市公众公司的定向发行

<table>
<tr><td colspan="2">(1)非上市公众公司的定向发行的情形有(　)。</td></tr>
<tr><td colspan="2">A. 股份有限公司向特定对象发行股票导致股东累计超过200人
B. 公众公司向特定对象发行股票
【注意】都必须经过中国证监会的核准，而且发行对象必须只能是中国证监会规定的特定对象。</td></tr>
<tr><td colspan="2">(2)下列机构或者自然人中，属于特定对象范围的有(　)。</td></tr>
<tr><td colspan="2">A. 公司股东</td></tr>
<tr><td>B. 公司的董事、监事、高级管理人员、核心员工</td><td>核心员工的认定，应当由公司董事会提名，并向全体员工公示和征求意见，由监事会发表明确意见后，经股东大会审议批准</td></tr>
</table>

续表

<table>
<tr><td colspan="2">C. 符合投资者适当性管理规定的自然人投资者、法人投资者及其他经济组织</td><td>股票未公开转让的公司确定发行对象时，投资者合计不得超过 35 名</td></tr>
<tr><td colspan="3">(3)非上市公众公司定向发行时应尽的义务有(　)。</td></tr>
<tr><td colspan="3">A. 发行人应当对发行对象的身份进行确认，有充分理由确信发行对象符合《非上市公众公司办法》和公司的相关规定
B. 发行人应当与发行对象签订包含风险揭示条款的认购协议
C. 发行过程中不得采取公开路演、询价等方式</td></tr>
<tr><td colspan="3">(4)下列关于非上市公众公司定向发行的决议的表述中，正确的有(　)。</td></tr>
<tr><td colspan="3">A. 发行人董事会应当依法就本次股票发行的具体方案作出决议，并提请股东大会批准，股东大会决议必须经出席会议的股东所持表决权的 2/3 以上通过</td></tr>
<tr><td colspan="2" rowspan="3">B. 申请向特定对象发行股票导致股东累计超过 200 人的股份有限公司，董事会和股东大会决议中还应当包括以下内容</td><td>按照中国证监会的相关规定修改公司章程</td></tr>
<tr><td>按照法律、行政法规和公司章程的规定建立健全公司治理机制</td></tr>
<tr><td>履行信息披露义务，按照相关规定披露定向发行说明书、发行情况报告书、年度报告、半年度报告及其他信息披露内容</td></tr>
<tr><td colspan="3">(5)下列关于非上市公众公司定向发行确定具体对象时回避表决的表述中，正确的有(　)。</td></tr>
<tr><td colspan="3">A. 董事会、股东大会决议确定具体发行对象的，董事、股东参与认购或者与认购对象存在关联关系的，应当回避表决
B. 出席董事会的无关联关系董事人数不足三人的，应将该事项提交公司股东大会审议</td></tr>
<tr><td colspan="3">(6)公司制作的定向发行申请文件应当包括但不限制于(　)。</td></tr>
<tr><td colspan="3">A. 定向发行说明书　　B. 律师事务所出具的法律意见书
C. 符合《证券法》规定的会计师事务所出具的审计报告　　D. 证券公司出具的推荐文件</td></tr>
<tr><td colspan="3">(7)关于股票公开转让的公众公司向公司前十名股东、实际控制人、董事、监事、高级管理人员及核心员工定向发行股票且连续 12 个月内发行的股份未超过公司总股本 10%且融资总额不超过 2 000万元的，下列表述中，符合证券法律制度规定的有(　)。</td></tr>
<tr><td colspan="3">A. 无需提供证券公司出具的推荐文件以及律师事务所出具的法律意见书
B. 董事会决议中应当明确发行对象、发行价格和发行数量</td></tr>
<tr><td rowspan="4">C. 公司不得存在以下情形</td><td colspan="2">a. 认购人以非现金资产认购的</td></tr>
<tr><td colspan="2">b. 发行股票导致公司控制权发生变动的</td></tr>
<tr><td colspan="2">c. 本次发行中存在特殊投资条款安排的</td></tr>
<tr><td colspan="2">d. 公司或其控股股东、实际控制人、董事、监事、高级管理人员最近 12 个月内被中国证监会给予行政处罚或采取监管措施、被全国股转系统采取纪律处分的</td></tr>
</table>

续表

(8)向特定对象发行股票后股东累计超过 200 人的公司，发行申请的下列表述中，正确的有(　)。
A. 应当持申请文件向中国证监会申请核准；股票公开转让的公众公司提交的申请文件还应当包括全国股转系统的自律监管意见 B. 中国证监会受理申请文件后，依法对公司治理和信息披露以及发行对象情况进行审核，在 20 个工作日内作出核准、中止审核、终止审核、不予核准的决定
(9)下列关于公司申请定向发行股票的“一次核准，分期发行”的表述中，正确的有(　)。
A. 公司申请定向发行股票，可申请一次核准，分期发行 B. 自中国证监会予以核准之日起，公司应当在 3 个月内首期发行，剩余数量应当在 12 个月内发行完毕 C. 超过核准文件限定的有效期未发行的，须重新经中国证监会核准后方可发行 D. 首期发行数量应当不少于总发行数量的 50%，剩余各期发行的数量由公司自行确定，每期发行后 5 个工作日内将发行情况报中国证监会备案
(10)下列关于股票公开转让的公众公司向特定对象发行股票由中国证监会豁免核准的表述中，正确的是(　)。
A. 股票公开转让的公众公司向特定对象发行股票后股东累计不超过 200 人的，中国证监会豁免核准，由全国股转系统自律管理

【考点子题——举一反三，真枪实练】

[18] (2018 年·单选题)甲股份有限公司为非上市公众公司，拟向 5 名战略投资者发行股票，募集资金。根据证券法律制度的规定，甲公司应当向证监会履行的手续是(　)。

A. 事后知会　　B. 申请备案

C. 申请核准　　D. 申请注册

[19] (2014 年·单选题)甲公司为发起设立的股份有限公司，现有股东 199 人，尚未公开发行或转让过任何股票。根据证券法律制度的规定，甲公司或其股东的下列行为中，需要向中国证监会申请核准的是(　)。

A. 股东乙向一位朋友转让部分股票

B. 甲公司向两家投资公司定向发行股票各 500 万股

C. 股东丙将其持有的部分股票分别转让给丁和戊，约定 2 个月后全部买回

D. 甲公司向全国股转系统申请其股票公开转让

[20] (2015 年·多选题　改编)根据证券法律制度的规定，股份有限公司的下列股份发行或转让活动中，可以豁免向证监会申请核准的有(　)。

A. 在全国股转系统挂牌的公司拟向特定对象定向发行股份，发行后股东预计达到 195 人

B. 因向公司核心员工转让股份导致股东累计达到 220 人，但在 1 个月内又降至 195 人

C. 股东累计已达 195 人的公司拟公开转让股份

D. 在全国股转系统挂牌的公司拟向特定对象定向发行股份，发行后股东预计超过 200 人

（四）非上市公众公司的信息披露

对非上市公众公司的监管要求主要有：股权明晰，合法规范经营，公司治理机制健全，履行信息披露义务。其中最重要的是履行信息披露义务。

【考点母题——万变不离其宗】非上市公众公司的信息披露

<table>
<tr><td colspan="3">(1)根据《非上市公众公司办法》的规定，非上市公众公司应当履行强制信息披露义务。信息披露文件主要包括(　)。</td></tr>
<tr><td>A. 公开转让说明书
D. 发行情况报告书</td><td>B. 定向转让说明书
E. 定期报告</td><td>C. 定向发行说明书
F. 临时报告</td></tr>
<tr><td colspan="3">(2)下列关于中国证监会对公众公司实行差异化信息披露管理的表述中，正确的有(　)。</td></tr>
<tr><td colspan="3">A. 股票在全国股转系统挂牌公开转让的非上市公众公司(即挂牌公司)定期报告包括年度报告、中期报告
B. 凡是对投资者作出投资决策有重大影响的信息，均应当在定期报告中披露
C. 年度报告中的财务会计报告应当经符合《证券法》规定的会计师事务所审计
D. 年度报告应当在每个会计年度结束之日起 4 个月内，中期报告应当在每个会计年度的上半年结束之日其 2 个月内编制完成并披露</td></tr>
<tr><td colspan="3">(3)下列关于非上市公众公司的临时报告的表述中，正确的是(　)。</td></tr>
<tr><td colspan="3">A. 发生可能对股票价格产生较大影响的重大事件，投资者尚未得知时，非上市公众公司应当立即将有关该重大事件的情况报送临时报告，并予以公告，说明事件的起因、目前的状态和可能产生的后果</td></tr>
<tr><td colspan="3">(4)下列关于非上市公众公司及其他信息披露义务人职责的表述中，正确的有(　)。</td></tr>
<tr><td colspan="3">A. 非上市公众公司及其他信息披露义务人应当按照法律、行政法规和中国证监会的规定，真实、准确、完整、及时地披露信息，不得有虚假记载、误导性陈述或者重大遗漏
B. 公司及其他信息披露义务人应当向所有投资者同时公开披露信息
C. 公司的董事、监事、高级管理人员应当忠实、勤勉地履行职责，保证公司披露信息的真实、准确、完整、及时
D. 公众公司的董事、高级管理人员应当对定期报告签署书面确认意见；对报告内容有异议的，应当单独陈述理由，并与定期报告同时披露
E. 公众公司的监事会应当对董事会编制的定期报告进行审核并提出书面审核意见，说明董事会对定期报告的编制和审核程序是否符合法律、行政法规、中国证监会的规定和公司章程，报告的内容是否能够真实、准确、完整的反映公司实际情况；监事应当签署书面确认意见</td></tr>
</table>

续表

<table>
<tr><td>F. 除监事会公告外，非上市公众公司披露的信息应当以董事会公告的形式发布；董事、监事、高级管理人员非经董事会书面授权，不得对外发布未披露的信息</td></tr>
<tr><td>(5)公司及其他信息披露义务人披露信息应符合的要求有(　)。</td></tr>
<tr><td>A. 应当在符合《证券法》规定的信息披露平台发布
B. 公司及其他信息披露义务人可在公司网站或者其他公众媒体上刊登必须披露的信息，但披露的内容应当完全一致，且不得早于在上述信息披露平台披露的时间
C. 股票向特定对象转让导致股东累计超过 200 人的非上市公众公司，可以在公司章程中约定其他信息披露方式；在《证券法》规定的信息披露平台披露相关信息的，应当符合上述 A 项的要求</td></tr>
</table>

考点 8 首次公开发行股票并上市

（一）首次公开发行股票的条件

【考点母题——万变不离其宗】首次公开发行股票的条件

<table>
<tr><td colspan="3">(1)根据《证券法》的规定，公司首次公开发行股票，应当符合的条件有(　)。</td></tr>
<tr><td colspan="3">A. 具备健全且运行良好的组织机构
B. 具有持续经营能力
C. 最近 3 年财务会计报告被出具无保留意见审计报告
D. 发行人及其控股股东、实际控制人最近 3 年不存在贪污、贿赂、侵占财产、挪用财产或者破坏社会主义市场经济秩序的刑事犯罪
E. 经国务院批准的国务院证券监督管理机构规定的其他条件</td></tr>
<tr><td colspan="3">(2)上市公司发行新股，应符合的要求是(　)。</td></tr>
<tr><td colspan="3">A. 应当符合经国务院批准的国务院证券监督管理机构规定的条件，具体管理办法由国务院证券监督管理机构规定</td></tr>
<tr><td colspan="3">(3)公开发行存托凭证的，应符合的要求是(　)。</td></tr>
<tr><td colspan="3">A. 应当符合首次公开发行新股的条件以及国务院证券监督管理机构规定的其他条件</td></tr>
<tr><td rowspan="3">在主板上市的公司首次公开发行股票的条件</td><td colspan="2">(4)根据《首发管理办法》的规定，公司在主板上市，首次公开发行股票，应当符合的条件有(　)。</td></tr>
<tr><td rowspan="2">A. 发行人应当是依法设立且合法存续一定期限的股份有限公司</td><td>发行人合法存续的期限条件符合下列情形之一即可：</td></tr>
<tr><td>a. 该股份有限公司应自成立后，持续经营时间在 3 年以上
b. 有限责任公司按原账面净资产值折股整体变更为股份有限公司的，持续经营时间可以从有限责任公司成立之日起计算，并达 3 年以上(经国务院批准，有限责任公司在依法变更为股份有限公司时，可以采取募集设立方式公开发行股票)</td></tr>
</table>

续表

<table>
<tr><td rowspan="9">在主板上市的公司首次公开发行股票的条件</td><td>B. 发行人已合法并真实取得注册资本项下载明的资产</td><td>发行人的注册资本已足额缴纳，发起人或者股东用作出资的资产的财产权转移手续已经办理完毕，发行人的主要资产不存在重大权属纠纷</td></tr>
<tr><td colspan="2">C. 发行人的生产经营符合法律、行政法规和公司章程的规定，符合国家产业政策</td></tr>
<tr><td rowspan="7">D. 发行人最近3年内主营业务和董事、高级管理人员没有发生重大变化，实际控制人没有发生变更</td><td>在发行人存在多人共同拥有公司控制权的情况下，其中某个小股东变更，不构成公司控制权变更。但中国证监会明确此种情况下，“如果发行人最近3年内持有、实际支配公司表决权比例最高的人发生变化，且变化前后的股东不属于同一实际控制人，视为公司控制权发生变更”</td></tr>
<tr><td>当发行人不存在拥有公司控制权的人或者公司控制权的归属难以判断的，如果符合以下情形，可视为公司控制权没有发生变更：①发行人的股权及控制结构、经营管理层和主营业务在首发前3年内没有发生重大变化。②发行人的股权及控制结构不影响公司治理有效性。③发行人及其保荐人和律师能够提供证据充分证明</td></tr>
<tr><td>因国有资产监督管理需要，国务院或者省级人民政府国有资产监督管理机构无偿划转直属国有控股企业的国有股权或者对该等企业进行重组等导致发行人控股股东发生变更的，如果符合以下情形，可视为公司控制权没有发生变更：①有关国有股权无偿划转或者重组等属于国有资产监督管理的整体性调整，经国务院国有资产监督管理机构或者省级人民政府按照相关程序决策通过，且发行人能够提供有关决策或者批复文件。②发行人与原控股股东</td></tr>
<tr><td>不存在同业竞争或者大量的关联交易，不存在故意规避《首发管理办法》规定的其他发行条件的情形。③有关国有股权无偿划转或者重组等对发行人的经营管理层、主营业务和独立性没有重大不利影响</td></tr>
<tr><td>按照国有资产监督管理的整体性调整，国务院国有资产监督管理机构直属国有企业与地方国有企业之间无偿划转国有股权或者重组等导致发行人控股股东发生变更的，比照前款规定执行，但是应当经国务院国有资产监督管理机构批准并提交相关批复文件</td></tr>
<tr><td>不属于上述规定情形的国有股权无偿划转或者重组等导致发行人控股股东发生变更的，视为公司控制权发生变更</td></tr>
<tr><td>发行人报告期内存在对同一公司控制权人下相同、类似或相关业务进行重组情况的，如同时符合下列条件，视为主营业务没有发生重大变化：①被重组方应当自报告期期初起即与发行人受同一公司控制权人控制，如果被重组方是在报告期内新设立的，应当自成立之日即与发行人受同一公司控制权人控制。②被重组进入发行人的业务与发行人重组前的业务具有相关性(相同、类似行业或同一产业链的上下游)</td></tr>
</table>

续表

<table>
<tr><td rowspan="10">在主板上市的公司首次公开发行股票的条件</td><td colspan="3">E. 发行人的股权清晰，控股股东和受控股股东、实际控制人支配的股东持有的发行人股份不存在重大权属纠纷</td></tr>
<tr><td colspan="3">F. 发行人已经依法建立健全股东大会、董事会、监事会、独立董事、董事会秘书制度，相关机构和人员能够依法履行职责</td></tr>
<tr><td rowspan="2">G. 发行人具有持续盈利能力</td><td colspan="2">(5)发行人应当具有持续盈利能力，不得有影响持续盈利能力的情形。下列属于影响持续盈利能力情形的有(　)。</td></tr>
<tr><td colspan="2">A. 发行人的经营模式、产品或服务的品种结构已经或者将发生重大变化，并对发行人的持续盈利能力构成重大不利影响
B. 发行人的行业地位或发行人所处行业的经营环境已经或者将发生重大变化，并对发行人的持续盈利能力构成重大不利影响
C. 发行人最近一个会计年度的营业收入或净利润对关联方或者存在重大不确定性的客户存在重大依赖
D. 发行人最近一个会计年度的净利润主要来自合并财务报表范围以外的投资收益
E. 发行人在用的商标、专利、专有技术以及特许经营权等重要资产或技术的取得或者使用存在重大不利变化的风险
F. 其他可能对发行人持续盈利能力构成重大不利影响的情形</td></tr>
<tr><td rowspan="6">H. 发行人的财务状况良好</td><td colspan="2">(6)发行人的财务状况良好的表现有(　)。</td></tr>
<tr><td rowspan="5">A. 财务管理规范</td><td>(7)下列属于财务管理规范的情形有(　)。</td></tr>
<tr><td>A. 发行人的内部控制在所有重大方面应是有效的，并由注册会计师出具了无保留结论的内部控制鉴证报告</td></tr>
<tr><td>B. 发行人的会计基础工作规范，财务报表的编制符合企业会计准则和相关会计制度的规定，在所有重大方面都公允地反映了发行人的财务状况、经营成果和现金流量，并由注册会计师出具了无保留意见的审计报告</td></tr>
<tr><td>C. 发行人编制财务报表应以实际发生的交易或者事项为依据；在进行会计确认、计量和报告时应当保持应有的谨慎；对相同或者相似的经济业务，应选用一致的会计政策，不得随意变更</td></tr>
<tr><td>D. 发行人完整披露关联方关系并按重要性原则恰当披露关联交易，关联交易价格公允，不存在通过关联交易操纵利润的情形</td></tr>
</table>

续表

<table>
<tr><td rowspan="12">在主板上市的公司首次公开发行股票的条件</td><td rowspan="7">H. 发行人的财务状况良好</td><td rowspan="2">B. 财务指标良好</td><td>(8)发行人发行股票并上市的财务指标应当达到的要求有(　)。</td></tr>
<tr><td>A. 最近 3 个会计年度净利润均为正数且累计超过人民币 3 000 万元，净利润以扣除非经常性损益前后较低者为计算依据
B. 最近 3 个会计年度经营活动产生的现金流量净额累计超过人民币 5 000 万元；或者最近 3 个会计年度营业收入累计超过人民币 3 亿元
C. 发行前股本总额不少于人民币 3 000 万元
D. 最近一期期末无形资产(扣除土地使用权、水面养殖权和采矿权等后)占净资产的比例不高于 20%
E. 最近一期期末不存在未弥补亏损
【注意】中国证监会根据《发行股票或存托凭证试点意见》等规定认定的试点企业，可不适用前款 A、E 项财务指标要求。</td></tr>
<tr><td>C. 依法纳税</td><td>发行人依法纳税，各项税收优惠符合相关法律法规的规定；发行人的经营成果对税收优惠不存在严重依赖</td></tr>
<tr><td colspan="2">D. 发行人不存在重大偿债风险，不存在影响持续经营的担保、诉讼以及仲裁等重大或有事项</td></tr>
<tr><td rowspan="2">E. 财务资料真实完整</td><td>(9)发行人披露的财务资料不得存在的情形有(　)。</td></tr>
<tr><td>A. 故意遗漏或虚构交易、事项或者其他重要信息
B. 滥用会计政策或者会计估计
C. 操纵、伪造或篡改编制财务报表所依据的会计记录或者相关凭证</td></tr>
<tr><td colspan="2"></td></tr>
<tr><td rowspan="5">I. 发行人不存在《首发管理办法》规定的违法行为</td><td colspan="2">最近 36 个月内未经《证券法》规定的程序，擅自公开或者变相公开发行过证券，或者有关违法行为虽然发生在 36 个月前，但目前仍处于持续状态</td></tr>
<tr><td colspan="2">最近 36 个月内违反工商、税收、土地、环保、海关以及其他法律、行政法规，受到行政处罚，且情节严重</td></tr>
<tr><td colspan="2">最近 36 个月内曾提出发行申请，但报送的发行申请文件有虚假记载、误导性陈述或重大遗漏；或者伪造、变造发行人或其董事、监事、高级管理人员的签字、盖章</td></tr>
<tr><td colspan="2">本次报送的发行申请文件有虚假记载、误导性陈述或者重大遗漏；涉嫌犯罪被司法机关立案侦查，尚未有明确结论意见</td></tr>
<tr><td colspan="2">严重损害投资者合法权益和社会公共利益的其他情形</td></tr>
</table>

续表

<table>
<tr><td rowspan="7">在科创板上市的公司首次公开发行股票的条件</td><td colspan="3">应当符合科创板定位，面向世界科技前沿、面向经济主战场、面向国家重大需求。优先支持符合国家战略，拥有关键核心技术，科技创新能力突出，主要依靠核心技术开展生产经营，具有稳定的商业模式，市场认可度高，社会形象良好，具有较强成长性的企业。</td></tr>
<tr><td colspan="3">首次公开发行股票并在科创板上市，应当符合发行条件、上市条件以及相关信息披露要求，依法经上海证券交易所发行上市审核并报经中国证监会履行发行注册程序。</td></tr>
<tr><td colspan="3">(10)发行人申请首次公开发行股票并在科创板上市，应符合的条件有(　)。</td></tr>
<tr><td colspan="2">A. 发行人是依法设立且持续经营 3 年以上的股份有限公司，具备健全且运行良好的组织机构，相关机构和人员能够依法履行职责</td><td>有限责任公司按原账面净资产值折股整体变更为股份有限公司的，持续经营时间可以从有限责任公司成立之日起计算</td></tr>
<tr><td colspan="2">B. 发行人会计基础工作规范，财务报表的编制和披露符合企业会计准则和相关信息披露规则的规定，在所有重大方面公允地反映了发行人的财务状况、经营成果和现金流量，并由注册会计师出具标准无保留意见的审计报告</td><td>发行人内部控制制度健全且被有效执行，能够合理保证公司运行效率、合法合规和财务报告的可靠性，并由注册会计师出具无保留结论的内部控制鉴证报告</td></tr>
<tr><td rowspan="2">C. 发行人业务完整，具有直接面向市场独立持续经营的能力</td><td colspan="2">(11)发行人业务完整、具有直接面向市场独立持续经营的能力的表现有(　)。</td></tr>
<tr><td colspan="2">A. 资产完整，业务及人员、财务、机构独立，与控股股东、实际控制人及其控制的其他企业间不存在对发行人构成重大不利影响的同业竞争，不存在严重影响独立性或者显失公平的关联交易
B. 发行人主营业务、控制权、管理团队和核心技术人员稳定，最近 2 年内主营业务和董事、高级管理人员及核心技术人员均没有发生重大不利变化；控股股东和受控股股东、实际控制人支配的股东所持发行人的股份权属清晰，最近 2 年实际控制人没有发生变更，不存在导致控制权可能变更的重大权属纠纷
C. 发行人不存在主要资产、核心技术、商标等的重大权属纠纷，重大偿债风险，重大担保、诉讼、仲裁等或有事项，经营环境已经或者将要发生重大变化等对持续经营有重大不利影响的事项
D. 发行人生产经营符合法律、行政法规的规定，符合国家产业政策。最近 3 年内，发行人及其控股股东、实际控制人不存在贪污、贿赂、侵占财产、挪用财产或者破坏社会主义市场经济秩序的刑事犯罪，不存在欺诈发行、重大信息披露违法或者其他涉及国家安全、公共安全、生态安全、生产安全、公众健康安全等领域的重大违法行为；董事、监事和高级管理人员不存在最近 3 年内受到中国证监会行政处罚，或者因涉嫌犯罪被司法机关立案侦查或者涉嫌违法违规被中国证监会立案调查，尚未有明确结论意见等情形</td></tr>
</table>

续表

在创业板上市的公司首次公开发行股票的条件	在创业板上市的公司一般是自主创新企业及其他成长型创业企业，这类企业往往经营规模较小，具有较大的发展潜力，但同时也就有较大的经营管理风险
	《创业板首次公开发行股票注册管理办法（试行）》规定的首次公开发行股票的条件，与在科创板上市的公司首次公开发行股票的条件类似

【考点子题——举一反三，真枪实练】

[21]（2021 年·多选题）根据证券法律制度的规定，下列各项中，属于公司首次公开发行股票应当符合的条件有（　）。

A. 具备健全且运行良好的组织机构

B. 具有持续经营能力

C. 最近 3 年财务会计报告被出具无保留意见审计报告

D. 发行人及其控股股东、实际控制人最近 3 年不存在贪污、贿赂、侵占财产、挪用财产或者破坏社会主义市场经济秩序的刑事犯罪

（二）首次公开发行股票的程序和承销

【考点母题——万变不离其宗】首次公开发行股票的程序和承销

首次公开发行股票的程序	在主板首次公开发行股票仍实行核准制	（1）在主板首次公开发行股票的程序有（　）。
		A. 董事会决议、股东大会决议之后，由保荐人保荐并向中国证监会申报 B. 中国证监会受理、初审后，由发行审核委员会审核 C. 中国证监会依照法定条件对发行人的发行申请作出予以核准或者不予核准的决定，并出具相关文件 D. 自中国证监会核准发行之日起，发行人应在 6 个月内发行股票；超过 6 个月未发行的，核准文件失效，须重新经中国证监会核准后方可发行 E. 发行申请核准后、股票发行结束前，发行人发生重大事项的，应当重新履行核准程序 F. 股票发行申请未获核准的，自中国证监会作出不予核准决定之日起 6 个月后，发行人可再次提出股票发行申请

续表

<table>
<tr><td rowspan="9">首次公开发行股票的程序</td><td rowspan="9">在科创板和创业板首次公开发行股票适用注册制</td><td colspan="2">(2)根据《科创板首次公开发行股票注册管理办法(试行)》的规定，科创板首次公开发行股票应履行的注册程序有(　)。</td></tr>
<tr><td colspan="2">A. 发行人董事会应当依法就本次股票发行的具体方案、本次募集资金使用的可行性及其他必须明确的事项作出决议，并提请股东大会批准</td></tr>
<tr><td rowspan="4">B. 发行人股东大会就本次发行股票作出的决议</td><td>至少应当包括下列事项</td></tr>
<tr><td>本次公开发行股票的种类和数量；发行对象；定价方式；募集资金用途；发行前滚存利润的分配方案；决议的有效期；对董事会办理本次发行具体事宜的授权；其他必须明确的事项</td></tr>
<tr><td>自注册申请文件受理之日起，发行人及其控股股东、实际控制人、董事、监事、高级管理人员，以及与本次股票公开发行并上市相关的保荐人、证券服务机构及相关责任人员，即承担相应法律责任</td></tr>
<tr><td>注册申请文件受理后，未经中国证监会或者交易所同意，不得改动；发生重大事项的，发行人、保荐人、证券服务机构应当及时向交易所报告，并按要求更新注册申请文件和信息披露资料</td></tr>
<tr><td>C. 发行人申请首次公开发行股票并在科创板上市，应当按照中国证监会有关规定制作注册申请文件，由保荐人保荐并向交易所申报；交易所收到注册申请文件后，5个工作日内作出是否受理的决定</td><td>根据上海证券交易所相关发行上市审核规则，在交易所受理发行上市申请文件当日，发行人应当在交易所网站预先披露招股说明书、发行保荐书、上市保荐书、审计报告和法律意见书等文件。交易所受理发行上市申请后至中国证监会作出注册决定前，发行人应当按照本规则的规定，对预先披露的招股说明书、发行保荐书、上市保荐书、审计报告和法律意见书等文件予以更新并披露。预先披露的招股说明书等文件不是发行人发行股票的正式文件，不能含有股票发行价格信息，发行人不得据此发行股票</td></tr>
<tr><td>D. 交易所应当自受理注册申请文件之日起3个月内形成审核意见</td><td>发行人根据要求补充、修改注册申请文件，以及交易所按照规定对发行人实施现场检查，或者要求保荐人、证券服务机构对有关事项进行专项核查的时间不计算在内</td></tr>
</table>

续表

<table>
<tr><td rowspan="6">首次公开发行股票的程序</td><td rowspan="6">在科创板和创业板首次公开发行股票适用注册制</td><td rowspan="3">D. 交易所应当自受理注册申请文件之日起 3 个月内形成审核意见</td><td>交易所设立独立的审核部门，负责审核发行人公开发行并上市申请；设立科技创新咨询委员会，负责为科创板建设和发行上市审核提供专业咨询和政策建议；设立科创板股票上市委员会，负责对审核部门出具的审核报告和发行人的申请文件提出审议意见；交易所主要通过向发行人提出审核问询、发行人回答问题方式开展审核工作，基于科创板定位，判断发行人是否符合发行条件、上市条件和信息披露要求</td></tr>
<tr><td>交易所按照规定的条件和程序，作出同意或者不同意发行人股票公开发行并上市的审核意见；同意发行人股票公开发行并上市的，将审核意见、发行人注册申请文件及相关审核资料报送中国证监会履行发行注册程序；不同意发行人股票公开发行并上市的，作出终止发行上市审核决定</td></tr>
<tr><td>发行注册主要关注交易所发行上市审核内容有无遗漏，审核程序是否符合规定，以及发行人在发行条件和信息披露要求的重大方面是否符合相关规定。中国证监会认为存在需要进一步说明或者落实事项的，可以要求交易所进一步问询</td></tr>
<tr><td rowspan="3">E. 中国证监会收到交易所报送的审核意见、发行人注册申请文件及相关审核资料后，履行发行注册程序</td><td>中国证监会在 20 个工作日内对发行人的注册申请作出同意注册或者不予注册的决定。发行人根据要求补充、修改注册申请文件，中国证监会要求交易所进一步问询，以及中国证监会要求保荐人、证券服务机构等对有关事项进行核查的时间不计算在内</td></tr>
<tr><td>中国证监会认为交易所对影响发行条件的重大事项未予关注或者交易所的审核意见依据明显不充分的，可以退回交易所补充审核。交易所补充审核后，同意发行人股票公开发行并上市的，重新向中国证监会报送审核意见及相关资料，20 个工作日的注册期限重新计算</td></tr>
<tr><td>(3)存在特定情形之一的，交易所或者中国证监会应当终止相应发行上市审核程序或者发行注册程序，并向发行人说明理由。该特定情形有(　)。</td></tr>
</table>

续表

<table>
<tr><td rowspan="5">首次公开发行股票的程序</td><td rowspan="5">在科创板和创业板首次公开发行股票适用注册制</td><td>E. 中国证监会收到交易所报送的审核意见、发行人注册申请文件及相关审核资料后，履行发行注册程序</td><td>A. 发行人撤回注册申请文件或者保荐人撤销保荐
B. 发行人未在要求的期限内对注册申请文件作出解释说明或者补充、修改
C. 注册申请文件存在虚假记载、误导性陈述或者重大遗漏
D. 发行人阻碍或者拒绝中国证监会、交易所依法对发行人实施检查、核查
E. 发行人及其关联方以不正当手段严重干扰发行上市审核或者发行注册工作
F. 发行人法人资格终止
G. 注册申请文件内容存在重大缺陷，严重影响投资者理解和发行上市审核或者发行注册工作
H. 发行人注册申请文件中记载的财务资料已过有效期且逾期 3 个月未更新
I. 发行人中止发行上市审核程序超过交易所规定的时限或者中止发行注册程序超过 3 个月仍未恢复
J. 交易所不同意发行人公开发行股票并上市
K. 中国证监会规定的其他情形</td></tr>
<tr><td colspan="2">F. 中国证监会同意注册的决定自作出之日起 1 年内有效，发行人应当在注册决定有效期内发行股票，发行时点由发行人自主选择</td></tr>
<tr><td rowspan="2">G. 中国证监会作出注册决定后、发行人股票上市交易前</td><td>发行人应当及时更新信息披露文件内容，财务报表过期的，发行人应当补充财务会计报告等文件；保荐人及证券服务机构应当持续履行尽职调查职责；发生重大事项的，发行人、保荐人应当及时向交易所报告。交易所应当对上述事项及时处理，发现发行人存在重大事项影响发行条件、上市条件的，应当出具明确意见并及时向中国证监会报告</td></tr>
<tr><td>发现可能影响本次发行的重大事项的，中国证监会可以要求发行人暂缓或者暂停发行、上市；相关重大事项导致发行人不符合发行条件的，可以撤销注册。中国证监会撤销注册后，股票尚未发行的，发行人应当停止发行；股票已经发行尚未上市的，发行人应当按照发行价并加算银行同期存款利息返还股票持有人</td></tr>
<tr><td colspan="2">H. 交易所因不同意发行人股票公开发行并上市，作出终止发行上市审核决定，或者中国证监会作出不予注册决定的，自决定作出之日起 6 个月后，发行人可以再次提出公开发行股票并上市申请</td></tr>
</table>

续表

<table>
<tr><td rowspan="4">强化发行人及其控股股东等责任主体的诚信义务</td><td>(4)根据《关于进一步推进新股发行体制改革的意见》的规定，发行人及其控股股东等责任主体诚信义务有(　)。</td></tr>
<tr><td>A. 发行人控股股东、持有发行人股份的董事和高级管理人员应在公开募集及上市文件中公开承诺：所持股票在锁定期满后 2 年内减持的，其减持价格不低于发行价；公司上市后 6 个月内如公司股票连续 20 个交易日的收盘价均低于发行价，或者上市后 6 个月期末收盘价低于发行价，持有公司股票的锁定期限自动延长至少 6 个月
B. 发行人及其控股股东、公司董事及高级管理人员应在公开募集及上市文件中提出上市后 3 年内公司股价低于每股净资产时稳定公司股价的预案，预案应包括启动股价稳定措施的具体条件、可能采取的具体措施等。具体措施可以包括发行人回购公司股票，控股股东、公司董事、高级管理人员增持公司股票等。上述人员在启动股价稳定措施时应提前公告具体实施方案
C. 发行人及其控股股东应在公开募集及上市文件中公开承诺，发行人招股说明书有虚假记载、误导性陈述或者重大遗漏，对判断发行人是否符合法律规定的发行条件构成重大、实质影响的，将依法回购首次公开发行的全部新股，且发行人控股股东将购回已转让的原限售股份；发行人及其控股股东、实际控制人、董事、监事、高级管理人员等相关责任主体应在公开募集及上市文件中公开承诺：发行人招股说明书有虚假记载、误导性陈述或者重大遗漏，致使投资者在证券交易中遭受损失的，将依法赔偿投资者损失
D. 保荐机构、会计师事务所等证券服务机构应当在公开募集及上市文件中公开承诺：因其为发行人首次公开发行制作、出具的文件有虚假记载、误导性陈述或者重大遗漏，给投资者造成损失的，将依法赔偿投资者损失
E. 发行人应当在公开募集及上市文件中披露公开发行前持股 5%以上股东的持股意向及减持意向；持股 5%以上股东减持时，须提前 3 个交易日予以公告
F. 发行人及其控股股东、公司董事及高级管理人员等责任主体作出公开承诺事项的，应同时提出未能履行承诺时的约束措施，并在公开募集及上市文件中披露，接受社会监督；证券交易所应加强对相关当事人履行公开承诺行为的监督和约束，对不履行承诺的行为及时采取监管措施</td></tr>
<tr><td>(5)根据《证券法》的规定，发行人控股股东的责任有(　)。</td></tr>
<tr><td>A. 国务院证券监督管理机构或者国务院授权的部门对已作出的证券发行注册的决定，发现不符合法定条件或者法定程序，尚未发行证券的，应当予以撤销，停止发行；已经发行尚未上市的，撤销发行注册决定，发行人应当按照发行价并加算银行同期存款利息返还证券持有人；发行人的控股股东、实际控制人以及保荐人，应当与发行人承担连带责任，但是能够证明自己没有过错的除外
B. 股票的发行人在招股说明书等证券发行文件中隐瞒重要事实或者编造重大虚假内容，已经发行并上市的，国务院证券监督管理机构可以责令发行人回购证券，或者责令负有责任的控股股东、实际控制人买回证券
【注意】如果发行人的虚假陈述行为源于控股股东、实际控制人的组织、指使，并致使投资者在证券交易中遭受损失的，原告可以请求法院直接判令该控股股东、实际控制人赔偿损失；若是发行人在承担了该赔偿责任，发行人可向该控股股东、实际控制人请求赔偿实际支付的赔偿款、合理的律师费、诉讼费用等。</td></tr>
</table>

续表

<table>
<tr><td rowspan="15">股票承销</td><td colspan="3">股票承销是指证券公司依照协议包销或者代销发行人向社会公开发行股票的行为。</td></tr>
<tr><td colspan="3">(6)股票的承销方式有(　)。</td></tr>
<tr><td>A. 代销</td><td colspan="2">股票代销是指证券公司代发行人发售股票，在承销期结束时，将未售出的股票全部退还给发行人的承销方式</td></tr>
<tr><td rowspan="2">B. 包销</td><td colspan="2">证券公司将发行人的股票按照协议全部购入，然后再向投资者销售，当卖出价高于购入价时，其差价归证券公司所有；当卖出价低于购入价时，其损失由证券公司承担</td></tr>
<tr><td>证券公司在承销期结束后，将售后剩余股票全部自行购入</td><td>这种承销方式下，证券公司要与发行人签订合同，在承销期内，是一种代销行为；在承销期满后，是一种包销行为</td></tr>
<tr><td colspan="3">【注意】证券公司在代销、包销期内，对所代销、包销的证券应当保证先行出售给认购人，证券公司不得为本公司预留所代销的证券和预先购入并留存所包销的证券。</td></tr>
<tr><td colspan="3">(7)下列关于股票聘请承销团承销的表述中，正确的有(　)。</td></tr>
<tr><td colspan="3">A. 向不特定对象发行证券聘请承销团承销的，承销团应当由主承销和参与承销的证券公司组成
B. 主承销可以由证券发行人按照公平竞争的原则，通过竞标的方式产生，也可以由证券公司之间协商确定
C. 主承销一般要承担组建承销团、代表承销团与证券发行者签订承销合同和有关文件等事项
D. 作为主承销的证券公司与参与承销的证券公司之间应签订承销团协议，就当事人的情况、承销股票的种类、数量、金额、发行价格、承销的具体方式、各承销成员承销的份额及报酬以及承销组织工作的分工、承销期及起止日期、承销付款的日期及方式等达成一致意见</td></tr>
<tr><td colspan="3">(8)下列关于股票承销期限的表述中，正确的是(　)。</td></tr>
<tr><td colspan="3">A. 证券的代销、包销期限最长不得超过90日</td></tr>
<tr><td colspan="3">(9)下列关于股票发行失败的表述中，正确的有(　)。</td></tr>
<tr><td colspan="3">A. 股票发行采用代销方式，代销期限届满，向投资者出售的股票数量未达到拟公开发行股票数量70%的，为发行失败
B. 股票发行失败的，发行人应当按照发行价并加算银行同期存款利息返还股票认购人</td></tr>
<tr><td colspan="3">(10)下列关于公开发行股票备案的表述中，正确的是(　)。</td></tr>
<tr><td colspan="3">A. 公开发行股票，代销、包销期限届满，发行人应当在规定的期限内将股票发行情况报国务院证券监督管理机构备案</td></tr>
<tr><td colspan="3">(11)下列关于承销机构勤勉尽责义务的表述中，正确的有(　)。</td></tr>
</table>

续表

<table>
<tr><td rowspan="5">股票承销</td><td colspan="2">A. 证券公司承销证券，应当对公开发行募集文件的真实性、准确性、完整性进行核查；发现有虚假记载、误导性陈述或者重大遗漏的，不得进行销售活动；已经销售的，必须立即停止销售活动，并采取纠正措施</td></tr>
<tr><td rowspan="4">B. 证券公司承销证券，不得有下列行为</td><td>进行虚假的或者误导投资者的广告宣传或者其他宣传推介活动</td></tr>
<tr><td>以不正当竞争手段招揽承销业务</td></tr>
<tr><td>其他违反证券承销业务规定的行为</td></tr>
<tr><td>【注意】证券公司有上述所列行为，给其他证券承销机构或者投资者造成损失的，应当依法承担赔偿责任。</td></tr>
</table>

【考点子题——举一反三，真枪实练】

[22] (2015 年 · 多选题) 甲公司委托乙证券公司以代销方式公开发行股票 6 000 万股。代销期限届满，投资者认购甲公司股票的数量为 4 000 万股。根据证券法律制度的规定，下列表述中，正确的有（ ）。

A. 甲公司应当以自有资金购入剩余的 2 000 万股

B. 股票发行失败

C. 甲公司可以更换承销商，继续销售剩余的 2 000 万股

D. 应当返还已收取的 4 000 万股发行价款，并加算银行同期存款利息

（三）首次公开发行股票时的老股转让

【考点母题——万变不离其宗】首次公开发行股票时的老股转让

发行人在首次公开发行新股时鼓励持股满 3 年的原股东将部分老股向投资者转让，增加新上市公司可流通股票的比例。
(1) 公司首次公开发行股票时，公司股东公开发售股份应满足的条件有( )。
A. 公司首次公开发行时，公司股东公开发售的股份，其已持有时间应当在 36 个月以上 B. 公司股东公开发售股份后，公司的股权结构不得发生重大变化，实际控制人不得发生变更 C. 公司股东公开发售的股份，权属应当清晰，不存在法律纠纷或质押、冻结及其他依法不得转让的情况
(2) 下列关于公司首次公开发行股票时，公司股东公开发售股份应符合的程序有( )。
A. 公司股东拟公开发售股份的，应当向发行人董事会提出申请；需要相关主管部门批准的，应当事先取得相关部门的批准文件 B. 发行人董事会应当依法就本次股票发行方案作出决议，并提请股东大会批准
(3) 公司首次公开发行股票时，拟公开发售股份的公司股东就本次发行承销费用负担的表述中，正确的是( )。

续表

A. 发行人与拟公开发售股份的公司股东应当就本次发行承销费用的分摊原则进行约定，并在招股说明书等文件中披露相关信息
(4)公司发行新股的同时，其股东拟公开发售股份的，发行方案应当载明的内容有(　)。
A. 公司预计发行新股数量、公司相关股东预计公开发售股份的数量和上限，并明确新股发行与老股转让数量的调整机制 B. 公司首次公开发行股票应主要用于筹集企业发展需要的资金 C. 新股发行数量应根据企业实际的资金需求合理确定；公司股东公开发售股份数量不得超过自愿设定12个月及以上限售期的投资者获得配售股份的数量
(5)公司发行新股的同时，其股东拟公开发售股份的，招股说明书应当载明(　)。
A. 发行人应当在招股说明书扉页载明公司拟发行新股和公司股东拟公开发售股份的数量，并提示股东公开发售股份所得资金不归公司所有
(6)公司发行新股的同时，其股东拟公开发售股份的，发行公告应当披露(　)。
A. 发行公告应该披露公司股东拟公开发售股份总数及股东名称、各自公开发售股份数量等情况，并提示投资者关注公司将不会获得公司股东公开发售股份所得资金

第7章

【考点子题——举一反三，真枪实练】

[23] (2020年·单选题)根据证券法律制度的规定，公司首次公开发行股份时，老股东可以公开发售其持有时间达到一定期限的股份。该期限至少应当是(　)年。

A. 1　　B. 2　　C. 3　　D. 4

考点9 上市公司发行新股

上市公司发行新股，可以向不特定对象公开发行，也可以向特定对象非公开发行。上市公司公开发行新股的，可以分为向原股东配售股份(即“配股”)和向不特定对象公开募集股份(即称“增发”)。

(一)主板上市公司发行股票的条件和程序

【考点母题——万变不离其宗】主板上市公司发行股票的条件和程序

<table>
<tr><td rowspan="3">发行新股的一般条件</td><td colspan="2">(1)上市公司发行新股的一般条件是指上市公司采用不同方式发行新股都应当具备的条件，这些条件有(　)。</td></tr>
<tr><td rowspan="2">A. 组织机构健全，运行良好</td><td>上市公司的公司章程合法有效，股东大会、董事会、监事会和独立董事制度健全，能够依法有效履行职责</td></tr>
<tr><td>公司内部控制制度健全，能够有效保证公司运行的效率、合法合规性和财务报告的可靠性；内部控制制度的完整性、合理性和有效性不存在重大缺陷</td></tr>
</table>

续表

<table>
<tr><td rowspan="19">发行新股的一般条件</td><td rowspan="2">A. 组织机构健全，运行良好</td><td>现任董事、监事和高级管理人员具备任职资格，能够忠实和勤勉地履行职务，不存在违反《公司法》第一百四十七条、第一百四十八条规定的行为，且最近 36 个月内未受到过证监会的行政处罚、最近 12 个月内未受到过证券交易所的公开谴责</td></tr>
<tr><td>上市公司与控股股东或实际控制人的人员、资产、财务分开，机构、业务独立，能够自主经营管理；最近 12 个月内不存在违规对外提供担保的行为</td></tr>
<tr><td rowspan="8">B. 盈利能力应具有可持续性</td><td>上市公司最近 3 个会计年度连续盈利</td></tr>
<tr><td>扣除非经常性损益后的净利润与扣除前的净利润相比，以低者作为计算依据</td></tr>
<tr><td>业务和盈利来源相对稳定，不存在严重依赖于控股股东、实际控制人的情形</td></tr>
<tr><td>现有主营业务或投资方向能够可持续发展，经营模式和投资计划稳健，主要产品或服务的市场前景良好，行业经营环境和市场需求不存在现实或可预见的重大不利变化</td></tr>
<tr><td>高级管理人员和核心技术人员稳定，最近 12 个月内未发生重大不利变化；公司重要资产、核心技术或其他重大权益的取得合法，能够持续使用，不存在现实或可预见的重大不利变化</td></tr>
<tr><td>不存在可能严重影响公司持续经营的担保、诉讼、仲裁或其他重大事项</td></tr>
<tr><td>最近 24 个月内曾公开发行证券的，不存在发行当年营业利润比上年下降 50%以上的情形</td></tr>
<tr><td style="display:none"></td></tr>
<tr><td rowspan="7">C. 财务状况良好</td><td>上市公司的会计基础工作规范，严格遵循国家统一会计制度的规定</td></tr>
<tr><td>最近 3 年及 1 期财务报表未被注册会计师出具保留意见、否定意见或无法表示意见的审计报告</td></tr>
<tr><td>被注册会计师出具带强调事项段的无保留意见审计报告的，所涉及的事项对发行人无重大不利影响或者在发行前重大不利影响已经消除</td></tr>
<tr><td>资产质量良好，不良资产不足以对公司财务状况造成重大不利影响</td></tr>
<tr><td>经营成果真实，现金流量正常，营业收入和成本费用的确认严格遵循国家有关企业会计准则的规定，最近 3 年资产减值准备计提充分合理，不存在操纵经营业绩的情形</td></tr>
<tr><td>最近 3 年以现金方式累计分配的利润不少于最近 3 年实现的年均可分配利润的 30%</td></tr>
<tr><td>上市公司可以进行中期现金分红</td></tr>
</table>

续表

<table>
<tr><td rowspan="17">发行新股的一般条件</td><td rowspan="3">D. 财务会计文件无虚假记载</td><td>上市公司不存在违反证券法律、行政法规或规章，受到证监会的行政处罚，或者受到刑事处罚的行为</td></tr>
<tr><td>不存在违反工商、税收、土地、环保、海关法律、行政法规或规章，受到行政处罚且情节严重，或者受到刑事处罚的行为</td></tr>
<tr><td>不存在违反国家其他法律、行政法规且情节严重的行为</td></tr>
<tr><td rowspan="6">E. 募集资金的数额和使用符合规定</td><td>上市公司募集资金数额不超过项目需要量</td></tr>
<tr><td>募集资金用途符合国家产业政策和有关环境保护、土地管理等法律和行政法规的规定</td></tr>
<tr><td>除金融类企业外，本次募集资金使用项目不得为持有交易性金融资产和可供出售的金融资产、借予他人、委托理财等财务性投资，不得直接或间接投资于以买卖有价证券为主要业务的公司</td></tr>
<tr><td>投资项目实施后，不会与控股股东或实际控制人产生同业竞争或影响公司生产经营的独立性</td></tr>
<tr><td>建立募集资金专项存储制度，募集资金必须存放于公司董事会决定的专项账户</td></tr>
<tr><td style="display:none"></td></tr>
<tr><td rowspan="6">F. 上市公司不存在下列行为</td><td>本次发行申请文件有虚假记载、误导性陈述或重大遗漏</td></tr>
<tr><td>擅自改变前次公开发行证券募集资金的用途而未作纠正</td></tr>
<tr><td>上市公司最近 12 个月内受到过证券交易所的公开谴责</td></tr>
<tr><td>上市公司及其控股股东或实际控制人最近 12 个月内存在未履行向投资者作出的公开承诺的行为</td></tr>
<tr><td>上市公司或其现任董事、高级管理人员因涉嫌犯罪被司法机关立案侦查或涉嫌违法违规被证监会立案调查</td></tr>
<tr><td>严重损害投资者的合法权益和社会公共利益的其他情形</td></tr>
<tr><td rowspan="3">配股的条件</td><td colspan="2">上市公司配股，应当向股权登记日登记在册的股东配售，且配售比例应当相同。</td></tr>
<tr><td colspan="2">(2)主板上市公司配股，除了应当符合发行新股的一般条件之外，还应当符合的条件有(　)。</td></tr>
<tr><td colspan="2">A. 拟配售股份数量不超过本次配售股份前股本总额的 30%
B. 控股股东应当在股东大会召开前公开承诺认配股份的数量
C. 采用证券法规定的代销方式发行
【注意】控股股东不履行认配股份的承诺，或者代销期限届满，原股东认购股票的数量未达到拟配售数量 70%的，发行人应当按照发行价并加算银行同期存款利息返还已经认购的股东。</td></tr>
</table>

第7章

续表

<table>
<tr><td rowspan="2">增发的条件</td><td colspan="3">(3)主板上市公司向不特定对象公开募集股份，除了符合发行新股的一般条件外，还应当符合的条件有(　)。</td></tr>
<tr><td colspan="3">A. 最近 3 个会计年度加权平均净资产收益率平均不低于 6%；扣除非经常性损益后的净利润与扣除前的净利润相比，以低者作为加权平均净资产收益率的计算依据
B. 除金融类企业外，最近一期期末不存在持有金额较大的交易性金融资产和可供出售的金融资产、借予他人款项、委托理财等财务性投资的情形
C. 发行价格应不低于公告招股意向书前 20 个交易日公司股票均价或前一个交易日的均价
【注意】上市公司增发可以全部或者部分向原股东优先配售，优先配售比例应当在发行公告中披露。</td></tr>
<tr><td rowspan="14">非公开发行股票的条件</td><td colspan="3">所谓非公开发行股票，是指上市公司采用非公开方式，向特定对象发行股票的行为</td></tr>
<tr><td rowspan="13">发行对象和认购条件</td><td colspan="2">(4)非公开发行股票的特定对象应当符合的规定有(　)。</td></tr>
<tr><td colspan="2">A. 特定对象应当符合股东大会决议规定的条件</td></tr>
<tr><td rowspan="3">B. 发行对象不超过 35 名</td><td>认购并获得本次非公开发行股票的法人、自然人或者其他合法投资组织不超过 35 名</td></tr>
<tr><td>证券投资基金管理公司、证券公司、合格境外机构投资者、人民币合格境外机构投资者以其管理的二只以上产品认购的，视为一个发行对象</td></tr>
<tr><td>信托公司作为发行对象，只能以自有资金认购</td></tr>
<tr><td colspan="2">【注意】发行对象为境外战略投资者的，应当遵守国家的相关规定。</td></tr>
<tr><td colspan="2">(5)上市公司非公开发行股票，应当符合的要求有(　)。</td></tr>
<tr><td>A. 发行价格不低于定价基准日前 20 个交易日公司股票均价的 80%</td><td>定价基准日前 20 个交易日公司股票均价 = 定价基准日前 20 个交易日股票交易总额/定价基准日前 20 个交易日股票交易总量</td></tr>
<tr><td colspan="2">B. 本次发行的股份自发行结束之日起，6 个月内不得转让；控股股东、实际控制人及其控制的企业认购的股份，18 个月内不得转让</td></tr>
<tr><td colspan="2">C. 募集资金使用符合《发行管理办法》的相关规定</td></tr>
<tr><td colspan="2">D. 本次发行将导致上市公司控制权发生变化的，还应当符合中国证监会的其他规定</td></tr>
<tr><td colspan="2">(6)下列关于确定“定价基准日”的表述中，正确的有(　)。</td></tr>
<tr><td colspan="2">A. “定价基准日”，是指计算发行底价的基准日；定价基准日为本次非公开发新股票的发行期首日；上市公司应按不低于该发行底价的价格发行股票</td></tr>
</table>

续表

<table>
<tr><td rowspan="9">非公开发行股票的条件</td><td rowspan="7">发行对象和认购条件</td><td rowspan="3">B. 上市公司董事会决议提前确定全部发行对象，且属于下列情形之一的，定价基准日可以为关于本次非公开发行股票的董事会决议公告日、股东大会决议公告日或者发行期首日，认购的股份自发行结束之日起 18 个月内不得转让：</td><td>上市公司的控股股东、实际控制人或其控制的关联人</td></tr>
<tr><td>通过认购本次发行的股份取得上市公司实际控制权的投资者</td></tr>
<tr><td>董事会拟引入的境内外战略投资者</td></tr>
<tr><td colspan="2">(7)发行对象属于上述情形之外的，上市公司在取得发行核准批文后，对发行价格和发行对象的确定的下列表述中，正确的有(　)。</td></tr>
<tr><td colspan="2">A. 按照《非公开发行细则》的规定以竞价方式确定发行价格和发行对象
B. 发行对象认购的股份自发行结束之日起 6 个月内不得转让
C. 董事会决议确定部分发行对象的，该部分发行对象不得参与竞价，但应当接受竞价结果；并应当明确在没有通过竞价方式产生发行价格的情况下，是否继续参与认购、认购数量及价格确定原则</td></tr>
<tr><td colspan="2">(8)定价基准日为本次非公开发行股票的董事会决议公告日或股东大会决议公告日的，非公开发行股票的董事会决议公告后，出现特定情况的，应当由董事会重新确定本次发行的定价基准日。该特定情况有(　)。</td></tr>
<tr><td colspan="2">A. 本次非公开发行股票股东大会决议的有效期已过
B. 本次发行方案发生变化
C. 其他对本次发行定价具有重大影响的事项</td></tr>
<tr><td rowspan="2">上市公司非公开发行的障碍</td><td colspan="2">(9)上市公司存在特定情形之一的，不得非公开发行股票。该特定情形有(　)。</td></tr>
<tr><td colspan="2">A. 本次发行申请文件有虚假记载、误导性陈述或重大遗漏
B. 上市公司的权益被控股股东或实际控制人严重损害且尚未消除
C. 上市公司及其附属公司违规对外提供担保且尚未解除
D. 现任董事、高级管理人员最近 36 个月内受到过证监会的行政处罚，或者最近 12 个月内受到过证券交易所公开谴责
E. 上市公司或其现任董事、高级管理人员因涉嫌犯罪正被司法机关立案侦查或涉嫌违法违规正被证监会立案调查
F. 最近 1 年及 1 期财务报表被注册会计师出具保留意见、否定意见或无法表示意见的审计报告；保留意见、否定意见或无法表示意见所涉及事项的重大影响已经消除或者本次发行涉及重大重组的除外
G. 严重损害投资者合法权益和社会公共利益的其他情形</td></tr>
</table>

续表

<table>
<tr><td rowspan="12">发行新股的程序</td><td colspan="3">(10)目前，主板上市公司发行新股仍然适用核准制。其具体程序有(　)。</td></tr>
<tr><td rowspan="2">A. 董事会作出决议</td><td colspan="2">(11)上市公司申请发行证券，董事会应当依法就特定事项作出决议，并提请股东大会批准。该特定事项有(　)。</td></tr>
<tr><td colspan="2">A. 本次证券发行的方案　B. 本次募集资金使用的可行性报告
C. 前次募集资金使用的报告　D. 其他必须明确的事项</td></tr>
<tr><td rowspan="3">B. 股东大会决议批准</td><td colspan="2">股东大会就发行事项作出决议，必须经出席会议的股东所持表决权的2/3以上通过</td></tr>
<tr><td>向本公司特定的股东及其关联人发行的，股东大会就发行方案进行表决时，关联股东应当回避</td><td>“特定的股东及其关联人”是指董事会决议已确定为本次发行对象的股东及其关联人</td></tr>
<tr><td colspan="2">上市公司就发行新股事项召开股东大会，应当提供网络或者其他方式为股东参加股东大会提供便利</td></tr>
<tr><td rowspan="2">C. 保荐人保荐</td><td colspan="2">上市公司申请公开发行证券或者非公开发行新股，应当由保荐人保荐，并向中国证监会申报</td></tr>
<tr><td colspan="2">保荐人应当按照有关规定编制和报送发行申请文件</td></tr>
<tr><td colspan="3">D. 中国证监会在收到申请文件后，5 个工作日内决定是否受理，在受理后进行初审以及审核，作出核准或者不予核准的决定</td></tr>
<tr><td>E. 发行股票</td><td colspan="2">自中国证监会核准发行之日起，上市公司应在 12 个月内发行证券；超过 12 个月未发行的，核准文件失效，须重新经中国证监会核准后方可发行；上市公司发行证券前发生重大事项的，应暂缓发行，并及时报告中国证监会。该事项对本次发行条件构成重大影响的，发行证券的申请应重新经过中国证监会核准</td></tr>
<tr><td>F. 承销</td><td colspan="2">上市公司发行证券，应当由证券公司承销；非公开发行股票，发行对象均属于原前十名股东的，可以由上市公司自行销售</td></tr>
<tr><td colspan="3">【注意】证券发行申请未获核准的上市公司，自中国证监会作出不予核准的决定之日起 6 个月后，可再次提出证券发行申请。</td></tr>
</table>

【考点子题——举一反三，真枪实练】

[24] (2012 年 · 多选题)根据证券法律制度的规定，下列关于上市公司非公开发行股票的表述中，正确的有(　)。

A. 现任董事最近 12 个月内受到过证券交易所公开谴责的，不得非公开发行股票

B. 发行对象不超过 35 名

C. 实际控制人认购的股份自发行结束之日起 18 个月内不得转让

D. 发行价格不得低于定价基准日前 20 个交易日公司股票均价的 80%

[25] (2021 年 · 单选题)根据证券法律制度的规定，上市公司拟配售股份数量不得超过本次配售股份前股本总额的一定比例，该比例为(　)。

A. 20%　　B. 10%　　C. 5%　　D. 30%

（二）科创板和创业板上市公司发行股票的条件和程序

【考点母题——万变不离其宗】科创板和创业板上市公司发行股票的条件和程序

<table>
<tr><td rowspan="6">发行条件
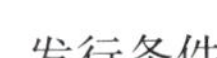</td><td>(1)上市公司向不特定对象发行股票，应当符合的条件有(　)。</td></tr>
<tr><td>A. 具备健全且运行良好的组织机构
B. 现任董事、监事和高级管理人员符合法律、行政法规规定的任职要求
C. 具有完整的业务体系和直接面向市场独立经营的能力，不存在对持续经营有重大不利影响的情形
D. 会计基础工作规范，内部控制制度健全且有效执行，财务报表的编制和披露符合企业会计准则和相关信息披露规则的规定，在所有重大方面公允反映了上市公司的财务状况、经营成果和现金流量，最近三年财务会计报告被出具无保留意见审计报告
E. 除金融类企业外，最近一期末不存在金额较大的财务性投资</td></tr>
<tr><td>(2)上市公司存在特定情形之一的，不得向不特定对象发行股票。该特定情形有(　)。</td></tr>
<tr><td>A. 擅自改变前次募集资金用途未作纠正，或者未经股东大会认可
B. 上市公司及其现任董事、监事和高级管理人员最近三年受到中国证监会行政处罚，或者最近一年受到证券交易所公开谴责，或者因涉嫌犯罪正在被司法机关立案侦查或者涉嫌违法违规正在被中国证监会立案调查
C. 上市公司及其控股股东、实际控制人最近一年存在未履行向投资者作出的公开承诺的情形
D. 上市公司及其控股股东、实际控制人最近三年存在贪污、贿赂、侵占财产、挪用财产或者破坏社会主义市场经济秩序的刑事犯罪，或者存在严重损害上市公司利益、投资者合法权益、社会公共利益的重大违法行为</td></tr>
<tr><td>(3)上市公司存在特定情形之一的，不得向特定对象发行股票。该特定情形有(　)。</td></tr>
<tr><td>A. 擅自改变前次募集资金用途未作纠正，或者未经股东大会认可
B. 最近一年财务报表的编制和披露在重大方面不符合企业会计准则或者相关信息披露规则的规定；最近一年财务会计报告被出具否定意见或者无法表示意见的审计报告；最近一年财务会计报告被出具保留意见的审计报告，且保留意见所涉及事项对上市公司的重大不利影响尚未消除；本次发行涉及重大资产重组的除外
C. 现任董事、监事和高级管理人员最近三年受到中国证监会行政处罚，或者最近一年受到证券交易所公开谴责
D. 上市公司及其现任董事、监事和高级管理人员因涉嫌犯罪正在被司法机关立案侦查或者涉嫌违法违规正在被中国证监会立案调查
E. 控股股东、实际控制人最近三年存在严重损害上市公司利益或者投资者合法权益的重大违法行为
F. 最近三年存在严重损害投资者合法权益或者社会公共利益的重大违法行为</td></tr>
</table>

续表

<table>
<tr><td rowspan="2">发行条件</td><td colspan="2">(4)上市公司发行股票，募集资金使用应当符合的要求有(　)。</td></tr>
<tr><td colspan="2">A. 应当投资于科技创新领域的业务
B. 符合国家产业政策和有关环境保护、土地管理等法律、行政法规规定
C. 募集资金项目实施后，不会与控股股东、实际控制人及其控制的其他企业新增构成重大不利影响的同业竞争、显失公平的关联交易，或者严重影响公司生产经营的独立性</td></tr>
<tr><td rowspan="11">发行注册程序</td><td colspan="2">(5)科创板上市公司发行股票的注册程序有(　)。</td></tr>
<tr><td rowspan="4">A. 董事会作出决议</td><td>(6)上市公司申请发行证券，董事会应当依法就特定事项作出决议，并提请股东大会批准。该特定事项有(　)。</td></tr>
<tr><td>A. 本次证券发行的方案
B. 本次发行方案的论证分析报告
C. 本次募集资金使用的可行性报告
D. 其他必须明确的事项。</td></tr>
<tr><td>上市公司董事会拟引入战略投资者的，应当将引入战略投资者的事项作为单独议案，就每名战略投资者单独审议，并提交股东大会批准</td></tr>
<tr><td>董事会依照前二款作出决议，董事会决议日与首次公开发行股票上市日的时间间隔不得少于 6 个月</td></tr>
<tr><td rowspan="5">B. 股东大会决议批准</td><td>股东大会就发行证券事项作出决议，必须经出席会议的股东所持表决权的 2/3 以上通过，中小投资者表决情况应当单独计票</td></tr>
<tr><td>向本公司特定的股东及其关联人发行证券的，股东大会就发行方案进行表决时，关联股东应当回避</td></tr>
<tr><td>股东大会对引入战略投资者议案作出决议的，应当就每名战略投资者单独表决</td></tr>
<tr><td>上市公司就发行证券事项召开股东大会，应当提供网络投票方式，公司还可以通过其他方式为股东参加股东大会提供便利</td></tr>
<tr><td>上市公司年度股东大会可以根据公司章程的规定，授权董事会决定向特定对象发行融资总额不超过人民币 3 亿元且不超过最近一年末净资产 20%的股票，该项授权在下一年度股东大会召开日失效</td></tr>
<tr><td>C. 保荐人保荐</td><td>保荐人应当按照有关规定编制并向交易所报送发行申请文件</td></tr>
</table>

续表

<table>
<tr><td rowspan="5">发行注册程序</td><td rowspan="2">D. 证券交易所依照有关规定程序受理并审核</td><td>交易所收到注册申请文件后，5 个工作日内作出是否受理的决定</td></tr>
<tr><td>交易所按照规定的条件和程序，形成上市公司是否符合发行条件和信息披露要求的审核意见，认为上市公司符合发行条件和信息披露要求的，将审核意见、上市公司注册申请文件及相关审核资料报中国证监会注册；认为上市公司不符合发行条件或者信息披露要求的，作出终止发行上市审核决定</td></tr>
<tr><td colspan="2">E. 中国证监会依法履行发行注册程序</td></tr>
<tr><td rowspan="2">F. 发行人应当在注册决定有效期内发行股票</td><td>中国证监会的予以注册决定，自作出之日起 1 年内有效，上市公司应当在注册决定有效期内发行证券，发行时点由上市公司自主选择</td></tr>
<tr><td>交易所认为上市公司不符合发行条件或者信息披露要求，作出终止发行上市审核决定，或者中国证监会作出不予注册决定的，自决定作出之日起 6 个月后，上市公司可以再次提出证券发行申请</td></tr>
</table>

【考点子题——举一反三，真枪实练】

[26]（2019 年 · 单选题）根据证券法律制度的规定，在科创板申请公开发行股票并上市的公司，作出同意或者不同意股票公开发行并上市的审核意见的是（ ）。

A. 保荐人　　B. 证券业协会

C. 证券交易所　　D. 证监会

考点 10 股票公开发行的方式

首次公开发行股票的网下发行应和网上发行同时进行，参与申购的网下和网上投资者应当全额缴付申购资金。投资者应自行选择参与网下或网上发行，不得同时参与。

（一）网上发行和网下询价发行

【考点母题——万变不离其宗】网上发行和网下询价发行

(1) 下列关于股票发行价格确定的表述中，正确的有（ ）。
A. 股票发行采取溢价发行的，其发行价格由发行人与承销的证券公司协商确定 B. 如果证券发行的价格已直接确定，则通常直接在证券交易所的交易系统上进行发售，是为网上发行 C. 如果证券发行价格需要向投资者询价后再确定，则先在交易系统之外向投资者询价，之后再向询价对象配售，是为网下询价发行
(2) 下列关于网上发行的表述中，正确的有（ ）。

续表

A. 网上发行，是指利用证券交易所的交易系统，投资者在指定的时间内，按照确定的发行价格，向作为股票唯一“卖方”的主承销商买入股票而进行申购的发行方式 B. 首次公开发行股票采用直接定价方式的，全部向网上投资者发行，不进行网下询价和配售
(3)下列关于网下询价发行的表述中，正确的是(　)。
A. 网下询价发行，是指发行人及其保荐人在网下按照规定向机构投资者推介和询价，在确定发行价后，按照事先确定的配售原则在有效申购的网下投资者中选择配售股票对象的发行方式

(二)网上和网下同时发行的机制

【考点母题——万变不离其宗】网上和网下同时发行的机制

(1)下列关于首次公开发行股票确定发行价格的表述中，正确的有(　)。
A. 可以通过向网下投资者询价的方式确定股票发行价格，也可以通过发行人与主承销商自主协商直接定价等其他合法可行的方式确定发行价格 B. 公开发行股票数量在 2 000 万股(含)以下且无老股转让计划的，可以通过直接定价的方式确定发行价格 C. 发行人和主承销商应当在招股意向书(或招股说明书)和发行公告中披露本次发行股票的定价方式 D. 上市公司发行证券的定价，应当符合中国证监会关于上市公司证券发行的有关规定
(2)下列关于网下投资者确定的表述中，正确的有(　)。
A. 首次公开发行股票时，发行人和主承销商可以自主协商确定参与网下询价投资者的条件、有效报价条件、配售原则和配售方式，并按照事先确定的配售原则在有效申购的网下投资者中选择配售股票的对象 B. 网下投资者须具备丰富的投资经验和良好的定价能力，应当接受中国证券业协会的自律管理，遵守中国证券业协会的自律规则 C. 网下投资者参与报价时，应当持有一定金额的非限售股份或存托凭证 D. 发行人和主承销商可以根据自律规则，设置网下投资者的具体条件，并在发行公告中预先披露 E. 主承销商应当对网下投资者是否符合预先披露的条件进行核查，对不符合条件的投资者，应当拒绝或剔除其报价
(3)下列关于首次公开发行股票采用询价方式定价时网下投资者权利义务的表述中，正确的有(　)。
A. 符合条件的网下机构和个人投资者可以自主决定是否报价，主承销商无正当理由不得拒绝 B. 网下投资者应当遵循独立、客观、诚信的原则合理报价，不得协商报价或者故意压低、抬高价格 C. 网下投资者报价应当包含每股价格和该价格对应的拟申购股数，且只能有一个报价 D. 非个人投资者应当以机构为单位进行报价 E. 首次公开发行股票价格(或发行价格区间)确定后，提供有效报价的投资者方可参与申购
(4)下列关于首次公开发行股票采用询价方式时剔除报价最高的表述中，正确的有(　)。

续表

<table>
<tr><td colspan="2">A. 首次公开发行股票采用询价方式的，总量中报价最高的部分，剔除部分不得低于所有网下投资者拟申购总量的 10%，然后根据剩余报价及拟申购数量协商确定发行价格
B. 剔除部分不得参与网下申购</td></tr>
<tr><td rowspan="2">C. 发行人和主承销商应当合理确定剔除最高报价部分后的有效报价投资者数量</td><td>公开发行股票数量在 4 亿股(含)以下的，有效报价投资者的数量不少于 10 家</td></tr>
<tr><td>公开发行股票数量在 4 亿股以上的，有效报价投资者的数量不少于 20 家</td></tr>
<tr><td colspan="2">D. 剔除最高报价部分后有效报价投资者数量不足的，应当中止发行</td></tr>
<tr><td colspan="2">(5)下列关于首次公开发行股票采用询价方式时网下初始发行比例的表述中，正确的有(　)。</td></tr>
<tr><td colspan="2">A. 公开发行股票后总股本 4 亿股(含)以下的，网下初始发行比例不低于本次公开发行股票数量的 60%
B. 发行后总股本超过 4 亿股的，网下初始发行比例不低于本次公开发行股票数量的 70%
C. 应当安排不低于本次网下发行股票数量的 40%优先向公募基金、社保基金和养老基金配售，安排一定比例的股票向企业年金基金和保险资金配售
D. 公募基金、社保基金、养老基金、企业年金基金和保险资金有效申购不足安排数量的，发行人和主承销商可以向其他符合条件的网下投资者配售剩余部分
E. 对网下投资者进行分类配售的，同类投资者获得配售的比例应当相同
F. 公募基金、社保基金、养老基金、企业年金基金和保险资金的配售比例应当不低于其他投资者</td></tr>
<tr><td colspan="2">(6)下列关于首次公开发行股票采用网上网下同时发行机制的回拨机制的表述中，正确的有(　)。</td></tr>
<tr><td colspan="2">A. 首次公开发行股票网下投资者申购数量低于网下初始发行量的，发行人和主承销商不得将网下发行部分向网上回拨，应当中止发行</td></tr>
<tr><td rowspan="4">B. 应当从网下向网上回拨的情形及比例</td><td>网上投资者有效申购倍数超过 50 倍、低于 100 倍(含)的，回拨比例为本次公开发行股票数量的 20%</td></tr>
<tr><td>网上投资者有效申购倍数超过 100 倍的，回拨比例为本次公开发行股票数量的 40%</td></tr>
<tr><td>网上投资者有效申购倍数超过 150 倍的，回拨后无锁定期网下发行比例不超过本次公开发行股票数量的 10%</td></tr>
<tr><td>【注意】所指公开发行股票数量应按照扣除设定限售期的股票数量计算。</td></tr>
<tr><td colspan="2">C. 网上投资者申购数量不足网上初始发行量的，可回拨给网下投资者</td></tr>
<tr><td colspan="2">(7)下列关于网上申购投资者的资格及义务的表述中，正确的有(　)。</td></tr>
<tr><td colspan="2">A. 首次公开发行股票，持有一定数量非限售股份或存托凭证的投资者才能参与网上申购
B. 网上投资者应当自主表达申购意向，不得全权委托证券公司进行新股申购
C. 采用其他方式进行网上申购和配售的，应当符合中国证监会的有关规定</td></tr>
</table>

续表

(8)下列关于采用网下发行和网上发行机制首次公开发行股票的方式和定价确定的表述中，正确的有(　)。
A. 首次公开发行股票的网下发行应和网上发行同时进行，网下和网上投资者在申购时无需缴付申购资金(取消普通投资者新股申购预缴款制度) B. 投资者应当自行选择参与网下或网上发行，不得同时参与(择一) C. 发行人股东拟进行老股转让的，发行人和主承销商应当于网下网上申购前协商确定发行价格、发行数量和老股转让数量 D. 采用询价方式且无老股转让计划的，发行人和主承销商可以通过网下询价确定发行价格或发行价格区间 E. 网上投资者申购时仅公告发行价格区间、未确定发行价格的，主承销商应当安排投资者按价格区间上限申购
(9)下列关于向战略投资者配售股票的表述中，正确的有(　)。
A. 首次公开发行股票数量在 4 亿股以上的，可以向战略投资者配售股票 B. 发行人应当与战略投资者事先签署配售协议。 C. 发行人和主承销商应当在发行公告中披露战略投资者的选择标准、向战略投资者配售的股票总量、占本次发行股票的比例以及持有期限等 D. 战略投资者不参与网下询价，且应当承诺获得本次配售的股票持有期限不少于 12 个月，持有期自本次公开发行的股票上市之日起计算 E. 试点企业在境内发行股票或存托凭证的，根据需要向战略投资者配售
(10)下列关于投资者交付认购资金的表述中，正确的有(　)。
A. 网下和网上投资者申购新股、可转换公司债券、可交换公司债券获得配售后，应当按时足额缴付认购资金 B. 网上投资者连续 12 个月内累计出现 3 次中签后未足额缴款的情形时，6 个月内不得参与新股、可转换公司债券、可交换公司债券申购
(11)下列关于中止发行的表述中，正确的有(　)。
A. 网下和网上投资者缴款认购的新股和可转换公司债券数量合计不足本次公开发行数量的 70%时，可以中止发行 B. 除《证券发行与承销管理办法》规定的中止发行情形外，发行人和主承销商还可以约定中止发行的其他具体情形并事先披露 C. 中止发行后，在中国证监会同意注册决定的有效期内，且满足相关监管要求的前提下，向证券交易所备案，可重新启动发行

(三)首次公开发行时禁止配售的对象和监管

【考点母题——万变不离其宗】首次公开发行时禁止配售的对象和监管

(1)首次公开发行股票网下配售时，发行人和主承销商不得向特定对象配售股票。该特定对象有(　)。

续表

<table>
<tr><td colspan="2">A. 发行人及其股东、实际控制人、董事、监事、高级管理人员和其他员工；发行人及其股东、实际控制人、董事、监事、高级管理人员能够直接或间接实施控制、共同控制或施加重大影响的公司，以及该公司控股股东、控股子公司和控股股东控制的其他子公司</td></tr>
<tr><td>B. 主承销商及其持股比例5%以上的股东，主承销商的董事、监事、高级管理人员和其他员工；主承销商及其持股比例5%以上的股东、董事、监事、高级管理人员能够直接或间接实施控制、共同控制或施加重大影响的公司，以及该公司控股股东、控股子公司和控股股东控制的其他子公司
C. 承销商及其控股股东、董事、监事、高级管理人员和其他员工</td><td>禁止配售对象管理的公募基金不受上述规定的限制，但应符合中国证监会的有关规定</td></tr>
<tr><td colspan="2">D. 上述前3项所述人士的关系密切的家庭成员，包括配偶、子女及其配偶、父母及配偶的父母、兄弟姐妹及其配偶、配偶的兄弟姐妹、子女配偶的父母
E. 过去6个月内与主承销商存在保荐、承销业务关系的公司及其持股5%以上的股东、实际控制人、董事、监事、高级管理人员，或已与主承销商签署保荐、承销业务合同或达成相关意向的公司及其持股5%以上的股东、实际控制人、董事、监事、高级管理人员
F. 通过配售可能导致不当行为或不正当利益的其他自然人、法人和组织</td></tr>
<tr><td colspan="2">(2)下列关于发行人和承销商及相关人员的禁止性规定的表述中，正确的有(　)。</td></tr>
<tr><td colspan="2">A. 不得泄露询价和定价信息
B. 不得以任何方式操纵发行定价
C. 不得劝诱网下投资者抬高报价
D. 不得干扰网下投资者正常报价和申购
E. 不得以提供透支、回扣或者中国证监会认定的其他不正当手段诱使他人申购股票
F. 不得以代持、信托持股等方式谋取不正当利益或向其他相关利益主体输送利益
G. 不得直接或通过其利益相关方向参与认购的投资者提供财务资助或者补偿
H. 不得以自有资金或者变相通过自有资金参与网下配售
I. 不得与网下投资者互相串通，协商报价和配售
J. 不得收取网下投资者回扣或其他相关利益</td></tr>
</table>

考点11 优先股的发行与交易

优先股是依据《公司法》，在一般规定的普通种类股份之外，另行规定的其他种类股份。

【考点母题——万变不离其宗】优先股的发行与交易

<table>
<tr><td rowspan="2">发行人范围</td><td>(1)下列关于优先股发行人的表述中，正确的有(　)。</td></tr>
<tr><td>A. 公开发行优先股的发行人限于证监会规定的上市公司
B. 非公开发行优先股的发行人限于上市公司(含注册地在境内的境外上市公司)和非上市公众公司</td></tr>
</table>

续表

<table>
<tr><td rowspan="6">发行条件</td><td colspan="2">(2)发行优先股应符合的条件有(　)。</td></tr>
<tr><td colspan="2">A. 公司已发行的优先股不得超过公司普通股股份总数的 50%，且筹资金额不得超过发行前净资产的 50%，已回购、转换的优先股不纳入计算
B. 公司公开发行优先股以及上市公司非公开发行优先股的其他条件适用《证券法》的规定
C. 非上市公众公司非公开发行优先股的条件由证监会另行规定</td></tr>
<tr><td colspan="2">(3)上市公司发行优先股，还应当符合的条件有(　)。</td></tr>
<tr><td colspan="2">A. 最近 3 个会计年度实现的年均可分配利润应当不少于优先股 1 年的股息
B. 最近 3 年现金分红情况应当符合公司章程及中国证监会的有关监管规定
C. 上市公司报告期不存在重大会计违规事项，
D. 公开发行优先股，最近 3 年财务报表被注册会计师出具的审计报告应当为标准审计报告或带强调事项段的无保留意见的审计报告
E. 非公开发行优先股，最近 1 年财务报表被注册会计师出具的审计报告为非标准审计报告的，所涉及事项对公司无重大不利影响或者在发行前重大不利影响已经消除
F. 同一次发行的优先股，条款应当相同
G. 每次优先股发行完毕前，不得再次发行优先股</td></tr>
<tr><td colspan="2">(4)上市公司存在特定情形之一的，不得发行优先股。该特定情形有(　)。</td></tr>
<tr><td colspan="2">A. 本次发行申请文件有虚假记载、误导性陈述或重大遗漏
B. 最近 12 个月内受到过中国证监会的行政处罚
C. 因涉嫌犯罪正被司法机关立案侦查或涉嫌违法违规正被中国证监会立案调查
D. 上市公司权益被控股股东或实际控制人严重损害且尚未消除
E. 上市公司及其附属公司违规对外提供担保且尚未解除
F. 存在可能严重影响公司持续经营的担保、诉讼、仲裁、市场重大质疑或其他重大事项
G. 其董事和高级管理人员不符合法律、行政法规和规章规定的任职资格
H. 严重损害投资者合法权益和社会公共利益的其他情形</td></tr>
<tr><td rowspan="4">优先股公开发行时的特殊要求</td><td colspan="2">(5)为保护公众投资者，我国证券法律制度要求公开发行优先股的公司必须在公司章程中规定的事项有(　)。</td></tr>
<tr><td colspan="2">A. 采取固定股息率</td></tr>
<tr><td>B. 在有可分配税后利润的情况下必须向优先股股东分配股息
C. 未向优先股股东足额派发股息的差额部分应当累积到下一会计年度</td><td>商业银行发行优先股补充资本的，可另行规定</td></tr>
<tr><td colspan="2">D. 优先股股东按照约定的股息率分配股息后，不再同普通股股东一起参加剩余利润分配</td></tr>
</table>

续表

<table>
<tr><td rowspan="6">优先股公开发行时的特殊要求</td><td colspan="2">(6)上市公司公开发行优先股，应当符合特定情形之一。该特定情形有(　)。</td></tr>
<tr><td>A. 其普通股为上证 50 指数成份股</td><td>中国证监会核准公开发行优先股后不再符合本项情形的，上市公司仍可实施本次发行</td></tr>
<tr><td colspan="2">B. 以公开发行优先股作为支付手段收购或吸收合并其他上市公司
C. 以减少注册资本为目的回购普通股的，可以公开发行优先股作为支付手段，或者在回购方案实施完毕后，可公开发行不超过回购减资总额的优先股</td></tr>
<tr><td colspan="2">(7)上市公司公开发行优先股，应符合的条件有(　)。</td></tr>
<tr><td colspan="2">A. 最近 3 个会计年度上市公司应当连续盈利；扣除非经常性损益后的净利润与扣除前的净利润相比，以孰低者作为计算依据
B. 公司及其控股股东或实际控制人最近 12 个月内应当不存在违反向投资者作出的公开承诺的行为
C. 最近 36 个月内因违反工商、税收、土地、环保、海关法律、行政法规或规章，受到行政处罚且情节严重的，不得公开发行优先股</td></tr>
<tr><td colspan="2"></td></tr>
<tr><td rowspan="6">优先股的交易转让及登记存管</td><td colspan="2">(8)优先股交易转让的场所有(　)。</td></tr>
<tr><td colspan="2">A. 证券交易所　　B. 全国股转系统　　C. 国务院批准的其他证券交易场所</td></tr>
<tr><td colspan="2">(9)为优先股办理集中登记存管的机构是(　)。</td></tr>
<tr><td colspan="2">A. 中国证券登记结算公司</td></tr>
<tr><td colspan="2">(10)优先股交易或转让环节的投资者适当性的要求是(　)。</td></tr>
<tr><td colspan="2">A. 与发行环节的投资者适当性标准一致</td></tr>
<tr><td rowspan="2">优先股发行时的信息披露</td><td colspan="2">(11)优先股发行时的信息披露的要求有(　)。</td></tr>
<tr><td colspan="2">A. 公司应当在发行文件中详尽说明优先股股东的权利义务，充分揭示风险
B. 应按规定真实、准确、完整、及时、公平地披露或者提供信息，不得有虚假记载、误导性陈述或重大遗漏</td></tr>
<tr><td rowspan="2">公司收购中的优先股</td><td colspan="2">(12)下列关于公司收购中的优先股的表述中，正确的有(　)。</td></tr>
<tr><td colspan="2">A. 优先股可以作为并购重组支付手段
B. 上市公司收购要约适用于被收购公司的所有股东，但可以针对优先股股东和普通股股东提出不同的收购条件
C. 计算收购人持有上市公司已发行股份比例以及计算触发要约收购义务时，表决权未恢复的优先股不计入持股数额和股本总额</td></tr>
<tr><td rowspan="2">与持股数额相关的优先股计算</td><td colspan="2">(13)特定事项计算持股数额时，仅计算普通股和表决权恢复的优先股。该特定事项有(　)。</td></tr>
<tr><td colspan="2">A. 认定持有公司股份最多的前十名股东的名单和持股数额
B. 根据《证券法》第四十四条、第五十一条、第八十条和第八十一条，认定持有公司 5%以上股份的股东</td></tr>
</table>

第7章

【考点子题——举一反三，真枪实练】

[27]（2018 年·多选题）根据证券法律制度的规定，公开发行优先股的公司必须在公司章程中规定的事项有（　）。

A. 在有可分配税后利润的情况下必须向优先股股东分配股息

B. 未向优先股股东足额派发股息的差额部分应当累积到下一会计年度

C. 采取固定股息率

D. 优先股股东按照约定的股息率分配股息后，不再同普通股股东一起参加剩余利润分配

第三节 公司债券的发行与交易

本节考点、考点母题及考点子题

考点 12 公司债券的一般理论

【考点母题——万变不离其宗】公司债券的一般理论

<table>
<tr><td rowspan="4">概念</td><td rowspan="2">含义</td><td colspan="2">(1)下列关于公司债券的概念及特点的表述中，正确的有(　)。</td></tr>
<tr><td colspan="2">A. 公司债券是指公司依照法定程序发行、约定在一定期限内还本付息的有价证券
B. 是债权融资的一种形式
C. 具有融资成本低、发行程序简单、不稀释公司股权(可转换公司债除外)等特点
D. 这种融资形式在一定期限内需要还本付息，对公司现金流的要求较高，发行人存在一定的现金支付风险</td></tr>
<tr><td rowspan="2">法律特征</td><td colspan="2">(2)下列关于公司债券与公司股票法律特征对比的表述中，正确的有(　)。</td></tr>
<tr><td colspan="2">A. 公司债券的持有人是公司的债权人，享有民法上规定的债权人的所有权利，而股票的持有人则是公司的股东，享有《公司法》所规定的股东权利
B. 公司债券的持有人，无论公司是否有盈利，享有按照约定给付利息的请求权，而股票持有人，则必须在公司有盈利时才能依法获得股利分配
C. 公司债券到了约定期限，公司必须偿还债券本金，而股票持有人仅在公司解散时方可请求分配剩余财产
D. 公司债券的持有人享有优先于股票持有人获得清偿的权利，而股票持有人必须在公司全部债务清偿之后，方可就公司剩余财产请求分配
E. 公司债券的利率一般是固定不变的，风险较小，而股票股利分配的高低，与公司经营好坏密切相关，故常有变动，风险较大
F. 对发行人的要求不同，股票只能由股份公司发行，而公司债券则既可以由股份有限公司发行，也可以由有限责任公司发行</td></tr>
<tr><td rowspan="2">种类</td><td rowspan="2">债券种类</td><td>一般的公司债券的发行</td><td>是指发行人依照法定程序，向投资者发行的约定在 1 年以上期限内还本付息的有价证券的行为</td></tr>
<tr><td>可转换公司债券的发行</td><td>是指发行人依照法定程序，向投资者发行的在一定期间内依据约定的条件可以转换成股份的公司债券的行为</td></tr>
</table>

续表

<table>
<tr><td rowspan="6">种类</td><td rowspan="2">是否记名</td><td>记名公司债券</td><td>是指在公司债券上记载债权人姓名或者名称的债券</td><td rowspan="2">法律对两者转让的要求不同</td></tr>
<tr><td>无记名公司债券</td><td>是指在公司债券上不记载债权人姓名或者名称的债券</td></tr>
<tr><td rowspan="2">是否上市</td><td>上市的公司债</td><td colspan="2">是指发行之后可以在依法设立的证券交易所挂牌交易的公司债券</td></tr>
<tr><td>非上市的公司债</td><td colspan="2">是指发行之后不在证券交易所挂牌交易的公司债券，但债券持有人也可以转让该债券，只是不能在证券交易所进行买卖</td></tr>
<tr><td rowspan="2">发行方式</td><td>公开发行的公司债券</td><td colspan="2">是指符合规定条件的公司债券可以向公众投资者公开发行，也可以仅面向专业投资者公开发行</td></tr>
<tr><td>非公开发行的公司债券</td><td colspan="2">应当向专业投资者发行，并不得采用公告、公开劝诱和变相公开发行方式，每次发行对象不得超过 200 人</td></tr>
</table>

考点 13　公司债券的发行

（一）公司债券发行的一般规定

【考点母题——万变不离其宗】公司债券发行的一般规定

<table>
<tr><td rowspan="2">股东大会决议</td><td>(1)发行公司债券，发行人应当依照《公司法》或者公司章程相关规定对特定事项作出决议。该特定事项有(　)。</td></tr>
<tr><td>A. 发行债券的金额　B. 发行方式　C. 债券期限　D. 募集资金的用途
E. 决议的有效期　F. 其他按照法律法规及公司章程规定需要明确的事项
【注意】发行公司债券，如果对增信机制、偿债保障措施作出安排的，也应当在决议事项中载明。</td></tr>
<tr><td rowspan="2">发行的方式</td><td>(2)下列关于公司债券发行方式的表述中，正确的有(　)。</td></tr>
<tr><td>A. 公司债券可以公开发行，也可以非公开发行
B. 发行公司债券，可以附认股权、可转换成相关股票等条款
C. 发行公司债券应当由具有证券承销业务资格的证券公司承销；取得证券承销业务资格的证券公司、中国证券金融股份有限公司非公开发行公司债券可以自行销售</td></tr>
<tr><td rowspan="2">公司债券募集资金用途</td><td>(3)下列关于公开发行公司债券筹集资金用途的表述中，正确的有(　)。</td></tr>
<tr><td>A. 必须按照公司债券募集说明书所列资金用途使用
B. 改变资金用途，必须经债券持有人会议作出决议</td></tr>
</table>

续表

公司债券募集资金用途	C. 公开发行公司债券筹集的资金，不得用于弥补亏损和非生产性支出 D. 发行人应当指定专项账户，用于公司债券募集资金的接收、存储、划转
	(4)下列关于非公开发行公司债券筹集资金用途的表述中，正确的有(　)。
	A. 应当用于约定的用途 B. 改变资金用途，应当履行募集说明书约定的程序

(二)公司债券的公开发行

【考点母题——万变不离其宗】公司债券的公开发行

公开发行的条件	(1)根据《证券法》的规定，公开发行公司债券，应当符合的条件有(　)。
	A. 具备健全且运行良好的组织机构 B. 最近三年平均可分配利润足以支付公司债券一年的利息 C. 国务院规定的其他条件 【注意1】公开发行公司债券筹集的资金，必须按照公司债券募集办法所列资金用途使用；改变资金用途，必须经债券持有人会议作出决议。 【注意2】公开发行公司债券筹集的资金，不得用于弥补亏损和非生产性支出。 【注意3】上市公司发行可转换为股票的公司债券，除应当符合上述ABC项规定外，还应当符合中国证监会规定的条件。但是，按照公司债券募集办法，上市公司通过收购本公司股份的方式进行公司债券转换的除外。
	(2)根据《公司债券发行与交易管理办法》的规定，资信状况符合特定标准的公开发行公司债券，专业投资者和普通投资者都可以参与认购。该特定标准有(　)。
	A. 发行人最近3年无债务违约或者迟延支付本息的事实 B. 发行人最近3年平均可分配利润不少于债券1年利息的1.5倍 C. 发行人最近一期末净资产规模不少于250亿元 D. 发行人最近36个月内累计公开发行债券不少于3期，发行规模不少于100亿元 E. 中国证监会根据投资者保护的需要规定的其他条件 【注意】未达到上述5个规定标准的公开发行公司债券，仅限于专业投资者参与认购。
	(3)根据证券法律制度的规定，不得再次公开发行公司债券的情形有(　)。
	A. 对已公开发行的公司债券或者其他债务有违约或者延迟支付本息的事实，且仍处于继续状态 B. 违反《证券法》规定，改变公开发行公司债券所募资金的用途
	【注意】公开发行公司债券，应当委托具有从事证券服务业务资格的资信评级机构进行信用评级。

续表

公开报送的文件	(4)根据《证券法》的规定，申请公开发行公司债券，发行人应当向国务院授权的部门或者国务院证券监督管理机构报送的文件有(　)。
	A. 公司营业执照　B. 公司章程　C. 公司债券募集办法 D. 国务院授权的部门或者国务院证券监督管理机构规定的其他文件 E. 依照《证券法》规定聘请保荐人的，还应当报送保荐人出具的发行保荐书
公开发行的注册程序	(5)下列关于公开发行公司债券注册程序的表述中，正确的有(　)。
	A. 发行人按照证监会有关规定制作注册申请文件，由发行人向证券交易所申报；证券交易所收到注册文件后，在 5 个工作日内作出是否受理的决定(申请-受理) B. 自注册申请文件受理之日起，发行人及其控股股东、实际控制人、董事、监事、高级管理人员，以及与本次债券公开发行并上市相关的主承销商、证券服务机构及相关责任人员，即承担相应法律责任 C. 注册申请文件受理后，未经中国证监会或者证券交易所同意，不得改动；发生重大事项的，发行人、主承销商、证券服务机构应当及时向证券交易所报告，并按要求更新注册申请文件和信息披露资料 D. 证券交易所负责审核发行人公开发行公司债券并上市申请；证券交易所主要通过向发行人提出审核问询、发行人回答问题方式开展审核工作，判断发行人是否符合发行条件、上市条件和信息披露要求 E. 证券交易所按照规定的条件和程序，提出审核意见：认为发行人符合发行条件和信息披露要求的，将审核意见、注册申请文件及相关审核资料报送中国证监会履行发行注册程序；认为发行人不符合发行条件或信息披露要求的，作出终止发行上市审核决定 F. 中国证监会收到证券交易所报送的审核意见、发行人注册申请文件及相关审核资料后，履行发行注册程序；证监会认为存在需要进一步说明或者落实事项的，可以问询或要求证券交易所进一步问询；证监会认为证券交易所的审核意见依据不充分的，可以退回证券交易所补充审核 G. 证券交易所应当自受理注册申请文件之日起 2 个月内出具审核意见，中国证监会应当自证券交易所受理注册申请文件之日起 3 个月内作出同意注册或者不予注册的决定；发行人根据中国证监会、证券交易所要求补充、修改注册申请文件的时间不计算在内 H. 公开发行公司债券，可以申请一次注册，分期发行；中国证监会同意注册的决定自作出之日起 2 年内有效，发行人应当在注册决定有效期内发行公司债券，并自主选择发行时点；公开发行公司债券的募集说明书自最后签署之日起 6 个月内有效；发行人应当及时更新债券募集说明书等公司债券发行文件，并在每期发行前报证券交易所备案
公开发行公司债券的交易	(6)下列关于公开发行公司债券交易的表述中，正确的是(　)。
	A. 公开发行的公司债券，应当在证券交易场所交易 【注意】证券交易场所包括证券交易所、全国股转系统。

（三）公司债券的非公开发行

【考点母题——万变不离其宗】公司债券的非公开发行

(1)非公开发行公司债券应当满足的要求有（　）。
A. 应当向专业投资者发行　　B. 不得采用广告、公开劝诱和变相公开方式 C. 每次发行对象不得超过 200 人
(2)非公开发行公司债券时，承销机构的义务有（　）。
A. 承销机构应当按照中国证监会、证券自律组织规定的投资者适当性制度，了解和评估投资者对非公开发行公司债券的风险识别和承担能力，确认参与非公开发行公司债券认购的投资者为专业投资者，并充分揭示风险 B. 非公开发行公司债券，承销机构或依法自行销售的发行人应当在每次发行完成后 5 个工作日内向中国证券业协会备案

【考点子题——举一反三，真枪实练】

[28]（2017 年・单选题 改编）甲股份有限公司非公开发行债券，乙证券公司担任承销商。下列关于此次非公开发行的表述中，符合证券法律制度规定的是（　）。

A. 本次非公开发行的发行对象不得超过 200 人

B. 本次非公开发行可以采用广告的方式

C. 乙证券公司可以向普通投资者发行本次债券

D. 乙证券公司应在本次发行完成后 5 个工作日内向中国证监会备案

（四）信息披露

【考点母题——万变不离其宗】信息披露

(1)公司债券的发行人在信息披露方面应满足的要求有（　）。
A. 公司债券上市交易的发行人应当及时披露债券募集说明书，并在债券存续期内披露中期报告和经符合《证券法》规定的会计师事务所审计的年度报告 B. 非公开发行公司债券的发行人信息披露的时点、内容，应当按照募集说明书的约定履行 C. 发行人及其控股股东、实际控制人、董事、监事高级管理人员等作出公开承诺的，应当在募集说明书等文件中披露
(2)下列关于公司债券募集资金用途的信息披露的表述中，正确的有（　）。
A. 公司债券募集资金的用途应当在债券募集说明书中披露 B. 发行人应当在定期报告中披露公开发行公司债券募集资金的使用情况 C. 非公开发行公司债券的，应当在债券募集说明书中约定募集资金使用情况的披露事宜
(3)下列关于公司债券发行人的董、监、高对信息披露文件权责的表述中，正确的有（　）。

第7章

续表

A. 发行人的董事、高级管理人员应当对公司债券发行文件和定期报告签署书面确认意见 B. 发行人的监事会应当对董事会编制的公司债券发行文件和定期报告进行审核，并提出书面审核意见；监事应当签署书面确认意见 C. 发行人的董事、监事和高级管理人员应当保证发行人及时、公平地披露信息，所披露的信息真实、准确、完整 D. 董事、监事和高级管理人员无法保证公司债券发行文件和定期报告内容的真实性、准确性、完整性或者有异议的，应当在书面确认意见中发表意见并陈述理由，发行人应当披露；发行人不予披露的，董事，监事和高级管理人员可以直接申请披露
(4)发生可能对上市交易公司债券的交易价格产生较大影响的重大事件，投资者尚未得知时，发行人应当立即将有关该重大事件的情况向中国证监会、证券交易场所报送临时报告，并与公告，说明事件的起因、目前的状态和可能产生的法律后果。重大事件包括(　)。
A. 公司股权结构或者生产经营状况发生重大变化 B. 公司债券信用评级发生变化 C. 公司重大资产抵押、质押、出售、转让、报废 D. 发生未能清偿到期债务的情况 E. 公司新增借款或对外提供担保超过上年末净资产的 20% F. 发行人放弃债权或财产，超过上年末净资产的 10% G. 公司发生超过上年末净资产 10%的重大损失 H. 公司分配股利，作出减资、合并、分立、解散及申请破产的决定，或者依法进入破产程序、被责令关闭 I. 涉及公司的重大诉讼、仲裁 J. 公司涉嫌犯罪被依法立案调查，公司的控股股东、实际控制人、董事、监事、高级管理人员涉嫌犯罪被依法采取强制措施 K. 中国证监会规定的其他事项 【注意】发行人的控股股东或者实际控制人对重大事件的发生、进展产生大影响的，应当及时将其知悉的有关情况书面告知发行人，并配合发行人履行信息披露义务。
(5)下列关于公开发行公司债券的发行人及其他信息披露义务人披露信息方式的表述中，正确的是(　)。
A. 应当将披露的信息刊登在其债券交易场所的互联网网站和符合中国证监会规定条件的媒体，同时将其置备于公司住所、证券交易场所，供社会公众查阅

(五) 公司债券持有人的权益保护

【考点母题——万变不离其宗】公司债券持有人的权益保护

信用评级	(1)资信评级机构为公开发行公司债券进行信用评级，应当符合的规定有(　)。
	A. 将评级信息告知发行人，并及时向市场公布首次评级报告、定期和不定期跟踪评级报告 B. 公司债券的期限为一年以上的，在债券有效存续期间，应当每年至少向市场公布一次定期跟踪评级报告 C. 应充分关注可能影响评级对象信用等级的所有重大因素，及时向市场公布信用等级调整及其他与评级相关的信息变动情况，并向证券交易场所报告

续表

<table>
<tr><td rowspan="10">公司债券的受托管理</td><td>(2)根据《证券法》的规定，下列关于公司债券的受托管理的表述中，正确的有(　)。</td></tr>
<tr><td>A. 公开发行公司债券的，发行人应当为债券持有人聘请债券受托管理人，并订立债券受托管理协议
B. 受托管理人应当由本次发行的承销机构或其他经国务院证券监督管理机构认可的机构担任，债券持有人会议可以决议变更债券受托管理人(债券受托管理人应当为中国证券业协会会员，为本次发行提供担保的机构不得担任本次债券发行的受托管理人)
C. 债券受托管理人应当勤勉尽责，公正履行受托管理职责，不得损害债券持有人利益
D. 债券发行人未能按期兑付债券本息的，债券受托管理人可以接受全部或者部分债券持有人的委托，以自己名义代表债券持有人提起、参加民事诉讼或者清算程序</td></tr>
<tr><td>(3)公开发行公司债券的受托管理人应当按规定或约定履行的职责有(　)。</td></tr>
<tr><td>A. 持续关注发行人和保证人的资信状况、担保物状况、增信措施及偿债保障措施的实施情况，出现可能影响债券持有人重大权益的事项时，召集债券持有人会议
B. 在债券存续期内监督发行人募集资金的使用情况
C. 对发行人的偿债能力和增信措施的有效性进行全面调查和持续关注，并至少每年向市场公告一次受托管理事务报告
D. 在债券存续期内持续督导发行人履行信息披露义务
E. 预计发行人不能偿还债务时，要求发行人追加担保，并可以依法申请法定机关采取财产保全措施
F. 在债券存续期内勤勉处理债券持有人与发行人之间的谈判或者诉讼事务
G. 发行人为债券设定担保的，债券受托管理人应在债券发行前或债券募集说明书约定的时间内取得担保的权利证明或其他有关文件，并在增信措施有效期内妥善保管
H. 发行人不能按期兑付债券本息或出现募集说明书约定的其他违约事件的，可以接受全部或部分债券持有人的委托，以自己名义代表债券持有人提起民事诉讼、参与重组或者破产的法律程序，或者代表债券持有人申请处置抵质押物</td></tr>
<tr><td>(4)下列关于非公开发行公司债券的债券受托管理人义务的表述中，正确的是(　)。</td></tr>
<tr><td>A. 非公开发行公司债券的，债券受托管理人应当按照债券受托管理协议的约定履行职责</td></tr>
<tr><td>(5)下列关于公司债券的债券受托管理人查询权的表述中，正确的是(　)。</td></tr>
<tr><td>A. 受托管理人为履行受托管理职责，有权代表债券持有人查询债券持有人名册及相关登记信息、专项账户中募集资金的存储与划转情况，证券登记结算机构应当予以配合</td></tr>
<tr><td rowspan="2">债券持有人会议</td><td>(6)下列情形中，债券受托管理人应当按规定或约定召集债券持有人会议的有(　)。</td></tr>
<tr><td>A. 拟变更债券募集说明书的约定
B. 拟修改债券持有人会议规则
C. 拟变更债券受托管理人或受托管理协议的主要内容
D. 发行人不能按期支付本息</td></tr>
</table>

续表

<table>
<tr><td rowspan="3">债券持有人会议</td><td>E. 发行人减资、合并等可能导致偿债能力发生重大不利变化，需要决定或者授权采取相应措施
F. 发行人分立、被托管、解散、申请破产或者依法进入破产程序
G. 保证人、担保物或者其他偿债保障措施发生重大变化
H. 发行人、单独或合计持有本期债券总额 10%以上的债券持有人书面提议召开
I. 发行人管理层不能正常履行职责，导致发行人债务清偿能力面临严重不确定性，需要依法采取行动的
J. 发行人提出债务重组方案的
K. 发生其他对债券持有人权益有重大影响的事项</td></tr>
<tr><td>(7)下列关于债券持有人自行召集债券持有人会议的表述中，正确的是(　)。</td></tr>
<tr><td>A. 在债券受托管理人应当召集而未召集债券持有人会议时，单独或合计持有本期债券总额 10%以上的债券持有人有权自行召集债券持有人会议</td></tr>
<tr><td rowspan="2">公司债券的担保</td><td>(8)发行人可采取内外部增信机制、偿债保障措施，提高偿债能力，控制公司债券风险。内外部增信机制、偿债保障措施包括但不限于特定方式。该特定方式有(　)。</td></tr>
<tr><td>A. 第三方担保　B. 商业保险　C. 资产抵押、质押担保
D. 限制发行人债务及对外担保规模　E. 限制发行人对外投资规模
F. 限制发行人向第三方出售或抵押主要资产　G. 设置债券回售条款
【注意】公司债券增信机构可以成为中国证券业协会会员。</td></tr>
</table>

【考点子题——举一反三，真枪实练】

[29] (2017 年·多选题)根据证券法律制度的规定，下列各项中，属于债券受托管理人应当召集债券持有人会议的情形有(　)。

A. 发行人不能按期还本付息　B. 拟变更债券募集说明书的约定

C. 发行人拟增加注册资本　D. 担保物发生重大变化

考点 14　可转换公司债券的发行

(一) 公开发行可转换债券的条件

【考点母题——万变不离其宗】公开发行可转换债券的条件

<table>
<tr><td rowspan="2">主板上市公司公开发行可转换债券</td><td>(1)上市公司发行可转换债券，除了应当符合发行新股的一般条件之外，还应当符合的条件有(　)。</td></tr>
<tr><td>A. 最近 3 个会计年度加权平均净资产收益率平均不低于 6%；扣除非经常性损益后的净利润与扣除前的净利润相比，以低者作为加权平均净资产收益率的计算依据</td></tr>
</table>

续表

主板上市公司公开发行可转换债券	B. 本次发行后累计公司债券余额不超过最近一期末净资产额的 40% C. 最近 3 个会计年度实现的年均可分配利润不少于公司债券 1 年的利息
	(2)上市公司可以公开发行认股权和债券分离交易的可转换公司债券(“分离交易的可转换公司债券”)。发行分离交易的可转换公司债券，除符合公开增发股票的一般条件外，还应当符合的条件有(　)。
	A. 公司最近一期期末经审计的净资产不低于人民币 15 亿元 B. 最近 3 个会计年度实现的年均可分配利润不少于公司债券 1 年的利息 C. 最近 3 个会计年度经营活动产生的现金流量净额平均不少于公司债券 1 年的利息，但最近 3 个会计年度加权平均净资产收益率平均不低于 6%(扣除非经常性损益后的净利润与扣除前的净利润相比，以低者作为加权平均净资产收益率的计算依据)的除外
	(3)上市公司存在特定情形之一的，不得公开发行可转换公司债券。该特定情形有(　)。
	A. 本次发行申请文件有虚假记载、误导性陈述或重大遗漏 B. 擅自改变前次公开发行证券募集资金的用途而未纠正 C. 上市公司最近 12 个月内受到过证券交易所的公开谴责 D. 上市公司及其控股股东或实际控制人最近 12 个月内存在未履行向投资者作出的公开承诺的行为 E. 上市公司或者其现任董事、高级管理人员因涉嫌犯罪被司法机关立案侦查或涉嫌违法违规被证监会立案调查 F. 严重损害投资者的合法利益和社会公共利益的其他情形
科创板和创业板上市公司发行可转换债券	(4)根据《科创板上市公司证券发行注册管理办法(试行)》的规定，上市公司发行可转换债券，应当符合的条件有(　)。
	A. 具备健全且运行良好的组织机构 B. 最近 3 年平均可分配利润足以支付公司债券 1 年的利息 C. 具有合理的资产负债结构和正常的现金流量 【注意】除了上述规定条件外，上市公司向不特定对象或特定对象发行可转换债券，还应当遵守上市公司向不特定对象或特定对象发行股票应符合的条件和情形。但是，按照公司债券募集办法，上市公司通过收购本公司股份的方式进行公司债券转换的除外。
	(5)上市公司存在特定情形之一的，不得发行可转换公司债券。该特定情形有(　)。
	A. 对已公开发行的公司债券或者其他债务由违约或者延迟支付本息的事实、仍处于继续状态 B. 违反《证券法》规定，改变公开发行公司债券所募集资金用途

（二）可转换债券的期限、面值和利率

【考点母题——万变不离其宗】可转换债券的期限、面值和利率

下列关于可转换债券的期限、面值和利率的表述中，正确的有（　）。	
期限	A. 可转换公司债券的期限最短为 1 年，最长为 6 年
面值	B. 可转换公司债券每张面值 100 元
利率	C. 可转换公司债券的利率由发行公司与主承销商协商确定，但必须符合国家的有关规定

（三）可转换债券持有人的权利保护

【考点母题——万变不离其宗】可转换债券持有人的权利保护

（1）下列关于公开发行可转换公司债券评级制度的表述中，正确的有（　）。	
A. 公开发行可转换公司债券应当委托具有资格的资信评级机构进行信用评级和跟踪评级 B. 资信评级机构每年至少公告一次跟踪评级报告	
（2）公开发行可转换公司债券的公司，有特定事项之一的，应当召开债券持有人会议。该特定事项有（　）。	
A. 拟变更募集说明书的约定 C. 发行人减资、合并、分立、解散或者申请破产 E. 其他影响债券持有人重大权益的事项	B. 发行人不能按期支付本息 D. 保证人或者担保物发生重大变化
（3）下列关于公开发行可转换公司债券提供担保的表述中，正确的有（　）。	
A. 公开发行可转换公司债券，应当提供担保，但最近一期期末经审计的净资产不低于人民币 15 亿元的公司除外 B. 提供担保的，应当为全额担保，担保范围包括债券的本金及利息、违约金、损害赔偿金和实现债权的费用 C. 以保证方式提供担保的，应当为连带责任担保，且保证人最近一期经审计的净资产额应不低于其累计对外担保的金额 D. 证券公司或上市公司不得作为发行可转债的担保人，但上市商业银行除外 E. 设定抵押或质押的，抵押或质押财产的估值应不低于担保金额；估值应经有资格的资产评估机构评估	

【考点子题——举一反三，真枪实练】

［30］（2012 年·多选题 改编）下列关于可转换公司债券发行的表述中，符合证券法律制度规定的有（　）。

A. 可转换公司债券每张面值 1 元

B. 可转换公司债券的利率由发行公司与主承销商协商确定，但必须符合国家的有关规定

C. 为公开发行可转换公司债券提供担保的，应为全额担保

D. 证券公司或商业银行外的上市公司不得作为发行可转债的担保人

[31] (2013年·单选题 改编)下列关于上市公司的公司债券投资者权益保护制度的表述中，符合证券法律制度规定的是( )。

A. 债券受托管理人不得由发行人聘请

B. 上市公司不能按期支付债券本息时，应召开债券持有人会议

C. 发行公司债券应委托资产评估机构对债券作出信用评级

D. 为公开发行可转换公司债券提供保证担保的，应当为一般保证

（四）可转换公司债券转为股票

【考点母题——万变不离其宗】可转换公司债券转为股票

<table>
<tr><td colspan="2">下列关于可转换公司债券转为股票的表述中，正确的有( )。</td></tr>
<tr><td colspan="2">A. 可转换公司债券自发行结束之日起6个月后方可转换为公司股票，转股期限由公司根据可转换公司债券的存续期限及公司财务状况确定
B. 债券持有人对转换股票或者不转换股票有选择权，转换股票的于转股的次日成为发行公司的股东</td></tr>
<tr><td>C. 上市公司向不特定对象发行可转债的转股价格应不低于募集说明书公告日前20个交易日发行人股票交易均价和前1个交易日均价，且不得向上修正</td><td rowspan="2">转股价格，是指募集说明书事先约定的可转换公司债券转换为每股股份所支付的价格</td></tr>
<tr><td>D. 上市公司向特定对象发行可转债的转股价格应不低于认购邀请书发出前20个交易日发行人股票交易均价和前1个交易日均价，且不得向下修正</td></tr>
<tr><td colspan="2">E. 可转换债券持有人不转换为股票的，上市公司应当在可转换公司债券期满后5个工作日内办理完毕偿还债券余额本息的事项</td></tr>
</table>

（五）公开发行可转换公司债券的程序

【考点母题——万变不离其宗】公开发行可转换公司债券的程序

<table>
<tr><td colspan="4">公开发行可转换公司债券的程序与公开发行新股的程序相同</td></tr>
<tr><td colspan="4">(1)股东大会作出发行可转换公司债券的决定时，决议所包括的事项有( )。</td></tr>
<tr><td>A. 债券利率
E. 还本付息的期限和方式</td><td>B. 债券期限
F. 转股期</td><td>C. 担保事项
G. 转股价格的确定和修正</td><td>D. 回售条款</td></tr>
<tr><td colspan="4">(2)股东大会就发行分离交易的可转换公司债券作出决定时，除作出发行可转换公司债券的决定时应当包括的事项外，还应当包括的事项有( )。</td></tr>
<tr><td>A. 认股权证的行权价格</td><td>B. 认股权证的存续期限</td><td colspan="2">C. 认股权证的行权期间或行权日</td></tr>
</table>

【考点子题——举一反三，真枪实练】

[32] (2013 年 · 多选题　改编)根据证券法律制度的规定，下列关于可转换公司债券的表述中，正确的有(　)。

A. 上市公司公开发行可转换公司债券不同于公开发行股票，无须依法履行《证券法》规定的注册程序

B. 在转股期限内，可转换公司债券持有人有权决定是否将债券转换为股票

C. 上市公司可以公开发行认股权和债券分离的可转换公司债券

D. 上市公司公开发行可转换公司债券，应当提供担保，但最近一期期末经审计的净资产不低于人民币 15 亿元的公司除外

(六)公开发行可转换公司债券的信息披露

【考点母题——万变不离其宗】公开发行可转换公司债券的信息披露

公开发行可转换公司债券的信息披露的内容与公开发行新股的信息披露的内容基本相同，所不同的是募集说明书的相关内容
(1)下列关于募集说明书内容的表述中，正确的有(　)。
A. 募集说明书可以约定赎回条款，规定上市公司可按事先约定的条件和价格赎回尚未转股的可转换公司债券 B. 募集说明书可以约定回售条款，规定债券持有人可按事先约定的条件和价格将所持债券回售给上市公司 C. 募集说明书应当约定，上市公司改变公告的募集资金用途的，赋予债券持有人一次回售的权利 D. 募集说明书应当约定转股价格调整的原则及方式 E. 发行可转换公司债券后，因配股、增发、送股、派息、分立及其他原因引起上市公司股份变动的，应当同时调整转股价格
(2)募集说明书约定转股价格向下修正条款的，应当同时约定的内容有(　)。
A. 转股价格修正方案须提交公司股东大会表决，且须经出席会议的股东所持表决权的 2/3 以上同意。股东大会进行表决时，持有公司可转换债券的股东应当回避 B. 修正后的转股价格不低于前项规定的股东大会召开日前 20 个交易日该公司股票交易均价和前一交易日的均价

考点 15　公司债券的交易

(一)公司债券的交易场所

【考点母题——万变不离其宗】公司债券的交易场所

下列关于公司债券交易场所的表述中，正确的有(　)。

续表

<table>
<tr><td colspan="2">A. 公开发行的公司债券应当在证券交易所上市交易或者全国股转系统转让，但发行环节和交易环节的投资者适当性要求应当保持一致</td></tr>
<tr><td rowspan="2">B. 非公开发行的公司债券，可以申请在证券交易场所、证券公司柜台转让</td><td>在证券交易场所转让的，应当遵守证券交易场所制定的业务规则，并经证券交易场所同意</td></tr>
<tr><td>在证券公司柜台转让的，应当符合中国证监会的规定</td></tr>
<tr><td colspan="2">C. 非公开发行的公司债券仅限于专业投资者范围内转让，转让后，持有同次发行债券的投资者合计不得超过 200 人</td></tr>
</table>

【考点子题——举一反三，真枪实练】

[33] (2018 年 · 多选题　改编) 根据证券法律制度的规定，下列证券交易场所中，可以交易公开发行的公司债券的有(　)。

A. 证券交易所　　B. 证券公司柜台市场

C. 中国金融期货交易所　　D. 全国股转系统

(二) 公司债券的上市

【考点母题——万变不离其宗】公司债券的上市

<table>
<tr><td rowspan="2">公司债券上市交易的条件</td><td colspan="2">(1) 下列关于公司债券上市交易条件的表述中，正确的有(　)。</td></tr>
<tr><td colspan="2">A. 申请公司债券上市交易，应当向证券交易所提出申请，，由证券交易所依法审核同意，并由双方签订上市协议
B. 公司债券的上市条件由证券交易所予以规定</td></tr>
<tr><td rowspan="3">公司债券的上市程序</td><td>申请核准</td><td>申请公司债券上市交易，应当向证券交易所申请核准，并报送特定文件</td></tr>
<tr><td>安排上市</td><td>证券交易所核准公司债券上市申请之后，应当及时安排债券上市；上市的时间或日期，通常由证券交易所与申请人在签订的上市协议中确定</td></tr>
<tr><td>上市公告</td><td>公司债券上市交易申请经证券交易所审核同意后，签订上市协议的公司应当在规定的期限内公告公司债券上市文件及有关文件，并将其申请文件置备于指定场所供公众查阅</td></tr>
<tr><td rowspan="3">公司债券的终止上市</td><td colspan="2">(2) 下列关于公司债券终止上市的表述中，正确的有(　)。</td></tr>
<tr><td>A. 上市交易的证券，不再符合上市条件的，或者有上市规则规定的其他情形的，由证券交易所按照业务规则终止其上市交易</td><td>申请公司债券上市交易，应当符合证券交易所上市规则规定的上市条件。证券交易所上市规则规定的上市条件，应当对发行人的经营年限、财务状况、最低公开发行比例和公司治理、诚信记录等提出要求</td></tr>
<tr><td colspan="2">B. 证券交易所决定终止证券上市交易的，应当及时公告，并报国务院证券监督管理机构备案</td></tr>
</table>

第四节　股票的公开交易

本节考点、考点母题及考点子题

考点 16　股票上市与退市

（一）股票上市条件

【考点母题——万变不离其宗】股票上市条件

(1)下列关于股票上市条件的表述中，正确的有（　）。
A. 申请证券上市交易，应当向证券交易所提出申请，由证券交易所依法审核同意，并由双方签订上市协议 B. 申请股票上市交易，应当符合证券交易所上市规则规定的上市条件 C. 证券交易所上市规则规定的上市条件，应当对发行人的经营年限、财务状况、最低公开发行比例和公司治理、诚信记录等提出要求
(2)根据上海证券交易所《股票上市规则》的规定，发行人首次发行股票后申请其股票在主板上市，应符合的条件有（　）。
A. 股票经中国证监会核准已公开发行　B. 具备健全且运行良好的组织机构 C. 具有持续经营能力　D. 公司股本总额不少于人民币 5 000 万元 E. 公开发行的股份达到公司股份总数的 25%以上；公司股本总额超过人民币 4 亿元的，公开发行股份的比例为 10%以上 F. 公司及其控股股东、实际控制人最近 3 年不存在贪污、贿赂、侵占财产、挪用财产或者破坏社会主义市场经济秩序的刑事犯罪 G. 最近 3 个会计年度财务会计报告均被出具无保留意见审计报告 H. 本所要求的其他条件

（二）股票终止上市

上市公司退市，是指公司股票在证券交易所终止上市交易。上市交易的证券，有证券交易所规定的终止上市情形的，由证券交易所按照业务规则终止其上市交易。证券交易所决定终止证券上市交易的，应当及时公告，并报国务院证券监督管理机构备案。

【考点母题——万变不离其宗】股票终止上市

<table>
<tr><td colspan="4">目前，我国的退市制度主要包括主动退市和强制退市。</td></tr>
<tr><td rowspan="4">主动退市制度</td><td rowspan="2">主动退市的情形</td><td colspan="2">(1)上市公司主动退市的模式有(　)。</td></tr>
<tr><td colspan="2">A. 上市公司向证券交易所主动申请退市或者转市
B. 由上市公司、上市公司股东或者其他收购人通过向所有股东发出收购全部股份或者部分股份的要约，导致公司股本总额、股权分布等发生变化不再具备上市条件
C. 上市公司因新设或者吸收合并，不再具有独立主体资格并被注销，或者上市公司股东大会决议解散</td></tr>
<tr><td rowspan="2">主动退市的特殊性</td><td colspan="2">(2)主动退市的特殊之处有(　)。</td></tr>
<tr><td colspan="2">A. 主动退市公司的股票不进入退市整理期交易；交易所在公告公司股票终止上市决定之日后通常就可对主动退市公司予以摘牌，公司股票终止上市
B. 主动退市公司并不一定要进入全国股转系统交易，而是可以选择在证券交易场所交易或转让其股票，或者依法作出其他安排</td></tr>
<tr><td rowspan="7">强制退市制度</td><td rowspan="4">强制退市的情形</td><td colspan="2">(3)强制退市的情形有(　)。</td></tr>
<tr><td rowspan="2">A. 重大违法行为强制退市</td><td>上市公司存在欺诈发行、重大信息披露违法或者其他严重损害证券市场秩序的重大违法行为，且严重影响上市地位，其股票应当被终止上市的情形</td></tr>
<tr><td>上市公司存在涉及国家安全、公共安全、生态安全、生产安全和公众健康安全等领域的违法行为，情节恶劣，严重损害国家利益、社会公共利益，或者严重影响上市地位，其股票应当被终止上市的情形</td></tr>
<tr><td colspan="2">B. 交易类强制退市　　C. 财务类强制退市　　D. 规范类强制退市</td></tr>
<tr><td rowspan="3">强制退市程序</td><td colspan="2">(4)强制退市的程序有(　)。</td></tr>
<tr><td rowspan="2">A. 退市风险警示</td><td>上市公司可能触及重大违法类强制退市情形的，应当于知悉相关行政机关行政处罚事先告知书或者人民法院作出司法裁判当日，及时披露有关内容，并就其股票可能被实施重大违法类强制退市进行特别风险提示；公司股票及其衍生品种于公告披露日停牌 1 天，公告披露日为非交易日的，自披露日后的第一个交易日停牌 1 天；自复牌之日起，交易所对公司股票实施退市风险警示</td></tr>
<tr><td>如果上市公司最近一个会计年度经审计的财务会计报告相关财务指标触及交易所规定的财务类强制退市情形的，交易所对其股票实施退市风险警示</td></tr>
</table>

续表

<table>
<tr><td rowspan="10">强制退市制度</td><td rowspan="8">强制退市程序</td><td rowspan="2">A. 退市风险警示</td><td>(5)上市公司发生特定情形且未在法定期限或证监会规定期限或交易所要求的期限内改正或解决的，交易所对该上市公司股票实施退市风险警示。该特定情形有(　)。</td></tr>
<tr><td>A. 在财务会计报告存在重大会计差错或者虚假记载，未在法定期限内披露半年度报告或者经审计的年度报告，因半数以上董事无法保证公司所披露半年度报告或年度报告的真实性、准确性和完整性，信息披露或者规范运作等方面存在重大缺陷，公司股本总额或股权分布发生变化
B. 上市公司可能被依法强制解散，法院受理公司重整，和解和破产清算申请</td></tr>
<tr><td rowspan="3">B. 交易所决定终止上市</td><td>当 ST 公司情况继续恶化，或限期内仍未改正或消除，触及了《股票上市规则》规定的终止上市情形，交易所才对该公司股票启动终止上市程序</td></tr>
<tr><td>上市委员会对股票终止上市进行审议，作出独立的专业判断并形成审核意见</td></tr>
<tr><td>交易所根据上市委员会的意见，作出是否终止股票上市的决定</td></tr>
<tr><td rowspan="3">C. 退市整理期</td><td>给予退市公司一段时间的股票交易，既充分揭示风险，又为投资者在公司股票终止上市前提供必要的交易机会和退出渠道</td></tr>
<tr><td>不适用于主动退市公司</td></tr>
<tr><td>交易类强制退市公司股票也不进入退市整理期交易</td></tr>
<tr><td rowspan="2">退市后的去向和交易安排</td><td colspan="2">(6)下列关于上市公司退市后的去向和交易安排的表述中，正确的有(　)。</td></tr>
<tr><td colspan="2">A. 强制退市公司应进入全国股转系统交易
B. 主动退市公司可以选择在证券交易场所交易或转让其股票，或者依法作出其他安排，即可依自身意愿或情形选择其他证券交易所“转换上市”，也可选择进入全国股转系统进行交易，或是在股东意思自治的前提下作其他安排</td></tr>
</table>

【考点子题——举一反三，真枪实练】

[34] (2020 年·多选题)根据证券法律制度的规定，下列情形中，属于上市公司主动退市的有(　)。

A. 上市公司向证券交易所主动提出退市申请

B. 上市公司股份被要约收购，不再具备上市条件

C. 上市公司被吸收合并，丧失法人资格

D. 上市公司股东大会决议解散公司

考点 17 股票场内交易和结算

（一）场内交易的一般规则

【考点母题——万变不离其宗】场内交易的一般规则

开户	(1)下列关于证券交易开户的表述中，正确的有(　)。 A. 投资者委托证券公司进行证券交易，应当通过证券公司申请在证券登记结算机构开立证券账户 B. 证券登记结算机构应当按照规定为投资者开立证券账户 C. 投资者申请开立账户，应当持有证明中华人民共和国公民、法人、合伙企业身份的合法证明文件，国家另有规定的除外
证券集中交易的委托与开户	(2)下列关于投资者证券集中交易的委托与开户的表述中，正确的有(　)。 A. 参与证券交易所集中交易的，必须是证券交易所的会员；非会员不得直接参与股票的集中交易 B. 投资者如欲参与证券市场交易，应当与证券公司签订证券交易委托协议，并在证券公司实名开立账户，以书面、电话、自助终端、网络等方式，委托该证券公司代其买卖证券 C. 证券公司为投资者开立账户，应当按照规定对投资者提供的身份信息进行核对 D. 证券公司不得将投资者的账户提供给他人使用 E. 投资者应当使用实名开立的账户进行交易
证券公司保存有关资料的义务	(3)下列关于证券公司保存有关资料义务的表述中，正确的有(　)。 A. 证券公司应当妥善保存客户资料、委托记录、交易记录和与内部管理、业务经营有关的各项资料，任何人不得隐匿、伪造、篡改或者损毁 B. 上述资料的保存期限不得少于 20 年 C. 按照依法制定的交易规则进行的交易，不得改变其交易结果，但《证券法》第一百一十一条第二款规定的情形除外(因不可抗力、意外事件、重大技术故障、重大人为差错等突发性事件导致证券交易结果出现重大异常，按交易结果进行交收将对证券交易正常秩序和市场公平造成重大影响的,，证券交易所按照业务规则可以采取取消交易、通知证券登记结算机构暂缓交收等措施，并应当及时向国务院证券监督管理机构报告并公告) D. 对交易中违规交易者应负的民事责任不得免除；在违规交易中所获利益，依照有关规定处理

（二）场内交易的方式

【考点母题——万变不离其宗】场内交易的方式

<table>
<tr><td colspan="3">(1)证券在证券交易所上市交易的方式有(　)。</td></tr>
<tr><td colspan="2">A. 公开的集中交易方式</td><td>集中竞价或集中报价撮合</td></tr>
<tr><td colspan="2">B. 非集中交易</td><td>协议转让，价格形成于非集中的、一对一的磋商</td></tr>
<tr><td rowspan="10">集中竞价的交易方式</td><td colspan="2">(2)下列关于证券交易所集中竞价交易方式的表述中，正确的有(　)。</td></tr>
<tr><td colspan="2">A. 我国 A 股市场上最主要的交易方式是集中竞价</td></tr>
<tr><td rowspan="2">B. 交易所只接受会员申报</td><td>投资者必须委托作为交易所会员的证券经纪商下达买卖股票的指令</td></tr>
<tr><td>经纪商按照接受客户委托的先后顺序向交易主机申报</td></tr>
<tr><td rowspan="2">C. 采用电脑集合竞价和连续竞价两种交易方式</td><td>集合竞价：对一段时间内接受的买卖申报一次性集中撮合的竞价方式。是一个间断性的市场，即投资者作出买卖委托后，不能立即按照有关规则执行并成交，而是在某一规定的时间，由有关机构将在不同时点收到的订单集中起来，按照同一价格进行匹配成交</td></tr>
<tr><td>连续竞价：对买卖申报连续撮合的竞价方式。在连续交易市场，交易是在交易日的各个时点连续不断地进行的，只要根据订单匹配规则，存在两个相匹配的订单，交易就会发生</td></tr>
<tr><td rowspan="2">D. 证券交易按价格优先、时间优先的原则竞价撮合成交</td><td>成交时价格优先的原则为：较高价格买进申报优先于较低价格买进申报，较低价格卖出申报优先于较高价格卖出申报</td></tr>
<tr><td>成交时时间优先的原则为：买卖方向、价格相同的，先申报者优先于后申报者。先后顺序按交易主机接受申报的时间确定</td></tr>
<tr><td colspan="2">(3)下列关于上海证券交易所的集中竞价的交易方式的表述中，正确的有(　)。</td></tr>
<tr><td colspan="2">A. 在我国证券交易市场中，集合竞价被用来产生每个交易日的开盘价格
B. 上海证券市场开盘集合竞价过程为：从 9 点 15 分开始接收集合竞价订单，到 9 点 25 分结束，随即给出集合竞价的成交价格，也就是当天的开盘价
C. 9 点 25 分到 9 点 30 分期间不接收任何订单
D. 9 点 30 分开始重新接收订单，并开始连续竞价交易阶段；连续交易阶段上午从 9 点 30 分至 11 点 30 分，下午从 13 点至 15 点
E. 每周一至周五为交易日</td></tr>
<tr><td rowspan="2">大宗交易</td><td colspan="2">(4)下列关于大宗交易的表述中，正确的有(　)。</td></tr>
<tr><td colspan="2">A. 大宗交易，一般是指交易规模(包括交易的数量和金额)非常大，超过市场的平均交易规模，因而采用与通常交易方式不同的交易模式
B. 专门的大宗交易制度是以正常规模交易的交易制度为基础，对大宗交易的撮合方式、价格确定和信息披露等方面采取特殊的处理方式
C. 大宗交易的本质是针对大额买卖实行协议(定价)转让，大宗交易的最初始的表现形式是交易对手方的事先锁定和价格的协商</td></tr>
</table>

续表

大宗交易	D. 大宗交易的发展趋势是交易对手从“特定对手方”向“无特定对手方”发展；交易方式从“协商交易”向“撮合交易”发展 E. 我国上海和深圳证券交易所从2002年开始建立大宗交易制度 F. 深圳证券交易所的大宗交易分为协议大宗交易（本质上属于协商交易）和盘后定价大宗交易方式（本质上属于集中交易）两种

【考点子题——举一反三，真枪实练】

[35]（经典例题·多选题）根据证券法律制度的规定，下列关于证券大宗交易的表述中，正确的有（　）。

A. 大宗交易的交易方式只能是协商交易

B. 目前只有上海证券交易所建立了大宗交易系统

C. 交易对手从“特定对手方”向“无特定对手方”发展是大宗交易的发展趋势

D. 专门的大宗交易制度是以正常规模交易的交易制度为基础，对大宗交易的撮合方式、价格确定和信息披露等方面采取特殊的处理方式

（三）证券结算

【考点母题——万变不离其宗】证券结算

(1)证券结算包括（　）。	
A. 清算	按照确定的规则计算证券和资金的应收应付数额的行为。清算结果确定了交易双方的履约责任
B. 交收	根据确定的清算结果，通过转移证券和资金履行相关债权债务的行为；即卖方将其卖出的证券交付给买方，买方将其应付资金交付给卖方
(2)下列关于证券“二级清算”的表述中，正确的有（　）。	
A. 证券公司根据投资者的委托，按照证券交易规则提出交易申报，参与证券交易所场内的集中交易，并根据成交结果承担相应的清算交收责任 B. 证券登记结算机构根据成交结果，按照清算交收规则，与证券公司进行证券和资金的清算交收，并为证券公司客户办理证券的登记过户手续 【注意】实际上目前只实现了资金的二级清算。证券由于直接由投资者登记在证券登记结算公司，因此，由证券登记结算公司直接为所有交易的投资者办理股票的过户手续。	
(3)下列关于证券登记结算机构提供净额结算服务的表述中，正确的有（　）。	
A. 证券登记结算机构作为中央对手方提供证券结算服务的，是结算参与人共同的清算交收对手，进行净额结算，为证券交易提供集中履约保障 B. 证券登记结算机构为证券交易提供净额结算服务时，应当要求结算参与人按照货银对付的原则，足额交付证券和资金，并提供交收担保 C. 在交收完成之前，任何人不得动用用于交收的证券、资金和担保物 D. 结算参与人未按时履行交收义务的，证券登记结算机构有权按照业务规则处理上述资产	

续表

(4)下列关于证券登记结算机构按照业务规则收取的各类结算资金和证券专户管理的表述中，正确的是(　)。
A. 证券登记结算机构按照业务规则收取的各类结算资金和证券，必须存放于专门的清算交收账户，只能按业务规则用于已成交的证券交易的清算交收，不得被强制执行

(四) 股票存管和过户

【考点母题——万变不离其宗】股票存管和过户

下列关于股票存管和过户的表述中，正确的有(　)。
A. 在证券交易所或者国务院批准的其他全国性证券交易场所交易的证券，应当全部存管在证券登记结算机构 B. 证券登记结算全区全国集中统一的运营方式 C. 上市股票，统一由证券登记结算公司办理过户事项(实践中均由中国证券登记结算公司的计算机自动、统一完成过户事项，委托人无须另办理过户手续) D. 证券登记结算机构应当妥善保存登记、存管和结算的原始凭证及有关文件和资料，其保管期限不得少于 20 年

(五) 停牌、复牌、停市

【考点母题——万变不离其宗】停牌、复牌、停市

(1)下列关于停牌、复牌的的表述中，正确的有(　)。
A. 停牌是指由于发生法律规定的事件，上市公司的股票暂停交易；复牌是指停牌的上市公司股票恢复交易 B. 上市公司可以向证券交易所申请其上市交易股票的停牌或者复牌，但不得滥用停牌或者复牌损害投资者的合法权益 C. 证券交易所可以按照业务规则的规定，决定上市交易股票的停牌或者复牌
(2)因突发性事件引起证券交易异常的下列表述中，正确的有(　)。
A. 因不可抗力、意外事件、重大技术故障、重大人为差错等突发性事件而影响证券交易正常进行时，为维护证券交易正常秩序和市场公平，证券交易所可以按照业务规则采取技术性停牌、临时停市等处置措施，并应当及时向国务院证券监督管理机构报告 B. 因前款规定的突发性事件导致证券交易结果出现重大异常，按交易结果进行交收将对证券交易正常秩序和市场公平造成重大影响的，证券交易所按照业务规则可以采取取消交易、通知证券登记结算机构暂缓交收等措施，并应当及时向国务院证券监督管理机构报告并公告 C. 证券交易所对其依照本条规定采取措施造成的损失，不承担民事赔偿责任，但存在重大过错的除外

考点18 挂牌、转板和退板

【考点母题——万变不离其宗】挂牌、转板和退板

<table>
<tr><td rowspan="4">挂牌和退板</td><td>(1)股份有限公司申请股票在全国股转系统挂牌，应当符合的条件有(　)。</td></tr>
<tr><td>A. 依法设立且存续满2年；有限责任公司按原账面净资产值折股整体变更为股份有限公司的，存续时间可以从有限责任公司成立之日起计算
B. 业务明确，具有持续经营能力
C. 公司治理机制健全，合法规范经营
D. 股权明晰，股票发行和转让行为合法合规
E. 主办券商推荐并持续督导
F. 全国股转公司要求的其他条件</td></tr>
<tr><td>(2)下列关于股份有限公司挂牌的表述中，正确的有(　)。</td></tr>
<tr><td>A. 对于股东人数未满200人的股份有限公司的挂牌申请，由全国股转系统接收申请材料并出具审查意见；全国股转系统审核同意后，即可签订挂牌协议，公司挂牌交易
B. 股东人数超过200人的股份有限公司属于“公众公司”的范畴，其挂牌公开转让申请材料应向中国证监会提交，由证监会核准，并提交全国股转系统的自律监管意见</td></tr>
<tr><td rowspan="2">挂牌和退板</td><td>(3)下列关于退板的表述中，正确的有(　)。</td></tr>
<tr><td>A. 退板是指在全国股转系统终止挂牌交易
B. 全国股转系统的退板包括强制退板和申请退板两类情形
C. 全国股转公司在作出股票终止挂牌决定后发布公告，报证监会备案；挂牌公司应当在收到股票终止挂牌决定后即使披露股票终止挂牌公告</td></tr>
<tr><td rowspan="4">转板</td><td>(4)下列关于转板的表述中，正确的有(　)。</td></tr>
<tr><td>A. 在全国股转系统挂牌的公司，达到股票上市条件的，可以直接向证券交易所申请上市交易
B. 在新三板精选层连续挂牌1年以上精选层挂牌公司，可以申请转板至科创板或创业板上市
C. 挂牌公司转板上市的，应当符合转入板块的上市条件
D. 转板上市条件应当与首次公开发行并上市的条件保持基本一致，交易所可以根据监管需要提出差异化要求
E. 转板上市属于股票交易场所的变更，不涉及股票公开发行，依法无需经中国证监会核准或注册，由上交所或深交所依据上市规则进行审核并做出决定</td></tr>
<tr><td>(5)转板的程序主要有(　)。</td></tr>
<tr><td>A. 企业履行内部决策程序后提出转板上市申请
B. 交易所审核并作出是否同意上市的决定
C. 企业在新三板终止挂牌并在上交所或深交所上市交易</td></tr>
</table>

第五节　上市公司收购和重组

本节考点、考点母题及考点子题

考点 19　上市公司收购概述

（一）上市公司收购的概念

【考点母题——万变不离其宗】上市公司收购的概念

<table>
<tr><td colspan="2">(1)下列关于上市公司收购概念的表述中，正确的是(　)。</td></tr>
<tr><td rowspan="2">A. 上市公司收购，是指收购人通过在证券交易所的股份转让活动持有一个上市公司的股份达到一定比例或通过证券交易所股份转让活动以外的其他合法方式控制一个上市公司的股份达到一定程度，导致其获得或者可能获得对该公司实际控制权的行为</td><td>(2)上市公司收购人的目的是获得对上市公司的实际控制权。实际控制判断标准有(　)。</td></tr>
<tr><td>A. 投资者为上市公司持股 50%以上的控股股东
B. 投资者可以实际支配上市公司股份表决权超过 30%
C. 投资者通过实际支配上市公司股份表决权能够决定公司董事会半数以上成员选任
D. 投资者依其可实际支配的上市公司股份表决权足以对公司股东大会的决议产生重大影响
E. 中国证监会认定的其他情形</td></tr>
<tr><td colspan="2">【注意】收购人可以通过取得股份的方式成为一个上市公司的控股股东，可以通过投资关系、协议、其他安排的途径成为一个上市公司的实际控制人，也可以同时采取上述方式和途径取得上市公司控制权。</td></tr>
</table>

【考点子题——举一反三，真枪实练】

[36] (2015 年 · 多选题)根据证券法律制度的规定，下列情形中，构成对上市公司实际控制的有(　)。

A. 投资者为上市公司持股 56%的股东

B. 投资者可以实际支配上市公司股份表决权的 40%

C. 投资者可以实际支配上市公司股份表决权能够决定公司董事会 1/3 成员选任

D. 投资者依其可实际支配的上市公司股份表决权足以对公司股东大会的决议产生重大影响

（二）上市公司收购人

【考点母题——万变不离其宗】上市公司收购人

<table>
<tr><td>(1)下列关于上市公司收购人概念的表述中，正确的有(　)。</td></tr>
<tr><td>A. 上市公司收购人是指意图通过取得股份的方式成为一个上市公司的控股股东，或者通过投资关系、协议、其他安排的途径成为一个上市公司的实际控制人的投资者及其一致行动人
B. 收购人包括投资者及与其一致行动的他人</td></tr>
<tr><td>(2)所谓一致行动，是指投资者通过协议、其他安排，与其他投资者共同扩大其所能够支配的一个上市公司股份表决权数量的行为或者事实。在上市公司的收购及相关股份权益变动活动中有一致行动情形的投资者，互为一致行动人。如无相反证据，投资者有特定情形之一的，为一致行动人。该特定情形有(　)。</td></tr>
<tr><td>A. 投资者之间有股权控制关系
B. 投资者受同一主体控制
C. 投资者的董事、监事或者高级管理人员中的主要成员，同时在另一个投资者担任董事、监事或者高级管理人员
D. 投资者参股另一投资者，可以对参股公司的重大决策产生重大影响
E. 银行以外的其他法人、其他组织和自然人为投资者取得相关股份提供融资安排
F. 投资者之间存在合伙、合作、联营等其他经济利益关系
G. 持有投资者30%以上股份的自然人，与投资者持有同一上市公司股份
H. 在投资者任职的董事、监事及高级管理人员，与投资者持有同一上市公司股份
I. 持有投资者30%以上股份的自然人和在投资者任职的董事、监事及高级管理人员，其父母、配偶、子女及其配偶、配偶的父母、兄弟姐妹及其配偶、配偶的兄弟姐妹及其配偶等亲属，与投资者持有同一上市公司股份
J. 在上市公司任职的董事、监事、高级管理人员及其前项所述亲属同时持有本公司股份的，或者与其自己或者其前项所述亲属直接或者间接控制的企业同时持有本公司股份
K. 上市公司董事、监事、高级管理人员和员工与其所控制或者委托的法人或者其他组织持有本公司股份
L. 投资者之间具有其他关联关系
【注意1】一致行动人应当合并计算其所持有的股份；投资者计算其所持有的股份，应当包括登记在其名下的股份，也包括登记在其一致行动人名下的股份。
【注意2】投资者认为其与他人不应被视为一致行动人的，可以向中国证监会提供相反证据。</td></tr>
<tr><td>(3)根据《上市公司收购管理办法》的规定，有特定情形之一的，不得收购上市公司。该特定情形有(　)。</td></tr>
<tr><td>A. 收购人负有数额较大债务，到期未清偿，且处于持续状态
B. 收购人最近3年有重大违法行为或者涉嫌有重大违法行为
C. 收购人最近3年有严重的证券市场失信行为
D. 收购人为自然人的，存在《公司法》第一百四十六条规定情形（即不得担任公司的董事、监事、高级管理人员的情形）
E. 法律、行政法规规定以及中国证监会认定的不得收购上市公司的其他情形</td></tr>
</table>

续表

【注意】收购人进行上市公司收购，应当聘请符合《证券法》规定的专业机构担任财务顾问。收购人未按照《收购办法》规定聘请财务顾问的，不得收购上市公司。

（三）上市公司收购中有关当事人的义务

【考点母题——万变不离其宗】上市公司收购中有关当事人的义务

<table>
<tr><td rowspan="9">收购人的义务</td><td colspan="2">(1)上市公司收购中收购人的义务有(　)。</td></tr>
<tr><td rowspan="2">A. 信息披露义务</td><td>收购人有持股权益披露义务</td></tr>
<tr><td>实施要约收购的收购人应按规定编制要约收购报告书或上市公司收购报告书，并聘请财务顾问向中国证监会、证券交易所提交书面报告，抄报派出机构，通知被收购公司，同时对报告书摘要作出提示性公告</td></tr>
<tr><td>B. 禁售义务</td><td>采取要约收购方式的，收购人作出公告后至收购期限届满前，不得卖出被收购公司的股票，也不得采取要约规定以外的形式和超出要约的条件买入被收购公司的股票</td></tr>
<tr><td rowspan="3">C. 锁定义务</td><td>收购人持有的被收购的上市公司的股票，在收购行为完成后的 18 个月内不得转让；但是，收购人在被收购公司中拥有权益的股份在同一实际控制人控制的不同主体之间进行转让不受前述 18 个月的限制，但应当遵守《收购办法》关于“免于发出要约”的有关规定</td></tr>
<tr><td>收购人通过集中竞价交易方式增持上市公司股份的，当收购人最后一笔增持股份登记过户后，视为其收购行为完成</td></tr>
<tr><td>在一个上市公司中拥有权益的股份达到或者超过该公司已发行股份的 30%的，自上述事实发生之日起 1 年后，每 12 个月内增持不超过该公司已发行的 2%的股份，该增持不超过 2%的股份锁定期为增持行为完成之日起 6 个月</td></tr>
<tr><td colspan="2">D. 守约义务　　　　E. 平等对待被收购公司所有股东的义务</td></tr>
<tr><td colspan="2"></td></tr>
<tr><td rowspan="2">被收购公司的控股股东或者实际控制人的义务</td><td colspan="2">(2)下列关于被收购公司的控股股东或者实际控制人义务的表述中，正确的有(　)。</td></tr>
<tr><td colspan="2">A. 被收购公司的控股股东或者实际控制人不得滥用股东权利，损害被收购公司或者其他股东的合法权益
B. 被收购公司的控股股东、实际控制人及其关联方有损害被收购公司及其他股东合法权益的，上述控股股东、实际控制人在转让被收购公司控制权之前，应当主动消除损害；未能消除损害的，应当就其出让相关股份所得收入用于消除全部损害作出安排，对不足以消除损害的部分应当提供充分有效的履约担保或安排，并依照公司章程取得被收购公司股东大会的批准</td></tr>
</table>

续表

被收购公司的董事、监事、高级管理人员的义务	(3)下列关于被收购公司的董事、监事、高级管理人员义务的表述中，正确的有(　)。
	A. 被收购公司的董事、监事、高级管理人员对公司负有忠实义务和勤勉义务，应当公平对待收购本公司的所有收购人 B. 被收购公司董事会针对收购所作出的决策及采取的措施，应当有利于维护公司及其股东的利益，不得滥用职权对收购设置不适当的障碍，不得利用公司资源向收购人提供任何形式的财务资助，不得损害公司及其股东的合法权益

【考点子题——举一反三，真枪实练】

[37] (2021年·多选题)根据证券法律制度的规定，下列属于要约收购人的义务的有(　)。

A. 禁售义务　　B. 信息披露义务

C. 锁定义务　　D. 公平对待被收购公司所有股东

(四)上市公司收购的支付方式

【考点母题——万变不离其宗】上市公司收购的支付方式

下列各项中，属于上市公司收购可以采用的支付方式有(　)。
A. 现金　　B. 依法可以转让的证券 C. 法律、行政法规规定的其他支付方式

考点20 持股权益披露

(一)大股东披露和权益变动披露

1. 场内收购的权益变动披露

【考点母题——万变不离其宗】大股东披露和权益变动披露

场内收购的权益变动披露	(1)通过场内交易受让股份时大股东披露和权益变动披露的下列表述中，正确的有(　)。
	A. 通过证券交易所的证券交易，投资者持有或者通过协议、其他安排与他人共同持有一个上市公司已发行的有表决权股份达到5%时，应当在该事实发生之日起3日内，向国务院证券监督管理机构、证券交易所作出书面报告，通知该上市公司，并予公告；在上述期限内，不得再行买卖该上市公司的股票。但国务院证券监督管理机构规定的情形除外(首次举牌的T+3卡点披露)

续表

<table>
<tr><td>场内收购的权益变动披露</td><td colspan="2">B. 投资者持有或者通过协议、其他安排与他人共同持有一个上市公司已发行的有表决权股份达到 5%后，其所持该上市公司已发行的有表决权股份比例每增加或者减少 5%，应当依照前款规定进行报告和公告，在该事实发生之日起至公告后 3 日内，不得再行买卖该上市公司的股票，但国务院证券监督管理机构规定的情形除外（后续的 T+X+3 台阶规则 权益披露+停止买卖）
C. 投资者持有或者通过协议、其他安排与他人共同持有一个上市公司已发行的有表决权股份达到 5%后，其所持该上市公司已发行的有表决权股份比例每增加或者减少 1%，应当在该事实发生的次日通知该上市公司，并予公告（T+1 即披露公告 但不禁止买入）
D. 违反上述 AB 两项规定买入上市公司有表决权的股份的，在买入后的 36 个月内，对该超过规定比例部分的股份不得行使表决权（蒙面买入 36 个月禁表决）</td></tr>
<tr><td rowspan="2">协议收购的权益变动披露</td><td colspan="2">（2）通过协议收购受让股份时大股东披露和权益变动披露的下列表述中，正确的有（　）。</td></tr>
<tr><td colspan="2">A. 通过协议转让方式，投资者及其一致行动人在一个上市公司中拥有权益的股份拟达到或者超过一个上市公司已发行股份的 5%时，应当在该事实发生之日起 3 日内编制权益变动报告书，向中国证监会、证券交易所提交书面报告，通知该上市公司，并予公告
B. 前述投资者及其一致行动人拥有权益的股份达到一个上市公司已发行股份的 5%后，其拥有权益的股份占该上市公司已发行股份的比例每增加或者减少达到或者超过 5%的（构成 5%的倍数），应当依照前款规定履行报告、公告义务（卡点披露 逢 5%的倍数比例即 3 日内不得买卖并报告）
C. 前两款规定的投资者及其一致行动人在作出报告、公告前，不得再行买卖该上市公司的股票。相关股份转让及过户登记手续按照本办法第四章及证券交易所、证券登记结算机构的规定办理</td></tr>
<tr><td rowspan="2">混合场内收购和协议收购</td><td colspan="2">（3）收购人混合使用场内收购和协议收购受让股份时大股东披露和其权益变动披露的下列表述中，正确的是（　）。</td></tr>
<tr><td>A. 在披露时点的确定上需要同时考虑《证券法》第六十三条和《收购办法》第十四条的适用</td><td>示例：投资者在协议受让了甲股东的 7%股份之后，再通过证券交易所的场内交易导致其拥有权益的股份比例发生增加的，则其后履行权益披露义务的时点应当分别为 8%、9%、10%（构成 5%的倍数，3 日内不得买卖）……以此类推</td></tr>
<tr><td rowspan="2">其他股份变动情形下的权益变动披露</td><td colspan="2">（4）下列关于其他股份变动情形下的权益变动披露的表述中，正确的是（　）。</td></tr>
<tr><td colspan="2">A. 投资者及其一致行动人通过行政划转或者变更、执行法院裁定、继承、赠与等方式拥有权益的股份变动达到上述规定比例的，也当同样履行权益披露义务</td></tr>
</table>

【考点子题——举一反三，真枪实练】

［38］（2014 年·单选题 改编）甲以协议转让方式取得乙上市公司 7%的股份，之后又

通过证券交易所集中竞价交易陆续增持乙公司5%的股份。根据证券法律制度的规定，甲需要进行权益披露的时点分别是(　)。

A. 其持有乙公司股份5%和10%时

B. 其持有乙公司股份5%和7%时

C. 其持有乙公司股份7%和10%时

D. 其持有乙公司股份7%、8%、9%、10%、11%、12%时

[39] (2016年·单选题)甲持有某上市公司已发行股份的8%，2016年7月4日，投资者乙与甲签署股份转让协议，约定以6 000万元的价格受让甲持有的该上市公司全部股份。7月6日，乙将股份转让事项通知该上市公司。7月11日，双方办理了股份过户。7月18日，乙通知该上市公司股份过户已办理完毕。根据证券法律制度的规定，乙应当向证监会和证券交易所作出书面报告的日期是(　)。

A. 2016年7月8日　　B. 2016年7月13日

C. 2016年7月6日　　D. 2016年7月20日

(二)权益披露的内容

【考点母题——万变不离其宗】权益披露的内容

权益预警披露公告	(1)根据《证券法》的规定，权益预警披露所作的公告，应当包括的内容有(　)。
	A. 持股人的名称、住所　　B. 持有的股票的名称、数额 C. 持股达到法定比例或者持股增减变化达到法定比例的日期、增持股份的资金来源 D. 在上市公司中拥有有表决权的股份变动的时间及方式
简式权益变动报告书	(2)根据《收购办法》的规定，应当编制简式权益变动报告书的主体是(　)。
	A. 投资者及其一致行动人不是上市公司的第一大股东或者实际控制人，其拥有权益的股份达到或者超过该公司已发行股份的5%，但未达到20%
	(3)简式权益变动报告书的内容应当包括(　)。
	A. 投资者及其一致行动人的姓名、住所；投资者及其一致行动人为法人的，其名称、注册地及法定代表人 B. 持股目的，是否有意在未来12个月内继续增加其在上市公司中拥有的权益 C. 上市公司的名称、股票的种类、数量、比例 D. 在上市公司中拥有权益的股份达到或者超过上市公司已发行股份的5%或者拥有权益的股份增减变化达到5%的时间及方式、增持股份的资金来源 E. 在上市公司中拥有权益的股份变动的时间及方式 F. 权益变动事实发生之日前6个月内通过证券交易所的证券交易买卖该公司股票的简要情况 G. 中国证监会、证券交易所要求披露的其他内容

续表

详式权益变动报告书	(4)根据《收购办法》的规定，应当编制详式权益变动报告书的主体有(　)。
	A. 投资者拥有权益的股份达到或者超过一个上市公司已发行股份的 5%，但未达到 20%，同时，该投资者为该上市公司第一大股东或者实际控制人 B. 投资者拥有的股份达到或者超过 20%但未超过 30%
	(5)详式权益变动报告书的内容应当包括(　)。
	A. 投资者及其一致行动人的控股股东、实际控制人及其股权控制关系结构图 B. 取得相关股份的价格、所需资金额、资金来源，或者其他支付安排 C. 投资者、一致行动人及其控股股东、实际控制人所从事的业务与上市公司的业务是否存在同业竞争或者潜在的同业竞争，是否存在持续关联交易；存在同业竞争或者持续关联交易的，是否已作出相应的安排，确保投资者、一致行动人及其关联方与上市公司之间避免同业竞争以及保持上市公司的独立性 D. 未来 12 个月内对上市公司资产、业务、人员、组织结构、公司章程等进行调整的后续计划 E. 前 24 个月内投资者及其一致行动人与上市公司之间的重大交易 F. 不存在本办法第六条规定的情形 G. 能够按照本办法第五十条的规定提供相关文件
【注意】已披露权益变动报告书的投资者及其一致行动人在披露之日起 6 个月内，因拥有权益的股份变动需要再次报告、公告权益变动报告书的，可以仅就与前次报告书不同的部分作出报告、公告；自前次披露之日起超过 6 个月的，投资者及其一致行动人应当按照本章的规定编制权益变动报告书，履行报告、公告义务。	

【考点子题——举一反三，真枪实练】

[40] (经典子题·单选题)根据证券法律制度的规定，已披露权益变动报告书的投资者及其一致行动人在披露之日起一定期限内，因拥有权益的股份变动需要再次报告、公告权益变动报告书的，可以仅就与前次报告书不同的部分作出报告、公告。该期限为(　)。

A. 3 日　　B. 3 个月　　C. 6 个月　　D. 12 个月

考点 21　要约收购制度

(一)要约收购程序

【考点母题——万变不离其宗】要约收购程序

要约收购是收购人在证券交易所的集中竞价系统之外，公开、直接向目标公司所有股东发出要购买其手中持有股票的一种收购方式。

续表

<table>
<tr><td colspan="3">要约收购的核心涵义就是公开对目标公司所有股东发出要约，收购意图公开，对所有受要约人(即目标公司所有股东)适用同一收购价格，且要约价格是要高于市价的。因此，相对于场内收购和协议收购而言，要约收购在形式在对被收购公司所有股东来说最为公平。</td></tr>
<tr><td rowspan="4">要约收购的种类</td><td rowspan="2">要约的收购比例</td><td>全面要约：向被收购公司所有股东发出收购其所持有的全部股份的要约</td></tr>
<tr><td>部分要约：向被收购公司所有股东发出收购其所持有的部分股份的要约</td></tr>
<tr><td rowspan="2">是否来自于法律强制规定</td><td>自愿要约：收购人自愿做出收购决定</td></tr>
<tr><td>强制要约：当持股者持股比例达到法定数额时，强制其向目标公司同类股票的全体股东发出公开收购要约的制度</td></tr>
<tr><td colspan="3">(1)《证券法》和《收购办法》规定的要约收购程序有(　)。</td></tr>
<tr><td rowspan="2">A. 提示性公告</td><td colspan="2">(2)下列关于要约收购中的提示性公告的表述中，正确的有(　)。</td></tr>
<tr><td colspan="2">A. 以要约方式收购上市公司股份的，收购人应当编制要约收购报告书，聘请财务顾问，通知被收购公司，同时对要约报告书摘要作出提示性公告
B. 本次收购依法应当取得相关部门批准的，收购人应当在要约收购报告书摘要中作出特别提示，并在取得批准后公告要约收购报告书</td></tr>
<tr><td rowspan="7">B. 要约公告和竞争要约</td><td colspan="2">(3)下列关于要约公告的表述中，正确的有(　)。</td></tr>
<tr><td colspan="2">A. 收购人自组成要约收购提示性公告起60日内，未公告要约收购报告书的，收购人应当在期满后次一个工作日通知被收购公司，并予公告；此后每30日应当公告一次，直至公告要约收购报告书
B. 收购人在公告要约收购报告书之前可以自行取消收购计划，不过应当公告原因；自公告之日起12个月内，该收购人不得再次对同一上市公司进行收购
C. 收购要约约定的收购期限不得少于30日，并不得超过60日；但出现竞争要约的除外
D. 在收购要约确定的承诺期内，收购人不得撤销其收购要约</td></tr>
<tr><td rowspan="2">E. 在收购要约确定的承诺期内，收购人需要变更收购要约的，必须及时公告，载明具体变更事项，并通知被收购公司，且不得存在下列情形</td><td>(4)收购要约变更不得存在的情形有(　)。</td></tr>
<tr><td>A. 降低收购价格　　B. 减少预定收购股份数额
C. 缩短收购期限
D. 国务院证券监督管理机构规定的其他情形
口诀：不得“降(价)减(量)缩(期限)”</td></tr>
<tr><td colspan="2">F. 在收购要约期限届满前15日内，收购人不得变更收购要约，但出现竞争要约的除外</td></tr>
<tr><td colspan="2">(5)下列关于竞争要约的表述中，正确的有(　)。</td></tr>
<tr><td colspan="2">A. 出现竞争要约时，发出初始要约的收购人变更收购要约距初始要约收购期限届满不足15日的，应当延长收购期限，延长后的要约期应当不少于15日，不得超过最后一个竞争要约的期满日，并按规定比例追加履约保证金；以证券支付收购价款的，应当追加相应数量的证券，交由证券登记结算机构保管
B. 发出竞争要约的收购人最迟不得晚于初始要约收购期限届满前15日发出要约收购的提示性公告，并应当根据规定履行报告、公告义务</td></tr>
</table>

第7章

续表

C. 要约对象和条件	(6)下列关于要约对象和条件的表述中，正确的有(　)。
	A. 收购人对同一种类股票的要约价格不得低于要约收购提示性公告日前 6 个月内收购人取得该种股票所支付的最高价格 B. 要约价格低于提示性公告前 30 个交易日该种股票的每日加权平均价格的算术平均值的，收购人聘请的财务顾问应当就该种股票前 6 个月的交易情况进行分析，说明是否存在股价被操纵、要约价格是否合理等情况 C. 收购要约提出的各项收购条件，应当适用于被收购公司的所有股东 D. 上市公司发行不同种类股份的，收购人可以针对不同种类股份提出不同的收购条件
禁止收购人通过其他方式获得股票	(7)下列关于禁止收购人通过其他方式获得股票的表述中，正确的有(　)。
	A. 采取要约收购方式的，收购人在收购期限内，不得卖出被收购公司的股票 B. 采取要约收购方式的，收购人在收购期限内，不得采取要约规定以外的形式买入被收购公司的股票 C. 采取要约收购方式的，收购人在收购期限内，不得超出要约的条件买入被收购公司的股票
被收购公司董事会的义务	(8)下列关于被收购公司董事会义务的表述中，正确的有(　)。
	A. 被收购公司董事会应当对收购人的主体资格、资信情况及收购意图进行调查，对要约条件进行分析 B. 对股东是否接受要约提出建议 C. 聘请独立财务顾问提出专业意见 D. 在收购人作出提示性公告后至要约收购完成前，被收购公司除继续从事正常的经营活动或者执行股东大会已经作出的决议外，未经股东大会批准，被收购公司董事会不得通过处置公司资产、对外投资、调整公司主要业务、担保、贷款等方式，对公司的资产、负债、权益或者经营成果造成重大影响 E. 在要约收购期间，被收购公司董事不得辞职
预受要约	(9)下列关于预受要约的表述中，正确的有(　)。
	A. 预受是指被收购公司股东同意接受要约的初步意思表示，在要约收购期限内不可撤回之前不构成承诺 B. 在要约收购期限届满 3 个交易日前，预受股东可以委托证券公司办理撤回预受要约的手续，证券登记结算机构根据预受要约股东的撤回申请解除对预受要约股票的临时保管 C. 在要约收购期限届满前 3 个交易日内，预受股东不得撤回其对要约的接受 D. 在要约收购期限内，收购人应当每日在证券交易所网站上公告已预受收购要约的股份数量
要约期满	(10)下列关于要约期满的表述中，正确的有(　)。
	A. 收购期限届满，发出部分要约的收购人应当按照收购要约约定的条件购买被收购公司股东预受的股份，预受要约股份的数量超过预定收购数量时，收购人应当按照同等比例收购预受要约的股份 B. 以终止被收购公司上市地位为目的的，收购人应当按照收购要约约定的条件购买被收购公司股东预受的全部股份

续表

要约期满	C. 未取得中国证监会豁免而发出全面要约的收购人应当购买被收购公司股东预受的全部股份 D. 收购期限届满后3个交易日内，接受委托的证券公司应当向证券登记结算机构申请办理股份转让结算、过户登记手续，解除对超过预定收购比例的股票的临时保管；收购人应当公告本次要约收购的结果 E. 收购期限届满，被收购公司股权分布不符合证券交易所规定的上市交易要求，该上市公司的股票由证券交易所依法终止上市交易；在收购行为完成前，其余仍持有被收购公司股票的股东，有权在收购报告书规定的合理期限内向收购人以收购要约的同等条件出售其股票，收购人应当收购 F. 收购期限届满后15日内，收购人应当向证券交易所提交关于收购情况的书面报告，并予以公告

[41]（2022年·单选题）根据证券法律制度的规定，下列关于预受要约的表述中，正确的是（　）。

A. 预受要约是股东在收购期间内同意接受收购要约的一种特殊承诺

B. 在要约收购期间，即便股东未撤回预受，亦可转让预受要约的股票

C. 在要约收购期限届满3个交易日前，预受股东可以委托证券公司办理撤回预受要约的手续

D. 在要约收购期限内，收购人应当每周在证券交易所网站上公告已预受收购要约的股份数量

（二）强制要约制度

【考点母题——万变不离其宗】强制要约制度

触发强制要约义务的收购行为	（1）根据《证券法》的规定，下列情形中，收购人应当依法向该上市公司所有股东发出收购上市公司全部或者部分股份的要约从而触发强制要约义务的有（　）。
	A. 通过证券交易所的证券交易，投资者持有一个上市公司已发行的有表决权股份达到30%时，继续进行收购的， B. 通过协议、其他安排与他人共同持有一个上市公司已发行的有表决权股份达到30%时，继续进行收购的
	（2）下列关于以协议收购方式收购上市公司触发强制要约义务的表述中，正确的有（　）。
	A. 收购人通过协议方式导致拥有权益的股份达到该公司已公开发行股份的30%时，继续进行收购的，应当依法向该上市公司的股东发出全面要约或部分要约；但如果符合免于发出要约规定的，收购人可以免于发出要约 B. 收购人拟通过协议方式收购一个上市公司的股份超过30%的，超过30%的部分，应当改以要约方式进行；但如果符合免于发出要约规定，收购人可以免于发出要约 C. 对于不符合免于发出要约规定的，投资者及其一致行动人应当在30日内将其或者其控制的股东所持有的被收购公司股份减持到30%或者30%以下；拟以要约以外的方式继续增持股份的，应当发出全面要约

续表

<table>
<tr><td rowspan="4">触发强制要约义务的收购行为</td><td rowspan="2">免于以要约收购的方式增持股份</td><td>(3)根据《收购办法》的规定，有特定情形之一的，收购人可以免于以要约收购的方式增持股份。该特定情形有(　)。</td></tr>
<tr><td>A. 收购人与出让人能够证明本次转让是在同一实际控制人控制的不同主体之间进行，未导致上市公司的实际控制人发生变化
B. 上市公司面临严重财务困难，收购人提出的挽救公司的重组方案取得该公司股东大会批准，且收购人承诺 3 年内不转让其在该公司中所拥有的权益
C. 中国证监会为适应证券市场发展变化和保护投资者合法权益的需要而认定的其他情形</td></tr>
<tr><td rowspan="2">免于发出要约(存在主体资格、股份种类限制或者法律、行政法规、中国证监会规定的特殊情形)</td><td>(4)根据《收购办法》的规定，有特定情形之一的，投资者可以免于发出要约。该特定情形有(　)。</td></tr>
<tr><td>A. 经政府或者国有资产管理部门批准进行国有资产无偿划转、变更、合并，导致投资者在一个上市公司中拥有权益的股份占该公司已发行股份的比例超过 30%
B. 因上市公司按照股东大会批准的确定价格向特定股东回购股份而减少股本，导致投资者在该公司中拥有权益的股份超过该公司已发行股份的 30%
C. 经上市公司股东大会非关联股东批准，投资者取得上市公司向其发行的新股，导致其在该公司拥有权益的股份超过该公司已发行股份的 30%，投资者承诺 3 年内不转让本次向其发行的新股，且公司股东大会同意投资者免于发出要约
D. 在一个上市公司中拥有权益的股份达到或者超过该公司已发行股份的 30%的，自上述事实发生之日起一年后，每 12 个月内增持不超过该公司已发行的 2%的股份(增持不超过 2 % 的股份锁定期为增持行为完成之日起 6 个月)
E. 在一个上市公司中拥有权益的股份达到或者超过该公司已发行股份的 50%的，继续增加其在该公司拥有的权益不影响该公司的上市地位(采用集中竞价方式增持股份，每累计增持股份比例达到该公司已发行股份的 2 % 的，在事实发生当日和上市公司发布相关股东增持公司股份进展公告的当日不得再行增持股份)
F. 证券公司、银行等金融机构在其经营范围内依法从事承销、贷款等业务导致其持有一个上市公司已发行股份超过 30 %，没有实际控制该公司的行为或者意图，并且提出在合理期限内向非关联方转让相关股份的解决方案
G. 因继承导致在一个上市公司中拥有权益的股份超过该公司已发行股份的 30%
H. 因履行约定购回式证券交易协议购回上市公司股份导致投资者在一个上市公司中拥有权益的股份超过该公司已发行股份的 30%，并且能够证明标的股份的表决权在协议期间未发生转移
I. 因所持优先股表决权依法恢复导致投资者在一个上市公司中拥有权益的股份超过该公司已发行股份的 30%</td></tr>
</table>

续表

触发强制要约义务的收购行为	免于发出要约（存在主体资格、股份种类限制或者法律、行政法规、中国证监会规定的特殊情形）	J. 中国证监会为适应证券市场发展变化和保护投资者合法权益的需要而认定的其他情形 【注意1】相关投资者应在上述规定的权益变动行为完成后3日内就股份增持情况作出公告，律师应就相关投资者权益变动行为发表符合规定的专项核查意见并由上市公司予以披露。 【注意2】收购人按照上述规定的情形免于发出要约的，应当聘请符合《证券法》规定的律师事务所等专业机构出具专业意见。

【考点子题——举一反三，真枪实练】

[42]（经典子题·多选题）甲公司持有乙上市公司30%的股份，现欲继续收购乙公司的股份，遂发出收购要约，甲公司发出的下列收购要约，内容合法的有（　）。

A. 甲公司收购乙公司的股份至51%时即不再收购

B. 甲公司将在45日内完成对乙公司股份的收购

C. 本收购要约所公布的收购条件适用于乙公司的所有股东

D. 在收购要约的有效期限内，甲公司视具体情况可以撤销收购要约

[43]（2022年单选题）甲公司是乙上市公司的控股股东，自2020年10月15日起持有乙上市公司已发行股份的40%。乙上市公司发布公告，披露甲公司拟自2021年12月2日起12个月内以交易所集中竞价交易方式增持乙上市公司1%的股份。根据证券法律制度的规定，下列关于甲公司此次增持及其法律后果的表述中，正确的是（　）。

A. 甲公司仅得通过大宗交易进行增持

B. 如果未获得股东大会特别决议批准，甲公司就应向乙公司全体股东发出收购要约

C. 甲公司可以免于发出要约

D. 除非经交易所批准，甲公司不得通过集中竞价交易方式增持

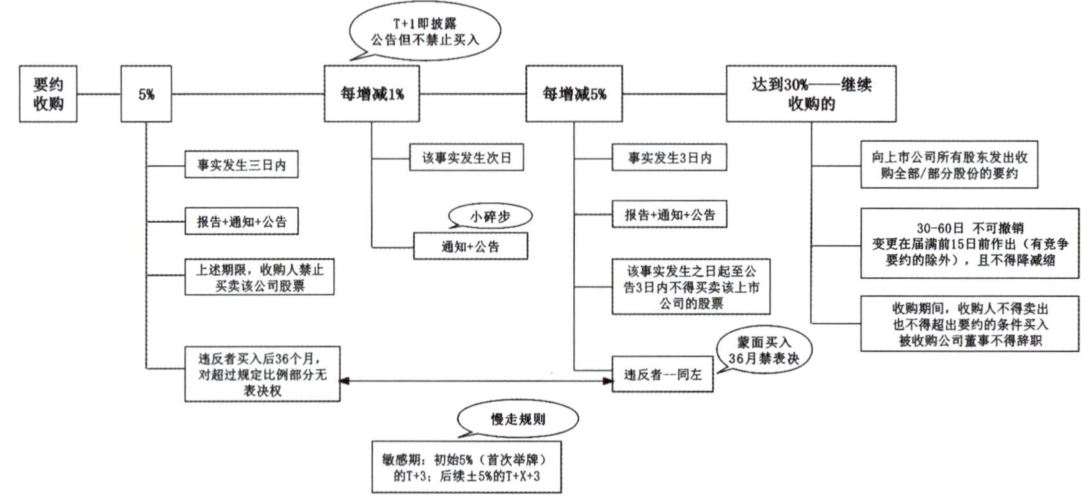

收购中的信息披露

【考点母题——万变不离其宗】收购中的信息披露

<table>
<tr><td colspan="2">在上市公司收购过程中，需要信息披露的形式有(　)。</td></tr>
<tr><td>A. 要约收购报告书</td><td>当收购人主动采用要约收购方式或者不符合免于发出要约规定须改以要约方式进行收购的，收购人应当编制要约收购报告书，聘请财务顾问，通知被收购公司，同时对要约收购报告书摘要作出提示性公告</td></tr>
<tr><td rowspan="2">B. 上市公司收购报告书</td><td>以协议方式收购上市公司股份超过 30%，收购人拟根据有关规定免于发出要约的，应当在与上市公司股东达成收购协议之日起 3 日内编制上市公司收购报告书，通知被收购公司，并公告上市公司收购报告书摘要。收购人应当在收购报告书摘要公告后 5 日内公告其收购报告书. 财务顾问专业意见和律师出具的法律意见书</td></tr>
<tr><td>以协议方式收购上市公司股份超过 30%，收购人不符合《收购办法》规定的免于发出要约情形的，应当予以公告。并且或者在 30 日内减持至 30%或者 30%以下(后退)，或者以发出全面要约的方式继续增持(前冲)</td></tr>
<tr><td rowspan="3">C. 被收购公司董事会报告</td><td>被收购公司董事会应当对收购人的主体资格、资信情况及收购意图进行调查，对要约条件进行分析，对股东是否接受要约提出建议，并聘请独立财务顾问提出专业意见</td></tr>
<tr><td>在收购人公告要约收购报告书后 20 日内，被收购公司董事会应当将被收购公司董事会报告书与独立财务顾问的专业意见报送中国证监会，同时抄报派出机构，抄送证券交易所，并予公告</td></tr>
<tr><td>收购人对收购要约条件作出重大变更的，被收购公司董事会应当在 3 个工作日内提交董事会及独立财务顾问就要约条件的变更情况所出具的补充意见，并予以报告、公告</td></tr>
</table>

特殊类型收购

(一) 协议收购

【考点母题——万变不离其宗】协议收购

<table>
<tr><td colspan="2">协议收购是由收购人和被收购公司的控股股东之间通过协议转让股权的方式完成控制权转移。由于协议收购涉及的股权转让往往是整笔股权，不像在交易所集中竞价购买和要约收购可以精确控制拟购买股份数量或比例，因此，在计算权益披露的时点和强制要约收购义务时，都有所不同。除此，还有其他特点。</td></tr>
<tr><td>过渡期安排</td><td>以协议方式进行上市公司收购的，自签订收购协议起至相关股份完成过户的期间为上市公司收购过渡期</td></tr>
</table>

续表

<table>
<tr><td rowspan="2">过渡期安排</td><td>(1)下列关于过渡期安排的表述中，正确的有(　　)。</td></tr>
<tr><td>A. 在过渡期内，收购人不得通过控股股东提议改选上市公司董事会，确有充分理由改选董事会的，来自收购人的董事不得超过董事会成员的1/3
B. 被收购公司不得为收购人及其关联方提供担保
C. 收购公司不得公开发行股份募集资金，不得进行重大购买、出售资产及重大投资行为或者与收购人及其关联方进行其他关联交易，但收购人为挽救陷入危机或者面临严重财务困难的上市公司的情形除外</td></tr>
<tr><td rowspan="2">出让股份之控股股东的义务</td><td>(2)下列关于出让股份之控股股东义务的表述中，正确的有(　　)。</td></tr>
<tr><td>A. 被收购公司控股股东向收购人协议转让其所持有的上市公司股份的，应当对收购人的主体资格、诚信情况及收购意图进行调查，并在其权益变动报告书中披露有关调查情况
B. 控股股东及其关联方未清偿其对公司的负债，未解除公司为其负债提供的担保，或者存在损害公司利益的其他情形的，被收购公司董事会应当对前述情形及时予以披露，并采取有效措施维护公司利益</td></tr>
<tr><td rowspan="2">股权过户</td><td>(3)下列关于协议收购股权过户的表述中，正确的有(　　)。</td></tr>
<tr><td>A. 协议收购的相关当事人应当向证券登记结算机构申请办理拟转让股份的临时保管手续，并可以将用于支付的现金存放于证券登记结算机构指定的银行
B. 收购报告书公告后，相关当事人应当按照证券交易所和证券登记结算机构的业务规则，在证券交易所就本次股份转让予以确认后，凭全部转让款项存放于双方认可的银行账户的证明，向证券登记结算机构申请解除拟协议转让股票的临时保管，并办理过户登记手续
C. 收购人未按规定履行报告、公告义务，或者未按规定提出申请的，证券交易所和证券登记结算机构不予办理股份转让和过户登记手续
D. 收购人在收购报告书公告后30日内仍未完成相关股份过户手续的，应当立即作出公告，说明理由；在未完成相关股份过户期间，应当每隔30日公告相关股份过户办理进展情况</td></tr>
<tr><td rowspan="2">管理层收购</td><td>(4)上市公司董事、监事、高级管理人员、员工或者其所控制或者委托的法人或者其他组织，拟对本公司进行收购或者通过间接收购取得本公司控制权的，应当符合的要求有(　　)。</td></tr>
<tr><td>A. 该上市公司应当具备健全且运行良好的组织机构以及有效的内部控制制度，公司董事会成员中独立董事的比例应当达到或者超过1/2
B. 公司应当聘请符合《证券法》规定的资产评估机构提供公司资产评估报告，本次收购应当经董事会非关联董事作出决议，且取得2/3以上的独立董事同意后，提交公司股东大会审议，经出席股东大会的非关联股东所持表决权过半数通过
C. 独立董事发表意见前，应当聘请独立财务顾问就本次收购出具专业意见，独立董事及独立财务顾问的意见应当一并予以公告
D. 上市公司董事、监事、高级管理人员存在《公司法》第一百四十七条规定情形，或者最近3年有证券市场不良诚信记录的，不得收购本公司</td></tr>
</table>

（二）间接收购

【考点母题——万变不离其宗】间接收购

下列关于间接收购的表述中，正确的有（　）。
A. 收购人虽不是上市公司的股东，但通过投资关系、协议、其他安排导致其拥有权益的股份达到或者超过一个上市公司已发行股份的 5%，未超过 30%的，应当按照规定作权益预警披露 B. 收购人拥有权益的股份超过该公司已发行股份的 30%的，应当向该公司所有股东发出全面要约；收购人预计无法在事实发生之日起 30 日内发出全面要约的，应当在前述 30 日内促使其控制的股东将所持有的上市公司股份减持至 30%或者 30%以下，并自减持之日起 2 个工作日内予以公告；其后收购人或者其控制的股东拟继续增持的，应当采取要约方式；拟依据《收购办法》的规定免于发出要约，应当编制上市公司收购报告书，通知被收购公司，并公告上市公司收购报告书摘要 C. 投资者虽不是上市公司的股东，但通过投资关系取得对上市公司股东的控制权，而受其支配的上市公司股东所持股份达到相关比例，且对该股东的资产和利润构成重大影响的，也应当履行权益预警披露义务，以及履行在引发强制要约收购时编制要约收购报告书，或免于发出要约时编制上市公司收购报告书的义务 D. 上市公司实际控制人及受其支配的股东，负有配合上市公司真实、准确、完整披露有关实际控制人发生变化的信息的义务；实际控制人及受其支配的股东拒不履行上述配合义务。导致上市公司无法履行法定信息披露义务而承担民事、行政责任的，上市公司有权对其提起诉讼；实际控制人、控股股东指使上市公司及其有关人员不依法履行信息披露义务的，中国证监会依法进行查处

考点 24　上市公司重大资产重组

（一）重大资产重组行为的界定

【考点母题——万变不离其宗】重大资产重组行为的界定

<table>
<tr><td rowspan="3">界定</td><td colspan="2">（1）下列关于上市公司重大资产重组行为界定的表述中，正确的有（　）。</td></tr>
<tr><td>A. 重大资产重组行为，是指上市公司及其控股或者控制的公司在日常经营活动之外购买、出售资产或者通过其他方式进行资产交易达到规定的比例，导致上市公司的主营业务、资产、收入发生重大变化的资产交易行为</td><td>（2）所称通过其他方式进行资产交易，包括（　）。
A. 与他人新设企业、对已设立的企业增资或者减资
B. 受托经营、租赁其他企业资产或者将经营性资产委托他人经营、租赁
C. 接受附义务的资产赠与或者对外捐赠资产
D. 中国证监会根据审慎监管原则认定的其他情形</td></tr>
<tr><td colspan="2">B. 上市公司按照经中国证监会核准的发行证券文件披露的募集资金用途，使用募集资金购买资产、对外投资的行为，不适用《重组办法》</td></tr>
</table>

续表

种类	普通重大资产重组	(3)根据《上市公司重大资产重组管理办法》的规定，上市公司及其控股或者控制的公司购买、出售资产，达到特定标准之一的，构成重大资产重组。该特定标准有(　)。
		A. 购买、出售的资产总额占上市公司最近一个会计年度经审计的合并财务会计报告期末资产总额的比例达到50%以上 B. 购买、出售的资产在最近一个会计年度所产生的营业收入占上市公司同期经审计的合并财务会计报告营业收入的比例达到50%以上 C. 购买、出售的资产净额占上市公司最近一个会计年度经审计的合并财务会计报告期末净资产额的比例达到50%以上，且超过5 000万元人民币 【注意】购买、出售资产未达到前款规定标准，但中国证监会发现存在可能损害上市公司或者投资者合法权益的重大问题的，可以根据审慎监管原则，责令上市公司按照本办法的规定补充披露相关信息、暂停交易并报送申请文件。
	特殊重大资产重组（借壳上市）	(4)上市公司自控制权发生变更之日起36个月内，向收购人及其关联人购买资产，导致上市公司发生特定根本变化情形之一的，构成重大资产重组，应当按照本办法的规定报经中国证监会核准。该特定根本变化情形有(　)。
		A. 购买的资产总额占上市公司控制权发生变更的前一个会计年度经审计的合并财务会计报告期末资产总额的比例达到100%以上 B. 购买的资产在最近一个会计年度所产生的营业收入占上市公司控制权发生变更的前一个会计年度经审计的合并财务会计报告营业收入的比例达到100%以上 C. 购买的资产净额占上市公司控制权发生变更的前一个会计年度经审计的合并财务会计报告期末净资产额的比例达到100%以上 D. 为购买资产发行的股份占上市公司首次向收购人及其关联人购买资产的董事会决议前一个交易日的股份的比例达到100%以上 E. 上市公司向收购人及其关联人购买资产虽未达到上述A-D项标准，但可能导致上市公司主营业务发生根本变化 F. 中国证监会认定的可能导致上市公司发生根本变化的其他情形 【注意】判断构成重大资产重组时的“控制权”，按照《上市公司收购管理办法》第八十四条的规定进行认定。上市公司股权分散，董事、高级管理人员可以支配公司重大的财务和经营决策的，视为具有上市公司控制权。
计算重大资产重组的相关比例	(5)计算以上重大资产重组的相关比例时，应当遵守的规定有(　)。	
	A. 购买的资产为股权的	其资产总额以被投资企业的资产总额与该项投资所占股权比例的乘积和成交金额两者中的较高者为准；营业收入以被投资企业的营业收入与该项投资所占股权比例的乘积为准；资产净额以被投资企业的净资产额与该项投资所占股权比例的乘积和成交金额两者中的较高者为准；出售的资产为股权的，其资产总额、营业收入以及资产净额分别以被投资企业的资产总额、营业收入以及净资产额与该项投资所占股权比例的乘积为准

续表

<table>
<tr><td rowspan="4">计算重大资产重组的相关比例</td><td>A. 购买的资产为股权的</td><td>购买股权导致上市公司取得被投资企业控股权的，其资产总额以被投资企业的资产总额和成交金额两者中的较高者为准，营业收入以被投资企业的营业收入为准，资产净额以被投资企业的净资产额和成交金额两者中的较高者为准；出售股权导致上市公司丧失被投资企业控股权的，其资产总额、营业收入以及资产净额分别以被投资企业的资产总额、营业收入以及净资产额为准</td></tr>
<tr><td>B. 购买的资产为非股权的</td><td>其资产总额以该资产的账面值和成交金额两者中的较高者为准，资产净额以相关资产与负债的账面值差额和成交金额两者中的较高者为准；出售的资产为非股权资产的，其资产总额、资产净额分别以该资产的账面值、相关资产与负债账面值的差额为准；该非股权资产不涉及负债的，不适用“购买、出售的资产净额占上市公司最近一个会计年度经审计的合并财务会计报告期末净资产额的比例达到 50%以上，且超过 5 000 万元人民币”的标准</td></tr>
<tr><td>C. 同时购买、出售资产的</td><td>应当分别计算购买、出售资产的相关比例，并以两者中比例较高者为准</td></tr>
<tr><td colspan="2">D. 上市公司在 12 个月内连续对同一或者相关资产进行购买、出售的，以其累计数分别计算相应数额；已按照相关规定编制并披露重大资产重组报告书的资产交易行为，无须纳入累计计算的范围
【注意】交易标的资产属于同一交易方所有或者控制，或者属于相同或者近似的业务范围，或者中国证监会认定其他情形下，可以认定为同一或者相关资产。</td></tr>
</table>

（二）重大资产重组的行为要求和条件

【考点母题——万变不离其宗】重大资产重组的行为要求和条件

<table>
<tr><td rowspan="2">要求</td><td>(1) 上市公司实施重大资产重组，应当符合的要求有（ ）。</td></tr>
<tr><td>A. 符合国家产业政策和有关环境保护、土地管理、反垄断等法律和行政法规的规定
B. 不会导致上市公司不符合股票上市条件
C. 重大资产重组所涉及的资产定价公允，不存在损害上市公司和股东合法权益的情形
D. 重大资产重组所涉及的资产权属清晰，资产过户或者转移不存在法律障碍，相关债权债务处理合法
E. 有利于上市公司增强持续经营能力，不存在可能导致上市公司重组后主要资产为现金或者无具体经营业务的情形
F. 有利于上市公司在业务、资产、财务、人员、机构等方面与实际控制人及其关联人保持独立，符合中国证监会关于上市公司独立性的相关规定
G. 有利于上市公司形成或者保持健全有效的法人治理结构</td></tr>
</table>

续表

借壳上市特殊重大资产重组行为的额外条件	(2)对于涉及借壳上市的特殊重大资产重组行为，除了遵守上述一般的要求外，还要符合的额外条件有(　)。
	A. 符合重大资产重组信息披露的要求，以及发行股份购买资产时符合《重组办法》的规定 B. 上市公司购买的资产对应的经营实体应当是股份有限公司或者有限责任公司，且符合《首发管理办法》规定的其他发行条件 C. 上市公司及其最近3年内的控股股东、实际控制人不存在因涉嫌犯罪正被司法机关立案侦查或涉嫌违法违规正被中国证监会立案调查的情形，但是，涉嫌犯罪或违法违规的行为已经终止满3年，交易方案能够消除该行为可能造成的不良后果，且不影响对相关行为人追究责任的除外 D. 上市公司及其控股股东、实际控制人最近12个月内未受到证券交易所公开谴责，不存在其他重大失信行为 E. 本次重大资产重组不存在中国证监会认定的可能损害投资者合法权益，或者违背公开、公平、公正原则的其他情形

【考点子题——举一反三，真枪实练】

[44] (2015年·案例分析题 改编)恒利发展是在上海证券交易所挂牌的上市公司，股本总额10亿元，主营业务为医疗器械研发与生产。维义高科是从事互联网医疗业务的有限责任公司，甲公司和乙公司分别持有维义高科90%和10%的股权。为谋求业务转型，恒利发展于2013年6月3日，与维义高科、甲公司、乙公司签署了四方重组协议书，协议的主要内容包括：(1)恒利发展以主业资产及负债(资产净额经评估为9亿元)，置换甲公司持有的维义高科的全部股权；(2)恒利发展以1亿元现金购买乙公司持有的维义高科的全部股权。恒利发展最近一个会计年度经审计的合并财务会计报告显示期末净资产额为17亿元。

恒利发展拟通过非公开发行公司债券的方式筹集1亿元收购资金，并初拟了发行方案，有如下内容：(1)拟发行的债券规模为1亿元，期限5年，面值10元；(2)发行对象为不超过300名的专业投资者。董事会讨论后，对上述方案中不符合证券法律制度规定的内容进行了修改。

恒利发展召开的临时股东大会对资产重组和公司债券发行事项分别进行了表决。出席该次股东大会的股东共持有4.5亿股有表决权的股票，关于资产重组的议案获得3.1亿股赞成票，关于发行公司债券的议案获得2.3亿股赞成票。该次股东大会宣布两项议案均获得通过。在上述两项议案的表决中，持股比例为0.1%的股东孙某均投了反对票。根据前述表决结果，孙某认为，两议案的赞成票数均未达到法定比例，不能形成有效的股东大会决议；孙某还对恒利发展通过置换方式出让主业资产持反对意见，遂要求公司回购其持有的恒利发展的全部股份，被公司拒绝。随后，孙某书面请求监事会对公司全体董事提起诉讼，称公司全体董事在资产重组交易中低估了公司主业资产的价值，未尽到勤勉义务，给公司造成巨大损失，应承担赔偿责任，亦被拒绝。孙某遂直接向人民法院提起股东代表诉讼，人民法院裁定不予受理。

根据上述内容，分别回答下列问题：

(1)该资产重组交易是否构成普通重大资产重组？并说明理由。

(2)公司初拟的非公开发行公司债券方案中，有哪些内容不符合证券法律制度的规定？并分别说明理由。

(3)临时股东大会作出资产重组决议，是否符合法定表决权比例？并说明理由。

(4)临时股东大会作出公司债券发行决议，是否符合法定表决权比例？并说明理由。

(5)恒利发展是否有义务回购股东孙某所持公司股份？并说明理由。

(6)人民法院对孙某的起诉裁定不予受理，是否符合法律规定？并说明理由。

(三)发行股份购买资产的规定

【考点母题——万变不离其宗】发行股份购买资产的规定

	(1)上市公司发行股份购买资产，应当符合的规定有(　)。
条件	A. 充分说明并披露本次交易有利于提高上市公司资产质量、改善财务状况和增强持续盈利能力，有利于上市公司减少关联交易、避免同业竞争、增强独立性 B. 上市公司最近一年及一期财务会计报告被注册会计师出具无保留意见审计报告；被出具保留意见、否定意见或者无法表示意见的审计报告的，须经注册会计师专项核查确认，该保留意见、否定意见或者无法表示意见所涉及事项的重大影响已经消除或者将通过本次交易予以消除 C. 上市公司及其现任董事、高级管理人员不存在因涉嫌犯罪正被司法机关立案侦查或涉嫌违法违规正被中国证监会立案调查的情形，但是，涉嫌犯罪或违法违规的行为已经终止满 3 年，交易方案有助于消除该行为可能造成的不良后果，且不影响对相关行为人追究责任的除外 D. 充分说明并披露上市公司发行股份所购买的资产为权属清晰的经营性资产，并能在约定期限内办理完毕权属转移手续 E. 中国证监会规定的其他条件

续表

<table>
<tr><td rowspan="2">种类</td><td colspan="2">(2)下列关于发行股份购买资产种类的表述中，正确的有(　)。</td></tr>
<tr><td colspan="2">A. 上市公司为促进行业的整合、转型升级，在其控制权不发生变更的情况下，可以向控股股东、实际控制人或者其控制的关联人之外的特定对象发行股份购买资产；所购买资产与现有主营业务没有显著协同效应的，应当充分说明并披露本次交易后的经营发展战略和业务管理模式，以及业务转型升级可能面临的风险和应对措施(以股份换资产)
B. 特定对象以现金或者资产认购上市公司非公开发行的股份后，上市公司用同一次非公开发行所募集的资金向该特定对象购买资产的，视同上市公司发行股份购买资产(以金钱换股份 以募集资金买资产)</td></tr>
<tr><td rowspan="2">股份发行价格</td><td colspan="2">(3)下列关于发行股份购买资产时股份发行价格确定表述中，正确的有(　)。</td></tr>
<tr><td colspan="2">A. 上市公司发行股份的价格不得低于市场参考价的90%
B. 市场参考价为本次发行股份购买资产的董事会决议公告日前20个交易日、60个交易日或者120个交易日的公司股票交易均价之一(20/60/120)
C. 本次发行股份购买资产的董事会决议应当说明市场参考价的选择依据
D. 交易均价的计算公式为：董事会决议公告日前若干个交易日公司股票交易均价=决议公告日前若干个交易日公司股票交易总额/决议公告日前若干个交易日公司股票交易总量</td></tr>
<tr><td rowspan="6">股份转让限制</td><td colspan="2">(4)下列关于发行股份购买资产的股份转让限制的表述中，正确的有(　)。</td></tr>
<tr><td colspan="2">A. 特定对象以资产认购而取得的上市公司股份，自股份发行结束之日起12个月内不得转让</td></tr>
<tr><td rowspan="3">B. 特定对象以资产认购而取得的上市公司股份，属于下列情形之一的，36个月内不得转让</td><td>特定对象为上市公司控股股东、实际控制人或者其控制的关联人</td></tr>
<tr><td>特定对象通过认购本次发行的股份取得上市公司的实际控制权</td></tr>
<tr><td>特定对象取得本次发行的股份时，对其用于认购股份的资产持续拥有权益的时间不足12个月</td></tr>
<tr><td colspan="2">C. 属于特殊重大资产重组的，上市公司原控股股东、原实际控制人及其控制的关联人，以及在交易过程中从该等主体直接或间接受让该上市公司股份的特定对象应当公开承诺，在本次交易完成后36个月内不转让其在该上市公中拥有权益的股份；除收购人及其关联人以外的特定对象应当公开承诺，其以资产认购而取得的上市公司股份自股份发行结束之日起24个月内不得转让
【注意】上市公司发行股份购买资产导致特定对象持有或者控制的股份达到法定比例的，应当按照有关规定履行相关信息披露义务或强制要约收购义务。</td></tr>
</table>

【考点子题——举一反三，真枪实练】

[45]（2017 年·多选题）上市公司发行股份购买资产时，发行股份的价格不得低于市场参考价的 90%。市场参考价为本次发行股份购买资产的董事会决议公告日前特定时间段的公司股票交易均价。根据证券法律制度的规定，下列各项中，属于该特定时间段的有（ ）。

A. 20 个交易日　　B. 120 个交易日

C. 60 个交易日　　D. 90 个交易日

（四）信息披露和公司决议

【考点母题——万变不离其宗】信息披露和公司决议

<table>
<tr><td rowspan="2">信息披露</td><td>(1)下列关于重大资产重组涉及上市公司的重大变化信息披露的表述中，正确的有（ ）。</td></tr>
<tr><td>A. 重大资产重组涉及上市公司的重大变化，属于重大信息，应当及时披露
B. 在披露之前，资产重组的各参与方都应当严格保密
C. 上市公司关于重大资产重组的董事会决议公告前，相关信息已在媒体上传播或者公司股票交易出现异常波动的，上市公司应当立即将有关计划、方案或者相关事项的现状以及相关进展情况和风险因素等予以公告，并按照有关信息披露规则办理其他相关事宜</td></tr>
<tr><td rowspan="2">公司决议</td><td>(2)下列关于上市公司股东大会就重大资产重组事项作出决议的表述中，正确的有（ ）。</td></tr>
<tr><td>A. 上市公司股东大会就重大资产重组事项作出决议，必须经出席会议的股东所持表决权的 2/3 以上通过
B. 上市公司重大资产重组事宜与本公司股东或者其关联人存在关联关系的，股东大会就重大资产重组事项进行表决时，关联股东应当回避表决
C. 交易对方已经与上市公司控股股东就受让上市公司股权或者向上市公司推荐董事达成协议或者默契，可能导致上市公司的实际控制权发生变化的，上市公司控股股东及其关联人应当回避表决
D. 上市公司就重大资产重组事宜召开股东大会，应当以现场会议形式召开，并应当提供网络投票或者其他合法方式为股东参加股东大会提供便利
E. 除上市公司的董事、监事、高级管理人员、单独或者合计持有上市公司 5%以上股份的股东以外，其他股东的投票情况应当单独统计并予以披露</td></tr>
</table>

【考点子题——举一反三，真枪实练】

[46]（2016 年·单选题）根据证券法律制度的规定，上市公司进行重大资产重组须由股东大会作出决议。下列关于该股东大会会议召开和表决规则的表述中，正确

的是(　)。

A. 股东大会会议应当以现场会议或通讯方式举行

B. 持有上市公司股份不足5%的股东的投票情况无须单独统计或披露

C. 与重组事项有关联关系的股东应当回避表决

D. 决议经出席会议股东所持表决权过半数同意即可通过

(五)证监会核准

【考点母题——万变不离其宗】证监会核准

(1)下列关于证监会核准上市公司重大资产重组事项的表述中，正确的有(　)。
A. 上市公司应当在股东大会作出重大资产重组决议后的次一工作日公告该决议 B. 中国证监会依照法定条件和程序对属于《重组办法》第十三条规定情形的交易(即构成特殊重大资产重组的交易)申请作出予以核准或者不予核准的决定 C. 中国证监会设立上市公司并购重组审核委员会，以投票方式对提交其审议的借壳上市申请或者发行股份购买资产申请进行表决，提出审核意见

第六节　证券欺诈的法律责任

本节考点、考点母题及考点子题

考点 25　虚假陈述行为

（一）虚假陈述行为的界定和分类

【考点母题——万变不离其宗】虚假陈述行为的界定和分类

<table>
<tr><td colspan="2">(1) 下列关于虚假陈述概念的表述中，正确的是（　）。</td></tr>
<tr><td rowspan="4">A. 虚假陈述是指信息披露义务人违反证券法律规定，在证券发行或者交易过程中，对重大事件作出的违背事实真相的虚假记载、误导性陈述，或者在披露信息时发生重大遗漏、不正当披露信息的行为</td><td>虚假记载：信息披露义务人在披露信息中对相关财务数据进行重大不实记载，或者对其他重要信息作出与真实情况不符的描述</td></tr>
<tr><td>误导性陈述：信息披露义务人披露的信息隐瞒了与之相关的重要部分事实，或者未及时披露相关更正、确认信息，致使已经披露的信息因不完整、不准确而具有误导性</td></tr>
<tr><td>重大遗漏：信息披露义务人违反关于信息披露的规定，对重大事件或者重要事项等应当披露的信息未予披露</td></tr>
<tr><td>未按照规定披露信息，也可能构成虚假陈述</td></tr>
<tr><td colspan="2">(2) 下列行为中，属于虚假陈述的有（　）。</td></tr>
<tr><td colspan="2">A. 发行人、上市公司和其他信息披露义务人在招股说明书、公司债券募集办法、上市公告书、公司定期报告、临时报告及其他文件中作出虚假陈述
B. 律师事务所、会计师事务所、资产评估机构等专业证券服务机构在其出具的法律意见书、审计报告、资产评估报告及参与制作的其他文件中作出虚假陈述 C. 上述人等在向证监监管部门提交的各种文件、报告和说明书中作出虚假陈述
D. 发行人、上市公司和其他信息披露义务人未按照规定披露信息，包括未按照规定的方式进行披露、未及时披露（不正当披露）
E. 在证券发行、交易及相关活动中的其他虚假陈述</td></tr>
<tr><td colspan="2">(3) 下列行为中，应当认定构成未按照规定披露信息的信息披露违法行为有（　）。</td></tr>
<tr><td colspan="2">A. 信息披露义务人未按照法律、行政法规、规章和规范性文件，以及证券交易所业务规则规定的信息披露（包括报告）期限、方式等要求及时、公平披露信息
B. 信息披露义务人在信息披露文件中对所披露内容进行不真实记载，包括发生业务不入账、虚构业务入账、不按照相关规定进行会计核算和编制财务会计报告，以及其他在信息披露中记载的事实与真实情况不符的</td></tr>
</table>

续表

<table>
<tr><td colspan="2">C. 信息披露义务人在信息披露文件中或者通过其他信息发布渠道、载体，作出不完整、不准确陈述，致使或者可能致使投资者对其投资行为发生错误判断的
D. 信息披露义务人在信息披露文件中未按照法律、行政法规、规章和规范性文件以及证券交易所业务规则关于重大事件或者重要事项信息披露要求披露信息，遗漏重大事项的</td></tr>
<tr><td colspan="2">(4)根据《虚假陈述侵权民事赔偿规定》，原告以信息披露文件中的盈利预测、发展规划等预测性信息（“软信息”）与实际经营情况存在重大差异为由主张发行人实施虚假陈述的，人民法院不予支持，但有特定情形之一的除外。该特定情形有(　)。</td></tr>
<tr><td colspan="2">A. 信息披露文件未对影响该预测实现的重要因素进行充分风险提示的
B. 预测性信息所依据的基本假设、选用的会计政策等编制基础明显不合理的
C. 预测性信息所依据的前提发生重大变化时，未及时履行更正义务的</td></tr>
<tr><td colspan="2">(5)下列关于诱多型虚假陈述和诱空型虚假陈述的表述中，正确的有(　)。</td></tr>
<tr><td colspan="2">A. 诱多型虚假陈述，是指行为人发布虚假的利多消息，或隐瞒实质的利空消息不予公布或不及时公布，使投资者在股价处于相对高位时进行投资追涨，属于常见的虚假陈述表现形式。
B. 诱空型虚假陈述，是指行为人发布虚假的消极利空消息，或者隐瞒实质性的利好消息不予公布、不及时公布等，使得投资者以低于股票真实价值的不适当股价消极卖出甚至空仓的行为
C. 虚假陈述侵权民事赔偿规定同时适用于诱多型虚假陈述和诱空型虚假陈述。</td></tr>
<tr><td colspan="2">(6)下列关于消极信息披露人的表述中，正确的有(　)。</td></tr>
<tr><td colspan="2">A. 消极信息披露人，是指根据证券法律制度并不负有信息披露义务的主体，即使知悉相关应于披露的信息，其沉默本身不构成虚假陈述，因其并没有法定义务披露；即使将相关信息予以公开，通常也不构成法定的信息披露，而是信息泄露</td></tr>
<tr><td rowspan="2">B. 消极信息披露人如果主动编造、传播虚假信息或者误导性信息，则违反了证券法</td><td>(5)根据《证券法》的规定，下列关于消极信息披露人的义务和责任的表述中，正确的有(　)。</td></tr>
<tr><td>A. 禁止任何单位和个人编造、传播虚假信息或者误导性信息，扰乱证券市场
B. 禁止证券交易场所、证券公司、证券登记结算机构、证券服务机构及其从业人员，证券业协会、证券监督管理机构及其工作人员，在证券交易活动中作出虚假陈述或者信息误导
C. 各种传播媒介传播证券市场信息必须真实、客观，禁止误导；传播媒介及其从事证券市场信息报道的工作人员不得从事与其工作职责发生利益冲突的证券买卖
D. 编造、传播虚假信息或者误导性信息，给投资者造成损失的，行为人应当依法承担赔偿责任</td></tr>
</table>

（二）虚假陈述的法律责任

【考点母题——万变不离其宗】虚假陈述的法律责任

<table>
<tr><td rowspan="7">行政责任</td><td rowspan="5">责任个人的种类</td><td colspan="2">(1)对于虚伪陈述中个人责任的认定，《虚假陈述行政责任规则》中区分的主体类别有(　)。</td></tr>
<tr><td>A. 发行人或者上市公司的董事、监事和高级管理人员</td><td>这些人依据法律规定，负有保证信息披露真实、准确、完整、及时和公平义务，应当视情形认定其为直接负责的主管人员或者其他直接责任人员承担行政责任，但其能够证明已尽忠实、勤勉义务，没有过错的除外</td></tr>
<tr><td rowspan="3">B. 董事、监事、高级管理人员之外的其他人员</td><td>如果确有证据证明其行为与信息披露违法行为具有直接因果关系，包括实际承担或者履行董事、监事或者高级管理人员的职责，组织、参与、实施了公司信息披露违法行为或者直接导致信息披露违法的，应当视情形认定其为直接负责的主管人员或者其他直接责任人员</td></tr>
<tr><td>如有证据证明因信息披露义务人受控股股东、实际控制人指使，未按照规定披露信息，或者所披露的信息有虚假记载、误导性陈述或者重大遗漏的，在认定信息披露义务人责任的同时，应当认定信息披露义务人控股股东、实际控制人的信息披露违法责任；信息披露义务人的控股股东、实际控制人是法人的，其负责人应当认定为直接负责的主管人员</td></tr>
<tr><td>控股股东、实际控制人直接授意、指挥从事信息披露违法行为，或者隐瞒应当披露信息、不告知应当披露信息的，应当认定控股股东、实际控制人指使从事信息披露违法行为</td></tr>
<tr><td rowspan="2">从轻或者减轻处罚的考虑情形</td><td colspan="2">(2)认定从轻或者减轻处罚的考虑情形有(　)。</td></tr>
<tr><td colspan="2">A. 未直接参与信息披露违法行为
B. 在信息披露违法行为被发现前，及时主动要求公司采取纠正措施或者向证券监管机构报告
C. 在获悉公司信息披露违法后，向公司有关主管人员或者公司上级主管提出质疑并采取了适当措施
D. 配合证券监管机构调查且有立功表现
E. 受他人胁迫参与信息披露违法行为
F. 其他需要考虑的情形</td></tr>
</table>

续表

<table>
<tr><td rowspan="7">行政责任</td><td rowspan="2">不予行政处罚的考虑情形</td><td>(3)不予行政处罚的考虑情形有(　)。</td></tr>
<tr><td>A. 当事人对认定的信息披露违法事项提出具体异议记载于董事会、监事会、公司办公会会议记录等，并在上述会议中投反对票的
B. 当事人在信息披露违法事实所涉及期间，由于不可抗力、失去人身自由等无法正常履行职责的
C. 对公司信息披露违法行为不负有主要责任的人员在公司信息披露违法行为发生后及时向公司和证券交易所、证券监管机构报告的
D. 其他需要考虑的情形</td></tr>
<tr><td rowspan="2">不得单独作为不予处罚情形认定的情形</td><td>(4)不得单独作为不予处罚情形认定的情形有(　)。</td></tr>
<tr><td>A. 不直接从事经营管理
B. 能力不足、无相关职业背景
C. 任职时间短、不了解情况
D. 相信专业机构或者专业人员出具的意见和报告
E. 受到股东、实际控制人控制或者其他外部干预</td></tr>
<tr><td rowspan="2">认定为应当从重处罚情形</td><td>(5)下列情形中，认定为应当从重处罚情形有(　)。</td></tr>
<tr><td>A. 不配合证券监管机构监管，或者拒绝、阻碍证券监管机构及其工作人员执法，甚至以暴力、威胁及其他手段干扰执法
B. 在信息披露违法案件中变造、隐瞒、毁灭证据，或者提供伪证，妨碍调查
C. 两次以上违反信息披露规定并受到行政处罚或者证券交易所纪律处分
D. 在信息披露上有不良诚信记录并记入证券期货诚信档案
E. 证监会认定的其他情形</td></tr>
<tr><td colspan="2">【注意】对于虚假陈述行为，如果律师、会计师和资产评估师等证券服务机构也有涉及的，也应当承担行政责任。</td></tr>
<tr><td rowspan="2">刑事责任</td><td colspan="2">(6)虚假陈述可能构成的罪名有(　)。</td></tr>
<tr><td colspan="2">A. 欺诈发行股票、债券罪　　B. 违规披露、不披露重要信息罪</td></tr>
<tr><td rowspan="3">民事责任</td><td colspan="2">(7)根据《证券法》的规定，下列关于虚假陈述民事责任的表述中，正确的有(　)。</td></tr>
<tr><td>信息披露义务人</td><td>A. 信息披露义务人未按照规定披露信息，或者公告的证券发行文件、定期报告、临时报告及其他信息披露资料存在虚假记载、误导性陈述或者重大遗漏，致使投资者在证券交易中遭受损失的，信息披露义务人应当承担赔偿责任；发行人的控股股东、实际控制人、董事、监事、高级管理人员和其他直接责任人员以及保荐人、承销的证券公司及其直接责任人员，应当与发行人承担连带赔偿责任，但是能够证明自己没有过错的除外</td></tr>
<tr><td>证券服务机构</td><td>B. 证券服务机构为证券的发行、上市、交易等证券业务活动制作、出具审计报告及其他鉴证报告、资产评估报告、财务顾问报告、资信评级报告或者法律意见书等文件，应当勤勉尽责，对所制作、出具的文件内容的真实性、准确性、完整性进行核查和验证；其制作、出具的文件有虚假记载、误导性陈述或者重大遗漏，给他人造成损失的，应当与发行人、上市公司承担连带赔偿责任，但是能够证明自己没有过错的除外</td></tr>
</table>

续表

<table>
<tr><td rowspan="5">民事责任</td><td colspan="2">(8)发行人是首要的信息披露义务人，亦是虚假陈述民事责任的“默认”承担主体以及第一责任人，其他责任主体与发行人承担连带责任。承担连带责任的当事人之间的责任分担与追偿的下列表述中，正确的有(　)。</td></tr>
<tr><td colspan="2">A. 发行人的控股股东、实际控制人组织、指使发行人实施虚假陈述，致使原告在证券交易中遭受损失的，原告起诉请求直接判令该控股股东、实际控制人依照规定赔偿损失的，人民法院应当予以支持；控股股东、实际控制人组织、指使发行人实施虚假陈述，发行人在承担赔偿责任后要求该控股股东、实际控制人赔偿实际支付的赔偿款、合理的律师费、诉讼费用等损失的，人民法院应当予以支持
B. 保荐机构、承销机构等责任主体以存在约定为由，请求发行人或者其控股股东、实际控制人补偿其因虚假陈述所承担的赔偿责任的，人民法院不予支持
C. 公司重大资产重组的交易对方所提供的信息不符合真实、准确、完整的要求，导致公司披露的相关信息存在虚假陈述，原告起诉请求判令该交易对方与发行人等责任主体赔偿由此导致的损失的，人民法院应当予以支持
D. 有证据证明发行人的供应商、客户及为发行人提供服务的金融机构等明知发行人实施财务造假活动，仍然为其提供相关交易合同、发票、存款证明等予以配合，或者故意隐瞒重要事实致使发行人的信息披露文件存在虚假陈述，原告起诉请求判令其与发行人等责任主体赔偿由此导致的损失的，人民法院应当予以支持</td></tr>
<tr><td colspan="2">(9)作为特殊的侵权责任，虚假陈述民事责任的构成要件包括(　)。</td></tr>
<tr><td colspan="2">A. 客观的侵权行为(虚假陈述的行为)
B. 主观要件
C. 侵权行为与投资者交易行为之间的交易因果关系(信赖)，即因侵权人的虚假陈述行为，投资者才进行了相关证券的交易
D. 客观的损害结果，即投资者有客观损失
E. 损失因果关系或事实因果关系，即侵权行为与损害结果之间的因果关系</td></tr>
<tr><td>客观的侵权要件</td><td>(10)根据《虚假陈述侵权民事赔偿规定》的规定，下列情形中，人民法院应当认定虚假陈述的内容具有重大性的有(　)。<hr>A. 虚假陈述的内容属于《证券法》规定的重大事件
B. 虚假陈述的内容属于监管部门制定的规章和规范性文件中要求披露的重大事件或者重要事项
C. 虚假陈述的实施、揭露或者更正导致相关证券的交易价格或者交易量产生明显的变化
【注意】上述规定是针对诉争信息已有行政处罚或生效刑事判决时，法院是否还要对诉争信息的“重大性”进行独立司法判断的回应。上述 AB 项所列情形，被告提交证据足以证明虚假陈述并未导致相关证券交易价格或者交易量明显变化的，人民法院应当认定虚假陈述的内容不具有重大性。被告能够证明虚假陈述不具有重大性并以此抗辩不应当承担民事责任的，人民法院应当予以支持。</td></tr>
</table>

续表

<table>
<tr><td rowspan="11">民事责任</td><td rowspan="11">不同责任主体的主观归责原则有所区别</td><td colspan="3">(11)下列关于证券虚假陈述民事责任主观归责的表述中，正确的有(　)。</td></tr>
<tr><td colspan="3">A. 发行人、上市公司作为信息披露首要义务人，对虚假陈述民事责任承担严格责任(不问主观过错)
B. 发行人的控股股东、实际控制人、董事、监事、高级管理人员和其他直接责任人员以及保荐人、承销的证券公司及其直接责任人员、证券服务机构，其归责原则是“过错推定”，即应当与发行人、上市公司承担连带赔偿责任，但是能够证明自己没有过错的除外(自证清白)</td></tr>
<tr><td colspan="3">(12)下列关于“过错”的表述中，正确的有(　)。</td></tr>
<tr><td colspan="3">A. 行为人故意制作、出具存在虚假陈述的信息披露文件，或者明知信息披露文件存在虚假陈述而不予指明、予以发布(故意)
B. 行为人严重违反注意义务，对信息披露文件中虚假陈述的形成或者发布存在过失(过失)</td></tr>
<tr><td colspan="3">(13)下列关于“过错推定”原则的表述中，正确的有(　)。</td></tr>
<tr><td colspan="2" rowspan="2">A. 发行人的董监高和其他直接责任人员主张对虚假陈述没有过错的，人民法院应当根据其工作岗位和职责、信息披露资料的形成和发布等活动中所起的作用、取得和了解相关信息的渠道、为核验相关信息所采取的措施等实际情况进行审查认定</td><td>前款所列人员不能提供勤勉尽责的应证据，仅以其不从事日常经营管理、无相关职业背景和专业知识、相信发行人或者管理层提供的资料、相信证券服务机构出具的专业意见等理由主张其没有过错的，人民法院不予支持</td></tr>
<tr><td>发行人的董监高依照《证券法》的关规定，以书面方式发表附具体理由的意见并依法披露的，人民法院可以认定其主观上没有过错，但在审议、审核信息披露文件时投赞成票的除外。</td></tr>
<tr><td rowspan="2">B. 独立董事、外部监事和职工监事</td><td colspan="2">(14)独立董事能够证明特定情形之一的，人民法院应当认定其没有过错。该情形有(　)。</td></tr>
<tr><td colspan="2">A. 在签署相关信息披露文件之前，对不属于自身专业领域的相关具体问题借助会计、法律等专门职业的帮助仍然未能发现问题的。
B. 在揭露日或更正日之前，发现虚假陈述后及时向发行人提出异议并监督整改或者向证券交易所、监管部门书面报告的
C. 在独立意见中对虚假陈述事项发表保留意见、反对意见或者无法表示意见并说明具体的理由的，但在审议审核相关文件时投赞成票的除外。</td></tr>
</table>

续表

<table>
<tr><td rowspan="4">民事责任</td><td rowspan="4">不同责任主体的主观归责原则有所区别</td><td>B. 独立董事、外部监事和职工监事</td><td>D. 因发行人拒绝阻碍其履行职责，导致无法对相关信息披露文件是否存在虚假陈述作出判断，并及时向证券交易所、监管部门书面报告的
E. 能够证明勤勉尽责的其他情形
【注意 1】独立董事提交证据证明其在履行职责期间能够按照法律、监管部门制定的规章和规范性文件以及公司章程的要求履行职责的，或者在虚假陈述被揭露后及时督促发行人整改且效果较为明显的，人民法院可以结合案件事实综合判断其过错情况。
【注意 2】外部监事、职工监事和独立董事有类似性，在证明自己没有过错时参照适用以上关于独立董事的规定。</td></tr>
<tr><td>C. 保荐机构，承销机构等机构及其直接责任人员</td><td>(15)保荐机构，承销机构等机构及其直接责任人员提交的尽职调查工作底稿、尽职调查报告、内部审核意见等证据能够证明特定情形的，人民法院应当认定其没有过错。该特定情形有(　)。
A. 已经按照法律、行政法规、监管部门制定的规章和规范性文件、相关行业职业规范的要求，对信息披露文件中的相关内容进行了审慎尽职调查
B. 对信息披露文件中没有证券服务机构专业意见支持的要内容，经过审慎尽职调查和独立判断，有合理理由相信该部分内容与真实情况相符
C. 对信息披露文件中证券服务机构出具专业意见的重要内容，经过审慎核查和必要的调查、复核，有合理理由排除了职业怀疑并形成合理信赖
【注意】在全国中小企业股份转让系统从事挂牌和定向发行推荐业务的证券公司，适用上述规定。</td></tr>
<tr><td>D. 证券服务机构</td><td>(16)下列关于认定证券服务机构过错的表述中，正确的有(　)。
A. 会计师事务所、律师事务所、资信评级机构、资产评估机构、财务顾问等证券服务机构制作、出具的文件存在虚假陈述的，人民法院应当按照法律、行政法规，监管部门制定的规章和规范性文件参考行业职业规范规定的工作范围和程序要求等内容，结合其核查、验证工作底稿等相关证据，认定其是否存在过错
B. 证券服务机构的责任限于其工作范围和专业领域。证券服务机构依赖保荐机构或者其他证券服务机构的基础工作或者专业意见致使其出具的专业意见存在虚假陈述，能够证明其对所依赖的基础工作或者专业意见经过审慎核查和必要的调查、复核，排除了职业怀疑并形成合理信赖的，人民法院应当认定其没有过错</td></tr>
</table>

第7章

续表

<table>
<tr><td rowspan="8">民事责任</td><td rowspan="2">不同责任主体的主观归责原则有所区别</td><td rowspan="2">D. 证券服务机构</td><td>(17)会计师事务所能够证明特定情形之一的，人民法院应当认定其没有过错。该特定情形有(　)。</td></tr>
<tr><td>A. 按照职业准则、规则确定的工作程序和核查手段，并保持必要的职业谨慎，仍未发现被审计的会计资料存在错误的
B. 审计业务必须依赖的金融机构、发行人的供应商、客户等相关单位提供不实证明文件，会计师事务所保持了必要的职业谨慎仍未发现的
C. 已对发行人提出警告并在审计业务报告中发表了审慎审计意见的
D. 能够证明没有过错的其他情形</td></tr>
<tr><td rowspan="4">交易因果关系的推定</td><td colspan="2">(18)原告能够证明特定情形的，人民法院应当认定原告的投资决定与虚假陈述之间的交易因果关系成立。该特定情形有(　)。</td></tr>
<tr><td colspan="2">A. 信息披露义务人实施了虚假陈述
B. 原告交易的是与虚假陈述直接关联的证券
C. 原告在虚假陈述实施日之后、揭露日或更正日之前实施了相应的交易行为，即在诱多型虚假陈述中买入了相关证券，或者在诱空型虚假陈述中卖出了相关证券</td></tr>
<tr><td colspan="2">(19)被告能够证明特定情形之一的，人民法院应当认定交易因果关系不成立。该特定情形有(　)。</td></tr>
<tr><td colspan="2">A. 原告的交易行为发生在虚假陈述实施前，或者是在揭露或更正之后
B. 原告在交易时知道或者应当知道存在虚假陈述，或者虚假陈述已经被证券市场广泛知悉
C. 原告的交易行为是受到虚假陈述实施后发生的上市公司的收购、重大资产重组等其他重大事件的影响
D. 原告的交易行为构成内幕交易、操纵证券市场等证券违法行为的
E. 原告的交易行为与虚假陈述不具有交易因果关系的其他情形</td></tr>
<tr><td colspan="3">(20)“虚假陈述实施日”是指信息披露义务人作出虚假陈述或者发生虚假陈述之日。下列关于确定“虚假陈述实施日”确定的表述中，正确的有(　)。</td></tr>
<tr><td colspan="3">A. 信息披露义务人在证券易场所的网站或者符合监管部门规定条件的媒体上公告发布具有虚假陈述内容的信息披露文件，以披露日为实施日
B. 通过召开业绩说明会、接受新闻媒体采访等方式实施虚假陈述的，以该虚假陈述的内容在具有全国性影响的媒体上首次公布之日为实施日
C. 信息披露文件或者相关报道内容在交易日收市后发布的，以其后的第一个交易日为实施日
D. 因未及时披露相关更正、确认信息构成误导性陈述，或者未及时披露重大事件或者重要事项等构成重大遗漏的，以应当披露相关信息期限届满后的第一个交易日为实施日</td></tr>
</table>

续表

<table>
<tr><td rowspan="9">民事责任</td><td colspan="3">(21)“虚假陈述揭露日”是指虚假陈述在具有全国性影响的报刊、电台、电视台或者监管部门网站、交易场所网站、主要门户网站、行业知名的自媒体等媒体上，首次被公开揭露并为证券市场知悉之日。除当事人有相反证据足以反驳外，下列日期中，应当认定为揭露日的有(　)。</td></tr>
<tr><td colspan="3">A. 监管部门以涉嫌信息披露违法为由对信息披露义务人立案调查的信息公开之日
B. 证券交易场所等自律管理组织因虚假陈述对信息披露义务人等责任主体采取自律管理措施的信息公布之日
【注意 1】信息披露义务人实施的虚假陈述呈连续状态的，以首次被公开揭露并为证券市场知悉之日为揭露日。信息披露义务人实施多个相互独立的虚假陈述的，人民法院应当分别认定其揭露日。
【注意 2】应把握立法规定揭露日的意义，“虚假陈述被揭示的意义在于其对证券市场发出了一个警示信号，提醒投资者重新判断股票价值，进而对市场价格产生影响”。不同程度或层次的揭示，对市场的警示效果不同，是否构成当事人“足以反驳”的相反证据，由法院在实践中予以认定。</td></tr>
<tr><td colspan="3">(22)下列关于“虚假陈述更正日”的表述中，正确的是(　)。</td></tr>
<tr><td colspan="3">A. 虚假陈述更正日，是指信息披露义务人在证券交易场所网站或者符合监管部门规定条件的媒体上，自行更正虚假陈述之日</td></tr>
<tr><td rowspan="5">损失及损失因果关系的证明</td><td colspan="2">(23)信息披露义务人在证券发行市场或交易市场承担民事赔偿责任的范围，以原告因虚假陈述而实际发生的损失为限。原告实际损失包括投资差额损失、投资差额损失部分的佣金和印花税。根据《虚假陈述侵权民事赔偿规定》，下列关于投资差额损失的计算方法的表述中，正确的有(　)。</td></tr>
<tr><td rowspan="2">A. 在集中竞价的交易市场中原告因虚假陈述买入相关股票所造成的投资差额损失，按照下列方法计算(诱多型虚假陈述)</td><td>原告在实施日之后，揭露日或更正日之前买入，在揭露日或更正日之后，基准日之前卖出的股票，按买入股票的平均价格与卖出股票的平均价格之间的差额，乘以已卖出的股票数量</td></tr>
<tr><td>原告在实施日之后，揭露日或更正日之前买入，基准日之前未卖出的股票，按买入股票的平均价格与基准价格之间的差额，乘以未卖出的股票数量</td></tr>
<tr><td rowspan="2">B. 在采用集中竞价的交易市场中，原告因虚假陈述卖出相关股票所造成的投资差额损失，按照下列方法计算(诱空型虚假陈述)</td><td>原告在实施日之后、揭露日或更正日之前卖出，在揭露日或更正日之后、基准日之前买回的股票，按买回股票的平均价格与卖出股票的平均价格之间的差额，乘以买回的股票数量</td></tr>
<tr><td>原告在实施日之后、揭露日或更正日之前卖出，基准日之前未买回的股票，按基准价格与卖出股票的平均价格之间的差额，乘以未买回的股票数量</td></tr>
</table>

第 7 章

续表

<table>
<tr><td rowspan="4">民事责任</td><td rowspan="4">损失及损失因果关系的证明</td><td>(24)根据《虚假陈述侵权民事赔偿规定》，下列关于计算投资差额损失时应注意问题的表述中，正确的有(　)。</td></tr>
<tr><td>A. 计算投资差额损失时，已经除权的证券，证券价格和证券数量应当复权计算
B. 证券公司、基金管理公司、保险公司、信托公司、商业银行等市场参与主体依法设立的证券投资产品，在确定因虚假陈述导致的损失时，每个产品应当单独计算
C. 投资者及依法设立的证券投资产品开立多个证券账户进行投资的，应当将各证券账户合并，所有交易按照成交时间排序，以确定其实际交易及损失情况</td></tr>
<tr><td>(25)投资差额损失计算的基准日，是指虚假陈述揭露或者更正后，为将投资人应获赔偿限定在虚假陈述所造成的损失范围内，确定损失计算的合理期间而规定的截止日期。下列关于基准日确定的表述中，正确的有(　)。</td></tr>
<tr><td>A. 在采用集中竞价的交易市场中，自揭露日或者更正日起，被虚假陈述影响的证券累计成交量达到其可流通部分100%之日为基准日
B. 自揭露日或者更正日起，集中交易累计换手率在10个交易日内达到可流通部分100%的，以第10个易日为基准日；在30个交易日内未达到可流通部分100%的，以第30个交易日为基准日
C. 虚假陈述揭露日或更正日起至基准日期间每个交易日收盘价的平均价格，为损失计算的基准价格
D. 无法以前款规定确定基准价格的，人民法院可以根据有专门知识的人的专业意见，参考对相关行业进行投资时的通常估价方法确定基准价格
【注意】虚假陈述的实施日、揭露日或更正日是用以确定交易因果关系，基准日是用来确定投资者可得赔偿的损失范围。</td></tr>
</table>

【考点母题——万变不离其宗】虚假陈述民事诉讼的诉讼方式

<table>
<tr><td colspan="2">(1)我国虚假陈述民事责任诉讼的诉讼方式有(　)。</td></tr>
<tr><td colspan="2">A. 投资者的单独诉讼</td></tr>
<tr><td rowspan="2">B. 普通代表人诉讼</td><td>(2)根据证券法的规定，下列关于普通代表人诉讼的表述中，正确的有(　)。</td></tr>
<tr><td>A. 投资者提起虚假陈述等民事赔偿诉讼时，诉讼标的是同一种类，且当事人一方人数众多的，可以依法推选代表人进行诉讼
B. 对于按照前项提起的诉讼，可能存在有相同诉讼请求的其他众多投资者的，人民法院可以发出公告，说明该诉讼请求的案件情况，通知投资者在一定期间向人民法院登记(明示加入)
C. 人民法院作出判决、裁定，对参加登记的投资者发生效力</td></tr>
</table>

续表

<table>
<tr><td rowspan="2">C. 特别代表人诉讼</td><td>(3)下列关于特别代表人诉讼的表述中，正确的有(　)。</td></tr>
<tr><td>A. 投资者保护机构受 50 名以上投资者委托，可以作为代表人参加诉讼，并为经证券登记结算机构确认的权利人依照前述规定向人民法院登记，但投资者明确表示不愿意参加该诉讼的除外(默认加入、明示退出)
B. 投资者保护机构依据公告确定的权利人范围向证券登记结算机构调取的权利人名单，人民法院应当予以登记，列入代表人诉讼原告名单，并通知全体原告
C. 投资者明确表示不愿意参加诉讼的，应当在法院公告期届满后 15 日内向人民法院声明退出；未声明退出的，视为同意参加该代表人诉讼
D. 对于声明退出的投资者，人民法院不再将其登记为特别代表人诉讼的原告，该投资者可以另行起诉
E. 特别代表人诉讼中的代表人为投资者保护机构
F. 诉讼过程中由于声明退出等原因导致明示授权投资者的数量不足 50 名的，不影响投资者保护机构的代表人资格
G. 针对同一代表人诉讼，原则上应当由一个投资者保护机构作为代表人参加诉讼；两个以上的投资者保护机构分别受 50 名以上投资者委托，且均决定作为代表人参加诉讼的，应当协商处理；协商不成的，由人民法院指定其中一个作为代表人参加诉讼
H. 特别代表人诉讼案件，由涉诉证券集中交易的证券交易所、国务院批准的其他全国性证券交易场所所在地的中级人民法院或者专门人民法院管辖</td></tr>
<tr><td colspan="2">(4)下列关于虚假陈述民事诉讼的诉讼时效的表述中，正确的有(　)。</td></tr>
<tr><td colspan="2">A. 当事人主张以揭露日或更正日起算诉讼时效的，人民法院应当予以支持；揭露日与更正日不一致的，以在先的为准
B. 对于虚假陈述责任人中的一人发生诉讼时效中断效力的事由，应当认定对其他连带责任人也发生诉讼时效中断的效力
C. 在诉讼时效期间内，部分投资者向人民法院提起人数不确定的普通代表人诉讼的，人民法院应当认定该起诉行为对所有具有同类诉讼请求的权利人发生时效中断的效果
D. 在普通代表人诉讼中，未向人民法院登记权利的投资者，其诉讼时效自权利登记期间届满后重新开始计算；向人民法院登记权利后申请撤回权利登记的投资者，其诉讼时效自撤回权利登记之次日重新开始计算
E. 投资者保护机构依照证券法的规定作为代表人参加诉讼后，投资者声明退出诉讼的，其诉讼时效自声明退出之次日起重新开始计算</td></tr>
</table>

【考点子题——举一反三，真枪实练】

[47] (2016 年 · 单选题)证券监管部门调查发现，1 年前在证券交易所挂牌上市的甲公司在首次公开发行股票过程中存在虚假陈述行为，并对投资者造成经济损失。乙系甲公司董事长。根据证券法律制度的规定，下列关于乙就甲公司虚假陈述行为所致投资者损失承担赔偿责任的表述中，正确的是(　)。

A. 无论乙有无过错，均须承担赔偿责任

B. 无论乙有无过错，均不承担赔偿责任

C. 乙须承担赔偿责任，除非能够证明自己没有过错

D. 只有当投资者证明乙有过错时，乙才承担赔偿责任

[48]（2012年·多选题　改编）根据证券法律制度的规定，下列关于证券发行中虚假陈述行为相关主体的民事责任承担的表述中，正确的有（　）。

A. 信息披露义务人在发行文件中作出虚假陈述而导致投资者受到损害的，应承担赔偿责任，其是否有过错在所不问

B. 信息披露义务人在发行文件中作出虚假陈述而导致投资者受到损害的，保荐人应与信息披露义务人承担连带责任，保荐人是否有过错在所不问

C. 发行人在发行文件中作出虚假陈述而导致投资者受到损害，发行人的实际控制人有过错的，应与发行人承担连带责任

D. 会计师事务所为证券发行出具的审计报告中存在虚假陈述而导致投资者受到损害的，应与发行人承担连带责任，但是能证明自己没有过错的除外

[49]（2021年·多选题）根据证券法律制度的规定，下列关于特别代表人诉讼的表述中，正确的有（　）。

A. 诉讼过程中由于声明退出等原因导致明示授权投资者的数量不足五十名的，不影响投资者保护机构的代表人资格

B. 声明退出的投资者，可另行起诉

C. 特别代表人诉讼案件由交易场所所在地中级人民法院或专门人民法院管辖

D. 公益律师担任特别代表人诉讼中的代表人

考点26 内幕交易行为

（一）内幕交易的概念

【考点母题——万变不离其宗】内幕交易的概念

下列关于内幕交易概念的表述中，正确的有（　）。
A. 内幕交易是指证券交易内幕信息的知情人员利用内幕信息进行证券交易的行为 B. 内幕交易的主体是内幕信息知情人员 C. 内幕交易行为特征是内幕信息知情人员通过掌握的内幕信息买卖证券，或者建议他人买卖证券 D. 内幕信息知情人员自己未买卖证券，也未建议他人买卖证券，但将内幕信息泄露给他人，接受内部信息者依此买卖证券的，也属于内幕交易行为 【注意】我国《证券法》禁止证券交易内幕信息的知情人和非法获取内幕信息的人利用内幕信息从事证券交易活动。

（二）内幕信息

【考点母题——万变不离其宗】内幕信息

<table>
<tr><td colspan="2">（1）在证券交易活动中，涉及发行人的经营、财务或者对该发行人证券的市场价格有重大影响的尚未公开的信息，为内幕信息。内幕信息包括（　）。</td></tr>
<tr><td colspan="2">A. 发生可能对上市公司股票交易价格产生较大影响的，应予以临时报告的重大事件
B. 发生可能对股票在国务院批准的其他全国性证券交易场所交易的公司的股票交易价格产生较大影响的，应予以临时报告的重大事件
C. 发生可能对上市交易公司债券的交易价格产生较大影响的，应予以临时报告的重大事件</td></tr>
<tr><td colspan="2">（2）下列关于内幕交易发生的时间段的表述中，正确的是（　）。</td></tr>
<tr><td rowspan="3">A. 内幕交易只能发生在内幕信息产生至公开之间的这段时间内及“内幕信息的敏感期”（尚未公开）</td><td>“重大事件”涉及的“计划”“方案”等的形成时间，应当认定为内幕信息的形成之时</td></tr>
<tr><td>影响内幕信息形成的动议、筹划、决策或者执行人员初始时间，应当认定为“内幕信息的形成之时”</td></tr>
<tr><td>“内幕信息的公开”，是指内幕信息在国务院证券、期货监督管理机构指定的报刊、网站等媒体披露</td></tr>
</table>

（三）内幕交易行为的认定

【考点母题——万变不离其宗】内幕交易行为的认定

<table>
<tr><td colspan="2">在内幕信息敏感期内，内幕信息的知情人员和非法获取内幕信息的人，不得买卖该公司的证券，或者泄露、或者建议他人买卖该证券，否则就构成了内幕交易。</td></tr>
<tr><td rowspan="2">内幕信息知情人员</td><td>（1）根据《证券法》的规定，下列人员中，属于证券交易内幕信息的知情人的有（　）。</td></tr>
<tr><td>A. 发行人及其董事、监事、高级管理人员
B. 持有公司 5%以上股份的股东及其董事、监事、高级管理人员，公司的实际控制人及其董事、监事、高级管理人员
C. 发行人控股或者实际控制的公司及其董事、监事、高级管理人员
D. 由于所任公司职务或者因与公司业务往来可以获取公司有关内幕信息的人员
E. 上市公司收购人或者重大资产交易方及其控股股东、实际控制人、董事、监事和高级管理人员
F. 因职务、工作可以获取内幕信息的证券交易场所、证券公司、证券登记结算机构、证券服务机构的有关人员
G. 因职责、工作可以获取内幕信息的证券监督管理机构工作人员
H. 因法定职责对证券的发行、交易或者对上市公司及其收购、重大资产交易进行管理可以获取内幕信息的有关主管部门、监管机构的工作人员
I. 可以获取内幕信息的其他人员</td></tr>
</table>

续表

<table>
<tr><td rowspan="2">非法获取证券内幕信息的人员</td><td colspan="3">(2)下列主体中，属于非法获取证券内幕信息人员的有(　)。</td></tr>
<tr><td colspan="3">A. 利用窃取、骗取、套取、窃听、利诱、刺探或者私下交易等手段获取内幕信息的</td></tr>
<tr><td rowspan="2">非法获取证券内幕信息的人员</td><td colspan="2" rowspan="2">B. 内幕信息的知情人员的近亲属或者其他与内幕信息知情人员关系密切的人员，在内幕信息敏感期内，从事或者明示、暗示他人从事，或者泄露内幕信息导致他人从事与该内幕信息有关的证券、期货交易，相关交易行为明显异常，且无正当理由或者正当信息来源的
C. 在内幕信息敏感期内，与内幕信息知情人员联络、接触，从事或者明示、暗示他人从事，或者泄露内幕信息导致他人从事与该内幕信息有关的证券、期货交易，相关交易行为明显异常，且无正当理由或者正当信息来源的</td><td>(3)所谓“相关交易行为明显异常”，要综合特定情形，从时间吻合程度、交易背离程度和利益关联程度等方面予以认定，该特定情形有(　)。</td></tr>
<tr><td>A. 开户、销户、激活资金账户或者指定交易(托管)、撤销指定交易(转托管)的时间与该内幕信息形成、变化、公开时间基本一致的
B. 资金变化与该内幕信息形成、变化、公开时间基本一致的
C. 买入或者卖出与内幕信息有关的证券、期货合约时间与内幕信息的形成、变化和公开时间基本一致的
D. 买入或者卖出与内幕信息有关的证券、期货合约时间与内幕信息的时间基本一致的
E. 买入或者卖出证券、期货合约行为明显与平时交易习惯不同的
F. 买入或者卖出证券、期货合约的行为与该证券、期货公开信息反映的基本面明显背离的
G. 账户交易资金进出与该内幕信息知情人员或者非法获取人员有关联或者利害关系的
H. 其他交易行为明显异常情形</td></tr>
<tr><td rowspan="4">行为表现</td><td colspan="3">(4)内幕交易的客观行为表现有(　)。</td></tr>
<tr><td>A. 自行买卖</td><td colspan="2">行为人在内幕信息敏感期内，自行买卖与内幕信息直接相关的发行人的证券</td></tr>
<tr><td>B. 建议买卖</td><td>行为人在内幕信息敏感期内，(明示或暗示)建议他人买卖与内幕信息直接相关的发行人证券</td><td>a. 建议人为内幕信息知情人或非法获取内幕信息的人
b. 建议人推荐、劝说或怂恿他人买卖证券
c. 被建议人知道或者应当知道建议人掌握内幕信息
d. 建议行为导致了相关证券的买卖行为</td></tr>
<tr><td>C. 泄露内幕信息</td><td>行为人在内幕信息敏感期内，泄露内幕信息(并导致他人买卖)，而不论其泄露时的主观状态</td><td>a. 有泄露行为，包括非法获取内幕信息的人再次进行信息传递，但合法履行义务或职责的除外
b. 信息接受者知道或者应当知道其接受的信息是内幕信息，信息传递的次数和层级不影响内幕交易构成
c. 如果信息接受者仅仅只是单纯接受信息，既未再次泄露、亦未自行买卖或者建议他人买卖行为，则不属于内幕交易、泄露内幕信息的范畴</td></tr>
</table>

续表

责任推定	(5)根据证券法律制度的规定，只要监管机构提供的证据能够证明特定情形之一的，就可以确认内幕交易行为成立。该特定行为有(　)。
	A. 证券交易内幕信息知情人，进行了与该内幕信息有关的证券交易活动 B. 内幕信息知情人的配偶、父母、子女以及其他有密切关系的人，其证券交易活动与该内幕信息基本吻合 C. 因履行工作职责知悉了上述内幕信息并进行了与该信息有关的证券交易活动 D. 非法获取内幕信息，并进行了与该内幕信息有关的证券交易活动 E. 内幕信息公开前与内幕信息知情人或知晓该内幕信息的人联络、接触，其证券交易活动与内幕信息高度吻合 【注意】当事人如果想否认内幕交易行为的存在，就必须负有举证责任：对其在内幕信息敏感期内从事的相关证券买卖行为作出合理说明或者提供证据排除其存在利用内幕信息从事相关证券交易活动的可能。
不构成“内幕交易罪”的情况	(6)具有特定情形之一的，不属于刑法上的内幕交易行为。该特定情形有(　)。
	A. 持有或者通过协议、其他安排与他人共同持有上市公司 5%以上股份的自然人、法人或者其他组织收购该上市公司股份的 B. 按照事先订立的书面合同、指令、计划从事相关证券、期货交易的 C. 依据已被他人披露的信息而交易的 D. 交易具有其他正当理由或者正当信息来源的

【考点子题——举一反三，真枪实练】

[50] (2012 年·多选题)根据证券法律制度的规定，下列各项中，属于证券交易内幕信息知情人的有(　)。

A. 负责发行人重大资产重组方案文印工作的秘书甲

B. 中国证监会负责审核发行人重大资产重组方案的官员乙

C. 为发行人重大资产重组进行审计的注册会计师丙

D. 通过公开发行报刊知悉发行人重大资产重组方案的律师丁

(四)短线交易

【考点母题——万变不离其宗】短线交易

(1)下列关于短线交易的表述中，正确的有(　)。
A. 上市公司、股票在国务院批准的其他全国性证券交易场所交易的公司的董事、监事、高级管理人员、持有或者通过协议、其他安排与他人共同持有该公司股份 5%以上的股东(主体)，将其持有的该公司的股票或者其他具有股权性质的证券在买入后 6 个月内卖出，或者在卖出后 6 个月内又买入(反向交易)，由此所得收益归该公司所有，公司董事会应当收回其所得收益(短线交易归入权)；但是，证券公司因包销购入售后剩余股票而持有 5%以上股份，以及有国务院证券监督管理机构规定的其他情形除外

续表

<table>
<tr><td colspan="2">B. 所称董事、监事、高级管理人员、自然人股东持有的股票或者其他具有股权性质的证券，包括其配偶、父母、子女持有的及利用他人账户持有的股票或者其他具有股权性质的证券</td></tr>
<tr><td>C. 公司董事会不按规定执行短线交易归入权的，股东有权要求董事会在 30 日内执行；公司董事会未在上述期限内执行的，股东有权为了公司的利益以自己的名义直接向人民法院提起诉讼</td><td>股东派生诉讼，提起诉讼的股东应符合《公司法》中关于股东派生诉讼原告持股条件和持股期限的规定，投资者保护机构作为原告提起股东派生诉讼时除外</td></tr>
<tr><td colspan="2">D. 公司董事会不按规定执行短线交易归入权的，负有责任的董事依法承担连带责任</td></tr>
</table>

【考点子题——举一反三，真枪实练】

[51]（2018 年·单选题）甲为某上市公司董事。2018 年 1 月 8 日和 22 日，甲通过其配偶的证券账户，以 20 元/股和 21 元/股的价格，先后买入本公司股票 2 万股和 4 万股。同年 7 月 9 日，甲以 22 元/股的价格将 6 万股全部卖出。根据证券法律制度的规定，甲通过上述交易所获收益中，应当归入公司的金额是（　）。

A. 0 元　　B. 2 万元　　C. 4 万元　　D. 6 万元

[52]（2014 年·单选题）甲为乙上市公司董事，并持有乙公司股票 10 万股。2013 年 3 月 1 日和 3 月 8 日，甲以每股 25 元的价格先后卖出其持有的乙公司股票 2 万股和 3 万股。同年 9 月 3 日，甲以每股 15 元的价格买入乙公司股票 5 万股。根据证券法律制度的规定，甲通过上述交易所获收益中，应当收归乙公司所有的金额是（　）。

A. 20 万元　　B. 30 万元　　C. 50 万元　　D. 75 万元

（五）利用未公开信息交易

【考点母题——万变不离其宗】利用未公开信息交易

<table>
<tr><td colspan="2">（1）下列关于"老鼠仓"行为的表述中，正确的是（　）。</td></tr>
<tr><td colspan="2">A. 禁止证券交易场所、证券公司、证券登记结算机构、证券服务机构和其他金融机构的从业人员、有关监管部门或者行业协会的工作人员，利用因职务便利获取的内幕信息以外的其他未公开的信息，违反规定，从事与该信息相关的证券交易活动，或者明示、暗示他人从事相关交易活动</td></tr>
<tr><td colspan="2">（2）下列关于"老鼠仓"与内幕交易的区别的表述中，正确的有（　）。</td></tr>
<tr><td rowspan="2">A. 主体范围不同</td><td>"老鼠仓"行为主体特定，主要是证券交易场所、证券公司、证券登记结算机构、证券服务机构和其他金融机构的从业人员、有关监管部门或者行业协会的工作人员</td></tr>
<tr><td>内幕交易主体虽然主要表现为"内部人"，但根据现行规定，只要其处于"内幕信息知情人员"的位置，或其相关交易行为明显异常，且无正当理由或者正当信息来源的，都可能被推定为从事了内幕交易</td></tr>
</table>

续表

<table>
<tr><td rowspan="2">B. 所利用的信息不同</td><td>“老鼠仓”行为利用的是内幕信息以外的其他未公开的信息</td></tr>
<tr><td>内幕交易利用的是内幕信息</td></tr>
</table>

考点 27 操纵市场行为

（一）操纵市场行为的概念

【考点母题——万变不离其宗】操纵市场行为的概念

下列关于操纵市场概念的表述中，正确的有（　）。
A. 操纵市场是指单位或个人以获取利益或者减少损失为目的，利用其资金、信息等优势或者滥用职权影响证券市场价格，制造证券市场假象，诱导或者致使投资者在不了解事实真相的情况下作出买卖证券的决定，扰乱证券市场秩序的行为 B. 通过计算机程序自动生成或者下达交易指令进行程序化交易的，应当符合国务院证券监督管理机构的规定，并向证券交易所报告，不得影响证券交易所系统安全或者正常交易秩序

（二）操纵市场行为的界定

【考点母题——万变不离其宗】操纵市场行为的界定

<table>
<tr><td colspan="3">（1）根据《证券法》的规定，禁止任何人以特定手段操纵证券市场，影响或者意图影响证券交易价格或者证券交易量。该特定手段有（　）。</td></tr>
<tr><td>A. 单独或者通过合谋，集中资金优势、持股优势或者利用信息优势联合或者连续买卖，操纵证券交易价格或者证券交易量（联合或连续买卖式操纵）</td><td>通过真实的交易影响证券交易价格或者证券交易量的行为。认定操纵意图是辨别该类行为与正常投资行为（如收购人为获得或巩固目标公司控制权而进行的收购行为）区别的关键</td><td rowspan="3">行为人综合使用 ABC 三项操纵手段，此时行为人的操纵意图可以根据多种外部行为来认定（以客观印证主观）。如果只有 A 项行为，则必须结合主观意图与客观行为进行综合认定。在主观方面要看行为人的交易动机、交易前后的状况、交易形态、交易占有率以及是否违反投资效率等因素，在客观行为方面，则要从行为人是否为市场价格的主导者、行为人是否为某种证券的市场支配者，以及行为人若停止买卖是否导致某种证券之价格暴跌等因素去考量行为的不法性</td></tr>
<tr><td>B. 与他人串通，以事先约定的时间、价格和方式相互进行证券交易，影响证券交易价格或者证券交易量（对敲）</td><td rowspan="2">都是以虚假交易影响证券交易价格或者证券交易量，其操纵意图比较容易认定，但该认定是推定性的，若当事人能够恒明自己虽然发生了该项交易，但是由于其他原因，并没有操纵意图，不应被认定为操纵市场</td></tr>
<tr><td>C. 在自己实际控制的账户之间进行证券交易，影响证券交易价格或者证券交易量（自买自卖/洗售）</td></tr>
</table>

续表

D. 不以成交为目的，频繁或者大量申报并撤销申报（虚假申报操纵）	行为人不以成交为目的，频繁申报、撤单或者大额申报、撤单，误导投资者作出投资决策，影响证券交易价格或者证券交易量
E. 利用虚假信息或者不确定的重大信息，诱导投资者进行证券交易（蛊惑交易操纵）	蛊惑交易 利用的是虚假的或不确定的重大信息
F. 对证券、发行人公开作出评价、预测或者投资建议，并进行反向证券交易（抢先交易操纵）	
G. 利用在其他相关市场的活动操纵证券市场	
H. 操纵证券市场的其他手段（如利用修改计算机信息系统存储数据的方法，人为操纵股票价格）	
【注意】操纵证券市场行为给投资者造成损失的，行为人应当依法承担赔偿责任。	

【考点子题——举一反三，真枪实练】

[53]（2021年·单选题）根据证券法律制度的规定，任何人不得事先约定证券交易价格、时间和方式，进行证券交易影响证券交易量和交易价格。否则该行为属于（　）。

A. 编造传播虚假信息　　B. 内幕交易

C. 操纵市场　　D. 虚假表述

[54]（2020年·单选题）根据证券法律制度的规定，对证券、发行人公开作出评价、预测或者投资建议，并进行反向证券交易，影响或意图影响证券交易价格的行为是（　）。

A. 内幕交易行为　　B. 虚假陈述行为

C. 操纵市场行为　　D. 编造、传播虚假信息的行为

[55]（2022年·单选题）刘某是知名财经记者，在买入某上市公司股票后，刘某将该公司已经公布的年报内容在其任职的财经媒体上集中报道、积极评价，以吸引投资者买入。因刘某的报道和评价，该股票价格明显上涨，刘某趁机将之前所购股票全部卖出。根据证券法律制度的规定，下列关于刘某的行为性质的表述中，正确的是（　）。

A. 刘某的行为构成“老鼠仓”交易

B. 刘某的行为构成内幕交易

C. 刘某的行为构成消极信息披露人的虚假陈述

D. 刘某的行为构成操纵证券市场

【本章考点子题答案及解析】

[1]　【答案：ABD】政府债券、证券投资基金份额的上市交易，适用《证券法》；其他法律、行政法规另有规定的，适用其规定(不上市不适用)，排除选项 C。其他选项所列证券，均适用我国《证券法》。

[2]　【答案：ABCD】《证券法》规定：在中华人民共和国境内，股票、公司债券、存托凭证和国务院依法认定的其他证券的发行和交易，适用本法；本法未规定的，适用《中华人民共和国公司法》和其他法律、行政法规的规定。政府债券、证券投资基金份额的上市交易，适用本法；其他法律、行政法规另有规定的，适用其规定。资产支持证券、资产管理产品发行、交易的管理办法，由国务院依照本法的原则规定。

[3]　【答案：CD】全国股转系统与三大证券交易所一起构成了我国的公开证券市场。区域性股权市场为非公开发行证券的发行、转让提供场所和设施，我国区域性股权市场主要表现为各地的产权交易所。因此选项 CD 正确。

[4]　【答案：AB】目前科创板和创业板属于全面适用注册制的市场板块。

[5]　【答案：A】区域性股权市场的禁止性规定有：(1)不得将任何权益拆分为均等份额公开发行(选项 B)；(2)不得采取集中交易方式进行交易；(3)不得将权益按照标准化交易单位持续性挂牌交易(选项 C)；(4)权益持有人累计不得超过 200 人，法律、行政法规另有规定的除外；无论是发行还是转让环节都要遵守该规定，以信托、委托代理等方式代持的，按实际持有人数计算(选项 D)；(5)不得以集中交易方式进行标准化合约交易；(6)未经国务院相关金融管理部门批准，不得设立从事保险、信贷、黄金等金融产品交易的交易场所，其他任何交易场所也不得从事保险、信贷、黄金等金融产品交易。

[6]　【答案：D】招股说明书中引用的财务报表在其最近一期截止日后 6 个月内有效；特别情况下发行人可申请适当延长，但至多不超过 3 个月；财务报表应当以年度末、半年度末或者季度末为截止日。据此，选项 D 正确。

[7]　【答案：C】招股说明书的有效期为 6 个月，自公开发行前招股说明书最后一次签署之日起计算。选项 C 正确。

[8]　【答案：C】年度报告应当在每一个会计年度结束之日起 4 个月内编制完成并披露。

[9]　【答案：B】上市公司应当在最先发生的以下任一时点，及时履行重大事件的信息披露义务：董事会或者监事会就该重大事件形成决议时；有关各方就该重大事件签署意向书或者协议时；董事、监事或者高级管理人员知悉该重大事件发生并报告时。本例中，最先发生的时点是董事会形成决议时，选项 B 正确。

[10]　【答案：AD】上市公司董事长、经理、董事会秘书，应当对公司临时报告信息披露的真实性、准确性、完整性、及时性、公平性承担主要责任。

[11]　【答案：ABCD】根据财产状况、金融资产状况、投资知识和经验、专业能力等因素，投资者可以分为普通投资者和专业投资者。

[12]　【答案：ABCD】上市公司董事会、独立董事、持有 1%以上有表决权股份的股东或者依照法律、行政法规或者国务院证券监督管理机构的规定设立的投资者保护机构，可以作为征集人，自行或者委托证券公司、证券服务机构，公开请求上市公司股东委托其代为出席股东大会，并代为行使提案权、表决权等股东权利。

[13]【答案：BCD】上市公司董事会、独立董事、持有1%以上有表决权股份的股东或者依照法律、行政法规或者国务院证券监督管理机构的规定设立的投资者保护机构(简称投资者保护机构)，可以作为征集人，自行或者委托证券公司、证券服务机构，公开请求上市公司股东委托其代为出席股东大会，并代为行使提案权、表决权等股东权利。

[14]【答案：C】投资者保护机构受50名以上投资者委托，可以作为代表人参加诉讼，并为经证券登记结算机构确认的权利人依照有关规定向人民法院登记，但投资者明确表示不愿意参加该诉讼的除外。

[15]【答案：ABD】发行人因欺诈发行、虚假陈述或者其他重大违法行为给投资者造成损失的，发行人的控股股东(选项A)、实际控制人(选项B)、相关的证券公司(选项D)可以委托投资者保护机构，就赔偿事宜与受到损失的投资者达成协议，予以先行赔付。先行赔付后，可以依法向发行人以及其他连带责任人追偿。

[16]【答案：BD】选项A：发行后股东人数为200人，没有超过200人，不属于需要注册(核准)的情形；选项C：非公众公司非公开发行股票，此种股票发行不需经过《证券法》规定的注册程序，而由发行人自行决定，只需要遵守《公司法》，不承担《证券法》规定的强制信息披露义务。选项BD均属于应履行《证券法》规定的注册程序。

[17]【答案：C】非上市公众公司是指有下列情形之一且其股票未在证券交易所上市交易的股份有限公司：(1)股票向特定对象发行或者转让导致股东累计超过200人；(2)股票公开转让。选项C正确选项A不正确。非上市公众公司向特定对象发行股票，也需要经过中国证监会的核准，选项B不正确。非上市公众公司经中国证监会核准，向不特定对象公开发行股票，应当申请在证券交易所上市交易，选项D不正确。

[18]【答案：C】非上市公众公司定向发行股票，都必须经过中国证监会的核准，而且发行对象必须只能是中国证监会规定的特定对象。

[19]【答案：B】选项A中，股票转让后，甲公司的股东人数是200人，并未超过200人，因此无须证监会核准。选项B中，非公众公司非公开发行股票，导致发行后股东超过200人，需要经证监会核准。选项C中，属于股东人数在3个月内又降至200人以内的情形，可以不提申请。选项D中，对于股东人数未超过200人的公司申请其股票公开转让，证监会豁免核准。

[20]【答案：ABC】非上市公众公司在全国股转系统挂牌公开转让股票的，向特定对象发行股票后股东累计不超过200人的，豁免向中国证监会申请核准，选项A当选。因股票以非公开方式转让导致股东累计超过200人，但如果股份公司在3个月内将股东人数降至200人以内的，可以不向中国证监会提出申请，选项B当选。股东人数未超过200人的公司申请股票公开转让，中国证监会豁免核准，选项C当选。股份有限公司向特定对象发行股票导致股东累计超过200人，必须经过中国证监会的核准，而且发行对象必须只能是中国证监会规定的特定对象，选项D排除。

[21]【答案：ABCD】公司首次公开发行股票，应当符合的条件有：具备健全且运行良好的组织机构；具有持续经营能力；最近3年财务会计报告被出具无保留意见审计报告；发行人及其控股股东、实际控制人最近3年不存在贪污、贿赂、侵占财产、挪用财产或者破坏社会主义市场经济秩序的刑事犯罪；经国务院批准的国务院证券监督管理机构规定的其他条件。

[22]【答案：BD】股票发行采用代销方式，代销期限届满，向投资者出售的股票数量未达到拟公开发行股票数量70%的，为发行失败，股票发行失败的，发行人应当按照发行价并加算银行同

期存款利息返还股票认购人，选项 BD 正确。

[23] 【答案：C】公司首次公开发行时，公司股东公开发售的股份，其已持有时间应当在 36 个月以上。

[24] 【答案：ABCD】上市公司存在“现任董事、高级管理人员最近 36 个月内受到过证监会的行政处罚，或者最近 12 个月内受到过证券交易所公开谴责”情形的，不得公开发行股票，选项 A 正确。非公开发行股票，发行对象不超过 35 名，选项 B 正确。本次发行的股份自发行结束之日起，6 个月内不得转让；控股股东、实际控制人及其控制的企业认购的股份，18 个月内不得转让，选项 C 正确。上市公司非公开发行股票，发行价格不低于定价基准日前 20 个交易日公司股票均价的 80%，选项 D 正确。

[25] 【答案：D】上市公司向原股东配股，拟配售股份数量不超过本次配售股份前股本总额的 30%。

[26] 【答案：C】在科创板申请公开发行股票并上市的公司，在发行程序上，由证券交易所依照有关规定程序受理并审核。

[27] 【答案：ABCD】为了保护公众投资者，《指导意见》要求公开发行优先股的公司，必须在公司章程中规定以下事项：①采取固定股息率(选项 C)；②在有可分配税后利润的情况下必须向优先股股东分配股息(选项 A)；③未向优先股股东足额派发股息的差额部分应当累积到下一会计年度(选项 B)；④优先股股东按照约定的股息率分配股息后，不再同普通股股东一起参加剩余利润分配(选项 D)。

[28] 【答案：A】非公开发行公司债券每次发行对象不得超过 200 人，选项 A 正确。非公开发行公司债券，不得采用广告、公开劝诱和变相公开方式，选项 B 不正确。非公开发行公司债券，应当向专业投资者发行，选项 C 表述不正确。非公开发行公司债券，承销机构或依法自行销售的发行人应当在每次发行完成后 5 个工作日内向中国证券业协会备案，而不是向中国证监会备案，选项 D 不正确。

[29] 【答案：ABD】存在下列情形的，债券受托管理人应当按规定或约定召集债券持有人会议：(1)拟变更债券募集说明书的约定(选项 B)；(2)拟修改债券持有人会议规则；(3)拟变更债券受托管理人或受托管理协议的主要内容；(4)发行人不能按期支付本息(选项 A)；(5)发行人减资、合并等可能导致偿债能力发生重大不利变化，需要决定或者授权采取相应措施；(6)发行人分立、被托管、解散、申请破产或者依法进入破产程序；(7)保证人、担保物或者其他偿债保障措施发生重大变化(选项 D)；(8)发行人、单独或合计持有本期债券总额 10%以上的债券持有人书面提议召开；(9)发行人管理层不能正常履行职责，导致发行人债务清偿能力面临严重不确定性；(10)发行人提出债务重组方案的；(11)发生其他对债券持有人权益有重大影响的事项。注意发行人“减资”属于应当召集债券持有人会议的情形，但“增资”不是，应排除选项 C。

[30] 【答案：BCD】可转换公司债券每张面值 100 元，可转换公司债券的利率由发行公司与主承销商协商确定，但必须符合国家的有关规定，据此，选项 A 不正确选项 B 正确。提供担保的，应当为全额担保，担保范围包括债券的本金及利息、违约金、损害赔偿金和实现债权的费用，据此选项 C 正确。证券公司或上市公司不得作为发行可转债的担保人，但上市商业银行除外，据此选项 D 正确。

[31] 【答案：B】上市公司(发行人)应当为债券持有人聘请债券受托管理人，并订立债券受托管理协议，选项 A 不正确。发行人不能按期支付本息，债券受托管理人应当按规定或约定召集债

券持有人会议，选项 B 正确，当选。公开发行公司债券应当委托具有从事证券服务业务资格的资信评级机构进行信用评级，非公开发行公司债券是否进行信用评级由发行人确定，选项 C 不正确。以保证方式为公开发行可转换公司债券提供保证的，应当为连带责任担保，且保证人最近一期经审计的净资产额应不低于其累计对外担保的金额，选项 D 不正确。

[32] 【答案：BCD】公开发行可转换公司债券的程序与公开发行新股的程序相同，选项 A 不正确。债券持有人对转换股票或者不转换股票有选择权，转换股票的于转股的次日成为发行公司的股东，选项 B 正确。上市公司可以公开发行认股权和债券分离交易的可转换公司债券（“分离交易的可转换公司债券”），选项 C 正确。公开发行可转换公司债券，应当提供担保，但最近一期期末经审计的净资产不低于人民币 15 亿元的公司除外，选项 D 正确。

[33] 【答案：AD】公开发行的公司债券应当在证券交易所上市交易或者全国股转系统转让，但发行环节和交易环节的投资者适当性要求应当保持一致。

[34] 【答案：ABCD】上市公司主动退市的模式有：上市公司向证券交易所主动申请退市或者转市（选项 A）；由上市公司、上市公司股东或者其他收购人通过向所有股东发出收购全部股份或者部分股份的要约，导致公司股本总额、股权分布等发生变化不再具备上市条件（选项 B）；上市公司因新设或者吸收合并，不再具有独立主体资格并被注销，或者上市公司股东大会决议解散（选项 CD）。

[35] 【答案：CD】大宗交易的发展趋势是交易对手从“特定对手方”向“无特定对手方”发展；交易方式从“协商交易”向“撮合交易”发展，选项 A 不正确选项 C 正确。我国上海和深圳证券交易所从 2002 年开始建立大宗交易制度，选项 B 不正确。专门的大宗交易制度是以正常规模交易的交易制度为基础，对大宗交易的撮合方式、价格确定和信息披露等方面采取特殊的处理方式，选项 D 正确。

[36] 【答案：ABD】实际控制是指：（1）投资者为上市公司持股 50%以上的控股股东（选项 A）；（2）投资者可以实际支配上市公司股份表决权超过 30%（选项 B）；（3）投资者通过实际支配上市公司股份表决权能够决定公司董事会半数以上成员选任（排除选项 C）；（4）投资者依其可实际支配的上市公司股份表决权足以对公司股东大会的决议产生重大影响（选项 D）；（5）中国证监会认定的其他情形。

[37] 【答案：ABCD】上市公司收购中，要约收购人的义务有：信息披露义务（选项 B）；禁售义务（选项 A）；锁定义务（选项 C）；守约义务；平等对待被收购公司所有股东的义务（选项 D）。

[38] 【答案：D】通过协议转让方式，投资者及其一致行动人在一个上市公司中拥有权益的股份拟达到或者超过一个上市公司已发行股份的 5%时，应当在该事实发生之日起 3 日内编制权益变动报告书，向中国证监会、证券交易所提交书面报告，通知该上市公司，并予公告，投资者持有或者通过协议、其他安排与他人共同持有一个上市公司已发行的有表决权股份达到 5%后，其所持该上市公司已发行的有表决权股份比例每增加或者减少 5%，应当依照前款规定进行报告和公告，在该事实发生之日起至公告后 3 日内，不得再行买卖该上市公司的股票，但国务院证券监督管理机构规定的情形除外。投资者持有或者通过协议、其他安排与他人共同持有一个上市公司已发行的有表决权股份达到 5%后，其所持该上市公司已发行的有表决权股份比例每增加或者减少 1%，应当在该事实发生的次日通知该上市公司，并予公告。

[39] 【答案：C】如果投资者是通过协议转让的方式获得上市公司股权，投资者则无法控制协议购买的股权数量，不能恰好在 5%的时点上停下来进行报告和公告。通过协议转让方式，投资者

及其一致行动人在一个上市公司中拥有权益的股份拟达到或者超过一个上市公司已发行股份的 5%时，应当在该事实发生之日(签署股份转让协议)起 3 日内编制权益变动报告书，向中国证监会、证券交易所提交书面报告，通知该上市公司，并予公告。本题中，7 月 4 日双方签署股份转让协议，自此 3 日内编制权益变动报告书，向中国证监会、证券交易所提交书面报告，通知该上市公司，并予公告。

[40] 【答案：C】已披露权益变动报告书的投资者及其一致行动人在披露之日起 6 个月内，因拥有权益的股份变动需要再次报告、公告权益变动报告书的，可以仅就与前次报告书不同的部分作出报告、公告；自前次披露之日起超过 6 个月的，投资者及其一致行动人应当按照本章的规定编制权益变动报告书，履行报告、公告义务。

[41] 【答案：C】在要约收购期限届满 3 个交易日前，预受股东可以委托证券公司办理撤回预受要约的手续，证券登记结算机构根据预受要约股东的撤回申请解除对预受要约股票的临时保管。

[42] 【答案：ABC】收购要约既可以是全面要约也可以是部分要约，选项 A 正确。收购要约约定的收购期限不得少于 30 日，并不得超过 60 日，但出现竞争要约的除外.，选项 B 正确。要约收购的核心涵义就是公开对目标公司所有股东发出要约，收购意图公开，对目标公司所有股东适用同一收购价格，选项 C 正确。在收购要约确定的承诺期内，收购人不得撤销其收购要约，选项 D 不正确。

[43] 【答案：C】在一个上市公司中拥有权益的股份达到或者超过该公司已发行股份的 30%的，自上述事实发生之日起一年后，每 12 个月内增持不超过该公司已发行的 2%的股份，投资者可以免于发出要约。

[44] 【答案与解析】(1)该资产重组交易构成普通重大资产重组。根据证券法律制度的规定，上市公司出售的资产净额占上市公司最近一个会计年度经审计的合并财务会计报告期末净资产额的比例达到 50%以上，且超过 5 000 万元人民币的，构成普通重大资产重组。在该资产重组交易中，恒利发展购买、出售的资产净额总计 10 亿元，而其最近一个会计年度经审计的合并财务报告里显示期末净资产额为 17 亿元，前者超过 5 000 万元，且已经超过后者的 50%，故构成普通重大资产重组。

(2)公司初拟的非公开发行公司债券方案中，不符合证券法律制度规定的内容有：第一，债券面值不合法，应当为 100 元面值；第二，发行对象人数不合法，非公开发行公司债券的每次发行对象不得超过 200 人。

(3)临时股东大会作出资产重组决议，符合法定表决权比例。根据证券法律制度的规定，上市公司股东大会就重大资产重组事项作出决议，必须经出席会议的股东所持表决权的 2/3 以上通过。本次股东大会出席会议的股东所持表决权为 4. 5 亿股，3. 1 亿股赞成重组事项，符合作出决议的表决权要求。

(4)临时股东大会作出公司债券发行决议符合法定表决权比例。根据公司法律制度的规定，发行公司债券属于普通决议事项，经出席股东大会股东所持表决权的过半数通过即可。本次股东大会出席股东所持表决权为 4. 5 亿股，2. 3 亿股赞成发行公司债券事项，符合作出决议的表决权要求。

(5)恒利发展没有义务回购股东孙某所持公司股份。根据公司法律制度的规定，股份有限公司股东只有在对股东大会作出的合并、分立决议持异议的情况下，才有权请求公司回购其股份，而本次交易未导致公司合并或分立，交易完成后恒利发展继续存续。

(6)人民法院对孙某的起诉裁定不予受理符合法律规定。根据公司法律制度的规定，股东代表诉讼的股东应当符合一定的要求，股份有限公司连续180日以上单独或合并持有公司1%以上股份的股东，才有资格提起股东代表诉讼。孙某持股比例为0.1%，没有达到股份比例的要求。

[45]【答案：ABC】上市公司发行股份购买资产时，发行股份的价格不得低于市场参考价的90%。市场参考价为本次发行股份购买资产的董事会决议公告日前20个交易日、60个交易日或者120个交易日的公司股票交易均价之一。

[46]【答案：C】(1)选项A：上市公司就重大资产重组事宜召开股东大会，应当以现场会议形式召开，并应当提供网络投票或者其他合法方式为股东参加股东大会提供便利。不采用通讯方式进行。(2)选项B：除上市公司的董事、监事、高级管理人员、单独或者合计持有上市公司5%以上股份的股东以外，其他股东的投票情况应当单独统计并予以披露。持有上市公司股份不足5%的股东的投票情况属于应当单独统计并予以披露的情形。(3)选项C：上市公司重大资产重组事宜与本公司股东或者其关联人存在关联关系的，股东大会就重大资产重组事项进行表决时，关联股东应当回避表决。表述正确，当选。(4)选项D：上市公司股东大会就重大资产重组事项作出决议，必须经出席会议的股东所持表决权的2/3以上通过。

[47]【答案：C】发行人的控股股东、实际控制人、董事、监事、高级管理人员和其他直接责任人员以及保荐人、承销的证券公司及其直接责任人员、证券服务机构，其归责原则是“过错推定”，即应当与发行人、上市公司承担连带赔偿责任，但是能够证明自己没有过错的除外。

[48]【答案：ACD】发行人、上市公司作为信息披露首要义务人，对虚假陈述民事责任承担严格责任，无论是否存在过错均须承担民事责任，选项A正确。发行人的控股股东、实际控制人、董事、监事、高级管理人员和其他直接责任人员以及保荐人、承销的证券公司及其直接责任人员、证券服务机构，其归责原则是“过错推定”，即应当与发行人、上市公司承担连带赔偿责任，但是能够证明自己没有过错的除外，选项B不正确，选项CD正确。

[49]【答案：ABC】诉讼过程中由于声明退出等原因导致明示授权投资者的数量不足50名的，不影响投资者保护机构的代表人资格，选项A正确。对于声明退出的投资者，人民法院不再将其登记为特别代表人诉讼的原告，该投资者可以另行起诉，选项B正确。特别代表人诉讼案件，由涉诉证券集中交易的证券交易所、国务院批准的其他全国性证券交易场所所在地的中级人民法院或者专门人民法院管辖，选项C正确。特别代表人诉讼中的代表人为投资者保护机构，公益律师无代表人资格，选项D不正确。

[50]【答案：ABC】下列人员中，属于证券交易内幕信息的知情人的有：(1)发行人及其董事、监事、高级管理人员；(2)持有公司5%以上股份的股东及其董事、监事、高级管理人员，公司的实际控制人及其董事、监事、高级管理人员；(3)发行人控股或者实际控制的公司及其董事、监事、高级管理人员；(4)由于所任公司职务或者因与公司业务往来可以获取公司有关内幕信息的人员(选项A)；(5)上市公司收购人或者重大资产交易方及其控股股东、实际控制人、董事、监事和高级管理人员；(6)因职务、工作可以获取内幕信息的证券交易场所、证券公司、证券登记结算机构、证券服务机构的有关人员(选项C)；(7)因职责、工作可以获取内幕信息的证券监督管理机构工作人员(选项B)；(8)因法定职责对证券的发行、交易或者对上市公司及其收购、重大资产交易进行管理可以获取内幕信息的有关主管部门、监管机构的工作人员；(9)国务院证券监督管理机构规定的可以获取内幕信息的其他人员。内幕信息是尚未

公开的信息，律师丁通过公开发行报刊知悉发行人重大资产重组方案，该重组方案已不是内幕信息了，因其已经公开。

[51]【答案：C】上市公司的董事（包括其配偶）将其持有的该公司的股票或者其他具有股权性质的证券在买入后 6 个月内卖出，或者在卖出后 6 个月内又买入（反向交易），由此所得收益归该公司所有，公司董事会应当收回其所得收益。这是短线交易，公司董事会享有归入权。本例中，甲构成反向交易的股份有 4 万股，即其于 1 月 22 日购入的股份，在 7 月 9 日卖出，尚未超过 6 个月。4×(22-21)= 4(万元)

[52]【答案：B】上市公司的董事将其持有的该公司的股票或者其他具有股权性质的证券在买入后 6 个月内卖出，或者在卖出后 6 个月内又买入（反向交易），由此所得收益归该公司所有，公司董事会应当收回其所得收益。本例中，甲在 2013 年 3 月 8 日卖出的 3 万股在 6 个月内又买入，属于短线交易，所得收益应归乙公司。3×(25-15)= 30(万元)

[53]【答案：C】禁止任何人以下列手段操纵证券市场，影响或者意图影响证券交易价格或者证券交易量：(1)单独或者通过合谋，集中资金优势、持股优势或者利用信息优势联合或者连续买卖；(2)与他人串通，以事先约定的时间、价格和方式相互进行证券交易；(3)在自己实际控制的账户之间进行证券交易；(4)不以成交为目的，频繁或者大量申报并撤销申报；(5)利用虚假或者不确定的重大信息，诱导投资者进行证券交易；(6)对证券、发行人公开作出评价、预测或者投资建议，并进行反向证券交易；(7)利用在其他相关市场的活动操纵证券市场；(8)操纵证券市场的其他手段。

[54]【答案：C】对证券、发行人公开作出评价、预测或者投资建议，并进行反向证券交易，影响或者意图影响证券交易价格或者证券交易量的行为，属于操纵市场行为。

[55]【答案：D】对证券、发行人公开作出评价、预测或者投资建议，并进行反向证券交易，影响或者意图影响证券交易价格或者证券交易量的行为，属于操纵市场行为。

<table>
<tr><td rowspan="2">不超过 35 名</td><td>非上市公众公司：股票未公开转让的公司确定发行对象时，投资者合计不得超过 35 名</td></tr>
<tr><td>主板上市公司：非公开发行股票</td></tr>
<tr><td rowspan="4">不超过 200 人</td><td>向特定对象发行证券 非公开发行不得超 200 人</td></tr>
<tr><td>区域性股权市场：权益持有人累计不超 200 人</td></tr>
<tr><td>非公众公司非公开发行股票</td></tr>
<tr><td>非公众公司向特定对象非公开发行股票（依法实施员工持股计划的员工人数不计算在内）</td></tr>
</table>

第 8 章　企业破产法律制度

本章思维导图

本章属于重点章节之一，每年必考一道 10 分的案例分析题。破产法律制度，包括概述、破产申请与受理、管理人制度、债务人财产、破产债权、债权人会议、重整程序、和解制度、破产清算程序及关联企业合并破产十节内容。本章贯穿的是破产程序，注重对破产债权人利益的公平保护。具体知识结构分布如图 8-1。

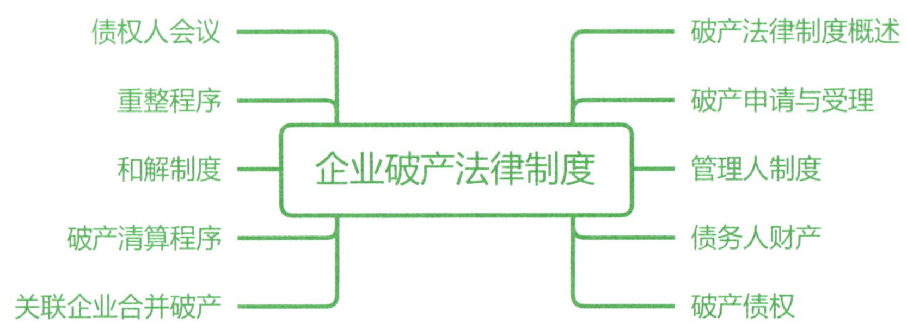

图 8-1　第 8 章知识框架图

近三年本章考试题型及分值分布

题型	2022	2021	2020
单选题	1	1 题 1 分	——
多选题	——	——	——
案例分析题	1 题 10 分	1 题 10 分	1 题 10 分
合计	11 分	11 分	10 分

扫码畅听增值课

第一节　破产法律制度概述

本节考点、考点母题及考点子题

考点 1　破产与破产法的概念

（一）破产的概念与特征

【考点母题——万变不离其宗】破产的概念与特征

<table>
<tr><td rowspan="2">概念</td><td colspan="2">(1)下列关于破产概念的表述中，正确的有(　)。</td></tr>
<tr><td colspan="2">A. 破产是指对丧失清偿能力的债务人，经法院审理，强制清算其全部财产，公平、有序地清偿全体债权人的法律制度
B. 破产一般是指破产清算程序，但在谈及破产法律制度时，通常是从广义理解，不仅包括破产清算制度，而且包括以挽救债务人、避免其破产为主要目的的重整、和解等法律制度</td></tr>
<tr><td rowspan="8">特征</td><td colspan="2">(2)破产清算是破产法的基本制度，它与同样具有保障债权实现功能的民事执行制度相比，具有的特征有(　)。</td></tr>
<tr><td rowspan="3">A. 破产程序中的债务人已丧失清偿能力，不能对债权人履行全部清偿义务，故须以破产方式解决对全体债权人的公平、有序清偿以及企业规范退出市场的问题；在破产程序中，因债权人的单独执行或债务人对个别债权人的主动履行违背对全体债权人公平清偿的原则，为法律所禁止</td><td>而民事执行程序中的债务人通常具有清偿能力，因拒不履行义务而需要强制执行</td></tr>
<tr><td>当民事执行程序中的债务人丧失清偿能力时，就应当转入破产程序</td></tr>
<tr><td>在民事执行中，强调债务人自动履行义务、债权人主动行使权利</td></tr>
<tr><td rowspan="2">B. 就债务清偿而言，破产清算是为全体债权人的利益而进行，属于债权的集体清偿程序；更强调清偿在债权人之间的公平，解决多数债权人之间因债务人财产不足清偿全部债权而发生的矛盾，以保证公平、有序的债务清偿</td><td>民事执行是为申请执行的个别债权人的利益进行的，属于债权的个别清偿程序</td></tr>
<tr><td>民事执行目的只为债的个别清偿</td></tr>
<tr><td rowspan="2">C. 破产是对债务人财产等法律关系的全面清算，破产宣告后，破产人为企业法人的，清算完成后将终结其民事主体资格；破产程序中执行的对象仅为财产</td><td>民事执行的范围则仅限于与所执行债务相关的财产，不涉及民事主体资格消灭问题</td></tr>
<tr><td>民事执行的对象范围广泛，既包括对财产的执行，也包括对行为的执行</td></tr>
</table>

续表

特征	(3)破产制度与民事执行制度密切关系的表现有(　)。
	A. 从程序意义上讲，两者都是依法进行的、以实现债权为目的的具有执行性质的程序，其最初产生原因主要是为了保护债权人的利益，在许多具体程序上两者也有相通之处 B.《企业破产法》规定“破产案件审理程序，本法没有规定的，适用民事诉讼法的有关规定”

【考点对比——一目了然】破产清算与《公司法》清算

	《企业破产法》清算 破产清算	《公司法》清算 非破产清算
原因	(1)不能清偿+资不抵债 (2)不能清偿+明显缺乏清偿能力	(1)营业期限届满/章定解散事由出现 (2)股东会决议解散 (3)吊销/撤销/被关闭(行政处罚) (4)人民法院依法予以解散(司法解散)
后果	(1)法院受理破产，按司法程序开始破产 (2)选择适用重整/和解/破产清算程序	(1)自行清算 (2)执行清算

(二)破产法的概念与特征

【考点母题——万变不离其宗】破产法的概念与特征

概念	(1)下列关于破产法概念的表述中，正确的是(　)。
	A. 破产法是规定在债务人丧失清偿能力时，法院强制对其全部财产进行清算分配，公平、有序清偿债权人，或通过债务人与债权人会议达成的和解协议清偿债务，或进行企业重整，避免债务人破产的法律规范的总称
特征	(2)下列关于破产法特征的表述中，正确的有(　)。
	A. 破产法是集实体与程序内容合一的综合性法律，主要调整债务人丧失清偿能力时对债务的公平、有序清偿即权利实现问题，以及对债务人的挽救更生问题，对当事人间的实体权利义务争议(如债务是否存在与数额多少等)则应在破产程序之外通过民事诉讼、仲裁等方式解决 B. 破产法不具备解决民事权利义务争议、保障当事人诉讼权利的各项制度 C. 破产法的基本制度主要源于民事债权和民事执行制度，并根据破产程序的特点对当事人实体与程序上的权利、义务予以必要的扩张或限制，同时遵循经济法的理念，兼顾对社会利益与实质公平的维护 D. 破产法的社会涉及面甚广，不仅民法、民事诉讼法与之相关，企业法、公司法、劳动法、社会保障法乃至刑法、行政法等都与之有密切联系 E. 破产法的顺利实施需要依靠相关法律及配套制度营造的社会环境保障，单靠一部破产法是难以广泛实施并充分发挥其应有之社会调整功能的

考点 2　破产法的立法宗旨与调整作用

【考点母题——万变不离其宗】破产法的立法宗旨与调整作用

立法宗旨	(1)下列关于破产法立法宗旨的表述中，正确的有(　)。
	A. 规范企业破产程序，公平清理债权债务，保护债权人和债务人的合法权益，维护社会主义市场经济秩序 B. 明确破产法的特定社会调整目标，区分其直接社会调整作用与间接社会影响的关系 C. 区分破产法与劳动法、社会保障法等相关立法间不同的调整范围，将不属于破产法调整的破产企业职工的救济安置等社会问题交由其他立法调整 D. 排除政府的不当行政干预，避免因行政利益的影响而歪曲破产法的实施，同时强调政府应当履行提供充分社会保障、安置失业职工等解决破产衍生问题的职责，保障破产法的顺利实施
调整作用	(2)下列关于破产法调整作用的表述中，正确的有(　)。
	A. 破产法的直接调整作用，是通过其特有的调整手段保障债务关系在债务人丧失清偿能力时的最终公平、有序实现，通过重整与和解制度避免具有挽救希望与价值的债务人企业破产，维护债权人和债务人的合法权益，完善企业市场退出机制，维护社会利益与正常经济秩序 B. 破产法通过对债务关系的调整还产生一系列的间接社会影响，有助于完善市场经济优胜劣汰的竞争机制；通过破产清算与重整等制度，清除僵尸企业，调整产业与产品结构，实现中央“去产能、去库存、去杠杆、降成本、补短板，提高供给体系质量和效率，提高投资有效性”的战略目标，优化社会资源的市场配置

考点 3　破产法的适用范围

【考点母题——万变不离其宗】破产法的适用范围

<table>
<tr><td rowspan="4">主体适用范围</td><td colspan="2">(1)下列关于破产法主体适用范围的表述中，正确的有(　)。</td></tr>
<tr><td colspan="2">A.《企业破产法》主体适用范围是所有的企业法人</td></tr>
<tr><td rowspan="2">B. 其他法律规定企业法人以外的组织的清算，属于破产清算的，参照适用《企业破产法》规定的程序</td><td>(2)下列主体中，可以参照适用《企业破产法》规定的破产清算程序进行清算的有(　)。</td></tr>
<tr><td>A. 合伙企业　B. 农民专业合作社
C. 民办学校　D. 个人独资企业</td></tr>
<tr><td rowspan="2">地域适用范围</td><td colspan="2">(3)下列关于《企业破产法》适用地域范围的表述中，正确的有(　)。</td></tr>
<tr><td colspan="2">A.《企业破产法》的地域适用范围主要是指破产法的域外效力问题，即一国的破产程序对位于其他国家的破产人财产是否有效
B. 我国《企业破产法》对于破产程序的域外效力在立法上采取有限制的普及主义原则</td></tr>
</table>

续表

地域适用范围	C. 依照《企业破产法》开始的破产程序，对债务人在中华人民共和国领域外的财产发生效力 D. 对外国法院作出的发生法律效力的破产案件的判决、裁定，涉及债务人在中华人民共和国领域内的财产，申请或者请求人民法院承认和执行的，人民法院依照中华人民共和国缔结或者参加的国际条约，或者按照互惠原则进行审查，认为不违反中华人民共和国法律的基本原则，不损害国家主权、安全和社会公共利益，不损害中华人民共和国领域内债权人的合法权益的，裁定承认和执行
《企业破产法》的适用时间	(4)我国《企业破产法》施行的时间是(　)。
	A.《企业破产法》于 2007 年 6 月 1 日起施行

第二节　破产申请与受理

本节考点、考点母题及考点子题

考点 4　破产原因

（一）破产原因概述

【考点母题——万变不离其宗】破产原因概述

<table>
<tr><td rowspan="2">概念</td><td colspan="2">(1)下列关于破产原因概念的表述中，正确的有(　)。</td></tr>
<tr><td colspan="2">A. 破产原因，也称破产界限，是指认定债务人丧失清偿能力，当事人得以提出破产申请，法院据以启动破产程序的法律事实
B. 破产原因也是和解与重整程序开始的原因，但重整程序开始的原因更为宽松，债务人在尚未发生破产原因但有明显丧失清偿能力可能时，也可以依法申请重整</td></tr>
<tr><td rowspan="4">立法规定破产原因的方式</td><td colspan="2">(2)立法规定破产原因的方式有(　)。</td></tr>
<tr><td colspan="2">A. 列举主义</td></tr>
<tr><td rowspan="2">B. 概括主义</td><td>(3)立法概括规定破产原因的概念有(　)。</td></tr>
<tr><td>A. 不能清偿(到期债务)
B. 资产不足以清偿全部债务(即资不抵债)
C. 停止支付</td></tr>
<tr><td rowspan="5">概括主义立法方式</td><td colspan="2">(4)下列关于破产原因概括主义立法方式的表述中，正确的有(　)。</td></tr>
<tr><td rowspan="3">A. 不能清偿</td><td>不能清偿，是指债务人对债权人请求偿还的到期债务，因丧失清偿能力而持续无法偿还的客观财产状况(只针对债务人自身，即是否启动破产程序，仅关注债务人是否出现经营困境，连带责任人不具有破产原因不在考虑范围之内)</td></tr>
<tr><td>到期债务是指已到偿还期限、提出清偿要求、无合理争议或经生效法律文书确定的债务</td></tr>
<tr><td>不能清偿在法律上的着眼点是债务关系能否正常维持</td></tr>
<tr><td>B. 资不抵债</td><td>资不抵债在考察债务人的偿还能力时仅以实有财产为限，不考虑信用、能力等其他偿还因素；计算债务数额时，不考虑是否到期，均纳入总额之内</td></tr>
</table>

第8章

续表

概括主义立法方式	B. 资不抵债	由于债务人在资不抵债时，如到期债务数额不大，并不一定不能清偿，而且还存在以资产之外的信用、能力方式还债的可能，所以，当以资不抵债作为破产原因时，还需考虑债务人是否具有持续经营能力
		债务人资产超过负债时，也可能因资产结构不合理等原因无法变现，对到期债务缺乏现实支付能力而持续无法清偿(不能清偿与资不抵债存在有交叉又有区别)
		由于债务双方对资不抵债的举证能力不同，所以资不抵债主要是在债务人提出破产申请时适用
	C. 停止支付	停止支付是指债务人以其行为向债权人作出不能支付债务的主观意思表示
		停止支付包括以明示、默示表示的各种行为，既包括债务人以书面或口头表示无力还债，也包括欠债不还却转移财产、停业关店，老板“跑路”、弃企隐匿，票据被拒付等情况
	(5)采用概括主义立法的国家大多以不能清偿作为对所有破产主体普遍适用的一般破产原因，而以资不抵债作为对特定主体主动申请破产的特殊破产原因，以防止其在资不抵债的情况下仍不适当地扩张债务，损害债权人利益。该特定主体有(　)。	
	A. 资合法人　B. 清算中法人 C. 遗产等仅以有限财产为清偿保证、无人对其债务负无限责任的主体	
	【注意】概括主义立法模式同时规定，停止支付可推定为不能清偿，以解决债权人申请破产时对债务人的财产状况或清偿能力举证困难问题，保障债权人的破产申请权可以顺利行使。	

(二)《企业破产法》及司法解释对破产原因的规定

【考点母题——万变不离其宗】《企业破产法》及司法解释对破产原因的规定

《企业破产法》对破产原因的规定	(1)《企业破产法》对破产原因的规定是(　)。
	A. 企业法人的破产原因是不能清偿到期债务，并且资产不足以清偿全部债务或者明显缺乏清偿能力(不能清偿+资不抵债　不能清偿+明显缺乏清偿能力)
司法解释对破产原因的规定	(2)根据《破产法司法解释(一)》的规定，债务人不能清偿到期债务并且具有特定情形之一的，人民法院应当认定其具备破产原因。该特定情形有(　)。
	A. 资产不足以清偿全部债务　B. 明显缺乏清偿能力 【注意】相关当事人以对债务人的债务负有连带责任的人未丧失清偿能力为由，主张债务人不具备破产原因的，人民法院应不予支持。(判断不能清偿，只针对债务人自身)

续表

<table>
<tr><td rowspan="10">司法解释对破产原因的规定</td><td colspan="2">(3)根据《破产法司法解释(一)》的规定，破产原因的种类有(　)。</td></tr>
<tr><td colspan="2">A. 债务人不能清偿到期债务，并且资产不足以清偿全部债务，主要适用于债务人提出破产申请且其资不抵债情况通过对相关证据的形式审查即可判断的案件(不能清偿+资不抵债)
B. 债务人不能清偿到期债务，并且明显缺乏清偿能力，主要适用于债权人提出破产申请和债务人提出破产申请但其资不抵债状况通过形式审查不易判断的案件(不能清偿+明显缺乏偿债能力)</td></tr>
<tr><td colspan="2">(4)某些情形同时存在的，人民法院应当认定债务人不能清偿到期债务。该特殊情形有(　)。</td></tr>
<tr><td colspan="2">A. 债权债务关系依法成立　　B. 债务履行期限已经届满
C. 债务人未完全清偿债务</td></tr>
<tr><td colspan="2">(5)下列对“资不抵债”认定的表述中，正确的有(　)。</td></tr>
<tr><td colspan="2">A. 债务人的资产负债表，或者审计报告、资产评估报告等显示其全部资产不足以偿付全部负债的，人民法院应当认定债务人资产不足以清偿全部债务，但有相反证据足以证明债务人资产能够偿付全部负债的除外
B. 当利害关系人对债务人出具的资产负债表存在异议时，可以以中介机构出具的具有更高公信力与证明力的审计报告和资产评估报告作为判断债务人资产与负债状况的依据
C. 当事人提交的证据能够证明债务人的资产与债务状况，还可以推翻资产负债表、审计报告或者资产评估报告对是否资不抵债的认定</td></tr>
<tr><td colspan="2">(6)债务人账面资产虽大于负债，但存在特定情形之一的，人民法院应当认定其明显缺乏清偿能力。该特定情形有(　)。</td></tr>
<tr><td>A. 因资金严重不足或者财产不能变现等原因，无法清偿债务(钱光了)</td><td>在司法实践中，有时虽然债务人账面资产(如土地使用权、厂房等)大于负债，但由于无法变现或变现即意味着失去经营条件不得不破产倒闭，所以长期对到期债务无法清偿，即使是有物权担保的债权人有时也难以说服法院采取必然导致债务人企业倒闭、职工失业的执行措施以实现权利，所以对其只有通过破产程序才能彻底解决债务清偿问题</td></tr>
<tr><td>B. 法定代表人下落不明且无其他人员负责管理财产，无法清偿债务(人没了)</td><td>在此种情况下(如老板、高管人员弃企跑路等)，债务人已经丧失民事行为能力，往往也已丧失了清偿能力，必须及时启动破产程序才能维护债权人的利益</td></tr>
<tr><td>C. 经人民法院强制执行，无法清偿债务(强制不能)</td><td>经采取强制执行措施仍不能清偿债务的债务人显然已经完全丧失清偿能力，甚至由于已经司法程序确认而无需再通过推定认定其发生破产原因。因为任何债务的不能执行，都意味着债务人完全丧失清偿能力，所以依据本项规定，只要债务人的任何一个债权人经人民法院强制执行未能得到清偿，其每一个债权人均有权提出破产申请，并不要求申请人自己已经采取了强制执行措施</td></tr>
</table>

续表

司法解释对破产原因的规定	D. 长期亏损且经营扭亏困难，无法清偿债务（扭亏无望）	此项规定侧重于从债务人的持续经营能力角度考察其清偿能力。当债务人不能清偿债务，同时长期亏损且经营扭亏困难，失去持续经营能力时，虽然其账面资产大于负债，但未来只会是持续性地减少，进一步损害债权人利益，所以应当认为其发生破产申请原因
	E. 导致债务人丧失清偿能力的其他情形	

【考点子题——举一反三，真枪实练】

［1］（2018年·案例分析题　节选）2017年以来，债务人A公司出现不能清偿到期债务且明显缺乏清偿能力的情形。同年10月23日，债权人B公司向人民法院提出对A公司进行破产清算的申请。A公司向人民法院提出异议，认为所欠B公司债务有C公司提供的连带保证担保，且C公司有能力承担保证责任，因此人民法院不应受理破产申请。

……

根据上述内容，回答下列问题：

(1)A公司对破产申请提出的异议是否成立？并说明理由。

［2］（经典子题·多选题）甲公司不能清偿到期债务，债权人乙公司向法院提出对其进行破产清算的申请，但甲公司以其账面资产大于负债为由表示异议。乙公司遂提出各种事由，以证明甲公司属于明显缺乏清偿能力的情形。下列情形中，符合企业破产法律制度规定的关于债务人明显缺乏清偿能力、无法清偿债务的有(　)。

A. 因房地产市场萎缩，构成甲公司核心资产的房地产无法变现

B. 甲公司陷入管理混乱，法定代表人已潜至海外

C. 乙公司申请法院强制执行甲公司财产，仍无法获得清偿

D. 甲公司已出售房屋质量纠纷多，市场信誉差

［3］（2015年·案例分析题　节选）A公司因拖欠B公司债务被诉至人民法院并败诉，判决生效后，经人民法院强制执行，A公司仍无法完全清偿B公司的债务。A公司的债权人C公司知悉该情况后，于2014年7月30日向人民法院提出对A公司的破产申请。A公司提出异议：第一，A公司账面资产仍大于负债；第二，C公司并未就其债权向A公司提出清偿要求，因此不能直接判断其债权能否获得清偿。人民法院驳回异议，于8月12日受理破产申请。

……

根据上述内容，回答下列问题：

(1)A公司就破产申请提出两项异议是否成立？并分别说明理由。

考点 5　破产申请的提出

《企业破产法》将当事人提起破产清算、和解与重整这三个程序的申请统一规定于第二章之中，所以该章中的“申请和受理”规定同时适用于清算、和解与重整三个程序。

（一）提出破产申请的当事人

【考点母题——万变不离其宗】提出破产申请的当事人

<table>
<tr><td colspan="3">下列主体中，可以向人民法院提出破产申请的有（　）。</td></tr>
<tr><td>A. 债务人</td><td colspan="2">债务人发生破产原因，可以向人民法院提出重整、和解或者破产清算申请</td></tr>
<tr><td rowspan="2">B. 债权人</td><td rowspan="2">没有物权担保的普通债权人享有破产申请权，对破产人的特定财产享有担保权的债权人（下称担保债权人）同样享有破产申请权</td><td>担保债权人在担保物的价款可能不足以清偿所担保的债权时，便不得不行使破产申请权，以维护其权利。虽然这时他实际上已经是以普通破产债权人的身份提出破产申请，但在其提出破产申请时往往无法确定担保债权是否可以足额受偿，仅因债权设有财产担保就不允许其提出破产申请，可能会损害其正当权益</td></tr>
<tr><td>担保债权人出于某些特殊的利益考虑，如挽救债务人、收购竞争对手等，也可能会提出破产或重整申请，破产申请权可以作为其达到正当目的的手段</td></tr>
<tr><td>C. 税务机关和社会保险机构</td><td colspan="2">税务机关和社会保险机构享有对债务人的破产清算申请权，但一般认为其不宜享有重整申请权，尽管他们可以参加重整程序受偿；因为目前按照现行法律法规规定，他们不能在重整程序中主动作出债权减免的让步，不能为重整作出实质贡献，赋予其重整申请权是没有意义的</td></tr>
<tr><td>D. 破产企业职工</td><td colspan="2">职工提出破产申请应经职工代表大会或者全体职工（会议）多数决议通过</td></tr>
<tr><td rowspan="3">E. 依法负有清算责任的人</td><td colspan="2">企业法人已解散但未清算或者未清算完毕，资产不足以清偿债务的，依法负有清算责任的人应当向人民法院申请破产清算</td></tr>
<tr><td colspan="2">清算组在清理公司财产、编制资产负债表和财产清单后，发现公司财产不足清偿债务的，应当依法向人民法院申请宣告破产</td></tr>
<tr><td colspan="2">人民法院指定的清算组在清理公司财产、编制资产负债表和财产清单时，发现公司财产不足清偿债务的，可以与债权人协商制作有关债务清偿方案；债务清偿方案经全体债权人确认且不损害其他利害关系人利益的，人民法院可依清算组的申请裁定予以认可；清算组依据该清偿方案清偿债务后，应当向人民法院申请裁定终结清算程序；债权人对债务清偿方案不予确认或者人民法院不予认可的，清算组应当依法向人民法院申请宣告破产（简易程序）</td></tr>
</table>

续表

E. 依法负有清算责任的人	企业法人已解散但未清算或者未在合理期限内清算完毕，债权人申请债务人破产清算的，除债务人在法定异议期限内举证证明其未出现破产原因外，人民法院应当受理
	在企业已经发生解散原因的情况下，因清算义务人怠于履行义务，导致公司财产贬值、流失、毁损或者灭失，或者导致主要财产、账册、重要文件等灭失，无法进行破产清算时，债权人仍可以在破产程序终结后主张由清算义务人对公司债务承担连带清偿等法律责任
	要依法区分公司解散清算与破产清算的不同功能和不同适用条件。债务人同时符合破产清算条件和强制清算条件的，应当及时适用破产清算程序实现对债权人利益的公平保护。债权人对符合破产清算条件的债务人提起公司强制清算申请，经人民法院释明，债权人仍然坚持申请对债务人强制清算的，人民法院应当裁定不予受理
F. 国务院金融监督管理机构	商业银行、证券公司、保险公司等金融机构有《企业破产法》第二条规定情形的，国务院金融监督管理机构可以向人民法院提出对该金融机构进行重整或者破产清算的申请 国务院金融监督管理机构依法对出现重大经营风险的金融机构采取接管、托管等措施的，可以向人民法院申请中止以该金融机构为被告或者被执行人的民事诉讼程序或者执行程序

【考点对比——一目了然】提出破产申请当事人的不同请求种类

	破产清算	破产重整	破产和解
债务人	√	√	√
一般债权人	√	√	×
破产企业的职工	√	√	×
税务机关和社会保险机构	√	×	×
国务院金融监督管理机构	√	√	×

【考点子题——举一反三，真枪实练】

[4]（2021年·案例分析题 节选）2020年10月15日，甲公司陷入财务困境无法清偿到期债务而向人民法院提出破产申请。此前一周，甲公司职工李某被拖欠多月工资，径行向人民法院提出针对甲公司的破产申请。

……

根据上述内容，回答下列问题：

(1)人民法院是否受理甲公司职工李某径行提起的破产申请？并说明理由。

（二）破产案件的管辖

【考点母题——万变不离其宗】破产案件的管辖

<table>
<tr><td rowspan="3">地域管辖</td><td colspan="2">（1）根据《企业破产法》的规定，破产案件的地域管辖法院是（　）。</td></tr>
<tr><td rowspan="2">A. 债务人住所地人民法院</td><td>债务人住所地指债务人的主要办事机构所在地</td></tr>
<tr><td>债务人主要办事机构所在地不明确、存在争议的，由其注册登记地人民法院管辖</td></tr>
<tr><td rowspan="8">级别管辖</td><td colspan="2">（2）下列关于破产案件级别管辖的表述中，正确的是（　）。</td></tr>
<tr><td rowspan="7">A. 破产案件的级别管辖依破产企业的工商登记情况确定</td><td>基层人民法院一般管辖县、县级市或者区的工商行政管理机关核准登记企业的破产案件</td></tr>
<tr><td>中级人民法院一般管辖地区、地级市（含本级）以上的工商行政管理机关核准登记企业的破产案件；纳入国家计划调整的国有企业破产案件即政策性破产，由中级人民法院管辖</td></tr>
<tr><td>上级人民法院有权审理下级人民法院管辖的企业破产案件，确有必要将本院管辖的企业破产案件交下级人民法院审理的，应当报请其上级人民法院批准</td></tr>
<tr><td>下级人民法院对它所管辖的企业破产案件，认为需要由上级人民法院审理的，可以报请上级人民法院审理。</td></tr>
<tr><td>人民法院之间因管辖权发生争议，由争议双方协商解决；协商解决不了的，报请它们的共同上级人民法院指定管辖</td></tr>
<tr><td>省、自治区、直辖市范围内因特殊情况需对个别企业破产案件的地域管辖作调整的，须经共同上级人民法院批准</td></tr>
<tr><td>金融机构、上市公司的破产与重整案件或者具有重大影响、法律关系复杂的破产案件，一般应由中级人民法院管辖</td></tr>
</table>

第8章

（三）当事人提出破产申请时的举证责任

【考点母题——万变不离其宗】当事人提出破产申请时的举证责任

<table>
<tr><td colspan="3">当事人向人民法院提出破产申请，应当提交破产申请书和有关证据。</td></tr>
<tr><td rowspan="2">债权人提出破产申请时的举证责任</td><td colspan="2">（1）下列关于债权人提出破产申请时举证责任的表述中，正确的是（　）。</td></tr>
<tr><td>A. 债权人提出破产申请时，应当提交债务人不能清偿到期债务的有关证据</td><td>债权人需要举证证明的实际上已经不再是债务人不能清偿到期债务的各项要件，而是“债权债务关系依法成立、债务履行期限已经届满、债务人未完全清偿债务”</td></tr>
</table>

续表

债务人提出破产申请时的举证责任	(2)债务人提出破产申请的，除提交破产申请书和有关证据外，还相当向人民法院提交的材料有(　)。
	A. 企业财产状况说明　B. 债务清册　C. 债权清册 D. 有关财务会计报告 E. 职工安置预案　F. 职工工资的支付和社会保险费用的缴纳情况
	【注意1】除特殊企业外，要求提交的“职工安置预案”实际应由地方政府有关部门负责主持、企业协助制定。 【注意2】债务人为国有企业的，因可能涉及职工身份转换等历史遗留问题，职工安置预案应列明拟安置职工基本情况、安置障碍及主要解决方案、稳定因素评估及主要应对措施等。债务人为非国有企业的，职工安置预案应列明劳动关系解除后依法应对职工的补偿方案，但并不要求企业承担安置资金、解决就业等问题。
申请人申请债务人破产重整的	(3)申请人申请债务人破产重整的，除提交《企业破产法》规定的上述材料外，还应当提交的资料是(　)。
	A. 债务人具有重整可行性的报告
申请人申请上市公司破产重整的	(4)申请人申请上市公司破产重整的，应当提交的资料有(　)。
	A. 关于上市公司具有重整可行性的报告 B. 上市公司住所地省级人民政府向证券监督管理部门的通报情况材料以及证券监督管理部门的意见 C. 上市公司住所地人民政府出具的维稳预案
撤回申请	(5)下列关于破产申请撤回的表述中，正确的是(　)。
	A. 破产申请提交后，在人民法院受理破产申请前，申请人可以请求撤回申请

考点6 破产申请的受理

(一)人民法院对破产申请的审查

【考点母题——万变不离其宗】对破产申请的审查

破产申请审查的一般规定	(1)下列关于人民法院对破产申请审查的表述中，正确的有(　)。
	A. 人民法院收到破产申请后，应当依法进行审查，及时作出是否受理破产案件的裁定 B. 人民法院收到破产申请时，应当向申请人出具收到申请及所附证据的书面凭证 C. 人民法院收到破产申请后应当及时对申请人的主体资格、债务人的主体资格和破产原因，以及有关材料和证据等进行审查，并依据企业破产法第十条的规定作出是否受理的裁定 D. 人民法院认为申请人应当补充、补正相关材料的，应当自收到破产申请之日起5日内告知申请人；当事人补充、补正相关材料的期间不计入企业破产法第十条规定的期限(5通)

第8章

续表

<table>
<tr><td>破产申请审查的一般规定</td><td>E. 凡是在法定期限内未告知申请人补充、补正相关材料的，应认定为申请人提交的申请文件符合申请条件，法院在审查案件应否受理阶段无权再要求申请人补充、补正材料，除非是对已经要求申请人提交的补充、补正材料本身的再次补充、补正，法院也不得再以申请材料不符合条件为由不受理破产申请
F. 对于与案件受理审查事项即债务人是否存在破产原因无关，应当在案件受理后再查明解决的其他问题，法院不得要求申请人在受理前就必须提交证据材料，不得以要求提交与案件受理无关材料的方式阻碍当事人正常行使破产申请权，或作为不受理案件的借口</td></tr>
<tr><td rowspan="2">保障破产程序顺利启动</td><td>(2)为维护当事人的破产申请权，保障破产程序顺利启动，人民法院审查申请人的破产申请时应遵循的规定有(　)。</td></tr>
<tr><td>A. 各级法院不得在法定条件之外设置附加条件，限制剥夺当事人的破产申请权，阻止破产案件立案受理，影响破产程序正常启动
B. 对于债权人、债务人等法定主体提出的破产申请材料，人民法院立案部门一律接收并出具书面凭证，然后根据《企业破产法》第八条的规定进行形式审查
C. 立案部门经审查认为申请人提交的材料符合法律规定的，应当场登记立案；不符合法律规定的，应予释明，并以书面形式一次性告知应当补充、补正的材料，补充、补正期间不计入审查期限
D. 申请人按要求补充、补正的，应当登记立案
E. 立案部门登记立案后，应及时将案件移送负责审理破产案件的审判业务部门
F. 审判业务部门应当在 5 日内将立案及合议庭组成情况通知债务人及提出申请的债权人</td></tr>
<tr><td rowspan="2">债务人异议</td><td>(3)下列关于债务人异议的表述中，正确的有(　)。</td></tr>
<tr><td>A. 人民法院在对债务人的通知中，应告知债务人不得转移资产、逃避债务，不得进行任何有碍于公平清偿的行为，否则将追究其法律责任
B. 债权人申请债务人破产的，应当提交债务人不能清偿到期债务的有关证据；债务人对债权人的申请未在法定期限内向人民法院提出异议，或者异议不成立的，人民法院应当依法裁定受理破产申请
C. 债务人对债权人提出的破产申请有异议的，应当自收到人民法院的通知之日起 7 日内向人民法院提出，并提交相关的证据材料；人民法院认为有必要的，可以组织债权人与债务人等利害关系人进行听证，听证会期间不计入法定受理期间(7 异)
D. 债务人以其具有清偿能力或资产超过负债为由提出抗辩异议，但又不能立即清偿债务或与债权人达成和解的，其异议不能成立
E. 在债务人对债权人申请人是否享有债权提出异议时，人民法院应当依法对异议及相关债权进行审查。如果人民法院能够依据双方签订的合同、支付凭证、对账单和还款协议等主要证据确定债权存在，且债务人没有相反证据和合理理由予以反驳的，人民法院对其异议应不予支持
F. 债务人对债权人申请人享有债权的数额提出异议时，如果存在双方无争议的部分债权数额，且债务人对该数额已经丧失清偿能力，则此项异议同样不能阻止法院受理破产申请，虽然对双方有争议的那部分债权的确认仍需通过诉讼解决
G. 债务人仅对申请人的债权是否存在担保等提出异议，因不影响破产原因的成立，也不能成为阻止提出破产申请的理由，不影响法院对破产申请的受理</td></tr>
</table>

续表

破产案件的诉讼费用	(4)下列关于破产案件诉讼费用的表述中，正确的有(　)。
	A. 破产案件的诉讼费用，应根据企业破产法的有关规定，从债务人财产中拨付 B. 相关当事人以申请人未预先交纳诉讼费用为由，对破产申请提出异议的，人民法院不予支持
提出破产申请的债权人不再具备申请资格	(5)关于提出破产申请的债权人不再具备申请资格的下列表述中，正确的有(　)。
	A. 人民法院裁定受理破产申请前，提出破产申请的债权人的债权因清偿或者其他原因消灭的，因申请人不再具备申请资格，人民法院应当裁定不予受理；该裁定不影响其他符合条件的主体再次提出破产申请 B. 破产申请受理后，管理人以上述清偿符合《企业破产法》第三十一条、第三十二条为由请求撤销的，人民法院查实后应当予以支持

(二)人民法院对破产申请的受理

【考点母题——万变不离其宗】破产申请的受理

人民法院裁定受理破产申请	(1)下列关于人民法院裁定受理破产申请的表述中，正确的有(　)。
	A. 人民法院应当自债务人提出异议期满之日起10日内裁定是否受理(10裁定) B. 除上述情形外，人民法院应当自收到破产申请之日起15日内裁定是否受理；有特殊情况需要延长受理案件期限的，经上一级人民法院批准，可以延长15日(无异议15裁 特情上批15裁) C. 人民法院裁定受理破产申请的，应当将裁定自作出之日起5日内送达申请人；债权人提出申请的，人民法院应当自裁定作出之日起5日内送达债务人 D. 债务人应当自裁定送达之日起15日内，向人民法院提交财产状况说明、债务清册、债权清册、有关财务会计报告以及职工工资的支付和社会保险费用的缴纳情况等有关材料 E. 债务人违反法律规定，拒不向人民法院提交或者提交不真实的上述文件与情况说明的，人民法院可以对债务人的直接责任人员采取罚款等强制措施 F. 债权人对人员下落不明或者财产状况不清的债务人申请破产清算，符合《企业破产法》规定的，人民法院应依法予以受理 G. 债务人能否依据《企业破产法》第十一条第二款的规定向人民法院提交财产状况说明、债权债务清册等相关材料，不影响对债权人申请的受理 H. 对于已经出现破产原因的企业，人民法院要依法受理符合条件的破产清算申请，通过破产清算程序使其从市场中有序退出 I. 对于虽有借破产逃废债务可能但符合破产清算申请受理条件的非诚信企业，也要将其纳入到法定的破产清算程序中，通过撤销和否定其不当处置财产行为，以及追究出资人等相关主体责任的方式，使其借破产逃废债务的目的落空，剥夺其市场主体资格 J. 对债权人申请债务人破产清算的，人民法院审查的重点是债务人是否不能清偿到期债务，而不能以债权人无法提交债务人财产状况说明等为由，不受理债权人的申请

续表

人民法院裁定受理破产申请	K. 人民法院在审理债务人人员下落不明或财产状况不清的破产案件时，要从充分保障债权人合法利益的角度出发，在对债务人的法定代表人、财务管理人员、其他经营管理人员，以及出资人等进行释明，或者采取相应罚款、训诫、拘留等强制措施后，债务人仍不向人民法院提交有关材料或者不提交全部材料，影响清算顺利进行的，人民法院就现有财产对已知债权进行公平清偿并裁定终结清算程序后，应当告知债权人可以另行提起诉讼要求有责任的有限责任公司股东、股份有限公司董事、控股股东以及实际控制人等清算义务人对债务人的债务承担清偿责任 L. 充分发挥破产重整案件信息网的线上预约登记功能，提高破产案件的受理效率；当事人提出破产申请的，人民法院不得以非法定理由拒绝接收破产申请材料。如果可能影响社会稳定的，要加强府院协调，制定相应预案，但不应当以“影响社会稳定”之名，行消极不作为之实
人民法院裁定不予受理破产申请	(2)系列关于人民法院裁定不予受理破产申请的表述中，正确的有(　)。
	A. 人民法院裁定不受理破产申请的，应当将裁定自作出之日起 5 日内送达申请人并说明理由 B. 申请人对裁定不服的，可以自裁定送达之日起 10 日内向上一级人民法院提起上诉
申请人向上一级人民法院提出破产申请	(3)下列关于申请人向上一级人民法院提出破产申请的表述中，正确的有(　)。
	A. 申请人向人民法院提出破产申请，人民法院未接收其申请，或者未向其出具收到申请及所附证据的书面凭证，或在法定期限内未作出是否受理裁定的，申请人可以向上一级人民法院提出破产申请 B. 上一级人民法院接到破产申请后，应当责令下级法院依法审查并及时作出是否受理的裁定；下级法院仍不作出是否受理裁定的，上一级人民法院可以径行作出裁定 C. 上一级人民法院裁定受理破产申请的，可以同时指令下级人民法院审理该案件 D. 当事人还可以在“全国企业破产中证案件信息网”上预约破产立案、上传申请材料等，取得向法院提交破产申请的证据，以维护其破产申请权利
驳回申请	(4)下列关于人民法院裁定驳回破产申请的表述中，正确的有(　)。
	A. 人民法院受理破产申请后至破产宣告前，经审查发现案件受理时债务人未发生破产原因的，可以裁定驳回申请，但是，破产案件受理后债务人发生破产原因的除外 B. 案件受理时债务人存在破产原因，后由于债务人财产的市场价值发生变化导致其在案件受理后资产超过负债、乃至破产原因消失的，不影响破产案件的受理与继续审理，人民法院不得裁定驳回申请，债务人如不愿意进行破产清算，可以通过申请和解、重整等方式清偿债务、结束破产程序 C. 申请人对驳回申请裁定不服的，可以自裁定送达之日起 10 日内向上一级人民法院提起上诉

续表

撤回破产申请	(5)下列关于人民法院对撤回破产申请裁定的表述中，正确的有(　)。
	A. 人民法院裁定受理破产申请系对债务人具有破产原因的初步认可，破产申请受理后，申请人请求撤回破产申请的，人民法院不予准许 B. 除非存在《企业破产法》第十二条第二款规定的情形(即人民法院受理破产申请后至破产宣告前，经审查发现案件受理时债务人未发生破产原因)，人民法院不得裁定驳回破产申请
人民法院裁定受理破产申请的通知与公告	(6)人民法院裁定受理破产申请的，应同时进行的事项是(　)。
	A. 人民法院裁定受理破产申请的，应当同时指定管理人，并在裁定受理破产申请之日起25日内通知已知债权人，并予以公告
	(7)通知和公告应当载明的事项有(　)。
	A. 申请人、被申请人的名称或者姓名　　B. 人民法院受理破产申请的时间 C. 申报债权的期限、地点和注意事项 D. 管理人的名称或者姓名及其处理事务的地址 E. 债务人的债务人或者财产持有人应当向管理人清偿债务或者交付财产的要求 F. 第一次债权人会议召开的时间和地点 G. 人民法院认为应当通知和公告的其他事项
债务人的有关人员承担的义务	(8)自人民法院受理破产申请的裁定送达债务人之日起至破产程序终结之日，债务人的有关人员承担的义务有(　)。
	A. 妥善保管其占有和管理的财产、印章和账簿、文书等资料 B. 根据人民法院、管理人的要求进行工作，并如实回答询问 C. 列席债权人会议并如实回答债权人的询问 D. 未经人民法院许可，不得离开住所地 E. 不得新任其他企业的董事、监事、高级管理人员 【注意1】所谓债务人的有关人员指企业的法定代表人；经人民法院决定，可以包括企业的财务管理人员和其他经营管理人员 【注意2】债务人的有关人员违反法律规定，擅自离开住所地的，人民法院可以予以训诫、拘留，可以依法并处罚款。
债务人个别清偿的效力	(9)人民法院受理破产申请后，债务人个别清偿效力的下列表述中，正确的有(　)。
	A. 人民法院受理破产申请后，债务人对个别债权人的债务清偿无效 B. 债务人以其财产向债权人提供物权担保的，其在担保物市场价值内向债权人所作的债务清偿，不受上述规定限制
债务人的债务人或者财产持有人向管理人交付财产的义务	(10)下列关于债务人的债务人或者财产持有人向管理人交付财产义务的表述中，正确的是(　)。
	A. 人民法院受理破产申请后，债务人的债务人或者财产持有人应当向管理人清偿债务或者交付财产，如其故意违反法律规定向债务人清偿债务或者交付财产，使债权人受到损失的，不免除其清偿债务或者交付财产的义务

续表

债务人的债务人或者财产持有人向管理人交付财产的义务	【注意 1】故意违反法律规定，是指上述当事人明知或应知人民法院已经受理破产申请，仍向债务人清偿债务或者交付财产。 【注意 2】所谓不免除清偿债务或者交付财产的义务，是以债权人因此受到损失的范围为限。如果债务人的债务人或者财产持有人虽向债务人清偿债务或者交付财产，但债务人将接收到的清偿款项或者财产全部上交管理人，债权人并未受到损失，则不必再承担民事责任。
管理人对未履行完毕合同的解除权或继续履行权	(11)关于人民法院受理破产申请后，管理人对破产申请受理前成立而债务人和对方当事人均未履行完毕的合同的解除权或继续履行权的下列表述中，正确的有(　)。
	A. 人民法院受理破产申请后，管理人对破产申请受理前成立而债务人和对方当事人均未履行完毕的合同有权决定解除或者继续履行，并通知对方当事人 B. 管理人决定解除或者继续履行合同，一般应当着重考虑保障债权人的权益最大化，但也应兼顾公平原则 C. 管理人自破产申请受理之日起两个月内未通知对方当事人，或者自收到对方当事人催告之日起 30 日内未答复的，视为解除合同(即超过通知或答复的法定期限，管理人即丧失要求对方继续履行合同的选择权，但此后双方均同意继续履行合同，合同仍可继续履行) D. 管理人决定继续履行合同的，对方当事人应当履行，但有权要求管理人提供担保；管理人不提供担保的，视为解除合同 E. 管理人在破产程序中只享有一次性的合同选择履行权(即不得反向再次或多次行使) F. 管理人对合同选择履行权的行使，既包括明示的方式，如通知对方当事人合同是否继续履行，也包括默示的方式，如以实际行为表明对合同的继续履行，包括在买卖合同中接收对方交付的履行标的物、在租赁合同中继续接受对方支付的租金，并对合同的履行不提出异议，无论管理人以何种方式选择继续履行合同或解除合同，均不得再反悔 G. 管理人不能多次反向行使合同选择履行权，并不排斥其在选择合同继续履行后，再依据《合同法》的有关规定以及双方在合同中的约定要求解除合同，或者在解除合同后，当事人之间又协商签订新的有关合同
	(12)在特殊种类的合同中，限制管理人的合同选择履行权的下列表述中，正确的有(　)。
	A. 对于破产企业为他人提供担保的合同，管理人无权选择解除合同，逃避法律义务 B. 保险公司破产时，对尚未履行完毕的保险合同特别是人寿保险合同，管理人无权予以解除，以保护投保人等当事人的权益 C. 对于金融衍生品交易的合同，在企业进入破产程序时要提前终止，进行净额结算，管理人无权选择对合同继续履行 D. 破产企业对外出租不动产的合同如房屋租赁合同，除存在严重影响破产财产的变价与价值，且无法分别处分等特殊情况外，管理人不得违背合同约定任意解除合同；在变价破产财产时，房屋可以带租约出售，承租人在同等条件下享有优先购买权

续表

<table>
<tr><td rowspan="10">债务人财产的保全措施和执行程序</td><td colspan="2">(13)人民法院受理破产申请后，有关债务人财产的保全措施、执行措施的下列表述中，符合破产法律制度规定的有(　)。</td></tr>
<tr><td rowspan="5">A. 人民法院受理破产申请后，有关债务人财产的保全措施应当解除</td><td>应当解除的保全措施，既包括民事诉讼保全措施，也包括在行政处罚程序中的保全措施，如海关、工商管理部门等对债务人财产(指合法财产，不包括禁止持有的毒品、枪支、走私物品等非法物)采取的扣押、查封等措施，还应包括刑事诉讼中公安、检察机关等采取的相关措施</td></tr>
<tr><td>对债务人财产已采取保全措施的相关单位，在知悉人民法院已裁定受理有关债务人的破产申请后，应当依法及时解除对债务人财产的保全措施</td></tr>
<tr><td>人民法院受理破产申请后至破产宣告前裁定驳回破产申请，或者依据《企业破产法》第一百零八条的规定裁定终结破产程序的，应当及时通知原已采取保全措施并已依法解除保全措施的单位按照原保全顺位恢复相关保全措施</td></tr>
<tr><td>在已依法解除保全的单位恢复保全措施或者表示不再恢复之前，受理破产申请的人民法院不得解除对债务人财产的保全措施</td></tr>
<tr><td>破产申请受理后，对于可能因有关利益相关人的行为或者其他原因，影响破产程序依法进行的，受理破产申请的人民法院可以根据管理人的申请或者依职权，对债务人的全部或者部分财产采取保全措施</td></tr>
<tr><td rowspan="4">B. 人民法院受理破产申请后，有关债务人财产的执行程序应当中止</td><td>破产申请受理前，债权人就债务人财产向人民法院提起本规定第二十一条第一款所列诉讼，人民法院已经作出生效民事判决书或者调解书但尚未执行完毕的，破产申请受理后，相关执行行为应当依据企业破产法第十九条的规定中止，债权人应当依法向管理人申报相关债权</td></tr>
<tr><td>所谓执行程序应当中止，通常是指对无物权担保债权的执行，物权担保债权人对担保物的执行原则上可以不中止，除非当事人申请的是重整程序</td></tr>
<tr><td>债务人对以自有财产设定担保物权的债权进行的个别清偿，管理人依据企业破产法第三十二条的规定请求撤销的，人民法院不予支持；但是，债务清偿时担保财产的价值低于债权额的除外</td></tr>
<tr><td>破产申请受理后，有关债务人财产的执行程序未依法中止的，采取执行措施的相关单位应当依法予以纠正；依法执行回转的财产，人民法院应当认定为债务人财产</td></tr>
</table>

续表

<table>
<tr><td rowspan="2"></td><td colspan="2">(14)人民法院受理破产申请后，已经开始而尚未终结的有关债务人的民事诉讼或者仲裁的下列表述中，正确的是(　)。</td></tr>
<tr><td colspan="2">A. 人民法院受理破产申请后，已经开始而尚未终结的有关债务人的民事诉讼或者仲裁应当中止；在管理人接管债务人财产、掌握诉讼情况后能够继续进行时，该诉讼或者仲裁继续进行</td></tr>
<tr><td rowspan="2">已经开始而尚未终结的有关债务人的民事诉讼或者仲裁</td><td colspan="2">(15)破产申请受理前，债权人就债务人财产提起下列诉讼，破产申请受理时案件尚未审结的，人民法院应当中止审理的有(　)。</td></tr>
<tr><td colspan="2">A. 主张次债务人代替债务人直接向其偿还债务的
B. 主张债务人的出资人、发起人和负有监督股东履行出资义务的董事、高级管理人员，或者协助抽逃出资的其他股东、董事、高级管理人员、实际控制人等直接向其承担出资不实或者抽逃出资责任的
C. 以债务人的股东与债务人法人人格严重混同为由，主张债务人的股东直接向其偿还债务人对其所负债务的
D. 其他就债务人财产提起的个别清偿诉讼
E. 债务人破产宣告后，人民法院应当依照企业破产法第四十四条的规定判决驳回债权人的诉讼请求；但是，债权人一审中变更其诉讼请求为追收的相关财产归入债务人财产的除外
F. 债务人破产宣告前，人民法院依据企业破产法第十二条或者第一百零八条的规定裁定驳回破产申请或者终结破产程序的，上述中止审理的案件应当依法恢复审理。
G. 破产申请受理后，债权人就债务人财产向人民法院提起上述诉讼的，人民法院不予受理</td></tr>
<tr><td rowspan="3">破产申请受理后，有关债务人纠纷的管辖</td><td colspan="2">(16)破产申请受理后，有关债务人纠纷管辖的下列表述中，符合企业破产法律制度规定的是(　)。</td></tr>
<tr><td rowspan="2">A. 破产申请受理后，有关债务人的民事诉讼只能向受理破产申请的人民法院提起；但是其他法律有特殊规定的应当除外，如当事人约定仲裁解决纠纷的，仍应当以仲裁方式解决</td><td>人民法院受理破产申请后，当事人提起的有关债务人的民事诉讼案件，应当依据企业破产法第二十一条的规定，由受理破产申请的人民法院管辖。受理破产申请的人民法院管辖的有关债务人的第一审民事案件，可以依据民事诉讼法第三十八条的规定，由上级人民法院提审，或者报请上级人民法院批准后交下级人民法院审理</td></tr>
<tr><td>受理破产申请的人民法院，如对有关债务人的海事纠纷、专利纠纷、证券市场因虚假陈述引发的民事赔偿纠纷等案件不能行使管辖权的，可以依据民事诉讼法第三十七条的规定，由上级人民法院指定管辖</td></tr>
</table>

【考点子题——举一反三，真枪实练】

[5]（2015年·单选题）2014年11月3日，人民法院受理了甲公司的破产申请。根据企业破产法律制度的规定，下列已经开始、尚未终结的与甲公司有关的民事诉讼中，应当中止的是（ ）。

A. 股东乙以甲公司董事长决策失误导致公司损失为由，对其提起的诉讼

B. 甲公司以拖欠货款为由，对丙公司提起的诉讼

C. 债权人丁公司以甲公司股东戊与甲公司法人人格严重混同为由，主张戊直接承担责任的诉讼

D. 甲公司以总经理庚违反竞业禁止为由，主张其返还不当利益的诉讼

[6]（经典子题·案例分析题 节选）消停公司和甲公司因货款纠纷，甲公司向A法院提起诉讼，诉讼中A法院查封了消停公司的涉案货物。后于2020年10月，B法院受理消停公司的破产申请。

根据上述内容，回答下列问题：

（1）破产受理后，A法院是否可以处置该批被查封的货物？并说明理由。

考点7 执行案件的移送破产审查

执行案件移送破产审查，简称“执转破”，是实现执行程序与破产程序衔接的重要措施。一般而言，债务人有清偿能力而拒不履行生效法律文书规定的民事义务，应当适用民事执行程序，强制其履行义务，保障债权的个别实现。而在债务人丧失清偿能力时，为保障对全体债权人的公平、有序清偿，则应适用破产程序。前者是债权的个别实现程序，而后者则是债权的集体实现程序，适用的前提条件和对象有所不同，这是法律和程序适用上的合理分工。

【考点母题——万变不离其宗】执行案件的移送破产审查

条件	（1）执行案件移送破产审查，应当同时符合的条件有（ ）。
	A. 被执行人为企业法人 B. 被执行人或者有关被执行人的任何一个执行案件的申请执行人书面同意将执行案件移送破产审查 C. 被执行人不能清偿到期债务，并且资产不足以清偿全部债务或者明显缺乏清偿能力
管辖	（2）下列关于“执转破”案件管辖权的表述中，正确的有（ ）。
	A. 由被执行人住所地人民法院管辖（地域管辖）

续表

管辖	B. 在级别管辖上实行以中级人民法院管辖为原则、基层人民法院管辖为例外的管辖制度；中级人民法院经高级人民法院批准，也可以将案件交由具备审理条件的基层人民法院审理
告知和征询	(3)执行法院在执行程序中应加强对执行案件移送破产审查有关事宜的告知和征询工作。下列关于“执转破”案件告知和征询的表述中，正确的有(　)。
	A. 执行法院采取财产调查措施后，发现作为被执行人的企业法人符合《企业破产法》第二条规定的，应当及时询问申请执行人、被执行人是否同意将案件移送破产审查并释明法律后果 B. 申请执行人、被执行人均不同意移送且无人申请破产的，执行法院应当按照《最高人民法院关于适用〈中华人民共和国民事诉讼法〉的解释》第五百一十六条的规定处理，企业法人的其他已经取得执行依据的债权人申请参与分配的，人民法院不予支持 【注意】《民诉法解释》第五百一十六条：当事人不同意移送破产或者被执行人住所地人民法院不受理破产案件的，执行法院就执行变价所得财产，在扣除执行费用及清偿优先受偿的债权后，对于普通债权，按照财产保全和执行中查封、扣押、冻结财产的先后顺序清偿。
决定程序	(4)执行部门应严格遵守执行案件移送破产审查的内部决定程序。下列关于“执转破”案件内部决定程序的表述中，正确的有(　)。
	A. 承办人认为执行案件符合移送破产审查条件的，应提出审查意见，经合议庭评议同意后，由执行法院院长签署移送决定 B. 基层人民法院拟将执行案件移送异地中级人民法院进行破产审查的，在作出移送决定前，应先报请其所在地中级人民法院执行部门审核同意 C. 执行法院作出移送决定后，应当于 5 日内送达申请执行人和被执行人 D. 申请执行人或被执行人对决定有异议的，可以在受移送法院破产审查期间提出，由受移送法院一并处理 E. 执行法院作出移送决定后，应当书面通知所有已知执行法院，执行法院均应中止对被执行人的执行程序；但是，对被执行人的季节性商品、鲜活、易腐烂变质以及其他不宜长期保存的物品，执行法院应当及时变价处置，处置的价款不作分配；受移送法院裁定受理破产案件的，执行法院应当在收到裁定书之日起 7 日内，将该价款移交受理破产案件的法院 F. 为确保对被执行人财产的查封、扣押、冻结措施的连续性，执行法院决定移送后、受移送法院裁定受理破产案件之前，对被执行人的查封、扣押、冻结措施不解除；查封、扣押、冻结期限在破产审查期间届满的，申请执行人可以向执行法院申请延长期限，由执行法院负责办理
移送的材料	(5)执行法院移送案件时，应当确保材料完备，内容、形式符合规定。执行法院作出移送决定后，应当向受移送法院移送的材料有(　)。
	A. 执行案件移送破产审查决定书 B. 申请执行人或被执行人同意移送的书面材料

续表

移送的材料	C. 执行法院采取财产调查措施查明的被执行人的财产状况，已查封、扣押、冻结财产清单及相关材料 D. 执行法院已分配财产清单及相关材料　　E. 被执行人债务清单 F. 其他应当移送的材料 【注意】移送的材料不完备或内容错误，影响受移送法院认定破产原因是否具备的，受移送法院可以要求执行法院于10日内补齐、补正，该期间不计入受移送法院破产审查的期间；受移送法院需要查阅执行程序中的其他案件材料，或者依法委托执行法院办理财产处置等事项的，执行法院应予协助配合。
移送材料的接收	(6)下列关于受移送法院对移送材料接收的表述中，正确的有(　)。
	A. 执行法院移送破产审查的材料，由受移送法院立案部门负责接收 B. 受移送法院不得以材料不完备等为由拒绝接收 C. 立案部门经审核认为移送材料完备的应登记立案，并及时将案件移送破产审判部门进行破产审查 D. 受移送法院应当认真审核并及时反馈意见，不得无故不予接收或暂缓立案 E. 破产审判部门在审查过程中发现本院对案件不具有管辖权的，应当按照《中华人民共和国民事诉讼法》第三十六条的规定处理
受移送法院的受理裁定	(7)下列关于受移送法院的受理的裁定的表述中，正确的有(　)。
	A. 受移送法院的破产审判部门应当自收到移送的材料之日起30日内作出是否受理的裁定 B. 受移送法院作出裁定后，应当在5日内送达申请执行人、被执行人，并送交执行法院 C. 受移送法院裁定受理破产案件的，在此前的执行程序中产生的评估费、公告费、保管费等执行费用，可以参照破产费用的规定，从债务人财产中随时清偿
受移送法院受理裁定的效力	(8)下列关于受移送法院作出受理裁定的效力表述中，正确的有(　)。
	A. 执行法院收到破产受理裁定后，应当解除对债务人财产的查封、扣押、冻结措施；或者根据破产受理法院的要求，出具函件将查封、扣押、冻结财产的处置权交破产受理法院 B. 破产受理法院可以持执行法院的移送处置函件进行续行查封、扣押、冻结，解除查封、扣押、冻结，或者予以处置 C. 执行法院收到破产受理裁定拒不解除查封、扣押、冻结措施的，破产受理法院可以请求执行法院的上级法院依法予以纠正 D. 执行法院收到受移送法院受理裁定后，应当于7日内将已经扣划到账的银行存款、实际扣押的动产、有价证券等被执行人财产移交给受理破产案件的法院或管理人 E. 受移送法院作出受理裁定时，已通过拍卖程序处置且成交裁定已送达买受人的拍卖财产，通过以物抵债偿还债务且抵债裁定已送达债权人的抵债财产，已完成转账、汇款、现金交付的执行款，因财产所有权已经发生变动，不属于被执行人的财产，不再移交

续表

受移送法院不受理裁定的效力	(9)下列关于受移送法院作出不予受理或驳回申请裁定的效力表述中，正确的有(　)。
	A. 移送法院做出不予受理或驳回申请裁定的，应当在裁定生效后 7 日内将接收的材料、被执行人的财产退回执行法院，执行法院应当恢复对被执行人的执行 B. 受移送法院作出不予受理或驳回申请的裁定后，人民法院不得重复启动执行案件移送破产审查程序 C. 申请执行人或被执行人以有新证据足以证明被执行人已经具备了破产原因为由，再次要求将执行案件移送破产审查的，人民法院不予支持；但是，申请执行人或被执行人可以直接向具有管辖权的法院提出破产申请
受移送法院裁定宣告被执行人破产或裁定终止和解程序、重整程序	(10)受移送法院裁定宣告被执行人破产或裁定终止和解程序、重整程序的效力是(　)。
	A. 受移送法院裁定宣告被执行人破产或裁定终止和解程序、重整程序的，应当自裁定作出之日起 5 日内送交执行法院，执行法院应当裁定终结对被执行人的执行
受移送法院拒绝接收移送的材料	(11)受移送法院拒绝接收移送的材料，或者收到移送的材料后不按规定的期限作出是否受理裁定的下列处理方式中，符合企业破产法律制度规定的有(　)。
	A. 受移送法院拒绝接收移送的材料，或者收到移送的材料后不按规定的期限作出是否受理裁定的，执行法院可函请受移送法院的上一级法院进行监督 B. 上一级法院收到函件后应当指令受移送法院在 10 日内接收材料或作出是否受理的裁定 C. 受移送法院收到上级法院的通知后，10 日内仍不接收材料或不作出是否受理裁定的，上一级法院可以径行对移送破产审查的案件行使管辖权 D. 上一级法院裁定受理破产案件的，可以指令受移送法院审理

【考点子题——举一反三，真枪实练】

[7] (2018 年 · 案例分析题　节选) 2017 年 4 月，申请执行人 B 公司请求甲地级市乙县人民法院执行 A 公司(住所地为丙地级市丁县)位于乙县的 X 房产。乙县人民法院在执行过程中发现，A 公司不能清偿到期债务且资产不足以清偿全部债务。后经 A 公司书面同意，该执行案件移送破产审查。同年 5 月，受移送人民法院确定受理 A 公司破产案件，并指定了破产管理人。

根据上述内容，回答下列问题：

(1) 乙县人民法院移送的 A 公司破产案件，根据级别管辖和地域管辖的规则，应当由哪个人民法院管辖？并说明理由。

 第三节 管理人制度 

本节考点、考点母题及考点子题

考点8 管理人制度的一般理论

管理人概念有广义与狭义之分。狭义的管理人仅负责破产清算程序中的管理工作，所以又称破产管理人，如前述概念。广义的管理人则还在重整、和解程序中承担管理、监督工作。我国《企业破产法》规定，管理人的工作自案件受理开始，横贯破产清算、和解与重整三个程序，使用是广义的管理人概念。

【考点母题——万变不离其宗】管理人制度的一般理论

管理人的独立性	(1)下列关于破产企业管理人独立性要求的表述中，正确的是(　)。
	A. 作为债务人财产的管理人，必须具有独立的法律地位，在破产案件中与债权人、债务人等不存在可能影响其公正从事管理活动的利害关系，并具有相应的专业能力
管理人指定的一般规定	(2)下列关于管理人指定的表述中，正确的是(　)。
	A. 管理人由人民法院指定，指定管理人和确定管理人报酬的办法，由最高人民法院规定

考点9 管理人的资格与指定

(一)管理人的资格

【考点母题——万变不离其宗】管理人的资格

一般规定	(1)下列关于管理人资格的一般规定的表述中，正确的有(　)。
	A. 管理人可以由有关部门、机构的人员组成的清算组或者依法设立的律师事务所、会计师事务所、破产清算事务所等社会中介机构担任 B. 人民法院根据债务人的实际情况，可以在征询有关社会中介机构的意见后，指定该机构具备相关专业知识并取得执业资格的人员担任管理人 【注意】个人担任管理人的，应当参加执业责任保险。
	(2)存在特定情形之一的，不得担任管理人。该特定情形有(　)。
	A. 因故意犯罪受过刑事处罚　　B. 曾被吊销相关专业执业证书 C. 与本案有利害关系　　D. 人民法院认为不宜担任管理人的其他情形

续表

<table>
<tr><td rowspan="3">清算组担任管理人的案件范围</td><td colspan="2">(3)可以指定清算组担任管理人的案件范围有(　)。</td></tr>
<tr><td>A. 破产申请受理前，根据有关规定已经成立的清算组，人民法院认为符合司法解释有关规定的案件</td><td>包括所有在破产申请受理前依有关法律、法规成立的清算组、清算委员会、行政清算组(行政清理组)等。但并非所有这些清算组都可以继续在破产案件中被指定为管理人，人民法院应依照《企业破产法》及司法解释规定的条件审查清算组成员的适格性。不符合规定时，应依法另行指定管理人</td></tr>
<tr><td colspan="2">B. 纳入国家计划的国有企业政策性破产案件(此类案件因政策性破产已经被彻底废止而不再发生)
C. 有关法律规定企业破产时成立清算组的案件，主要是指司法解释出台时《商业银行法》和《保险法》等规定的金融机构破产案件
D. 人民法院认为可以指定清算组为管理人的其他情形</td></tr>
<tr><td rowspan="4">个人担任管理人问题</td><td colspan="2">(4)下列关于个人担任管理人的表述中，正确的是(　)。</td></tr>
<tr><td colspan="2">A. 中介机构中具备相关专业知识并取得执业资格的个人，也可以担任管理人</td></tr>
<tr><td colspan="2">(5)下列破产案件中，人民法院可以指定管理人名册中的个人为管理人的是(　)。</td></tr>
<tr><td colspan="2">A. 事实清楚、债权债务关系简单、债务人财产相对集中的企业破产案件(清简集“请剪辑”)</td></tr>
<tr><td rowspan="4">管理人的利害关系回避问题</td><td colspan="2">(6)社会中介机构、清算组成员有特定情形之一，可能影响其忠实履行管理人职责的，人民法院可以认定为与本案有利害关系。该特定情形有(　)。</td></tr>
<tr><td colspan="2">A. 与债务人、债权人有未了结的债权债务关系
B. 在人民法院受理破产申请前 3 年内，曾为债务人提供相对固定的中介服务
C. 现在是或者在人民法院受理破产申请前 3 年内曾经是债务人、债权人的控股股东或者实际控制人
D. 现在担任或者在人民法院受理破产申请前 3 年内曾经担任债务人、债权人的财务顾问、法律顾问
E. 人民法院认为可能影响其忠实履行管理人职责的其他情形</td></tr>
<tr><td colspan="2">(7)清算组成员的派出人员、社会中介机构的派出人员、个人管理人有特定情形之一，可能影响其忠实履行管理人职责的，人民法院可以认定为与本案有利害关系。该特定情形有(　)。</td></tr>
<tr><td colspan="2">A. 具有前述规定情形
B. 现在担任或者在人民法院受理破产申请前 3 年内曾经担任债务人、债权人的董事、监事、高级管理人员
C. 与债权人或者债务人的控股股东、董事、监事、高级管理人员存在夫妻、直系血亲、三代以内旁系血亲或者近姻亲关系
D. 人民法院认为可能影响其公正履行管理人职责的其他情形</td></tr>
</table>

【考点子题——举一反三，真枪实练】

[8]（2019年·单选题）根据企业破产法律制度的规定，下列主体中，可以担任管理人的是（ ）。

A. 因盗窃行为受过刑事处罚的张某

B. 因违法行为被吊销职业证书的王某

C. 正在担任债务人财务顾问的李某

D. 破产申请受理前根据有关规定成立的行政清算组

[9]（2013年·单选题）2013年6月1日，人民法院受理了对甲公司提起的破产申请。根据企业破产法律制度的规定，下列人员中，有资格担任管理人的是（ ）。

A. 3年前被吊销职业证书，但现已重获职业资格的注册会计师乙

B. 曾于2008年1月1日至2009年12月31日担任甲公司法律顾问的丙律师事务所

C. 甲公司董事丁

D. 甲公司监事会主席的妻子戊

（二）管理人的指定

【考点母题——万变不离其宗】管理人的指定

<table>
<tr><td rowspan="2">管理人名册</td><td colspan="2">（1）下列关于管理人名册的表述中，正确的有（ ）。</td></tr>
<tr><td colspan="2">A. 由人民法院根据本地破产案件发生数量从报名者中择优确定编入管理人名册的人数，并从编入管理人名册的中介机构及其取得执业资格的成员中实际指定管理人
B. 人民法院对管理人名册实行动态管理，根据破产案件发生的数量、编入管理人名册者的工作考核情况以及社会中介机构和个人的情况变化，适时调整名册，加以增删，以适应审理破产案件的实际需要</td></tr>
<tr><td rowspan="6">指定管理人的方式</td><td colspan="2">（2）根据企业破产法律制度的规定，指定管理人的方式有（ ）。</td></tr>
<tr><td rowspan="3">A. 随机</td><td>随机产生是一般破产案件指定管理人的主要方式</td></tr>
<tr><td>随机方式包括抽签、摇号、轮候等形式</td></tr>
<tr><td>随机方式指定管理人有助于排除人为干预，其程序公开、透明，有利于防止人民法院的有关人员行使权力寻租现象的发生，但是也存在指定的管理人业务能力可能与案件管理的实际要求不相符等弊端</td></tr>
<tr><td rowspan="2">B. 竞争</td><td>对于商业银行、证券公司、保险公司等金融机构或者在全国范围有重大影响、法律关系复杂、债务人财产分散的企业破产案件，人民法院可以采取公告的方式，邀请编入各地人民法院管理人名册中的社会中介机构参与竞争，从参与竞争的社会中介机构中指定管理人</td></tr>
<tr><td>参与竞争的社会中介机构不得少于三家</td></tr>
</table>

续表

<table>
<tr><td rowspan="7">指定管理人的方式</td><td rowspan="5">B. 竞争</td><td>采取竞争方式指定管理人的，人民法院应当组成专门的评审委员会</td></tr>
<tr><td>评审委员会应当结合案件的特点，综合考量社会中介机构的专业水准、经验、机构规模、初步报价等因素，从参与竞争的社会中介机构中择优指定管理人</td></tr>
<tr><td>被指定为管理人的社会中介机构应经评审委员会成员 1/2 以上通过</td></tr>
<tr><td>采取竞争方式指定管理人的，人民法院应当确定一至两名备选社会中介机构，作为需要更换管理人时的接替人选</td></tr>
<tr><td>以竞争方式指定管理人有利于确定最优者担任管理工作，但是也存在可能有人为因素影响、指定程序较为复杂、时间较长、成本较高等问题。综合利弊考虑，从发展趋势上看，竞争方式应当成为较为重要的破产案件指定管理人的主要模式</td></tr>
<tr><td rowspan="2">C. 接受推荐</td><td>进入破产程序前经过行政清理、清算的商业银行、证券公司、保险公司等金融机构的破产案件，人民法院可以在金融监督管理机构推荐的已编入管理人名册的社会中介机构中指定管理人</td></tr>
<tr><td>通常，金融监管部门推荐的管理人往往参加了对该金融机构破产前的部分行政处置工作，或者参加过对其他金融机构的破产管理工作，对金融企业的情况比较熟悉，由其担任管理人，可以节省破产费用与时间，保障案件管理质量，但是也可能存在违法寻租空间</td></tr>
<tr><td rowspan="2">清算组担任管理人时对清算组成员的指定方法</td><td colspan="2">(3)由清算组担任管理人时，人民法院对清算组成员的指定方法是(　)。</td></tr>
<tr><td colspan="2">A. 清算组为管理人的，人民法院可以从政府有关部门、编入管理人名册的社会中介机构、金融资产管理公司中指定清算组成员，人民银行及金融监督管理机构可以按照有关法律和行政法规的规定派人参加清算组</td></tr>
<tr><td rowspan="2">管理人负责人的指定、变更</td><td colspan="2">(4)下列关于管理人负责人的指定、变更的表述中，正确的有(　)。</td></tr>
<tr><td colspan="2">A. 人民法院指定管理人时，应当同时根据中介机构或清算组的推荐，指定管理人负责人
B. 社会中介机构或者清算组需要变更管理人负责人的，应当向人民法院申请更换</td></tr>
<tr><td rowspan="2">被指定的管理人的义务及责任</td><td colspan="2">(5)下列关于管理人不得拒绝人民法院的指定及后果的表述中，正确的有(　)。</td></tr>
<tr><td colspan="2">A. 管理人无正当理由，不得拒绝人民法院的指定
B. 管理人无正当理由拒绝指定的，可以决定停止其担任管理人 1 年至 3 年，或将其从管理人名册中除名</td></tr>
<tr><td rowspan="3">更换管理人</td><td colspan="2">(6)根据企业破产法的规定，下列情形中，债权人会议可以申请人民法院更换管理人的是(　)。</td></tr>
<tr><td colspan="2">A. 管理人不能依法、公正执行职务或者有其他不能胜任职务的</td></tr>
<tr><td colspan="2">(7)社会中介机构管理人有特定情形之一的，人民法院可以根据债权人会议的申请或者依职权径行决定更换管理人。该特定情形有(　)。</td></tr>
</table>

续表

更换管理人	A. 执业许可证或者营业执照被吊销或者注销 B. 出现解散、破产事由或者丧失承担执业责任风险的能力 C. 与本案有利害关系 D. 履行职务时，因故意或者重大过失导致债权人利益受到损害 E. 社会中介机构或者个人有重大债务纠纷或者因涉嫌违法行为正被相关部门调查的
	(8)个人管理人有特定情形之一的，人民法院可以根据债权人会议的申请或者依职权径行决定更换管理人。该特定情形有(　)。
	A. 执业资格被取消、吊销　B. 与本案有利害关系 C. 履行职务时，因故意或者重大过失导致债权人利益受到损害 D. 失踪、死亡或者丧失民事行为能力　E. 因健康原因无法履行职务 F. 执业责任保险失效 G. 有重大债务纠纷或者因涉嫌违法行为正被相关部门调查的 【注意 1】清算组成员的派出人员、社会中介机构的派出人员参照适用上述规定。 【注意 2】在更换管理人时，除竞争方式外，通常可以原指定方式进行。

考点 10 管理人的报酬

【考点母题——万变不离其宗】管理人的报酬

管理人报酬的确定	(1)根据《企业破产法》的规定，有权确定管理人报酬的是(　)。
	A. 人民法院
管理人报酬的范围	(2)下列关于管理人报酬的一般范围的表述中，正确的是(　)。
	A. 管理人获得的报酬是纯报酬，不包括其因执行职务、进行破产管理工作中需支付的其他费用，如公告费用、变价财产费用等
	(3)人民法院应根据债务人最终清偿的财产价值总额，在以下比例限制范围内分段确定管理人报酬(　)。
	A. 不超过 100 万元(含本数，下同)的，在 12%以下确定 B. 超过 100 万元至 500 万元的部分，在 10%以下确定 C. 超过 500 万元至 1 000 万元的部分，在 8%以下确定 D. 超过 1 000 万元至 5 000 万元的部分，在 6%以下确定 E. 超过 5 000 万元至 1 亿元的部分，在 3%以下确定 F. 过 1 亿元至 5 亿元的部分，在 1%以下确定； G. 超过 5 亿元的部分，在 0. 5%以下确定 【注意 1】担保权人优先受偿的担保物价值，不计入前款规定的财产价值总额。 【注意 2】高级人民法院认为有必要的，可以参照上述比例在 30%的浮动范围内制定符合当地实际情况的管理人报酬比例限制范围，并通过当地有影响的媒体公告，同时报最高人民法院备案。

续表

管理人报酬的范围	(4)确定管理人报酬，除了要遵守提取比例的上限外，人民法院在具体确定或者调整管理人报酬方案时，应当考虑的因素有(　)。
	A. 破产案件的复杂性　B. 管理人的勤勉程度 C. 管理人为重整、和解工作作出的实际贡献 D. 管理人承担的风险和责任　E. 债务人住所地居民可支配收入及物价水平 F. 其他影响管理人报酬的情况 【注意】对于债务人财产不足以支付破产费用或者对债权人没有财产可供清偿分配的案件，人民法院可以考虑根据管理人工作的时间等情况确定其相应报酬。
	(5)人民法院采取公开竞争方式指定管理人的，管理人报酬确定的下列表述中，正确的是(　)。
	A. 人民法院采取公开竞争方式指定管理人的，可以根据社会中介机构提出的报价确定管理人报酬方案，报酬比例不得超出司法解释的限制范围
	(6)下列关于清算组中的成员担任管理人时的报酬的表述中，正确的有(　)。
	A. 清算组中有关政府部门派出的工作人员参与工作的，不收取报酬 B. 其他机构或人员的报酬根据其履行职责的情况确定
担保物的价值是否计入管理人报酬计酬基数	(7)下列关于担保物的价值是否计入管理人报酬计酬基数的表述中，正确的有(　)。
	A. 担保权人优先受偿的担保物价值原则上不计入管理人报酬的标的额 B. 管理人对担保物的维护、变现、交付等管理工作付出合理劳动的，有权向担保权人收取适当的报酬；管理人与担保权人就上述报酬数额不能协商一致的，人民法院应当参照本规定第二条规定的方法确定，但报酬比例不得超出该条规定限制范围的 10%
管理人聘用必要的工作人员的费用	(8)下列关于管理人聘用必要的工作人员的费用的表述中，正确的有(　)。
	A. 管理人执行职务的费用、报酬和聘用工作人员的费用为破产费用 B. 律师事务所、会计师事务所通过聘用本专业的其他社会中介机构或者人员协助履行管理人职责的，所需费用从其报酬中支付 C. 破产清算事务所通过聘用其他社会中介机构或者人员协助履行管理人职责的，所需费用从其报酬中支付 D. 管理人经人民法院许可聘用企业经营管理人员，或者管理人确有必要聘请其他社会中介机构或人员处理重大诉讼、仲裁、执行或审计等专业性较强工作，如所需费用需要列入破产费用的，应当经债权人会议同意
管理人的报酬方案	(9)下列关于管理人报酬方案的表述中，正确的有(　)。
	A. 人民法院受理破产申请后，应当对债务人可供清偿的财产价值和管理人的工作量作出预测，初步确定管理人的报酬方案，包括管理人报酬比例和收取时间等，并在方案确定后 3 日内书面通知管理人 B. 管理人应当在第一次债权人会议上报告管理人报酬方案内容 C. 管理人、债权人会议对管理人报酬方案有不同意见，可以进行协商；双方就调整管理人报酬方案内容协商一致的，管理人应向人民法院书面提出具体的请求和理由，并附相应的债权人会议决议

续表

管理人的报酬方案	D. 人民法院经审查认为上述请求和理由不违反法律和行政法规强制性规定，且不损害他人合法权益的，应当按照双方协商的结果调整管理人报酬方案 E. 债权人会议对管理人报酬有异议，无法与管理人协商一致的，应当向人民法院书面提出具体的请求和理由；异议书应当附有相应的债权人会议决议 F. 人民法院应当自收到债权人会议异议书之日起 3 日内通知管理人；管理人应当自收到通知之日起 3 日内作出书面说明 G. 人民法院认为有必要的，可以举行听证会，听取当事人意见 H. 人民法院应当自收到债权人会议异议书之日起 10 日内，就是否调整管理人报酬问题书面通知管理人、债权人委员会或者债权人会议主席 I. 人民法院确定管理人报酬方案后，可以根据破产案件和管理人履行职责的实际情况进行调整，并在调整方案确定后 3 日内书面通知管理人；管理人应当自收到上述通知之日起 3 日内，向债权人委员会或者债权人会议主席报告管理人报酬方案调整内容 J. 管理人发生更换的，人民法院应当分别确定更换前后的管理人报酬；其报酬比例总和不得超出司法解释规定的限制范围 K. 最终确定的管理人报酬及收取情况，应列入破产财产分配方案；在和解、重整程序中，管理人报酬方案内容应列入和解协议草案或重整计划草案，报债权人会议审查通过
管理人报酬的支付方式	(10)下列关于管理人报酬支付方式的表述中，正确的有(　)。
	A. 管理人报酬原则上应当根据破产案件审理进度和管理人履职情况分期支付 B. 案情简单、耗时较短的破产案件，可以在破产程序终结后一次性向管理人支付报酬

【考点子题——举一反三，真枪实练】

[10] (2012年·多选题)根据企业破产法律制度的规定，下列关于破产管理人报酬的表述中，正确的有(　)。

A. 人民法院采取公开竞争方式指定管理人的，其报酬方案由市场决定，不受有关司法解释关于管理人报酬比例范围的限制

B. 在指定清算组担任管理人时，有关政府部门派出的工作人员参与工作的，不收取报酬

C. 担保权人优先受偿的担保物价值原则上不计入管理人报酬的计酬基数

D. 担任管理人的会计师事务所聘用本专业的其他社会中介机构协助变现担保物权的，所需费用可由担保权人承担

[11] (2014年·多选题)甲破产清算事务所被人民法院指定为乙企业破产案件中的管理人。甲向债权人会议报告的有关报酬方案的下列内容中，符合企业破产法律制度的有(　)。

A. 对受当地政府有关部门指派参与破产企业清算工作的政府官员不发放报酬

B. 甲聘用外部专家协助履行管理人职责所需费用从其报酬中支付

C. 将乙企业为他人设定抵押权的财产价值计入计酬基数

D. 甲就自己为将乙的抵押财产变现而付出的合理劳动向担保权人收取适当报酬

考点 11　管理人的职责与责任

【考点母题——万变不离其宗】管理人的职责与责任

(1)根据《企业破产法》的规定，管理人履行的职责有(　)。
A. 接管债务人的财产、印章和账簿、文书等资料 B. 调查债务人财产状况，制作财产状况报告 C. 决定债务人的内部管理事务 D. 决定债务人的日常开支和其他必要开支 E. 在第一次债权人会议召开之前，决定继续或者停止债务人的营业 F. 管理和处分债务人的财产 G. 代表债务人参加诉讼、仲裁或者其他法律程序 H. 提议召开债权人会议 I. 人民法院认为管理人应当履行的其他职责
(2)下列关于管理人开立管理人账户及接管破产企业账户的表述中，正确的有(　)。
A. 管理人可以凭人民法院破产申请受理裁定书、指定管理人决定书及管理人负责人身份证明材料，向银行申请开立管理人账户 B. 管理人可以凭人民法院破产申请受理裁定书、指定管理人决定书接管破产企业账户，依法办理破产企业账户资金划转，非正常户激活或注销，司法冻结状态等账户信息、交易明细、征信信息查询等业务，金融机构应当予以配合并及时办理
(3)下列关于破产企业税务管理的表述中，正确的有(　)。
A. 破产程序中的企业应当接受税务机关的税务管理，管理人负责管理企业财产和营业事务的，由管理人代表破产企业履行法律规定的相关纳税人义务 B. 破产企业因履行合同、处置财产或继续营业等原因在破产程序中确需使用发票的，管理人可以以纳税人的名义到税务部门申领、开具发票；税务部门在督促纳税人就新产生的纳税义务足额纳税的同时，按照有关规定满足其合理发票领用需要，不得以破产企业存在欠税情形为由拒绝
(4)企业董事、监事或高级管理人员违反忠实勤勉义务，未履职尽责致使所在企业破产，被人民法院判令承担相应责任的，管理人应采取措施的下列表述中，正确的有(　)。
A. 管理人可以凭生效法律文书，通过全国企业破产重整案件信息网向市场监管、金融管理等部门申请对相关人员的任职资格限制进行登记 B. 破产企业的有关人员可能涉嫌犯罪的，管理人应当及时将犯罪线索报送司法或监察机关
(5)根据《企业破产法》的规定，管理人决定的事项应经人民法院许可的表述中，正确的是(　)。
A. 在第一次债权人会议召开之前，管理人决定继续或者停止债务人的营业或者有本法第六十九条规定行为之一的，应当经人民法院许可

续表

(6)下列关于管理人权限的表述中，正确的有（　）。
A. 人民法院应当支持和保障管理人依法履行职责，不得代替管理人作出本应由管理人自己作出的决定 B. 管理人应当依法管理和处分债务人财产，审慎决定债务人内部管理事务，不得将自己的职责全部或者部分转让给他人
(7)下列关于管理人和其聘请的中介机构关系的表述中，正确的有（　）。
A. 经人民法院许可后，管理人可以自行公开聘请，但是应当对其聘请的中介机构的相关行为进行监督 B. 被聘请的中介机构因不当履行职责给债务人、债权人或者第三人造成损害的，应当承担赔偿责任；管理人在聘用过程中存在过错的，应当在其过错范围内承担相应的补充赔偿责任
(8)下列关于管理人的义务和责任的表述中，正确的有（　）。
A. 管理人依法执行职务，向人民法院报告工作，并接受债权人会议和债权人委员会的监督 B. 管理人应当列席债权人会议，向债权人会议报告职务执行情况，并回答询问 C. 管理人没有正当理由不得辞去职务；管理人辞去职务应当经人民法院许可 D. 管理人未依法勤勉尽责，忠实执行职务的，人民法院可以依法处以罚款；给债权人、债务人或者第三人造成损失的，依法承担赔偿责任

【考点子题——举一反三，真枪实练】

[12]（经典子题·多选题）消停公司因不能清偿到期债务，被债权人百果公司申请破产，法院指定尚公律师事务所为管理人。下列关于本案的表述中，正确的有（　）。

A. 尚公律师事务所有权代表消停公司参加诉讼、仲裁程序

B. 尚公律师事务所有权处分消停公司的财产

C. 尚公律师事务所有权因担任管理人而获得报酬

D. 如尚公律师事务所不能胜任职务，债权人会议有权罢免其管理人资格

第四节　债务人财产

本节考点、考点母题及考点子题

考点 12　债务人财产的一般规定

（一）债务人财产的范围

【考点母题——万变不离其宗】债务人财产的范围

膨胀主义	（1）根据《企业破产法》的规定，债务人财产包括（　）。
	A. 破产申请受理时属于债务人的全部财产 B. 破产申请受理后至破产程序终结前债务人取得的财产 【注意】债务人财产在破产宣告后称为破产财产。
破产财产的具体范围	（2）下列各项中，人民法院应认定为债务人财产的有（　）。
	A. 债务人所有的货币、实物 B. 债务人依法享有的可以用货币估价并可以依法转让的债权、股权、知识产权、用益物权等财产和财产权益
	（3）下列财产中，不应认定为债务人财产的有（　）。
	A. 债务人基于仓储、保管、承揽、代销、借用、寄存、租赁等合同或者其他法律关系占有、使用的他人财产 B. 债务人在所有权保留买卖中尚未取得所有权的财产 C. 所有权专属于国家且不得转让的财产 D. 其他依照法律、行政法规不属于债务人的财产
	（4）下列关于债务人已依法设定担保物权的特定财产的表述中，正确的有（　）。
	A. 债务人已依法设定担保物权的特定财产，属于债务人财产 B. 债务人的特定财产在担保物权消灭或者实现担保物权后的剩余部分，在破产程序中可用以清偿破产费用、共益债务和其他破产债权
	（5）债务人与他人共有的财产是否属于债务人财产的下列表述中，正确的有（　）。
	A. 债务人对按份享有所有权的共有财产的相关份额，或者共同享有所有权的共有财产的相应财产权利，以及依法分割共有财产所得部分，属于债务人财产 B. 人民法院宣告债务人破产清算，属于共有财产分割的法定事由 C. 人民法院裁定债务人重整或者和解的，共有财产的分割应当依据民法典三百零三条的规定进行；基于重整或者和解的需要必须分割共有财产的，管理人有权请求分割 D. 因分割共有财产导致其他共有人损害产生的债务，作为共益债务清偿

第 8 章

（二）债务人财产的收回

【考点母题——万变不离其宗】债务人财产的收回

<table>
<tr><td rowspan="4">向股东追缴出资</td><td colspan="2">(1)下列关于管理人向股东追缴出资的表述中，正确的有（　）。</td></tr>
<tr><td>A. 债务人的出资人尚未完全履行出资义务的，管理人应当要求该出资人缴纳所认缴的出资，而不受出资期限的限制</td><td>所谓债务人的出资人尚未完全履行出资义务，是指该出资人因出资分期缴纳期限未到而没有缴纳认缴的出资(加速到期)、出资缴纳期限已到而没有缴纳或全部缴纳认缴的出资(违约)，广义上还包括缴纳出资后又抽逃出资的情况</td></tr>
<tr><td colspan="2">B. 管理人代表债务人提起诉讼，主张出资人向债务人依法缴付未履行的出资或者返还抽逃的出资本息，出资人以认缴出资尚未届至公司章程规定的缴纳期限或者违反出资义务已经超过诉讼时效为由抗辩的，人民法院不予支持</td></tr>
<tr><td colspan="2">C. 管理人依据公司法的相关规定代表债务人提起诉讼，主张公司的发起人和负有监督股东履行出资义务的董事、高级管理人员，或者协助抽逃出资的其他股东、董事、高级管理人员、实际控制人等，对股东违反出资义务或者抽逃出资承担相应责任，并将财产归入债务人财产的，人民法院应予支持</td></tr>
<tr><td rowspan="4">管理人追回财产</td><td colspan="2">(2)下列管理人追回债务人财产的表述中，正确的是（　）。</td></tr>
<tr><td colspan="2">A. 债务人的董事、监事和高级管理人员利用职权从企业获取的非正常收入和侵占的企业财产，管理人应当追回</td></tr>
<tr><td colspan="2">(3)债务人企业发生破产原因时，债务人的董事、监事和高级管理人员利用职权获取的特定收入，人民法院应当认定为企业破产法所规定的非正常收入。该特定收入的有（　）。</td></tr>
<tr><td colspan="2">A. 绩效奖金
B. 普遍拖欠职工工资情况下获取的工资性收入
C. 其他非正常收入
【注意1】债务人的董事、监事和高级管理人员拒不向管理人返还上述债务人财产，管理人主张上述人员予以返还的，人民法院应予支持。
【注意2】债务人的董事、监事和高级管理人员因返还绩效奖金、其他非正常收入所形成的债权，可以作为普通破产债权清偿。
【注意3】债务人的董事、监事和高级管理人员因返还普遍拖欠职工工资情况下获取的工资性收入所形成的债权，按照该企业职工平均工资计算的部分作为拖欠职工工资清偿；高出该企业职工平均工资计算的部分，可以作为普通破产债权清偿。</td></tr>
<tr><td rowspan="2">管理人追收债务人财产</td><td colspan="2">(4)下列关于管理人追收债务人财产的表述中，正确的有（　）。</td></tr>
<tr><td colspan="2">A. 管理人负有依法向次债务人、债务人的出资人等追收债务人财产的责任
B. 债权人通过债权人会议或者债权人委员会，要求管理人依法向次债务人、债务人的出资人等追收债务人财产，管理人无正当理由拒绝追收的，债权人会议有权申请人民法院更换管理人，人民法院对其请求应予支持</td></tr>
</table>

续表

管理人追收债务人财产	C. 管理人不予追收，个别债权人代表全体债权人提起相关诉讼，主张次债务人或者债务人的出资人等向债务人清偿或者返还债务人财产，或者依法申请合并破产的，人民法院应予受理
债务清偿或者替代担保	(5)下列关于管理人债务清偿或替代担保的表述中，正确的有(　)。
	A. 在人民法院受理破产申请后，管理人可以通过清偿债务或者提供为债权人接受的担保，取回质物、留置物或解除债务人财产上存在的物权担保 B. 管理人所作的债务清偿或者替代担保，在担保物的价值低于被担保的债权额时，以担保物当时的市场价值为限，否则就可能出现对实际上并不在担保范围内的债权优先偏袒清偿的情况 C. 管理人拟通过清偿债务或者提供担保取回质物、留置物，或者与质权人、留置权人协议以质物、留置物折价清偿债务等方式，进行对债权人利益有重大影响的财产处分行为的，应当及时报告债权人委员会；未设立债权人委员会的，管理人应当及时报告人民法院

考点 13　破产撤销权与无效行为

【考点母题——万变不离其宗】破产撤销权与无效行为

破产撤销权的概念	(1)下列关于破产撤销权概念的表述中，正确的是(　)。
	A. 撤销权是指管理人对债务人在破产案件受理前的法定期间内进行的欺诈逃债或损害公平清偿的行为，有申请法院撤销，并追回财产的权利
破产撤销权与民法撤销权的区别	(2)下列关于破产撤销权与民法撤销权的区别的表述中，正确的有(　)。
	A. 破产撤销权针对债务人丧失清偿能力的特殊情况设置，适用范围同民法撤销权有所不同 B. 破产法规定的一些可撤销行为，在债务人有清偿能力时是具有法律效力的，属于债务人对其民事权利的处分，如对原无担保的债务提供物权担保，对未到期的债权提前清偿等；但在债务人丧失清偿能力时，因违背公平清偿原则，这些行为便属于损害债权人团体利益的欺诈行为或对个别债权人的偏袒清偿行为，应予撤销 C. 民法撤销权的行使主体为当事人和利害关系人，而破产撤销权要维护的是债权人团体的利益而不是个别债权人的利益，所以在破产程序中应由管理人统一行使，故破产撤销权存在利益主体与行使主体分离的现象 D. 两类撤销权在行为的主观构成要件、适用条件等方面也存在一定区别，民法撤销权在与破产撤销权不相冲突的情况下，可以在破产程序中并行适用，但冲突或重合时破产撤销权优先适用
	(3)下列关于管理人行使破产撤销权的的表述中，正确的有(　)。
	A. 管理人依据企业破产法第三十一条和第三十二条的规定提起诉讼，请求撤销涉及债务人财产的相关行为并由相对人返还债务人财产的，人民法院应予支持 B. 管理人因过错未依法行使撤销权导致债务人财产不当减损，债权人提起诉讼主张管理人对其损失承担相应赔偿责任的，人民法院应予支持

续表

<table>
<tr><td rowspan="4">破产无效行为</td><td colspan="2">(4)根据《企业破产法》的规定，涉及债务人财产的下列行为中，无效的有(　)。</td></tr>
<tr><td>A. 为逃避债务而隐匿、转移财产的</td><td>“为逃避债务”而隐匿、转移财产，是指债务人的行为客观上构成逃避债务的后果，而不是要求债务人主观上必须具有逃避债务的目的</td></tr>
<tr><td colspan="2">B. 虚构债务或者承认不真实的债务的</td></tr>
<tr><td colspan="2">【注意】管理人依据上述法律规定提起诉讼，主张被隐匿、转移财产的实际占有人返还债务人财产，或者主张债务人虚构债务或者承认不真实债务的行为无效并返还债务人财产的，人民法院应予支持。</td></tr>
<tr><td rowspan="10">行使破产撤销权的情形(欺诈逃债及偏颇清偿)</td><td colspan="2">(5)根据《企业破产法》的规定，人民法院受理破产申请前一年内，涉及债务人财产的下列行为中，管理人有权请求人民法院予以撤销的有(　)。(《企业破产法》第 31 条)</td></tr>
<tr><td rowspan="2">A. 无偿转让财产的</td><td>“财产”，既包括实物财产也包括财产性权利</td></tr>
<tr><td>在无偿行为的方式上并不完全局限于“转让”这一种类型，无偿设置用益物权等其他无偿行为也应包括在内</td></tr>
<tr><td rowspan="3">B. 以明显不合理的价格进行交易的</td><td>虽然在交易中价格条件的不合理往往是实践中表现最为突出的问题，但由于不合理的交易条件不仅限于价格一项，故付款条件、付款期限等其他交易条件明显不合理的不公平交易，也可以撤销</td></tr>
<tr><td>人民法院根据管理人的请求撤销对债务人财产以明显不合理价格进行的交易的，买卖双方应当依法返还从对方获取的财产或者价款</td></tr>
<tr><td>因撤销该交易，债务人所产生的应返还受让人已支付价款的债务，作为共益债务清偿</td></tr>
<tr><td>C. 对没有财产担保的债务提供财产担保的</td><td>是指对原来已经成立没有财产担保的债务补充设置物权担保，因其使被提供担保的债权人在破产程序中得到本不享有的优惠清偿利益，所以应当撤销，但于可撤销期间内在设定债务的同时为债务提供的财产担保不包括在内，因其是有对价的行为</td></tr>
<tr><td rowspan="3">D. 对未到期的债务提前清偿的</td><td>是指对在破产申请受理之后才到期的债务，提前到破产申请受理之前清偿，因其使本只能得到破产比例清偿的该债权得到了偏袒性的全额清偿，所以应当予以撤销；但是，不符合这一构成条件的清偿则应予以保护</td></tr>
<tr><td>(6)下列关于债务人提前清偿未到期债务的表述中，正确的是(　)。</td></tr>
<tr><td>A. 破产申请受理前一年内债务人提前清偿的未到期债务，在破产申请受理前已经到期，管理人请求撤销该清偿行为的，人民法院不予支持；但是该清偿行为发生在破产申请受理前六个月内且债务人有破产原因的除外(《企业破产法》第 32 条)</td></tr>
</table>

续表

<table>
<tr><td rowspan="3">行使破产撤销权的情形(欺诈逃债及偏颇清偿)</td><td rowspan="3">E. 放弃债权的</td><td>即债务免除、放弃权利，是指以明示或默示的方式放弃对他人的债权，包括放弃债权等权利、不为诉讼时效的中断、撤回诉讼、对诉讼标的之舍弃等</td></tr>
<tr><td>(7)下列关于债务人对外享有债权的诉讼时效期间的表述中，正确的是(　)。</td></tr>
<tr><td>A. 债务人对外享有债权的诉讼时效，自人民法院受理破产申请之日起中断；债务人无正当理由未对其到期债权及时行使权利，导致其对外债权在破产申请受理前一年内超过诉讼时效期间的，人民法院受理破产申请之日起重新计算上述债权的诉讼时效期间</td></tr>
<tr><td rowspan="3">民法上的撤销权在破产程序中并行行使</td><td colspan="2">民法上的撤销权在与破产撤销权不冲突的情况下，也可以在破产程序中并行行使。</td></tr>
<tr><td colspan="2">(8)民法上的撤销权在与破产撤销权不冲突的情况下在破产程序中并行行使的下列表述中，正确的有(　)。</td></tr>
<tr><td colspan="2">A. 破产申请受理后，管理人未依据企业破产法的有关规定请求撤销债务人无偿转让财产、以明显不合理价格交易、放弃债权行为的，债权人依据民法典第五百三十八条、第五百三十九条等规定提起诉讼，请求撤销债务人上述行为并将因此追回的财产归入债务人财产的，人民法院应予受理
B. 相对人以债权人行使撤销权的范围超出债权人的债权抗辩的，人民法院不予支持</td></tr>
<tr><td rowspan="3">管理人不得请求撤销的“个别清偿”情形</td><td colspan="2">人民法院受理破产申请前 6 个月内，债务人有《企业破产法》第二条第一款规定的情形，仍对个别债权人进行清偿的，管理人有权请求人民法院予以撤销。但是，个别清偿使债务人财产受益的除外。</td></tr>
<tr><td colspan="2">(9)债务人对债权人进行的下列个别清偿中，管理人依据企业破产法第三十二条的规定请求撤销的，人民法院不予支持的有(　)。</td></tr>
<tr><td colspan="2">A. 债务人为维系基本生产需要而支付水费、电费等的
B. 债务人支付劳动报酬、人身损害赔偿金的
C. 债务人财产受益的其他个别清偿
D. 债务人经诉讼、仲裁、执行程序对债权人进行的个别清偿，管理人依据企业破产法第三十二条的规定请求撤销的，人民法院不予支持。但是，债务人与债权人恶意串通损害其他债权人利益的除外</td></tr>
<tr><td rowspan="2">“执转破”可撤销行为起算点</td><td colspan="2">(10)经过行政清理或强制清算程序转入破产程序的企业其可撤销行为的起算时间的下列表述中，正确的有(　)。</td></tr>
<tr><td colspan="2">A. 债务人经过行政清理程序转入破产程序的，企业破产法第三十一条和第三十二条规定的可撤销行为的起算点，为行政监管机构作出撤销决定之日
B. 债务人经过强制清算程序转入破产程序的，企业破产法第三十一条和第三十二条规定的可撤销行为的起算点，为人民法院裁定受理强制清算申请之日</td></tr>
</table>

续表

破产撤销权行使的主体	(11)下列关于撤销权行使主体的表述中，正确的有(　)。
	A. 撤销权原则上应由管理人统一行使 B. 因本法第三十一条、第三十二条或者第三十三条规定的行为而取得的债务人的财产，管理人有权追回 C. 在重整程序中，债务人可以在管理人的监督下自行管理财产和营业事务，其职权相当于管理人，但对与债务人存在利益冲突的职权，仍应由管理人行使 D. 撤销权撤销的是原由债务人做出的行为与债务人的行为和利益存在冲突，故撤销权仍应由管理人行使
可撤销行为的法律责任	(12)下列关于可撤销行为法律责任的表述中，正确的有(　)。
	A. 债务人有本法第三十一条、第三十二条、第三十三条规定的行为，损害债权人利益的，债务人的法定代表人和其他直接责任人员依法承担赔偿责任 B. 管理人代表债务人依据企业破产法第一百二十八条的规定，以债务人的法定代表人和其他直接责任人员对所涉债务人财产的相关行为存在故意或者重大过失，造成债务人财产损失为由提起诉讼，主张上述责任人员承担相应赔偿责任的，人民法院应予支持 C. 公司、企业通过隐匿财产、承担虚构的债务或者以其他方式转移财产、处分财产，实施虚假破产，严重损害债权人或者其他人利益的，对直接负责的主管人员和其他直接责任人员，处5年以下有期徒刑或者拘役，并处或者单处2万元以上20万元以下罚金 D. 对其他违反该法规定，构成犯罪的行为，也要依法追究刑事责任
破产程序终结后追回财产的处理	(13)下列关于破产程序终结后追回财产处理的表述中，符合企业破产法律制度的有(　)。
	A. 在破产清算程序终结后两年内，债权人可以行使破产撤销权或针对债务人的无效行为而追回财产；在此期间内追回的财产，应用于对全体债权人分配 B. 在破产清算程序终结两年之后，债权人发现因无效行为而应追回的财产，或者可行使民法撤销权追回的财产时，仍可行使相应权利追回财产，但追回的财产一般不再按照破产法规定用于对全体债权人清偿，而是用于对追回财产的债权人个别清偿

【考点子题——举一反三，真枪实练】

[13] (2012年·单选题)人民法院于2012年5月16日受理了债权人甲公司申请债务人乙公司破产案。管理人在对乙公司的债权债务进行清理时发现，乙公司曾于2011年9月11日为所欠丙公司的一笔原本没有财产担保的债务提供抵押担保。根据企业破产法律制度的规定，下列表述中，正确的是(　)。

A. 若管理人能够证明丙公司知悉乙公司在为其提供担保时已濒临破产，则有权要求人民法院撤销该抵押担保行为

B. 管理人无须证明丙公司知悉乙公司在为其提供担保时已濒临破产，即可请求人民法院撤销该抵押担保行为

C. 若甲公司能够证明丙公司知悉乙公司在为其提供担保时已濒临破产，则有权请求人民法院撤销该抵押担保行为

D. 甲公司无须证明丙公司知悉乙公司在为其提供担保时已濒临破产，即可请求人民法院撤销该抵押担保行为

考点 14　取回权

（一）一般取回权

【考点母题——万变不离其宗】一般取回权

<table>
<tr><td colspan="4">(1)根据《企业破产法》的规定，下列关于一般取回权的表述中，正确的是(　)。</td></tr>
<tr><td colspan="2" rowspan="2">A. 人民法院受理破产申请后，债务人占有的不属于债务人的财产，该财产的权利人可以通过管理人取回；但是，本法另有规定的除外</td><td colspan="2">所谓“本法另有规定的除外”，主要是指在重整程序中行使取回权应当符合事先约定的条件，而不适用合同加速到期予以返还等规定</td></tr>
<tr><td colspan="2">债务人重整期间，权利人要求取回债务人合法占有的权利人的财产，不符合双方事先约定条件的，人民法院不予支持。但是，因管理人或者自行管理的债务人违反约定，可能导致取回物被转让、毁损、灭失或者价值明显减少的除外</td></tr>
<tr><td rowspan="6">取回权的基础权利</td><td colspan="3">(2)下列关于取回权的基础权利的表述中，正确的有(　)。</td></tr>
<tr><td colspan="3">A. 取回权的基础权利主要是物权，尤其是所有权</td></tr>
<tr><td rowspan="4">B. 依债权产生取回权</td><td colspan="2">加工承揽人破产时，定作人取回定作物</td></tr>
<tr><td colspan="2">承运人破产时，托运人取回托运货物；承租人破产时，出租人收回出租物</td></tr>
<tr><td colspan="2">保管人破产时，寄存人或存货人取回寄存物或仓储物</td></tr>
<tr><td colspan="2">受托人破产时，信托人取回信托财产</td></tr>
<tr><td rowspan="4">一般取回权的行使</td><td colspan="3">(3)下列关于一般取回权行使的表述中，正确的有(　)。</td></tr>
<tr><td colspan="3">A. 一般取回权在破产案件受理后形成，其行使不受原约定条件、期限的限制，也不受破产程序限制(重整程序除外)，在无争议时无须通过诉讼程序，但因财产在管理人占有之下，权利人须通过其取回财产</td></tr>
<tr><td colspan="2">B. 权利人在取回定作物、保管物等财产时，存在对待给付义务的，应向管理人交付相应费用</td><td>权利人行使取回权时未依法向管理人支付相关的加工费、保管费、托运费、委托费、代销费等费用，管理人拒绝其取回相关财产的，人民法院应予支持</td></tr>
<tr><td colspan="3">C. 权利人依法向管理人主张取回相关财产，管理人不予认可，权利人有权以债务人为被告向人民法院提起诉讼请求行使取回权
D. 权利人依据人民法院或者仲裁机关的相关生效法律文书向管理人主张取回所涉争议财产，管理人以生效法律文书错误为由拒绝其行使取回权的，人民法院不予支持
E. 权利人行使取回权，应当在破产财产变价方案或者和解协议、重整计划草案提交债权人会议表决前向管理人提出
F. 权利人在上述期限后主张取回相关财产的，应当承担延迟行使取回权增加的相关费用
G. 对债务人占有的权属不清的鲜活易腐等不易保管的财产或者不及时变现价值将严重贬损的财产，管理人应当及时变价并提存变价款，有关权利人可以就该变价款行使取回权</td></tr>
</table>

续表

<table>
<tr><td rowspan="6">取回权的标的物</td><td colspan="2">(4)下列关于一般取回权行使的标的的表述中，正确的有(　)。</td></tr>
<tr><td colspan="2">A. 在通常情况下，一般取回权的行使只限于取回原物</td></tr>
<tr><td rowspan="4">B. 如原物被违法转让，便需要根据不同具体情况确定相应的处理方法</td><td>(5)债务人占有的他人财产被违法转让给第三人，第三人已善意取得财产所有权，原权利人无法取回该财产的，人民法院下列处理方式中，正确的有(　)。</td></tr>
<tr><td>A. 转让行为发生在破产申请受理前的，原权利人因财产损失形成的债权，作为普通破产债权清偿
B. 转让行为发生在破产申请受理后的，因管理人或者相关人员执行职务导致原权利人损害产生的债务，作为共益债务清偿</td></tr>
<tr><td>(6)债务人占有的他人财产被违法转让给第三人，第三人已向债务人支付了转让价款，但依据民法典的规定未取得财产所有权，原权利人依法追回转让财产的，对因第三人已支付对价而产生的债务，人民法院下列处理方式中，正确的有(　)。</td></tr>
<tr><td>A. 转让行为发生在破产申请受理前的，作为普通破产债权清偿
B. 转让行为发生在破产申请受理后的，作为共益债务清偿</td></tr>
<tr><td rowspan="3">代偿取回权</td><td colspan="2">债务人占有的他人财产毁损、灭失，因此获得的保险金、赔偿金、代偿物尚未交付给债务人，或者代偿物虽已交付给债务人但能与债务人财产相区分的，权利人有权主张取回就此获得的保险金、赔偿金、代偿物，这就是代偿取回权。</td></tr>
<tr><td colspan="2">(7)代偿取回权行使的基本前提，是代偿物与债务人的其他财产能够加以区分。如果保险金、赔偿金等已经交付给债务人，且与债务人财产混同，不能相区分，人民法院的下列处理方式中，正确的有(　)。</td></tr>
<tr><td colspan="2">A. 财产毁损、灭失发生在破产申请受理前的，权利人因财产损失形成的债权，作为普通破产债权清偿
B. 财产毁损、灭失发生在破产申请受理后的，因管理人或者相关人员执行职务导致权利人损害产生的债务，作为共益债务清偿
【注意】债务人占有的他人财产毁损、灭失，没有获得相应的保险金、赔偿金、代偿物，或者保险金、赔偿物、代偿物不足以弥补其损失的部分，也应按照上述原则处理。</td></tr>
<tr><td rowspan="2">管理人或者相关人员的赔偿责任</td><td colspan="2">(8)管理人或者相关人员损害他人取回权给债务人造成损失时，下列关于其赔偿责任的表述中，正确的有(　)。</td></tr>
<tr><td colspan="2">A. 管理人或者相关人员在执行职务过程中，因故意或者重大过失不当转让他人财产或者造成他人财产毁损、灭失，导致他人损害产生的债务作为共益债务，由债务人财产随时清偿不足弥补损失，权利人向管理人或者相关人员主张承担补充赔偿责任的，人民法院应予支持
B. 上述债务作为共益债务由债务人财产随时清偿后，债权人有权以管理人或者相关人员执行职务不当导致债务人财产减少给其造成损失为由提起诉讼，主张管理人或者相关人员承担相应赔偿责任</td></tr>
</table>

续表

管理人或者相关人员的赔偿责任	C. 权利人的财产在破产申请受理前被非法转让，在破产程序中未能获得足额清偿的，权利人有权以债务人的董事、高级管理人员侵害其权利为由提起诉讼，主张相关人员承担相应赔偿责任

（二）出卖人取回权

【考点母题——万变不离其宗】出卖人取回权

根据企业破产法律制度的规定，下列关于出卖人取回权的表述中，正确的有（ ）。
A. 人民法院受理破产申请时，出卖人已将买卖标的物向作为买受人的债务人发运，债务人尚未收到且未付清全部价款的，出卖人可以取回在运途中的标的物；但是，管理人可以支付全部价款，请求出卖人交付标的物 B. 出卖人依据企业破产法的有关规定，通过通知承运人或者实际占有人中止运输、返还货物、变更到达地，或者将货物交给其他收货人等方式，对在运途中标的物主张了取回权但未能实现，或者在货物未达管理人前已向管理人主张取回在运途中标的物，在买卖标的物到达管理人后，出卖人向管理人主张取回的，管理人应予准许 C. 出卖人对在运途中标的物未及时行使取回权，在买卖标的物到达管理人后向管理人行使在运途中标的物取回权的，管理人不应准许

（三）所有权保留买卖合同的处理

所有权保留买卖合同，是当事人约定买受人未履行支付价款或者其他义务，标的物的所有权属于出卖人的买卖合同。所有权保留买卖合同的标的物，不适用于不动产。出卖人对标的物保留的所有权，未经登记，不得对抗第三人。在所有权保留买卖合同的标的物所有权未依法转移给买受人前，一方当事人破产的，该买卖合同属于双方均未履行完毕的合同，管理人有权依法决定解除或者继续履行合同。

【考点母题——万变不离其宗】所有权保留买卖合同的处理

出卖人破产	管理人决定继续履行合同的	（1）根据企业破产法律制度的规定，出卖人破产时其管理人决定继续履行合同的，下列处理中，正确的有（ ）。
		A. 买受人应当按照原合同的约定支付价款或者履行其他义务 B. 买受人未依约支付价款或者履行完毕其他义务，或者将标的物出卖、出质或者作出其他不当处分，给出卖人造成损害，出卖人管理人依法主张取回标的物的，人民法院应予支持；但是，买受人已经支付标的物总价款 75% 以上或者第三人善意取得标的物所有权或者其他物权的除外 C. 因上述原因出卖人未能取回标的物的，管理人有权依法主张买受人继续支付价款、履行完毕其他义务，以及承担相应赔偿责任

续表

<table>
<tr><td rowspan="2">出卖人破产</td><td rowspan="2">管理人决定解除合同的</td><td>(2)根据企业破产法律制度的规定，出卖人破产时其管理人决定解除合同的，下列处理中，正确的有(　)。</td></tr>
<tr><td>A. 出卖人有权依法要求买受人向其交付买卖标的物
B. 买受人以其不存在未依约支付价款或者履行完毕其他义务，或者将标的物出卖、出质或者作出其他不当处分情形抗辩的，人民法院不予支持
C. 买受人将买卖标的物交付出卖人管理人后，在合同履行中依法履行义务者，其已支付价款损失形成的债权作为共益债务清偿；买受人在合同履行中违反约定义务的，其上述债权作为普通破产债权清偿</td></tr>
<tr><td rowspan="4">买受人破产</td><td rowspan="2">管理人决定继续履行合同的</td><td>(3)根据企业破产法律制度的规定，买受人破产时其管理人决定继续履行合同的，下列处理中，正确的有(　)。</td></tr>
<tr><td>A. 原合同中约定的买受人支付价款或者履行其他义务的期限在破产申请受理时视为到期，买受人管理人应当及时向出卖人支付价款或者履行其他义务
B. 买受人管理人无正当理由未及时支付价款或者履行完毕其他义务，或者将标的物出卖、出质或者作出其他不当处分，给出卖人造成损害的，出卖人有权依法主张取回标的物；但买受人已支付标的物总价款 75%以上或者第三人善意取得标的物所有权或者其他物权的除外
C. 出卖人因上述情况未能取回标的物，有权主张买受人继续支付价款、履行完毕其他义务，以及承担相应赔偿责任。对因买受人未支付价款或者未履行完毕其他义务，以及买受人管理人将标的物出卖、出质或者作出其他不当处分导致出卖人损害产生的债务，作为共益债务清偿</td></tr>
<tr><td rowspan="2">管理人决定解除合同的</td><td>(4)根据企业破产法律制度的规定，买受人破产时其管理人决定解除合同的，下列处理中，正确的有(　)。</td></tr>
<tr><td>A. 出卖人有权主张取回买卖标的物
B. 出卖人取回买卖标的物的，买受人管理人有权主张出卖人返还已支付价款。取回的标的物价值明显减少给出卖人造成损失的，出卖人可从买受人已支付价款中优先予以抵扣，剩余部分返还给买受人；对买受人已支付价款不足以弥补出卖人标的物价值减损损失形成的债权，作为共益债务清偿</td></tr>
</table>

考点 15 抵销权

破产法上的抵销权，是指债权人在破产申请受理前对债务人即破产人负有债务的，无论是否已到清偿期限、标的是否相同，均可在破产财产最终分配确定前向管理人主张相互抵销的权利。

【考点母题——万变不离其宗】抵销权

<table>
<tr><td rowspan="2">破产抵销权的一般规定和性质</td><td colspan="2">(1)下列关于破产抵销权的表述中，正确的有(　)。</td></tr>
<tr><td colspan="2">A. 债权人在破产申请受理前对债务人负有债务的，可以向管理人主张抵销
B. 破产抵销权是破产债权只能依破产程序受偿的例外，抵销权实施的结果使该债权在抵销范围内得以由破产财产中得到全额、优先清偿
C. 破产抵销权是民法抵销权在债务人丧失清偿能力时的特别适用，故具有优先于民法抵销权适用的效力
D. 在破产程序中并不排斥民法抵销在不违背破产法公平清偿原则下的适用，例如对破产费用、共益债务的抵销</td></tr>
<tr><td rowspan="2">破产抵销权的行使</td><td colspan="2">(2)下列关于破产抵销权行使的表述中，正确的有(　)。</td></tr>
<tr><td colspan="2">A. 债权人行使破产抵销权，应当向管理人提出抵销主张
B. 管理人不得主动抵销债务人与债权人的互负债务，但抵销使债务人财产受益的除外</td></tr>
<tr><td rowspan="2">破产抵销权行使的期间</td><td colspan="2">(3)下列关于破产抵销权行使期间的表述中，正确的是(　)。</td></tr>
<tr><td>A. 债权人应当在破产财产最终分配确定之前向管理人主张破产抵销</td><td>“破产财产最后分配确定前”，在破产清算程序中，是指破产财产分配方案提交债权人会议表决之前；在重整与和解程序中，是指重整计划草案、和解协议草案提交债权人会议表决之前</td></tr>
<tr><td rowspan="6">抵销的生效</td><td colspan="2">(4)下列关于抵销生效的表述中，正确的有(　)。</td></tr>
<tr><td colspan="2">A. 管理人收到债权人提出的主张债务抵销的通知后，经审查无异议的，抵销自管理人收到通知之日起生效
B. 管理人对抵销主张有异议的，应当在约定的异议期限内或者自收到主张债务抵销的通知之日起 3 个月内向人民法院提起诉讼；无正当理由逾期提起的，人民法院不予支持</td></tr>
<tr><td rowspan="3">C. 管理人以下列理由提出异议的，人民法院不予支持</td><td>a. 破产申请受理时，债务人对债权人负有的债务尚未到期</td></tr>
<tr><td>b. 破产申请受理时，债权人对债务人负有的债务尚未到期</td></tr>
<tr><td>c. 双方互负债务标的物种类、品质不同</td></tr>
<tr><td colspan="2">D. 人民法院判决驳回管理人提起的抵销无效诉讼请求的，该抵销自管理人收到主张债务抵销的通知之日起生效</td></tr>
<tr><td rowspan="4">禁止抵销条款</td><td colspan="2">(5)债权人在破产申请受理前对债务人负有债务的，可以向管理人主张抵销。但是，有特定情形之一的，不得抵销。该特定情形有(　)。</td></tr>
<tr><td colspan="2">A. 债务人的债务人在破产申请受理后取得他人对债务人的债权的</td></tr>
<tr><td colspan="2">B. 债权人已知债务人有不能清偿到期债务或者破产申请的事实，对债务人负担债务的；但是，债权人因为法律规定或者有破产申请一年前所发生的原因而负担债务的除外</td></tr>
<tr><td colspan="2">C. 债务人的债务人已知债务人有不能清偿到期债务或者破产申请的事实，对债务人取得债权的；但是，债务人的债务人因为法律规定或者有破产申请一年前所发生的原因而取得债权的除外</td></tr>
</table>

续表

不受禁止抵销条款限制的情形	(6)下列关于不受禁止抵销条款限制的情形的表述中，正确的是(　)。
	A. 企业破产法第四十条所列不得抵销情形的债权人，主张以其对债务人特定财产享有优先受偿权的债权，与债务人对其不享有优先受偿权的债权抵销，债务人管理人以抵销存在企业破产法第四十条规定的情形提出异议的，人民法院不予支持；但是，用以抵销的债权大于债权人享有优先受偿权财产价值的除外
抵销的无效	(7)下列关于抵销无效的表述中，正确的是(　)。
	A. 破产申请受理前6个月内，债务人有企业破产法第二条第一款规定的情形，债务人与个别债权人以抵销方式对个别债权人清偿，其抵销的债权债务属于企业破产法第四十条第(二)、(三)项规定的情形之一，管理人在破产申请受理之日起3个月内向人民法院提起诉讼，主张该抵销无效的，人民法院应予支持
股东之破产债权抵销问题	(8)债务人的股东主张以下列债务与债务人对其负有的债务抵销，债务人管理人提出异议的，人民法院应予支持的有(　)。
	A. 债务人股东因欠缴债务人的出资或者抽逃出资对债务人所负的债务 B. 债务人股东滥用股东权利或者关联关系损害公司利益对债务人所负的债务

考点16 破产费用与共益债务

在破产案件中，为保障破产程序顺利进行，维护全体债权人的共同利益，会产生各种各样的费用支出；为在必要时继续破产企业的营业、继续履行合同、进行破产财产的管理等，也可能会使破产财产负担一定的债务。旧破产法将这些费用与债务作统一规定，称为破产费用，从破产财产中优先拨付。《企业破产法》则区分其性质，分别规定为破产费用与共益债务，由债务人财产随时清偿，并规定了债务人财产不足以清偿所有破产费用和共益债务时两者的清偿顺序，更为科学合理。

(一)破产费用

【考点母题——万变不离其宗】破产费用

破产费用的范围	(1)在破产程序中为全体债权人共同利益，因程序进行而支付的各项费用为破产费用。人民法院受理破产申请后发生的下列费用中，属于破产费用的有(　)。
	A. 破产案件的诉讼费用 B. 管理、变价和分配债务人财产的费用 C. 管理人执行职务的费用、报酬和聘用工作人员的费用

续表

特殊费用的法律性质	(2)下列关于某些特殊费用法律性质的表述中，正确的有( )。
	A. 人民法院裁定受理破产申请的，此前债务人尚未支付的公司强制清算费用、未终结的执行程序中产生的评估费、公告费、保管费等执行费用，可以参照企业破产法关于破产费用的规定，由债务人财产随时清偿 B. 此前债务人尚未支付的案件受理费、执行申请费，可以作为破产债权清偿

（二）共益债务

【考点母题——万变不离其宗】共益债务

共益债务的范围	(1)在破产程序中发生的应由债务人财产负担的债务为共益债务。人民法院受理破产申请后发生的下列债务中，属于共益债务的有( )。
	A. 因管理人或者债务人请求对方当事人履行双方均未履行完毕的合同所产生的债务 B. 债务人财产受无因管理所产生的债务 C. 因债务人不当得利所产生的债务 D. 为债务人继续营业而应支付的劳动报酬和社会保险费用以及由此产生的其他债务 E. 管理人或者相关人员执行职务致人损害所产生的债务 F. 债务人财产致人损害所产生的债务
特殊费用的法律性质	(2)下列关于某些特殊费用法律性质的表述中，正确的有( )。
	A. 破产申请受理后，经债权人会议决议通过，或者第一次债权人会议召开前经人民法院许可，管理人或者自行管理的债务人可以为债务人继续营业而借款。提供借款的债权人主张参照企业破产法第四十二条第四项的规定优先于普通破产债权清偿的，人民法院应予支持，但其主张优先于此前已就债务人特定财产享有担保的债权清偿的，人民法院不予支持 B. 管理人或者自行管理的债务人可以为前述借款设定抵押担保，抵押物在破产申请受理前已为其他债权人设定抵押的，债权人主张按照民法典第四百一十四条规定的顺序清偿，人民法院应予支持

（三）破产费用与共益债务的清偿

破产费用和共益债务均是以债务人财产为清偿对象的，并享有优先于其他债权的受偿权。但是，它们优先受偿的范围原则上仅限于债务人的无担保财产，对债务人的特定财产享有担保权的权利人，仍对该特定财产享有优先于破产费用与共益债务受偿的权利。不过专为设有担保权的特定财产而支出的费用，如担保财产的拍卖费用、升值与维护费用等，应当从担保财产的变价款中支付。

【考点母题——万变不离其宗】破产费用与共益债务的清偿

下列关于破产费用和共益债务清偿的表述中，正确的有（　）。
A. 破产费用和共益债务由债务人财产随时清偿 B. 债务人财产不足以清偿所有破产费用和共益债务的，先行清偿破产费用 C. 债务人财产不足以清偿所有破产费用或者共益债务的，按照比例清偿 D. 债务人财产不足以清偿破产费用的，管理人应当提请人民法院终结破产程序；人民法院应当自收到请求之日起15日内裁定终结破产程序，并予以公告 E. 债务人财产虽然不足以支付所有破产费用，但是破产案件的债权人、管理人、债务人的出资人或者其他利害关系人愿意垫付相关费用的，经人民法院同意，破产程序可以继续进行 F. 在债权人或债务人等提出破产清算申请时，人民法院即发现破产人财产可能不足以支付破产费用、无财产可供分配的，应当先受理破产案件，在对此情况审查确认后作出破产宣告，同时作出终结破产程序的裁定

【考点子题——举一反三，真枪实练】

[14]（2016年·多选题）下列关于破产费用与共益债务的表述中，符合《企业破产法》规定的有（　）。

A. 破产费用和共益债务由债务人财产随时清偿

B. 债务人财产不足以清偿所有破产费用和共益债务的，先行清偿共益债务

C. 债务人财产不足以清偿所有共益债务的，按照比例清偿

D. 债务人财产不足以清偿所有破产费用的，在按照比例清偿后，管理人应当提请人民法院终结破产程序

[15]（2016年·单选题）根据企业破产法律制度的规定，下列关于破产案件诉讼费用承担的表述中，正确的是（　）。

A. 由破产申请人预先支付

B. 由全体债权人按比例分担

C. 从债务人财产中随时拨付

D. 由债权人和债务人分担

第五节 破产债权

本节考点、考点母题及考点子题

考点 17 破产债权申报的一般规则

【考点母题——万变不离其宗】破产债权申报的一般规则

<table>
<tr><td rowspan="2">破产债权的概念</td><td colspan="2">(1)下列关于破产债权概念的表述中，正确的是( )。</td></tr>
<tr><td>A. 人民法院受理破产申请时对债务人享有的债权称为破产债权
【注意】对破产人的特定财产享有担保权的债权也属于破产财产</td><td>破产债权是依破产程序启动前原因成立的，经依法申报确认，并得由破产财产中获得清偿的可强制执行的财产请求权，但法律另有规定的除外</td></tr>
<tr><td rowspan="2">破产债权的申报期限的确定</td><td colspan="2">(2)下列关于破产债权申报期限确定的表述中，正确的有( )。</td></tr>
<tr><td colspan="2">A. 人民法院受理破产申请后，应当确定债权人申报债权的期限
B. 债权申报期限自人民法院发布受理破产申请公告之日起计算，最短不得少于 30 日，最长不得超过 3 个月
C. 在法律规定的期间内，人民法院可以根据案件的具体情况确定申报债权的期限</td></tr>
<tr><td rowspan="2">破产债权的申报</td><td colspan="2">(3)下列关于破产债权申报的表述中，正确的有( )。</td></tr>
<tr><td colspan="2">A. 债权人应当在人民法院确定的债权申报期限内向管理人申报债权，但是法律有特别规定的可以除外
B. 债务人所欠职工的工资和医疗、伤残补助、抚恤费用，所欠的应当划入职工个人账户的基本养老保险、基本医疗保险费用，以及法律、行政法规规定应当支付给职工的补偿金，不必申报，由管理人调查后列出清单并予以公示；职工对清单记载有异议的，可以要求管理人更正；管理人不予更正的，职工可以向人民法院提起债权确认诉讼(劳动债权免申报)
C. 其他债权如税收债权、社会保障债权以及对债务人特定财产享有担保权的债权等均需依法申报</td></tr>
<tr><td rowspan="2">破产受理对破产债权的效力</td><td colspan="2">(4)下列关于破产受理对破产债权效力的表述中，正确的有( )。</td></tr>
<tr><td colspan="2">A. 未到期的债权，在破产申请受理时视为到期
B. 附利息的债权自破产申请受理时起停止计息
C. 无利息的债权，无论是否到期均以本金申报债权
D. 附条件、附期限的债权和诉讼、仲裁未决的债权，债权人也可以申报
E. 职工劳动债权计算到解除劳动合同时止
【注意 1】债权人申报债权时，应当书面说明债权的数额和有无财产担保，并提交有关</td></tr>
</table>

续表

破产受理对破产债权的效力	证据。申报的债权是连带债权的，应当说明。连带债权人可以由其中一人代表全体连带债权人申报债权，也可以共同申报债权。 【注意2】债权人的债权到期前，债务人的债权或者与该债权有关的从权利存在诉讼时效期间即将届满或者未及时申报破产债权等情形，影响债权人的债权实现的，债权人可以代位向债务人的相对人请求其向债务人履行、向破产管理人申报或者作出其他必要的行为。
补充申报	(5)下列关于破产债权补充申报的表述中，正确的有(　)。
	A. 在人民法院确定的债权申报期限内，债权人未申报债权的，可以在破产财产最后分配前补充申报；但是，此前已进行的分配，不再对其补充分配 B. 为审查和确认补充申报债权的费用，由补充申报人承担 C. 补充申报债权人所应承担的费用，仅限于依破产程序审查和确认补充申报债权所实际发生的费用，不得按照法院审理诉讼案件的标准收费 D. 补充申报的债权人对其申报债权前已经进行完毕的各项破产活动，如债权人会议所作出的各项决议，原则上不得再提出异议 E. 有些产生于破产案件受理后的债权也属于破产债权，如管理人行使合同解除权后对方当事人因合同解除产生的损害赔偿请求权等，这些债权有可能因产生时间过晚而无法在法院规定的申报期间内申报，但此种情况下的补充申报并非因其自身过错造成，由其承担债权的审查和确认费用是不合理的，所以应当作为破产费用支付

【考点子题——举一反三，真枪实练】

[16] (2017年·案例分析题　节选)2016年6月3日，人民法院裁定受理债务人甲公司的破产申请。同日，人民法院发布受理破产申请的公告，确定债权人申报债权的期限。

……

根据上述内容，回答下列问题：

债权人申报债权的最短期限和最长期限分别是多少？

[17] (2018年·案例分析题　节选)2017年9月以来，债务人A公司出现不能清偿到期债务且明显缺乏清偿能力的情形。……

确定破产债权时，管理人对A公司所欠职工工资和医疗、伤残补助、抚恤费用，以及应当列入职工个人账户的基本养老和医疗保险费用等列出清单，进行公示。A公司职工对清单记载的所欠基本养老保险等费用提出异议，要求管理人予以更正。但管理人既未更正，也未作出合理的解释和说明。

根据上述内容，回答下列问题：

A公司职工对管理人列出的职工债权清单提出异议并要求更正后，管理人未予更正，对此，有何法律救济途径？

[18] (2017 年 · 单选题)根据企业破产法律制度的规定，下列各项中，免于申报的破产债权是(　)。

A. 社会保障债权

B. 税收债权

C. 对债务人特定财产享有担保权的债权

D. 职工劳动债权

[19] (2013 年 · 多选题)根据企业破产法律制度的规定，下列债务中，债权人应在人民法院确定的期限内进行债权申报的有(　)。

A. 债务人所欠银行未到清偿期的借款

B. 债务人所欠职工工资

C. 债务人所欠税款

D. 债务人所欠职工医疗费

考点 18　破产债权申报的特别规定

【考点母题——万变不离其宗】破产债权申报的特别规定

<table>
<tr><td colspan="2">下列关于破产债权申报特别规定的表述中，正确的有(　)。</td></tr>
<tr><td colspan="2">A. 债务人的保证人或者其他连带债务人已经代替债务人清偿债务的，以其对债务人的求偿权申报债权；尚未代替债务人清偿债务的，以其对债务人的将来求偿权预先申报债权
B. 连带债务人数人被裁定适用该法规定的程序的，其债权人有权就全部债权分别在各破产案件中申报债权</td></tr>
<tr><td rowspan="2">C. 人民法院受理债务人破产案件，债权人在破产程序中申报债权后又向人民法院提起诉讼，请求担保人承担担保责任的，人民法院依法予以支持</td><td>担保人清偿债权人的全部债权后，可以代替债权人在破产程序中受偿；在债权人的债权未获全部清偿前，担保人不得代替债权人在破产程序中受偿，但是有权就债权人通过破产分配和实现担保债权等方式获得清偿总额中超出债权的部分，在其承担担保责任的范围内请求债权人返还</td></tr>
<tr><td>债权人在债务人破产程序中未获全部清偿，请求担保人继续承担担保责任的，人民法院应予支持；担保人承担担保责任后，向和解协议或者重整计划执行完毕后的债务人追偿的，人民法院不予支持</td></tr>
<tr><td colspan="2">D. 债权人知道或者应当知道债务人破产，既未申报债权也未通知担保人，致使担保人不能预先行使追偿权的，担保人就该债权在破产程序中可能受偿的范围内免除担保责任，但是担保人因自身过错未行使追偿权的除外
E. 在人民法院受理债务人破产案件后，保证人不得行使先诉抗辩权(因此时债权人已不能通过对债务人财产的个别执行正常地先向债务人行使权利)，债权人可以直接向负补充责任的保证人追偿</td></tr>
</table>

续表

<table>
<tr><td rowspan="4">F. 保证人被裁定进入破产程序的，债权人有权申报其对保证人的保证债权</td><td>保证债务已到期时，债权人可依保证合同的约定向保证人申报债权追偿</td></tr>
<tr><td>主债务未到期的，保证债权在保证人破产申请受理时视为到期</td></tr>
<tr><td>一般保证的保证人主张行使先诉抗辩权的，人民法院不予支持，但债权人在一般保证人破产程序中的分配额应予提存，待一般保证人应承担的保证责任确定后再按照破产清偿比例予以分配</td></tr>
<tr><td>保证人被确定应当承担保证责任的，保证人的管理人可以就保证人实际承担的清偿额向主债务人或其他债务人行使求偿权</td></tr>
<tr><td rowspan="2">G. 债务人、保证人均被裁定进入破产程序的，债权人有权向债务人、保证人分别申报债权</td><td>债权人向债务人、保证人均申报全部债权的，从一方破产程序中获得清偿后，其对另一方的债权额不作调整(限于连带责任保证)，但债权人的受偿额不得超出其债权总额</td></tr>
<tr><td>保证人履行保证责任后不再享有求偿权</td></tr>
<tr><td>H. 管理人或者债务人依照破产法规定解除双方均未履行完毕的合同，对方当事人以因合同解除所产生的损害赔偿请求权申报债权</td><td>可申报的债权以实际损失为限，违约金不得作为破产债权申报</td></tr>
<tr><td rowspan="2">I. 债务人是委托合同的委托人，其破产案件被人民法院受理，受托人不知该事实，继续处理委托事务的，受托人以由此产生的请求权申报破产债权</td><td>如果受托人已知该事实，但为了债务人即全体债权人利益，在无法向管理人移交事务的紧急情况下继续处理委托事务的，受托人由此产生的请求权作为共益债务优先清偿</td></tr>
<tr><td>如果受托人已知委托人破产之事实，无必要的继续处理委托事务，以不当增加委托费用与报酬数额的，由此而产生的债权，不得作为共益债务或破产债权受偿</td></tr>
<tr><td colspan="2">J. 债务人是票据的出票人，其破产案件被人民法院受理，该票据的付款人继续付款或者承兑的，付款人以由此产生的请求权申报债权</td></tr>
<tr><td>K. 破产申请受理后，债务人欠缴款项产生的滞纳金，包括债务人未履行生效法律文书应当加倍支付的迟延利息和劳动保险金的滞纳金，债权人作为破产债权申报的，人民法院不予确认</td><td>欠缴款项产生的滞纳金，专指在破产申请受理后新发生者</td></tr>
</table>

考点19 破产债权的确认

【考点母题——万变不离其宗】破产债权的确认

债权申报登记册	(1)债权人申报之债权需经审查确认后才能在破产程序中行使权利。根据《企业破产法》以及《破产法司法解释三》的规定，下列对管理人对所申报的债权进行登记造册的表述中，正确的有(　)。

续表

债权申报登记册	A. 管理人应当依照企业破产法第五十七条的规定对所申报的债权进行登记造册，详尽记载申报人的姓名、单位、代理人、申报债权额、担保情况、证据、联系方式等事项，形成债权申报登记册，不允许以其认为债权超过诉讼时效或不能成立等为由拒绝编入债权申报登记册 B. 管理人对债权申报登记造册后，应当依照企业破产法第五十七条的规定对债权的性质、数额、担保财产、是否超过诉讼时效期间、是否超过强制执行期间等情况进行审查、编制债权表并提交债权人会议核查。债权表、债权申报登记册及债权申报材料在破产期间由管理人保管，债权人、债务人、债务人职工及其他利害关系人有权查阅
债权确定	(2)下列关于债权审查确定的表述中，正确的有(　)。
	A. 债权审查的判断原则是，凡未经发生法律效力的法律文书所确认的债权，均应在审查之列；已经发生法律效力的法律文书所确认的债权，原则上可直接列入债权确认表中，但确有证据证明该债权是虚构、不真实的，或依据破产法应做特殊调整的除外 B. 已经生效法律文书确定的债权，管理人应当予以确认；管理人认为债权人据以申报债权的生效法律文书确定的债权错误，或者有证据证明债权人与债务人恶意通过诉讼、仲裁或者公证机关赋予强制执行力公证文书的形式虚构债权债务的，应当依法通过审判监督程序向作出该判决、裁定、调解书的人民法院或者上一级人民法院申请撤销生效法律文书，或者向受理破产申请的人民法院申请撤销或者不予执行仲裁裁决、不予执行公证债权文书后，重新确定债权
债权登记表的核查	(3)下列关于债权登记表核查的表述中，正确的有(　)。
	A. 管理人依法编制的债权登记表，应当提交第一次债权人会议核查 B. 由管理人宣读被核查债权的申报登记情况以及有关证据材料，必要时可由该债权人作进一步说明 C. 由管理人、债务人、其他债权人等利害关系人陈述意见，由该债权人解释，有疑问者可继续进行询问。对管理人审查债权存在争议的，也可以在会后由异议人书面向管理人提出 D. 经核查后，管理人、债务人、其他债权人等对债权无异议的，列入债权确认表中
存在异议的债权	(4)下列关于存在异议的债权处理的表述中，正确的有(　)、
	A. 经核查后仍存在异议的债权，由人民法院裁定该异议债权是否列入债权确认表内；债权确认表由人民法院裁定确认，但允许通过提起债权确认诉讼予以修正，即该项裁定无实体法律效力，不影响债权人等利害关系人提起债权确认诉讼的权利 B. 债务人、债权人对债权表记载的债权有异议的，应当说明理由和法律依据；经管理人解释或调整后，异议人仍然不服的，或者管理人不予解释或调整的，异议人应当在债权人会议核查结束后 15 日内向人民法院提起债权确认的诉讼；当事人之间在破产申请受理前订立有仲裁条款或仲裁协议的，应当向选定的仲裁机构申请确认债权债务关系 C. 债务人对债权表记载的债权有异议向人民法院提起诉讼的，应将被异议债权人列为被告 D. 债权人对债权表记载的他人债权有异议的，应将被异议债权人列为被告 E. 债权人对债权表记载的本人债权有异议的，应将债务人列为被告 F. 对同一笔债权存在多个异议人，其他异议人申请参加诉讼的，应当列为共同原告

【考点子题——举一反三，真枪实练】

[20] (2017年·案例分析题 节选)2016年6月3日，人民法院裁定受理债务人甲公司的破产申请。同日，人民法院发布受理破产申请的公告，确定债权人申报债权的期限。在此期限内，管理人收到以下债权申报：

……

(4)甲公司长期拖欠E公司货款，累计20万元。E公司申报20万元本息的债权。

甲公司管理人收到上述申报后，审查了A、B、C、D、E五家债权人的相关资料，认为E公司主张的债权已经超过诉讼时效期间，故未将E公司申报的债权编入债权登记表。

根据上述内容，回答下列问题：

甲公司管理人不将E公司债权编入债权登记表的理由是否成立？并说明理由。

第六节　债权人会议

本节考点、考点母题及考点子题

考点 20　债权人会议的组成

（一）债权人会议的概念

【考点母题——万变不离其宗】债权人会议的概念

概念	(1)下列关于债权人会议概念的表述中，正确的是(　)。
	A. 债权人会议，是由所有依法申报债权的债权人组成，以保障债权人共同利益为目的，为实现债权人的破产程序知情权、参与权，讨论决定有关破产事宜，表达债权人意志，协调债权人行为的破产议事机构
性质、地位	(2)下列债权人会议性质、地位的表述中，正确的有(　)。
	A. 在破产程序中，债权人会议不是一个独立的民事权利主体，而只是具有自治性质的团体机构 B. 债权人会议仅在破产程序中与法院、管理人、债务人或破产人等有关当事人进行交涉，负责处理涉及全体债权人共同利益的问题，协调债权人的法律行为，采用多数表决的方式在其职权范围内议决有关破产事宜 C. 债权人会议不能与破产程序之外的主体发生法律关系 D. 债权人会议依召集会议的方式进行活动，虽属于法定必设机关，但不是常设的机构，而是会议体机构 E. 债权人会议仅为决议机关，虽享有法定职权，但本身无执行功能，其所作出的相关决议一般由管理人、债权人委员会负责执行

（二）债权人会议的成员与权利

【考点母题——万变不离其宗】债权人会议的成员与权利

成员	(1)下列关于债权人会议的成员的表述中，正确的是(　)。	
	A. 依法申报债权的债权人为债权人会议的成员	
权利	表决权	(2)下列关于债权人会议成员表决权的表述中，正确的有(　)。
		A. 依法申报债权的债权人为债权人会议的成员，有权参加债权人会议，享有表决权

续表

<table>
<tr><td rowspan="7">权利</td><td>表决权</td><td>B. 凡是申报债权者均有权参加第一次债权人会议，有权参加对其债权的核查、确认活动，并可依法提出异议
C. 对于在第一次会议上确认债权以后的债权人会议，便只有债权得到确认者才有权行使表决权
D. 债权尚未确定的债权人，除人民法院能够为其行使表决权而临时确定债权额者外，不得行使表决权
E. 对债务人的特定财产享有担保权的债权人，未放弃优先受偿权利的，对于通过和解协议、通过破产财产的分配方案事项不享有表决权</td></tr>
<tr><td rowspan="2">知情权</td><td>(3)下列关于债权人知情权的表述中，正确的有(　)。</td></tr>
<tr><td>A. 每个债权人都享有在破产程序中的知情权
B. 单个债权人有权查阅债务人财产状况报告、债权人会议决议、债权人委员会决议、管理人监督报告等参与破产程序所必需的债务人财务和经营信息资料
C. 管理人无正当理由不予提供的，债权人可以请求人民法院作出决定；人民法院应当在五日内作出决定
D. 上述信息资料涉及商业秘密的，债权人应当依法承担保密义务或者签署保密协议；涉及国家秘密的应当依照相关法律规定处理</td></tr>
<tr><td rowspan="2">表决权的代理</td><td>(4)下列关于债权人表决权代理的表述中，正确的有(　)。</td></tr>
<tr><td>A. 债权人可以自己出席会议，也可以委托代理人出席债权人会议，行使表决权
B. 代理人出席债权人会议，应当向人民法院或者债权人会议主席提交债权人的授权委托书</td></tr>
<tr><td rowspan="2">债权人会议中的职工和工会代表</td><td>(5)下列关于债务人的职工和工会代表在债权人会议中表决权的表述中，正确的有(　)。</td></tr>
<tr><td>A. 债权人会议应当有债务人的职工和工会的代表参加，对有关事项发表意见
B. 债务人的职工和工会的代表在债权人会议上没有表决权
C. 但如存在职工劳动债权不能从破产财产中获得全额、及时优先受偿，或是在重整程序中债权人会议决议通过可能影响其清偿、就业利益的重整计划草案等情况下，职工债权人应享有表决权，职工债权人的表决权可以通过职工代表行使</td></tr>
<tr><td rowspan="3">组成</td><td colspan="2">(6)下列关于债权人会议主席的表述中，正确的有(　)。</td></tr>
<tr><td colspan="2">A. 债权人会议设主席一人，由人民法院在有表决权的债权人中指定，通常是由在破产程序中无优先权的大债权人担任
B. 由单位债权人出任债权人会议主席的，该单位应当指定一名常任代表履行主席职务，且一般情况下不得更换
C. 债权人会议主席依法行使职权，负责债权人会议的召集、主持等工作</td></tr>
<tr><td colspan="2">(7)下列关于债权人会议列席人员的表述中，正确的有(　)。</td></tr>
</table>

第8章

续表

<table>
<tr><td>组成</td><td>A. 债权人会议的列席人员是指不属于会议正式成员，无表决权，为协助债权人会议顺利召开，因履行法定义务或职务义务而参加会议的人员
B. 债务人的法定代表人有义务列席债权人会议
C. 经人民法院决定，债务人企业的财务管理人员和其他经营管理人员也有义务列席债权人会议
D. 管理人作为负有财产事务管理职责的人应当列席债权人会议
E. 有义务列席债权人会议的债务人的有关人员，经人民法院传唤，无正当理由拒不列席债权人会议的，人民法院可以拘传，并依法处以罚款
F. 债务人的有关人员违反法律规定，拒不陈述、回答，或者作虚假陈述、回答的，人民法院可以依法处以罚款</td></tr>
</table>

考点 21　债权人会议的召集与职权

【考点母题——万变不离其宗】债权人会议的召集与职权

<table>
<tr><td rowspan="2">召集</td><td colspan="2">(1)下列关于债权人会议召集的表述中，正确的有(　)。</td></tr>
<tr><td colspan="2">A. 债权人会议是依召集方式活动、依表决决议方式作出决策的议决机关
B. 第一次债权人会议由人民法院召集，自债权申报期限届满之日起 15 日内召开
C. 以后的债权人会议，在人民法院认为必要时，或者管理人、债权人委员会、占债权总额 1/4 以上的债权人向债权人会议主席提议时召开，债权人会议主席无权拒绝召开会议
D. 召开债权人会议，管理人应当提前 15 日通知已知的债权人</td></tr>
<tr><td rowspan="2">职权</td><td colspan="2">(2)债权人会议行使的职权的有(　)。</td></tr>
<tr><td colspan="2">A. 核查债权　　B. 申请人民法院更换管理人，审查管理人的费用和报酬
C. 监督管理人　　D. 选任和更换债权人委员会成员
E. 决定继续或者停止债务人的营业
F. 通过重整计划　　G. 通过和解协议
H. 通过债务人财产的管理方案
I. 通过破产财产的变价方案
J. 通过破产财产的分配方案
K. 人民法院认为应当由债权人会议行使的其他职权
【注意】债权人会议应当对所议事项的决议作成会议记录。</td></tr>
<tr><td rowspan="3">决议</td><td rowspan="3">作出</td><td>(3)下列关于债权人会议决议作出的表述中，正确的有(　)。</td></tr>
<tr><td>A. 债权人会议的决议，由出席会议的有表决权的债权人过半数通过，并且其所代表的债权额占无财产担保债权总额的 1/2 以上；但是，法律对债权人会议通过和解协议与重整计划草案的决议有更为严格的规定
B. 债权人会议的决议除现场表决外，可以由管理人事先将相关决议事项告知债权人，采取通信、网络投票等非现场方式进行表决
C. 采取非现场方式进行表决的，管理人应当在债权人会议召开后的 3 日内，以信函、电子邮件、公告等方式将表决结果告知参与表决的债权人</td></tr>
<tr><td>(4)下列关于债权人会议决议效力的表述中，正确的有(　)。</td></tr>
</table>

续表

<table>
<tr><td rowspan="3">决议</td><td rowspan="3">效力</td><td colspan="2">A. 债权人会议的决议，对于在该决议事项上有表决权的全体债权人均有约束力</td></tr>
<tr><td rowspan="2">B. 债权人认为债权人会议的决议违反法律规定，损害其利益的，可以自债权人会议作出决议之日起 15 日内，请求人民法院裁定撤销该决议，责令债权人会议依法重新作出决议</td><td>(5)债权人会议的决议具有特定情形之一，损害债权人利益，债权人申请撤销的，人民法院应予支持。该特定情形有(　)。</td></tr>
<tr><td>A. 债权人会议的召开违反法定程序
B. 债权人会议的表决违反法定程序
C. 债权人会议的决议内容违法
D. 债权人会议的决议超出债权人会议的职权范围
【注意】人民法院可以裁定撤销全部或者部分事项决议，责令债权人会议依法重新作出决议。债权人申请撤销债权人会议决议的，应当提出书面申请。债权人会议采取通信、网络投票等非现场方式进行表决的，债权人申请撤销的期限自债权人收到通知之日起算。</td></tr>
<tr><td rowspan="2">僵局解决办法</td><td colspan="3">(6)下列关于债权人会议僵局解决办法的表述中，正确的有(　)。</td></tr>
<tr><td colspan="3">A. 通过债务人财产的管理方案和通过破产财产的变价方案，经债权人会议表决未通过的，由人民法院裁定
B. 通过破产财产的分配方案，经债权人会议二次表决仍未通过的，由人民法院裁定
C. 上述裁定，人民法院可以在债权人会议上宣布或者另行通知债权人
D. 人民法院在裁定之前应对方案进行严格的审查，如果发现方案存在违反法律规定、违反债权人利益最大化原则、损害少数债权人法定权益等问题，应当要求管理人对方案作出相应修改后，再次提交债权人会议表决
E. 债权人对人民法院批准债务人财产管理方案和破产财产变价方案的裁定不服的，债权额占无财产担保债权总额 1/2 以上的债权人对人民法院批准破产财产分配方案的裁定不服的，可以自裁定宣布之日或者收到通知之日起 15 日内向该人民法院申请复议；复议期间不停止裁定的执行</td></tr>
</table>

【考点子题——举一反三，真枪实练】

[21] (2021 年 · 单选题)根据企业破产法律制度的规定，第一次债权人会议的召集主体是(　)。

A. 管理人

B. 人民法院

C. 债权人委员会

D. 债权额占债权总额 1/4 以上的债权人

债权人委员会

【考点母题——万变不离其宗】债权人委员会

概念与组成	(1)下列关于债权人委员会概念的表述中，正确的是(　)。
	A. 债权人委员会是遵循债权人的共同意志，代表债权人会议监督管理人行为以及破产程序合法、公正进行，处理破产程序中的有关事项，维护债权人利益的常设监督机构
	(2)下列关于债权人委员会组成的表述中，正确的有(　)。
	A. 债权人委员会为破产程序中的选任机关，由债权人会议根据案件具体情况决定是否设置 B. 债权人委员会中的债权人代表由债权人会议选任、罢免 C. 债权人委员会中还应当有一名债务人企业的职工代表或者工会代表 D. 债权人委员会的成员人数原则上应为奇数，最多不得超过 9 人 E. 出任债权人委员会的成员应当经人民法院书面认可
职权	(3)债权人委员会行使的职权的有(　)。
	A. 监督债务人财产的管理和处分　B. 监督破产财产分配 C. 提议召开债权人会议　D. 债权人会议委托的其他职权
	(4)债权人会议授权债权人委员会行使职权的下列表述中，正确的有(　)。
	A. 债权人会议可以依照企业破产法的有关规定，委托债权人委员会行使企业破产法第六十一条第一款第二、三、五项规定的债权人会议职权 B. 债权人会议不得作出概括性授权，委托其行使债权人会议所有职权
	(5)管理人、债务人的有关人员对债权人的义务、责任有(　)。
	A. 债权人委员会执行职务时，有权要求管理人、债务人的有关人员对其职权范围内的事务作出说明或者提供有关文件 B. 管理人、债务人的有关人员违反法律规定拒绝接受监督的，债权人委员会有权就监督事项请求人民法院作出决定，强制施行；人民法院接到债权人委员会的请求应当在 5 日内作出决定
	(6)下列关于债权人委员会决议和接受监督的表述中，正确的有(　)。
	A. 债权人委员会决定所议事项应获得全体成员过半数通过，并作成议事记录 B. 债权人委员会成员对所议事项的决议有不同意见的，应当在记录中载明 C. 债权人委员会行使职权应当接受债权人会议的监督，以适当的方式向债权人会议及时汇报工作，并接受人民法院的指导
	(7)管理人实施特定行为，应当及时报告债权人委员会。该特定行为有(　)。
	A. 涉及土地、房屋等不动产权益的转让 B. 探矿权、采矿权、知识产权等财产权的转让 C. 全部库存或者营业的转让　D. 借款　E. 设定财产担保 F. 债权和有价证券的转让　G. 履行债务人和对方当事人均未履行完毕的合同 H. 放弃权利　I. 担保物的收回 J. 对债权人利益有重大影响的其他财产处分行为 【注意】未设立债权人委员会的，管理人实施上述行为应当及时报告人民法院。

续表

职权	(8)管理人处分企业破产法规定的债务人重大财产时，债权人委员会的职权有(　)。
	A. 管理人处分企业破产法规定的债务人重大财产的，应当事先制作财产管理或者变价方案并提交债权人会议进行表决，债权人会议表决未通过的，管理人不得处分 B. 管理人实施处分前，应当根据企业破产法的有关规定，提前10日书面报告债权人委员会或者人民法院 C. 债权人委员会可以依照企业破产法的有关规定，要求管理人对处分行为作出相应说明或者提供有关文件依据 D. 债权人委员会认为管理人实施的处分行为不符合债权人会议通过的财产管理或变价方案的，有权要求管理人纠正 E. 管理人拒绝纠正的，债权人委员会可以请求人民法院作出决定 F. 人民法院认为管理人实施的处分行为不符合债权人会议通过的财产管理或变价方案的，应当责令管理人停止处分行为；管理人应当予以纠正，或者提交债权人会议重新表决通过后实施

第七节　重整程序

本节考点、考点母题及考点子题

考点 23　重整制度的一般原理

【考点母题——万变不离其宗】重整制度的一般原理

<table>
<tr><td rowspan="2">概念</td><td colspan="2">(1)下列关于重整制度概念的表述中，正确的是(　)。</td></tr>
<tr><td colspan="2">A. 重整是指对已经或可能发生破产原因但又有挽救希望与价值的企业，通过对各方利害关系人的利益协调，借助法律强制进行股权、营业、资产重组与债务清理，以避免破产退出、获得事业更生的法律制度</td></tr>
<tr><td>意义</td><td colspan="2">重整制度的设置，就是要在可能的情况下尽力缓解传统的破产清算制度的不利影响，避免或减少职工失业，挽救企业的营运与社会价值，努力保护社会投资与事业经营，实现破产财产价值的最大化，保障债权人等利害关系人的权益，维护社会稳定与和谐</td></tr>
<tr><td rowspan="6">特征</td><td colspan="2">(2)重整制度的特点有(　)。</td></tr>
<tr><td rowspan="2">A. 重整申请时间提前、启动主体多元化</td><td>提出破产清算与和解申请，以债务人已经发生破产原因为前提，而重整申请不仅在债务人已经发生破产原因时可以提出，而且在其有破产原因发生的可能时即可提出，可以使债务人获得更为充分的挽救机会</td></tr>
<tr><td>不仅债务人、债权人可以提出，债务人的股东也可在一定条件下提出。国务院金融监督管理机构可以向人民法院提出对金融机构进行重整的申请。</td></tr>
<tr><td rowspan="2">B. 参与重整活动的主体多元化、重整措施多样化</td><td>债权人包括有物权担保的债权人、债务人及债务人的股东等各方利害关系人均参与重整程序的进行</td></tr>
<tr><td>除延期、减免偿还债务外，还要提出企业的经营方案，可以采取引入新的投资人，向重组企业者无偿转让全部或部分股权，核减或增加注册资本，向特定对象定向发行新股或债券，将债权转为股份，转让营业或置换资产等方法，必要时还可采取出售式重整，清算注销原破产企业，设立新公司，或企业分立、合并等方法</td></tr>
<tr><td>C. 担保物权受限</td><td>在担保物为企业重整所必需时，物权担保债权人的优先受偿权受到限制，原则上不能行使对担保物的变现权利，这是重整程序与其他破产程序的重大不同之处</td></tr>
</table>

续表

<table>
<tr><td rowspan="5">特征</td><td>D. 重整程序具有强制性</td><td>只要债权人会议各表决组及股东组以法定多数通过重整计划，经人民法院批准，对所有当事人均具有法律效力。而且，在未获全部表决组通过的情况下(但至少有一组通过)，如果重整计划草案符合法定条件，债务人或者管理人可以申请人民法院予以批准。人民法院可在保证反对者的法定利益不受损害等条件下强制批准重整计划，以避免因部分利害关系人的反对而无法进行重整</td></tr>
<tr><td rowspan="3">E. 债务人可负责制定、执行重整计划</td><td>除非债务人存在破产欺诈、无经营能力等情况，根据《企业破产法》规定，在重整期间，经债务人申请、人民法院批准，债务人可以在管理人的监督下制定重整计划草案，自行管理财产和营业事务。</td></tr>
<tr><td>这可以消除债务人及其股东、董事、高级管理人员等对重整的抵制心理，保障其合理的既得利益，促使其在发生债务危机时尽早申请重整，以减少债权人的损失，并力促重整成功</td></tr>
<tr><td>相对于由律师、注册会计师等出任的管理人，债务人更为熟悉企业的经营与业务，由其负责重整计划的制定与执行，成功的可能性较大</td></tr>
</table>

<table>
<tr><td rowspan="2">上市公司破产重整遵循的原则</td><td colspan="3">(3)审理上市公司破产重整案件应遵循的原则有(　)。</td></tr>
<tr><td>A. 依法公正审理原则</td><td>B. 挽救危困企业原则</td><td>C. 维护社会稳定原则</td></tr>
</table>

考点24 重整申请和重整期间

(一)重整申请

【考点母题——万变不离其宗】重整申请

<table>
<tr><td rowspan="9">申请主体</td><td colspan="2">(1)下列关于重整申请主体的表述中，正确的有(　)。</td></tr>
<tr><td colspan="2">A. 债务人或者债权人可以依法直接向人民法院申请对债务人进行重整</td></tr>
<tr><td rowspan="2">B. 债权人申请对债务人进行破产清算的，在人民法院受理破产申请后、宣告债务人破产前，债务人或者出资额占债务人注册资本1/10以上的出资人，可以向人民法院申请重整</td><td>申请程序转换即“清算-重整”</td></tr>
<tr><td>大股东启动应符合的条件：持股≥1/10；时间-宣告前；程序-仅重整</td></tr>
<tr><td rowspan="2">C. 债权人申请对债务人进行破产清算的，在人民法院受理破产申请后、宣告债务人破产前，其他债权人也可以申请对债务人进行重整</td><td>申请程序转换即“清算—重整”</td></tr>
<tr><td>时间-宣告前；程序—仅重整</td></tr>
<tr><td colspan="2">D. 国务院金融监督管理机构可以向人民法院提出对金融机构进行重整的申请</td></tr>
<tr><td colspan="2">【注意】债务人提出重整申请，除应提交《企业破产法》第八条规定的材料外，还应当提交债务人通过重整程序，能够持续经营，可能获得新的投资或经营收益以偿还债务，摆脱困境的重整可行性报告。</td></tr>
</table>

续表

审查重整申请时的听证制度	(2)对于债权债务关系复杂、债务规模较大，或者涉及上市公司重整的案件，人民法院在审查重整申请时，可以组织听证。下列关于听证的表述中，正确的有(　)。
	A. 人民法院可以组织申请人、被申请人听证 B. 债权人、出资人、重整投资人等利害关系人经人民法院准许，也可以参加听证 C. 听证期间不计入重整申请审查期限
对重整企业的识别审查机制与标准	(3)人民法院应当建立对重整企业的识别审查机制与标准。下列对重整企业的识别审查机制与标准的表述中，正确的有(　)。
	A. 破产重整的对象应当是具有挽救价值和可能的困境企业；对于僵尸企业，应通过破产清算，果断实现市场出清 B. 人民法院在审查重整申请时，根据债务人的资产状况、技术工艺、生产销售、行业前景等因素，能够认定债务人明显不具备重整价值以及拯救可能性的，应裁定不予受理
裁定重整	(4)下列关于裁定重整的表述中，正确的有(　)。
	A. 人民法院经审查认为重整申请符合法律规定的，应当裁定债务人重整，并予以公告 B. 人民法院在审查重整申请时对符合法律规定的申请应当及时受理，不得拖延阻碍；对不具有重整可能的申请应及时裁定不予受理 C. 人民法院在裁定受理上市公司破产重整申请前，应当将相关材料逐级报送最高人民法院审查
上市公司重整的信息披露	(5)下列关于上市公司重整信息披露表的述中，正确的有(　)。
	A. 对于股票仍在正常交易的上市公司，在上市公司破产重整申请相关信息披露前，上市公司及其债权人、出资人等利害关系人应当按照法律、行政法规、证券监管机构的部门规章及证券交易所上市规则做好信息保密工作 B. 上市公司的债权人提出破产重整申请的，人民法院应当要求债权人提供其已就此告知上市公司的有关证据 C. 上市公司应当按照相关规则及时履行信息披露义务 D. 上市公司进入破产重整程序后，由管理人履行相关法律、行政法规、部门规章和公司章程规定的原上市公司董事会、董事和高级管理人员承担的职责和义务，上市公司自行管理财产和营业事务的除外 E. 管理人在上市公司破产重整程序中存在信息披露违法违规行为的，应当依法承担相应的责任

（二）重整期间

【考点母题——万变不离其宗】重整期间

重整期间	(1)下列关于重整期间的表述中，正确的有(　)。
	A. 自人民法院裁定债务人重整之日起至重整程序终止，为重整期间 B. 重整期间不包括重整计划得到批准后的执行期间 (“活+终止”重整计划批准后 进入执行期间 法院不再参与)

续表

<table>
<tr><td rowspan="5">债务人自行管理</td><td colspan="2">在重整期间，债务人的财产管理和营业事务执行，可以由债务人或管理人负责。</td></tr>
<tr><td colspan="2">(2)经债务人申请，人民法院批准，债务人可以在管理人的监督下自行管理财产和营业事务，但债务人应同时符合特定条件。该特定条件有(　)。</td></tr>
<tr><td colspan="2">A. 债务人的内部治理机制仍正常运转
B. 债务人自行管理有利于债务人继续经营
C. 债务人不存在隐匿、转移财产的行为
D. 债务人不存在其他严重损害债权人利益的行为
【注意】债务人提出重整申请时可以一并提出自行管理的申请。</td></tr>
<tr><td colspan="2">(3)下列关于债务人自行管理时管理人职权的表述中，正确的有(　)。</td></tr>
<tr><td colspan="2">A. 经人民法院批准由债务人自行管理财产和营业事务的，企业破产法规定的管理人职权中有关财产管理和营业经营的职权应当由债务人行使；管理人应当对债务人的自行管理行为进行监督
B. 管理人发现债务人存在严重损害债权人利益的行为或者有其他不适宜自行管理情形的，可以申请人民法院作出终止债务人自行管理的决定；债务人有前述行为而管理人未申请人民法院作出终止决定的，债权人等利害关系人可以向人民法院提出申请
C. 人民法院决定终止的，应当通知管理人接管债务人财产和营业事务</td></tr>
<tr><td rowspan="2">重整案件受理后债务人的财产和营业事务</td><td colspan="2">(4)下列关于重整案件受理后债务人财产和营业事务管理的表述中，正确的有(　)。</td></tr>
<tr><td colspan="2">A. 重整案件受理后法院批准债务人自行管理的，管理人应当向债务人移交财产和营业事务，人民法院要督促管理人制订监督债务人的具体制度
B. 管理人负责管理财产和营业事务的，可以聘任债务人的经营管理人员负责营业等事务</td></tr>
<tr><td rowspan="5">重整期间对担保权行使的限制</td><td colspan="2">(5)下列关于重整期间担保权暂停行使的表述中，正确的有(　)。</td></tr>
<tr><td rowspan="2">A. 在重整期间，对债务人的特定财产享有的担保权暂停行使；但非企业重整中必需使用的担保财产，经债务人或管理人同意，担保权人可以行使担保权</td><td>重整程序中，要依法平衡保护担保物权人的合法权益和企业重整价值。重整申请受理后，管理人或者自行管理的债务人应当及时确定设定有担保物权的债务人财产是否为重整所必需</td></tr>
<tr><td>如果认为担保物不是重整所必需，管理人或者自行管理的债务人应当及时对担保物进行拍卖或者变卖，拍卖或者变卖担保物所得价款在支付拍卖、变卖费用后优先清偿担保物权人的债权</td></tr>
<tr><td rowspan="2">B. 担保物有损坏或者价值明显减少的可能，足以危害担保权人权利的，担保权人可以向人民法院请求恢复行使担保权</td><td>在担保物权暂停行使期间，担保物权人根据《企业破产法》第七十五条的规定向人民法院请求恢复行使担保物权的，人民法院应当自收到恢复行使担保物权申请之日起30日内作出裁定</td></tr>
<tr><td>经审查，担保物权人的申请不符合第七十五条的规定，或者虽然符合该条规定但管理人或者自行管理的债务</td></tr>
</table>

续表

<table>
<tr><td rowspan="2">重整期间对担保权行使的限制</td><td rowspan="2">B. 担保物有损坏或者价值明显减少的可能，足以危害担保权人权利的，担保权人可以向人民法院请求恢复行使担保权</td><td>人有证据证明担保物是重整所必需，并且提供与减少价值相应担保或者补偿的，人民法院应当裁定不予批准恢复行使担保物权。担保物权人不服该裁定的，可以自收到裁定书之日起 10 日内，向作出裁定的人民法院申请复议</td></tr>
<tr><td>人民法院裁定批准行使担保物权的，管理人或者自行管理的债务人应当自收到裁定书之日起 15 日内启动对担保物的拍卖或者变卖，拍卖或者变卖担保物所得价款在支付拍卖、变卖费用后优先清偿担保物权人的债权</td></tr>
<tr><td rowspan="2">债务人财产设定担保</td><td colspan="2">(6)下列关于重整期间债务人财产设定担保及发生费用与债务的表述中，正确的有(　)。</td></tr>
<tr><td colspan="2">A. 在重整期间，债务人或者管理人为继续营业而借款的，可以以债务人财产为该借款设定担保
B. 债务人在重整期间为重整进行而发生的费用与债务，可以参照共益债务优先受偿</td></tr>
<tr><td rowspan="2">取回权</td><td colspan="2">(7)下列关于重整期间取回权的表述中，正确的是(　)。</td></tr>
<tr><td colspan="2">A. 债务人合法占有的他人财产，该财产的权利人在重整期间要求取回的，应当符合事先约定的条件</td></tr>
<tr><td rowspan="2">对债务人的出资人和董监高的权利限制</td><td colspan="2">(8)下列关于在重整期间对债务人的出资人及债务人的董监高权利限制的表述中，正确的有(　)。</td></tr>
<tr><td colspan="2">A. 在重整期间，债务人的出资人不得请求投资收益分配
B. 在重整期间，债务人的董事、监事、高级管理人员不得向第三人转让其持有的债务人的股权，但经人民法院同意的除外</td></tr>
<tr><td rowspan="2">重整程序的终止</td><td colspan="2">(9)在重整期间，有特定情形之一的，经管理人或者利害关系人请求，人民法院应当裁定终止重整程序，并宣告债务人破产。该特定情形有(　)。</td></tr>
<tr><td colspan="2">A. 债务人的经营状况和财产状况继续恶化，缺乏挽救的可能性
B. 债务人有欺诈、恶意减少债务人财产或者其他显著不利于债权人的行为
C. 由于债务人的行为致使管理人无法执行职务
(“死+终止”)</td></tr>
</table>

【考点子题——举一反三，真枪实练】

[22] (经典子题·单选题)思瑞公司不能清偿到期债务，债权人向法院申请破产清算。法院受理并指定了管理人。在宣告破产前，持有思瑞公司 20%注册资本的股东甲认为如引进战略投资者乙公司，思瑞公司仍有生机，于是向人民法院申请重整。下列关于思瑞公司重整的表述中，符合企业破产法律制度规定的是(　)。

A. 如甲申请重整，必须附有乙公司的投资承诺

B. 如债权人反对，则思瑞公司不能开始重整

C. 如思瑞公司开始重整，则管理人应辞去职务

D. 只要思瑞公司的重整计划草案获得法院批准，重整程序就终止

考点25 重整计划的制定与批准

（一）重整计划的制定

【考点母题——万变不离其宗】重整计划的制定

<table>
<tr><td rowspan="2">重整计划草案的制作和提交</td><td colspan="2">(1)下列关于重整计划草案的表述中，正确的有（ ）。</td></tr>
<tr><td colspan="2">A. 债务人企业在重整申请受理之后，应当在法定期限内制定并提交重整计划草案
B. 债务人自行管理财产和营业事务的，由债务人制作重整计划草案；管理人负责管理财产和营业事务的，由管理人制作重整计划草案
C. 债务人或者管理人应当自人民法院裁定债务人重整之日起6个月内，同时向人民法院和债权人会议提交重整计划草案
D. 债权人、股东、战略投资人等利害关系人也可以制作或参与制作重整计划草案，提交给债务人或管理人；债务人或管理人认为该重整计划草案可行的，可以提交或修改后提交债权人会议讨论
E. 期限届满，经债务人或者管理人请求，有正当理由的，人民法院可以裁定延期3个月
F. 债务人或者管理人未按期提出重整计划草案的，人民法院应当裁定终止重整程序，并宣告债务人破产</td></tr>
<tr><td rowspan="5">重整计划草案的内容</td><td colspan="2">(2)重整计划草案应当包括的内容有（ ）。</td></tr>
<tr><td rowspan="2">A. 债务人的经营方案</td><td>所谓经营方案，是指债务人重新获得营运与盈利能力的经营管理方案、融资方案以及股权、资产与业务重组方案等有关具体重整措施内容的方案</td></tr>
<tr><td>上市公司或者其管理人制定的重整计划草案中的经营方案涉及并购重组等行政许可审批事项的，应当聘请报国务院证券监管机构和国务院有关主管部门备案的财务顾问机构、律师事务所以及会计师事务所、资产评估机构等证券服务机构按照证券监管机构的有关要求及格式编制相关材料，并作为重整计划草案及其经营方案的必备文件</td></tr>
<tr><td colspan="2">B. 债权分类　C. 债权调整方案
D. 债权受偿方案　E. 重整计划的执行期限
F. 重整计划执行的监督期限　G. 有利于债务人重整的其他方案</td></tr>
<tr><td colspan="2">【注意】控股股东、实际控制人及其关联方在上市公司破产重整程序前因违规占用、担保等行为对上市公司造成损害的，制定重整计划草案时应当根据其过错对控股股东及实际控制人支配的股东的股权作相应减少调整。</td></tr>
</table>

（二）重整计划草案的表决与批准

【考点母题——万变不离其宗】重整计划的表决与批准

<table>
<tr><td rowspan="2">表决前的说明</td><td colspan="2">(1)下列关于债务人或管理人在重整计划草案提请表决之前的说明义务表述中，正确的是(　)。</td></tr>
<tr><td colspan="2">A. 在重整计划草案提请表决之前，债务人或管理人应当向债权人等利害关系人履行详尽的说明义务，利害关系人认为债务人或管理人说明不充分的，可以要求债务人或管理人补充说明或接受询问</td></tr>
<tr><td rowspan="7">债权分组</td><td colspan="2">(2)下列关于重整计划债权人表决组划分的表述中，正确的有(　)。</td></tr>
<tr><td colspan="2">A. 重整计划草案在债权人会议上进行分组表决
B. 表决组的划分要充分体现出当事人在重整计划中的差别利益</td></tr>
<tr><td rowspan="4">C. 债权人参加讨论重整计划草案的债权人会议，依照下列债权分类，分组对重整计划草案进行表决</td><td>a. 对债务人的特定财产享有担保权的债权</td></tr>
<tr><td>b. 债务人所欠职工的工资和医疗、伤残补助、抚恤费用，所欠的应当划入职工个人账户的基本养老保险、基本医疗保险费用，以及法律、行政法规规定应当支付给职工的补偿金</td></tr>
<tr><td>c. 债务人所欠税款</td></tr>
<tr><td>d. 普通债权</td></tr>
<tr><td colspan="2">D. 人民法院在必要时可以决定在普通债权组中设小额债权组对重整计划草案进行表决
E.《企业破产法》规定的债权分组是指导性的，不是强制性的，除法律列举的组别划分外，人民法院还可以根据案件具体情况，决定设置其他组别，如公司债债权人组、次级债债权人组等；但是，表决组别的设置不得损害表决结果的公平性</td></tr>
<tr><td rowspan="2">出资人组</td><td colspan="2">(3)下列关于重整计划出资人组的表述中，正确的有(　)。</td></tr>
<tr><td colspan="2">A. 债务人的出资人代表可以列席讨论重整计划草案的债权人会议
B. 重整计划草案涉及出资人权益调整事项的，应当设出资人组，对该事项进行表决
C. 出资人组的表决，按照公司法规定的股东(大)会的表决方式进行，即按照出资比例行使表决权，同意者的人数不是表决是否通过的考虑因素，这是与债权人组表决不同的
D. 出资人组对重整计划草案中涉及出资人权益调整事项的表决，经参与表决的出资人所持表决权 2/3 以上通过的，即为该组通过重整计划草案
E. 在上市公司的重整中，为最大限度地保护中小投资者的合法权益，上市公司或者管理人应当提供网络表决的方式，为出资人行使表决权提供便利</td></tr>
<tr><td rowspan="2">不参加表决的债权人</td><td colspan="2">(4)下列关于不参加重整计划草案表决的表述中，正确的是(　)。</td></tr>
<tr><td colspan="2">A. 重整计划不得规定减免债务人欠缴的纳入社会统筹账户的社会保险费用，该项费用的债权人不参加重整计划草案的表决</td></tr>
</table>

续表

<table>
<tr><td rowspan="2">债权人或者股东是否参加表决</td><td colspan="2">(5)下列关于债权人或者股东是否参加重整计划草案表决的表述中，正确的有(　)。</td></tr>
<tr><td colspan="2">A. 对重整计划草案进行分组表决时，权益因重整计划草案受到调整或者影响的债权人或者股东，有权参加表决
B. 权益未受到调整或者影响的债权人或者股东，不参加重整计划草案的表决</td></tr>
<tr><td rowspan="2">表决</td><td colspan="2">(6)下列关于重整计划草案表决的表述中，正确的有(　)。</td></tr>
<tr><td colspan="2">A. 人民法院应当自收到重整计划草案之日起 30 日内召开债权人会议，对重整计划草案进行表决
B. 出席会议的同一表决组的债权人过半数同意重整计划草案，并且其所代表的债权额占该组债权总额的 2/3 以上的，即为该组通过重整计划草案(组内人数过半 债权 2/3 以上)</td></tr>
<tr><td rowspan="2">批准</td><td colspan="2">(7)下列关于重整计划草案批准的表述中，正确的有(　)。</td></tr>
<tr><td colspan="2">A. 各表决组均通过重整计划草案时，重整计划即为通过
B. 自重整计划通过之日起 10 日内，债务人或者管理人应当向人民法院提出批准重整计划的申请；企业的重整不仅是债务减免和财务调整，重整的重点是维持企业的营运价值
C. 人民法院在审查重整计划时，除合法性审查外，还应审查其中的经营方案是否具有可行性
D. 重整计划中关于企业重新获得盈利能力的经营方案具有可行性、表决程序合法、内容不损害各表决组中反对者的清偿利益的，人民法院应当自收到申请之日起 30 日内裁定批准重整计划，终止重整程序，并予以公告</td></tr>
<tr><td rowspan="8">强制批准</td><td colspan="2">(8)下列关于人民法院强制批准重整计划草案的表述中，正确的有(　)。</td></tr>
<tr><td colspan="2">A. 部分表决组未通过重整计划草案的，债务人或者管理人可以同未通过重整计划草案的表决组协商；该表决组可以在协商后再表决一次(双方协商的结果不得损害其他表决组的利益)</td></tr>
<tr><td rowspan="6">B. 未通过重整计划草案的表决组拒绝再次表决或者再次表决仍未通过重整计划草案，但重整计划草案符合下列条件的，债务人或者管理人可以申请人民法院批准重整计划草案</td><td>按照重整计划草案，本法第八十二条第一款第一项所列债权就该特定财产将获得全额清偿，其因延期清偿所受的损失将得到公平补偿，并且其担保权未受到实质性损害，或者该表决组已经通过重整计划草案</td></tr>
<tr><td>按照重整计划草案，本法第八十二条第一款第二项、第三项所列债权将获得全额清偿，或者相应表决组已经通过重整计划草案</td></tr>
<tr><td>按照重整计划草案，普通债权所获得的清偿比例，不低于其在重整计划草案被提请批准时依照破产清算程序所能获得的清偿比例，或者该表决组已经通过重整计划草案</td></tr>
<tr><td>重整计划草案对出资人权益的调整公平、公正，或者出资人组已经通过重整计划草案</td></tr>
<tr><td>重整计划草案公平对待同一表决组的成员，并且所规定的债权清偿顺序不违反本法第一百一十三条的规定</td></tr>
<tr><td>债务人的经营方案具有可行性</td></tr>
</table>

续表

<table>
<tr><td rowspan="4">强制批准</td><td colspan="2">C. 人民法院经审查认为重整计划草案符合前款规定的，应当自收到申请之日起 30 日内裁定批准，终止重整程序，并予以公告</td></tr>
<tr><td rowspan="2">D. 在管理人或债务人提出强制批准重整计划草案的申请后，应当通知所有未通过重整计划草案的表决组以及通过重整计划草案的表决组中的反对者</td><td>人民法院裁定批准重整计划前，未通过重整计划草案的表决组以及通过重整计划草案的表决组中的反对者，可以就重整计划草案中的破产清算率是否公平、重整清偿率是否实质上高于破产清算率以及对出资人的权益调整是否公平、公正等问题以书面形式提出异议</td></tr>
<tr><td>人民法院应当组织债务人、债权人及利害关系人及时进行听证，并可以委托其他中介机构进行重新评估</td></tr>
<tr><td colspan="2">【注意】人民法院不得滥用强制批准权。确需强制批准重整计划草案的，重整计划草案还应当至少有一组利益收到重整计划草案不利影响的组别已经通过重整计划草案，且各表决组中反对者能够获得的清偿利益不低于依照破产清算程序所能获得的利益。</td></tr>
<tr><td rowspan="2">上市公司重整计划草案涉及证券监管机构行政许可事项的批准</td><td colspan="2">(9)上市公司重整计划草案涉及证券监管机构行政许可事项的，人民法院作出是否批准重整计划草案的裁定的下列表述中，正确的有(　)。</td></tr>
<tr><td colspan="2">A. 上市公司重整计划草案涉及证券监管机构行政许可事项的，受理案件的人民法院应当通过最高人民法院，启动与中国证券监督管理委员会的会商机制；由最高人民法院将有关材料函送中国证券监督管理委员会，由中国证券监督管理委员会安排并购重组专家咨询委员会对会商案件进行研究
B. 并购重组专家咨询委员会应当按照与并购重组审核委员会相同的审核标准，对提起会商的行政许可事项进行研究并出具专家咨询意见
C. 人民法院应当参考专家咨询意见，作出是否批准重整计划草案的裁定</td></tr>
<tr><td rowspan="2">终止重整程序</td><td colspan="2">(10)下列情形中，人民法院应当裁定终止重整程序，并宣告债务人破产的有(　)。</td></tr>
<tr><td colspan="2">A. 重整计划草案未获得债权人会议通过且未依照法律规定获得人民法院的强制批准
B. 债权人会议已通过的重整计划未获得人民法院批准的</td></tr>
</table>

考点 26　重整计划的执行、监督与终止

（一）重整计划的执行

【考点母题——万变不离其宗】重整计划的执行

下列关于重整计划执行的表述中，正确的有(　)。
A. 重整计划由债务人负责执行 B. 人民法院裁定批准重整计划后，已接管财产和营业事务的管理人应当向债务人移交财产和营业事务

续表

<table>
<tr><td rowspan="3">C. 人民法院裁定批准重整计划后，重整计划内容涉及证券监管机构并购重组行政许可事项的，上市公司应当按照相关规定履行行政许可核准程序</td><td>重整计划草案提交出资人组表决且经人民法院裁定批准后，上市公司无须再行召开股东大会，可以直接向证券监管机构提交出资人组表决结果及人民法院裁定书，以申请并购重组许可申请</td></tr>
<tr><td>并购重组审核委员会的审核工作应当充分考虑人民法院与中国证券监督管理委员会会商机制中并购重组专家咨询委员会提交的专家咨询意见</td></tr>
<tr><td>并购重组申请事项获得证券监管机构行政许可后，应当在重整计划的执行期限内实施完成</td></tr>
<tr><td rowspan="2">D. 债务人应严格执行重整计划，但因出现国家政策调整、法律修改变化等特殊情况，导致原重整计划无法执行的，债务人或管理人可以申请变更重整计划一次</td><td>债权人会议决议同意变更重整计划的，应自决议通过之日起10日内提请人民法院批准</td></tr>
<tr><td>债权人会议决议不同意或者人民法院不批准变更申请的，人民法院经管理人或者利害关系人请求，应当裁定终止重整计划的执行，并宣告债务人破产</td></tr>
<tr><td colspan="2">E. 人民法院裁定同意变更重整计划的，债务人或者管理人应当在6个月内提出新的重整计划；变更后的重整计划应提交给因重整计划变更而遭受不利影响的债权人组和出资人组进行表决；表决、申请人民法院批准以及人民法院裁定是否批准的程序与原重整计划的相同</td></tr>
<tr><td colspan="2">F. 企业重整后，投资主体、股权结构、公司治理模式、经营方式等与原企业相比，往往发生了根本变化，人民法院要通过加强与政府的沟通协调，帮助重整企业修复信用记录，依法获取税收优惠，以利于重整企业恢复正常生产经营</td></tr>
</table>

（二）重整计划的监督

【考点母题——万变不离其宗】重整计划的监督

下列关于重整计划监督的表述中，正确的有（　）。
A. 在重整计划中应当规定对重整计划执行的监督期限 B. 自人民法院裁定批准重整计划之日起，在重整计划规定的监督期内，由管理人监督重整计划的执行，债务人应当向管理人报告重整计划执行情况和债务人财务状况 C. 在重整计划规定的监督期内，管理人应当代表债务人参加监督期开始前已经启动而尚未终结的诉讼、仲裁活动 D. 监督期届满时，管理人应当向人民法院提交监督报告 E. 自监督报告提交之日起，管理人的监督职责终止 F. 经管理人申请，人民法院可以裁定延长重整计划执行的监督期限 G. 管理人向人民法院提交的监督报告，重整计划的利害关系人有权查阅

（三）重整计划的效力

【考点母题——万变不离其宗】重整计划的效力

下列关于重整计划效力的表述中，正确的有（　）。
A. 经人民法院裁定批准的重整计划，对债务人和全体债权人均有约束力，包括对债务人的特定财产享有担保权的债权人 B. 债权人对债务人的保证人和其他连带债务人所享有的权利，不受重整计划的影响，可以依据原合同约定行使权利 C. 在重整程序中，债权人未依法申报债权的，在债务人或管理人向人民法院和债权人会议提交重整计划草案表决后，可以继续申报债权，但在重整计划执行期间不得行使权利；在重整计划执行完毕后，可以按照重整计划规定的同类债权的清偿条件行使权利 D. 债务人不能执行或者不执行重整计划的，且不符合重整计划变更条件的，人民法院经管理人或者利害关系人请求，应当裁定终止重整计划的执行，并宣告债务人破产 E. 人民法院裁定终止重整计划执行的，债权人在重整计划中作出的债权调整的承诺失去效力，但为重整计划的执行提供的担保继续有效 F. 人民法院裁定终止重整计划执行的，债权人因执行重整计划所受的清偿仍然有效，债权未受清偿的部分作为破产债权；在重整计划执行中已经接受清偿的债权人，只有在其他同顺位债权人与自己所受的重整清偿达到同一比例时，才能继续接受破产分配 G. 按照重整计划减免的债务，自重整计划执行完毕时起，债务人不再承担清偿责任

【考点子题——举一反三，真枪实练】

［23］（2020 年·案例分析题）2019 年 9 月 5 日，人民法院受理债权人针对债务人甲公司提出的破产申请。随后，甲公司及甲公司股东张某（出资额占甲公司注册资本的比例为 15%）均向人民法院提出重整申请，甲公司同时提出自行管理财产和营业事务，并指定乙会计师事务所为管理人。

重整计划草案调减了甲公司出资人的相应权益，需债权人会议出资人组对此进行表决。甲公司共有股东 20 人，其中 10 名股东赞成重整计划草案，合计出资比例为 45%；4 名股东反对重整计划草案，合计出资比例为 15%；其余股东未参加表决。

重整期间，甲公司所欠丙银行一笔借款到期，该笔借款以甲公司正在使用的一台生产设备为抵押担保。丙银行要求将该设备变卖以实现其抵押权。

重整期间，甲公司擅自将存放于公司仓库的一批贵重原材料转移给其关联企业。部分债权人将此情况报告了管理人乙会计师事务所。乙会计师事务所认为，人民法院已批准甲公司自行管理财产和营业事务，因此管理人不再负有义务。

根据上述内容，分别回答下列问题：

（1）张某是否有资格向人民法院提出重整申请？并说明理由。

(2)重整计划草案是否通过了出资人组表决?并说明理由。

(3)重整期间，丙银行能否就甲公司抵押的设备实现抵押权?并说明理由。

(4)乙会计师事务所关于"人民法院已批准甲公司自行管理财产和营业事务，因此管理人不再负有义务"的观点是否正确?并说明理由。

(5)对于甲公司擅自转移财产的行为，债权人可以通过何种途径获得法律救济?并说明理由。

第八节　和解制度

本节考点、考点母题及考点子题

考点 27　和解的特征与一般程序

（一）和解的概念与特征

【考点母题——万变不离其宗】和解的概念与特征

（1）下列关于和解概念的表述中，正确的是（　）。
A. 和解是具有避免债务人破产功能的法律制度之一，并具有简便快速清理债权债务关系的效用；在发生破产原因时，债务人可以提出和解申请及和解协议草案，由债权人会议表决，如能获得通过，再经人民法院裁定认可后生效执行，可以避免企业被破产清算
（2）下列关于和解特征的表述中，正确的有（　）。
A. 因和解程序在债务人发生破产原因后才能提出申请，挽救企业的时机较晚，且不能约束对债务人的特定财产享有担保权的债权人，又没有强制批准程序，所以其挽救债务人的强制性效果不如重整程序 B. 和解程序主要适用于没有重要财产设置物权担保的企业以及中小型企业 C. 和解程序具有简单易行、成本低廉、时间快等优势

（二）和解程序

【考点母题——万变不离其宗】和解程序

和解申请的提出	（1）下列关于和解申请提出的表述中，正确的有（　）。
	A. 和解申请只能由债务人一方提出 B. 债务人可以依法直接向人民法院申请和解，也可以在人民法院受理破产申请后、宣告破产前，向人民法院申请和解 C. 债务人申请和解，应当提出和解协议草案
受理和解申请	（2）下列关于人民法院受理和解申请的表述中，正确的有（　）。
	A. 人民法院经审查认为和解申请符合法律规定的，应当受理其申请，裁定和解，予以公告，并召集债权人会议讨论和解协议草案 B. 和解程序对就债务人特定财产享有担保权的权利人无约束力，该权利人自人民法院裁定和解之日即受理和解申请之日起，可以对担保物行使权利；债务人如要避免担保物被执行，需与担保债权人协商解决

续表

和解协议的表决	(3)下列关于和解协议表决的表述中，正确的有( )。
	A. 债权人会议通过和解协议的决议，由出席会议的有表决权的债权人过半数同意，并且其所代表的债权额占无财产担保债权总额的 2/3 以上 B. 对债务人的特定财产享有担保权的债权人，对此事项无表决权，也不受和解协议的约束
和解程序的终止	(4)下列关于和解程序终止的表述中，正确的有( )。
	A. 债权人会议通过和解协议的，由人民法院裁定认可，终止和解程序，并予以公告 B. 管理人应当向债务人移交财产和营业事务，并向人民法院提交执行职务的报告 C. 和解协议草案经债权人会议表决未获得通过，或者已经债权人会议通过的和解协议未获得人民法院认可的，人民法院应当裁定终止和解程序，并宣告债务人破产

考点 28　和解协议的效力

（一）和解协议对债务人与和解债权人的效力

【考点母题——万变不离其宗】和解协议对债务人与和解债权人的效力

(1) 下列关于和解协议对债务人和与和解债权人效力的表述中，正确的有（　）。
A. 经人民法院裁定认可的和解协议，对债务人和全体和解债权人均有约束力 B. 和解债权人是指人民法院受理破产申请时对债务人享有无物权担保债权的人（普通债权人） C. 债务人应当按照和解协议规定的条件清偿债务 D. 按照和解协议减免的债务，自和解协议执行完毕时起，债务人不再承担清偿责任
(2) 下列关于和解程序对未及时申报债权的债权人的效力的表述中，正确的有（　）。
A. 在和解程序中，债权人未依法申报债权的，在债务人向债权人会议提交和解协议草案付诸表决后，可以继续申报债权，但在和解协议执行期间不得行使权利 B. 在和解协议执行完毕后，可以按照和解协议规定的清偿条件行使权利

（二）和解协议对债务人的保证人和其他连带债务人的效力

【考点母题——万变不离其宗】和解协议对债务人保证人和其他连带债务人的效力

下列关于和解协议对债务人保证人和其他连带债务人效力的表述中，正确的有（　）。
A. 和解债权人对债务人的保证人和其他连带债务人所享有的权利，不受和解协议的影响 B. 和解协议对债务人的保证人或连带债务人无效，和解债权人对债务人所作的债务减免清偿或延期偿还的让步，效力不及于债务人的保证人或连带债务人，他们仍应按原来债的约定或法定责任承担保证或连带责任 C. 在破产和解中，不适用主债务减少从债务随之减少的原则；债权人不参加破产程序，而是直接向债务人的保证人或连带债务人追偿，他们也须承担同样的责任 D. 破产和解是强制和解，和解协议由法定多数表决即可通过，部分不同意的债权人也要受协议拘束；和解是债权人单方无奈的让步

（三）和解协议的终止

【考点母题——万变不离其宗】和解协议的终止

下列关于和解协议终止的表述中，正确的有（　）。	
A. 因债务人的欺诈或者其他违法行为而成立的和解协议，人民法院应当裁定无效，并宣告债务人破产	和解债权人因执行和解协议所受的清偿，在其他债权人所受清偿同等比例的范围内，不需要返还

续表

B. 债务人不能执行或者不执行和解协议的，人民法院经和解债权人请求，应当裁定终止和解协议的执行，并宣告债务人破产	破产法上的和解协议只具有程序法上的意义，没有强制执行的效力。债务人不履行和解协议时，债权人只能向法院申请终止和解协议，宣告其破产，依照破产清算程序获得清偿，而不能提起对和解协议的强制执行程序，否则又可能出现债务人的财产全部被部分债权人执行完毕，而其他债权人得不到清偿的不公现象
C. 人民法院裁定终止和解协议执行的，和解债权人在和解协议中作出的债权调整的承诺失去效力，但债务人方面为和解协议的执行提供的担保继续有效	和解债权人因执行和解协议所受的清偿仍然有效，不予退回，和解债权未受清偿的部分作为破产债权；上述债权人只有在其他债权人同其原债权所受的和解清偿达到同一比例时，才能继续接受破产分配
D. 人民法院受理破产申请后，债务人与全体债权人就债权债务的处理自行达成协议的，可以请求人民法院裁定认可，并终结破产程序	

【考点子题——举一反三，真枪实练】

[24] (2011年·案例分析题 节选)2011年3月19日，因甲有限责任公司(简称"甲公司")出现无法清偿到期债务的事实，人民法院受理了由债权人提出的对甲公司进行破产清算的申请。管理人接管甲公司后，对其债权债务进行了清理。其中，包括以下事实：

……

2011年4月5日，由于甲公司申请的一项国家一类新药获得批准证书，经营出现转机，遂向人民法院申请和解，同时提交了和解协议草案。人民法院审查后受理了甲公司的和解申请，并裁定和解。2011年6月23日，债权人会议通过了和解协议，主要内容如下：除对甲公司特定财产享有担保物权的债权人外，其他债权人均按30%的比例减免甲公司债务；自和解协议执行完毕之日起，甲公司不再承担清偿责任；甲公司与主要债权人建立战略性合作安排等。2011年8月31日，和解协议执行完毕。

A银行就甲公司所欠其100万元借款本息申报债权后，通过和解程序获偿70%。随后，A银行致函庚公司，要求其承担保证责任，清偿其剩余30%未获偿借款本息，庚公司回函拒绝，理由是：A银行等债权人已与甲公司达成减免债务的和解协议，主债务减免后，保证债务亦应按相应比例减免。

根据上述资料，回答下列问题。

(5)庚公司拒绝对A银行未获清偿的30%借款本息承担保证责任的理由是否成立？并说明理由。

第九节　破产清算程序

本节考点、考点母题及考点子题

考点 29　破产宣告

【考点母题——万变不离其宗】破产宣告

(1)下列关于破产宣告的表述中，正确的有(　)。	
A. 破产宣告是指法院依据当事人等的申请或法定职权裁定宣布债务人破产以清偿债务的活动 B. 人民法院受理破产清算申请后，第一次债权人会议上无人提出重整或和解申请的，管理人应当在债权审核确认和必要的审计、资产评估后，及时向人民法院提出宣告破产的申请 C. 相关主体向人民法院提出宣告破产申请的，人民法院应当自收到申请之日起 7 日内作出破产宣告裁定并进行公告 D. 债务人被宣告破产后，不得再转入重整程序或和解程序 E. 人民法院受理破产和解或重整申请后，债务人出现应当宣告破产的法定原因时，人民法院应当依法宣告债务人破产 F. 人民法院依法宣告债务人破产，应当自裁定作出之日起 5 日内送达债务人和管理人，自裁定作出之日起 10 日内通知已知债权人，并予以公告	
(2)破产宣告后的效力有(　)。	
A. 债务人称为破产人　　B. 债务人财产称为破产财产 C. 破产申请受理时对债务人享有的债权称为破产债权	
(3)破产宣告前，有特定情形之一的，人民法院应当裁定终结破产程序，并予以公告。该特定情形有(　)。	
A. 第三人为债务人提供足额担保或者为债务人清偿全部到期债务的	所谓“第三人为债务人提供足额担保”，必须是为债权人所自愿接受的担保，从程序上讲，则应采取和解方式进行，也就是要由债务人向债权人会议提交包括第三人为债务人提供足额担保内容的和解协议草案，由其表决，依法定程序完成
B. 债务人已清偿全部到期债务的	

考点 30　别除权

【考点母题——万变不离其宗】别除权

(1)下列关于别除权的优先受偿性的表述中，正确的有(　)。

续表

A. 对破产人的特定财产享有担保权的权利人，对该特定财产享有优先受偿的权利
B. 别除权是指债权人因其债权设有物权担保或享有法定特别优先权，而在破产程序中就债务人(即破产人)特定财产享有的优先受偿权利
C. 别除权的优先受偿权原则上不受破产清算与和解程序的限制，但在重整程序中受到一定限制
D. 在破产清算和破产和解程序中，别除权人可以随时向管理人主张就该特定财产变价处置行使优先受偿权，管理人应及时变价处置，不得以须经债权人会议决议等为由拒绝；但因单独处置担保财产会降低其他破产财产的价值而应整体处置的除外

(2)行使别除权的前提有(　)。

A. 别除权之债权属于破产债权，其担保物属于破产财产
B. 别除权人享有破产申请权，也应当申报债权，未依法申报债权者不得在破产程序中行使权利

(3)下列关于别除权优先受偿的表述中，正确的有(　)。

A. 别除权人就破产人的特定财产享有优先受偿权利，即该项财产的变价款必须优先清偿别除权人的担保债权，只有在全部清偿其担保债权后仍有剩余财产时才能够用于对其他普通债权人的清偿；所以别除权人对破产人的特定财产处于最优先的清偿顺序，但法律另有规定的除外
B. 别除权人行使优先受偿权利未能完全受偿的，其未受偿的债权作为普通债权
C. 别除权人放弃优先受偿权利的，其债权作为普通债权
D. 破产人仅作为担保人为他人债务提供物权担保，担保债权人的债权虽然在破产程序中可以构成别除权，但因破产人不是主债务人，在担保物价款不足以清偿担保债额时，余债不得作为破产债权向破产人要求清偿，只能向原主债务人求偿，此时，别除权人如放弃优先受偿权利，其债权也不能转为对破产人的破产债权，因两人之间只有担保关系，无基础债务关系

(4)下列关于别除权的基础权利的表述中，正确的有(　)。

A. 别除权的基础权利是担保物权和法定特别优先权
B. 在破产程序中可享有别除权的有抵押权、质权和留置权
C. 别除权属于特别优先权而非一般优先权

(5)下列关于别除权与职工劳动债权之间的清偿顺序的表述中，正确的有(　)。

A. 别除权人为及时获得清偿，可以在处置担保物时按照对担保物享有优先于别除权受偿的职工劳动债权部分从变价款中全额提存，在不影响该债权清偿的前提下，对特定财产行使优先受偿权
B. 享有优先受偿权的权利人为两人以上时，对职工劳动债权的责任按照各权利人行使优先受偿权的财产比例分担

考点31 破产财产的变价和分配

(一)破产财产的变价

【考点母题——万变不离其宗】破产财产的变价

(1)破产财产的分配以货币分配为基本方式。下列关于破产财产变价方案的表述中，正确的有(　)。

续表

A. 在破产宣告后，管理人应当及时拟订破产财产变价方案，提交债权人会议讨论 B. 管理人应当按照债权人会议通过的或者人民法院依法裁定的破产财产变价方案，适时变价出售破产财产
(2)关于破产财产处置的下列表述中，正确的有(　)。
A. 破产财产处置应当以价值最大化为原则，兼顾处置效率 B. 变价出售破产财产原则上以拍卖方式进行，但债权人会议另有决议的除外 C. 采用拍卖方式进行处置的，拍卖所得预计不足以支付评估拍卖费用，或者拍卖不成的，经债权人会议决议，可以采取作价变卖或实物分配方式 D. 变卖或实物分配的方案经债权人会议两次表决仍未通过的，由人民法院裁定处理 E. 破产财产的变价出售必须以价值最大化即债权人利益最大化为原则，不能与破产企业职工安置挂钩，职工安置是政府应负责解决的问题，不允许以低价向购买者出售破产财产的方式换取其对职工的就业安置，以损害债权人利益的方式解决政府的财政与工作困难
(3)下列关于企业变价出售的表述中，正确的有(　)。
A. 破产企业可以以全部或者部分变价方式出售 B. 企业变价出售时，可以将其中的无形资产和其他财产单独变价出售 C. 按照国家规定不能拍卖或者限制转让的财产，应当按照国家规定的方式处理

(二)破产财产的分配

【考点母题——万变不离其宗】破产财产的分配

<table>
<tr><td colspan="2">破产分配是指将破产财产按照法律规定的债权清偿顺序和案件实际情况决定的受偿比例进行清偿的程序。</td></tr>
<tr><td colspan="2">(1)下列关于破产财产分配方法的表述中，正确的有(　)。</td></tr>
<tr><td colspan="2">A. 破产财产的分配应当遵守法定的分配顺序和分配方法
B. 对破产财产可以进行一次性分配，也可以进行多次分配，需视破产财产的多少、变价难易等情况而定
C. 依照破产分配进行的时间不同，可分为中间分配、最后分配和追加分配</td></tr>
<tr><td colspan="2">(2)关于破产财产分配顺序的下列表述中，正确的有(　)。</td></tr>
<tr><td>A. 破产财产在优先清偿破产费用和共益债务后，依照下列顺序清偿</td><td>a. 破产人所欠职工的工资和医疗、伤残补助、抚恤费用，所欠的应当划入职工个人账户的基本养老保险、基本医疗保险费用，以及法律、行政法规规定应当支付给职工的补偿金
b. 破产人欠缴的除前项规定以外的社会保险费用和破产人所欠税款
c. 普通破产债权
【注意】破产企业的董事、监事和高级管理人员的工资按照该企业职工的平均工资计算。高出该企业职工平均工资计算的部分，可以作为普通破产债权清偿。</td></tr>
</table>

续表

<table>
<tr><td rowspan="2">A. 破产财产在优先清偿破产费用和共益债务后，依照下列顺序清偿</td><td>(3)对于法律没有明确规定清偿顺序的债权，人民法院可以按照人身损害赔偿债权优先于惩罚性债权的原则合理确定清偿顺序。下列表述中，正确的有(　)。</td></tr>
<tr><td>A. 因债务人侵权行为造成的人身损害赔偿，可以参照企业破产法第一百一十三条第一款第一项规定的顺序清偿，但其中涉及的惩罚性赔偿除外
B. 破产财产按照企业破产法第一百一十三条规定的顺序清偿后仍有剩余的，可依次用于清偿破产受理前产生的民事惩罚性赔偿金、行政罚款、刑事罚金等惩罚性债权</td></tr>
<tr><td colspan="2">B. 破产财产不足以清偿同一顺序的清偿要求的，按照比例分配
C. 破产分配时，对债务人的董事、监事和高级管理人员在破产申请受理前拖欠的工资，应当按照企业拖欠职工工资的平均期间、以同期职工平均工资为标准予以调整，此前如有多发放的，应作为非正常收入予以追回
D. 破产企业在破产案件受理前因欠缴税款产生的滞纳金属于普通破产债权，不享有与欠缴税款相同的优先受偿地位；破产案件受理后，欠缴税款的滞纳金应当停止计算，在破产程序中不得作为破产债权清偿</td></tr>
<tr><td colspan="2">(4)其他法律对破产分配顺序有特别规定的，依其规定执行。这些规定有(　)。</td></tr>
<tr><td colspan="2">A.《商业银行法》第七十一条规定：“商业银行不能支付到期债务，经国务院银行业监督管理机构同意，由人民法院依法宣告其破产。商业银行被宣告破产的，由人民法院组织国务院银行业监督管理机构等有关部门和有关人员成立清算组，进行清算。商业银行破产清算时，在支付清算费用、所欠职工工资和劳动保险费用后，应当优先支付个人储蓄存款的本金和利息。”
B.《企业破产法》第一百三十四条第二款还规定：“金融机构实施破产的，国务院可以依据本法和其他有关法律的规定制定实施办法。”
C.《农民专业合作社法》第四十八条规定：“农民专业合作社破产适用企业破产法的有关规定。但是，破产财产在清偿破产费用和共益债务后，应当优先清偿破产前与农民成员已发生交易但尚未结清的款项。”</td></tr>
<tr><td colspan="2">(5)下列对职工债权的清偿问题特别规定的表述中，正确的是(　)。</td></tr>
<tr><td colspan="2">A.《企业破产法》第一百三十二条对职工债权的清偿问题作有特别规定：“本法施行后，破产人在本法公布之日前所欠职工的工资和医疗、伤残补助、抚恤费用，所欠的应当划入职工个人账户的基本养老保险、基本医疗保险费用，以及法律、行政法规规定应当支付给职工的补偿金，依照本法第一百一十三条的规定清偿后不足以清偿的部分，以本法第一百零九条规定的特定财产优先于对该特定财产享有担保权的权利人受偿。”</td></tr>
<tr><td colspan="2">(6)管理人应当及时拟订破产财产分配方案，提交债权人会议讨论。破产财产分配方案应当载明的事项有(　)。</td></tr>
<tr><td colspan="2">A. 参加破产财产分配的债权人名称或者姓名、住所
B. 参加破产财产分配的债权额
C. 可供分配的破产财产数额
D. 破产财产分配的顺序、比例及数额
E. 实施破产财产分配的方法</td></tr>
</table>

第8章

续表

(7)下列关于管理人实施分配的表述中，正确的有(　)。
A. 债权人会议表决通过破产财产分配方案后，由管理人将该方案提请人民法院裁定认可，经人民法院裁定认可后，由管理人执行 B. 管理人按照破产财产分配方案实施多次分配的，应当公告本次分配的财产额和债权额 C. 管理人实施最后分配的，应当在公告中指明，并载明法律规定的事项 D. 管理人实施分配，应当通知所有债权人 E. 对债权人留有明确姓名或名称、地址、银行账户，无需债权人受领行为即可交付的，管理人应当在通知后直接将破产财产分配额交付债权人 F. 无法通知且无法直接交付，或者经通知债权人未受领也无法直接交付的破产财产分配额，管理人应当提存 G. 债权人自最后分配公告之日起满两个月仍不领取的，视为放弃受领分配的权利，管理人或者人民法院应当将提存的分配额分配给其他债权人
(8)下列关于管理人将债权人的分配额提存的表述中，正确的有(　)。
A. 对附生效条件或者解除条件的债权，管理人应当将其分配额提存；在最后分配公告日，生效条件未成就或者解除条件成就的，提存的分配额应当分配给其他债权人；在最后分配公告日，生效条件成就或者解除条件未成就的，提存的分配额应当交付给该债权人 B. 破产财产分配时，对于诉讼或者仲裁未决的债权，管理人应当依争议标的额将其分配额提存，按照诉讼或者仲裁结果处理；自破产程序终结之日起满两年仍不能受领分配的，人民法院应当将提存的分配额分配给其他债权人

【考点子题——举一反三，真枪实练】

[25] (2014年·单选题)破产企业甲公司在破产案件受理前因欠缴税款产生滞纳金，下列关于该滞纳金在破产程序中清偿顺位的表述中，符合企业破产法律制度规定的是(　)。

A. 该滞纳金属于普通债权，受偿顺位劣后于欠缴税款

B. 该滞纳金劣后于普通债权受偿

C. 该滞纳金与欠缴税款处于相同受偿顺位

D. 该滞纳金不属于破产债权，在破产程序中不予清偿

[26] (2014年·单选题)甲商业银行破产清算时，已支付清算费用、所欠职工工资和劳动保险费用。根据企业破产法律制度的规定，其尚未清偿的的下列债务中，应当优先偿还的是(　)。

A. 购买办公设备所欠贷款

B. 企业账户中的存款本金及利息

C. 个人储蓄存款的本金及利息

D. 欠缴监管机构的罚款

[27] (2022年·单选题)根据企业破产法律制度的规定，下列破产案件受理前产生的各项债权中，应当最优先获得清偿的是(　)。

A. 人身损害赔偿金　　B. 民事惩罚性赔偿金

C. 行政罚款　　D. 刑事罚金

考点32 破产程序的终结

(一)破产终结程序

【考点母题——万变不离其宗】破产终结程序

(1)破产程序终结的方式有(　)。
A. 因和解、重整程序顺利完成而终结 B. 因债务人以其他方式解决债务清偿问题(包括第三人代为清偿债务、自行和解)而终结 C. 因债务人的破产财产不足以支付破产费用而终结 D. 因破产财产分配完毕而终结
(2)下列关于人民法院裁定终结破产清算程序基础的表述中，正确的有(　)。
A. 人民法院终结破产清算程序应当以查明债务人财产状况、明确债务人财产的分配方案、确保破产债权获得依法清偿为基础 B. 破产申请受理后，经管理人调查，债务人财产不足以清偿破产费用且无人代为清偿或垫付的，人民法院应当依管理人申请宣告破产并裁定终结破产清算程序
(3)下列关于人民法院裁定终结破产清算程序的表述中，正确的有(　)。
A. 破产人无财产可供分配的，管理人应当请求人民法院裁定终结破产程序 B. 在破产人有财产可供分配的情况下，管理人在最后分配完结后，应当及时向人民法院提交破产财产分配报告，并提请人民法院裁定终结破产程序 C. 人民法院应当自收到管理人终结破产程序的请求之日起15日内作出是否终结破产程序的裁定。裁定终结的，应当予以公告
(4)关于破产人的注销登记的下列表述中，正确的是(　)。
A. 管理人应当自破产程序终结之日起10日内，持人民法院终结破产程序的裁定，向破产人的原登记机关办理注销登记

第8章

(二)遗留事务的处理

【考点母题——万变不离其宗】遗留事务的处理

(1)管理人可以在破产程序终结后，继续办理破产案件的遗留事务的情形是(　)。

续表

A. 通常情况下，管理人应于办理破产人注销登记完毕的次日终止执行职务；但是，破产案件中存在债权诉讼或者仲裁未决等情况时，管理人可以在破产程序终结后，继续办理破产案件的遗留事务
(2)在破产程序因债务人财产不足以支付破产费用而终结，或者因破产人无财产可供分配或破产财产分配完毕而终结时，自终结之日起两年内，有特定情形之一的，债权人可以请求人民法院按照破产财产分配方案进行追加分配。该特定情形有(　)。
A. 发现在破产案件中有可撤销行为、无效行为或者债务人的董事、监事和高级管理人员利用职权从企业获取非正常收入和侵占企业财产的情况，应当追回财产的 B. 发现破产人有应当供分配的其他财产的 【注意】有上述情形，但财产数量不足以支付分配费用的，不再进行追加分配，由人民法院将其上交国库。

(三)无法清算破产案件的审理与责任承担

【考点母题——万变不离其宗】无法清算破产案件的审理与责任承担

(1)清算人向人民法院申请破产清算的情形是(　)。
A. 企业法人已解散但未清算或者未清算完毕，资产不足以清偿债务的，依法负有清算责任的人应当向人民法院申请破产清算
(2)下列关于无法清算破产案件责任承担的表述中，正确的有(　)。
A. 在破产清算程序中，负有妥善保管并向管理人移交公司财产、账册、重要文件等资料义务者，是破产法规定的公司法定代表人以及财务管理人员和其他经营管理人员等配合清算义务人，而不是清算义务人 B. 在破产程序中因债务人财产、印章和账簿、文书下落不明等无法清算，不能简单地就认为应当追究清算义务人的连带责任或相应责任 C. 判定债务人相关人员承担责任时，应当依照企业破产法的相关规定来确定相关主体的义务内容和责任范围 D. 债务人的有关人员不履行法定义务，人民法院可依据有关法律规定追究其相应法律责任(债务人的法定代表人、财务管理人员和其他经营管理人员不履行《企业破产法》第十五条规定的配合清算义务) E. 上述破产清算案件被裁定终结后，相关主体以债务人主要财产、账册、重要文件等重新出现为由，申请对破产清算程序启动审判监督的，人民法院不予受理，但符合《企业破产法》第一百二十三条规定的，债权人可以请求人民法院追加分配

第十节 关联企业合并破产

本节考点、考点母题及考点子题

考点33 关联企业合并破产概说

【考点母题——万变不离其宗】关联企业合并破产概说

<table>
<tr><td colspan="2">(1)下列关于关联企业合并破产意义的表述中，正确的有(　)。</td></tr>
<tr><td colspan="2">A. 可以保障不同关联企业间债权人清偿的实质公平，即在整体债权人间的清偿公平
B. 可以保障破产程序的顺利进行　　C. 有利于企业重整挽救
D. 可以维护破产法的立法价值</td></tr>
<tr><td colspan="2">(2)关联企业在破产程序中的合并有(　)。</td></tr>
<tr><td rowspan="2">A. 实质合并</td><td>实质合并是通过对关联企业资产与负债的合并，在破产程序中将多个关联企业视为一个单一企业，在统一财产分配与债务清偿的基础上履行破产程序，所有企业同类债权人的清偿率按相同原则确定，各企业的法人人格在破产程序履行期间不再独立</td></tr>
<tr><td>在目前我国的实践中，实质合并主要以各关联企业资产与负债严重混同导致法人人格混同为适用条件</td></tr>
<tr><td rowspan="2">B. 程序合并</td><td>程序合并对多个破产案件程序的合并审理，在《破产审判会议纪要》中称为协调审理，体现为对不同法院管辖的多个企业破产案件的程序并案审理、整体重整或破产清算，通过统一制定集团各企业相互协调衔接的重整计划、清算方案乃至整个集团企业合一的整体重整计划，达到企业挽救目的，或使破产财产实现更高的清算价值</td></tr>
<tr><td>在程序合并中，各关联企业仍保持法人人格的独立，资产与债务清偿比例等分别确定</td></tr>
</table>

考点34 关联企业实质合并破产

【考点母题——万变不离其宗】关联企业实质合并破产

<table>
<tr><td>(1)下列关于适用关联企业实质合并破产的表述中，正确的有(　)。</td></tr>
<tr><td>A. 人民法院审理关联企业破产案件时，要立足于破产关联企业之间的具体关系模式，采取不同方式予以处理；既要通过实质合并审理方式处理法人人格高度混同的关联关系，确保全体债权人公平清偿，也要避免不当采用实质合并审理方式损害相关利益主体的合法权益
B. 对关联企业实质合并破产要审慎适用；人民法院在审理企业破产案件时，应当尊重企业法人人格的独立性，以对关联企业成员的破产原因进行单独判断并适用单个破产程序为基本原则</td></tr>
</table>

续表

C. 当关联企业成员之间存在法人人格高度混同、区分各关联企业成员财产的成本过高、严重损害债权人公平清偿利益时，可例外适用关联企业实质合并破产方式进行审理 D. 人民法院收到实质合并申请后，应当及时通知相关利害关系人并组织听证，听证时间不计入审查时间 E. 人民法院在审查实质合并申请过程中，可以综合考虑关联企业之间资产的混同程度及其持续时间、各企业之间的利益关系、债权人整体清偿利益、增加企业重整的可能性等因素，在收到申请之日起 30 日内作出是否实质合并审理的裁定 F. 相关利害关系人对受理法院作出的实质合并审理裁定不服的，可以自裁定书送达之日起 15 日内向受理法院的上一级人民法院申请复议
(2)下列关于采用关联企业实质合并破产案件管辖的表述中，正确的有(　)。
A. 采用实质合并方式审理关联企业破产案件的，应由关联企业中的核心控制企业住所地人民法院管辖；核心控制企业不明确的，由关联企业主要财产所在地人民法院管辖 B. 多个法院之间对管辖权发生争议的，应当报请共同的上级人民法院指定管辖
(3)下列关于采用实质合并方式破产、重整的表述中，正确的有(　)。
A. 人民法院裁定采用实质合并方式审理破产案件的，各关联企业成员之间的债权债务归于消灭，各成员的财产作为合并后统一的破产财产，由各成员的债权人在同一程序中按照法定顺序公平受偿 B. 采用实质合并方式进行重整的，重整计划草案中应当制定统一的债权分类、债权调整和债权受偿方案

考点 35　关联企业程序合并破产

【考点母题——万变不离其宗】关联企业程序合并破产

下列关于关联企业程序合并破产的表述中，正确的有(　)。
A. 多个关联企业成员均存在破产原因但不符合实质合并条件的，人民法院可根据相关主体的申请对多个破产程序进行协调审理，并可根据程序协调的需要，综合考虑破产案件审理的效率、破产申请的先后顺序、成员负债规模大小、核心控制企业住所地等因素，由共同的上级法院确定一家法院集中管辖 B. 协调审理不消灭关联企业成员之间的债权债务关系，不对关联企业成员的财产进行合并，各关联企业成员的债权人仍以该企业成员财产为限依法获得清偿 C. 在程序合并中，也要利用其他法律手段解决关联企业成员之间尚不构成法人人格严重混同的不当资源配置关系，如关联企业成员之间不当利用关联控制关系形成的债权，应当劣后于其他普通债权顺序清偿，且该劣后债权人不得就其他关联企业成员提供的特定财产优先受偿，即物权担保无效

【本章考点子题答案及解析】

[1] 【答案与解析】(1)A公司对破产申请提出的异议不成立。根据企业破产法律制度的规定，A公司不能清偿到期债务且明显缺乏清偿能力，已经具备破产原因。相关当事人以对债务人的债务负有连带责任的人未丧失清偿能力为由，主张债务人不具备破产原因的，人民法院应不予支持。

[2] 【答案：ABC】债务人账面资产虽大于负债，但存在下列情形之一的，人民法院应当认定其明显缺乏清偿能力：(1)因资金严重不足或者财产不能变现等原因，无法清偿债务(选项A)；(2)法定代表人下落不明且无其他人员负责管理财产，无法清偿债务(选项B)；(3)经人民法院强制执行，无法清偿债务(选项C)；(4)长期亏损且经营扭亏困难，无法清偿债务；(5)导致债务人丧失清偿能力的其他情形。选项D，仅仅"信誉差"难以符合启动破产的条件。

[3] 【答案与解析】(1)A公司就破产申请提出的第一项异议不成立。根据企业破产法律制度的规定，债务人账面资产虽大于负债，但存在经人民法院强制执行，无法清偿债务的情形，人民法院应当认定其明显缺乏清偿能力。

A公司就破产申请提出的第二项异议不成立。根据企业破产法律制度的规定，只要债务人的任何一个债权人经人民法院强制执行未能得到清偿，其每一个债权人均有权提出破产申请，并不要求申请人自己已经采取了强制执行措施。

[4] 【答案与解析】人民法院不应当受理甲公司职工李某径行提起的破产申请。根据企业破产法律制度的规定，职工提出破产申请应经职工代表大会或者全体职工(会议)多数决议通过。

第8章

[5] 【答案：C】破产申请受理前，债权人就债务人财产提起下列诉讼，破产申请受理时案件尚未审结的，人民法院应当中止审理：(1)主张次债务人代替债务人直接向其偿还债务的；(2)主张债务人的出资人、发起人和负有监督股东履行出资义务的董事、高级管理人员，或者协助抽逃出资的其他股东、董事、高级管理人员、实际控制人等直接向其承担出资不实或者抽逃出资责任的；(3)以债务人的股东与债务人法人人格严重混同为由，主张债务人的股东直接向其偿还债务人对其所负债务的(选项C)；(4)其他就债务人财产提起的个别清偿诉讼。

[6] 【答案与解析】不可以。该查封措施应当解除。人民法院受理破产申请后，有关债务人财产的保全措施应当解除。

[7] 【答案与解析】应由丙市中级人民法院管辖。根据企业破产法律制度的规定，执行案件移送破产审查，由被执行人住所地人民法院管辖。在级别管辖上实行以中级人民法院管辖为原则、基层人民法院管辖为例外的管辖制度。

[8] 【答案：D】有下列情形之一的，不得担任管理人：(1)因故意犯罪受过刑事处罚(选项A)；(2)曾被吊销相关专业执业证书(选项B)；(3)与本案有利害关系；(4)人民法院认为不宜担任管理人的其他情形。社会中介机构、清算组成员有下列情形之一，可能影响其忠实履行管理人职责的，人民法院可以认定为企业破产法第二十四条第三款第三项规定的利害关系：(1)与债务人、债权人有未了结的债权债务关系；(2)在人民法院受理破产申请前3年内，曾为债务人提供相对固定的中介服务；(3)现在是或者在人民法院受理破产申请前3年内曾经是债务人、债权人的控股股东或者实际控制人；(4)现在担任或者在人民法院受理破产申请前3年内曾经担任债务人、债权人的财务顾问、法律顾问(选项C)；(5)人民法院认为可能影响其忠实履行管理人职责的其他情形。破产申请受理前，根据有关规定已经成立的清算组，

人民法院认为符合司法解释有关规定的案件，可以指定清算组担任管理人（选项 D）。

[9]【答案：B】被吊销相关专业执业证书（选项 A）的，不得担任管理人。现在担任或者在人民法院受理破产申请前 3 年内曾经担任债务人、债权人的财务顾问、法律顾问的，不得担任管理人，但丙律师事务所为甲公司担任法律顾问，至人民法院受理破产案件已经超过 3 年，不在禁止之列，可以担任，选项 B 当选。现在担任或者在人民法院受理破产申请前 3 年内曾经担任债务人、债权人的董事、监事、高级管理人员的，应当回避，选项 C 排除。与债权人或者债务人的控股股东、董事、监事、高级管理人员存在夫妻、直系血亲、三代以内旁系血亲或者近姻亲关系的，应当回避，选项 D 排除。

[10]【答案：BC】（1）人民法院采取公开竞争方式指定管理人的，可以根据社会中介机构提出的报价确定管理人报酬方案，报酬比例不得超出司法解释的限制范围，选项 A 不正确。（2）清算组中有关政府部门派出的工作人员参与工作的，不收取报酬，选项 B 正确。（3）担保权人优先受偿的担保物价值原则上不计入管理人报酬的标的额，选项 C 表述正确。（4）律师事务所、会计师事务所通过聘用本专业的其他社会中介机构或者人员协助履行管理人职责的，所需费用从其报酬中支付，而非由担保权人承担；管理人对担保物的维护、变现、交付等管理工作付出合理劳动的，有权向担保权人收取适当的报酬。选项 D 表述不正确。

[11]【答案：ABD】清算组中有关政府部门派出的工作人员参与工作的，不收取报酬，选项 A 正确。破产清算事务所通过聘用其他社会中介机构或者人员协助履行管理人职责的，所需费用从其报酬中支付，选项 B 正确。担保权人优先受偿的担保物价值原则上不计入管理人报酬的标的额，选项 C 不正确。管理人对担保物的维护、变现、交付等管理工作付出合理劳动的，有权向担保权人收取适当的报酬，选项 D 正确。

[12]【答案：ABC】管理人有法定情形的，债权人会议可以“申请人民法院”更换管理人，选项 D 不正确。

[13]【答案：B】根据《企业破产法》的规定，人民法院受理破产申请前一年内，涉及债务人财产的下列行为中，管理人有权请求人民法院予以撤销。无偿转让财产的；以明显不合理的价格进行交易的；对没有财产担保的债务提供财产担保的；对未到期的债务提前清偿的；放弃债权的。本案中，乙公司于 2011 年 9 月 11 日为所欠丙公司的一笔原本没有财产担保的债务提供抵押担保，距离人民法院受理乙公司破产案件的时间 2012 年 5 月 16 日不足一年，管理人可以向人民法院请求撤销该行为，至于该行为实施时债务人是否存在破产原因、债务人与第三人主观上是否存在恶意，原则上都不影响撤销权的行使，据此，选项 A 表述不正确而选项 B 表述正确。撤销权的请求人是管理人而非债权人，选项 CD 表述不正确。

[14]【答案：ACD】破产费用和共益债务由债务人财产随时清偿，选项 A 正确。债务人财产不足以清偿所有破产费用和共益债务的，先行清偿破产费用，选项 B 表述不正确。债务人财产不足以清偿所有破产费用或者共益债务的，按照比例清偿，选项 C 正确。债务人财产不足以清偿破产费用的，管理人应当提请人民法院终结破产程序；人民法院应当自收到请求之日起 15 日内裁定终结破产程序，并予以公告，选项 D 正确。

[15]【答案：C】破产案件的诉讼费用属于债务人的破产费用，破产费用由债务人财产随时清偿。

[16]【答案与解析】债权申报期限自人民法院发布受理破产申请公告之日起计算，最短不得少于 30 日，最长不得超过 3 个月。

[17]【答案与解析】职工可以向人民法院提起债权确认诉讼。债务人所欠职工的工资和医疗、伤残

补助、抚恤费用，所欠的应当划入职工个人账户的基本养老保险、基本医疗保险费用，以及法律、行政法规规定应当支付给职工的补偿金，不必申报，由管理人调查后列出清单并予以公示；职工对清单记载有异议的，可以要求管理人更正；管理人不予更正的，职工可以向人民法院提起债权确认诉讼。

[18] 【答案：D】债务人所欠职工的工资和医疗、伤残补助、抚恤费用，所欠的应当划入职工个人账户的基本养老保险、基本医疗保险费用，以及法律、行政法规规定应当支付给职工的补偿金，不必申报，由管理人调查后列出清单并予以公示(劳动债权免申报)。

[19] 【答案：AC】债务人所欠职工的工资和医疗、伤残补助、抚恤费用，所欠的应当划入职工个人账户的基本养老保险、基本医疗保险费用，以及法律、行政法规规定应当支付给职工的补偿金，不必申报，由管理人调查后列出清单并予以公示(劳动债权免申报)。选项 BD 免申报。

[20] 【答案与解析】甲公司管理人不将 E 公司债权编入债权登记表的理由不成立。根据企业破产法律制度的规定，管理人应当依照企业破产法第五十七条的规定对所申报的债权进行登记造册，详尽记载申报人的姓名、单位、代理人、申报债权额、担保情况、证据、联系方式等事项，形成债权申报登记册，不允许以其认为债权超过诉讼时效或不能成立等为由拒绝编入债权申报登记册。

[21] 【答案：B】第一次债权人会议由人民法院召集，自债权申报期限届满之日起 15 日内召开。

[22] 【答案：D】自人民法院裁定债务人重整之日起至重整程序终止，为重整期间，重整期间不包括重整计划得到批准后的执行期间，选项 D 正确。选项 AB 不正确，大股东启动程序转换，只要符合持股比例要求、在破产宣告之前申请重整即可，无须负有其他条件。选项 C 不正确，因为程序转换时，无必须更换管理人的要求，本题中管理人并无不能胜任的情形。

[23] 【答案与解析】(1)张某有资格向人民法院提出重整申请。根据企业破产法律制度的规定，债权人申请对债务人进行破产清算的，在人民法院受理破产申请后、宣告债务人破产前，债务人或者出资额占债务人注册资本 10%以上的出资人，可以向人民法院申请重整。

(2)重整计划草案通过了出资人组表决。根据企业破产法律制度的规定，出资人组对重整计划草案中涉及出资人权益调整事项的表决，经参与表决的出资人所持表决权 2/3 以上通过的，即为该组通过重整计划草案。参加表决股东的合计出资比例为 60%，其中投赞成票的股东合计出资比例为 45%，超过了法定比例。

(3)重整期间，丙银行不能就甲公司抵押的设备实现抵押权。根据企业破产法律制度的规定，在重整期间，对债务人的特定财产享有的担保权暂停行使；但非企业重整中必需使用的担保财产，经债务人或管理人同意，担保权人可以行使担保权。

(4)乙会计师事务所关于“人民法院已批准甲公司自行管理财产和营业事务，因此管理人不再负有义务”的观点不正确。根据企业破产法律制度的规定，经人民法院批准由债务人自行管理财产和营业事务的，管理人应当对债务人的自行管理行为进行监督。

(5)债权人可以向人民法院提出申请，作出终止债务人自行管理的决定。根据企业破产法律制度的规定，甲公司擅自转移财产属于严重损害债权人利益的行为，管理人应当申请人民法院作出终止债务人自行管理的决定。本案中，由于管理人怠于履行其监督义务，债权人可以直接向人民法院提出申请。

[24] 【答案与解析】(5)庚公司的理由不成立。根据规定，和解债权人对债务人的保证人和其他连带债务人所享有的权利，不受和解协议的影响。

[25]【答案：A】破产企业在破产案件受理前因欠缴税款产生的滞纳金属于普通破产债权，不享有与欠缴税款相同的优先受偿地位。破产案件受理后，欠缴税款的滞纳金应当停止计算，在破产程序中不得作为破产债权清偿。本题中的滞纳金是在破产案件受理前产生的，因而属于普通破产债权，选项 A 表述正确。

[26]【答案：C】商业银行破产清算时，在支付清算费用、所欠职工工资和劳动保险费用后，应当优先支付个人储蓄存款的本金和利息，选项 C 正确。

[27]【答案：A】对于法律没有明确规定清偿顺序的债权，人民法院可以按照人身损害赔偿债权优先于惩罚性债权的原则合理确定清偿顺序。因债务人侵权行为造成的人身损害赔偿，可以参照企业破产法第一百一十三条第一款第一项规定的顺序清偿，但其中涉及的惩罚性赔偿除外。破产财产按照企业破产法第一百一十三条规定的顺序清偿后仍有剩余的，可依次用于清偿破产受理前产生的民事惩罚性赔偿金、行政罚款、刑事罚金等惩罚性债权。

第 9 章　票据与支付结算法律制度

本章思维导图

本章是票据与支付结算法律制度，主要介绍了支付结算概述、票据法律制度、非票据结算方式三个方面的内容。具体知识结构分布如图 9-1。

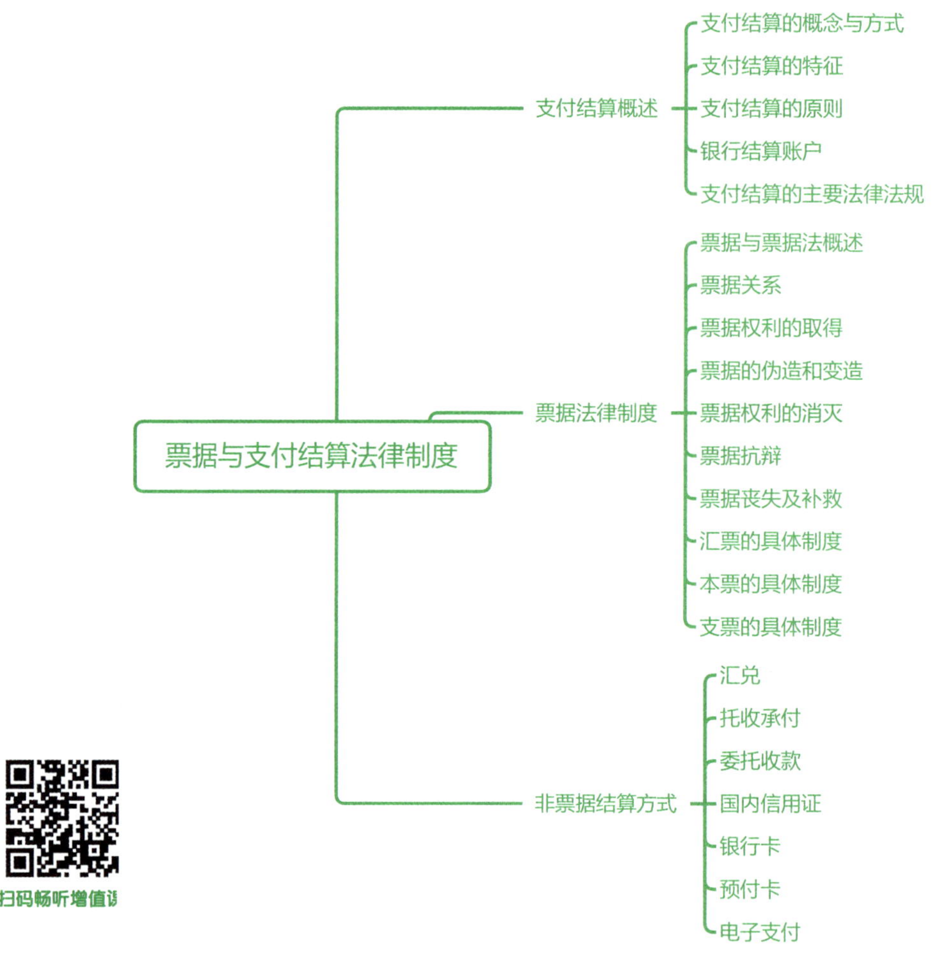

图 9-1　第 9 章知识框架图

近三年本章考试题型及分值分布

题型	2022（1 卷）	2021（1 卷）	2020（1 卷）
单选题	1 题 1 分	1 题 1 分	1 题 1 分
多选题	1 题 1.5 分	1 题 1.5 分	1 题 1.5 分
案例分析题	1 题 10 分	1 题 10 分	1 题 10 分
合计	12.5 分	12.5 分	12.5 分

第一节　支付结算概述

本节考点、考点母题及考点子题

考点 1　支付结算的概念与方式

<table>
<tr><td>支付结算的概念</td><td colspan="2">支付结算，是指单位、个人在社会经济活动中使用票据、银行卡、汇兑、托收承付、委托收款、信用证、电子支付等结算方式进行货币给付及资金清算的行为。</td></tr>
<tr><td rowspan="4">货币结算的形式</td><td colspan="2">根据形式的不同，货币结算可以分类为(　)。</td></tr>
<tr><td>A. 现金结算</td><td>是指支付结算双方直接使用现金进行给付</td></tr>
<tr><td>B. 非现金结算</td><td>是指双方通过开户银行将款项从付款人账户转移到收款人账户的货币给付及资金清算行为</td></tr>
<tr><td colspan="2">【注意】我国实行现金管理制度，除按照国务院《现金管理暂行条例》可以使用现金结算的情形外，单位之间的货币结算都需要通过银行转账进行。</td></tr>
<tr><td>支付结算工作的任务</td><td colspan="2">根据经济往来组织支付结算，准确、及时、安全办理支付结算，依法管理支付结算，保障支付结算活动的正常进行。</td></tr>
</table>

【考点讲解】支付结算的方式

分类标准	具体分类	典型
结算双方是否在同一城市	同城结算方式	银行本票、支票
	异地结算方式	银行汇票、托收承付
	同城和异地均可采用的结算方式	商业汇票、汇兑、委托收款、银行卡
支付工具在支付结算中的职能	贷记结算方式	汇兑、委托收款、托收承付
	借记结算方式	银行汇票、银行本票、支票
支付结算方式的法律特征	票据结算方式	本票、汇票、支票
	非票据结算方式	汇兑、托收承付、委托收款、国内信用证、银行卡、预付卡、电子支付等

【考点子题——举一反三，真枪实练】

[1] (2022 年 · 单选题)根据支付结算法律制度的规定，下列各项中，属于同城和异地

均可采用的结算方式的是(　　)。

A. 银行本票　　B. 托收承付　　C. 银行汇票　　D. 商业汇票

考点2 支付结算的特征

【考点母题——万变不离其宗】支付结算的特征

<table>
<tr><td colspan="3">(1)下列各项中，属于支付结算法律上的特征的有(　　)。</td></tr>
<tr><td rowspan="7">A. 支付结算必须通过法律规定的中介机构进行</td><td colspan="2">(2)下列关于支付结算的中介机构的表述中，正确的有(　　)。</td></tr>
<tr><td colspan="2">A. 支付结算主要涉及付款人(或出票人)、收款人(或持票人)和中介机构
B. 银行(包括农村信用合作社)是支付结算和资金清算的主要中介机构
C. 依法取得《支付业务许可证》的非金融机构可以成为支付机构，在收付款人之间作为中介机构提供部分支付服务。未经中国人民银行批准的非银行金融机构和其他单位不得作为中介机构经营支付结算业务</td></tr>
<tr><td colspan="2">(3)下列关于非金融机构支付服务管理的表述中，正确的有(　　)。</td></tr>
<tr><td>A. 依法取得《支付业务许可证》的非金融机构支付机构可以提供支付服务</td><td>a. 网络支付　　b. 预付卡的发行与受理
c. 银行卡收单
d. 中国人民银行确定的其他支付服务</td></tr>
<tr><td colspan="2">B. 非金融机构支付机构之间的货币资金转移应委托银行业金融机构办理，不得通过支付机构相互存放货币资金或委托其他支付机构等形式办理</td></tr>
<tr><td colspan="2">C. 非金融机构支付机构也不得办理银行业金融机构之间的货币资金转移，经特别许可的除外</td></tr>
<tr><td colspan="2"></td></tr>
<tr><td rowspan="7">B. 支付结算必须遵循法律规定的特定形式要求</td><td colspan="2">(4)下列关于支付结算的特定形式要求的表述中，正确的有(　　)。</td></tr>
<tr><td colspan="2">A. 支付结算行为具有要式性。票据和结算凭证是办理支付结算的工具，直接关系到支付结算的准确、及时和安全</td></tr>
<tr><td>B. 单位、个人和银行办理支付结算，必须使用按中国人民银行统一规定印制的票据凭证和结算凭证</td><td>未使用按中国人民银行统一规定印制的票据，票据无效；未使用中国人民银行统一规定格式的结算凭证，银行不予受理</td></tr>
<tr><td rowspan="4">C. 填写票据和结算凭证，必须做到标准化、规范化</td><td>单位和银行的名称应当记载全称或规范化的简称</td></tr>
<tr><td>票据和结算凭证上的签章形式要严格按照要求</td></tr>
<tr><td>结算凭证的金额、签发日期、收款人名称不得更改，更改的结算凭证，银行不予受理</td></tr>
<tr><td>票据和结算凭证金额须以中文大写和阿拉伯数字同时记载，二者必须一致，二者不一致的票据无效，二者不一致的结算凭证，银行不予受理</td></tr>
</table>

考点 3 支付结算的原则

【考点母题——万变不离其宗】支付结算的原则

<table>
<tr><td colspan="2">(1)根据票据与支付结算法律制度的规定，下列各项中，属于单位、个人和银行在办理支付结算时应当遵守的原则有（ ）。</td></tr>
<tr><td rowspan="2">A.“恪守信用，履约付款”原则</td><td>(2)下列关于“恪守信用，履约付款”原则的表述中，正确的有（ ）。</td></tr>
<tr><td>A. 承担付款义务的一方当事人，应当按照约定的付款金额、时间和方式进行支付
B. 对于银行来说，一方面，银行应当依照客户的委托妥善办理支付结算
C. 另一方面，银行作为中介机构，应以善意且符合规定的正常操作程序审查票据和结算凭证，对票据和结算凭证上的签章以及需要交验的相关证件未发现异常而支付金额，对出票人或付款人不再承担接受委托付款的责任，对持票人或收款人不再承担付款的责任</td></tr>
<tr><td rowspan="2">B.“谁的钱进谁的账，由谁支配”原则</td><td>(3)下列关于“谁的钱进谁的账，由谁支配”原则的表述中，正确的有（ ）。</td></tr>
<tr><td>A. 委托人是支付结算的发起人，对其账户中的资金具有自主的处分权。银行应当遵循委托人的意志，按支付结算凭证的内容，准确、及时办理支付结算，尊重和维护客户的合法权益
B. 银行应当依法为单位、个人在银行所开立的存款账户的信息保密，维护其资金的自主支配权
C. 对单位、个人在银行开立上述存款账户的存款，除法律、行政法规另有规定外，银行不得为任何单位或者个人查询
D. 除法律另有规定外，银行不代任何单位或者个人冻结、扣款，不得停止单位、个人存款的正常支付</td></tr>
<tr><td rowspan="2">C.“银行不垫款”原则</td><td>(4)下列关于“银行不垫款”原则的表述中，正确的有（ ）。</td></tr>
<tr><td>A. 银行在办理支付结算业务时，只是作为中介机构，接受客户的委托，办理结算当事人之间的资金转移，不承担垫付款项的责任
B. 在银行开立存款账户的单位和个人办理支付结算，除非《支付结算办法》另有规定，账户内须有足够的资金保证支付。没有开立存款账户的个人向银行交付款项后，也可以通过银行办理支付结算
C. 客户只能在存款余额范围内签发支款凭证
D. 委托银行代收款项的，只有在款项收妥后，收款人才能使用</td></tr>
</table>

考点 4 银行结算账户

（一）银行结算账户概述

【考点母题——万变不离其宗】银行结算账户概述

银行结算账户的概念	是指银行为存款人开立的办理资金收付结算的人民币活期存款账户。

续表

<table>
<tr><td rowspan="2">银行结算账户的概念</td><td>“银行”</td><td>是指在中国境内经中国人民银行批准经营支付结算业务的政策性银行、商业银行(含外资独资银行、中外合资银行、外国银行分行等)、农村信用合作社(城市信用合作社现已改制为城市商业银行)</td></tr>
<tr><td>“存款人”</td><td>是指在中国境内开立银行结算账户的机关、团体、部队、企业、事业单位、其他组织、个体工商户和自然人</td></tr>
<tr><td rowspan="2">银行结算账户的特点</td><td colspan="2">(1)下列关于银行结算账户的表述中，正确的有(　)。</td></tr>
<tr><td colspan="2">A. 银行结算账户办理的是人民币业务，与外币账户不同(值得注意的是，2020年8月，中国人民银行下发了《关于印发〈本外币合一银行结算账户体系试点工作方案〉和〈本外币合一银行结算账户体系试点办法〉的通知》(银发〔2020〕227号)，在若干地区开展本外币合一银行结算账户体系试点)
B. 银行结算账户办理的是资金收付结算业务，与普通的储蓄账户不同
C. 银行结算账户是活期存款账户，与定期存款账户不同</td></tr>
<tr><td rowspan="2">银行结算账户的开立</td><td colspan="2">(2)下列关于银行结算账户的开立的表述中，正确的有(　)。</td></tr>
<tr><td colspan="2">A. 存款人可以自主选择银行开立银行结算账户
B. 除法律、行政法规和国务院规定外，任何单位和个人不得强令存款人到指定银行开立银行结算账户
C. 境外机构在中国境内银行开立人民币银行结算账户须遵循《境外机构人民币银行结算账户管理办法》(2010年)、《中国人民银行关于境外机构人民币银行结算账户开立和使用有关问题的通知》(银发〔2012〕183号)等规定，未尽事宜按照《人民币银行结算账户管理办法》及其实施细则执行</td></tr>
</table>

(二)银行结算账户的种类

【考点母题——万变不离其宗】银行结算账户的种类

<table>
<tr><td colspan="3">(1)按存款人不同，银行结算账户可分为(　)。</td></tr>
<tr><td rowspan="7">A. 单位银行结算账户</td><td colspan="2">概念：存款人以单位名称开立的银行结算账户为单位银行结算账户。个体工商户凭营业执照以字号或经营者姓名开立的银行结算账户纳入单位银行结算账户管理。</td></tr>
<tr><td colspan="2">(2)单位银行结算账户按用途可分类为(　)</td></tr>
<tr><td rowspan="4">A. 基本存款账户</td><td>(3)下列关于基本存款账户的表述中，正确的有(　)。</td></tr>
<tr><td>A. 基本存款账户是指存款人因办理日常转账结算和现金收付需要而开立的银行账户，是其主办账户
B. 单位银行结算账户的存款人只能在银行开立一个基本存款账户</td></tr>
<tr><td>(4)下列存款人中，可以申请开立基本存款账户的有(　)。</td></tr>
<tr><td>A. 企业法人　B. 非法人企业　C. 机关、事业单位
D. 团级(含)以上军队、武警部队及分散执勤的支(分)队</td></tr>
</table>

续表

<table>
<tr><td rowspan="13">A. 单位银行结算账户</td><td rowspan="3">A. 基本存款账户</td><td>E. 社会团体　F. 民办非企业组织　G. 异地常设机构
H. 外国驻华机构　I. 个体工商户
J. 居民委员会、村民委员会、社区委员会
K. 单位设立的独立核算的附属机构　L. 其他组织
【注意】具备申请资格的并不限于具有独立法人资格的单位。</td></tr>
<tr><td>(5)下列关于基本存款账户开立程序的表述中，正确的有(　)。</td></tr>
<tr><td>A. 存款人申请开立基本存款账户，应向银行出具法律规定的证明文件
B. 取消企业银行账户许可后，银行完成企业基本存款账户信息备案后，账户管理系统生成基本存款账户编号，并在企业基本信息“经营范围”中标注“取消开户许可证核发”字样
C. 银行应当通过账户管理系统打印《基本存款账户信息》和存款人查询密码，并交付企业
D. 企业基本存款账户编号代替原基本存款账户核准号使用。企业申请开立一般存款账户、专用存款账户、临时存款账户的，应当向银行提供基本存款账户编号
E. 银行根据《人民币银行结算账户管理办法》等规定审核小微企业开户证明文件后，简化辅助证明材料要求，开立账户功能与客户身份核实程度、账户风险等级相匹配的银行基本存款账户，简化客户开户需求</td></tr>
<tr><td rowspan="4">B. 一般存款账户</td><td>(6)下列关于一般存款账户的表述中，正确的有(　)。</td></tr>
<tr><td>A. 一般存款账户是指存款人在基本存款账户开户银行以外的银行营业机构开立的用于办理借款转存、借款归还和其他结算的银行结算账户
B. 一般存款账户可以办理现金缴存，但不得办理现金支取</td></tr>
<tr><td>(7)下列关于一般存款账户开立资格的表述中，正确的有(　)。</td></tr>
<tr><td>A. 开立基本存款账户的存款人都可以开立一般存款账户</td></tr>
<tr><td rowspan="4">C. 专用存款账户</td><td>(8)下列关于专用存款账户的表述中，正确的有(　)。</td></tr>
<tr><td>A. 专用存款账户是指存款人按照法律、行政法规和规章，为对其特定资金进行专项管理和使用而开立的银行结算账户
B. 合格境外机构投资者在境内从事证券投资开立的人民币特殊账户和人民币结算资金账户(简称“QFII 专用存款账户”)纳入专用存款账户管理</td></tr>
<tr><td>(9)下列资金中，存款人可以申请开立专用存款账户对其进行管理与使用的有(　)。</td></tr>
<tr><td>A. 基本建设资金　B. 更新改造资金
C. 财政预算外资金　D. 粮、棉、油收购资金
E. 证券交易结算资金　F. 期货交易保证金
G. 信托基金　H. 金融机构存放同业资金</td></tr>
</table>

续表

<table>
<tr><td rowspan="14">A. 单位银行结算账户</td><td rowspan="3">C. 专用存款账户</td><td colspan="2">I. 政策性房地产开发资金　J. 单位银行卡备用金
K. 住房基金　L. 社会保障基金
M. 收入汇缴资金和业务支出资金
N. 党、团、工会设在单位的组织机构经费
O. 其他需要专项管理和使用的资金</td></tr>
<tr><td colspan="2">(10)下列关于专用存款账户开立程序的表述中，正确的有(　)。</td></tr>
<tr><td colspan="2">A. 存款人申请开立专用存款账户，应按规定向银行出具其开立基本存款账户所需的证明文件、基本存款账户开户许可证和法律规定的其他相关证明文件</td></tr>
<tr><td rowspan="9">D. 临时存款账户</td><td colspan="2">临时存款账户是指存款人因临时需要并在规定期限内使用而开立的银行结算账户(概念)</td></tr>
<tr><td colspan="2">(11)下列情形中，存款人可以申请开立临时存款账户的有(　)。</td></tr>
<tr><td>A. 设立临时机构</td><td>存款人为临时机构的，只能在其驻在地开立一个临时存款账户，不得开立其他银行结算账户</td></tr>
<tr><td rowspan="2">B. 异地临时经营活动</td><td>存款人在异地从事临时活动的，只能在其临时活动地开立一个临时存款账户</td></tr>
<tr><td>建筑施工及安装单位在异地同时承建多个项目的，可以根据建筑施工及安装合同开立不超过项目合同个数的临时存款账户</td></tr>
<tr><td colspan="2">C. 注册验资</td></tr>
<tr><td colspan="2">D. 境外(含港澳台地区)机构在境内从事经营活动</td></tr>
<tr><td colspan="2">(12)下列关于临时存款账户的有效期的表述中，正确的有(　)。</td></tr>
<tr><td colspan="2">A. 临时存款账户应根据有关开户证明文件确定的期限或存款人的需要确定其有效期限
B. 临时存款账户的有效期最长不得超过2年</td></tr>
<tr><td colspan="3">(13)下列关于办理单位银行结算账户的核准制和备案制的表述中，正确的有(　)。</td></tr>
<tr><td colspan="3">A. 境内依法设立的企业法人、非法人企业、个体工商户(以下统称“企业”)在银行办理基本存款账户、临时存款账户业务(含企业在取消账户许可前已开立基本存款账户、临时存款账户的变更和撤销业务)，由核准制改为备案制，人民银行不再核发开户许可证。银行为企业开立、变更、撤销基本存款账户、临时存款账户，要通过人民币银行结算账户管理系统向人民银行当地分支机构备案
B. 机关、事业单位等其他单位办理银行账户业务仍实行核准制。机关、实行预算管理的事业单位开立基本存款账户、临时存款账户和专用存款账户，应经财政部门批准并经人民银行核准，另有规定的除外</td></tr>
</table>

续表

<table>
<tr><td rowspan="7">B. 个人银行结算账户</td><td colspan="3">概念：存款人因投资、消费、结算等凭个人身份证件，以自然人名称开立的可办理支付结算的银行结算账户，为个人银行结算账户。</td></tr>
<tr><td colspan="3">(14)个人银行账户分为(　)。</td></tr>
<tr><td>A. I类银行账户</td><td colspan="2">银行可通过I类户为存款人提供存款、购买投资理财产品等金融产品、转账、消费和缴费支付、支取现金等服务</td></tr>
<tr><td>B. II类银行账户</td><td>银行可通过II类户为存款人提供存款、购买投资理财产品等金融产品、限定金额的消费和缴费支付等服务</td><td rowspan="2">银行不得通过II类户和III类户为存款人提供存取现金服务，不得为II类户和III类户发放实体介质</td></tr>
<tr><td>C. III类银行账户</td><td>银行可通过III类户为存款人提供限定金额的消费和缴费支付服务</td></tr>
<tr><td colspan="3">(15)下列关于个人银行结算账户开立程序的表述中，正确的有(　)。</td></tr>
<tr><td colspan="3">A. 自然人可根据需要申请开立个人银行结算账户
B. 自然人也可以在已开立的储蓄账户中选择并向开户银行申请确认为个人银行结算账户
C. 银行根据《人民币银行结算账户管理办法》等银行结算账户制度审核个人身份证件后，简化辅助身份证明材料要求，开立账户功能与客户身份核实程度和账户风险等级相匹配的银行账户</td></tr>
<tr><td rowspan="2">异地存款账户</td><td colspan="3">(16)存款人一般应在注册地(指存款人的营业执照等开户证明文件上记载的住所地)或住所地开立银行结算账户。下列情形中，存款人可以在异地开立有关银行结算账户的有(　)。</td></tr>
<tr><td colspan="3">A. 营业执照注册地与经营地不在同一行政区域(跨省、市、县或区)需要开立基本存款账户的
B. 办理异地借款和其他结算需要开立一般存款账户的
C. 存款人因附属的非独立核算单位或派出机构发生的收入汇缴或业务支出需要开立专用存款账户的
D. 异地临时经营活动需要开立临时存款账户的
E. 自然人根据需要在异地开立个人银行结算账户的</td></tr>
</table>

【考点子题——举一反三，真枪实练】

[2] (2016年·多选题)根据支付结算法律制度的规定，下列账户种类中，属于单位银行结算账户的有(　)。

A. 基本存款账户　　B. 一般存款账户

C. 专用存款账户　　D. 临时存款账户

[3] (2021年·多选题)根据支付结算法律制度的规定，下列关于银行结算账户的表述中，正确的有(　)。

A. 银行结算账户分为单位银行结算账户和个人银行结算账户

B. 一般存款账户是存款单位的主办账户

C. 一般存款账户可以办理现金缴存和支取

D. 临时存款账户的有效期最长不得超过2年

（三）银行结算账户的撤销

【考点母题——万变不离其宗】银行结算账户的撤销

<table>
<tr><td>概念</td><td colspan="2">银行结算账户的撤销是指存款人因开户资格或其他原因终止银行结算账户使用的行为。</td></tr>
<tr><td rowspan="4">撤销情形</td><td colspan="2">(1)下列情形中，存款人应向开户银行提出撤销银行结算账户的申请的有（　）。</td></tr>
<tr><td>A. 被撤并、解散、宣告破产或关闭的</td><td rowspan="2">银行得知存款人主体资格终止情况，存款人超过规定期限未主动办理撤销银行结算账户手续的，银行有权停止其银行结算账户的对外支付。</td></tr>
<tr><td>B. 注销、被吊销营业执照的</td></tr>
<tr><td colspan="2">C. 因迁址需要变更开户银行的
D. 其他原因需要撤销银行结算账户的</td></tr>
<tr><td rowspan="2">撤销顺序</td><td colspan="2">(2)下列关于因主体资格终止撤销银行结算账户的撤销顺序的表述中，正确的有（　）。</td></tr>
<tr><td colspan="2">A. 存款人因主体资格终止撤销银行结算账户的，应先撤销一般存款账户、专用存款账户、临时存款账户，将账户资金转入基本存款账户后，方可办理基本存款账户的撤销</td></tr>
<tr><td rowspan="2">销户程序</td><td colspan="2">(3)下列关于存款人撤销银行结算账户的程序的表述中，正确的有（　）。</td></tr>
<tr><td colspan="2">A. 存款人撤销银行结算账户，必须与开户银行核对银行结算账户存款余额，交回各种重要空白票据及结算凭证和开户许可证，银行核对无误后方可办理销户手续。存款人未按规定交回各种重要空白票据及结算凭证的，应出具有关证明，造成损失的，由其自行承担
B. 银行撤销单位银行结算账户时应在其基本存款账户开户登记证上注明销户日期并签章，同时于撤销银行结算账户之日起2个工作日内，向中国人民银行报告
C. 对于存款人应撤销而未办理销户手续的单位银行结算账户或1年内未发生收付活动且未欠开户银行债务的单位银行结算账户，银行应通知单位自发出通知之日起30日内办理销户手续，逾期视同自愿销户，未划转款项列入久悬未取专户管理</td></tr>
</table>

第二节　票据法律制度

本节考点、考点母题及考点子题

考点 5　票据与票据法概述

【考点母题——万变不离其宗】票据与票据法概述

<table>
<tr><td rowspan="2">票据的概念</td><td colspan="3">票据是指出票人签发的、承诺由本人或者委托他人在见票时或者在票载日期无条件支付一定金额给持票人的有价证券。</td></tr>
<tr><td colspan="3">所谓“有价证券”，法律上并无统一的规定，乃是泛指各种记载了某种民事权利的文书（纸张），并且该权利与记载权利的文书具有紧密的结合关系，该权利的发生、转移、行使须全部或者部分依该文书而为之。日常生活和商业活动中所使用的纸质的邮票、提单、仓单、股票、电影票、车票、演出或体育比赛入场券等，都是有价证券。票据上记载的是请求支付一定金额的债权（票据权利），并且票据权利与票据具有紧密的结合关系，因而是有价证券的一种。</td></tr>
<tr><td rowspan="5">票据的种类</td><td colspan="3">（1）下列各项中，属于《票据法》所规定的狭义的、法律意义的票据的有（　）。</td></tr>
<tr><td>A. 汇票</td><td colspan="2">汇票是出票人签发的，委托付款人在见票时或者在指定日期无条件支付确定的金额给收款人或者持票人的票据。</td></tr>
<tr><td>B. 本票</td><td colspan="2">本票是出票人签发的，承诺自己在见票时无条件支付确定的金额给收款人或者持票人的票据。</td></tr>
<tr><td>C. 支票</td><td colspan="2">支票是出票人签发的，委托办理支票存款业务的银行或者其他金融机构在见票时无条件支付确定的金额给收款人或者持票人的票据。</td></tr>
<tr><td colspan="3">【注意】中央银行票据（实质上是中央银行债券）、发票、国库券、企业债券等也常被称为“票据”，但是，狭义的、法律意义的票据，仅指上述三种《票据法》所规定的有价证券。</td></tr>
<tr><td rowspan="3">票据的特征</td><td rowspan="3">作为有价证券的票据的特征</td><td colspan="2">（2）票据作为依票据法发行的、以无条件支付一定金额为目的的一种有价证券，具有自己独特的性质。下列各项中，属于票据的特征的有（　）。</td></tr>
<tr><td>A. 票据是债权证券</td><td>持票人可以就票据上所载的金额向特定票据债务人行使请求权，其性质是债权，所以票据是债权证券</td></tr>
<tr><td>B. 票据是金钱证券</td><td>就债权的标的而言，持票人享有的权利是请求债务人给付一定的金钱，所以票据是一种金钱证券</td></tr>
</table>

续表

<table>
<tr><td rowspan="4">票据的特征</td><td rowspan="2">作为有价证券的票据的特征</td><td>C. 票据是设权证券</td><td colspan="2">所谓设权证券，是指权利的发生必须首先作成证券。票据上所表示的权利，是由出票这种票据行为创设。没有票据，就没有票据上的权利。因此，票据是一种设权证券</td></tr>
<tr><td>D. 票据是文义证券</td><td colspan="2">票据上的一切权利义务，都严格依照票据上记载的文义而定，文义之外的任何理由、事项都不得作为根据。也就是说，票据上记载的文义即使有错，通常也不得依据票据之外的其他证据变更或者补充。票据的这个特征，主要是为了保护善意持票人，以维护交易安全。</td></tr>
<tr><td rowspan="2">纸质票据和电子票据</td><td colspan="3">(3)下列关于电子票据的表述中，正确的有(　)。</td></tr>
<tr><td colspan="3">A. 自2018年1月1日起，单张出票金额在100万元以上的商业汇票(包括商业承兑汇票和银行承兑汇票)原则上全部通过电子商业汇票办理
B. 中国人民银行批准建立了电子商业汇票系统(指定上海票据交易所予以建设和运营)，这一系统依托网络和电文形式签发票据和进行其他票据行为，以电子签名取代传统的签章方式
C. 电子汇票业务提高了票据业务的透明度，有利于防范票据业务风险，避免纸质票据毁损灭失的问题，还能够节约当事人的成本
D. 电子票据与传统的纸质票据相比，只是其载体有所区别、签章方式有所区别，票据法律制度原则上适用于电子票据</td></tr>
<tr><td rowspan="2">票据的载体及签章方式</td><td colspan="4">(4)下列关于票据的载体和签章方式的表述中，正确的有(　)。</td></tr>
<tr><td colspan="4">A. 传统的票据均为纸质
B. 中国人民银行近年来大力推行电子商业汇票业务，批准建立了电子商业汇票系统。票据当事人可利用该系统，以数据电文形式签发票据和进行其他票据行为，以电子签名取代传统的签章方式
C. 电子票据与传统的纸质票据相比，只是其载体有所区别、签章方式有所区别，票据法律制度原则上适用于电子票据(当然，由于载体的变化，其中某些制度显然没有了适用余地，例如票据丧失补救制度)</td></tr>
<tr><td rowspan="6">票据的分类</td><td colspan="4">(5)根据出票人是否直接对票据付款，票据可分类为(　)。</td></tr>
<tr><td>A. 委托票据</td><td colspan="2">是指出票人不担任票据付款人，而是记载他人为付款人的票据，但是，有的汇票也可能由出票人将自己记载为付款人</td><td>汇票、支票</td></tr>
<tr><td>B. 自付票据</td><td colspan="2">是指由出票人自己承担付款义务的票据</td><td>本票</td></tr>
<tr><td colspan="4">(6)根据票据所记载的到期日的不同，票据可分类为(　)。</td></tr>
<tr><td>A. 即期票据</td><td colspan="2">票据的到期日是“见票即付”，即持票人可以随时请求付款</td><td>本票、支票、即期汇票</td></tr>
<tr><td>B. 远期票据</td><td colspan="2">票据并非持票人可以随时请求付款，而须在票据记载的特定日期或者以一定方法计算的日期到来时，才有权请求付款</td><td>远期汇票</td></tr>
</table>

续表

<table>
<tr><td rowspan="6">票据在经济上的职能</td><td colspan="2">(7)在生活中，特别是在商事活动之中，票据可以发挥不同的功能。下列各项中，属于票据在经济上的职能的有(　)。</td></tr>
<tr><td>A. 支付职能</td><td>票据记载的是金钱债权，可以替代现金作为支付方式，避免了运送和清点现金的麻烦。正是因为票据以及其他支付结算方式的出现和普及，我国法律才可以严格限制现金在经济往来中的使用。</td></tr>
<tr><td>B. 汇兑职能</td><td>异地之间需要支付金钱时，携带现金既不方便，也不安全。应付款方可以签发或者转让票据给异地的收款方，从而使票据发挥汇兑的职能</td></tr>
<tr><td>C. 结算职能</td><td>结算职能又可称为债务抵销职能。互负票据债务的双方当事人，可以不必分别实际支付票据金额，而可以在金额相同的范围内进行抵销，从而简化了程序，减少了交易费用。</td></tr>
<tr><td>D. 信用职能</td><td>信用职能是远期票据可以发挥的功能</td></tr>
<tr><td>E. 融资职能</td><td>对于远期票据来说，虽然票据权利人无权在到期日之前请求票据债务人支付票据金额，但是可以在法律允许的范围内将票据权利转让给他人，并从受让人处立即获得对价，或者将票据权利为他人设定质押，从而达到融资的目的。</td></tr>
<tr><td rowspan="7">票据法的立法精神</td><td colspan="2">(8)下列各项中，属于票据法的特别立法精神的是(　)。</td></tr>
<tr><td colspan="2">A. 促进票据流通(即促进票据权利的转让)</td></tr>
<tr><td colspan="2">(9)票据法设计了一些不同于一般民法制度的特殊制度来特别保护票据受让人的利益，其主要方法包括(　)。</td></tr>
<tr><td rowspan="2">A. 迅速(使受让人能够迅速地取得权利，避免时间上的拖延)</td><td>a. 票据法对票据凭证的格式有严格规定，从而使得票据真伪易于辨认，有利于节约时间和成本</td></tr>
<tr><td>b. 票据权利的转让方式是背书或者交付，相对于一般债权的转让，其不同之处在于无须通知债务人即可以对债务人发生效力，手续简单，节约时间。另外，此种方式可以让受让人迅速辨别让与人(前手)是否有权转让票据，也避免了一般债权转让中可能需要的繁琐查证</td></tr>
<tr><td rowspan="2">B. 安全(使受让人能够安全地取得权利，避免因为各种原因而导致不能取得权利、取得的权利有瑕疵或者容易丧失权利，并在最大程度上保障票据权利的实现)</td><td>a. 票据行为具有独立性，法律设有票据权利善意取得制度和抗辩切断制度，此外还有追索权制度(担保承兑和担保付款的责任)以及利益偿还请求权、公示催告制度，这些特殊制度使得票据受让人的权利得到更有效的保障</td></tr>
<tr><td>b. 此外，票据法还以刑事制裁阻吓票据犯罪</td></tr>
</table>

票据关系

【考点母题——万变不离其宗】票据关系

<table>
<tr><td rowspan="15">票据关系</td><td colspan="3">票据关系，是指基于票据行为而发生的、以请求支付票据金额为内容的债权债务关系。</td></tr>
<tr><td colspan="3">(1)票据关系的内容包括（　）。</td></tr>
<tr><td rowspan="9">A. 票据债权（又称票据权利）</td><td colspan="2">概念：票据债权（又称票据权利），是指持票人基于票据行为而取得的、向票据债务人请求支付票据金额的权利。“持票人”指的是票据权利人，而并非仅指占有票据的人。</td></tr>
<tr><td colspan="2">(2)下列关于票据权利人的表述中，正确的有（　）。</td></tr>
<tr><td colspan="2">A. 占有票据的人并不一定是票据权利人（如拾得他人遗失之票据的人）
B. 票据权利人丧失其票据后通常并不丧失其权利（比如票据被遗失、偷盗）。但是，由于票据行为以交付为要件（从而使票据权利人必须取得占有），票据权利的行使通常也必须提示票据（因此票据权利人必须仍旧保持其占有）
C. 非票据关系上的权利人，其权利不能称为“票据权利”</td></tr>
<tr><td colspan="2">(3)票据权利的内容包括（　）。</td></tr>
<tr><td>A. 付款请求权</td><td>付款请求权一般是指持票人对主债务人的权利</td></tr>
<tr><td rowspan="2">B. 追索权</td><td>追索权是指持票人的付款请求权没有获得满足或者有可能无法获得满足的情况下，在符合了法定的条件之后，可以向偿还义务人所主张的票据权利</td></tr>
<tr><td>从经济意义上看，票据权利相对于一般债权的优越性，首先体现在追索权。在付款请求权未获满足的情形下，票据权利人可以向所有的票据债务人主张追索权。再加上抗辩切断等制度，使得在票据上签章的人（票据债务人）可以向持票人提出抗辩的机会大大减少，从而使票据权利人实现其权利的可能性大大增加</td></tr>
<tr><td colspan="2">(4)下列关于持票人行使票据权利的顺序的表述中，正确的有（　）。</td></tr>
<tr><td colspan="2">A. 持票人应当首先向主债务人或者付款人请求付款，在被拒绝付款或者显然有不获付款的可能性时，才可以向偿还义务人主张追索权
B. 付款请求权为持票人的“第一顺序权利”，追索权为“第二顺序权利”</td></tr>
<tr><td rowspan="4">B. 票据债务（又称票据义务、票据责任）</td><td colspan="2">概念：票据债务（又称票据义务、票据责任），是指票据债务人基于其票据行为而发生的向持票人支付票据金额的义务。</td></tr>
<tr><td colspan="2">(5)票据债务人分为（　）。</td></tr>
<tr><td rowspan="2">A. 票据上的主债务人</td><td>(6)下列各项中，属于票据上的主债务人的有（　）。</td></tr>
<tr><td>A. 本票出票人　　B. 汇票承兑人
C. 票据上的保证人，应区分其被保证人的身份而定。如果被保证人是主债务人，则保证人属于主债务人；如果被保证人是次债务人，则属于次债务人</td></tr>
</table>

第9章

续表

<table>
<tr><td rowspan="8">票据关系</td><td rowspan="6">B. 票据债务（又称票据义务、票据责任）</td><td rowspan="2">A. 票据上的主债务人</td><td>(7)下列关于票据上的主债务人的票据责任表述中，正确的有(　)。</td></tr>
<tr><td>A. 最后持票人应当首先对票据主债务人请求付款
B. 在追索关系中，票据主债务人为最终的偿还义务人，不再享有再追索权
C. 主债务人的义务，常被称为第一次义务或者主义务</td></tr>
<tr><td rowspan="4">B. 票据上的次债务人</td><td>(8)下列各项中，属于票据上的次债务人的有(　)。</td></tr>
<tr><td>A. 汇票上的出票人、背书人、保证人
B. 本票上的背书人、保证人
C. 支票上的出票人、背书人、保证人</td></tr>
<tr><td>(9)下列关于票据上的次债务人的票据责任的表述中，正确的有(　)。</td></tr>
<tr><td>A. 票据上的次债务人是指票据关系上除了主债务人之外的其他债务人
B. 最后持票人并不可以首先对票据次债务人请求付款，而只能在追索关系中对其主张追索权
C. 次债务人如果因为被追索而偿还，通常还可以向前手再追索
D. 次债务人的义务，常被称为第二次义务、次义务或者偿还义务</td></tr>
<tr><td rowspan="2">A. 票据债权（又称票据权利）</td><td colspan="2">(10)下列各项中，不属于票据义务人的有(　)。</td></tr>
<tr><td colspan="2">A. 支票上的付款人　　B. 未经承兑的汇票的付款人
C. 委托收款人　　D. 代理付款人
【注意】上述主体仅仅是票据关系上的“关系人”(或称为“关系主体”)，而非票据义务人。他们未在票据上签章，并不承担票据债务，但是他们的行为会对票据关系产生重要影响。</td></tr>
<tr><td rowspan="4">非票据关系</td><td colspan="3">非票据关系，是指与票据有密切联系，但是并非基于票据行为而发生，并且不以请求支付票据金额为内容的法律关系。非票据关系也是票据法的规范对象，但是其内容并非请求票据金额，在票据法上居于比较次要的地位。</td></tr>
<tr><td colspan="3">(11)非票据关系分为两大类，包括(　)。</td></tr>
<tr><td>A. 票据法上的非票据关系</td><td colspan="2">是指依据票据法上的规定而发生的非票据关系。
其中比较重要的是利益返还请求权关系。</td></tr>
<tr><td>B. 民法上的非票据关系（票据基础关系）</td><td colspan="2">是指依据民法的一般规定而发生的、与票据有紧密联系的法律关系。民法上的非票据关系的特点在于其发生依据是民法的一般规定，这些规定并不包含于狭义的票据法之中。但是，由于这些法律关系与票据有紧密联系，票据法不得不规定它们对票据关系有何种影响。
其中最重要的是票据签发、转让的当事人之间的票据原因关系。</td></tr>
</table>

【考点子题——举一反三，真枪实练】

[4]（2019 年·案例分析题 节选）A 公司向 B 公司购买一批生产设备。为支付货款，A

公司向B公司签发一张以甲银行为承兑人、金额为500万元的银行承兑汇票。甲银行作为承兑人在票面上签章。

B公司收到汇票后背书转让给C公司，用于偿还其所欠C公司的专利使用费，但未在被背书人栏内记载C公司的名称。C公司欠D公司一笔货款，遂直接将D公司记载为B公司的被背书人，并将汇票交给D公司。

根据上述内容，回答下列问题：

C公司是否应当承担票据责任？并说明理由。

票据权利的取得

（一）票据权利的取得原因概述

【考点母题——万变不离其宗】票据权利的取得原因概述

<table>
<tr><td colspan="3">（1）票据权利的取得原因包括（　）。</td></tr>
<tr><td rowspan="6">A. 依票据行为而取得票据权利</td><td colspan="2">票据行为是一种民事法律行为。依照票据行为而取得票据权利，也就是依当事人的意思而使票据权利发生。</td></tr>
<tr><td colspan="2">（2）下列情形中，属于我国票据法所规定的依票据行为取得票据权利的有（　）。</td></tr>
<tr><td>A. 依出票行为而取得</td><td>出票行为是票据上的第一个票据行为，有效的出票可以使票据上第一次发生票据权利</td></tr>
<tr><td>B. 依转让而取得</td><td>最主要的情形是转让背书，在例外情况下也可以是空白票据的单纯交付。善意取得是让与取得的特殊方式</td></tr>
<tr><td>C. 依票据保证而取得</td><td>票据保证人提供了票据保证，票据权利人即可以向保证人行使票据权利</td></tr>
<tr><td>D. 依票据质押而取得</td><td>票据质押行为（质押背书）虽然在严格意义上并未使得票据质权人取得票据权利，但是质权人可以像票据权利人一样直接行使票据权利</td></tr>
<tr><td rowspan="4">B. 依法律规定而直接取得票据权利</td><td colspan="2">在特定情形下，当事人并非基于他人的票据行为而取得票据权利，而是基于法律的规定而直接取得票据权利</td></tr>
<tr><td colspan="2">（3）下列情形中，属于我国票据法所规定的依法律规定而直接取得票据权利的有（　）。</td></tr>
<tr><td>A. 依票据法上的规定而取得</td><td>其中最主要的是，被追索人（含票据保证人）向持票人偿还票据金额、利息费用后，可以取得票据权利</td></tr>
<tr><td>B. 依其他法律规定而取得</td><td>其中比较重要的是，因为继承、法人合并或者分立、税收等原因而取得票据权利</td></tr>
</table>

（二）票据行为的概念与特征

【考点母题——万变不离其宗】票据行为的概念与特征

<table>
<tr><td rowspan="3">票据行为的概念</td><td colspan="2">票据行为，是票据法律行为的简称，是指能够发生票据权利和义务的法律行为。</td></tr>
<tr><td colspan="2">(1)下列各项中，属于我国票据法上的票据行为的有（　）。</td></tr>
<tr><td colspan="2">A. 出票　B. 背书　C. 承兑（为汇票所独有）　D. 保证</td></tr>
<tr><td rowspan="7">票据行为的特征</td><td colspan="2">(2)和一般的民事法律行为相比，票据行为具有的特征包括（　）。</td></tr>
<tr><td rowspan="2">A. 票据行为是要式法律行为（票据行为的要式性）</td><td>(3)下列关于票据行为的要式性的表述中，正确的有（　）。</td></tr>
<tr><td>A. 票据行为必须满足特定的形式要件才能够成立和生效。票据是一种“要式证券”
B. 票据行为的要式性体现在书面形式上。票据行为（票据意思表示）必须记载于票据的票面，采取口头或者默示的形式则不能成立。记载于票据以外的其他载体的，也不能发生票据行为的效力
C. 票据行为的要式性还体现为票据行为人必须要签章。票据法上，票据行为人必须签章才能够满足票据行为的形式要件。因此，票据行为人必然是票据上的签章人
D. 票据行为的要式性还体现在每一种票据行为都有特定的“款式”。也就是说，法律针对每一种票据行为，分别规定了哪些属于“绝对必要记载事项”，哪些属于“相对必要记载事项”，哪些属于不得记载事项等。如果未记载绝对必要记载事项，或者记载了因记载则使票据行为无效的事项，则票据行为无效</td></tr>
<tr><td rowspan="2">B. 票据行为的解释以文义解释为主</td><td>(4)下列关于票据行为的解释的表述中，正确的有（　）。</td></tr>
<tr><td>A. 票据行为的解释，原则上仅仅使用文义解释。出票人和其他票据义务人都应当“按照（票据）所记载的事项”承担票据责任
B. 文义解释并非票据行为解释的唯一方法。由于在直接当事人之间，票据义务人可以以基础关系上的抗辩对抗票据关系，因此，在基础关系上的意思表示解释，就可以用来对抗票据行为的文义</td></tr>
<tr><td rowspan="2">C. 票据行为是一种“格式”化的法律行为</td><td>(5)下列关于票据行为的“格式”化特征的理解中，正确的有（　）。</td></tr>
<tr><td>A. 票据行为如同一种法定的格式化法律行为（类似于民法上“格式合同”或者“格式条款”）
B.《票据法》明确规定了出票、承兑、背书、保证这几种票据行为应当如何作成，分别发生何种效果。当事人如果要进行票据行为，就只能按照这种要求去做，对于所发生的法律后果也没有另作特别约定的余地
C. 票据行为的这个特点，使得票据行为的内容、法律效果都相当明确。尽管限制了意思自治，但是避免了意思自治所导致的复杂情况，从而避免了大多数可能发生的争议，票据的流通性得到加强</td></tr>
</table>

续表

<table>
<tr><td rowspan="7">票据行为的特征</td><td rowspan="6">D. 票据行为的独立性</td><td colspan="2">(6)下列关于票据行为的独立性的表述中，正确的有(　)。</td></tr>
<tr><td colspan="2">A. 票据上的各个票据行为之间互相独立，是否有效乃是根据各自的要件。一个票据行为如果形式上合法但因为欠缺其他要件而无效，原则上不影响其他票据行为的效力</td></tr>
<tr><td rowspan="3">B. 票据行为的独立性示例</td><td>a. 民事行为能力人或者限制民事行为能力人在票据上签章的，其签章无效，但是不影响其他签章的效力</td></tr>
<tr><td>b. 票据上有伪造、变造的签章的，不影响票据上其他真实签章的效力</td></tr>
<tr><td>c. 保证人对合法取得汇票的持票人所享有的汇票权利，承担保证责任。但是，被保证人的债务因汇票记载事项欠缺而无效的除外(也就是说，被保证人的债务如果并非因为汇票记载事项欠缺而无效，而是因为其他原因而无效，保证人仍应承担保证责任)</td></tr>
<tr><td colspan="2">C. 票据行为独立性的例外，主要体现在《票据法》第十二条(因为恶意或者重大过失而取得票据)和第十三条(票据抗辩切断的例外)规定的情形</td></tr>
<tr><td colspan="3">E. 票据行为的无因性(详见下文)</td></tr>
</table>

(三)票据行为的成立与生效

【考点母题——万变不离其宗】票据行为的成立与生效

<table>
<tr><td colspan="3">(1)一个票据行为必须满足法律规定的所有要件，才能够发生法律效力，导致票据关系发生。票据法规定的票据行为的要件包括(　)。</td></tr>
<tr><td rowspan="8">A. 票据行为的形式要件</td><td colspan="2">(2)票据行为的行为人，须以一定方式在票据上进行记载。下列各项中，属于票据法规定的票据行为的形式要件的有(　)。</td></tr>
<tr><td rowspan="2">A. 票据凭证</td><td>(3)下列关于票据凭证的表述中，正确的有(　)。</td></tr>
<tr><td>A. 票据凭证的格式和印制管理办法，由中国人民银行规定
B. 票据当事人应当使用中国人民银行规定的统一格式的票据
C. 未使用按中国人民银行统一规定印制的票据，票据无效</td></tr>
<tr><td rowspan="2">B. 特定事项的记载方式</td><td>(4)下列关于票据特定事项的记载方式的表述中，正确的有(　)。</td></tr>
<tr><td>A. 票据金额以中文大写和数码同时记载，二者必须一致，二者不一致的，票据无效
B. 票据金额、日期、收款人名称不得更改，更改的票据无效(收金日)</td></tr>
<tr><td colspan="2">(5)下列关于票据签章方式的表述中，正确的有(　)。</td></tr>
<tr><td colspan="2">A. 票据行为人必须在票据上签章，其签章方式必须符合要求</td></tr>
<tr><td colspan="2">B. 自然人的签章，为签名、盖章或者签名加盖章</td></tr>
</table>

续表

<table>
<tr><td rowspan="15">A. 票据行为的形式要件</td><td rowspan="4">C. 签章方式</td><td rowspan="2">C. 法人和其他单位的签章，为该法人或者该单位的盖章，加其法定代表人或者其授权的代理人的签章（签名、盖章或者签名加盖章）。法律对于法人或者其他单位的盖章，还明确规定了其具体类型（　）。</td><td>a. 银行的签章。银行作为银行汇票的出票人、银行承兑汇票的承兑人签章时，应当盖该银行的汇票专用章。作为银行本票的出票人签章时，应当盖银行本票专用章。不过，根据《票据法司法解释》第四十一条，加盖银行公章的也有效</td></tr>
<tr><td>b. 其他法人或者单位的签章。商业汇票上的出票人、支票的出票人的签章，应当盖该单位的财务专用章或者公章</td></tr>
<tr><td colspan="2">（6）下列关于票据行为人在票据上的签章不符合规定的法律效力的表述中，正确的有（　）。</td></tr>
<tr><td colspan="2">A. 出票人在票据上的签章不符合规定的，票据无效
B. 背书人、承兑人、保证人在票据上的签章不符合规定的，其签章无效，但是不影响票据上其他签章的效力</td></tr>
<tr><td rowspan="11">D. 一定的款式</td><td colspan="2">（7）票据行为的款式，是指票据法对各种票据行为的记载事项所做的要求。违反相关规定的，可能影响票据行为的效力。票据行为的款式（记载事项）包括（　）。</td></tr>
<tr><td rowspan="2">A. 绝对必要记载事项</td><td>如果未记载这类事项，则票据行为无效</td></tr>
<tr><td>【例】出票行为中的票据金额</td></tr>
<tr><td rowspan="2">B. 相对必要记载事项</td><td>如果未记载这类事项，票据行为仍然有效，但须依照法律规定决定相应事项</td></tr>
<tr><td>【例】出票行为中的票据到期日</td></tr>
<tr><td rowspan="2">C. 任意记载事项（可以记载事项）</td><td>如果未记载这类事项，则不发生相应的法律效果；如果进行了记载，则依照记载发生票据法上的效力</td></tr>
<tr><td>【例】出票和背书行为中的“禁止转让”事项</td></tr>
<tr><td rowspan="2">D. 记载不生票据法上效力的事项</td><td>记载此类事项并不产生票据法上的效力，但是可以产生民法上的效力</td></tr>
<tr><td>【例】背书时记载的条件</td></tr>
<tr><td rowspan="2">E. 记载本身无效事项</td><td>记载的此类事项在票据法和民法上均无效，但是不影响票据行为本身的效力</td></tr>
<tr><td>【例】汇票的出票人免除其担保承兑、担保付款责任的记载</td></tr>
</table>

续表

<table>
<tr><td rowspan="7">A. 票据行为的形式要件</td><td rowspan="3">D. 一定的款式</td><td rowspan="2">F. 记载使票据行为无效事项</td><td>记载此类事项的，不仅关于该事项的记载无效，而且导致整个票据行为无效</td></tr>
<tr><td>【例】汇票的出票行为、承兑行为附条件</td></tr>
<tr><td colspan="2">【注意】票据行为必须在票据(票据正面、背面或者粘单)上进行记载，才可能产生票据法上的效力。如果在票据之外另外以书面形式记载有关事项，即使其内容和票据有关，也不发生票据上的效力</td></tr>
<tr><td rowspan="4">E. 交付</td><td colspan="2">(8)下列关于票据交付的法律效力的表述中，正确的有(　)。</td></tr>
<tr><td>A. 行为人的记载行为并非立即导致票据行为成立，票据行为人还必须将进行了这种记载的票据交付给相对人，票据行为才成立</td><td>【例】甲公司是某张汇票记载的收款人，甲公司拟将汇票背书转让给乙公司，自行完成了背书记载但尚未交付对方；之后，又因为某种原因(例如乙公司未按照约定交货)而不欲使乙公司取得票据权利，则可以自行涂销自己的背书记载(但是应当另行签章以证明其自己涂销了背书记载)。此后，如因为购买货物须向丙公司付款，甲公司可以另行以丙公司为被背书人而为背书记载，并交付丙公司。丙公司可以取得票据权利。</td></tr>
<tr><td>B. 如果一个人在完成记载后，非因其意思而丧失对票据的占有，例如票据遗失、被盗，则票据行为人所记载的票据权利人并不能取得对签章人的票据权利</td><td rowspan="2">【例】汇票的收款人甲公司完成了对乙公司的转让背书记载后票据遗失，拾得人丙向丁公司声称其乃是乙公司的代理人，并伪造了乙公司的签章而将其背书转让给丁公司，如果丁公司基于善意取得制度而取得票据权利，其虽然对乙公司不享有票据权利(基于票据伪造的法律规定)，但是对甲公司则可以主张票据权利</td></tr>
<tr><td>C. 如果第三人善意取得该遗失、被盗的票据而成为权利人，则由于行为人的记载符合票据行为的形式，并且其签章真实，行为人也对票据权利人负票据责任</td></tr>
<tr><td rowspan="6">B. 票据行为的实质要件</td><td colspan="3">(9)除了上述形式要件外，票据行为还必须满足诸多的实质要件才能生效。下列各项中，属于票据行为的实质要件的有(　)。</td></tr>
<tr><td rowspan="2">A. 票据行为能力</td><td colspan="2">(10)下列关于无或限制民事行为能力人在票据上签章的法律效力的表述，正确的是(　)。</td></tr>
<tr><td colspan="2">A. 无民事行为能力人或者限制民事行为能力人在票据上签章的，其签章无效，但是不影响其他签章的效力</td></tr>
<tr><td rowspan="2">B. 意思表示真实</td><td colspan="2">(11)下列关于以欺诈、胁迫手段取得票据的法律效力的表述中，正确的是(　)。</td></tr>
<tr><td colspan="2">A. 以欺诈、胁迫手段取得票据的，不能取得票据权利</td></tr>
<tr><td>C. 票据行为代理的特殊生效要件</td><td colspan="2">如果票据行为由代理人进行，则代理权的欠缺也会影响票据行为的效力</td></tr>
</table>

续表

B. 票据行为的实质要件	D. 票据权利善意取得的特殊生效要件	如果背书转让票据的背书人并不享有处分权，则背书行为无效。但是，如果符合善意取得的要件，则转让背书行为可以有效(详见下文)
	E. 基础关系对票据行为效力的影响	基于票据行为的无因性，票据基础关系的瑕疵不影响票据行为的效力，但是，基于赠与等无偿的原因而授受票据的，持票人所取得的票据权利不得优于其前手

【考点子题——举一反三，真枪实练】

[5] (2018 年 · 单选题) 根据票据法律制度的规定，下列票据记载事项中，可以更改的是(　)。

A. 出票日期　　B. 付款人名称

C. 票据金额　　D. 收款人名称

[6] (2015 年 · 单选题) 甲公司签发的支票上，中文大写记载的金额为“壹万玖仟捌佰元整”，而阿拉伯数字(数码)记载的金额为“19 810 元”。根据票据法律制度的规定，下列关于该支票效力的表述中，正确的是(　)。

A. 支票无效

B. 经甲公司将金额更改为一致并签章后，支票有效

C. 支票有效，以中文记载为准

D. 支票有效，以阿拉伯数字(数码)记载为准

[7] (2016 年 · 单选题) 根据票据法律制度的规定，下列票据行为人中，其签章不符合票据法规定可导致票据无效的是(　)。

A. 出票人　　B. 承兑人　　C. 背书人　　D. 保证人

(四) 票据行为的代理

【考点母题——万变不离其宗】票据行为的代理

票据行为代理的概念	票据行为是一种民事法律行为，可以由代理人进行，其法律效果归属于被代理人。票据当事人可以委托其代理人在票据上签章，并应当在票据上表明其代理关系。
票据代理行为的生效要件	(1) 票据行为如果由代理人进行，除了需要满足票据行为的成立要件和其他生效要件外，还必须满足法律对于票据代理行为特别规定的生效要件。下列各项中，属于票据代理行为的特殊生效要件的有(　)。

续表

<table>
<tr><td rowspan="4">票据代理行为的生效要件</td><td rowspan="2">A. 须明示本人(被代理人)的名义，并表明代理的意思</td><td>a. 代理人应当在票据上表明其代理关系，也就是说，须记载本人是谁，并表明行为人乃是作为代理人在票据上签章</td></tr>
<tr><td>b. 假如未作该记载，而是以自己的名义进行票据行为，那么不论其是否确有使他人承受票据行为之法律效果的真实意思，均不发生代理的效果，而由“代理人”自己承担票据行为的法律效果</td></tr>
<tr><td>B. 代理人签章</td><td>代理人签章的方式，适用票据行为人签章的一般规定</td></tr>
<tr><td>C. 代理人有代理权</td><td>只有代理人有代理权，其以本人的名义所为的票据行为的法律效果才能归属于本人。如果代理人欠缺代理权，则构成无权代理。代理人的代理权，可能基于法律规定(无民事行为能力人、限制民事行为能力人的监护人)，但是在绝大多数情形下，乃是基于本人的授权而取得</td></tr>
<tr><td rowspan="6">票据行为的无权代理</td><td rowspan="2">狭义的无权代理</td><td>(2)下列关于票据行为的狭义的无权代理行为的票据责任的表述中，正确的有(　)。</td></tr>
<tr><td>A. 没有代理权而以代理人名义在票据上签章的，应当由签章人承担票据责任
B. 如果不符合表见代理的要件(比如相对人明知代理人没有代理权，或者因过失而不知)，该代理行为对被代理人不生效力，相对人不能取得票据权利，不论本人还是无权代理人均不承担票据责任
C. 如果本人在事后表示追认，票据行为对本人发生效力，并由本人承担票据责任
D. 如果相对人又对他人进行票据行为，假如该人因满足善意取得的要件而取得票据权利，无权代理之下的本人仍然不承担票据责任(理由在于，本人并未在票据上签章，也没有授权他人为票据行为)但是，无权代理人须对票据权利人承担票据责任(这是《票据法》第五条规定的意义。其理由在于，票据行为的代理人应当无条件地担保其具有代理权；如果其客观上没有代理权，因其在票据上进行了签章，应承担票据责任)
【例】汇票的收款人是A，而B以A的名义将其背书转让给C，该代理构成狭义无权代理，因而C不能取得票据权利。但是C又将该票据背书转让给D，由于善意取得的要件满足，D取得了票据权利。此时，A对D不负担票据责任，但是B负有票据责任。</td></tr>
<tr><td rowspan="2">表见代理</td><td>(3)下列关于票据行为的表见代理行为的票据责任的表述中，正确的是(　)。</td></tr>
<tr><td>A. 票据行为人客观上欠缺代理权，但是如果相对人有理由相信其有代理权(即满足了表见代理的要件)，则其代理而为的票据行为有效，相对人取得票据权利。本人应根据该票据行为而承担票据责任，无权代理人不承担票据责任</td></tr>
<tr><td rowspan="2">越权代理</td><td>(4)下列关于票据行为的越权代理行为的票据责任的表述中，正确的是(　)。</td></tr>
<tr><td>A. 代理人超越代理权限的，应当就其超越权限的部分承担票据责任</td></tr>
</table>

续表

<table>
<tr><td rowspan="3">票据行为的代行</td><td>概念</td><td>票据行为的代行，是指行为人在进行票据行为时在票据上记载他人之名，或者盖他人之章，而未签署自己的姓名或者盖自己的章。票据行为的代行并不构成代理。</td></tr>
<tr><td rowspan="2">法律效力</td><td>(5)下列关于票据行为的代行的法律效力的表述中，正确的有(　)。</td></tr>
<tr><td>A. 代行行为的法律效力，应类推适用有关代理的法律规定，视代行人是否获得本人之授权而定
B. 如果代行人获得了本人的授权，则应类推适用有权代理的规定，本人承担票据行为的法律效果
C. 如果代行人未获得本人的授权，其行为构成票据签章的伪造，本人和代行人均不承担票据责任；但是，如果相对人有理由相信代行人获得了本人的授权，则类推适用表见代理的规定，由本人承担票据责任</td></tr>
</table>

(五)票据权利的善意取得

1. 票据权利善意取得的含义

【考点母题——万变不离其宗】票据权利善意取得的含义

<table>
<tr><td>概念</td><td>票据权利的善意取得，是指无处分权人处分他人之票据权利，受让人依照票据法所规定的票据转让方式取得票据，并且善意且无重大过失，则可以取得票据权利的法律制度。</td></tr>
<tr><td rowspan="3">票据权利的无权处分</td><td>转让票据权利的票据行为，须以转让人(处分人)对于该票据权利享有处分权为条件。下列关于转让人对票据权利的处分权的表述中，正确的有(　)。</td></tr>
<tr><td>A. 以欺诈、偷盗或者胁迫等手段取得票据的，不享有票据权利
B. 明知有前列情形，出于恶意取得票据的，不得享有票据权利(即，明知转让人并非真正的票据权利人，没有处分权，却仍然受让票据的，不能取得票据权利)
C. 如果受让人因为重大过失而不知上述原因，也不能取得票据权利</td></tr>
<tr><td>【注意】以上述手段取得票据(但不享有票据权利)后，又向他人转让票据权利的，实际上就是非票据权利人在处分他人之票据权利。假如受让人不知道转让人没有处分权，并且是因为轻过失甚至无过失而不知情，则可以取得票据权利。</td></tr>
</table>

【考点对比——一目了然】票据权利的无权处分与无权代理的区别

	无权处分	无权代理
名义不同	无权处分，乃是以自己的名义处分他人的票据权利	无权代理，则行为人虽然也在票据上签章，但是仅仅作为代理人签章，必须指明本人(被代理人)是谁
对善意相对人的保护适用规则不同	善意相对人的保护通过善意取得规则实现	善意相对人的保护通过表见代理规则来实现的

[8] (2018年·案例分析题 节选)2018年3月5日，A公司为支付货款，向B公司签发一张200万元的银行承兑汇票，汇票到期日为2018年9月4日，甲银行与A公司签署承兑协议后，作为承兑人在票面上签章。后甲银行以对该承兑协议有重大误解为由向人民法院提起诉讼，请求人民法院撤销该承兑协议。

B公司收到汇票后，背书转让给C公司，用于支付房屋租金，但未在“被背书人”栏内记载C公司的名称。C公司欠D公司一笔应付账款，遂直接将D公司记载为B公司的被背书人，并将汇票交给D公司。

6月5日，D公司财务人员李某将其负责保管的该汇票盗出，并伪造D公司相关签章，持该汇票背书转让给与其相互串通的E公司。

7月5日，E公司将该汇票背书转让给F公司，用于支付货款，F公司知道E公司获得该汇票的详情，但仍予接受。F公司随即将该汇票背书转让给G公司，用于支付装修工程款。G公司对于李某的行为及E公司、F公司获取该汇票的经过均不知情。

……

根据上述内容，回答下列问题：

F公司是否取得票据权利？并说明理由。

2. 票据权利善意取得的要件

【考点母题——万变不离其宗】票据权利善意取得的要件

<table>
<tr><td colspan="3">(1)票据权利的善意取得需要满足的要件包括(　)。</td></tr>
<tr><td>A. 转让人是形式上的票据权利人</td><td colspan="2">票据权利的受让人，须以一定的方式审查转让人是否享有处分权。在通常情形下，票据权利乃是基于票据行为而取得，须票据所记载的收款人或者被背书人(转让背书)才享有票据权利。因此，转让人须为票据记载的最后持票人(收款人或者被背书人)，受让人才有理由相信其具有处分权</td></tr>
<tr><td rowspan="2">B. 转让人没有处分权</td><td colspan="2">(2)虽然票据记载了特定的人是票据权利人，此人却可能因为各种原因在实质上并不享有票据权利。下列情形中，转让人没有处分权的有(　)。</td></tr>
<tr><td>A. 转让人从其前手取得票据权利时，其前手没有完全民事行为能力</td><td>【例】A对B签发转账支票，B取得票据后患精神病而丧失民事行为能力，但仍将支票背书转让给C。C又将支票背书转让给D。根据《票据法》第六条的规定，B对C的背书行为无效，C不能取得票据权利，因此，B仍然是票据权利人。C对D背书转让时，C没有处分权，其实质是在处分B的票据权利。</td></tr>
</table>

续表

<table>
<tr><td rowspan="4">B. 转让人没有处分权</td><td>B. 转让人从其前手取得票据权利时，其前手的意思表示不真实</td><td>【例】A 公司以 B 公司为收款人而签发汇票，B 公司受 C 公司的欺诈而背书转让，C 公司又背书转让给 D 公司。根据《票据法》第十二条第一款的规定，C 公司未从 B 公司处取得票据权利。因此，C 公司对 D 公司背书转让时，C 公司没有处分权，其实质是在处分 B 公司的票据权利。</td></tr>
<tr><td>C. 转让人从其前手取得票据权利时，其前手的代理人是无权代理，且不符合表见代理的要件</td><td>【例】汇票的收款人是 B 公司，C 公司从 B 公司受让票据权利时，明知 B 公司的代理人 X 并无代理权。这里是狭义无权代理，代理行为不生效力，C 公司未取得票据权利。因此，C 公司对 D 公司背书转让时，C 公司没有处分权，其实质是在处分 B 公司的票据权利。</td></tr>
<tr><td>D. 转让人并非票据所记载的权利人，但是冒充权利人并伪造其签章而转让票据权利</td><td>【例】A 公司对 B 签发转账支票，B 的票据遗失（或被盗），被 C 拾得（或窃取）。C 对 D 声称自己就是 B，并签下 B 的名字背书转让。C 对 D 公司背书转让时，C 没有处分权，其实质是在处分 B 的票据权利。</td></tr>
<tr><td>E. 转让人从其前手取得票据权利时，其前手的签章乃是被伪造的，且转让人并未善意取得票据权利</td><td>【例】并且 C 对 D 声称自己就是 B 时，D 因重大过失而不知 C 的说法是假的，或者，D 明知 B 不是 C（甚至 C 与 D 串通而为），那么，D 不能基于 C 的背书而取得票据权利。这样，当 D 对 E 背书转让时，D 并无处分权，其实质是在处分 B 的票据权利。</td></tr>
<tr><td>C. 受让人依照票据法规定的转让方式取得票据</td><td colspan="2">这主要是指，受让人乃是基于背书转让的方式取得票据。这一背书须符合一般背书行为的形式和实质要件</td></tr>
<tr><td rowspan="5">D. 受让人善意且无重大过失</td><td colspan="2">(3)下列关于票据善意取得的受让人善意且无重大过失的表述中，正确的有（　）。</td></tr>
<tr><td colspan="2">A. 受让人并不知道转让人没有处分权，并且非因重大过失而不知情</td></tr>
<tr><td colspan="2">B. 如果受让人明知转让人没有处分权，也就是存在恶意，则不能取得票据权利</td></tr>
<tr><td>C. 如果受让人并非明知，也应尽到一定程度的注意以审查转让人是否有处分权</td><td>例如，应当审查转让人的身份是否就是票据上所记载的权利人</td></tr>
<tr><td colspan="2">D. 转让人没有处分权的多数情形是因为转让人与其前手之间的票据行为无效。应当认为，受让人并无义务审查转让人与其前手之间的法律关系，更没有义务审查更早的法律关系。只有在受让人因为某种其他原因而知道或者应当知道相关事由时，才导致其存在恶意或者有重大过失</td></tr>
</table>

续表

E. 受让人须付出相当对价	(4)下列关于无偿取得票据的受让人的票据权利的表述中，正确的有(　)。
	A. 因税收、继承、赠与可以依法无偿取得票据的，不受给付对价的限制。但是，所享有的票据权利不得优于其前手的权利(即，无偿取得票据的受让人所能够取得的权利不能优于其前手) B. 在无权处分情形下，前手并不享有票据权利，因此，无偿的善意受让人也不能取得票据权利

3. 票据权利善意取得的法律后果

【考点母题——万变不离其宗】票据权利善意取得的法律后果

下列各项中，属于票据权利善意取得的法律后果的有(　)。	
A. 受让人取得票据权利	
B. 原权利人丧失票据权利	
C. 无权处分人的行为导致原权利人的权利消灭的，其应承担何种票据责任，应当分情况讨论	a. 如果无权处分人乃是以自己的名义在票据上作为背书人签章，则应基于票据法的一般规定承担背书人的票据责任
	b. 如果无权处分人并未以自己名义签章，处分人是票据伪造中的伪造人，则并不承担票据责任，但可能存在民法上的赔偿责任甚至刑事责任
D. 在善意取得的情形下，原权利人是否对票据权利人承担票据责任，应当分情况讨论	a. 如果原权利人并未在票据上签章，则不承担票据责任
	b. 如果原权利人曾经在票据上签章，原则上应承担票据责任
	c. 如果转让人从原权利人处取得票据权利时，原权利人没有完全民事行为能力，则原权利人不承担票据责任

【考点子题——举一反三，真枪实练】

[9] (2020年·案例分析题 节选)A公司为支付工程款，向B公司签发了一张以甲银行为承兑人、金额为50万元的银行承兑汇票。甲银行作为承兑人在票面上签章。B公司财务人员项某利用职务之便将汇票盗出，伪造B公司财务专用章和法定代表人签章，将汇票背书转让给与其合谋的C公司。C公司又将该汇票背书转让给D公司，用于偿付货款。D公司对于汇票伪造一事不知情。

……

根据上述内容，回答下列问题：

(1)C公司是否取得票据权利？并说明理由。

(2)D公司是否取得票据权利？并说明理由。

[10] (2018年·案例分析题 节选)2×18年3月5日，A公司为支付货款，向B公司签发一张200万元的银行承兑汇票，汇票到期日为2×18年9月4日，甲银行与A

公司签署承兑协议后，作为承兑人在票面上签章。后甲银行以对该承兑协议有重大误解为由向人民法院提起诉讼，请求人民法院撤销该承兑协议。

B 公司收到汇票后，背书转让给 C 公司，用于支付房屋租金，但未在“被背书人”栏内记载 C 公司的名称。C 公司欠 D 公司一笔应付账款，遂直接将 D 公司记载为 B 公司的被背书人，并将汇票交给 D 公司。

6 月 5 日，D 公司财务人员李某将其负责保管的该汇票盗出，并伪造 D 公司相关签章，持该汇票背书转让给与其相互串通的 E 公司。

7 月 5 日，E 公司将该汇票背书转让给 F 公司，用于支付货款，F 公司知道 E 公司获得该汇票的详情，但仍予接受。F 公司随即将该汇票背书转让给 G 公司，用于支付装修工程款。G 公司对于李某的行为及 E 公司、F 公司获取该汇票的经过均不知情。

9 月 4 日，G 公司持该汇票向甲银行提示付款，甲银行以其与 A 公司之间的承兑协议已被人民法院撤销为由拒绝付款。

根据上述内容，回答下述问题：

G 公司是否取得票据权利？并说明理由。

[11] (2020 年 · 案例分析题 节选)甲公司向乙公司购买一批原材料，为支付货款向乙公司签发了一张以 A 银行为承兑人、金额为 300 万元的银行承兑汇票。A 银行作为承兑人在票面上签章。乙公司财务人员楚某与丙公司合谋，利用职务之便将该汇票盗出，并伪造乙公司财务专用章和法定代表人签章，将该汇票背书转让给丙公司。丙公司又将该汇票背书转让给丁公司，用于偿付拖欠丁公司的工程款。丁公司对于汇票伪造一事不知情。

……

根据上述内容，分别回答下列问题：

(1) 丙公司是否取得票据权利？并说明理由。

(2) 丁公司是否取得票据权利？并说明理由。

[12] (2017 年 · 案例分析题 节选)甲公司为支付货款，向乙公司签发一张以 A 银行为承兑人、金额为 100 万元的银行承兑汇票。A 银行作为承兑人在汇票票面上签章，甲公司的股东 B 公司在汇票上以乙公司为被保证人，进行了票据保证的记载并签章。甲公司将汇票交付给乙公司工作人员孙某。

孙某将该汇票交回乙公司后，利用公司财务管理制度的疏漏，将汇票暗中取出，并伪造乙公司财务专用章和法定代表人签章，将汇票背书转让给与其相互串通的丙公司。丙公司随即将该汇票背书转让给丁公司，用于支付房屋租金，丁公司对于孙某伪造汇票之事不知情。

丁公司于汇票到期日向 A 银行提示付款。A 银行在审核过程中发现汇票上的乙公司签章系伪造，故拒绝付款。丁公司遂向丙公司、乙公司和 B 公司追索，均遭拒绝。后丁公司知悉孙某伪造汇票之事，遂向其追索，亦遭拒绝。

根据上述内容，分别回答下列问题：

丁公司能否取得票据权利？并说明理由。

4. 票据权利善意取得制度的类推适用

【考点母题——万变不离其宗】票据权利善意取得制度的类推适用

<table>
<tr><td colspan="3">下列情形中，不属于典型的票据权利善意取得，但应类推适用善意取得制度的有（ ）。</td></tr>
<tr><td>A. 形式合法的但实质上无效的出票行为所记载的收款人，将其背书转让给他人</td><td>【例】无权代理人 A 以甲公司的名义签发一张支票，收款人乙公司明知 A 没有代理权，根据上文分析，代理行为无效，乙公司不能取得票据权利。如果乙公司将票据背书转让给丙公司，在符合善意取得要件的情况下，丙公司应可取得票据权利。就票据关系的其他当事人而言，乙公司承担背书人的票据责任；根据《票据法》第五条第二款的规定，甲公司不承担票据责任，A 承担作为出票人的票据责任。</td><td rowspan="2">A、B 项两种情形的特点在于，出票行为在实质上并未生效，票据上并不存在任何真实的票据权利，因此，此后的背书转让行为在实质上并非对他人的票据权利进行处分。但是，由于出票行为在形式上并无瑕疵，从被背书人的角度看，有维护交易安全的必要。因此，票据善意取得制度应当被参照适用于此类情形</td></tr>
<tr><td>B. 出票人完成记载后票据遗失或者被盗</td><td>【例】甲拟出票给乙，记载完毕后票据遗失。丙拾得后，冒充乙并伪造乙的签章，将其背书转让给丁。如果符合善意取得的要件，则丁可以取得票据权利。乙、丙作为票据伪造的被伪造人和伪造人，均不承担票据责任。甲的签章是真实签章，应承担票据责任。</td></tr>
<tr><td>C. 票据质权的善意取得</td><td colspan="2">无权处分人如果并非将票据权利转让他人，而是为他人设定质权，也应适用善意取得制度</td></tr>
</table>

（六）票据基础关系对票据行为效力的影响

1. 票据基础关系的概念

【考点母题——万变不离其宗】票据基础关系的概念

票据基础关系是指票据关系据以产生的、由民法规定的法律关系。下列各项中，属于票据基础关系的有（ ）。

续表

<table>
<tr><td>A. 票据原因关系</td><td>是指作为票据当事人之间授受票据原因的法律关系。出票人与收款人之间的出票行为、背书人与被背书人之间转让背书行为，总是基于一定的原因。例如，为了支付货物买卖的价款、支付工程款、支付租金、缴纳税款、返还借款等。尽管出票人、背书人通常是基于一定的原因关系而为票据行为，但是，这一原因关系可能并不真实存在，或者不符合法律的要求。例如，买卖合同无效，出卖人并无支付价款的义务，但是却在认为合同有效的情形下签发了票据。因此，法律上需要决定的是：原因关系对于票据行为的效力应产生何种影响</td></tr>
<tr><td>B. 票据资金关系</td><td>是指出票人与承兑人或者付款人之间关于将来用于向持票人付款的资金安排的法律关系。通常来说，出票人与承兑人或者付款人之间在出票前会订立委托合同，对于承兑人或者付款人应在何种情形下付款、付款资金的安排进行约定（例如，出票人应在票据到期前将全部票据金额支付给承兑人）</td></tr>
</table>

2. 票据行为的无因性

【考点母题——万变不离其宗】票据行为的无因性

<table>
<tr><td rowspan="3">票据行为的无因性</td><td colspan="2">（1）下列关于票据行为的无因性的表述中，正确的有（　）。</td></tr>
<tr><td colspan="2">A. 基于票据行为无因性理论，票据基础关系的瑕疵并不影响票据行为的效力，但是其适用范围有限制
B. 票据行为的内容如果与基础关系不一致，票据关系的内容只能依据票据行为来确定</td></tr>
<tr><td colspan="2">【例】买卖合同约定的价款为 100 万元，买受人因为失误而签发了金额为 200 万元的汇票，那么，买受人（作为出票人）的票据责任应当根据票面上的记载（200 万元）来确定，而不是根据买卖合同来确定。</td></tr>
<tr><td rowspan="5">票据原因关系与票据行为的关系</td><td colspan="2">（2）下列关于票据原因关系与票据行为的关系的表述中，正确的有（　）。</td></tr>
<tr><td colspan="2">A. 票据的签发、取得和转让，应当遵循诚实信用的原则，具有真实的交易关系和债权债务关系。即，出票行为和背书转让行为，必须为了履行基于“真实的交易关系”而发生的债务（这一规定是对于票据行为效力与原因关系的关联所作的规定）</td></tr>
<tr><td rowspan="3">B. 基于票据行为无因性理论，票据原因关系的瑕疵并不影响票据行为的效力，但是其适用范围有限制</td><td>a. 作为原因关系的合同未成立、无效或被撤销，票据行为有效。例如，为履行买卖合同上的价款义务而签发票据，但是买卖合同实际上无效的，票据行为仍有效</td></tr>
<tr><td>b. 票据授受的原因是票据权利买卖，如果是背书转让形式，则构成“票据贴现”（参见下文关于贴现的讨论）</td></tr>
<tr><td>【例】甲公司缺乏资金，遂与乙公司约定：甲公司向乙公司签发一张 6 个月后到期、金额为 100 万元的远期汇票，乙公司立即向甲公司支付 95 万元。或者，甲公司此时持有一张 5 个月后到期的、金额为 100 万元的汇票，遂与乙公司达成协议：甲公司将其背书转让给乙公司，乙公司立即支付甲公司 96 万元。上述约定并非“真实的交易关系”。</td></tr>
</table>

续表

票据资金关系与票据行为的关系	(3)下列关于票据资金关系与票据行为的关系的表述中，正确的是(　)。
	A. 基于票据行为无因性理论，票据资金关系的瑕疵并不影响票据行为的效力，但是其适用范围有限制
	【例】某公司申请某银行为其签发的汇票进行承兑，为此双方签订了承兑协议，进而该银行为履行该协议而在票据上(作为承兑人)签章，那么，如果承兑协议无效或者被撤销(这意味着该银行并无义务进行承兑行为)，该银行的承兑行为的效力不因此而受影响，持票人有权请求该银行承担票据责任。

【考点子题——举一反三，真枪实练】

[13] (2018年·案例分析题 节选) A公司为支付向B公司购买钢材的货款，向B公司签发了一张以甲银行为承兑人、金额为100万元的银行承兑汇票，甲银行作为承兑人在汇票上签章。B公司收到汇票后背书转让给C公司，用于偿还所欠租金。C公司为履行向D中学捐资助学的承诺，将该汇票背书转让给D中学，并在汇票上注明“不得转让”字样。

D中学将该汇票背书转让给F公司，用于偿付工程款；应F公司的要求，D中学请E公司出具了担保函，承诺就D中学对F公司的票据债务承担保证责任，但未在票据上作任何记载。

A公司收到钢材后，发现钢材存在重大质量瑕疵，完全不符合买卖合同约定及行业通行标准，无法使用。

F公司于汇票到期日向甲银行提示付款，甲银行以A公司未在该行存入足够资金为由拒付。

……

根据上述内容，回答下列问题：

甲银行拒绝向F公司付款的理由是否成立？并说明理由。

[14] (2019年·案例分析题节选) A公司向B公司购买一批生产设备。为支付货款，A公司向B公司签发一张以甲银行为承兑人、金额为500万元的银行承兑汇票。甲银行作为承兑人在票面上签章。

B公司收到汇票后背书转让给C公司，用于偿还其所欠C公司的专利使用费，但未在被背书人栏内记载C公司的名称。C公司欠D公司一笔货款，遂直接将D公司记载为B公司的被背书人，并将汇票交给D公司。D公司随即将汇票背书转让给E公司，用于偿还工程款，并在汇票上注明：“工程验收合格则转让生效。”E公司随即又将汇票背书转让给F公司，用于支付办公楼装修费用。后D

公司与 E 公司因工程存在严重安全隐患、未能验收合格而发生纠纷。

B 公司未在约定期间内向 A 公司发货，经催告后仍未发货。A 公司遂向 B 公司主张解除合同、退还货款。

F 公司于汇票到期日向银行提示付款，甲银行以 A 公司资信状况不佳、账户余额不足为由拒绝。

……

根据上述内容，分别回答下列问题：

甲银行拒绝向 F 公司付款的理由是否成立？并说明理由。

[15]（2016 年·案例分析题节选）2×16 年 3 月 1 日，为支付工程款项，A 公司向 B 公司签发一张以甲银行为承兑人、金额为 150 万元的银行承兑汇票，汇票到期日为 2×16 年 9 月 1 日，甲银行作为承兑人在汇票票面上签章。

4 月 1 日，B 公司将该汇票背书转让给 C 公司，用于支付买卖合同价款。后因 C 公司向 B 公司出售的合同项下货物存在严重质量问题，双方发生纠纷。

5 月 1 日，C 公司为支付广告费，将该汇票背书转让给 D 公司。D 公司负责人知悉 B、C 公司之间合同纠纷的详情，对该汇票产生疑虑，遂要求 C 公司的关联企业 E 公司与 D 公司签订了一份保证合同。保证合同约定，E 公司就 C 公司对 D 公司承担的票据责任提供连带责任保证。但 E 公司未在汇票上记载有关保证事项，亦未签章。

6 月 1 日，D 公司将该汇票背书转让给 F 公司，以偿还所欠 F 公司的租金。

9 月 2 日，F 公司持该汇票向甲银行提示付款，甲银行以 A 公司资信状况不佳、账户余额不足为由拒付。

……

根据上述内容，分别回答下列问题：

甲银行的拒付理由是否成立？并说明理由。

[16]（2011 年·案例分析题 节选）甲公司为支付货款，向乙公司签发了一张以 A 银行为承兑人、金额为 20 万元的银行承兑汇票。A 银行在票据承兑栏中进行了签章。乙公司为向丙公司支付租金，将该票据交付丙公司，但未在票据上背书和签章。丙公司因需向丁公司支付工程款，欲将该票据转让给丁公司。

丁公司发现票据上无转让背书，遂提出异议。丙公司便私刻了乙公司法定代表人刘某的人名章和乙公司公章，加盖于背书栏，并直接记载丁公司为被背书人。丁公司不知有假，接受了票据。之后，丁公司为偿付欠款将该票据背书转让给了不知情的戊公司。

甲公司收到乙公司货物后，发现货物存在严重质量问题，遂要求乙公司退还货款并承担违约责任。票据到期时，戊公司向A银行提示付款，A银行以甲公司存入本行的资金不足为由拒绝付款。

根据上述内容，分别回答下列问题：

A银行拒绝向戊公司付款的理由是否成立？并说明理由。

3. 以赠与或者其他无偿法律关系为原因的出票和背书转让

【考点母题——万变不离其宗】以赠与或者其他无偿法律关系为原因的出票和背书转

下列关于以赠与或者其他无偿法律关系为原因的出票和背书转让的效力的表述中，正确的有（ ）。
A. 因税收、继承、赠与可以依法无偿取得票据的，不受给付对价的限制。但是，所享有的票据权利不得优于其前手的权利(即，赠与等原因可以是票据授受的合法原因) B. 在委托合同之下，委托人为了预付处理委托事务的费用，向受托人签发票据或者背书转让票据，也应适用上述A项的规定。但是，如果受托人先行垫付了费用，委托人向其偿还该费用时，即使该委托合同是无偿的，受托人取得该票据的原因，在票据法的意义上应视为有偿，不适用该项规定

考点8 票据的伪造和变造

（一）票据伪造

【考点母题——万变不离其宗】票据伪造

<table>
<tr><td rowspan="3">票据伪造的概念</td><td colspan="2">票据伪造，是指假冒或者虚构他人名义而为的票据行为。具体而言，就是在未获得他人授权的情况下，假冒他人或者声称获得了他人之授权，而径行以他人之名义为票据行为；或者，虚构某个并不存在的人，并以此人名义为票据行为。</td></tr>
<tr><td colspan="2">任何票据行为，包括出票、承兑、保证、背书，均可能发生伪造问题。</td></tr>
<tr><td colspan="2">【注意】如果票据行为人在指明本人的存在并以代理人的身份在票据上签章，即使其欠缺代理权，也不构成票据伪造，而是无权代理。</td></tr>
<tr><td rowspan="4">票据伪造的构成要件</td><td colspan="2">(1)下列各项中，属于票据伪造的构成要件的有（ ）。</td></tr>
<tr><td colspan="2">A. 伪造者的行为符合票据行为的形式要件。假如票据行为欠缺形式要件并因此而无效，那么无论是否构成伪造，票据行为已经确定无效，自然无须特别考虑伪造问题</td></tr>
<tr><td rowspan="2">B. 伪造者假冒或者虚构他人名义在票据上签章</td><td>a. 假冒他人名义，在形式上体现为票据行为的代行</td></tr>
<tr><td>b. 虚构他人之名义，主要指虚构一个不存在的法人或者其他单位的情形。假如行为人只是没有使用其本名，那么不论其主观目的如何，该票据行为均应视为有使其法律效果归属于自己的意思，应由其承担票据责任，而不构成票据伪造。</td></tr>
</table>

续表

<table>
<tr><td rowspan="12">票据伪造的法律效果</td><td rowspan="5">假冒他人名义的情形</td><td colspan="2">(2)下列关于票据伪造情形下假冒他人名义的票据伪造的法律效果的表述中，正确的有(　)。</td></tr>
<tr><td rowspan="2">A. 票据行为的法律效力</td><td>a. 假冒他人名义，在形式上体现为票据行为的代行。如果行为人获得了本人的授权，则代行的票据行为有效，本人应承担票据责任；如果出现可以类推表见代理的情形，则代行的票据行为有效，本人应承担票据责任</td></tr>
<tr><td>b. 如果行为人未获得本人授权，且不构成表见代理，即构成票据的伪造，则票据行为无效</td></tr>
<tr><td>B. 对被伪造人的法律后果</td><td>在假冒他人名义的情形下，假如属于上文所分析的票据行为无效的情形，被伪造人不承担因为该票据行为所产生的票据责任</td></tr>
<tr><td>C. 对伪造人的法律后果</td><td>伪造人并未以自己名义在票据上签章，不承担票据责任，但可能承担刑事责任、行政法律责任或者民法上的赔偿责任</td></tr>
<tr><td rowspan="4">虚构他人名义的情形</td><td colspan="2">(3)下列关于票据伪造情形下虚构他人名义的票据伪造的法律效果的表述中，正确的有(　)。</td></tr>
<tr><td>A. 票据行为的法律效力</td><td>票据伪造的情形属于虚构他人名义的，票据行为应无效</td></tr>
<tr><td>B. 对被伪造人的法律效力</td><td>在虚构他人名义的情形下，并不存在一个“被伪造人”，因此不存在相应的对被伪造人的法律后果问题</td></tr>
<tr><td>C. 对伪造人的法律后果</td><td>伪造人并未以自己名义在票据上签章，不承担票据责任，但可能承担刑事责任、行政法律责任或者民法上的赔偿责任</td></tr>
<tr><td rowspan="3">其他真实签章的效力</td><td colspan="2">(4)下列关于票据上有伪造的签章的情况下其他真实签章的效力的表述中，正确的是(　)。</td></tr>
<tr><td colspan="2">A. 如果伪造的票据行为无效，其他真实签章的效力不受影响(票据行为的独立性)</td></tr>
<tr><td colspan="2">【例 1】出票行为被伪造并且无效的，收款人不能取得票据权利。但是，如果收款人对他人进行转让背书，被背书人可以取得票据权利，但是其权利仅针对收款人，被伪造人(“出票人”)并不承担票据责任。
【例 2】背书转让行为被伪造并且无效的情形。例如，A 是某票据的收款人，B 冒充 A 并伪造其签章，对 C 进行转让背书。如果不符合善意取得的要件，则被伪造的背书行为无效，C 不能取得票据权利，A 仍然是票据权利人。假如 C 又对 D 进行转让背书，则属于无权处分。如果符合善意取得要件，D 取得票据权利，A 的票据权利消灭。C 的签章是真实签章，C 负有作为背书人的票据责任。</td></tr>
</table>

【考点子题——举一反三，真枪实练】

[17] (2020年·案例分析题 节选) 甲公司向乙公司购买一批原材料，为支付货款向乙公司签发了一张以A银行为承兑人、金额为300万元的银行承兑汇票。A银行作为承兑人在票面上签章。乙公司财务人员楚某与丙公司合谋，利用职务之便将该汇票盗出，并伪造乙公司财务专用章和法定代表人签章，将该汇票背书转让给丙公司。丙公司又将该汇票背书转让给丁公司，用于偿付拖欠丁公司的工程款。丁公司对于汇票伪造一事不知情。后丁公司被戊公司吸收合并，戊公司于汇票到期日向A银行提示付款。A银行以戊公司不是汇票上的被背书人为由拒付，戊公司遂向乙、丙公司追索。乙公司以"票据转让背书系楚某与丙公司合谋伪造，丙公司和丁公司均未取得票据权利"为由拒绝。

根据上述内容，分别回答下列问题：

(1) 乙公司是否应当承担票据责任？并说明理由。

(2) 丙公司是否应当承担票据责任？并说明理由。

[18] (2020年·案例分析题 节选) A公司为支付工程款，向B公司签发了一张以甲银行为承兑人、金额为50万元的银行承兑汇票。甲银行作为承兑人在票面上签章。B公司财务人员项某利用职务之便将汇票盗出，伪造B公司财务专用章和法定代表人签章，将汇票背书转让给与其合谋的C公司。C公司又将该汇票背书转让给D公司，用于偿付货款。D公司对于汇票伪造一事不知情。

后D公司被E公司吸收合并，E公司于汇票到期日向甲银行提示付款；甲银行以E公司不是汇票上的被背书人为由拒付，E公司遂向B、C公司追索。B公司拒绝，理由是：票据转让背书系项某与C公司合谋伪造，C公司及其后手D公司均未取得票据权利。

根据上述内容，分别回答下列问题：

(1) B公司是否应当承担票据责任？并说明理由。

(2) C公司是否应当承担票据责任？并说明理由。

[19] (2019年·案例分析题 节选) A公司为清偿欠款，向B公司签发一张金额为50万元的支票，交付给B公司销售经理甲。甲偶然获知B公司拟将其辞退，心生愤怒。甲知悉B公司拖欠C公司50万元的贷款，且与C公司负责人乙熟识，遂伪造B公司财务专用章及财务负责人名章，加盖于支票背书人栏，将该支票交付给乙，但未在背书人栏记载C公司名称。C公司欠D公司一笔贷款，遂直接将D公司记载为B公司的被背书人，并将支票交付给D公司。

D 公司在提示付款期限内向支票记载的付款银行请求付款，银行发现支票上的 B 公司财务专用章及其财务负责人名章系伪造，遂予拒绝。D 公司向 A、B、C 公司追索，三公司均以票据系甲伪造为由拒绝，D 公司要求甲承担票据责任。

根据上述内容，分别回答下列问题：

(1) A 公司是否应当承担票据责任？并说明理由。

(2) B 公司是否应当承担票据责任？并说明理由。

(3) 甲是否应当承担票据责任？并说明理由。

[20]（2017 年 · 案例分析题 节选）甲公司为支付货款，向乙公司签发一张以 A 银行为承兑人、金额为 100 万元的银行承兑汇票。A 银行作为承兑人在汇票票面上签章，甲公司的股东 B 公司在汇票上以乙公司为被保证人，进行了票据保证的记载并签章。甲公司将汇票交付给乙公司工作人员孙某。

孙某将该汇票交回乙公司后，利用公司财务管理制度的疏漏，将汇票暗中取出，并伪造乙公司财务专用章和法定代表人签章，将汇票背书转让给与其相互串通的丙公司。丙公司随即将该汇票背书转让给丁公司，用于支付房屋租金，丁公司对于孙某伪造汇票之事不知情。

丁公司于汇票到期日向 A 银行提示付款。A 银行在审核过程中发现汇票上的乙公司签章系伪造，故拒绝付款。丁公司遂向丙公司、乙公司和 B 公司追索，均遭拒绝。后丁公司知悉孙某伪造汇票之事，遂向其追索，亦遭拒绝。

根据上述内容，分别回答下列问题：

(1) 乙公司是否应当向丁公司承担票据责任？并说明理由。

(2) B 公司是否应当向丁公司承担票据责任？并说明理由。

(3) 孙某是否应当向丁公司承担票据责任？并说明理由。

（二）票据变造

【考点母题——万变不离其宗】票据变造

票据变造的概念	票据变造，是指没有变更权限的人变更票据上签章以外的其他记载事项的行为。票据行为人在票据上记载了一定的事项后，其本人或者其他人又对该事项（签章除外）进行变更

续表

<table>
<tr><td rowspan="5">变造与变更权人的变更的区别</td><td colspan="3">(1)下列关于票据变更权人的变更的表述中，正确的有(　)。</td></tr>
<tr><td rowspan="2">A. 票据金额、出票日期、收款人名称任何人不得更改，更改的票据无效</td><td colspan="2">a. 如果出票行为成立时就存在该瑕疵，出票行为无效，其他票据行为也因此而无效，票据权利根本不发生</td></tr>
<tr><td colspan="2">b. 如果出票行为成立时并无该瑕疵，出票行为已经在当时生效，票据权利就已经发生。此后再发生此类变更，该行为导致的“票据无效”应理解为该票据凭证失去效力，但是已经存在的票据权利并不因此而消灭。应当适用票据丧失的规定，票据权利人以其他方式证明其票据权利后，仍可行使其权利</td></tr>
<tr><td colspan="3">B. 对除上述三个事项以外的票据上的其他记载事项，原记载人可以更改，更改时应当由原记载人签章证明</td></tr>
<tr><td colspan="3">C. 假如票据已经交付给相对人，则票据行为已经按照原记载的内容成立并生效。此时如果要变更，还应当征得利害关系人的同意，特别是持票人的同意</td></tr>
<tr><td rowspan="7">票据变造的构成要件</td><td colspan="3">(2)票据变造的构成要件包括(　)。</td></tr>
<tr><td rowspan="5">A. 有变更票据上签章以外记载事项的行为</td><td>a. 涂销原有记载并且添加新的记载</td><td>【例】将票据上原来记载的金额5万元(阿拉伯数字以及中文大写)变更为95万元。</td></tr>
<tr><td>b. 单纯地涂销原有记载</td><td>【例】背书时记载了“不得转让”字样，之后仅单纯地涂销该字样。</td></tr>
<tr><td>c. 原来并无某种记载，之后添加某种记载</td><td>【例】在背书转让后，添加“不得转让”字样(但是，如果背书人在将票据交付被背书人之前添加“不得转让”字样，并不属于变更，因为添加之前票据行为尚未成立，自可补充记载)。</td></tr>
<tr><td rowspan="2">d. 对于金额、出票日期、收款人名称这三个事项的变更</td><td>如果从票面来看可以通过查看票面而发现其变更，则更改的票据无效</td></tr>
<tr><td>如果其变更难以通过查看票面而发现，则票据的效力应不受影响，而适用关于票据变造的规定</td></tr>
<tr><td colspan="3">B. 变更行为人没有变更权</td></tr>
<tr><td rowspan="2">票据变造的法律后果</td><td colspan="3">(3)下列关于票据变造的法律后果的表述中，正确的有(　)。</td></tr>
<tr><td colspan="3">A. 变造前在票据上签章的票据行为人，依照原记载事项负责。不能辨别是在票据被变造之前或者之后签章的，视同在变造之前签章
B. 变造后在票据上签章的票据行为人，依照变造后的记载事项负责。如果变造人也是票据上的签章人，变造人应解释为在变造后的票据行为人</td></tr>
</table>

【考点子题——举一反三，真枪实练】

[21] (2020年·多选题)下列关于票据变造的法律效果的表述中，符合票据法律制度规定的有(　)。

A. 变造前在票据上签章的票据行为人，依照原记载事项负责

B. 变造后在票据上签章的票据行为人，依照变造后的记载事项负责

C. 若变造人也是票据上的签章人，变造人应被视为在变造之后签章

D. 不能辨别是在票据变造之前还是之后签章的，视同在变造之后签章

考点 9　票据权利的消灭

（一）票据权利的消灭事由概述

【考点母题——万变不离其宗】票据权利的消灭事由概述

<table>
<tr><td colspan="2">(1)下列各项中，属于票据权利的消灭事由的有(　)。</td></tr>
<tr><td rowspan="2">A. 付款(票据权利的一般消灭原因)</td><td>(2)下列关于付款导致票据权利消灭的表述中，正确的有(　)。</td></tr>
<tr><td>A. 票据权利人向票据债务人主张权利，票据债务人向其付款的，其债务消灭
B. 如果汇票的付款人或者承兑人、支票的付款人、本票的出票人向票据权利人支付了票据金额，票据权利全部消灭
C. 如果票据权利人向其他票据债务人主张追索权(如果出现了追索事由)，被追索人向其履行债务后，其自身的票据债务消灭，但因此而享有再追索权</td></tr>
<tr><td>B. 因为没有进行票据权利的保全而导致追索权消灭</td><td>如果票据权利人没有按照规定期限提示承兑或者提示付款，或者在受到拒绝时没有依法取证，其追索权消灭</td></tr>
<tr><td>C. 消灭时效期间的经过</td><td>票据权利人没有在法定的消灭时效期间内行使权利的，其票据权利因此而消灭</td></tr>
</table>

（二）追索权因为未进行票据权利保全而消灭

【考点讲解】票据权利的保全

票据权利的保全的概念	按照票据法的规定，票据权利人原则上应当在规定的时间、地点，以规定的方法提示付款或者提示承兑(“遵期提示”)；并且，在被拒绝时，应当依法取得相应的证明(“依法取证”)。否则，其追索权将因此而消灭。因此，遵期提示和依法取证的行为在理论上称为“票据权利的保全”，也就是票据权利人为防止票据权利丧失而为的行为。
票据权利的保全的要求	持票人对票据债务人行使票据权利，或者保全票据权利，应当在票据当事人的营业场所和营业时间内进行，票据当事人无营业场所的，应当在其住所进行。

1. 遵期提示

【考点母题——万变不离其宗】汇票到期日

汇票到期日的四种记载方式	下列各项中，属于汇票到期日的记载方式的有（　）。	
	A. 见票即付	是指一经持票人提示，付款人即应付款。其实质是以提示付款日为到期日。但是，为免持票人长期不提示付款，法律另行规定了见票即付汇票的提示付款期限 【注意】本票、支票均为见票即付的票据。
	B. 定日付款	是指在汇票上明确记载特定的日期为到期日
	C. 出票后定期付款	是指出票后一定的期间经过后的日期为到期日。此种付款日期，与定日付款在实质上并无区别，只是需要一定的计算
	D. 见票后定期付款	是指汇票的持票人向付款人提示承兑，付款人予以承兑或者拒绝承兑后，以承兑日或者拒绝承兑证书做成之日为基础，经计算而确定到期日。这种付款日期，无法直接依照票面记载而确定到期日

【考点讲解】遵期提示期限

<table>
<tr><th colspan="2"></th><th>遵期提示承兑（汇票特有）</th><th>遵期提示付款</th></tr>
<tr><td colspan="2">本票</td><td></td><td>在出票日起 2 个月内随时提示付款</td></tr>
<tr><td colspan="2">支票</td><td></td><td>自出票日起 10 日内提示付款</td></tr>
<tr><td rowspan="4">汇票</td><td>见票即付</td><td>无需提示承兑</td><td>自出票日起 1 个月内向付款人提示付款</td></tr>
<tr><td>定日付款</td><td rowspan="2">持票人应当在汇票到期日前向付款人提示承兑</td><td rowspan="3">自到期日起 10 日内向承兑人提示付款</td></tr>
<tr><td>出票后定期付款</td></tr>
<tr><td>见票后定期付款</td><td>持票人应当自出票日起 1 个月内向付款人提示承兑</td></tr>
</table>

【考点母题——万变不离其宗】未遵期提示的法律后果

未遵期提示承兑	（1）下列关于未遵期提示承兑的法律后果的表述中，正确的有（　）。
	A. 汇票未按照规定期限提示承兑的，持票人丧失对其前手的追索权 B. 汇票未按照规定期限提示承兑的，并不丧失对出票人的追索权
未遵期提示付款	（2）下列关于未遵期提示付款的法律后果的表述中，正确的是（　）。
	A. 如果未在规定期限内提示付款，持票人即丧失对出票人、汇票承兑人之外的前手的追索权

2. 依法取证

【考点母题——万变不离其宗】依法取证

<table>
<tr><td rowspan="2">依法取证</td><td>(1)下列关于票据权利保全的依法取证的表述中，正确的有(　)。</td></tr>
<tr><td>A. 即使持票人遵期提示承兑或者提示付款，如果未能获得满足，还应采取措施获取相应的证明
B. 出具相应的拒绝证明是汇票付款人或者承兑人、本票出票人、支票付款人的法定义务。持票人提示承兑或者提示付款被拒绝的，承兑人或者付款人必须出具拒绝证明，或者出具退票理由书
C. 如果因为其他原因而导致持票人不能取得拒绝证明，或者汇票承兑人或者付款人破产，或者被责令终止业务活动，持票人可以以其他证明替代拒绝证明
D. 假如持票人未能遵期提示，即使取得了上述证明，也丧失了对前手(出票人、承兑人除外)的追索权</td></tr>
<tr><td rowspan="2">未依法取证的法律后果</td><td>(2)下列关于未依法取证的法律后果的表述中，正确的是(　)。</td></tr>
<tr><td>A. 如果持票人未取得拒绝证明或者具有相同效力的其他证明，或者在行使追索权时不出示该证明，则不能行使对其前手的追索权，但仍享有对出票人、承兑人的追索权</td></tr>
</table>

（三）票据时效

【考点母题——万变不离其宗】票据时效

<table>
<tr><td rowspan="2">票据时效概述</td><td colspan="2">票据时效，也就是票据权利的消灭时效，是指票据权利人如果未在法定期间内行使权利，其权利归于消灭的票据法律制度。</td></tr>
<tr><td colspan="2">票据时效与民法上的诉讼时效是类似的制度，但是票据法关于票据时效的规定排除了民法上诉讼时效制度的适用。</td></tr>
<tr><td rowspan="4">票据时效期间</td><td rowspan="2">付款请求权的消灭时效(票据上的主债务的消灭时效期间)</td><td>(1)下列关于付款请求权的消灭时效的表述中，正确的是(　)。</td></tr>
<tr><td>A. 持票人对汇票承兑人或者本票出票人的付款请求权，消灭时效期间为 2 年，自票据到期日起算；见票即付的汇票、本票，自出票日起算</td></tr>
<tr><td rowspan="2">追索权的消灭时效(票据上的次债务的消灭时效期间)</td><td>(2)下列关于追索权的消灭时效期间的表述中，正确的有(　)。</td></tr>
<tr><td>A. 汇票：持票人对汇票承兑人、出票人的追索权，自票据到期日起算 2 年；见票即付的汇票，为自出票日起算 2 年
B. 本票：持票人对本票出票人的追索权，自出票日起算 2 年
C. 支票：持票人对支票出票人的追索权，自出票日起算 6 个月
D. 汇票、本票、支票的持票人对其他前手(不包括出票人、汇票承兑人)的追索权，自被拒绝承兑或者被拒绝付款之日起算 6 个月
E. 汇票、本票、支票的被追索人对前手的再追索权，自清偿日或者被提起诉讼之日起算 3 个月</td></tr>
</table>

续表

<table>
<tr><td rowspan="2">票据时效中止、中断</td><td colspan="3">(3)下列关于票据时效的中止、中断的表述中，正确的有(　)。</td></tr>
<tr><td colspan="3">A. 票据时效期间可以发生中断、中止
B. 票据时效期间的中止、中断，只对发生时效中止、中断事由的当事人有效，持票人对其他票据债务人的票据时效的计算方法，并不因此而受影响</td></tr>
<tr><td rowspan="11">利益返还请求权</td><td rowspan="2">概述</td><td colspan="2">(4)下列关于持票人的利益返还请求权的表述中，正确的有(　)。</td></tr>
<tr><td colspan="2">A. 持票人因超过票据权利时效或者因票据记载事项欠缺而丧失票据权利的，仍享有民事权利，可以请求出票人或者承兑人返还其与未支付的票据金额相当的利益(概念)
B. 利益返还请求权的性质并非票据权利，而是票据法所规定的一种特别权利</td></tr>
<tr><td rowspan="5">利益返还请求权关系的当事人</td><td colspan="2">(5)享有利益返还请求权的当事人的是(　)。</td></tr>
<tr><td rowspan="2">A. 持票人</td><td>a. 票据所记载的最后持票人</td></tr>
<tr><td>b. 在被追索并清偿后，享有再追索权的当事人，例如背书人、保证人</td></tr>
<tr><td colspan="2">(6)负有返还利益的义务的当事人是(　)。</td></tr>
<tr><td colspan="2">A. 票据上的出票人　　B. 承兑人</td></tr>
<tr><td rowspan="2">利益返还请求权的成立要件</td><td colspan="2">(7)利益返还请求权的成立要件包括(　)。</td></tr>
<tr><td colspan="2">A. 票据权利曾经有效存在　　B. 票据权利因为消灭时效期间的经过而消灭
C. 出票人或者承兑人因为持票人的权利消灭而受有额外利益。这主要是指：汇票、本票、支票的出票人已经基于出票行为而取得了对价，或者汇票的承兑人已经收取了出票人提供的资金</td></tr>
<tr><td rowspan="2">利益返还请求权的效力</td><td colspan="2">(8)下列关于利益返还请求权的效力的表述中，正确的有(　)。</td></tr>
<tr><td colspan="2">A. 如果符合利益返还请求权的成立要件，则持票人享有请求出票人或者汇票承兑人返还所受利益的权利
B. 利益返还请求权并非票据权利，不适用于票据时效的规定，而应适用民法上关于诉讼时效的一般规定</td></tr>
</table>

【考点对比——一目了然】票据时效与民法上的诉讼时效的区别

	票据权利的消灭时效	民法诉讼时效
时效期间不同	期间较短	期间较长
起算点不同	自出票日、到期日、被拒绝承兑或被拒绝付款之日、清偿日或者被提起诉讼之日起算	原则上是从权利被侵害之日或者当事人知道或应当知道权利被侵害及义务人之日起算
法律效果	票据时效期间经过的法律效果是票据权利消灭	诉讼时效届满不消灭债权人实体权利，只是让债务人产生抗辩权

考点 10　票据抗辩

（一）票据抗辩概述

【考点母题——万变不离其宗】票据抗辩概述

<table>
<tr><td rowspan="4">票据抗辩的概念</td><td colspan="5">票据抗辩，是指票据上记载的票据债务人基于合法事由对持票人拒绝履行票据债务的行为。</td></tr>
<tr><td colspan="5">下列各项中，属于票据上记载的债务人的有（　）。</td></tr>
<tr><td>A. 出票人</td><td>B. 承兑人</td><td>C. 转让背书人</td><td>D. 质押背书人</td><td>E. 保证人</td></tr>
<tr><td colspan="5">如果持票人向上述票据上记载的债务人主张票据权利，其可能基于特定的事由而拒绝履行债务。其中，有的人在实质上并非票据债务人，有的人虽然是票据债务人，但是有合法的理由拒绝履行其票据债务。</td></tr>
<tr><td rowspan="2">票据抗辩的特点</td><td colspan="5">抗辩切断制度</td></tr>
<tr><td colspan="5">基于票据行为独立性而对票据保证人之抗辩事由的限制</td></tr>
</table>

（二）票据抗辩中的“物的抗辩”

【考点母题——万变不离其宗】票据抗辩中的“物的抗辩”

<table>
<tr><td>概念</td><td colspan="4">票据上的物的抗辩，又称绝对的抗辩，是指票据所记载的债务人可以对任何持票人所主张的抗辩。</td></tr>
<tr><td rowspan="6">物的抗辩的具体情形</td><td colspan="4">（1）下列各项中，属于票据上的物的抗辩的事由的有（　）。</td></tr>
<tr><td rowspan="5">A. 票据所记载的全部票据权利均不存在</td><td colspan="3">（2）下列各项中，会导致票据所记载的全部票据权利均不存在的有（　）。</td></tr>
<tr><td rowspan="3">A. 出票行为因为法定形式要件的欠缺而无效</td><td colspan="2">a. 出票行为因为欠缺绝对必要记载事项而无效</td></tr>
<tr><td colspan="2">b. 记载了可导致出票行为无效的事项（如出票行为附有条件）</td></tr>
<tr><td colspan="2">c. 若干事项的记载方式不符合法律规定（例如，票据金额的中文大写和数码不一致；对票据金额、日期、收款人名称进行了更改）</td></tr>
<tr><td>B. 票据权利已经消灭</td><td colspan="2">最主要的情形是，汇票付款人（或承兑人）、本票出票人、支票付款人已经按期全额付款，票据上的全部权利、义务均消灭</td></tr>
</table>

续表

<table>
<tr><td rowspan="4">物的抗辩的具体情形</td><td rowspan="2">B. 票据上记载的特定债务人的债务不存在</td><td>(3)下列各项中，票据上记载的特定债务人不承担票据责任的有(　)。</td></tr>
<tr><td>A. 签章人是无民事行为能力或者限制民事行为能力人的，票据行为无效，不承担票据责任
B. 狭义无权代理情形下，本人不承担票据责任，或者仅对不超越代理权限的部分承担票据责任
C. 票据伪造的被伪造人，不承担票据责任
D. 票据被变造时，变造前在票据上签章的债务人，可以拒绝依照变造后的记载事项承担票据责任
E. 对特定债务人的票据时效期间经过，其票据债务消灭
F. 对特定票据债务人的追索权，因为持票人未进行票据权利的保全而丧失</td></tr>
<tr><td rowspan="2">C. 票据权利的行使不符合债的内容</td><td>(4)下列各项中，票据权利的行使不符合债的内容的有(　)。</td></tr>
<tr><td>A. 票据权利人行使其权利的时间、地点、方式不符合票据记载或者法律规定
B. 法院经公示催告后作出除权判决后，票据权利人持票据(而非除权判决)主张权利的。此种情形下，虽然除权判决所认定的权利人仍然享有票据权利，但是其票据本身已经失效，不可以再作为权利凭证</td></tr>
</table>

(三)票据抗辩中的“人的抗辩”

【考点母题——万变不离其宗】票据抗辩中的“人的抗辩”

<table>
<tr><td rowspan="2">概念</td><td colspan="2">票据上的人的抗辩，又称相对的抗辩，是指票据债务人仅可以对特定的持票人主张的抗辩事由。</td></tr>
<tr><td colspan="2">此类情形下，票据所记载的债务人是真正的债务人。但是，如果特定的票据权利人向其主张票据权利，票据债务人可以“人的抗辩”事由拒绝履行债务。如果其他人取得并向其主张票据权利，则不得对其主张该抗辩事由。</td></tr>
<tr><td rowspan="3">人的抗辩的具体情形</td><td colspan="2">(1)下列各项中，属于票据上的人的抗辩的事由的有(　)。</td></tr>
<tr><td rowspan="2">A. 基于持票人方面的原因</td><td>(2)下列情形中，票据债务人可以基于持票人方面的原因进行抗辩的有(　)。</td></tr>
<tr><td>A. 持票人不享有票据权利。票据上仍有权利存在，只是现在占有并主张票据权利的持票人并非真正的权利人。【例】有效的汇票上的收款人对他人进行转让背书，该背书行为因为某种原因而无效(如，背书人欠缺完全民事行为能力、狭义无权代理、无权处分但没有被善意取得)，则被背书人并未取得票据权利，票据权利仍由收款人享有。假如被背书人仍占有票据，并向票据记载的债务人(承兑人、出票人、收款人)主张权利，债务人可以此为由拒绝付款。
B. 持票人不能够证明其权利。最主要的情形是，背书不连续，持票人又不能证明背书中断之处乃是由于其他合法原因而发生票据权利的转移
C. 背书人记载了“不得转让”字样的情形下，记载人对于其直接后手的后手不承担票据责任</td></tr>
</table>

续表

<table>
<tr><td rowspan="7">人的抗辩的具体情形</td><td rowspan="2" colspan="2">B. 在票据行为的直接当事人之间，票据债务人可以基于基础关系上的事由对票据权利人进行抗辩</td><td colspan="2">(3)下列关于票据债务人基于票据基础关系事由进行抗辩的表述中，正确的是(　)。</td></tr>
<tr><td colspan="2">A. 票据债务人可以对不履行约定义务的与自己有直接债权债务关系的持票人，进行抗辩</td></tr>
<tr><td rowspan="5">C. 票据债务人以其与持票人的前手之间的抗辩事由对抗持票人的情形（双方并非直接当事人的情形）</td><td colspan="3">(4)下列各项中，票据债务人可以其与持票人的前手之间的抗辩事由对抗持票人的有(　)。</td></tr>
<tr><td colspan="2">A. 持票人未给付对价而取得票据</td><td>因税收、继承、赠与可以依法无偿取得票据的，不受给付对价的限制，但所享有的票据权利不得优于其前手的权利。因此，票据债务人如果与持票人的前手是票据行为的直接当事人，并且对其享有基础关系上的抗辩，那么当持票人乃是无偿取得票据时，票据债务人有权以该事由对抗持票人</td></tr>
<tr><td rowspan="3" colspan="2">B. 明知票据债务人与出票人或者与持票人的前手存在抗辩事由而取得票据</td><td>a. 如果持票人明知票据债务人与出票人或者与持票人的前手之间存在抗辩事由，而仍然受让票据权利的，票据债务人可以该事由对抗持票人</td></tr>
<tr><td>b. 如果持票人不知情，即使有重大过失，票据债务人仍不得对其主张抗辩</td></tr>
<tr><td>c. “明知”与否的判断时点，应为票据交付之时。假如持票人在票据交付后才知道的，不适用该款规定，票据债务人不得对其主张此种抗辩</td></tr>
<tr><td rowspan="3">抗辩切断制度</td><td colspan="4">票据切断制度的概念：除了持票人未给付对价而取得票据、持票人明知出票人对持票人的前手存在抗辩事由而取得票据这两种情形之外，票据债务人原则上不得以自己与出票人或者与持票人的前手之间的抗辩事由，对抗持票人。这一制度被称为票据抗辩的切断。</td></tr>
<tr><td colspan="4">(5)下列关于票据抗辩切断制度的表述中，正确的有(　)。</td></tr>
<tr><td colspan="4">A. 票据债务人不得以自己与出票人或者与持票人的前手之间的抗辩事由，对抗持票人。但是，持票人明知存在抗辩事由而取得票据的除外。票据债务人可以对不履行约定义务的与自己有直接债权债务关系的持票人，进行抗辩
B. 在持票人无偿取得票据的情况下，如果其前手的权利已经获得了抗辩切断的保护，那么持票人的权利也受到抗辩切断的保护</td></tr>
</table>

【考点对比——一目了然】抗辩切断制度与善意取得制度

<table>
<tr><td></td><td>善意取得制度</td><td>抗辩切断制度</td></tr>
<tr><td rowspan="2">联系</td><td colspan="2">目的均在于保障持票人的利益，增加票据流通性</td></tr>
<tr><td colspan="2">由于善意取得的构成要件包括了善意且无重大过失、给付相当的对价，善意受让人必然受到抗辩切断制度的保护，其取得的票据权利是无瑕疵的权利，前手之间的抗辩事由均不得对抗善意受让人。</td></tr>
</table>

续表

区别	前提不同	持票人的前手对其为无权处分	持票人的前手并非对其无权处分
	所要解决的问题不同	善意受让人是否可以在无权处分的情形下取得票据权利，并同时导致原来的票据权利人丧失其权利	谁要承担票据责任，以及抗辩事由的问题
【例】接上例，B在票据关系上因为A的背书而成为票据权利人，尽管A对B可以主张买卖合同关系上的抗辩，但B对C转让时，B的处分却是有权处分。因此，不论C是否给付对价或者明知该抗辩事由，这里并不存在善意取得制度的适用问题。C所取得的权利的情况，只可能考虑抗辩切断制度是否适用。			

【考点子题——举一反三，真枪实练】

[22] (2018年·案例分析题 节选) A公司为支付向B公司购买钢材的货款，向B公司签发了一张以甲银行为承兑人、金额为100万元的银行承兑汇票，甲银行作为承兑人在汇票上签章。B公司收到汇票后背书转让给C公司，用于偿还所欠租金。C公司为履行向D中学捐资助学的承诺，将该汇票背书转让给D中学，并在汇票上注明"不得转让"字样。

D中学将该汇票背书转让给F公司，用于偿付工程款；应F公司的要求，D中学请E公司出具了担保函，承诺就D中学对F公司的票据债务承担保证责任，但未在票据上作任何记载。

A公司收到钢材后，发现钢材存在重大质量瑕疵，完全不符合买卖合同约定及行业通行标准，无法使用。

F公司于汇票到期日向甲银行提示付款，甲银行以A公司未在该行存入足够资金为由拒付。F公司遂向A、B、C、E公司追索。A公司称，因钢材存在重大质量瑕疵，B公司构成根本违约，已向B公司主张解除合同退还货款，故不应承担任何票据责任。

根据上述内容，回答下列问题：

A公司拒绝向F公司承担票据责任的理由是否成立？并说明理由。

[23] (2019年·案例分析题 节选) A公司向B公司购买一批生产设备。为支付货款，A公司向B公司签发一张以甲银行为承兑人、金额为500万元的银行承兑汇票。甲银行作为承兑人在票面上签章。

B公司收到汇票后背书转让给C公司，用于偿还其所欠C公司的专利使用费，但未在被背书人栏内记载C公司的名称。C公司欠D公司一笔货款，遂直接将D公司记载为B公司的被背书人，并将汇票交给D公司。D公司随即将汇票背书转让给E公司，用于偿还工程款，并在汇票上注明："工程验收合格则转让生

第9章

效。”E 公司随即又将汇票背书转让给 F 公司，用于支付办公楼装修费用。后 D 公司与 E 公司因工程存在严重安全隐患、未能验收合格而发生纠纷。

B 公司未在约定期间内向 A 公司发货，经催告后仍未发货。A 公司遂向 B 公司主张解除合同、退还货款。

F 公司于汇票到期日向银行提示付款，甲银行以 A 公司资信状况不佳、账户余额不足为由拒绝。F 公司遂向前手行使追索权。A 公司辩称，因 B 公司根本违约，其已向 B 公司主张解除合同、退还货款，故不应承担任何票据责任。D 公司辩称，根据其在汇票上注明的条件，D 公司对 E 公司的背书转让并未生效，故 D 公司无须 F 公司承担票据责任。

根据上述内容，分别回答下列问题：

A 公司拒绝向 F 公司承担票据责任的理由是否成立？并说明理由。

[24] (2016 年 · 案例分析题 节选) 2016 年 3 月 1 日，为支付工程款项，A 公司向 B 公司签发一张以甲银行为承兑人、金额为 150 万元的银行承兑汇票，汇票到期日为 2016 年 9 月 1 日，甲银行作为承兑人在汇票票面上签章。

4 月 1 日，B 公司将该汇票背书转让给 C 公司，用于支付买卖合同价款。后因 C 公司向 B 公司出售的合同项下货物存在严重质量问题，双方发生纠纷。

5 月 1 日，C 公司为支付广告费，将该汇票背书转让给 D 公司。D 公司负责人知悉 B、C 公司之间合同纠纷的详情，对该汇票产生疑虑，遂要求 C 公司的关联企业 E 公司与 D 公司签订了一份保证合同。保证合同约定，E 公司就 C 公司对 D 公司承担的票据责任提供连带责任保证。但 E 公司未在汇票上记载有关保证事项，亦未签章。

6 月 1 日，D 公司将该汇票背书转让给 F 公司，以偿还所欠 F 公司的租金。

9 月 2 日，F 公司持该汇票向甲银行提示付款，甲银行以 A 公司资信状况不佳、账户余额不足为由拒付。

F 公司遂向 B、D 公司追索。B 公司以 C 公司违反买卖合同为由，对 F 公司的追索予以拒绝，D 公司向 F 公司承担票据责任后，分别向 B、E 公司追索，B 公司仍以 C 公司违反买卖合同为由，对 D 公司的追索予以拒绝，E 公司亦拒绝。

根据上述内容，分别回答下列问题：

B 公司拒绝 F 公司追索的理由是否成立？并说明理由。

[25] (2014 年 · 案例分析题 节选) 甲系 A 公司业务员，负责 A 公司与 B 公司的业务往来事宜。2014 年 2 月，甲离职，但 A 公司并未将这一情况通知 B 公司。2014 年 3 月 3 日，甲仍以 A 公司业务员的名义到 B 公司购货，并向 B 公司交付了一

张出票人为A公司、金额为30万元的支票，用于支付货款，但未在支票上记载收款人名称。之后，甲提走货物。后查明，支票上所盖A公司公章及其法定代表人名章均系甲伪造。

B公司于2月20日与公益机构C基金会签订书面协议，约定捐赠30万元用于救灾。3月4日，B公司将该支票交付C基金会，但未在支票上作任何记载。

3月5日，C基金会为支付向D公司购买救灾物品的货款，将自己记载为收款人后，将支票背书转让给D公司。

3月6日，D公司将该支票背书转让给E公司，用于购买生产原料。后发现，E公司向D公司出售的原料存在严重质量问题。

3月10日，E公司将支票背书转让给F大学，用于设立奖学金。

3月11日，F大学向支票所记载的付款银行请求付款时，银行发现支票上A公司及其法定代表人的签章、印章系伪造，遂拒绝付款。

F大学先后向D、E公司进行追索，均遭拒绝。后F大学又向C基金会追索，C基金会向F大学承担票据责任后，分别向B公司和A公司追索，均遭拒绝。

根据上述内容，回答下列问题：

D公司是否有权拒绝F大学的追索？并说明理由。

[26]（2012年·案例分析题 节选）A公司为支付货款，向B公司签发了一张金额为200万元的银行承兑汇票，某商业银行作为承兑人在票面上签章。B公司收到该汇票后将其背书转让给C公司，以偿还所欠C公司的租金，但未在被背书人栏内记载C公司的名称。

C公司在被背书人栏内补记自己的名称后，将该汇票背书转让给D公司。D公司随后又将该汇票背书转让给E公司，用于偿付工程款，并于票据上注明：“工程验收合格则转让生效。”

D公司与E公司因工程存在严重质量问题，未能验收合格而发生纠纷。纠纷期间，E公司为支付广告费，欲将该汇票背书转让给F公司。F公司负责人知悉D公司与E公司之间存在工程纠纷，对该汇票产生疑虑，遂要求E公司之关联企业G公司与F公司签订了一份保证合同。该保证合同约定，G公司就E公司对F公司承担的票据责任提供连带责任保证。但是，G公司未在汇票上记载任何内容，亦未签章。

F公司于汇票到期日向银行提示付款，银行以A公司未在该行存入足额资金为由拒绝付款。F公司遂向C公司、D公司、E公司、G公司追索。

根据上述内容，分别回答下列问题：

D 公司能否以其与 E 公司的工程纠纷尚未解决为由，拒绝向 F 公司承担票据责任？并说明理由。

[27]（2011 年·案例分析题 节选）甲公司为支付货款，向乙公司签发了一张以 A 银行为承兑人、金额为 20 万元的银行承兑汇票。A 银行在票据承兑栏中进行了签章。乙公司为向丙公司支付租金，将该票据交付丙公司，但未在票据上背书和签章。丙公司因需向丁公司支付工程款，欲将该票据转让给丁公司。

丁公司发现票据上无转让背书，遂提出异议。丙公司便私刻了乙公司法定代表人刘某的人名章和乙公司公章，加盖于背书栏，并直接记载丁公司为被背书人。丁公司不知有假，接受了票据。之后，丁公司为偿付欠款将该票据背书转让给了不知情的戊公司。

甲公司收到乙公司货物后，发现货物存在严重质量问题，遂要求乙公司退还货款并承担违约责任。票据到期时，戊公司向 A 银行提示付款，A 银行以甲公司存入本行的资金不足为由拒绝付款。

根据上述内容，分别回答下列问题：

若戊公司在 A 银行拒绝付款后向甲公司进行追索，甲公司可否以与乙公司之间的买卖合同纠纷尚未解决为由拒绝向戊公司承担票据责任？并说明理由。

考点 11　票据丧失及补救

（一）票据丧失概述

【考点母题——万变不离其宗】票据丧失概述

概念	票据丧失，是指持票人丧失对票据的占有。丧失了票据的票据权利人，称为失票人。由于票据权利的行使须提示票据，因此失票人无法证明和行使其权利，甚至可能被他人所利用。
票据丧失的具体情形	(1) 下列各项中，属于票据丧失的具体情形的有（　）。
	A. 票据的物质形态的根本变化。例如被烧毁、撕毁、泡成纸泥等 B. 票据虽然存在，但是脱离了持票人的占有。失票人可能知道谁占有票据，也可能不知道谁占有票据。例如被遗失、被盗、被抢
票据丧失的补救	(2) 下列各项中，属于对票据丧失失票人的法律救济制度有（　）。
	A. 挂失止付　　B. 公示催告　　C. 提起诉讼

（二）挂失止付

【考点母题——万变不离其宗】挂失止付

挂失止付的概念	挂失止付，是指失票人将票据丧失的情形通知付款人（包括代理付款人，下同），付款人接到通知后决定暂停支付，以防止他人取得票据金额的临时性救济措施。
挂失止付适用的票据种类	（1）下列票据中，可以在丧失之后适用挂失止付制度的有（　）。
	A. 已承兑的商业汇票　B. 支票 C. 填明"现金"字样和代理付款人的银行汇票 D. 填明"现金"字样的银行本票
	【注意】未填明"现金"字样和代理付款人的银行汇票以及未填明"现金"字样的银行本票丧失，不得挂失止付。
程序	（2）下列关于票据挂失止付程序的表述中，正确的有（　）。
	A. 失票人需要挂失止付的，应当在填写挂失止付通知书并签章后，通知付款人 B. 付款人收到挂失止付通知书后，查明挂失票据确未付款时，应当立即暂停止付 C. 付款人在收到通知书前已经依法向持票人付款的，不再接受挂失止付
挂失止付的效力	（3）下列关于挂失止付的效力的表述中，正确的有（　）。
	A. 挂失止付只是一种临时性措施，付款人在收到挂失通知时，并不知道，可能也来不及审查失票人是不是真正的票据权利人，只是在接到挂失通知后，在法定的短期之内，不向任何持票请求付款的人支付票据金额。挂失止付申请人是不是真正的票据权利人，只能由人民法院认定，失票人应当通过公示催告或者诉讼程序来确认票据权利 B. 申请挂失止付的当事人，必须在申请之前已经向法院申请公示催告或者起诉，或者应当在通知挂失止付后的3日内向法院申请公示催告或者起诉；否则，挂失止付失去效力 C. 如果申请人已经向法院申请公示催告或者起诉，付款人应继续暂停止付。但是，如果自收到通知书之日起12日内还没有收到法院的止付通知书的，自第13日起，挂失止付通知书失效

（三）公示催告程序

【考点母题——万变不离其宗】公示催告程序

公示催告程序的含义	（1）下列关于公示催告程序的表述中，正确的有（　）。
	A. 公示催告程序，是指法院根据失票人的申请，以公示的方式催告利害关系人在一定期限内向法院申报权利，到期无人申报权利的，法院将根据申请人的申请作出除权判决的一种非讼程序（概念）

续表

<table>
<tr><td rowspan="2">公示催告程序的含义</td><td colspan="2">B. 在公示催告程序之下，申请人声称自己是已丧失之特定票据上的权利人，法院则向社会发出公告，催促可能存在的票据利害关系人申报权利。如果没有人在指定期限内申报权利，则可以推定申请人的主张成立。在其申请法院作出除权判决时，法院应作出该判决，确认申请人为票据权利人。这样，申请人就可以持除权判决书行使票据权利了</td></tr>
<tr><td colspan="2">C. 如果有利害关系人前来就同一票据申报权利，法院并不在公示催告程序之下对申请人与申报权利人之间的争议进行实体审理，而是会裁定终结公示催告程序。申请人如欲主张票据权利，可以向对方提起普通民事诉讼</td></tr>
<tr><td rowspan="2">公示催告与挂失止付的关系</td><td colspan="2">(2)下列关于公示催告程序与挂失止付程序的关系的表述中，正确的是(　)。</td></tr>
<tr><td colspan="2">A. 挂失止付并非公示催告的前置程序；失票人可以不申请挂失止付，而直接向法院申请公示催告</td></tr>
<tr><td rowspan="3">公示催告程序适用的票据种类</td><td colspan="2">(3)下列关于公示催告程序适用的票据种类的表述中，正确的有(　)。</td></tr>
<tr><td colspan="2">A. 可以背书转让的票据丧失的，持票人可以申请公示催告</td></tr>
<tr><td>B. 不得背书转让的票据不能申请公示催告</td><td>a. 填明“现金”字样的银行汇票
b. 填明“现金”字样的银行本票
c. 现金支票</td></tr>
<tr><td rowspan="2">公示催告申请人的资格</td><td colspan="2">(4)下列失票人中，可以申请公示催告的有(　)。</td></tr>
<tr><td colspan="2">A. 在丧失票据占有以前的最后合法持票人，也就是票据所记载的票据权利人
B. 出票人已经签章的授权补记的支票丧失后，持票人也可以申请公示催告</td></tr>
<tr><td rowspan="2">公示催告的具体程序</td><td colspan="2">(5)公示催告程序的主要环节包括(　)。</td></tr>
<tr><td colspan="2">A. 失票人向票据付款地的基层法院提出书面的公示催告申请
B. 法院收到申请后，应当立即审查。符合条件的，通知予以受理
C. 法院在受理公示催告申请的同时通知付款人或者代理付款人停止支付。付款人或者代理付款人应当停止支付，直到公示催告程序终结
D. 法院在受理后的 3 日内发出公告，催促利害关系人申报权利。公示催告的期间，由人民法院根据情况决定，但不得少于 60 日，且公示催告期间届满日不得早于票据付款日后 15 日
E. 利害关系人在法院作出除权判决之前申报权利的，法院应通知其向法院出示票据，并通知公示催告申请人查看该票据。如果该票据就是申请人申请公示催告的票据，法院应裁定终结公示催告程序，并通知申请人和付款人。如果该票据并非申请人公示催告的票据，法院应裁定驳回利害关系人的申报
F. 公示催告期届满，且无上述 E 所列应裁定终结公示催告程序的事由，申请人可以在届满次日起 1 个月内，申请法院作出除权判决。逾期未申请的，法院终结公示催告程序
G. 申请人提出上述 F 所述申请的，法院作出除权判决</td></tr>
<tr><td rowspan="2">除权判决的效力</td><td colspan="2">(6)除权判决的主要效力为(　)。</td></tr>
<tr><td colspan="2">A. 确认申请人是票据权利人
B. 宣告票据失去效力，即票据权利与票据相分离，原来的票据凭证不再是票据权利的载体。这样，申请人有权持除权判决向票据上的义务人主张票据权利</td></tr>
</table>

续表

<table>
<tr><td rowspan="2">除权判决的撤销</td><td>（7）下列关于除权判决的撤销的表述中，正确的有（　）。</td></tr>
<tr><td>A. 利害关系人因为正当理由不能在除权判决之前向法院及时申报权利的，自知道或者应当知道判决公告之日起1年内，可以向作出除权判决的法院起诉，请求撤销除权判决
B. 如果法院已经作出了除权判决，在付款人尚未付款的情况下，最后合法持票人可以根据《民事诉讼法》的规定在法定期限内请求撤销除权判决，待票据恢复效力后再依法行使票据权利
C. 在付款人已经付款的情况下，最后合法持票人可请求公示催告申请人承担侵权损害赔偿责任，因为恶意申请公示催告并持除权判决获得票款的行为损害了最后合法持票人的权利</td></tr>
</table>

（四）提起民事诉讼

票据权利人丧失票据后，除了以公示催告程序证明自己的票据权利外，还可以提起普通民事诉讼来实现其权利。

【考点母题——万变不离其宗】提起民事诉讼

<table>
<tr><td rowspan="2">与票据权利有关的民事诉讼</td><td colspan="2">（1）下列各项中，属于与票据权利有关的民事诉讼的有（　）。</td></tr>
<tr><td colspan="2">A. 票据返还之诉　　B. 请求补发票据之诉　　C. 请求付款之诉</td></tr>
<tr><td rowspan="4">票据返还之诉</td><td rowspan="2">概念</td><td>失票人为行使票据所有权，向非法持有票据人请求返还票据的，人民法院应当依法受理。</td></tr>
<tr><td>票据作为一种有价证券，票据权利与票据所有权原则上具有一致性，票据权利人通常就是票据所有权人。因此当票据被他人所占有时，票据权利人可以基于其所有权，请求返还票据。</td></tr>
<tr><td rowspan="2">适用情形</td><td>（2）下列各项中，属于票据返还之诉的适用情形的有（　）。</td></tr>
<tr><td>A. 票据因遗失、被盗等原因而被他人占有
B. 票据行为因为行为人欠缺行为能力等原因而无效，票据权利并未转移，占有票据的人并未依法取得票据权利</td></tr>
</table>

考点12 汇票的具体制度

（一）汇票概述

【考点母题——万变不离其宗】汇票概述

汇票的概念	汇票，是指由出票人签发，委托付款人在指定的到期日向持票人无条件支付一定金额的票据。

续表

<table>
<tr><td rowspan="10">汇票的分类</td><td colspan="3">(1)根据出票人的不同，可以将汇票分类为(　)。</td></tr>
<tr><td rowspan="3">A. 银行汇票</td><td colspan="2">银行汇票，就是银行作为出票人的汇票。根据我国有关规定，银行汇票被限定为一种仅具有汇兑或者结算功能的汇票。(概念)</td></tr>
<tr><td colspan="2">(2)下列各项中，属于银行汇票的特点的有(　)。</td></tr>
<tr><td colspan="2">A.“申请人”为办理资金结算，可以将一定款项交给银行，申请其签发银行汇票
B. 银行收妥款项后，签发银行汇票。其中，银行所记载的“收款人”是申请人所指定的、在交易关系中享有收取一定金额之债权的相对人；但也可以是申请人自己，或者，当申请人是单位时，以申请人经办该项业务的工作人员作为收款人，进而由其以背书转让的方式将汇票权利转让给交易关系中的债权人
C. 银行签发银行汇票时，基于所收妥的金额填写“出票金额”。银行汇票申请人在取得汇票后，由其自己或者取得汇票的相对人根据实际应支付的款项，另行填写“实际结算金额”，其数额不得超过出票金额。在法律意义上，“实际结算金额”才是票据金额，是票据权利人有权请求支付的金额。未填明实际结算金额和多余金额或实际结算金额超过出票金额的，银行不予受理。多余金额由出票银行退交申请人</td></tr>
<tr><td rowspan="6">B. 商业汇票</td><td colspan="2">商业汇票是由银行之外的企业或者其他组织作为出票人的汇票。只有在银行开立存款账户的法人以及其他组织之间，才能使用商业汇票。(概念)</td></tr>
<tr><td colspan="2">(3)根据商业汇票的付款人的不同，可以将商业汇票分类为(　)。</td></tr>
<tr><td>A. 银行承兑汇票</td><td>出票人记载银行为付款人，并由付款人(银行)予以承兑</td></tr>
<tr><td rowspan="3">B. 商业承兑汇票</td><td>出票人记载银行之外的人为付款人，并由付款人予以承兑</td></tr>
<tr><td>(4)商业承兑汇票的签发方式为(　)。</td></tr>
<tr><td>A. 由出票人兼任付款人并予以承兑。例如，甲公司向乙公司购买货物，遂签发一张以自己(甲公司)为出票人和付款人的汇票，并分别在出票人签章栏和承兑人签章栏进行签章，然后将汇票交付乙公司。此类商业汇票，其功能与商业本票基本相同，但是适用票据法中关于汇票的规定
B. 由出票人兼任收款人。如上例之下，乙公司(货物的出卖人)签发一张以自己(乙公司)为出票人和收款人、以甲公司为付款人的汇票，并在出票人签章栏签章，然后将汇票交付甲公司，向其提示承兑，甲公司予以承兑后返还乙公司</td></tr>
</table>

（二）汇票的出票

【考点母题——万变不离其宗】汇票的出票

<table>
<tr><td>出票的含义</td><td colspan="4">出票，是指出票人签发票据并将其交付给收款人的票据行为。</td></tr>
<tr><td rowspan="14">汇票出票的款式</td><td colspan="4">(1)下列各项中，属于汇票出票的款式的有（ ）。</td></tr>
<tr><td rowspan="3">A. 绝对必要记载事项（汇票上必须记载，否则汇票无效）</td><td colspan="3">(2)下列各项中，属于汇票出票的绝对必要记载事项的有（ ）。</td></tr>
<tr><td colspan="3">A. 表明“汇票”的字样　B. 无条件支付的委托
C. 确定的金额　D. 付款人名称
E. 收款人名称　F. 出票日期
G. 出票人签章</td></tr>
<tr><td colspan="3">【注意】银行汇票上存在三个金额：出票金额、实际结算金额、多余金额。其中，实际结算金额是票据法意义上的票据金额。</td></tr>
<tr><td rowspan="6">B. 相对必要记载事项（未记载，出票行为仍然有效，适用法律规定来确定未记载事项）</td><td colspan="3">(3)下列各项中，属于汇票出票的相对必要记载事项的有（ ）。</td></tr>
<tr><td rowspan="3">A. 付款日期</td><td colspan="2">未记载付款日期的，为见票即付</td></tr>
<tr><td>(4)如果出票人记载付款日期，其可以选择的形式包括（ ）。</td><td>A. 见票即付
B. 定日付款
C. 出票后定期付款
D. 见票后定期付款</td></tr>
<tr><td colspan="2">【注意】如果出票人另行记载了上述四种付款日期形式以外的其他形式，这种记载应导致出票行为无效</td></tr>
<tr><td>B. 付款地</td><td colspan="2">未记载付款地的，付款人的营业场所、住所或者经常居住地为付款地</td></tr>
<tr><td>C. 出票地</td><td colspan="2">未记载出票地的，出票人的营业场所、住所或者经常居住地为出票地</td></tr>
<tr><td rowspan="2">C. 可以记载事项</td><td colspan="3">(5)下列关于汇票出票人记载“不得转让”字样的法律效力的表述中，正确的有（ ）。</td></tr>
<tr><td colspan="3">A. 出票人可以记载“不得转让”字样；出票人在汇票上记载“不得转让”字样的，汇票不得转让
B. 如果未做该种记载，则汇票可以转让</td></tr>
<tr><td rowspan="2">D. 记载不生票据法上效力的事项</td><td colspan="3">(6)下列关于汇票出票时记载不生票据法上效力的事项的表述中，正确的有（ ）。</td></tr>
<tr><td colspan="3">A. 除了票据法明确规定应当记载或者可以记载的事项之外，出票人还可以记载其他事项，例如，关于利息、违约金的记载。但是这些记载不具有汇票上的效力
B. 是否具有民法上的效力，应根据民法进行判断</td></tr>
</table>

续表

汇票出票的款式	E. 记载无效事项（如有此类记载，出票行为仍有效，但是该记载无效）	(7)下列关于汇票出票人作出免除担保承兑、担保付款责任的记载的法律效力的表述中，正确的是（　）。
		A. 出票人签发汇票后，即承担保证该汇票承兑和付款的责任。出票人不得在票据上表明不承担保证该汇票承兑或者付款的责任；如有此类记载，出票行为仍然有效，但是该记载无效。即，出票人在持票人不能获得承兑或者付款时，仍应承担票据责任
	F. 记载使票据无效事项	(8)下列关于汇票出票人记载附有条件的支付委托的效力的表述中，正确的是（　）。
		A. 如果票据上所记载的出票人对付款人的委托并非无条件的，而是附有条件（如收货后付款），即应理解为没有记载"无条件支付的委托"，不仅该记载无效，而且出票行为也无效
汇票出票的效力	(9)如果出票行为有效，发生的法律效力有（　）。	
	A. 对出票人的效力	出票人成为票据债务人，承担担保承兑和担保付款的责任
	B. 对付款人的效力	付款人成为票据上的关系人。付款人并未在票据上签章，并非票据义务人
	C. 对收款人的效力	收款人取得票据权利，包括付款请求权、追索权，以及以背书等方式处分其票据权利的权利

【考点子题——举一反三，真枪实练】

[28]（2016 年·多选题）根据票据法律制度的规定，下列各项中，属于汇票上的绝对必要记载事项的有（　）。

A. 汇票金额　　B. 收款人名称　　C. 付款日期　　D. 出票日期

（三）汇票的背书

背书，是指持票人为将票据权利转让给他人或者将票据权利授予他人行使，在票据背面或者粘单上记载有关事项并签章，然后将票据交付给被背书人的票据行为。背书包括转让背书、委托收款背书和质押背书。

1. 转让背书的一般问题

【考点母题——万变不离其宗】转让背书的一般问题

票据权利转让方式	(1)我国票据法所承认的票据权利转让方式包括（　）。
	A. 背书转让。如果没有采用背书方式转让，而是口头或者在票据之外书面达成转让的合意，这种转让并没有票据法上的效力 B. 对空白授权票据以单纯交付的方式转让

续表

<table>
<tr><td>票据权利转让方式</td><td colspan="2">【注意】票据权利还可以因为转让之外的原因而发生转移，例如继承、法人的合并或分立等。</td></tr>
<tr><td rowspan="2">转让背书的要件</td><td colspan="2">(2)转让背书需要满足的条件有(　)。</td></tr>
<tr><td colspan="2">A. 转让背书需满足票据行为的一般成立要件和生效要件
B. 该票据权利是可以背书转让的权利，即不存在对于背书转让的禁止</td></tr>
<tr><td rowspan="5">不得背书转让的票据权利</td><td colspan="2">(3)下列情形中，票据权利不得背书转让的有(　)。</td></tr>
<tr><td rowspan="2">A. 出票人记载“不得转让”的情形</td><td>(4)下列关于票据上记载“不得转让”的效力的表述中，正确的有(　)。</td></tr>
<tr><td>A. 出票人在汇票上记载“不得转让”字样的，汇票不得转让。如果收款人将此种汇票背书转让(包括贴现)给他人，背书行为无效，取得票据的人并不能因此而取得票据权利
B. 对于出票人记载“不得转让”字样的票据，其后手若再对他人背书转让，进而取得票据的人更不能因此而取得票据权利
【注意】如果不是出票人，而是其他当事人在背书时记载“不得转让”字样，并不影响后手的背书行为的效力。</td></tr>
<tr><td rowspan="2">B. 法定的转让背书禁止</td><td>(5)下列各项中，属于法定的转让背书禁止的有(　)。</td></tr>
<tr><td>A. 填明“现金”字样的银行汇票不得背书转让
B. 汇票被拒绝承兑、被拒绝付款或者超过付款提示期限的，不得背书转让；背书转让的，背书人应当承担汇票责任(“期后背书”的禁止)</td></tr>
</table>

2. 转让背书的款式

【考点母题——万变不离其宗】转让背书的款式

<table>
<tr><td colspan="3">(1)下列各项中，属于汇票转让背书的款式的有(　)。</td></tr>
<tr><td rowspan="4">A. 绝对必要记载事项</td><td colspan="2">(2)下列各项中，属于汇票转让背书的绝对必要记载事项的有(　)。</td></tr>
<tr><td rowspan="2">A. 被背书人</td><td>(3)下列关于背书人未记载被背书人名称的法律效力的表述中，正确的有(　)。</td></tr>
<tr><td>A. 被背书人的名称虽然是背书行为的绝对必要记载事项，但是，背书人未记载该事项并不导致背书行为无效，而是可以授权受让人予以补记
B. 背书人未记载被背书人名称即将票据交付他人的，持票人在票据被背书人栏内记载自己的名称与背书人记载具有同等法律效力</td></tr>
<tr><td colspan="2">B. 背书人的签章</td></tr>
<tr><td rowspan="2">B. 相对必要记载事项</td><td colspan="2">(4)下列各项中，属于汇票背书转让的相对必要记载事项的是(　)。</td></tr>
<tr><td>A. 背书日期</td><td>背书未记载日期的，视为在汇票到期日前背书</td></tr>
</table>

续表

C. 可以记载事项	(5)下列关于背书人在汇票上记载“不得转让”字样的法律效力的表述中，正确的有(　)。
	A. 背书人在汇票上记载“不得转让”字样，其后手再背书转让的，原背书人对后手的被背书人不承担保证责任。即背书人仅对其直接后手承担票据责任，而不对其直接后手的后手承担票据责任 B. 如果背书人记载了“不得转让”字样，该记载不影响被背书人(其直接后手)对他人进行转让背书(包括贴现)、质押背书的效力 C. 背书人如果不记载“不得转让”字样，则其后手再背书的，背书人要对后手的被背书人承担保证责任，也就是要负担追索权上的义务
D. 记载不生票据法上效力的事项	(6)下列关于背书时附有条件的法律效力的表述中，正确的有(　)。
	A. 背书不得附有条件。背书时附有条件的，所附条件不具有汇票上的效力 B. 背书所附条件可能具有民法上的效力
E. 记载无效事项	(7)下列关于背书人作出免除担保承兑、担保付款责任的记载的法律效力的表述中，正确的有(　)。
	A. 背书人以背书转让汇票后，即承担保证其后手所持汇票承兑和付款的责任。背书人如果作出免除担保承兑、担保付款责任的记载，该记载无效，但是不影响背书行为本身的效力 B. 背书人如果记载“不得转让”，则可以免除对直接后手的被背书人的票据责任
F. 记载使背书无效事项	(8)下列各项中，属于记载使背书无效事项的是(　)。
	A. 将汇票金额的一部分转让的背书或者将汇票金额分别转让给二人以上的背书无效。
	【注意】此种转让背书无效，意味着票据权利并未因为转让背书而转移，票据权利仍然存在，并且其归属不变，即仍由背书人享有。

【考点总结】背书行为的效力

具体行为	背书的效力
背书人未记载被背书人名称即将票据交付他人的，持票人在票据被背书人栏内记载自己的名称	√
背书人未签章	×
未记载背书日期	√ (视为在汇票到期日背书)
背书人在汇票上记载“不得转让”字样，其后手再背书转让	√ (原背书人对后手的被背书人不承担责任)
出票人在汇票上记载“不得转让”字样，其后手再背书转让	×

续表

背书附条件	√ （所附条件不具有汇票上的效力）
部分背书、多头背书	×
质押背书的被背书人进行转让背书或者质押背书	×
质押背书的被背书人再进行委托收款背书	√

【考点子题——举一反三，真枪实练】

[29]（2016年·单选题）根据票据法律制度的规定，下列关于票据背书的表述中，正确的是（ ）。

A. 背书时附有条件的，背书无效

B. 背书人未记载被背书人名称的，背书无效

C. 背书人将票据金额分别转让给2人以上的，背书无效

D. 背书人在票据上记载“不得转让”字样的，其后手的转让背书无效

[30]（历年真题·案例分析题 节选2017）2×17年2月10日，甲公司向乙公司签发一张金额为50万元的商业汇票，以支付所欠货款。汇票到期日为2×17年8月10日。A银行作为承兑人在汇票票面上签章。

3月10日，乙公司将该汇票背书转让给丙公司，用于支付装修工程款，并在汇票上注明：“票据转让于工程验收合格后生效。”后丙公司施工的装修工程因存在严重质量问题未能通过验收。

4月10日，丙公司将该汇票背书转让给丁公司，用于支付房屋租金。丁公司随即将该汇票背书转让给戊公司，用于购买办公设备，并在汇票背书人栏内记载“不得转让”字样。

5月10日，戊公司将该汇票背书转让给庚公司，用于支付咨询服务费用，但未在汇票被背书人栏内记载庚公司名称。

8月15日，庚公司持该汇票向A银行提示付款。A银行以庚公司名称未记载于汇票被背书人栏内为由拒付。庚公司在汇票被背书人栏内补记本公司名称后，再次向A银行提示付款。A银行以自行补记不具效力为由再次拒付。

根据上述内容，分别回答下列问题：

（1）A银行第一次拒付的理由是否成立？并说明理由。

(2) A 银行第二次拒付的理由是否成立？并说明理由。

[31] (2019 年·案例分析题 节选) A 公司向 B 公司购买一批生产设备。为支付货款，A 公司向 B 公司签发一张以甲银行为承兑人、金额为 500 万元的银行承兑汇票。甲银行作为承兑人在票面上签章。

B 公司收到汇票后背书转让给 C 公司，用于偿还其所欠 C 公司的专利使用费，但未在被背书人栏内记载 C 公司的名称。C 公司欠 D 公司一笔货款，遂直接将 D 公司记载为 B 公司的被背书人，并将汇票交给 D 公司。D 公司随即将汇票背书转让给 E 公司，用于偿还工程款，并在汇票上注明："工程验收合格则转让生效。"E 公司随即又将汇票背书转让给 F 公司，用于支付办公楼装修费用。后 D 公司与 E 公司因工程存在严重安全隐患、未能验收合格而发生纠纷。

B 公司未在约定期间内向 A 公司发货，经催告后仍未发货。A 公司遂向 B 公司主张解除合同、退还货款。

F 公司于汇票到期日向银行提示付款，甲银行以 A 公司资信状况不佳、账户余额不足为由拒绝。F 公司遂向前手行使追索权。A 公司辩称，因 B 公司根本违约，其已向 B 公司主张解除合同、退还货款，故不应承担任何票据责任。D 公司辩称，根据其在汇票上注明的条件，D 公司对 E 公司的背书转让并未生效，故 D 公司无须 F 公司承担票据责任。

根据上述内容，分别回答下列问题：

D 公司对 E 公司的背书转让是否生效？并说明理由。

[32] (2015 年·案例分析题 节选) 2015 年 2 月 1 日，为支付货款，A 公司向 B 公司签发一张以 X 银行为承兑人、金额为 80 万元、到期日为 2015 年 8 月 1 日的承兑汇票，X 银行依法在汇票票面上签章。

3 月 1 日，B 公司因急需现金，将该汇票背书转让给 C 公司，C 公司向 B 公司支付现金 75 万元。

4 月 1 日，C 公司将该汇票背书转让给 D 公司，以支付房屋租金。D 公司将该票据背书转让给 E 公司，以支付装修工程款，并在汇票上注明："本票据转让于工程验收合格后生效。"后 E 公司施工的装修工程存在严重的质量问题。

……

根据上述内容，回答下列问题：

在装修工程未验收合格的情况下，D公司对E公司的背书转让行为是否有效？并说明理由。

[33]（2012年·案例分析题 节选）A公司为支付货款，向B公司签发了一张金额为200万元的银行承兑汇票，某商业银行作为承兑人在票面上签章。B公司收到该汇票后将其背书转让给C公司，以偿还所欠C公司的租金，但未在被背书人栏内记载C公司的名称。

C公司在被背书人栏内补记自己的名称后，将该汇票背书转让给D公司。D公司随后又将该汇票背书转让给E公司，用于偿付工程款，并于票据上注明："工程验收合格则转让生效。"

D公司与E公司因工程存在严重质量问题，未能验收合格而发生纠纷。纠纷期间，E公司为支付广告费，欲将该汇票背书转让给F公司。F公司负责人知悉D公司与E公司之间存在工程纠纷，对该汇票产生疑虑，遂要求E公司之关联企业G公司与F公司签订了一份保证合同。该保证合同约定，G公司就E公司对F公司承担的票据责任提供连带责任保证。但是，G公司未在汇票上记载任何内容，亦未签章。

F公司于汇票到期日向银行提示付款，银行以A公司未在该行存入足额资金为由拒绝付款。F公司遂向C公司、D公司、E公司、G公司追索。

根据上述内容，分别回答下列问题：

(1)B公司对C公司的背书转让是否有效？并说明理由。

(2)D公司对E公司的背书转让是否有效？并说明理由。

3. 背书转让的效力

【考点母题——万变不离其宗】背书转让的效力

<table>
<tr><td colspan="2">(1)背书转让的法律效力为(　)。</td></tr>
<tr><td>A. 权利转移的效力</td><td>转让背书生效后，被背书人取得票据权利，原权利人(背书人)的权利消灭。此时，并有抗辩切断制度的适用(票据债务人不得以自己与出票人或者与持票人的前手之间的抗辩事由)</td></tr>
<tr><td rowspan="2">B. 权利担保的效力</td><td>原则上，背书人对于所有后手承担了担保承兑和担保付款的责任，从而在被追索（包括被再追索)时，承担相应的票据责任。</td></tr>
<tr><td>(2)下列各项中，背书人不承担权利担保责任的有(　)。(权利担保效力的例外)</td></tr>
</table>

续表

<table>
<tr><td>B. 权利担保的效力</td><td colspan="2">A. 背书人记载“不得转让”字样的，对于后手的被背书人不承担票据责任
B. “回头背书”的情形：持票人为出票人的，对其前手无追索权；持票人为背书人的，对其后手无追索权
【例】A 出票给 B，B 背书转让给 C，C 背书转让给 D，D 背书转让给 B。依照上述规定，当 B 作为最后持票人向付款人提示承兑或者向承兑人提示付款遭到拒绝时，可以向 A 追索，但是对 C、D 没有追索权。假设 D 将汇票背书转让给 A，A 作为最后持票人向付款人提示承兑或者向承兑人提示付款遭到拒绝时，对 B、C、D 均无追索权。</td></tr>
<tr><td rowspan="6">C. 权利证明的效力</td><td colspan="2">(3) 下列关于背书转让的权利证明效力的表述中，正确的有(　)。</td></tr>
<tr><td rowspan="2">A. 以背书转让的汇票，背书应当连续。持票人以背书的连续，证明其汇票权利</td><td>a. 背书连续，是指在票据转让中，转让汇票的背书人与受让汇票的被背书人在汇票上的签章依次前后衔接</td></tr>
<tr><td>b. 连续背书的第一背书人应当是在票据上记载的收款人，最后的票据持有人应当是最后一次背书的被背书人</td></tr>
<tr><td colspan="2">B. 票据债务人以持票人是以背书方式取得但背书不连续提出抗辩的，人民法院应予支持</td></tr>
<tr><td colspan="2">C. 背书连续并非证明票据权利的唯一方式。持票人非经背书转让，而以其他合法方式取得汇票的，依法举证，证明其汇票权利</td></tr>
<tr><td colspan="2">D. 对于票据权利的真实性，付款人仅仅负有形式审查义务。关于票据权利的转让，付款人主要审查的是转让背书的连续性。假如某个转让背书因为欠缺实质要件而无效，并进而导致持票人并非票据权利人，付款人善意且无重大过失的付款仍具有一般付款的效力，可以消灭其票据责任，并导致票据关系全部消灭</td></tr>
</table>

【考点子题——举一反三，真枪实练】

[34] (2018 年 · 案例分析题节选) 2018 年 2 月 1 日，为支付货款，A 公司向 B 公司签发一张以 X 银行为承兑人、金额为 80 万元、到期日为 2018 年 8 月 1 日的承兑汇票，X 银行依法在汇票票面上签章。

3 月 1 日，B 公司因急需现金，将该汇票背书转让给 C 公司，C 公司向 B 公司支付现金 75 万元。

4 月 1 日，C 公司将该汇票背书转让给 D 公司，以支付房屋租金。D 公司将该票据背书转让给 E 公司，以支付装修工程款，并在汇票上注明：“本票据转让于工程验收合格后生效。”后 E 公司施工的装修工程存在严重的质量问题。

5月1日，E公司被F公司吸收合并，E公司办理了工商注销登记。6月1日，F公司为支付材料款将该汇票背书转让给G公司。8月10日，G公司向X银行提示付款，X银行以背书不连续为由拒绝支付。

根据上述内容，回答下列问题：

在X银行拒绝付款时，G公司应如何证明其是票据权利人？

[35]（2018年·案例分析题节选）A公司为支付向B公司购买的钢材货款，向B公司签发了一张以甲银行为承兑人、金额为100万元的银行承兑汇票，甲银行作为承兑人在汇票上签章。B公司收到汇票后背书转让给C公司，用于偿还所欠租金。C公司为履行向D中学捐资助学的承诺，将该汇票背书转让给D中学，并在汇票上注明“不得转让”字样。

D中学将该汇票背书转让给F公司，用于偿付工程款；应F公司的要求，D中学请E公司出具了担保函，承诺就D中学对F公司的票据债务承担保证责任，但未在票据上作任何记载。

A公司收到钢材后，发现存在重大质量瑕疵，完全不符合买卖合同约定及行业通行标准，无法使用。

F公司于汇票到期日向甲银行提示付款，甲银行以A公司未在该行存入足够资金为由拒付。F公司遂向A、B、C、E公司追索。A公司称，因钢材存在重大质量瑕疵，B公司构成根本违约，已向B公司主张解除合同、退还货款，故不应承担任何票据责任。C公司以汇票上记载有“不得转让”字样为由拒绝承担票据责任。

根据上述内容，回答下列问题：

C公司拒绝向F公司承担票据责任的理由是否成立？并说明理由。

4. 票据贴现的特殊问题

【考点母题——万变不离其宗】票据贴现的特殊问题

票据贴现的概念	票据贴现，是指商业汇票的持票人在汇票到期日前，将票据权利背书转让给金融机构，由其扣除一定利息后，将约定金额支付给持票人的一种票据行为。票据贴现是金融机构向持票人融通资金的一种方式。
	持票人，指的是远期的商业汇票（包括银行承兑汇票和商业承兑汇票）的持票人，包括收款人或者转让背书的最后被背书人，是票据权利人。

续表

<table>
<tr><td rowspan="2">票据贴现的实质</td><td>票据贴现，其实质是一种票据权利的买卖。从票据关系上来说，持票人（贴现申请人，“贴出人”）须将票据权利背书转让给贴现人（或称“贴入人”），作为对价，贴现人对其支付一定的金额。由于贴现人（被背书人）必须等到票据到期时才能够取得票据金额，因此必然根据贴现日距到期日的时长，贴付一定的利息。</td></tr>
<tr><td>票据贴现与一般的票据背书行为的差别是基础关系（或者通常以真实交易为基础），从票据行为本身来看，票据贴现就是一个普通的转让背书。票据法上关于转让背书的规定，适用于票据贴现。</td></tr>
<tr><td rowspan="2">申请贴现需满足的特殊条件</td><td>（1）下列各项中，属于向金融机构申请贴现需满足的条件的有（　）。</td></tr>
<tr><td>A. 办理票据贴现业务的机构，必须是经过中国人民银行批准具有贷款业务资质的金融机构。票据贴现属于国家特许经营业务，只有经批准的 金融机构才有资格从事票据贴现业务，其他组织与个人从事票据贴现业务，可能要承担行政法律责任甚至刑事责任
B. 申请贴现的人，必须是商业汇票的持票人
C. 贴现人必须审查贴现申请人与前手之间交易关系的有关文件等。如果贴现人（金融机构）明知贴现申请人与其前手之间没有真实的交易关系，却接受贴现申请并完成转让背书，法院通常认定转让背书无效；贴现人虽然持有了票据，但不能取得票据权利</td></tr>
<tr><td rowspan="2">转贴现</td><td>（2）下列关于转贴现业务的表述中，正确的是（　）。</td></tr>
<tr><td>A. 进行了贴现而通过转让背书取得票据权利的金融机构，在符合有关规定的情况下，还可以将未到期的汇票以贴现方式转让给其他金融机构，这种业务称为“转贴现”</td></tr>
<tr><td rowspan="2">再贴现</td><td>（3）下列关于再贴现业务的表述中，正确的是（　）。</td></tr>
<tr><td>A. 贴现人、转贴现人，可以将未到期汇票以贴现方式背书转让给中国人民银行，这种业务称为“再贴现”</td></tr>
<tr><td rowspan="2">票据贴现的效力</td><td>（4）下列关于票据贴现的效力的表述中，正确的有（　）。</td></tr>
<tr><td>A. 原则上，从票据行为本身来看，票据贴现就是一个普通的转让背书。票据法上关于转让背书的规定，适用于票据贴现
B. 如果贴现人（金融机构）明知贴现申请人与其前手之间没有真实的交易关系，却接受贴现申请并完成转让背书，法院通常认定转让背书无效；贴现人虽然持有了票据，但不能取得票据权利
C. 票据贴现属于国家特许经营业务，只有经批准的金融机构才有资格从事票据贴现业务。其他组织与个人从事票据贴现业务，转让背书行为无效，贴现款和票据应当相互返还
D. 上述 B、C 项情形下，票据行为无因性理论不适用。但是，贴现人（被背书人）又对该票据进行背书转让时，如果符合票据权利善意取得的构成要件，新的持票人取得票据权利</td></tr>
</table>

5. 委托收款背书

【考点母题——万变不离其宗】委托收款背书

<table>
<tr><td rowspan="2">委托收款背书的概念</td><td colspan="2">委托收款背书，是指以授予他人行使票据权利、收取票据金额的代理权为目的的背书。</td></tr>
<tr><td colspan="2">委托收款背书并不导致票据权利的转移，而是使得被背书人取得代理权，因此与转让背书有很大的区别。</td></tr>
<tr><td rowspan="2">委托收款背书的款式</td><td colspan="2">(1)下列关于委托收款背书的款式的表述中，正确的是(　)。</td></tr>
<tr><td colspan="2">A. 委托收款背书的款式与一般背书转让相同，但是必须加上“委托收款”(或者“托收”“代理”)字样作为绝对必要记载事项(假如没有记载该事项，则其形式上体现为转让背书)</td></tr>
<tr><td rowspan="7">委托收款背书的效力</td><td colspan="2">(2)下列关于委托收款背书的效力的表述中，正确的有(　)。</td></tr>
<tr><td rowspan="3">A. 委托收款背书的主要效力是，被背书人取得代理权</td><td>a. 行使付款请求权</td></tr>
<tr><td>b. 行使追索权</td></tr>
<tr><td>c. 收取款项</td></tr>
<tr><td>B. 委托收款被背书人的权限不包括处分票据权利的代理权，委托收款背书的被背书人不得再以背书转让汇票权利</td><td>假如委托收款被背书人以代理人的身份对他人进行转让背书或者质押背书，委托收款背书的存在并不能证明其代理权，有可能构成无权代理</td></tr>
<tr><td>C. 委托收款人的权限还包括再对他人进行委托收款背书(实质是授予复代理权)</td><td>委托收款人虽然也作为背书人在票据上签章，但是并不像转让背书的背书人那样发生权利担保的效力</td></tr>
<tr><td colspan="2">D. 委托收款背书不发生抗辩切断问题</td></tr>
</table>

6. 质押背书

【考点母题——万变不离其宗】质押背书

<table>
<tr><td rowspan="2">质押背书的含义</td><td>质押背书，是指为担保他人之债权的实现，票据权利人在票据上为了对债权人设定质权而进行的背书行为。</td></tr>
<tr><td>票据质权是权利质权的一种。除了《票据法》有规定外，在《民法典》中也有相关规定。</td></tr>
<tr><td rowspan="2">质押背书的款式</td><td>(1)下列关于质押背书的款式的表述中，正确的有(　)。</td></tr>
<tr><td>A. 质押背书的款式，与转让背书基本相同，但是必须记载“质押”(或者“设质”“担保”)字样作为绝对必要记载事项(假如未做该记载，则形式上构成转让背书)
B. 质押背书必须在票据上进行。以汇票设定质押时，出质人在汇票上只记载了“质押”字样未在票据上签章的，或者出质人未在汇票、粘单上记载“质押”字样而另行签订质押合同、质押条款的，不构成票据质押</td></tr>
</table>

续表

<table>
<tr><td rowspan="6">质押背书的效力</td><td colspan="2">(2)质押背书的效力包括(　)。</td></tr>
<tr><td rowspan="2">A. 质押背书具有设定票据质权的效力。经质押背书，被背书人即取得票据质权</td><td>(3)下列关于票据质权人的权利的表述中，正确的有(　)。</td></tr>
<tr><td>A. 票据质权人有权以相当于票据权利人的地位行使票据权利，包括行使付款请求权、追索权
B. 票据质权人有优先受偿权。出质人(背书人)如有其他债权人，票据质权人(被背书人)享有优先于其他债权人的权利
C. 票据质权人进行转让背书或者质押背书的，背书行为无效。质押背书的被背书人并不享有对票据权利的处分权
D. 质押背书的被背书人可以再进行委托收款背书</td></tr>
<tr><td>B. 抗辩切断的效力</td><td>票据债务人不得以自己与出票人或者与票据质权人的前手之间的抗辩事由，对抗票据质权人。但是，票据质权人明知存在抗辩事由而取得票据的除外。票据债务人可以对不履行约定义务的与自己有直接债权债务关系的票据质权人，进行抗辩(票据质权人在票据法上的地位，在票据抗辩这一点上与票据权利人是一致的)</td></tr>
<tr><td>C. 权利证明的效力</td><td>质押背书是关于被背书人取得票据质权的证明</td></tr>
<tr><td>D. 权利担保的效力</td><td>质押背书的背书人(出质人)，承担担保承兑、担保付款的责任。如果被背书人被拒绝承兑、拒绝付款，享有追索权，包括可以向背书人(出质人)行使追索权</td></tr>
</table>

【考点子题——举一反三，真枪实练】

[36] (2014 年 · 多选题)根据票据法律制度的规定，下列关于票据质押背书的表述中，正确的有(　)。

A. 被背书人可以行使付款请求权

B. 被背书人可以再进行转让背书

C. 被背书人可以再进行委托收款背书

D. 被背书人可以行使追索权

[37] (2014 年 · 单选题)票据权利人为将票据权利出质给他人而进行背书时，如果未记载“质押”“设质”或者“担保”字样，只是签章并记载被背书人名称，则该背书行为的效力是(　)。

A. 票据转让　　B. 票据承兑　　C. 票据贴现　　D. 票据质押

[38] (2013 年 · 多选题)根据票据法律制度的规定，票据质押背书的被背书人所为的下列背书行为中，无效的有(　)。

A. 委托收款背书　　B. 有偿转让背书　　C. 再质押背书　　D. 无偿转让背书

（四）汇票的承兑

【考点母题——万变不离其宗】汇票的承兑

<table>
<tr><td rowspan="5">承兑的概念</td><td colspan="3">承兑，是指远期汇票的付款人，在票据正面作出承诺在票据到期日无条件支付票据金额的记载并签章，然后将票据交付请求承兑之人的票据行为。</td></tr>
<tr><td colspan="3">（1）下列关于汇票的承兑的表述中，正确的有（ ）。</td></tr>
<tr><td colspan="3">A. 远期汇票的持票人均应当提示承兑。未按期提示承兑的，丧失对前手的追索权
B. 即期汇票（见票即付的汇票）无需承兑</td></tr>
<tr><td colspan="3">（2）下列关于付款人的票据责任的表述中，正确的有（ ）。</td></tr>
<tr><td colspan="3">A. 付款人并不因为出票行为而承担票据责任（出票行为是出票人的行为。票据上虽然记载了出票人无条件委托付款人支付票据金额的内容，但是这仅仅是出票人的记载，而付款人自己并未在票据上签章。）
B. 但付款人仍然是票据上的关系人。例如，在见票即付的汇票之下，如果付款人在持票人请求付款时对其支付了票据金额，票据上的全部权利义务均消灭
C. 只有当付款人在票据上签章、同意承担支付票据金额的票据责任后，才基于这一票据行为而成为票据义务人。此时，其称谓即从“付款人”改为“承兑人”</td></tr>
<tr><td rowspan="9">承兑的程序</td><td colspan="3">（3）承兑的过程由持票人和付款人的行为构成，包括（ ）。</td></tr>
<tr><td rowspan="3">A. 提示承兑</td><td>概念</td><td>提示承兑是指持票人向付款人出示汇票，要求付款人承诺付款（即“承兑”）的行为。</td></tr>
<tr><td rowspan="2">提示承兑期限</td><td>（4）持票人提示承兑，应当在一定期限内进行。下列关于汇票提示承兑期限的表述中，正确的有（ ）。</td></tr>
<tr><td>A. 定日付款、出票后定期付款的汇票，应当在汇票到期日前向付款人提示承兑
B. 见票后定期付款的汇票，应当自出票日起 1 个月内向付款人提示承兑
C. 未按期提示承兑的，持票人丧失对出票人之外的其他前手的追索权
D. 即期汇票（见票即付的汇票）无需承兑</td></tr>
<tr><td>B. 付款人签发回单</td><td colspan="2">付款人收到提示承兑的汇票时，应当向持票人签发收到汇票的回单，其中记明提示承兑的日期并签章</td></tr>
<tr><td rowspan="4">C. 付款人承兑或者拒绝承兑</td><td rowspan="2">付款人的承兑期间</td><td>（5）下列关于付款人的承兑期间的表述中，正确的是（ ）。</td></tr>
<tr><td>A. 付款人应当自收到提示承兑的汇票之日起 3 日内承兑或者拒绝承兑</td></tr>
<tr><td rowspan="2">承兑自由原则</td><td>（6）下列关于承兑自由原则的表述中，正确的有（ ）。</td></tr>
<tr><td>A. 付款人通常基于与出票人之间的约定，而有义务在持票人提示承兑时进行承兑。但是，付款人的这一义务仅仅是民法上的义务。如果付款人拒绝承兑，仍然在票据法上发生拒绝承兑的法律效果
B. 付款人拒绝承兑后应如何对出票人承担违约责任，属于民法上的问题，应另行解决</td></tr>
</table>

第9章

续表

<table>
<tr><td rowspan="4">承兑的程序</td><td rowspan="2">C. 付款人承兑或者拒绝承兑</td><td rowspan="2">付款人的承兑程序</td><td colspan="2">(7)下列关于付款人的承兑程序的表述中，正确的有(　)。</td></tr>
<tr><td colspan="2">A. 付款人承兑的，在进行承兑的记载后，应将票据交还持票人
B. 付款人拒绝承兑的，应当交还汇票，并出具拒绝证明或者退票理由书</td></tr>
<tr><td colspan="2" rowspan="2">特殊的承兑程序</td><td colspan="2">(8)下列关于汇票实践中的特殊的承兑程序的表述中，正确的有(　)。</td></tr>
<tr><td colspan="2">A. 商业汇票可以在出票时向付款人提示承兑后使用，也可以在出票后先使用再向付款人提示承兑
B. 在实践中，多数的银行承兑汇票的出票人在记载了出票事项后，并非直接交付给收款人并由收款人在之后按照上述程序提示承兑，而是直接向付款人(银行)申请承兑，付款人(银行)审查同意后，在票据上记载承兑事项，然后将票据返还出票人。之后，出票人将其交付给收款人。也就是说，收款人取得汇票时，上面已经同时存在出票行为和承兑行为。需要注意的是，付款人在汇票上作为承兑人的签章并交付给出票人，并非法律意义上承兑行为的完成。因为出票人尚未将汇票交付收款人，尚无法律意义的持票人(票据权利人)
C. 就商业承兑汇票而言，如果由出票人兼承兑人，则出票人会在票据上分别作为出票人和承兑人签章，然后交付给收款人。收款人所获得的汇票上也同时存在出票行为和承兑行为</td></tr>
<tr><td rowspan="7">承兑的款式</td><td colspan="4">(9)下列属于汇票承兑时的款式的有(　)。</td></tr>
<tr><td rowspan="2">A. 绝对必要记载事项</td><td colspan="3">(10)下列各项中，属于承兑行为的绝对必要记载事项的有(　)。</td></tr>
<tr><td colspan="3">A. 承兑文句(“承兑”字样)　　B. 承兑人签章</td></tr>
<tr><td rowspan="2">B. 相对必要记载事项</td><td colspan="3">(11)下列各项中，属于承兑行为的相对必要记载事项的是(　)。</td></tr>
<tr><td colspan="2">A. 承兑日期</td><td>如果承兑人未记载承兑日期，则以收到提示承兑的汇票之日起的第 3 日为承兑日期</td></tr>
<tr><td rowspan="2">C. 记载使承兑无效事项</td><td colspan="3">(12)下列关于承兑附有条件的法律效力的表述中，正确的是(　)。</td></tr>
<tr><td colspan="3">A. 承兑附有条件的，视为拒绝承兑。也就是说，承兑行为因此而无效</td></tr>
<tr><td rowspan="5">承兑的效力</td><td colspan="4">(13)承兑的法律效力包括(　)。</td></tr>
<tr><td rowspan="2">A. 对付款人的效力</td><td colspan="3">(14)下列关于承兑对付款人的效力的表述中，正确的有(　)。</td></tr>
<tr><td colspan="3">A. 承兑使得付款人成为票据债务人，称为承兑人
B. 付款人承兑汇票后，应当承担到期付款的责任
C. 承兑人是汇票上的主债务人，承担最终的追索责任。持票人即使未按期提示付款或者依法取证，也不丧失对承兑人的追索权</td></tr>
<tr><td rowspan="2">B. 对持票人的效力</td><td colspan="3">(15)下列关于承兑对持票人的效力的表述中，正确的是(　)。</td></tr>
<tr><td colspan="3">A. 经承兑，持票人即取得对承兑人的付款请求权</td></tr>
</table>

（五）汇票的保证

【考点母题——万变不离其宗】汇票的保证

<table>
<tr><td rowspan="2">票据保证的含义</td><td colspan="3">票据保证，是指票据债务人之外的人，为担保特定票据债务人的债务履行，以负担同一内容的票据债务为目的，在票据上记载有关事项并签章的票据行为。</td></tr>
<tr><td colspan="3">票据保证与民法上的保证有类似之处，但它赋予持票人的权利要比民法上的保证更为优厚，这主要体现在票据保证的独立性上。</td></tr>
<tr><td rowspan="3">票据保证的实质要件（保证人的资格）</td><td colspan="3">票据法所称“保证人”，是指具有代为清偿票据债务能力的法人、其他组织或者个人。除了应具备票据行为的一般要件之外，票据保证行为的保证人的资格亦有特殊要求。</td></tr>
<tr><td colspan="3">（1）除法律另有规定的外，下列各项中，不得担任票据保证的保证人的有（ ）。</td></tr>
<tr><td colspan="3">A. 国家机关。但经国务院批准为使用外国政府或者国际经济组织贷款进行转贷，国家机关提供票据保证的除外
B. 以公益为目的的事业单位、社会团体　　C. 企业法人的分支机构和职能部门</td></tr>
<tr><td rowspan="12">票据保证的款式</td><td colspan="3">（2）下列属于票据保证的款式的有（ ）。</td></tr>
<tr><td rowspan="4">A. 绝对必要记载事项</td><td colspan="2">（3）下列各项中，属于票据保证的绝对必要记载事项的有（ ）。</td></tr>
<tr><td>A. 保证文句（表明“保证”的字样）</td><td>票据保证是一种票据行为，必须在票据上记载有关事项，才能发生票据保证的效力。保证人未在票据或者粘单上记载“保证”字样而另行签订保证合同或者保证条款的，不属于票据保证，人民法院应当适用《民法典》的有关规定（可以具有民法上的保证的效力，但是并不发生票据保证的效力）</td></tr>
<tr><td colspan="2">B. 保证人的名称和住所</td></tr>
<tr><td colspan="2">C. 保证人签章</td></tr>
<tr><td rowspan="3">B. 相对必要记载事项</td><td colspan="2">（4）下列各项中，属于票据保证的相对比较记载事项的有（ ）。</td></tr>
<tr><td>A. 被保证人名称</td><td>保证人未记载被保证人的，已承兑的汇票，承兑人为被保证人；未承兑的汇票，出票人为被保证人</td></tr>
<tr><td>B. 保证日期</td><td>保证人未记载保证日期的，出票日期为保证日期</td></tr>
<tr><td rowspan="2">C. 记载不生票据法上效力事项</td><td colspan="2">（5）下列关于票据保证附有条件的法律效力的表述中，正确的有（ ）。</td></tr>
<tr><td colspan="2">A. 保证不得附有条件；附有条件的，不影响对汇票的保证责任。即保证所附的条件不发生票据法上的效力</td></tr>
<tr><td colspan="3">（6）下列关于票据保证记载的位置的表述中，正确的有（ ）。</td></tr>
<tr><td colspan="3">A. 保证人应当依照票据法的规定，在票据或者其粘单上记载保证事项
B. 保证人为出票人、付款人、承兑人保证的，应当在票据的正面记载保证事项
C. 保证人为背书人保证的，应当在票据的背面或者其粘单上记载保证事项</td></tr>
</table>

续表

<table>
<tr><td rowspan="14">票据保证的效力</td><td colspan="3">(7)票据保证的主要效力有(　)。</td></tr>
<tr><td>A. 对保证人的效力</td><td colspan="2">使得签章人(保证人)成为票据债务人</td></tr>
<tr><td rowspan="3">B. 对持票人的效力</td><td colspan="2">a. 票据保证生效的，持票人(票据权利人)的权利又多了一个票据债务人</td></tr>
<tr><td colspan="2">b. 如果承兑人是被保证人，持票人有权向保证人行使付款请求权</td></tr>
<tr><td colspan="2">c. 如果出票人、转让背书人是被保证人，持票人有权向保证人行使追索权</td></tr>
<tr><td rowspan="3">C. 对被保证人及其前手、后手的效力</td><td colspan="2">a. 如果承兑人是被保证人，保证人向持票人履行票据债务后，票据关系全部消灭</td></tr>
<tr><td colspan="2">b. 如果出票人、转让背书人是被保证人，当持票人对保证人行使追索权时，保证人对其履行票据债务后，被保证人的后手的票据责任消灭，但是，被保证人及其前手的票据责任仍然存在，保证人成为票据权利人，可以对其行使再追索权</td></tr>
<tr><td colspan="2">c. 保证人清偿汇票债务后，可以行使持票人对被保证人及其前手的追索权。保证人对前手行使再追索权时，适用抗辩切断制度。被再追索的票据债务人，不得以其与被保证人或者被保证人的前手之间的抗辩事由对抗善意的保证人</td></tr>
<tr><td colspan="3">(8)下列各项中，属于票据保证人责任的特性的有(　)。</td></tr>
<tr><td rowspan="2">A. 票据保证人责任的从属性</td><td colspan="2">(9)下列关于票据保证人责任的从属性的表述中，正确的有(　)。</td></tr>
<tr><td colspan="2">A. 保证人与被保证人负同一责任。持票人对被保证人可以主张的任何票据权利，均可向保证人行使，包括在行使票据权利的顺序上，也是一致的
B. 如果以承兑人为被保证人，由于持票人可以向承兑人行使付款请求权，则也可以向保证人行使付款请求权
C. 如果以特定的背书人作为被保证人，则持票人不得对保证人主张付款请求权，只能对其行使追索权
D. 票据保证人不享有先诉抗辩权。持票人也在并非在被保证人迟延履行时才有权向票据保证人主张权利，而是可以直接对其行使权利</td></tr>
<tr><td rowspan="3">B. 票据保证人责任的独立性</td><td colspan="2">(10)下列关于票据保证人责任的独立性的表述中，正确的有(　)。</td></tr>
<tr><td colspan="2">A. 保证人对合法取得汇票的持票人所享有的汇票权利，承担保证责任。但是，被保证人的债务因汇票记载事项欠缺而无效的除外</td></tr>
<tr><td>B. 如果被保证人的债务是因为形式要件的欠缺而无效(即因为汇票记载事项欠缺而无效)，那么保证人也不承担票据责任</td><td>【例】票据保证以承兑人为被保证人，但是承兑人的签章不符合法律规定的形式(例如加盖了公司的合同专用章)，因而承兑行为无效，那么票据保证行为也因此而无效。</td></tr>
</table>

续表

<table>
<tr><td rowspan="8">票据保证的效力</td><td rowspan="6">B. 票据保证人责任的独立性</td><td rowspan="4">C. 如果被保证人的债务是因为实质要件的欠缺而无效，则不影响票据保证行为的效力</td><td>a. 被保证人欠缺民事行为能力</td></tr>
<tr><td>b. 签章伪造</td></tr>
<tr><td>c. 无权代理</td></tr>
<tr><td>d. 欺诈、胁迫等</td></tr>
<tr><td colspan="2">D. 即使票据保证有效，可以对票据保证人主张票据保证责任的，只能是票据权利人。如果持票人并非合法取得汇票，保证人可以对持票人主张票据抗辩中的“物的抗辩”</td></tr>
<tr><td colspan="2">【例】甲公司签发汇票给乙公司，以A银行为付款人。A银行承兑。B伪造乙公司的签章而背书转让给恶意的丙公司，丙公司背书转让给善意无过失的丁公司，丁公司被戊公司胁迫而背书转让。C在背书栏中以乙公司为被保证人而进行了票据保证的记载并签章。从票据权利的归属来看，乙公司的签章被伪造，丙公司恶意，因此背书行为无效。但是丙公司背书转让给丁公司，丁公司善意取得票据权利。丁公司受到戊公司胁迫，背书行为无效，戊公司并未取得票据权利，丁公司仍然是票据权利人。从票据保证来看，C的票据保证以乙公司为被保证人，乙公司的转让背书并非因为欠缺形式要件而无效，因此，C的票据保证仍然有效。有权对C主张票据保证上的权利的，是票据权利人。如上分析，戊公司并非真正的票据权利人，C可以对其拒绝履行债务。假设丁公司对戊公司提起票据返还诉讼并胜诉，重新取得票据后，如对C主张票据权利，则C应当承担保证责任。具体而言，C的票据责任与被保证人乙公司相同。假设丁公司在票据到期日直接向C主张票据金额，C可以拒绝其请求，因为C的票据责任只与乙公司应有之责任(追索责任)相同。假如丁公司向承兑人A银行按期请求付款而遭到拒绝，在保全其票据权利后，直接向C追索，C应当承担票据责任。C对丁公司承担票据责任后，有权向甲公司、A银行再追索，但是无权对乙公司、丙公司追索。</td></tr>
<tr><td rowspan="2">C. 票据保证人责任的连带性</td><td colspan="2">(11)下列关于票据保证人责任的连带性的表述中，正确的有(　)。</td></tr>
<tr><td colspan="2">A. 保证人应当与被保证人对持票人承担连带责任
B. 保证人为二人以上的，保证人之间承担连带责任</td></tr>
</table>

【考点对比——一目了然】票据行为附有条件的法律效力

票据行为	款式	法律效力
出票人记载的对付款人的委托附有条件(出票人未记载“无条件支付的委托”)	记载使票据无效事项	不仅该记载无效，而且出票行为也无效
背书时附有条件的	记载不生票据法上效力事项	背书所附条件不具有汇票上的效力，但可能具有民法上的效力

续表

承兑附有条件的	记载使承兑无效事项	视为拒绝承兑，承兑行为因此而无效
保证附有条件的	记载不生票据法上效力事项	不发生票据法上的效力，不影响对汇票的保证责任

【考点子题——举一反三，真枪实练】

[39] (2018 年·案例分析题节选) A 公司为支付向 B 公司购买的钢材货款，向 B 公司签发了一张以甲银行为承兑人、金额为 100 万元的银行承兑汇票，甲银行作为承兑人在汇票上签章。B 公司收到汇票后背书转让给 C 公司，用于偿还所欠租金。C 公司为履行向 D 中学捐资助学的承诺，将该汇票背书转让给 D 中学，并在汇票上注明“不得转让”字样。

D 中学将该汇票背书转让给 F 公司，用于偿付工程款；应 F 公司的要求，D 中学请 E 公司出具了担保函，承诺就 D 中学对 F 公司的票据债务承担保证责任，但未在票据上作任何记载。

……

根据上述内容，回答下列问题：

E 公司应否承担票据保证责任？并说明理由。

[40] (2016 年·案例分析题节选) 2×16 年 3 月 1 日，为支付工程款项，A 公司向 B 公司签发一张以甲银行为承兑人、金额为 150 万元的银行承兑汇票，汇票到期日为 2×16 年 9 月 1 日，甲银行作为承兑人在汇票票面上签章。

4 月 1 日，B 公司将该汇票背书转让给 C 公司，用于支付买卖合同价款。后因 C 公司向 B 公司出售的合同项下货物存在严重质量问题，双方发生纠纷。

5 月 1 日，C 公司为支付广告费，将该汇票背书转让给 D 公司。D 公司负责人知悉 B、C 公司之间合同纠纷的详情，对该汇票产生疑虑，遂要求 C 公司的关联企业 E 公司与 D 公司签订了一份保证合同。保证合同约定，E 公司就 C 公司对 D 公司承担的票据责任提供连带责任保证。但 E 公司未在汇票上记载有关保证事项，亦未签章。

6 月 1 日，D 公司将该汇票背书转让给 F 公司，以偿还所欠 F 公司的租金。

9 月 2 日，F 公司持该汇票向甲银行提示付款，甲银行以 A 公司资信状况不佳、账户余额不足为由拒付。

F 公司遂向 B、D 公司追索。B 公司以 C 公司违反买卖合同为由，对 F 公司的追索予以拒绝，D 公司向 F 公司承担票据责任后，分别向 B、E 公司追索，B 公司仍以C公司违反买卖合同为由，对D公司的追索予以拒绝，E公司亦拒绝。

根据上述内容，分别回答下列问题：

D公司能否要求E公司承担票据责任？能否依保证合同要求E公司承担保证责任？并分别说明理由。

[41]（2012年·案例分析题节选）A公司为支付货款，向B公司签发了一张金额为200万元的银行承兑汇票，某商业银行作为承兑人在票面上签章。B公司收到该汇票后将其背书转让给C公司，以偿还所欠C公司的租金，但未在被背书人栏内记载C公司的名称。

C公司在被背书人栏内补记自己的名称后，将该汇票背书转让给D公司。D公司随后又将该汇票背书转让给E公司，用于偿付工程款，并于票据上注明："工程验收合格则转让生效。"

D公司与E公司因工程存在严重质量问题，未能验收合格而发生纠纷。纠纷期间，E公司为支付广告费，欲将该汇票背书转让给F公司。F公司负责人知悉D公司与E公司之间存在工程纠纷，对该汇票产生疑虑，遂要求E公司之关联企业G公司与F公司签订了一份保证合同。该保证合同约定，G公司就E公司对F公司承担的票据责任提供连带责任保证。但是，G公司未在汇票上记载任何内容，亦未签章。

F公司于汇票到期日向银行提示付款，银行以A公司未在该行存入足额资金为由拒绝付款。F公司遂向C公司、D公司、E公司、G公司追索。

根据上述内容，分别回答下列问题：

F公司能否向G公司行使票据上的追索权？并说明理由。

（六）汇票的付款

【考点母题——万变不离其宗】汇票的付款

汇票付款的概念	汇票付款，是指付款人或者代理付款人依照汇票文义支付票据金额的行为。
	付款的法律效果是导致票据权利、义务消灭。付款人或者代理付款人支付票据金额后，票据关系全部消灭。付款并非一种票据行为。（票据行为的定义：票据行为是能够导致票据权利、义务发生的法律行为。）
	付款主要包括两个步骤：持票人的提示付款行为，以及付款人或者代理付款人支付票据金额的行为

续表

<table>
<tr><td rowspan="16">提示付款</td><td>概念</td><td colspan="2">提示付款，指持票人或者其代理人向付款人或者代理付款人现实地出示票据，请求其付款的行为。</td></tr>
<tr><td rowspan="7">当事人</td><td colspan="2">(1)有权提示付款的当事人是(　)。</td></tr>
<tr><td rowspan="2">A. 持票人</td><td>a. 持有票据的票据权利人</td></tr>
<tr><td>b. 受委托收取票款的代理人。实务中，多数的汇票均由持票人委托自己的开户银行(通过委托收款背书)作为代理人来提示付款</td></tr>
<tr><td colspan="2">(2)提示付款的被提示人，即接受付款提示的人有(　)。</td></tr>
<tr><td>A. 付款人本人</td><td>银行承兑汇票的持票人通常向承兑银行提示付款。</td></tr>
<tr><td>B. 付款人的代理人(即“代理付款人”)</td><td>银行汇票主要用于异地结算，通常由代理付款人付款。
商业承兑汇票一般由付款人的开户银行作为代理付款人</td></tr>
<tr><td>C. 票据交换系统</td><td>票据交换系统，是指由中国人民银行当地分支行主持、在同一票据交换地区、由各个金融机构对于相互之间代收、代付一定金额的票据以及其他凭证，按照规定的时间、场次等要求，集中进行交换和清算资金的系统。通过票据交换系统，金融机构之间可以只结算差额。</td></tr>
<tr><td rowspan="2">提示付款时应提供的文件</td><td colspan="2">(3)提示付款时，提示人应提供的文件包括(　)。</td></tr>
<tr><td colspan="2">A. 提示人应提交票据，还应提供合法身份证明或者有效证件
B. 如果背书不连续，或者持票人乃是因为票据行为之外的原因(例如法人合并)而取得票据权利，还应提供相关证据</td></tr>
<tr><td rowspan="2">提示付款的期间</td><td colspan="2">(4)下列关于提示付款的期间的表述中，正确的有(　)。</td></tr>
<tr><td colspan="2">A. 见票即付的汇票，自出票日起 1 个月内向付款人提示付款
B. 定日付款、出票后定期付款、见票后定期付款的汇票，自到期日起 10 日内向承兑人提示付款
C. 未按期提示付款的，持票人丧失部分前手的追索权，但是对承兑人、出票人的票据权利仍然存在</td></tr>
<tr><td rowspan="4">提示付款的例外</td><td colspan="2">(5)下列情形中，票据权利人请求付款时无需提交票据的是(　)。</td></tr>
<tr><td colspan="2">A. 票据权利人丧失了票据的，无法正常地提交票据以请求付款，只能依照票据丧失的补救措施证明自己的权利，并持相应的法律文书请求付款</td></tr>
<tr><td colspan="2">(6)下列各项中，属于持票人无需提示付款的情形的有(　)。</td></tr>
<tr><td colspan="2">A. 如果持票人在远期汇票提示承兑时被拒绝，在取得付款人的拒绝证明后，可以向前手行使追索权。在此种情况下，持票人自然不必再毫无意义地提示付款</td></tr>
</table>

第9章

续表

<table>
<tr><td>提示付款</td><td>提示付款的例外</td><td colspan="3">B. 因付款人死亡、逃匿或者其他原因而无法对其提示付款的，持票人可以不必对其提示付款
C. 付款人被人民法院依法宣告破产或者因违法被责令终止业务活动的，持票人可以不必对其提示付款</td></tr>
<tr><td rowspan="9">付款</td><td rowspan="9">付款人的审查</td><td colspan="3">(7)收到付款提示后，付款人应当进行审查。付款人的审查的内容包括(　)。</td></tr>
<tr><td rowspan="6">A. 票据权利的真实性(票据所记载的持票人是否真实地享有票据权利)</td><td colspan="2">(8)下列关于付款人对票据权利的真实性的审查的表述中，正确的有(　)。</td></tr>
<tr><td rowspan="4">A. 对于票据权利的真实性，付款人原则上仅有形式审查的义务，即仅从票据的外观进行审查</td><td>a. 审查转让背书是否连续</td></tr>
<tr><td>b. 票据凭证是否符合法律规定</td></tr>
<tr><td>c. 出票、背书等票据行为是否记载了绝对必要记载事项，是否记载了使票据行为无效事项等</td></tr>
<tr><td>d. 票据记载的到期日是否到来</td></tr>
<tr><td>B. 对于票据权利的真实性，付款人没有实质审查的义务。票据行为可能因为欠缺某个实质要件而无效，但是在票据的形式上却没有瑕疵。付款人并无义务审查各个实质要件是否满足</td><td>【例】持票人的前手欠缺民事行为能力，或者其签章是伪造的，并且因此而导致持票人并非真正的票据权利人，付款人即使未对此事项进行审查并查明，也不承担责任。</td></tr>
<tr><td rowspan="2">B. 提示付款人身份的真实性(提示付款人是否就是票据所记载的持票人)</td><td colspan="2">(9)下列关于付款人对提示付款人身份的真实性的审查的表述中，正确的是(　)。</td></tr>
<tr><td>A. 提示付款人身份的真实性问题，付款人应当进行实质审查，审查提示付款人的合法身份证明或者有效证件。这一事项并非票据所记载的事项，只能进行实质审查</td><td>【例】票据所记载的最后被背书人是“张晓叁”，在票据到期时，某人持“张晓叁”的居民身份证提示付款。付款人应当审查此人是不是“张晓叁”，具体方法，只能是审查其居民身份证的真实性，身份证上的照片是否与提示付款人相吻合。这一审查，无可避免是一种实质审查。</td></tr>
</table>

续表

<table>
<tr><td rowspan="4">付款</td><td rowspan="2">汇票的签收与缴回</td><td>(10)下列关于汇票的签收与缴回的表述中，正确的有(　)。</td></tr>
<tr><td>A. 付款人付款时，有权要求持票人在汇票上签收并交出汇票。签收是指持票人在票据的正面签章，表明持票人已经获得付款
B. 持票人获得付款的，应当在汇票上签收，并将汇票交给付款人
C. 持票人委托银行收款的，受委托的银行将代收的汇票金额转账收入持票人账户，视同签收</td></tr>
<tr><td rowspan="2">付款的效力</td><td>(11)下列关于付款的效力的表述中，正确的是(　)。</td></tr>
<tr><td>A. 付款人对票据权利人付款的，汇票上的票据关系全部消灭，全体票据债务人的债务消灭</td></tr>
</table>

【考点母题——万变不离其宗】错误付款

<table>
<tr><td>错误付款的概念</td><td colspan="2">错误付款，是指付款人向客观上并非票据权利人的提示付款人付款。付款人(或者代理付款人)将票据金额支付给非票据权利人时，应区分其过错状态来确定付款的法律后果。</td></tr>
<tr><td rowspan="2">善意且无重大过失的错误付款</td><td colspan="2">(1)下列关于汇票付款人善意且无重大过失的错误付款的法律效力的表述中，正确的有(　)。</td></tr>
<tr><td colspan="2">A. 假如付款人因为无过失或者轻过失而不知道提示付款人并非票据权利人，那么，付款人的付款行为与一般的付款具有相同的效力，即全部票据关系均消灭
B. 真正票据权利人的权利因付款人的付款行为而消灭，只能根据民法上的侵权责任制度或者不当得利制度向获得票据金额的当事人主张权利</td></tr>
<tr><td rowspan="3">恶意或者重大过失付款</td><td>概念</td><td>“恶意”是指付款人明知提示付款人并非票据权利人而向持票人付款。
“重大过失”是指付款人虽然并非明知，但是进行一般的审查即可获知持票人并非票据权利人，却没有进行审查或者经过审查而没有发现，而向持票人付款。</td></tr>
<tr><td rowspan="2">恶意或者重大过失付款的法律效力</td><td>(2)下列关于汇票付款人恶意或者重大过失付款的法律效力的表述中，正确的有(　)。</td></tr>
<tr><td>A. 付款人应当自行承担责任。恶意或者重大过失付款并不发生通常情形下付款的效力，票据关系并不因此而消灭，真正的票据权利人的权利仍然存在，各个票据债务人(包括承兑人)的票据责任仍然继续存在
B. 付款人因为已经对提示付款人付款而发生的损失，只能另行根据民法上的侵权责任制度或者不当得利制度向获得票据金额的当事人请求赔偿或者返还</td></tr>
</table>

续表

恶意或者重大过失付款	恶意或者重大过失的认定	(3)下列关于付款人对于票据权利的真实性审查中“恶意”或者“重大过失”的认定的表述中，正确的有(　)。
		A. 付款人对于票据权利的真实性问题，并无实质审查的义务，只有形式审查的义务 B. 假如票据存在形式上的瑕疵，付款人可以通过形式审查发现持票人并非真正的票据权利人，即可认为付款人至少存在重大过失 C. 假如票据上的某个票据行为欠缺某个实质要件并因此而无效，导致持票人并非票据权利人，付款人对此并无审查的义务。假如付款人因为未审查而不知情，并不能认为其有过失 D. 假如付款人因为某种其他原因而知情，却以其没有实质审查义务为由而“假装”不知情，仍构成“恶意”付款 E. 假如付款人因为某种其他原因而应当知情，并且由于重大过失而未了解有关情况，那么，尽管其的确不知道提示付款人非票据权利人，也构成重大过失付款 F. 由于票据行为的独立性，即使付款人对于某个票据行为存在形式或者实质瑕疵处于明知或者应知的状态，假如这一瑕疵不影响持票人的票据权利，其付款不属于恶意或者重大过失付款(【例】付款人在收到付款提示时发现，票据保证人在背书栏中的签章不符合法律要求，但是转让背书连续、无形式瑕疵。票据保证生效与否并不影响票据权利的归属，付款人对持票人的付款不属于恶意或者重大过失付款。又如，对于A签发的票据，付款人X明知收款人B对C的转让背书属于狭义无权代理，也就是被背书人C不能取得票据权利，但是C又将票据背书转让给D，D作为最后持票人请求付款。假如D可以基于善意取得制度取得票据权利，付款人X应当对D付款。尽管X因为某种原因而明知B的转让背书无效，也不构成恶意付款。)
		(4)下列关于付款人对于付款人身份的真实性审查中“恶意”或者“重大过失”的认定的表述中，正确的有(　)。
		A. 关于提示付款人身份的真实性，付款人应当进行实质审查。假如付款人未能识别出伪造、变造的身份证件，不能仅仅因此就认定付款人有重大过失，仍须结合其他事实来认定。 B. 假如提示付款人所提供的身份证件，一望可知是伪造的，付款人竟然以为真实而付款，则应认为有重大过失 C. 假如伪造的身份证十分逼真，付款人采取了合理的核实措施却未能辨别的，不能认为有重大过失
		【注意】错误付款乃是针对票据有效但是提示付款人并非真正票据权利人的情形。假如票据存在形式上的瑕疵(主要是出票行为上的瑕疵)而导致票据整体无效，那么，票据上并不存在任何真正的票据权利人，也就不存在所谓恶意或者重大过失付款的问题。

续表

<table>
<tr><td rowspan="2">期前的错误付款</td><td>(5)下列关于远期汇票的付款人在到期日之前付款的法律效力的表述中，正确的有(　)。</td></tr>
<tr><td>A. 对定日付款、出票后定期付款或者见票后定期付款的汇票，付款人在到期日前付款的，由付款人自行承担所产生的责任
B. 假如提示付款人是真正的票据权利人，付款的法律效果与到期之后的付款相同
C. 假如发生了错误付款，那么即使付款人善意且无过失，仍然要自行承担所产生的责任，其法律效果与恶意或者重大过失付款相同</td></tr>
</table>

(七)汇票的追索权

【考点母题——万变不离其宗】汇票的追索权

<table>
<tr><td rowspan="2">汇票追索权的概念</td><td colspan="3">汇票的追索权，是指汇票到期不获付款、到期前不获承兑或者有其他法定原因时，持票人依法向汇票上的债务人请求偿还票据金额、利息和其他法定款项的票据权利。</td></tr>
<tr><td colspan="3">持票人的付款请求权不能或者有可能不能实现时，追索权制度使得持票人可以向所有的票据债务人请求偿还票据金额以及利息和费用。付款请求权为“第一顺序权利”，追索权为“第二顺序权利”。</td></tr>
<tr><td rowspan="10">追索权的当事人</td><td rowspan="5">追索权人</td><td colspan="2">(1)下列各项中，依法享有追索权的有(　)。</td></tr>
<tr><td>A. 最初追索权人</td><td>是指享有票据的最后持票人</td></tr>
<tr><td rowspan="3">B. 再追索权人</td><td>有关的票据债务人在被持票人追索而清偿了相应的债务后，就享有了作为持票人的权利，享有再追索权，有权向其前手进行再追索</td></tr>
<tr><td>(2)下列各项中，属于再追索权人的有(　)。</td></tr>
<tr><td>A. 背书人　B. 出票人
C. 保证人(保证人清偿汇票后，可以行使持票人对被保证人及前手的追索权)</td></tr>
<tr><td rowspan="5">被追索人(偿还义务人)</td><td colspan="2">(3)被追索人是指追索权人的追索权所针对的义务人，其负有的偿还义务为(　)。</td></tr>
<tr><td colspan="2">A. 偿还票据金额　B. 利息　C. 法定费用</td></tr>
<tr><td colspan="2">(4)下列各项中，属于被追索人的有(　)。</td></tr>
<tr><td colspan="2">A. 背书人　B. 出票人　C. 保证人　D. 承兑人</td></tr>
<tr><td colspan="2">【注意】承兑人既是付款义务人，也是被追索人。在其作为被追索人而承担票据责任时，其票据义务的范围不限于票据金额，还包括利息和费用。</td></tr>
</table>

续表

<table>
<tr><td rowspan="12">(最初)追索权的取得与保全</td><td rowspan="2">到期追索权的发生原因</td><td colspan="2">(5)下列关于到期追索权的发生原因的表述中，正确的有(　)。</td></tr>
<tr><td colspan="2">A. 汇票到期被拒绝付款的，持票人可以行使追索权
B. 在汇票到期时因为付款人的原因而发生客观上无法提示付款的情形，也可以行使追索权。例如，票据所记载的付款场所并不存在、付款人不存在等</td></tr>
<tr><td rowspan="3">期前追索权的发生原因</td><td colspan="2">“期前追索权”是指，在票据记载的到期日到来之前，如果发生了特定的事由使到期付款已经不可能或者可能性显著降低，法律赋予了持票人在到期之前就进行追索的权利。(概念)</td></tr>
<tr><td colspan="2">(6)下列情形中，持票人可以取得期前追索权的有(　)。</td></tr>
<tr><td colspan="2">A. 被拒绝承兑(包括承兑附条件)
B. 承兑人或者付款人死亡、逃匿(但是，我国当前的汇票一般不存在个人作为付款人的情形。即使是商业承兑汇票，也是在法人和其他组织之间使用。《票据法》此处规定的是一般法理。)
C. 承兑人或者付款人被宣告破产或者因违法被责令终止业务活动</td></tr>
<tr><td rowspan="7">追索权的保全</td><td colspan="2">(7)下列关于追索权的保全的表述中，正确的有(　)。</td></tr>
<tr><td colspan="2">A. 原则上，持票人须遵期提示、依法取证，才能保全其追索权</td></tr>
<tr><td colspan="2">B. 在票据到期之前或者到期时，出现付款人死亡、逃匿、被宣告破产、被责令终止业务活动等情形，持票人无法对其提示承兑或者提示付款，持票人可以不必提示承兑或者提示付款，即可基于有关证据而行使追索权，而不发生丧失追索权的后果</td></tr>
<tr><td rowspan="2">C. 持票人无法取得拒绝证明，但是应取得具有拒绝证明的效力的有关文件。如果未取得这些文件，则不能行使追索权</td><td>(8)持票人无法取得拒绝证明时，应取得的具有拒绝证明效力的有关文件包括(　)。</td></tr>
<tr><td>A. 关于付款人死亡或者逃匿的有关证明(包括医院或者有关单位出具的付款人死亡的证明、人民法院出具的宣告付款人失踪或者死亡的证明或者法律文书；公安机关出具的付款人逃匿或者下落不明的证明等)
B. 公证机关出具的具有拒绝证明效力的文书
C. 人民法院宣告付款人破产的司法文书以及行政主管部门责令付款人终止业务活动的行政处罚决定</td></tr>
<tr><td colspan="2">(9)下列关于最初追索权因未能保全而消灭的法律效力的表述中，正确的有(　)。</td></tr>
<tr><td colspan="2">A. 如果最初追索权因为未能保全而消灭，只有出票人和承兑人仍然承担票据责任
B. 最初追索权消灭后，持票人向出票人追索的，出票人对其清偿了债务后，可以向承兑人进行再追索(最初追索权消灭后再追索权发生的唯一情形)
C. 无论最初追索权还是再追索权，都可能因为消灭时效期间的经过而消灭</td></tr>
</table>

续表

<table>
<tr><td rowspan="4">追索的金额</td><td rowspan="2">最初追索权的追索金额</td><td>(10)持票人行使最初追索权，可以请求被追索人支付的金额包括(　)。</td></tr>
<tr><td>A. 被拒绝付款的汇票金额
B. 汇票金额自到期日或者提示付款日起至清偿日止，按照中国人民银行规定的利率计算的利息。利率，指中国人民银行规定的同档次流动资金贷款利率
C. 取得有关拒绝证明和发出通知书的费用</td></tr>
<tr><td rowspan="2">再追索权的追索金额</td><td>(11)被追索人向持票人清偿后，向其他汇票债务人行使再追索权时可以请求支付的金额包括(　)。</td></tr>
<tr><td>A. 已清偿的全部金额
B. 前项金额自清偿日起至再追索清偿日止，按照中国人民银行规定的利率计算的利息。利率，指中国人民银行规定的同档次流动资金贷款利率
C. 发出通知书的费用</td></tr>
<tr><td rowspan="7">(最初)追索权的行使</td><td colspan="2">(12)下列关于最后持票人行使追索权(最初追索权)的方式的表述中，正确的有(　)。</td></tr>
<tr><td rowspan="4">A. 及时发出追索通知</td><td>(13)下列关于持票人发出追索通知的期限的表述中，正确的有(　)。</td></tr>
<tr><td>A. 持票人应当自收到被拒绝承兑或者拒绝付款的有关证明之日起 3 日内，将被拒绝的事由书面通知其直接前手，还可以同时通知其他(甚至全部)的追索义务人
B. 持票人的直接前手应当自收到通知之日起 3 日内书面通知其自己的再前手</td></tr>
<tr><td>(14)下列关于持票人未按期发出追索通知的法律后果的表述中，正确的是(　)。</td></tr>
<tr><td>A. 如果未按照规定期限通知，虽然仍可以行使追索权，但应当赔偿因为迟延通知而给被追索人造成的损失，赔偿金额以汇票金额为限</td></tr>
<tr><td rowspan="2">B. 确定被追索的对象</td><td>(15)下列关于被追索人范围及责任承担的表述中，正确的有(　)。</td></tr>
<tr><td>A. 被追索人包括汇票的出票人、背书人、承兑人和保证人
B. 被追索人对持票人承担连带责任
C. 持票人可以不按照汇票债务人的先后顺序，对其中任何一人、数人或者全体行使追索权
D. 持票人对汇票债务人中的一人或者数人已经进行追索的，对其他汇票债务人仍可以行使追索权
E. 在回头背书的情形下，持票人的追索权有限制：持票人为出票人的，对其前手无追索权；持票人为背书人的，对其后手无追索权</td></tr>
</table>

续表

<table>
<tr><td rowspan="8">(最初)追索权的行使</td><td rowspan="8">C. 被追索人清偿债务</td><td colspan="2">(16)下列关于被追索人清偿债务的法律效力的表述中，正确的有(　)。</td></tr>
<tr><td colspan="2">A. 被追索人清偿其债务后，其自身的票据责任消灭</td></tr>
<tr><td colspan="2">B. 如果被追索人是票据上的最终债务人，包括承兑人，或者未经承兑之汇票的出票人，则票据上的全部债权债务消灭</td></tr>
<tr><td colspan="2">C. 如果被追索人是其他票据债务人，被追索人清偿债务后与持票人享有同一权利，也就是成了新的票据权利人，可以向其前手再追索，但是对于其后手没有再追索权</td></tr>
<tr><td rowspan="2">D. 再追索权人行使其权利时，其追索义务人仍然承担连带责任</td><td>a. 如果再追索权人选择最终债务人行使权利，并且最终债务人履行全部债务后，票据上的全部债权债务消灭</td></tr>
<tr><td>b. 如果被追索人是其他票据债务人，其清偿债务后还进一步发生再追索的问题</td></tr>
<tr><td colspan="2">E. 抗辩切断制度适用于再追索权人与其追索义务人之间的关系。即被追索人不得以其对于再追索权人的前手之间的抗辩事由对抗再追索权人，除非其相互之间有直接的基础关系，或者再追索权人明知这一抗辩事由的存在</td></tr>
<tr><td colspan="2">【注意】无论是行使最初追索权还是再追索权，被追索人清偿债务时，持票人均应交回汇票和有关拒绝证明，并出具所收到的利息和费用的收据</td></tr>
<tr><td>追索权行使的效力</td><td>见上述被追索人清偿债务的法律效果</td><td colspan="2"></td></tr>
</table>

【考点子题——举一反三，真枪实练】

[42] (2014年·多选题)根据票据法律制度的规定，汇票持票人可以取得期前追索权的情形有(　)。

A. 承兑人被宣告破产　　B. 付款人被责令终止业务活动

C. 承兑附条件　　D. 出票人被宣告破产

[43] (2011年·案例分析题节选)甲公司为支付货款，向乙公司签发了一张以A银行为承兑人、金额为20万元的银行承兑汇票。A银行在票据承兑栏中进行了签章。乙公司为向丙公司支付租金，将该票据交付丙公司，但未在票据上背书和签章。丙公司因需向丁公司支付工程款，欲将该票据转让给丁公司。

丁公司发现票据上无转让背书，遂提出异议。丙公司便私刻了乙公司法定代表人刘某的人名章和乙公司公章，加盖于背书栏，并直接记载丁公司为被背书人。丁公司不知有假，接受了票据。之后，丁公司为偿付欠款将该票据背书转让给了不知情的戊公司。

甲公司收到乙公司货物后，发现货物存在严重质量问题，遂要求乙公司退还货款并承担违约责任。票据到期时，戊公司向 A 银行提示付款，A 银行以甲公司存入本行的资金不足为由拒绝付款。

根据上述内容，回答下列问题：

A 银行拒绝付款后，戊公司可以向哪些当事人进行追索？

考点 13　本票的具体制度

（一）本票概述

【考点母题——万变不离其宗】本票概述

本票的概念	本票，是指出票人签发的，承诺自己在见票时无条件支付确定的金额给收款人或者持票人的票据。
本票的特征	(1)下列关于本票的特征的表述中，正确的有(　)。
	A. 本票不存在承兑制度。本票是出票人承诺自己支付一定金额的票据，本票当事人包括出票人、收款人，并不存在与汇票上的付款人相当的票据当事人 B. 我国现行法之下的本票仅有银行本票，即以银行为出票人的本票，而不存在商业本票(我国现行票据制度承认出票人兼付款人的商业承兑汇票，其功能相当于商业本票) C. 我国的本票仅仅在有限的情形下使用。单位或者个人需要使用银行本票的，应当将相应的金额交给出票银行。银行收妥后，在符合法律规定的其他条件的情形下，签发银行本票 D. 我国本票均为见票即付，而不存在远期的本票。即我国实务中的本票仅发挥支付功能(与银行汇票类似)，而不像商业汇票那样可以发挥信用功能
汇票有关制度的适用	《票据法》只规定了本票的特殊制度；除《票据法》另有规定的外，本票的背书、保证、付款行为和追索权的行使，适用《票据法》有关汇票的规定 由于本票制度的特点，汇票上的有关制度并非可以全部适用。【例】本票均为见票即付，适用于远期汇票的各种规定不能适用于本票，其中包括并不发生所谓期前追索的问题。

【考点子题——举一反三，真枪实练】

[44]（2018 年·多选题）下列关于本票的表述中，符合票据法律制度规定的有（　）。

A. 本票为见票即付的票据

B. 本票的收款人名称可以授权补记

C. 我国现行法律规定的本票仅为银行本票

D. 本票未记载付款地的，以出票人的营业场所为付款地

（二）本票的出票

【考点母题——万变不离其宗】本票的出票

<table>
<tr><td rowspan="2">本票的出票人</td><td colspan="3">（1）下列各项中，属于银行本票的出票人的是（　）。</td></tr>
<tr><td colspan="3">A. 银行本票的出票人为经中国人民银行当地分支行批准办理银行本票业务的银行机构。向银行申请签发本票的当事人（“本票申请人”）并非出票人</td></tr>
<tr><td rowspan="10">本票出票的款式</td><td colspan="3">（2）下列各项中，属于本票出票的款式的有（　）。</td></tr>
<tr><td rowspan="4">A. 绝对必要记载事项（未记载会导致出票无效）</td><td colspan="2">（3）下列各项中，属于本票出票的绝对必要记载事项的有（　）。</td></tr>
<tr><td colspan="2">A. 表明“本票”的字样　B. 无条件支付的承诺
C. 确定的金额　D. 收款人名称
E. 出票日期　F. 出票人签章</td></tr>
<tr><td colspan="2">（4）下列关于本票出票时收款人的记载的表述中，正确的有（　）。</td></tr>
<tr><td colspan="2">A. 收款人由出票人按照本票申请人的指定填写
B. 出票人可以指定由自己作为收款人
C. 假如出票人按照申请人的要求填写了第三人作为收款人，出票人在记载完毕后，并非直接将本票交付给收款人，而是交付给申请人。此时，出票行为尚未完成，只有当申请人将本票交付给收款人时，出票行为才生效</td></tr>
<tr><td rowspan="3">B. 相对必要记载事项</td><td colspan="2">（5）下列各项中，属于本票出票的相对必要记载事项的有（　）。</td></tr>
<tr><td>A. 付款地</td><td>本票上未记载付款地的，出票人的营业场所为付款地</td></tr>
<tr><td>B. 出票地</td><td>本票上未记载出票地的，出票人的营业场所为出票地</td></tr>
<tr><td rowspan="2">C. 任意记载事项</td><td colspan="2">（6）下列关于本票出票人记载“不得转让”字样的法律效力的表述中，正确的是（　）。</td></tr>
<tr><td colspan="2">A. 出票人如果记载了“不得转让”字样，该本票不得转让，即这一事项属于任意记载事项</td></tr>
</table>

续表

本票出票的款式	D. 记载不生票据法上效力的事项	除上述记载事项之外，本票的出票行为的其他记载事项不发生票据法上的效力
出票的效力	(7)本票的出票行为生效后的法律效力为(　)。	
	A. 出票人成为第一债务人，也是最终的票据责任人　B. 收款人成为票据权利人	

（三）本票的付款

【考点母题——万变不离其宗】本票的付款

被提示人	(1)下列各项中，属于本票的付款的被提示人的是(　)。
	A. 本票出票人
提示付款期限	(2)下列关于本票的提示付款期限及法律效力的表述中，正确的有(　)。
	A. 持票人的提示见票并请求付款的期限最长不超过 2 个月，即持票人可以在出票日起 2 个月内随时提示付款 B. 未按期提示付款的，持票人即丧失对出票人之外的前手的追索权

考点 14　支票的具体制度

（一）支票概述

【考点母题——万变不离其宗】支票概述

支票的概念	支票，是指出票人签发的，委托办理支票存款业务的银行或者其他金融机构在见票时无条件支付确定的金额给收款人或者持票人的票据。
支票的特点	下列关于支票的特征的表述中，正确的有(　)。
	A. 支票的基本当事人(出票行为的当事人)有三个：出票人、付款人、收款人 B. 支票的付款人，必须是办理支票存款业务的银行或者其他金融机构(以下统一简称为“银行”)。其他组织或者个人不能成为支票的付款人 C. 支票的出票人，必须是在经中国人民银行批准办理支票存款业务的银行、城市信用合作社(现已改制为城市商业银行)和农村信用合作社开立支票存款账户的企业、其他组织和个人。一个单位或者个人在银行开立支票存款业务后，存入一定的款项，即可领用空白的支票本，供其在需要时签发支票 D. 支票不存在承兑制度，在我国支票主要发挥的是支付手段的功能

续表

支票的特点	E. 支票持票人请求付款时，假如出票人在付款人处的存款金额足够支付支票金额，则付款人应当付款；如果不足，则付款人应当拒绝付款 F. 支票均为见票即付，不存在远期支票 G. 支票收款人名称并非出票行为的绝对必要记载事项，可以授权补记

（二）支票出票的款式

【考点母题——万变不离其宗】支票出票的款式

<table>
<tr><td colspan="3">（1）下列各项中，属于支票出票的款式的有（ ）。</td></tr>
<tr><td rowspan="3">A. 绝对必要记载事项（未记载会导致支票无效）</td><td colspan="2">（2）下列各项中，属于支票出票的绝对必要记载事项的有（ ）。</td></tr>
<tr><td colspan="2">A. 表明“支票”的字样　B. 无条件支付的委托　C. 确定的金额
D. 付款人名称　E. 出票日期　F. 出票人签章</td></tr>
<tr><td colspan="2">【注意】根据《票据法》的规定，支票上的金额可以由出票人授权补记，未补记前不得使用。</td></tr>
<tr><td rowspan="3">B. 相对必要记载事项</td><td colspan="2">（3）下列各项中，属于支票出票的相对必要记载事项的有（ ）。</td></tr>
<tr><td>A. 付款地</td><td>支票上未记载付款地的，付款人的营业场所为付款地</td></tr>
<tr><td>B. 出票地</td><td>支票上未记载出票地的，出票人的营业场所、住所或者经常居住地为出票地</td></tr>
<tr><td rowspan="5">C. 任意记载事项</td><td colspan="2">（4）下列各项中，属于支票出票的任意记载事项的有（ ）。</td></tr>
<tr><td rowspan="2">A. 收款人名称</td><td>支票上未记载收款人名称的，经出票人授权，可以补记。出票人既可以授权收取支票的相对人补记，也可以由相对人再授权他人补记。</td></tr>
<tr><td>【例】甲公司签发支票给乙公司，但是未记载收款人。乙公司为支付货款，直接将支票交付给丙公司，未作任何记载。丙公司将自己的名称记载为收款人后，持票向付款人主张票据权利。甲公司、乙公司的行为，均符合票据法。也就是说，就支票而言，我国票据法承认了转让背书之外的这种票据权利转让方式。</td></tr>
<tr><td rowspan="2">B. “不得转让”字样</td><td>（5）下列关于支票出票人记载“不得转让”字样的法律效力的表述中，正确的是（ ）。</td></tr>
<tr><td>A. 出票人可以记载“不得转让”字样，如有该记载，则支票不得转让</td></tr>
</table>

续表

D. 记载不生票据法上效力的事项	(6)下列关于支票出票人作出免除担保付款责任的记载的法律效力的表述中，正确的是(　)。
	A. 出票人免除其担保付款责任的记载不发生票据法上的效力。出票人签发支票后，即承担保证该支票付款的责任
E. 记载无效事项	(7)下列关于支票出票人记载见票即付以外的到期日的法律效力的表述中，正确的是(　)。
	A. 支票仅限于见票即付，如果出票人记载了以其他方式计算的到期日，该记载无效
F. 记载使支票无效事项	(8)下列关于支票出票人记载附有条件的支付委托的效力的表述中，正确的是(　)。
	A. 假如出票人记载了付款人支付票据金额的条件，应理解为没有记载"无条件支付的委托"，欠缺绝对必要记载事项，支票无效

【考点总结】汇票、本票、支票的记载事项

记载事项	内容	汇票	本票	支票
绝对必要记载事项	表明"汇票/本票/支票"的字样	√	√	√
	无条件支付的委托/承诺	√	√	√
	确定的金额	√	√	√ (可授权补记，未补记前不得使用)
	付款人名称	√	×	√
	收款人名称	√	√	× (可授权补记)
	出票日期	√	√	√
	出票人签章	√	√	√
相对必要记载事项	付款日期	√	×	×
	付款地	√	√	√
	出票地	√	√	√

【注意】票据金额、出票日期、收款人名称任何人不得更改，更改的票据无效；其他记载事项，原记载人可以更改，更改时应当由原记载人签章证明。

【考点子题——举一反三，真枪实练】

[45] (2019 年·多选题)根据票据法律制度的规定，支票的下列记载事项中，可以由

出票人授权补记的有(　)。

A. 出票日期　　B. 付款人名称

C. 收款人名称　　D. 票据金额

(三)支票的付款

【考点母题——万变不离其宗】支票的付款

付款提示期限	(1)下列关于支票的提示付款期限及其法律效力的表述中，正确的有(　)。
	A. 支票的持票人应当自出票日起 10 日内提示付款 B. 异地使用的支票，其提示付款的期限由中国人民银行另行规定 C. 未按期提示付款的，持票人丧失对出票人之外的前手的追索权
支付密码	(2)下列关于支票的支付密码的表述中，正确的是(　)。
	A. 申请人申请开立支票存款账户的，银行、城市信用合作社和农村信用合作社可以与申请人约定在支票上使用支付密码，作为支付支票金额的条件
付款人的责任	(3)下列关于支票付款人的责任的表述中，正确的有(　)。
	A. 支票的付款人并未在票据上签章，票据法甚至未设置相当于承兑的制度，因此，付款人并未进行任何票据行为，并非票据债务人 B. 如果持票人提示付款时，出票人的存款金额不足以支付支票金额的(即“空头支票”)，付款人不予付款

第三节　非票据结算方式

本节考点、考点母题及考点子题

考点 15　汇兑

【考点母题——万变不离其宗】汇兑

<table>
<tr><td rowspan="5">汇兑概述</td><td colspan="2">(1)下列关于汇兑的表述中，正确的有(　)。</td></tr>
<tr><td colspan="2">A. 汇兑是汇款人委托银行将其款项支付给收款人的结算方式(概念)
B. 汇兑简便灵活，适用于单位和个人的各种款项的结算
C. 汇兑不受金额起点的限制</td></tr>
<tr><td colspan="2">(2)汇兑的方式包括(　)。</td></tr>
<tr><td>A. 信汇</td><td>信汇是以邮寄方式将汇款凭证转给外地收款人指定的汇入行</td></tr>
<tr><td>B. 电汇</td><td>电汇则是以电报方式将汇款凭证转发给收款人指定的汇入行，更加快捷</td></tr>
<tr><td rowspan="5">汇兑的基本流程</td><td colspan="2">(3)汇兑的基本流程包括(　)。</td></tr>
<tr><td>A. 汇款人按要求签发汇兑凭证</td><td>汇款人签发汇兑凭证时，必须记载相关事项并签章。汇兑凭证上记载收款人为个人的，收款人需要到汇入银行领取汇款，汇款人应在汇兑凭证上注明“留行待取”字样。</td></tr>
<tr><td>B. 汇出银行受理、审查汇款人签发的汇兑凭证</td><td>经审查无误后，应及时向汇入银行办理汇款，并向汇款人签发汇款回单。
汇款回单只能作为汇出银行受理汇款的依据，不能作为该笔汇款已转入收款人账户的证明。</td></tr>
<tr><td rowspan="2">C. 汇入银行接收汇出银行的汇兑凭证，经审核无误后，根据收款人的不同情况进行审查并办理付款手续</td><td>a. 汇入银行对开立存款账户的收款人，应将汇给其的款项直接转入收款人账户，并向其发出收账通知。收账通知是银行将款项确已收入收款人账户的凭据</td></tr>
<tr><td>b. 未在银行开立存款账户的收款人，凭信、电汇的取款通知或“留行待取”的，向汇入银行支取款项，必须交验本人的身份证件，在信、电汇凭证上注明证件名称、号码及发证机关，并在“收款人签盖章”处签章；信汇凭签章支取的，收款人的签章必须与预留信汇凭证上的签章相符。银行审查无误后，以收款人的姓名开立应解汇款及临时存款账户，该账户只付不收，付完清户，不计付利息</td></tr>
</table>

续表

<table>
<tr><td rowspan="2">汇兑的基本流程</td><td rowspan="2">C. 汇入银行接收汇出银行的汇兑凭证，经审核无误后，根据收款人的不同情况进行审查并办理付款手续</td><td>c. 支取现金的，信、电汇凭证上必须有按规定填明的“现金”字样，才能办理。未填明“现金”字样，需要支取现金的，由汇入银行按照国家现金管理规定审查支付</td></tr>
<tr><td>d. 收款人还可以委托他人向汇入银行支取款项，或者转账支付到单位或个体工商户的存款账户（严禁转入储蓄和信用卡账户），或者办理转汇</td></tr>
<tr><td rowspan="4">汇兑的撤销与退汇</td><td colspan="2">（4）下列关于汇兑的撤销的表述中，正确的有（　）。</td></tr>
<tr><td colspan="2">A. 汇款人对汇出银行尚未汇出的款项可以申请撤销
B. 汇出银行查明确未汇出款项的，收回原信、电汇回单，方可办理撤销</td></tr>
<tr><td colspan="2">（5）下列关于汇兑的退汇的表述中，正确的有（　）。</td></tr>
<tr><td colspan="2">A. 汇款人对汇出银行已经汇出的款项可以申请退汇
B. 对在汇入银行开立存款账户的收款人，由汇款人与收款人自行联系退汇；对未在汇入银行开立存款账户的收款人，汇款人应出具正式函件或本人身份证件以及原信、电汇回单，由汇出银行通知汇入银行，经汇入银行核实汇款确未支付，并将款项汇回汇出银行，方可办理退汇
C. 汇入银行对于收款人拒绝接受的汇款，应立即办理退汇
D. 汇入银行对于向收款人发出取款通知，经过2个月无法交付的汇款，应主动办理退汇</td></tr>
</table>

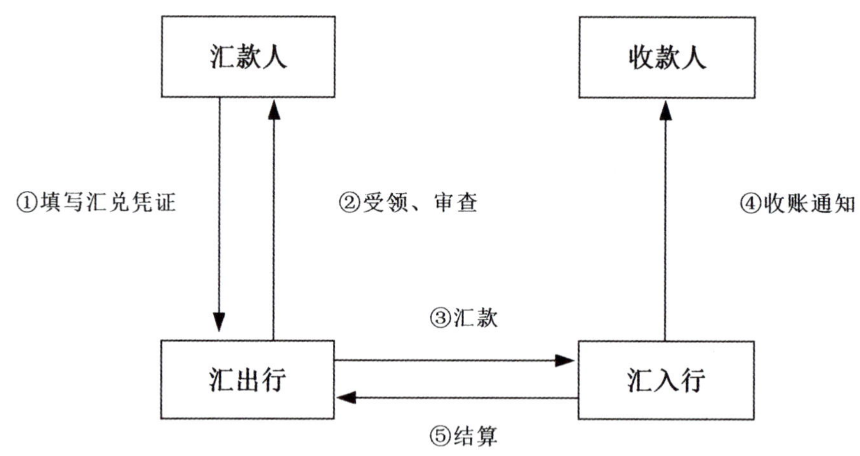

考点16 托收承付

（一）托收承付概述

【考点母题——万变不离其宗】托收承付概述

托收承付的概念	托收承付，是根据买卖合同由收款人发货后委托银行向异地付款人收取款项，由付款人向银行承认付款的结算方式。

续表

<table>
<tr><td>托收承付的概念</td><td>收款人可以选用的托收承付结算款项的划回方法包括(　)。</td><td>A. 邮寄
B. 电报</td></tr>
<tr><td rowspan="2">金额起点</td><td colspan="2">(1)下列关于托收承付结算的金额起点的说法，正确的有(　)。</td></tr>
<tr><td colspan="2">A. 托收承付结算每笔的金额起点为 1 万元(新华书店系统为 1000 元)</td></tr>
<tr><td rowspan="2">托收承付的适用条件</td><td colspan="2">(2)下列关于托收承付的适用条件的表述中，正确的有(　)。</td></tr>
<tr><td colspan="2">A. 使用托收承付结算方式的收款单位和付款单位，必须是国有企业、供销合作社以及经营管理较好，并经开户银行审查同意的城乡集体所有制工业企业
B. 办理托收承付结算的款项，必须是商品交易，以及因商品交易而产生的劳务供应的款项。代销、寄销、赊销商品的款项，不得办理托收承付结算
C. 收付双方使用托收承付结算必须签有符合法律规定的买卖合同，并在合同上订明使用异地托收承付结算方式
D. 收款人办理托收，必须具有商品确已发运的证件(包括铁路、航运、公路等运输部门签发的运单、运单副本和邮局包裹回执)。没有发运证件，可凭其他有关证件办理
E. 收付双方办理托收承付结算，必须重合同、守信用。如果收款人对同一付款人发货托收累计三次收不回货款的，收款人开户银行应暂停收款人向付款人办理托收；付款人累计三次提出无理拒付的，付款人开户银行应暂停其向外办理托收</td></tr>
</table>

(二)托收承付的基本流程

【考点母题——万变不离其宗】托收承付的基本流程

<table>
<tr><td colspan="3">(1)托收承付的基本流程包括(　)。</td></tr>
<tr><td rowspan="3">A. 托收</td><td colspan="2">托收是指收款人根据买卖合同发货后，委托银行向付款人收取款项</td></tr>
<tr><td colspan="2">收款人办理托收，应填制托收凭证，盖章后并附发运证件或其他符合托收承付结算的有关证明和交易单证送交银行</td></tr>
<tr><td colspan="2">收款人开户银行接到托收凭证及其附件后，应当按照托收范围、条件和托收凭证填写的要求认真进行审查。经审查无误的，将有关托收凭证连同交易单证，一并寄交付款人开户行</td></tr>
<tr><td rowspan="4">B. 承付</td><td colspan="2">承付是指由付款人向银行承认付款的行为。付款人开户银行收到托收凭证及其附件后，应当及时通知付款人。付款人在承付期内审查核对，安排资金。承付货款的方式由收付双方商量选用，并在合同中明确规定。</td></tr>
<tr><td colspan="2">(2)托收承付业务中，付款人承付货款的方式包括(　)。</td></tr>
<tr><td rowspan="2">A. 验单付款</td><td>(3)下列关于验单付款的承付期的表述中，正确的有(　)。</td></tr>
<tr><td>A. 验单付款的承付期为 3 天，从付款人开户银行发出承付通知的次日算起(承付期内遇法定休假日顺延)</td></tr>
</table>

续表

B. 承付	A. 验单付款	B. 付款人在承付期内，未向银行表示拒绝付款，银行即视为承付，并在承付期满的次日（遇法定休假日顺延）上午银行开始营业时，将款项主动从付款人的账户内付出，划给收款人
	B. 验货付款	(4)下列关于验货付款的承付期的表述中，正确的有（　）。
		A. 验货付款的承付期为10天，从运输部门向付款人发出提货通知的次日算起 B. 收付双方在合同中明确规定，并在托收凭证上注明验货付款期限的，银行从其规定
		(5)下列关于验货付款的程序的表述中，正确的有（　）。
		A. 付款人收到提货通知后，应即向银行交验提货通知，付款人在银行发出承付通知后（次日算起）的10天内，未收到提货通知，应在第10天将货物尚未到达的情况通知银行 B. 在第10天付款人不通知银行的，银行即视同已验货，于10天期满的次日上午银行开始营业时，将款项划给收款人 C. 在第10天付款人通知银行货物未到，而以后收到提货通知没有及时送交银行，银行仍按10天期满的次日作为划款日期，并按超过天数，计扣逾期付款赔偿金 D. 收款人则必须在托收凭证上加盖明显的“验货付款”字样戳记
		【注意】无论是验单付款还是验货付款，付款人都可以在承付期内提前向银行表示承付，并通知银行提前付款，银行应立即办理划款；因商品的价格、数量或金额变动，付款人应多承付款项的，须在承付期内向银行提出书面通知，银行据此随同当次托收款项划给收款人。

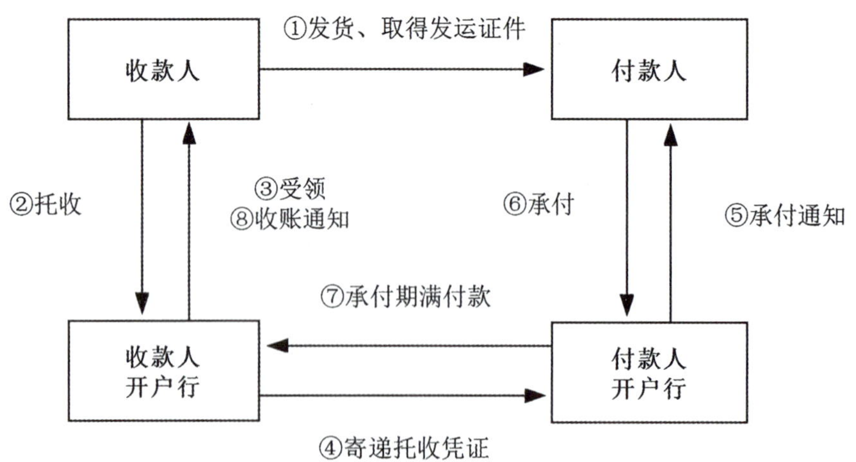

（三）拒绝付款的处理

【考点母题——万变不离其宗】拒绝付款的处理

<table>
<tr><td rowspan="3">拒绝付款的法定情形</td><td>（1）付款人在承付期内，在法定情形下可向银行提出全部或部分拒绝付款。下列各项中，属于托收承付付款人拒绝付款的法定情形的有（　）。</td></tr>
<tr><td>A. 没有签订买卖合同或合同未订明托收承付结算方式的款项
B. 未经双方事先达成协议，收款人提前交货或因逾期交货，付款人不需要该项货物的款项
C. 未按合同规定的到货地址发货的款项
D. 代销、寄销、赊销商品的款项
E. 验单付款，发现所列货物的品种、规格、数量、价格与合同规定不符，或货物已到，经查验货物与合同规定或发货清单不符的款项
F. 验货付款，经查验货物与合同规定或发货清单不符的款项
G. 货款已经支付或计算有错误的款项</td></tr>
<tr><td>【注意】不属上述情形的，付款人不得向银行提出拒绝付款。</td></tr>
<tr><td rowspan="2">拒绝付款的程序</td><td>（2）托收承付付款人拒绝付款的程序为（　）。</td></tr>
<tr><td>A. 付款人对以上情况提出拒绝付款时，必须填写“拒绝付款理由书”，并加盖单位公章，注明拒绝付款理由，涉及合同的应引证合同有关条款，并提供有关证明，一并送交开户银行
B. 开户银行经审查，认为拒付理由不成立，均不受理，应实行强制扣款
C. 银行同意部分或全部拒付的，应在拒绝付款理由书上签注意见。部分拒绝付款的，除办理部分付款外，应将拒绝付款理由书连同拒付证明和拒付商品清单邮寄收款人开户银行转交收款人。全部拒绝付款的，应将拒绝付款理由书连同拒付证明和有关单证邮寄收款人开户银行转交收款人</td></tr>
</table>

考点 17　委托收款

【考点母题——万变不离其宗】委托收款

<table>
<tr><td rowspan="4">委托收款概述</td><td>（1）下列关于委托收款的表述中，正确的有（　）。</td></tr>
<tr><td>A. 委托收款是收款人委托银行向付款人收取款项的结算方式（概念）
B. 收款人可以选用的委托收款结算款项的划回方式包括邮寄、电报</td></tr>
<tr><td>（2）下列关于委托收款的适用范围的表述中，正确的有（　）。</td></tr>
<tr><td>A. 委托收款的适用范围十分广泛，无论是同城还是异地都可办理
B. 单位和个人凭已承兑商业汇票、债券、存单等付款人债务证明办理款项的结算，均可以使用委托收款结算方式</td></tr>
</table>

续表

<table>
<tr><td>委托收款概述</td><td colspan="2">C. 在同城范围内，收款人收取公用事业费或根据国务院的规定，可以使用同城特约委托收款。收取公用事业费，必须具有收付双方事先签订的合同，由付款人向开户银行授权，并经开户银行同意，报经中国人民银行当地分支行批准</td></tr>
<tr><td rowspan="8">委托收款的基本流程</td><td colspan="2">(3)委托收款业务的基本流程包括(　)。</td></tr>
<tr><td rowspan="2">A. 委托</td><td>(4)下列关于收款人办理委托收款的程序的表述中，正确的有(　)。</td></tr>
<tr><td>A. 收款人办理委托收款，应当向银行提交所填写的委托收款凭证和有关债务证明
B. 有关债务证明是指能够证明付款人到期并应向收款人支付一定款项的证明，如水电费单、电话费单、已承兑的商业汇票、债券、存单等
C. 委托收款以银行以外的单位为付款人的，委托收款凭证必须记载付款人开户银行名称
D. 以银行以外的单位或在银行开立存款账户的个人为收款人的，委托收款凭证必须记载收款人开户银行名称
E. 以未在银行开立存款账户的个人为收款人的，委托收款凭证必须记载被委托银行名称
F. 欠缺上述记载的，银行不予受理</td></tr>
<tr><td rowspan="5">B. 付款</td><td>银行在接到寄来的委托收款凭证及债务证明，并经审查无误之后应向收款人办理付款</td></tr>
<tr><td>(5)下列关于委托收款业务的付款期限的表述中，正确的有(　)。</td></tr>
<tr><td>A. 以银行为付款人的，银行应在当日将款项主动支付给收款人
B. 以单位为付款人的，银行应及时通知付款人，付款人应于接到通知的当日书面通知银行付款
C. 如果付款人未在接到通知日的次日起3日内通知银行付款的，视同付款人同意付款，银行应于付款人接到通知日的次日起第4日上午开始营业时，将款项划给收款人
D. 付款人提前收到由其付款的债务证明，应通知银行于债务证明的到期日付款。付款人未于接到通知日的次日起3日内通知银行付款，付款人接到通知日的次日起第4日在债务证明到期日之前的，银行应于债务证明到期日将款项划给收款人</td></tr>
<tr><td>(6)下列关于委托收款的付款人存款账户不足支付的处理的表述中，正确的有(　)。</td></tr>
<tr><td>A. 银行在办理划款时，发现付款人存款账户不足支付的，应通过被委托银行向收款人发出未付款通知书
B. 如果债务证明留存付款人开户银行的，应将其债务证明连同未付款项通知书邮寄被委托银行转交收款人</td></tr>
<tr><td rowspan="2">拒绝付款的处理</td><td colspan="2">(7)下列关于委托收款付款人拒绝付款的处理的表述中，正确的有(　)。</td></tr>
<tr><td colspan="2">A. 付款人在审查有关债务证明后，对收款人委托收取的款项需要拒绝付款的，可以办理拒绝付款</td></tr>
</table>

第9章

续表

拒绝付款的处理	B. 以银行为付款人的，应自收到委托收款及债务证明的次日起 3 日内出具拒绝证明，连同有关债务证明、凭证寄给被委托银行，转交收款人 C. 以单位为付款人的，应在付款人接到通知日的次日起 3 日内出具拒绝证明，持有债务证明的，应将其送交开户银行。银行将拒绝证明、债务证明和有关凭证一并寄给被委托银行，转交收款人

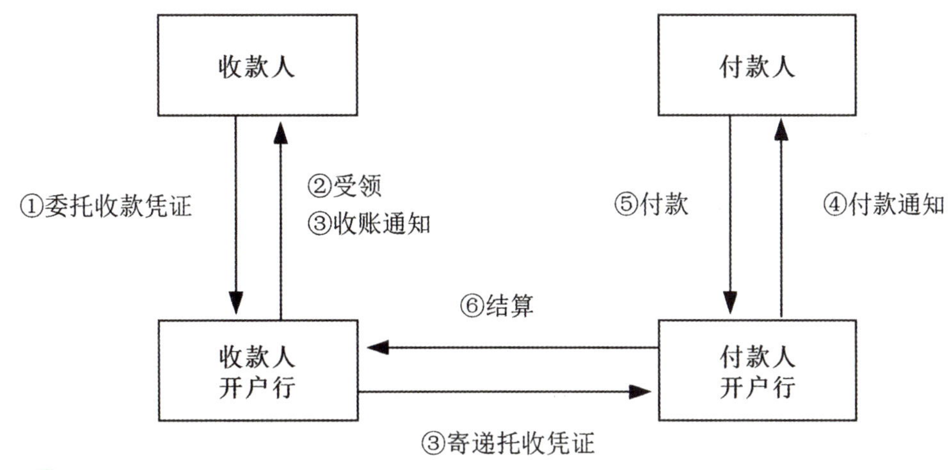

考点 18　国内信用证

（一）国内信用证概述

【考点母题——万变不离其宗】国内信用证概述

概念	国内信用证（简称“信用证”）是指银行（包括政策性银行、商业银行、农村合作银行、村镇银行和农村信用社）依照申请人的申请开立的、对相符交单予以付款的承诺。
	“相符交单”，是指与信用证条款、《国内信用证结算办法》的相关适用条款、信用证审单规则及单据之内、单据之间相互一致的交单。
国内信用证适用范围	（1）下列关于国内信用证适用范围的表述中，正确的是（　）。
	A. 国内信用证结算方式适用于国内企事业单位之间的货物和服务贸易。服务贸易包括但不限于运输、旅游、咨询、通讯、建筑、保险、金融、计算机和信息、专有权利使用和特许、广告宣传、电影音像等服务项目
国内信用证的特征	（2）下列关于国内信用证的特征的表述中，正确的有（　）。
	A. 我国的信用证是以人民币计价、不可撤销的跟单信用证 B. 信用证的开立和转让，应当具有真实的贸易背景 C. 在信用证业务中，银行处理的只是单据，而不是单据所涉及的货物或服务。银行只对单据进行表面审核。银行收到单据时，应仅以单据本身为依据，认真审核信用证规定的所有单据，以确定是否为相符交单。银行不审核信用证没有规定的单据 D. 信用证与作为其依据的贸易合同相互独立，即使信用证含有对此类合同的任何援

续表

国内信用证的特征	引，银行也与该合同无关，且不受其约束。银行对信用证作出的付款、确认到期付款、议付或履行信用证项下其他义务的承诺，不受申请人与开证行、申请人与受益人之间关系而产生的任何请求或抗辩的制约。受益人在任何情况下，不得利用银行之间或申请人与开证行之间的契约关系 E. 信用证只能用于转账结算，不得支取现金

【考点子题——举一反三，真枪实练】

[46]（2022年·多选题）根据支付结算法律制度的规定，下列主体中，可以依照申请人的申请开立国内信用证的有（　）。

A. 商业银行　　B. 政策性银行

C. 村镇银行　　D. 农村信用社

[47]（2017年·多选题）根据支付结算法律制度的规定，下列关于国内信用证（简称“信用证”）的表述中，正确的有（　）。

A. 信用证与作为其依据的买卖合同相互独立

B. 信用证具有融资功能

C. 开证行可以单方修改或撤销信用证

D. 受益人可以将信用证的部分权利转让给他人

[48]（2015年·多选题）下列关于国内信用证的表述中，符合支付结算法律制度规定的有（　）

A. 不可撤销　　B. 不可转让

C. 不可取现　　D. 不可跟单

（二）信用证的基本流程

【考点母题——万变不离其宗】信用证的基本流程

（1）办理信用证的基本流程包括（　）。	
A. 开证	（2）下列关于信用证的开证的程序的表述中，正确的有（　）。
	A. 开证申请人申请开立信用证，须提交其与受益人签订的贸易合同（申请） B. 银行与申请人在开证前应签订明确双方权利义务的协议（受理） C. 开证行可要求申请人交存一定数额的保证金，并可根据申请人资信情况要求其提供抵押、质押、保证等合法有效的担保 D. 开证行应根据贸易合同及开证申请书等文件，合理、审慎设置信用证付款期限、有效期、交单期、有效地点 E. 开证行自开立信用证之时起，其即受信用证内容的约束

续表

<table>
<tr><td rowspan="5">A. 开证</td><td rowspan="2">F. 开立信用证可以采用的方式有(　)。</td><td>a. 信开方式。由开证行加盖业务用章(信用证专用章或业务专用章)，寄送通知行，同时应视情况需要以双方认可的方式证实信用证的真实有效性</td></tr>
<tr><td>b. 电开方式。由开证行以数据电文发送通知行</td></tr>
<tr><td colspan="2">(3)信用证应使用中文开立，其记载的基本条款包括(　)。</td></tr>
<tr><td colspan="2">A. 表明“国内信用证”的字样　　B. 开证申请人名称及地址
C. 开证行名称及地址　　D. 受益人名称及地址
E. 通知行名称　　F. 开证日期
G. 信用证编号　　H. 不可撤销信用证
I. 信用证有效期及有效地点
J. 是否可转让。可转让信用证须记载“可转让”字样并指定一家转让行
K. 是否可保兑。保兑信用证须记载“可保兑”字样并指定一家保兑行
L. 是否可议付。议付信用证须记载“议付”字样并指定一家或任意银行作为议付行
M. 信用证金额。金额须以大、小写同时记载
N. 付款期限　　O. 货物或服务描述
P. 溢短装条款(如有)
Q. 货物贸易项下的运输交货或服务贸易项下的服务提供条款
R. 交单期
S. 单据条款，须注明据以付款或议付的单据，至少包括发票，表明货物运输或交付、服务提供的单据，如运输单据或货物收据、服务接受方的证明或服务提供方或第三方的服务履约证明
T. 信用证项下相关费用承担方。未约定费用承担方时，由业务委托人或申请人承担相应费用
U. 表明“本信用证依据《国内信用证结算办法》开立”的开证行保证文句</td></tr>
<tr><td colspan="2"></td></tr>
<tr><td rowspan="2">B. 保兑</td><td colspan="2">(4)下列关于信用证的保兑的表述中，正确的有(　)。</td></tr>
<tr><td colspan="2">A. 保兑是指保兑行根据开证行的授权或要求，在开证行承诺之外做出的对相符交单付款、确认到期付款或议付的确定承诺(概念)
B. 保兑行自对信用证加具保兑之时起即不可撤销地承担对相符交单付款、确认到期付款或议付的责任
C. 指定银行拒绝对信用证加具保兑时，应及时通知开证行
D. 开证行对保兑行的偿付义务不受开证行与受益人关系的约束</td></tr>
<tr><td rowspan="3">C. 修改</td><td colspan="2">(5)下列关于信用证的修改的程序的表述中，正确的有(　)。</td></tr>
<tr><td colspan="2">A. 开证申请人需对已开立的信用证内容修改的，应向开证行提出修改申请，明确修改的内容
B. 增额修改的，开证行可要求申请人追加增额担保
C. 付款期限修改的，不得超过法律规定的最长期限
D. 开证行发出的信用证修改书中应注明本次修改的次数</td></tr>
<tr><td colspan="2">(6)下列关于信用证的修改的效力的表述中，正确的有(　)。</td></tr>
</table>

续表

<table>
<tr><td rowspan="5">C. 修改</td><td rowspan="3">A. 对受益人的效力</td><td>a. 信用证受益人同意或拒绝接受修改的，应提供接受或拒绝修改的通知</td></tr>
<tr><td>b. 如果受益人未能给予通知，当交单与信用证以及尚未接受的修改的要求一致时，即视为受益人已做出接受修改的通知，并且该信用证修改自此对受益人形成约束</td></tr>
<tr><td>c. 对同一修改的内容不允许部分接受，部分接受将被视作拒绝接受修改</td></tr>
<tr><td>B. 对开证行的效力</td><td>开证行自开出信用证修改书之时起，即不可撤销地受修改内容的约束</td></tr>
<tr><td>C. 对保兑行的效力</td><td>保兑行有权选择是否将其保兑扩展至修改；扩展至修改的，自作出扩展通知时即不可撤销地受其约束；不对修改加具保兑的，应及时告知开证行并在给受益人的通知中告知受益人</td></tr>
<tr><td rowspan="6">D. 通知</td><td colspan="2">(7)下列关于信用证通知行的确定的表述中，正确的有(　)。</td></tr>
<tr><td colspan="2">A. 通知行可由开证申请人指定，如申请人未指定，开证行有权指定
B. 通知行可自行决定是否通知：同意通知的，应于收到信用证次日起 3 个营业日内通知受益人；拒绝通知的，应于收到信用证次日起 3 个营业日内告知开证行
C. 开证行发出的信用证修改书，应通过原信用证通知行办理通知</td></tr>
<tr><td colspan="2">(8)下列关于信用证通知行的责任的表述中，正确的有(　)。</td></tr>
<tr><td rowspan="2">A. 通知行收到信用证或信用证修改书，应认真审查内容表面是否完整、清楚，核验开证行签字、印章、所用密押是否正确等表面真实性，或另以电讯方式证实</td><td>a. 核验无误的，应填制信用证通知书或信用证修改通知书，连同信用证或信用证修改书正本交付受益人。通知行通知信用证或信用证修改的行为，表明其已确信信用证或修改的表面真实性，而且其通知准确反映了其收到的信用证或修改的内容</td></tr>
<tr><td>b. 通知行确定信用证或信用证修改书签字、印章、密押不符的，应即时告知开证行；表面内容不清楚、不完整的，应即时向开证行查询补正。通知行在收到开证行回复前，可先将收到的信用证或信用证修改书通知受益人，并在信用证通知书或信用证修改通知书上注明该通知仅供参考，通知行不负任何责任。开证行应于收到通知行查询次日起 2 个营业日内，对通知行做出答复或提供其所要求的必要内容</td></tr>
<tr><td colspan="2">B. 通知行应于收到受益人同意或拒绝修改通知书次日起 3 个营业日内告知开证行，在受益人告知通知行其接受修改或以交单方式表明接受修改之前，原信用证条款对受益人仍然有效。开证行收到通知行发来的受益人拒绝修改的通知，信用证视为未做修改，开证行应于收到通知次日起 2 个营业日内告知开证申请人</td></tr>
<tr><td rowspan="2">E. 转让</td><td colspan="2">(9)下列关于信用证的转让的表述中，正确的有(　)。</td></tr>
<tr><td colspan="2">A. 转让是指由转让行应第一受益人的要求，将可转让信用证的部分或者全部转为可由第二受益人兑用。可转让信用证指特别标注“可转让”字样的信用证</td></tr>
</table>

第9章

续表

E. 转让	B. 可转让信用证只能转让一次，即只能由第一受益人转让给第二受益人，已转让信用证不得应第二受益人的要求转让给任何其后的受益人，但第一受益人不视为其后的受益人 C. 第二受益人拥有收取转让后信用证款项的权利并承担相应义务 D. 第一受益人的任何转让要求须说明是否允许以及在何条件下允许将修改通知第二受益人。已转让信用证须明确说明该项条款
	(10)下列关于可转让信用证转让行的确定及其责任的表述中，正确的有(　)。
	A. 对于可转让信用证，开证行必须指定转让行，转让行可为开证行 B. 转让行无办理信用证转让的义务，除非其明确同意 C. 转让行仅办理转让，并不承担信用证项下的付款责任，但转让行是保兑行或开证行的除外
F. 议付	(11)下列关于信用证议付的表述中，正确的有(　)。
	A. 议付指可议付信用证项下单证相符或在开证行或保兑行已确认到期付款的情况下，议付行在收到开证行或保兑行付款前购买单据、取得信用证项下索款权利，向受益人预付或同意预付资金的行为 B. 议付行审核并转递单据而没有预付或没有同意预付资金不构成议付
	(12)下列关于议付行的确定的表述中，正确的有(　)。
	A. 信用证未明示可议付，任何银行不得办理议付 B. 信用证明示可议付，如开证行仅指定一家议付行，未被指定为议付行的银行不得办理议付，被指定的议付行可自行决定是否办理议付 C. 保兑行对以其为议付行的信用证加具保兑，在受益人请求议付时，须承担对受益人相符交单的议付责任。指定议付行非保兑行且未议付时，保兑行仅承担对受益人相符交单的付款责任
	(13)下列关于信用证议付的程序的表述中，正确的有(　)。
	A. 受益人可对议付信用证在信用证交单期和有效期内向议付行提示单据、信用证正本、信用证通知书、信用证修改书正本及信用证修改通知书(如有)，并填制交单委托书和议付申请书，请求议付 B. 议付行在受理议付申请的次日起 5 个营业日内审核信用证规定的单据并决定议付的，应在信用证正本背面记明议付日期、业务编号、议付金额、到期日并加盖业务用章；拒绝议付的，应及时告知受益人 C. 议付行将注明付款提示的交单面函及单据寄开证行或保兑行索偿资金。除信用证另有约定外，索偿金额不得超过单据金额
	(14)下列关于开证行、保兑行对议付行的偿付责任的表述中，正确的是(　)。
	A. 开证行、保兑行负有对议付行符合法律规定的议付行为的偿付责任，该责任独立于开证行、保兑行对受益人的付款责任并不受其约束
	(15)下列关于议付行的追索权的表述中，正确的有(　)。
	A. 议付行议付时，必须与受益人书面约定是否有追索权 B. 若约定有追索权，到期不获付款议付行可向受益人追索

续表

<table>
<tr><td>F. 议付</td><td colspan="2">C. 若约定无追索权，到期不获付款议付行不得向受益人追索，议付行与受益人约定的例外情况或受益人存在信用证欺诈的情形除外
D. 保兑行议付时，对受益人不具有追索权，受益人存在信用证欺诈的情形除外</td></tr>
<tr><td rowspan="2">G. 寄单索款</td><td colspan="2">(16)下列关于信用证的寄单索款的程序的表述中，正确的有(　)。</td></tr>
<tr><td colspan="2">A. 受益人委托交单行交单，应在信用证交单期和有效期内填制信用证交单委托书，并提交单据和信用证正本及信用证通知书、信用证修改书正本及信用证修改通知书(如有)
B. 交单行应在收单次日起 5 个营业日内对其审核相符的单据寄单
C. 交单行应合理谨慎地审查单据是否相符，但非保兑行的交单行对单据相符性不承担责任，与受益人另有约定的除外</td></tr>
<tr><td rowspan="13">H. 付款</td><td colspan="2">(17)下列关于信用证的付款的程序的表述中，正确的有(　)。</td></tr>
<tr><td colspan="2">A. 开证行或保兑行在收到交单行寄交的单据及交单面函(寄单通知书)或受益人直接递交的单据的次日起 5 个营业日内，及时核对是否为相符交单</td></tr>
<tr><td rowspan="2">B. 单证相符或单证不符但开证行或保兑行接受不符点</td><td>a. 对即期信用证，应于收到单据次日起五个营业日内支付相应款项给交单行或受益人(受益人直接交单时)</td></tr>
<tr><td>b. 对远期信用证，应于收到单据次日起 5 个营业日内发出到期付款确认书，并于到期日支付款项给交单行或受益人</td></tr>
<tr><td rowspan="4">C. 开证行或保兑行审核单据发现不符并决定拒付</td><td>a. 应在收到单据的次日起 5 个营业日内一次性将全部不符点以电子方式或其他快捷方式通知交单行或受益人</td></tr>
<tr><td>b. 如开证行或保兑行未能按规定通知不符点，则无权宣称交单不符</td></tr>
<tr><td>c. 开证行或保兑行审核单据发现不符并拒付后，在收到交单行或受益人退单的要求之前，开证申请人接受不符点的，开证行或保兑行独立决定是否付款、出具到期付款确认书或退单</td></tr>
<tr><td>d. 开证申请人不接受不符点的，开证行或保兑行可将单据退交单行或受益人</td></tr>
<tr><td colspan="2">(18)开证行或保兑行拒付时，应提供书面拒付通知。拒付通知应包括的内容有(　)。</td></tr>
<tr><td colspan="2">A. 开证行或保兑行拒付</td></tr>
<tr><td colspan="2">B. 开证行或保兑行拒付所依据的每一个不符点</td></tr>
<tr><td>C. 开证行或保兑行拒付后可选择的处理单据意见</td><td>a. 开证行或保兑行留存单据听候交单行或受益人的进一步指示
b. 开证行留存单据直到其从开证申请人处收到放弃不符点的通知并同意接受该放弃，或者其同意接受对不符点的放弃之前从交单行或受益人处收到进一步指示
c. 开证行或保兑行将退回单据
d. 开证行或保兑行将按之前从交单行或受益人处获得的指示处理</td></tr>
</table>

续表

H. 付款	(19)下列关于开证行或保兑行的付款责任的表述中，正确的有(　)。
	A. 若受益人提交了相符单据或开证行已发出付款承诺，即使申请人交存的保证金及其存款账户余额不足支付，开证行仍应在规定的时间内付款。对申请人提供抵押、质押、保函等担保的，按《民法典》的有关规定索偿 B. 开证行或保兑行付款后，对受益人不具有追索权，受益人存在信用证欺诈的情形除外
I. 注销	(20)下列关于信用证的注销的表述中，正确的有(　)。
	A. 信用证注销是指开证行对信用证未支用的金额解除付款责任的行为 B. 开证行、保兑行、议付行未在信用证有效期内收到单据的，开证行可在信用证逾有效期 1 个月后予以注销。具体处理办法由各银行自定 C. 其他情况下，须经开证行、已办理过保兑的保兑行、已办理过议付的议付行、已办理过转让的转让行与受益人协商同意，或受益人、上述保兑行(议付行、转让行)声明同意注销信用证，并与开证行就全套正本信用证收回达成一致后，信用证方可注销

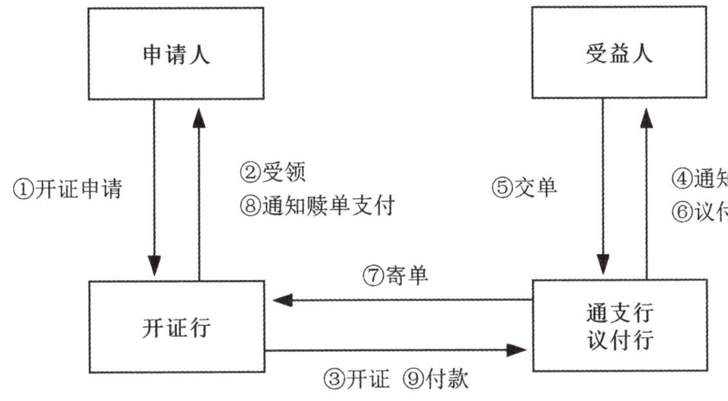

图 9-10　信用证基本流程图

【考点子题——举一反三，真枪实练】

[49] (2013 年 · 单选题)根据国内信用证法律制度的规定，开证行收到受益人开户行寄交的委托收款凭证、单据等材料，并与信用证条款核对无误后，若发现开证申请人交存的保证金和存款账户余额不足以支付信用证金额的，开证行应采取的正确做法是(　)。

A. 在规定付款时间内全额付款

B. 在规定付款时间内，在保证金以及申请人存款账户余额范围内付款

C. 拒绝付款并将有关材料退还受益人开户行

D. 在征得开证申请人同意后全额付款

考点19 银行卡

【考点母题——万变不离其宗】银行卡

<table>
<tr><td>银行卡概述</td><td colspan="3">银行卡是指由商业银行向社会发行的具有消费信用、转账结算、存取现金等全部或部分功能的信用支付工具。现在已成为我国居民最广泛使用的非现金支付工具。</td></tr>
<tr><td rowspan="11">银行卡种类</td><td colspan="3">(1)从结算方式的特点来说，银行卡可分为(　)。</td></tr>
<tr><td rowspan="4">A. 信用卡</td><td colspan="2">信用卡是指记录持卡人账户相关信息，具备银行授信额度和透支功能，并为持卡人提供相关银行服务的各类介质。(概念)</td></tr>
<tr><td colspan="2">(2)信用卡按是否向发卡银行交存备用金，又可分类为(　)。</td></tr>
<tr><td>A. 贷记卡</td><td>贷记卡是指发卡银行给予持卡人一定的信用额度，持卡人可在信用额度内先消费、后还款的信用卡</td></tr>
<tr><td>B. 准贷记卡</td><td>准贷记卡是指持卡人须先按发卡银行要求交存一定金额的备用金，当备用金账户余额不足支付时，可在发卡银行规定的信用额度内透支的信用卡</td></tr>
<tr><td rowspan="6">B. 借记卡</td><td colspan="2">借记卡是指持卡人先将款项存入卡内账户，然后进行消费的银行卡。借记卡不具备透支功能，结算也比较简单。(概念)</td></tr>
<tr><td colspan="2">(3)借记卡按功能不同可以分类为(　)。</td></tr>
<tr><td>A. 转账卡(含储蓄卡)</td><td>转账卡是实时扣账的借记卡，具有转账结算、存取现金和消费功能</td></tr>
<tr><td>B. 专用卡</td><td>专用卡是具有专门用途、在特定区域使用的借记卡，具有转账结算、存取现金功能。这里的“专门用途”是指在百货、餐饮、饭店、娱乐行业以外的用途</td></tr>
<tr><td>C. 储值卡</td><td>储值卡是发卡银行根据持卡人要求将其资金转至卡内储存，交易时直接从卡内扣款的预付钱包式借记卡</td></tr>
<tr><td>D. 联名/认同卡</td><td>是商业银行与营利性机构/非营利性机构合作发行的银行卡附属产品，其所依附的银行卡品种必须是已经中国人民银行批准的品种，并应当遵守相应品种的业务章程或管理办法</td></tr>
<tr><td rowspan="3">银行卡的发行</td><td colspan="3">(4)下列关于银行卡的发行的表述中，正确的有(　)。</td></tr>
<tr><td colspan="3">A. 商业银行(包括外资银行、合资银行)开办银行卡业务，应满足严格的基本条件，并经中国人民银行批准</td></tr>
<tr><td colspan="2">B. 发卡银行各类银行卡章程应载明的事项</td><td>a. 卡的名称、种类、功能、用途
b. 卡的发行对象、申领条件、申领手续
c. 卡的使用范围(包括使用方面的限制)及使用方法
d. 卡的账户适用的利率，面向持卡人的收费项目及标准
e. 发卡银行、持卡人及其他有关当事人的权利、义务
f. 中国人民银行要求的其他事项</td></tr>
</table>

第9章

续表

<table>
<tr><td rowspan="4">银行卡的申领</td><td rowspan="2">单位卡</td><td>(5)下列关于单位卡的申领及资金存入的表述中，正确的有(　)。</td></tr>
<tr><td>A. 凡在中国境内金融机构开立基本存款账户的单位，应当凭中国人民银行核发的开户许可证申领单位卡
B. 单位人民币卡账户的资金一律从其基本存款账户转账存入，不得存取现金，不得将销货收入存入单位卡账户
C. 单位外币卡账户的资金应从其单位的外汇账户转账存入，不得在境内存取外币现钞</td></tr>
<tr><td rowspan="2">个人卡</td><td>(6)下列关于个人卡的申领及资金存入的表述中，正确的有(　)。</td></tr>
<tr><td>A. 个人申领银行卡(储值卡除外)，应当向发卡银行提供公安部门规定的本人有效身份证件，经发卡银行审查合格后，为其开立记名账户
B. 个人人民币卡账户的资金以其持有的现金存入或以其工资性款项、属于个人的合法的劳务报酬、投资回报等收人转账存入
C. 个人外币卡账户的资金以其个人持有的外币现钞存入或从其外汇账户(含外钞账户)转账存入。该账户的转账及存款均按中国人民银行《个人外汇管理办法》及国家外汇管理局的实施细则办理</td></tr>
<tr><td rowspan="2">银行卡的挂失</td><td colspan="2">(7)下列关于银行卡的挂失的表述中，正确的有(　)。</td></tr>
<tr><td colspan="2">A. 发卡银行应当提供 24 小时挂失服务，通过营业网点、客户服务电话或电子银行等渠道及时受理持卡人挂失申请并采取相应的风险管控措施
B. 借记卡的挂失手续办妥后，持卡人不再承担相应卡账户资金变动的责任，司法机关、仲裁机关另有判决的除外
C. 发卡银行对储值卡和 IC 卡内的电子钱包可不予挂失</td></tr>
<tr><td rowspan="2">银行卡的销户</td><td colspan="2">(8)下列关于银行卡的销户的表述中，正确的有(　)。</td></tr>
<tr><td colspan="2">A. 持卡人在还清全部交易款项、透支本息和有关费用后，可申请办理销户
B. 销户时，单位人民币卡账户的资金应当转入其基本存款账户，单位外币卡账户的资金应当转回相应的外汇账户，不得提取现金 C. 销户时，个人卡账户可以转账结清，也可以提取现金</td></tr>
<tr><td rowspan="4">银行卡的计息和收费</td><td colspan="2">(9)下列关于银行卡计付利息的表述中，正确的是(　)。</td></tr>
<tr><td colspan="2">A. 发卡银行对准贷记卡及借记卡(不含储值卡)账户内的存款，按照中国人民银行规定的同期同档次存款利率及计息办法计付利息</td></tr>
<tr><td colspan="2">(10)下列关于银行卡计收利息的表述中，正确的有(　)。</td></tr>
<tr><td colspan="2">A. 贷记卡持卡人非现金交易可享受免息还款期待遇、最低还款额待遇等优惠条件，条件和标准等由发卡机构自主确定
B. 信用卡透支的计结息方式，以及对信用卡溢缴款是否计付利息及其利率标准，由发卡机构自主确定
C. 取消信用卡滞纳金，对于持卡人违约逾期未还款的行为，发卡机构应与持卡人通过协议约定是否收取违约金，以及相关收取方式和标准</td></tr>
</table>

续表

<table>
<tr><td>银行卡的计息和收费</td><td colspan="3">D. 发卡机构向持卡人提供超过授信额度用卡服务的，不得收取超限费
E. 发卡机构对向持卡人收取的违约金和年费、取现手续费、货币兑换费等服务费用不得计收利息
F. 自 2021 年 1 月 1 日起，信用卡透支利率由发卡机构与持卡人自主协商确定，取消信用卡透支利率上限和下限管理</td></tr>
<tr><td rowspan="10">银行卡的使用</td><td rowspan="8">提取现金</td><td colspan="2">(11)下列关于银行卡办理提取现金业务的表述中，正确的有(　)。</td></tr>
<tr><td rowspan="2">A. 持卡人可以通过借记卡存取现金</td><td>(12)下列关于借记卡提取现金限额的表述中，正确的有(　)。</td></tr>
<tr><td>A. 借记卡在自动柜员机(ATM)取款的交易上限为 2 万元。各银行可在 2 万元的限度内综合考虑客户需要、服务能力和安全控制水平等因素，确定本行每卡单笔和每日累计提现金额</td></tr>
<tr><td rowspan="4">B. 信用卡也可以办理预借现金业务</td><td>(13)信用卡可以办理的预借现金业务包括(　)。</td></tr>
<tr><td>A. 现金提取。是指持卡人通过柜面和 ATM 等自助机具，以现钞形式获得信用卡预借现金额度内资金
B. 现金转账。是指持卡人将信用卡预借现金额度内资金划转到本人银行结算账户
C. 现金充值。是指持卡人将信用卡预借现金额度内资金划转到本人在非银行支付机构开立的支付账户</td></tr>
<tr><td>(14)下列关于信用卡预借现金限额的表述中，正确的有(　)。</td></tr>
<tr><td>A. 持卡人通过 ATM 等自助机具办理现金提取业务，每卡每日累计不得超过人民币 1 万元
B. 持卡人通过柜面办理现金提取业务、通过各类渠道办理现金转账业务的每卡每日限额，由发卡机构与持卡人通过协议约定
C. 发卡机构可自主确定是否提供现金充值服务，并与持卡人协议约定每卡每日限额
D. 发卡机构不得将持卡人信用卡预借现金额度内资金划转至其他信用卡，以及非持卡人的银行结算账户或支付账户</td></tr>
<tr style="display:none"></tr>
<tr><td rowspan="2">购物消费</td><td colspan="2">(15)下列关于银行卡购物消费功能的表述中，正确的有(　)。</td></tr>
<tr><td colspan="2">A. 持卡人可持银行卡在特约单位购物、消费。特约商户，是指与收单机构签订银行卡受理协议、按约定受理银行卡并委托收单机构为其完成交易资金结算的企事业单位、个体工商户或其他组织，以及按照国家工商行政管理机关有关规定，开展网络商品交易等经营活动的自然人
B. 特约单位不得拒绝受理持卡人合法持有的、签约银行发行的有效银行卡，不得因持卡人使用银行卡而向其收取附加费用
C. 持卡人不得以和商户发生纠纷为由拒绝支付所欠银行款项</td></tr>
</table>

考点 20　预付卡

【考点母题——万变不离其宗】预付卡

<table>
<tr><td rowspan="3">预付卡的概念</td><td colspan="2">“预付卡”是指发卡机构以特定载体和形式发行的、可在发卡机构之外购买商品或服务的预付价值。</td></tr>
<tr><td colspan="2">(1)下列各项中，属于预付卡的有(　)。</td></tr>
<tr><td colspan="2">A. 仅限于发放社会保障金的预付卡
B. 仅限于乘坐公共交通工具的预付卡
C. 仅限于缴纳电话费等通信费用的预付卡
D. 发行机构与特约商户为同一法人的预付卡</td></tr>
<tr><td rowspan="2">支付机构</td><td colspan="2">(2)下列各项中，属于可以从事境内预付业务的支付机构的有(　)。</td></tr>
<tr><td colspan="2">A. 取得《支付业务许可证》，获准办理“预付卡发行与受理”业务的发卡机构
B. 取得《支付业务许可证》，获准办理“预付卡受理”业务的受理机构</td></tr>
<tr><td rowspan="4">预付卡的分类</td><td rowspan="2">记名预付卡</td><td>(3)下列关于记名预付卡的表述中，正确的有(　)。</td></tr>
<tr><td>A. 记名预付卡是指预付卡业务处理系统中记载持卡人身份信息的预付卡
B. 记名预付卡应当可挂失、可赎回
C. 记名预付卡不得设置有效期
D. 预付卡不得具有透支功能</td></tr>
<tr><td rowspan="2">不记名预付卡</td><td>(4)下列关于不记名预付卡的表述中，正确的有(　)。</td></tr>
<tr><td>A. 不记名预付卡是指预付卡业务处理系统中不记载持卡人身份信息的预付卡。
B. 不记名预付卡一般不挂失、不赎回
C. 不记名预付卡有效期不得低于 3 年
D. 预付卡不得具有透支功能</td></tr>
<tr><td rowspan="2">单用途商业预付卡</td><td colspan="2">(5)下列关于单用途商业预付卡的表述中，正确的有(　)。</td></tr>
<tr><td colspan="2">A. 单用途商业预付卡是指企业发行的，仅限于在本企业或本企业所属集团或同一品牌特许经营体系内兑付货物或服务的预付凭证
B. 从事零售业、住宿和餐饮业、居民服务业的企业法人可以在境内开展单用途商业预付卡业务</td></tr>
</table>

考点21 电子支付

【考点母题——万变不离其宗】电子支付

<table>
<tr><td>电子支付概述</td><td colspan="2">电子支付是指单位、个人直接或授权他人通过电子终端发出支付指令，实现货币支付与资金转移的行为</td></tr>
<tr><td rowspan="8">电子支付的类型</td><td colspan="2">(1)根据发起电子支付指令的电子终端不同，电子支付可以分类为(　)。</td></tr>
<tr><td colspan="2">A. 网上支付　B. 电话支付　C. 移动支付
D. 销售点终端交易　E. 自动柜员机交易　F. 其他电子支付等</td></tr>
<tr><td colspan="2">【注意】其中，互联网支付(网上支付)、移动电话支付、固定电话支付、数字电视支付等，也被合称为网络支付。是指依托公共网络或专用网络在收付款人之间转移货币资金的支付方式。</td></tr>
<tr><td colspan="2">(2)下列关于网上支付的表述中，正确的有(　)。</td></tr>
<tr><td colspan="2">A. 网上支付是指通过互联网进行货币支付、现金流转、资金清算等行为，通常仍须以银行为中介
B. 在典型的网上支付模式中，银行建立支付网关和网上支付系统，为客户提供网上支付服务。网上支付指令在银行后台处理，并通过传统支付系统完成跨行交易的清算与结算
C. 与传统支付方式相比，在网上支付的过程中，客户成了支付系统的主动参与者</td></tr>
<tr><td colspan="2">(3)下列关于移动支付的表述中，正确的是(　)。</td></tr>
<tr><td rowspan="2">A. 移动支付是指依托移动互联网或专用网络，通过移动终端(通常是手机)实现收付款人之间货币资金转移的支付服务，包括但不限于近场支付和远程支付等业务</td><td>a. 近场支付(通过具有近距离无线通信技术的移动终端实现本地化通讯进行货币资金的转移)</td></tr>
<tr><td>b. 远程支付(通过移动网络与后台支付系统建立连接，尤其是利用网银、第三方支付平台等互联网支付工具，实现各种转账、消费等)</td></tr>
<tr><td rowspan="2">中国人民银行网上支付跨行清算系统</td><td colspan="2">(4)中国人民银行网上支付跨行清算系统可以处理的业务有(　)。</td></tr>
<tr><td colspan="2">A. 网银贷记业务(付款人通过付款行向收款行主动发起的付款业务)
B. 网银借记业务(收款人根据事先签订的协议，通过收款行向付款行发起的收款业务)
C. 第三方贷记业务(第三方机构接受付款人或收款人委托，通过网上支付跨行清算系统通知付款行向收款行付款的业务)
D. 跨行账户信息查询等</td></tr>
<tr><td rowspan="2">电子支付的当事人</td><td colspan="2">(5)电子支付的当事人包括(　)。</td></tr>
<tr><td colspan="2">A. 发出电子支付指令的客户
B. 接受电子支付指令的客户
C. 提供电子支付网络环境服务或移动通信服务的经营商、银行、支付机构</td></tr>
</table>

续表

电子支付的基本流程	(6)电子支付的基本流程包括(　)。	
	A. 电子支付指令的发起	即客户根据需要就货币支付和资金转移通过电子终端，根据其与发起行签订的协议，发出电子支付指令。接受客户委托发出电子支付指令的发起银行称为发起行
	B. 电子支付指令的确认	在客户发出电子支付指令前，发起行应建立必要的安全程序，在提示客户对指令的准确性和完整性进行确认的前提下，对客户身份和电子支付指令再次进行确认，并应能够向客户提供纸质或电子交易回单，同时形成日志文件等记录，保存至交易后 5 年
	C. 电子支付指令的执行	发起行在确认客户电子支付指令完整和准确后，通过安全程序执行电子支付指令。发起行执行该指令后，客户不得要求变更或撤销电子支付指令。如果银行自身提供了电子支付的网络环境，一般就不涉及提供该项服务的经营商；否则，银行只有与提供电子支付网络环境的经营商合作，才能完成电子支付行为
	D. 电子支付指令的接收	电子支付指令接收人的开户银行或接收人未在银行开立账户而电子支付指令确定的资金汇入银行称为接收行。接收行收到电子支付指令后，应按照协议，及时回复确认

【本章考点子题答案及解析】

[1]　【答案：D】同城和异地均可采用的结算方式包括商业汇票、汇兑、委托收款、银行卡。

[2]　【答案：ABCD】本题考查有关银行结算账户的知识点。单位银行结算账户按用途可分为基本存款账户(选项 A)、一般存款账户(选项 B)、专用存款账户(选项 C)和临时存款账户(选项 D)。

[3]　【答案：AD】按存款人不同，银行结算账户分为单位银行结算账户和个人银行结算账户，选项 A 正确。存款单位的主办账户是基本存款账户，选项 B 不正确。一般存款账户可以办理现金缴存，但不得办理现金支取，选项 C 不正确。临时存款账户的有效期最长不得超过 2 年，选项 D 正确。

[4]　【答案与解析】C 公司不应承担票据责任。根据规定，C 公司并未在票据上签章，并非票据债务人，不承担票据责任。本题中 B 公司背书转让给 C 公司的时候并没有记载 C 公司的名称，即 C 公司没有签章，不承担票据责任。

[5]　【答案：B】本题考查票据记载事项中可以修改的内容。票据金额(选项 C)、出票日期(选项 A)及收款人名称(选项 D)不得更改，更改的票据无效。

[6]　【答案：A】票据金额以中文大写和数码同时记载，二者必须一致，二者不一致的，票据无效。

[7]　【答案：A】出票人在票据上的签章不符合规定的，票据无效；背书人、承兑人、保证人在票据上的签章不符合规定的，其签章无效，但是不影响票据上其他签章的效力。

[8] 【答案与解析】F公司不能取得票据权利。根据规定，以欺诈、偷盗或者胁迫等手段取得票据的，或者明知有前列情形，出于恶意取得票据的，不得享有票据权利。在本题中，F公司对E公司伙同D公司财务人员李某伪造签章取得票据的行为知情，不得享有票据权利。

[9] 【答案与解析】(1)C公司不能取得票据权利。根据规定，以欺诈、偷盗或者胁迫等手段取得票据的，或者明知有前列情形，出于恶意取得票据的，不得享有票据权利。因为C公司与B公司财务人员合谋，属于恶意持票人，恶意取得票据的人不能享有票据权利。

(2)D公司取得票据权利。因为D公司的前手C公司虽实质上没有票据权利，但形式上是票据权利人，D公司对伪造一事不知情、有对价取得票据(收受货款)且票面上不存在影响D公司票据权利的形式瑕疵，D公司有权主张善意取得票据权利。

[10] 【答案与解析】G公司取得票据权利。根据规定，虽然F公司实质上不享有票据权利，但形式上享有票据权利，G公司符合善意取得的要件(善意且无重大过失、支付对价、符合背书行为的形式要件和实质要件)，G公司善意取得票据权利。

[11] 【答案与解析】(1)丙公司不享有票据权利。因为丙公司与伪造人楚某合谋，是恶意持票人，不享有票据权利。

(2)丁公司取得票据权利。因为丙公司虽然实质上不享有票据权利，但形式上为票据权利人，而丁公司对伪造一事不知情、且合理对价取得票据，丁公司基于善意取得制度取得票据权利。

[12] 【答案与解析】丁公司取得票据权利。根据规定，虽然丙公司实质上不享有票据权利，但形式上是票据权利人，在其向丁公司背书转让时，丁公司基于善意取得制度而取得票据权利。

[13] 【答案与解析】甲银行拒绝向F公司付款的理由不成立。根据规定，承兑人不得以其与出票人之间的资金关系来对抗持票人，拒绝支付汇票金额。本题中承兑人甲银行不能以A公司未在该行存入足够资金为由拒绝向F公司付款。

[14] 【答案与解析】甲银行拒绝付款的理由不成立。根据规定，承兑人不得以其与出票人之间的资金关系来对抗持票人，但持票人明知存在抗辩事由而取得票据的除外。本题中承兑人甲银行不能以出票人(A公司)资信状况不佳、账户余额不足为由拒绝。

[15] 【答案与解析】甲银行的拒付理由不成立。根据规定，承兑人不得以其与出票人之间的资金关系来对抗持票人，拒绝支付汇票金额。

[16] 【答案与解析】A银行拒绝付款的理由不成立。根据规定，承兑人不得以其与出票人之间的资金关系来对抗持票人，拒绝支付汇票金额。本题中A银行不得以甲公司存入本行的资金不足为由拒绝付款。

[17] 【答案与解析】(1)乙公司不承担票据责任。根据规定，在假冒他人名义的情形下，被伪造人不承担票据责任。

(2)丙公司应当承担票据责任。根据规定，票据上有伪造签章的，不影响票据上其他真实签章的效力。在票据上真正签章的当事人，仍应对被伪造的票据的权利人承担票据责任，票据债权人在提示承兑、提示付款或者行使追索权时，在票据上真正签章人不能以伪造为由进行抗辩。

[18] 【答案与解析】(1)B公司不应承担票据责任。根据规定，在假冒他人名义的情形下，被伪造人不承担票据责任。因为B公司是被伪造人，票面上不存在其真实签章，不必承担票据责任。

(2)C公司应当承担票据责任，根据规定，票据上有伪造签章的，不影响票据上其他真实签章的效力。因为C公司将汇票背书转让给D公司，票据上存在C公司真实且符合规定的签章，

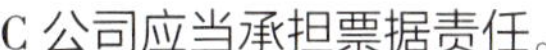

C 公司应当承担票据责任。

[19] 【答案与解析】(1)A 公司应承担票据责任。根据规定，票据上有伪造签章的，不影响票据上其他真实签章的效力。在票据上真正签章的当事人(A 公司)，仍应对被伪造的票据的权利人承担票据责任。

(2)B 公司不承担票据责任。根据规定，在假冒他人名义的情形下，被伪造人不承担票据责任。本题中的被伪造人是 B 公司，所以 B 公司不承担票据责任。

(3)甲不承担票据责任。根据规定，由于伪造人没有以自己的名义在票据上签章，因此不承担票据责任。本题中的伪造人是甲，他没有在票据上以自己的名义签章，所以甲不承担票据责任。

[20] 【答案与解析】(1)乙公司无须向丁公司承担票据责任。根据规定，在假冒他人名义的情形下，被伪造人不承担票据责任。

(2)B 公司应当向丁公司承担票据责任。根据规定，票据上有伪造签章的，不影响票据上其他签章的效力。在票据上真正签章的当事人(B 公司)，仍应对被伪造的票据的权利人(丁公司)承担票据责任，票据债权人在提示承兑、提示付款或者行使追索权时，在票据上的真正签章人不能，以伪造为由进行抗辩。

(3)孙某无须向丁公司承担票据责任。根据规定，伪造人并未以自己名义在票据上签章，不承担票据责任；但可能要承担刑事责任、行政责任或民法上的赔偿责任。

[21] 【答案：ABC】选项 D，不能辨别是在票据被变造之前或者之后签章的，视同在变造之前签章。选项 ABC 当选。

[22] 【答案与解析】A 公司拒绝向 F 公司承担票据责任的理由不成立。根据规定，票据债务人不得以自己与持票人的前手之间的抗辩事由对抗持票人，但持票人明知存在抗辩事由而取得票据的除外。本题中 A 公司不能以其与 B 公司之间的抗辩事由(钢材质量问题)去对抗不知情的 F 公司。

[23] 【答案与解析】A 公司的理由不成立。根据规定，票据债务人不得以自己与持票人的前手之间的抗辩事由对抗持票人，但持票人明知存在抗辩事由而取得票据的除外。本题中 A 公司不能因为自己与持票人(F 公司)的前手(B 公司)之间的违约(抗辩事由)来对抗持票人(F 公司)。

[24] 【答案与解析】B 公司拒绝 F 公司追索的理由不成立。根据规定，票据债务人不得以自己与持票人的前手之间的抗辩事由对抗持票人，但持票人无对价取得票据或者明知抗辩事由而取得票据的除外。在本题中，F 公司有偿取得票据，且对 B 公司与 C 公司之间的合同纠纷并不知情，B 公司不能以此为由拒绝向 F 公司承担票据责任。

[25] 【答案与解析】D 公司有权拒绝 F 大学的追索。根据规定，持票人取得的票据是无对价或者不相当对价的，由于其享有的权利不能优于其前手，因此票据债务人可以以对抗持票人前手的抗辩事由对抗该持票人。在本题中，E 公司交付的货物存在严重的质量问题，D 公司有权以此为由对 E 公司提出抗辩；而 F 大学无对价取得票据，D 公司有权以对抗 E 公司的事由对抗 F 大学。

[26] 【答案与解析】D 公司可以拒绝向 F 公司承担票据责任。根据规定，票据债务人不得以自己与持票人的前手之间的抗辩事由对抗持票人，但持票人明知存在抗辩事由而取得票据的除外。本题中，F 公司明知 D 公司与 E 公司的工程纠纷尚未解决，仍接受该汇票，故 D 公司可以基于该抗辩事由拒绝向其承担票据责任。

[27] 【答案与解析】甲公司不能以此为由拒绝向戊公司承担票据责任。根据规定，票据债务人不得以自己与持票人的前手之间的抗辩事由对抗持票人。本题中甲公司不得以自己与持票人（戊公司）的前手（乙公司）之间的买卖合同纠纷尚未解决为由拒绝向戊公司承担票据责任。

[28] 【答案：ABD】汇票金额、收款人名称、出票日期属于汇票的绝对记载事项，选项 A、B、D 当选。

[29] 【答案：C】本题考查票据背书。选项 A，背书附有条件的，所附条件不具有票据上的效力，背书有效。选项 B，背书人未记载被背书人名称即将票据交付他人的，持票人在票据被背书人栏内记载自己的名称与背书人记载具有同等法律效力。选项 C，背书人将票据金额分别转让给 2 人以上的，背书无效。选项 D，背书人在汇票上记载"不得转让"字样，其后手再背书转让的，原背书人对后手的被背书人不承担保证责任。可见，背书人在汇票上记载"不得转让"字样，其后手再背书转让的，并不导致背书转让无效，只是原背书人对后手的被背书人不承担保证责任。

[30] 【答案与解析】（1）A 银行第一次拒付的理由成立。根据规定，被背书人名称是背书行为的绝对应记载事项，有权提示付款的持票人应为票面上记载的权利人。在本题中，补记之前，庚公司不享有票据权利，A 银行有权拒绝付款。

（2）A 银行第二次拒付的理由不成立。根据规定，背书人未记载被背书人名称即将票据交付他人的，持票人在票据被背书人栏内记载自己的名称与背书人记载具有同等法律效力。在本题中，补记之后，庚公司享有票据权利，A 银行不能拒绝付款。

[31] 【答案与解析】D 公司的背书有效。根据规定，背书时附有条件的，所附条件不具有汇票上的效力。

[32] 【答案与解析】D 公司对 E 公司的背书转让行为有效。根据规定，背书时附有条件的，所附条件不具有汇票上的效力，即不影响背书行为本身的效力。

[33] 【答案与解析】（1）B 公司对 C 公司的背书转让有效。根据规定，背书人未记载被背书人名称即将票据交付他人的，持票人在票据被背书人栏内记载自己的名称与背书人记载具有同等法律效力。

（2）D 公司对 E 公司的背书转让有效。根据规定，背书时附有条件的，所附条件不具有汇票上的效力，即不影响背书行为本身的效力。

[34] 【答案与解析】G 公司应依法举证，证明其汇票权利：E 公司与 F 公司发生了吸收合并，E 公司的所有权利、义务均由 F 公司承受，尽管背书不连续，但 F 公司基于吸收合并而取得票据权利；之后，F 公司将该背书转让给 G 公司，G 公司依法取得票据权利。

[35] 【答案与解析】C 公司拒绝向 F 公司承担票据责任的理由成立。根据规定，背书人在汇票上记载"不得转让"字样，其后手再背书转让的，原背书人（C 公司）对后手的被背书人（F 公司）不承担保证责任。

[36] 【答案：ACD】本题考查票据质押背书。选项 A、D，已经做成质押背书的，票据质权人有权"以相当于票据权利人的地位"行使票据权利，包括付款请求权、追索权，当选。选项 B，质押背书的被背书人并不享有对票据权利的"处分权"，所以不得转让背书，不选。选项 C，虽然没有处分权，即不能转让背书或者质押背书，但是可以进行"委托收款背书"，当选。

[37] 【答案：A】本题考查背书的行为效力。质押背书，除了出质人签章之外，必须记载"质押""设质"或者"担保"字样，否则构成转让背书。

[38] 【答案：BCD】票据质权人再行转让背书(包括有偿转让背书和无偿转让背书)或者质押背书的，背书行为无效。但是，被背书人可以再进行委托收款背书。

[39] 【答案与解析】E 公司不应承担票据保证责任。根据规定，保证人未在票据或者粘单上记载“保证”字样而另行签订保证合同或者保证条款的，不属于票据保证。

[40] 【答案与解析】①D 公司无权要求 E 公司承担票据责任。根据规定，保证人未在票据或者粘单上记载“保证”字样而另行签订保证合同或者保证条款的，不属于票据保证。

②D 公司有权依保证合同要求 E 公司承担保证责任。根据规定，未在票据或者粘单上记载“保证”字样而另行签订的保证合同，虽不属于票据保证，但可以具有民法上的保证的效力。

[41] 【答案与解析】F 公司不能向 G 公司行使票据上的追索权。根据规定，G 公司未在票据上记载任何内容，亦未签章，其行为不构成票据保证，G 公司不属于票据债务人，F 公司不能向其行使追索权。

[42] 【答案：ABC】本题考查期前追索权。期前追索权发生的情形包含：①被拒绝承兑(包括承兑附条件)(选项 C)；②承兑人或者付款人死亡、逃匿；③承兑人或者付款人被宣告破产或者因违法被责令终止业务活动(选项 AB)。

[43] 【答案与解析】戊公司可以向甲公司、丁公司和 A 银行进行追索。根据规定，持票人可以向汇票债务人中的任何一人、数人或者全体行使追索权。

[44] 【答案：ACD】本题考查本票相关规定。选项 A，本票是见票即付的票据，当选。选项 B，支票的金额和收款人名称可以授权补记，但汇票和银行本票不能授权补记，不选。选项 C，我国现行法律规定的本票仅为银行本票，当选。选项 D，本票未记载付款地的，以出票人的营业场所为付款地，当选。

[45] 【答案：CD】本题考查支票中可以授权补记的事项。支票的票据金额(选项 D)、收款人名称(选项 C)可以由出票人授权补记。

[46] 【答案：ABCD】国内信用证(简称“信用证”)是指银行(包括政策性银行、商业银行、农村合作银行、村镇银行和农村信用社)依照申请人的申请开立的、对相符交单予以付款的承诺。

[47] 【答案：ABD】本题考查信用证的相关考点。选项 C，我国的信用证是以人民币计价、不可撤销的跟单信用证。所谓“不可撤销”，是指信用证开具后在有效期内，非经信用证各有关当事人(即开证银行、开证申请人和受益人)的同意，开证银行不得修改或者撤销。

[48] 【答案：AC】我国的信用证为可转让、不可撤销的跟单信用证。信用证只能用于转账结算，不能支取现金。特别标注“可转让”字样的信用证可以转让。

[49] 【答案：A】本题考查信用证付款的规定。申请人交存的保证金和其存款账户余额不足支付的，开证行仍应在规定的付款时间内进行付款，对不足支付的部分作逾期贷款处理。

第 10 章　企业国有资产法律制度

本章思维导图

本章主要介绍了企业国有资产法律制度概述、企业国有资产产权登记制度、企业国有资产评估管理制度、企业国有资产交易管理制度四个方面的内容。具体知识结构分布如图 10-1。

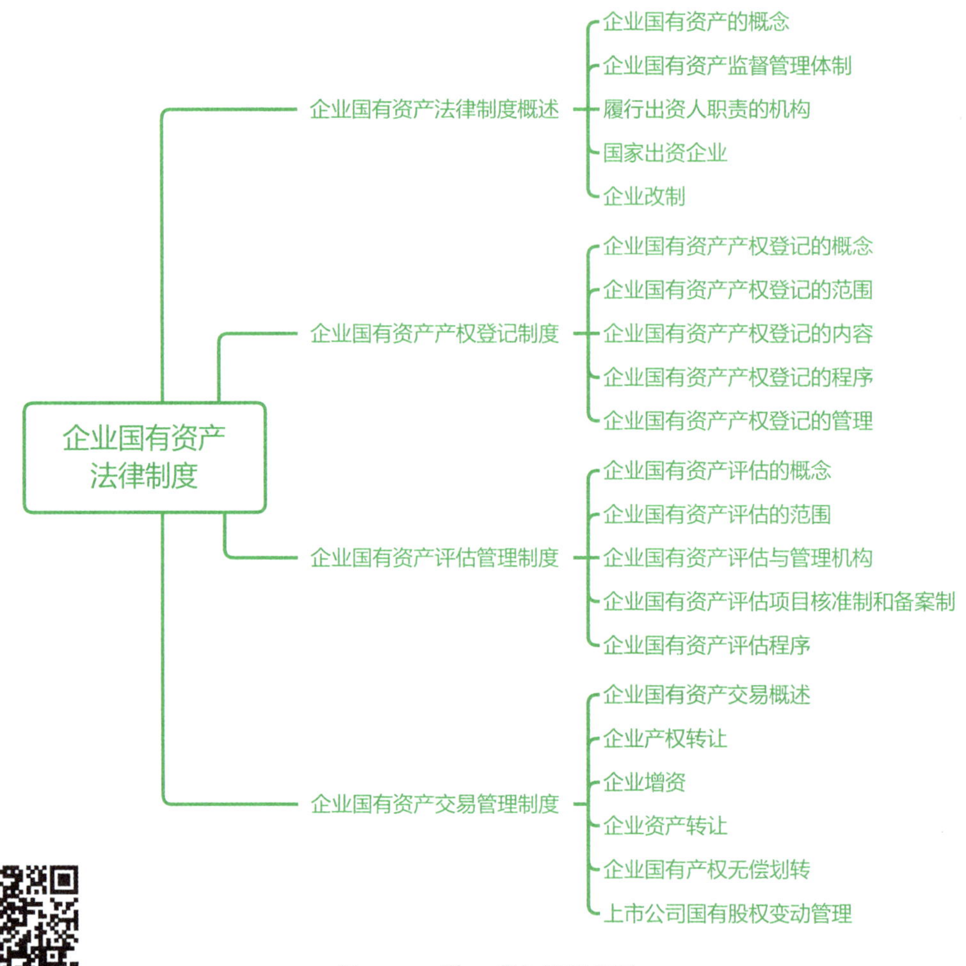

扫码畅听增值课

图 10-1　第 10 章知识框架图

近三年本章考试题型及分值分布

题型	2022（1 卷）	2021（1 卷）	2020（1 卷）
单选题	1 题 1 分	1 题 1 分	1 题 1 分
多选题	1 题 1.5 分	1 题 1.5 分	1 题 1.5 分
合计	2.5 分	2.5 分	2.5 分

第一节　企业国有资产法律制度概述

本节考点、考点母题及考点子题

考点 1　企业国有资产的概念

【考点母题——万变不离其宗】企业国有资产的概念

<table>
<tr><td rowspan="4">国有资产的概念和分类</td><td colspan="4">(1)国有资产是指属于国家所有的一切财产的总称。国有资产按照用途和性质划分，可分类为(　)。</td></tr>
<tr><td colspan="2">A. 经营性国有资产</td><td colspan="2">是指国家作为出资者在企业中依法拥有的资产及权益</td></tr>
<tr><td colspan="2">B. 行政事业性国有资产</td><td colspan="2">是指党政机关、各级政府及其派出机构以及国有事业单位等组织使用管理的国有资产</td></tr>
<tr><td colspan="2">C. 资源性国有资产</td><td colspan="2">是指以资源形态存在并能带来一定经济价值的国有资源，如国家所有的土地、矿藏、森林、水流等</td></tr>
<tr><td rowspan="3">企业国有资产的概念</td><td colspan="4">(2)企业国有资产，仅指国有资产中的(　)。</td></tr>
<tr><td colspan="4">A. 经营性国有资产</td></tr>
<tr><td colspan="4">根据《中华人民共和国企业国有资产法》规定，企业国有资产是指国家对企业各种形式的出资所形成的权益。(概念)</td></tr>
<tr><td rowspan="7">企业国有资产的特征</td><td colspan="4">(3)下列关于企业国有资产的特征的表述中，正确的有(　)。</td></tr>
<tr><td rowspan="4">A. 企业国有资产是国家以各种形式对企业的出资形成的</td><td colspan="3">国家对企业的出资，是指各级政府以及政府授权投资的部门、机构投入到企业的、作为企业资本金组成部分的资产。</td></tr>
<tr><td colspan="3">(4)国家对企业的出资有多种形式，包括(　)。</td></tr>
<tr><td colspan="3">A. 以货币出资</td></tr>
<tr><td colspan="2">B. 以可以用货币估价并可以依法转让的非货币财产作价出资</td><td>a. 实物　b. 知识产权
c. 土地使用权等</td></tr>
<tr><td rowspan="2">B. 企业国有资产是国家作为出资人对出资企业所享有的一种权益。企业国有资产与企业法人财产不同</td><td colspan="3">企业国有资产：是指国家作为出资人对所出资企业所享有的权益，而不是指国家出资企业的各项具体财产。出资人对企业法人财产不具有直接的所有权，其对企业享有的是出资人权利，通常表现为资产收益、参与重大决策和选择管理者等权利</td></tr>
<tr><td colspan="3">企业法人财产：出资人将出资投入企业，所形成的企业的厂房、机器设备等企业的各项具体财产，属于企业法人财产权所指向的对象。依照物权法等法律规定，企业法人的不动产和动产，由企业依照法律、行政法规和企业章程享有占有、使用、收益和处分的权利</td></tr>
</table>

考点2 企业国有资产的监督管理体制

（一）《企业国有资产法》对企业国有资产监督管理体制的规定

【考点母题——万变不离其宗】企业国有资产的监督管理体制

<table>
<tr><td rowspan="11">企业国有资产的监督管理体制</td><td colspan="2">(1)企业国有资产属于国家所有，即全民所有。下列各项中，代表国家行使企业国有资产所有权的是（　）。</td></tr>
<tr><td colspan="2">A. 国务院</td></tr>
<tr><td colspan="2">(2)依照法律、行政法规的规定，代表国家对国家出资企业履行出资人职责，享有出资人权益的有（　）。</td></tr>
<tr><td>A. 国务院</td><td>国务院确定的关系国民经济命脉和国家安全的大型国家出资企业、重要基础设施和重要自然资源等领域的国家出资企业，由国务院代表国家履行出资人职责</td></tr>
<tr><td>B. 地方人民政府</td><td>其他的国家出资企业，由地方人民政府代表国家履行出资人职责</td></tr>
<tr><td colspan="2">(3)国务院和地方人民政府依法履行出资人职责，应遵循的原则有（　）。</td></tr>
<tr><td colspan="2">A. 政企分开　B. 社会公共管理职能与企业国有资产出资人职能分开
C. 不干预企业依法自主经营</td></tr>
<tr><td colspan="2">(4)下列关于企业国有资产的监督管理体制的表述中，正确的有（　）。</td></tr>
<tr><td colspan="2">A. 国家采取措施，推动企业国有资本向关系国民经济命脉和国家安全的重要行业和关键领域集中，优化国有经济布局和结构，推进国有企业的改革和发展，提高国有经济的整体素质，增强国有经济的控制力、影响力
B. 国家建立健全与社会主义市场经济发展要求相适应的企业国有资产管理与监督体制，建立健全企业国有资产保值增值考核和责任追究制度，落实企业国有资产保值增值责任
C. 企业国有资产受法律保护，任何单位和个人不得侵害</td></tr>
</table>

【考点子题——举一反三，真枪实练】

[1]（2019年·单选题）根据企业国有资产法律制度的规定，代表国家行使企业国有资产所有权的是（　）。

A. 国务院　　B. 中国人民银行

C. 国有资产监督管理委员会　　D. 财政部

[2]（2016年·单选题）根据企业国有资产法律制度的规定，代表国家行使企业国有资产所有权的是（　）。

A. 全国人民代表大会　　B. 国有资产监督管理委员会

C. 国家主席　　　　D. 国务院

[3] (2017 年·多选题)根据企业国有资产法律制度的规定，下列各项中，属于国务院和地方人民政府依法履行出资人职责时应遵循的原则有(　)。

A. 保护消费者合法权益

B. 政企分开

C. 社会公共管理职能与企业国有资产出资人职能分开

D. 不干预企业依法自主经营

(二)国有资本投资、运营公司

根据国务院发布的《关于改革和完善国有资产管理体制的若干意见》，为加强企业国有资产管理，改革国有资本授权经营体制。一是改组组建国有资本投资、运营公司。二是明确国有资产监管机构与国有资本投资、运营公司关系。三是界定国有资本投资、运营公司与所出资企业关系。

【考点母题——万变不离其宗】国有资本投资、运营公司

改组组建国有资本投资、运营公司	(1)改组组建国有资本投资、运营公司的方式主要包括(　)。
	A. 主要通过划拨现有商业类国有企业的国有股权，以及国有资本经营预算注资组建 B. 或选择具备一定条件的国有独资企业集团改组设立
国有资产监管机构与国有资本投资、运营公司关系	(2)下列关于国有资产监管机构与国有资本投资、运营公司的关系的表述中，正确的是(　)。
	A. 政府授权国有资产监管机构依法对国有资本投资、运营公司履行出资人职责
	(3)下列关于国有资本投资、运营公司与其授权范围内的国有资本的关系的表述中，正确的是(　)。
	A. 国有资本投资、运营公司对授权范围内的国有资本履行出资人职责，作为国有资本市场化运作的专业平台，依法自主开展国有资本运作，对所出资企业行使股东职责，维护股东合法权益，按照责权对应原则切实承担起国有资产保值增值责任
国有资本投资、运营公司与所出资企业关系	(4)下列关于国有资本投资、运营公司与所出资企业的关系的表述中，正确的有(　)。
	A. 国有资本投资、运营公司依据公司法等相关法律法规，对所出资企业依法行使股东权利，以出资额为限承担有限责任 B. 以财务性持股为主，建立财务管控模式，重点关注国有资本流动和增值状况；或以对战略性核心业务控股为主，建立以战略目标和财务效益为主的管控模式，重点关注所出资企业执行公司战略和资本回报状况

（三）金融企业国有资产的监督管理

为了加强对金融企业国有资产的监督管理，规范金融企业国有资产评估、产权登记、转让行为，维护国有资产所有者合法权益，财政部先后发布了一系列的法律制度，对金融企业国有资产管理作出了具体的规范。

【考点母题——万变不离其宗】金融企业国有资产的监督管理

<table>
<tr><td>金融企业的概念</td><td colspan="2">金融企业，是指在中华人民共和国境内依法设立的国有及国有控股金融企业、金融控股公司、担保公司，以及城市商业银行、农村商业银行、农村合作银行、信用社等。</td></tr>
<tr><td>金融企业国有资产的概念</td><td colspan="2">金融企业国有资产，是指各级人民政府及其授权投资主体对金融企业各种形式的出资所形成的权益。</td></tr>
<tr><td rowspan="2">金融企业国有资产监督管理部门</td><td colspan="2">根据企业国有资产法律制度，金融企业国有资产的监督管理部门是（　）。</td></tr>
<tr><td>A. 财政部门</td><td>财政部负责金融机构国有资产的基础管理工作，组织实施金融机构国有资产的清产核资、资本金权属界定和登记、统计、分析、评估，负责金融机构国有资产转让、划转处置管理，监交国有资产收益</td></tr>
</table>

【考点子题——举一反三，真枪实练】

[4]（2018年·单选题）根据企业国有资产法律制度的规定，金融企业国有资产的监督管理部门是（　）。

A. 国资委　　B. 中国人民银行　　C. 同级财政部门　　D. 银保监会

考点3 履行出资人职责的机构

（一）履行出资人职责的机构的概念

【考点母题——万变不离其宗】履行出资人职责的机构的概念

<table>
<tr><td>概念</td><td colspan="2">履行出资人职责的机构，是指根据本级人民政府的授权，代表本级人民政府对国家出资企业履行出资人职责的机构、部门。</td></tr>
<tr><td colspan="3">（1）根据企业国有资产法律制度的规定，下列各项中，属于履行出资人职责的机构的有（　）。</td></tr>
<tr><td rowspan="2" colspan="2">A. 国务院国有资产监督管理机构</td><td>国务院国有资产监督管理机构，即国务院国有资产监督管理委员会。根据国务院的授权，其代表国务院对国家出资企业履行出资人职责</td></tr>
<tr><td>（2）根据企业国有资产法律制度，国务院国有资产监督管理机构的主要职责包括（　）。</td></tr>
</table>

续表

A. 国务院国有资产监督管理机构	A. 根据国务院授权，依照《公司法》等法律和行政法规履行出资人职责，监管中央所属企业(不含金融类企业)的国有资产，加强国有资产的管理工作 B. 承担监督所监管企业国有资产保值增值的责任。建立和完善国有资产保值增值指标体系，制订考核标准，通过统计、稽核对所监管企业国有资产的保值增值情况进行监管，负责所监管企业工资分配管理工作，制定所监管企业负责人收入分配政策并组织实施 C. 指导推进国有企业改革和重组，推进国有企业的现代企业制度建设，完善公司治理结构，推动国有经济布局和结构的战略性调整 D. 通过法定程序对所监管企业负责人进行任免、考核并根据其经营业绩进行奖惩，建立符合社会主义市场经济体制和现代企业制度要求的选人、用人机制，完善经营者激励和约束制度 E. 按照有关规定，代表国务院向所监管企业派出监事会，负责监事会的日常管理工作 F. 负责组织所监管企业上交国有资本收益，参与制定国有资本经营预算有关管理制度和办法，按照有关规定负责国有资本经营预决算编制和执行等工作 G. 按照出资人职责，负责督促检查所监管企业贯彻落实国家安全生产方针政策及有关法律法规、标准等工作 H. 负责企业国有资产基础管理，起草国有资产管理的法律法规草案，制定有关规章、制度，依法对地方国有资产管理工作进行指导和监督 I. 承办国务院交办的其他事项
B. 地方人民政府按照国务院的规定设立的国有资产监督管理机构	根据地方人民政府的授权，其代表地方人民政府对国家出资企业履行出资人职责
C. 国务院和地方人民政府根据需要授权的其他部门、机构	a. 国务院授权财政部对金融行业的国有资产进行监管 b. 国务院授权财政部对中央文化企业、中国铁路、中国烟草及中国邮政集团等公司履行出资人职责

（二）履行出资人职责的机构的基本职责

【考点母题——万变不离其宗】履行出资人职责的机构的基本职责

根据企业国有资产法律制度的规定，下列各项中，属于履行出资人职责的机构的基本职责的有（　）。
A. 代表本级人民政府对国家出资企业依法享有资产收益、参与重大决策和选择管理者等出资人权利

续表

B. 依照法律、行政法规的规定，制定或者参与制定国家出资企业的章程 C. 按照法律、行政法规和本级人民政府规定，对于须经本级人民政府批准的履行出资人职责的重大事项，报请本级人民政府批准 D. 委派股东代表参加国有资本控股公司、国有资本参股公司召开的股东会会议、股东大会会议。被委派的股东代表应当按照委派机构的指示提出提案、发表意见、行使表决权，并将其履行职责的情况和结果及时报告委派机构 E. 按照国家有关规定，定期向本级人民政府报告有关企业国有资产总量、结构、变动、收益等汇总分析的情况

（三）履行出资人职责的机构的履职要求

【考点母题——万变不离其宗】履行出资人职责的机构的履职要求

下列关于履行出资人职责的机构的履职要求的表述中，正确的有（　）。
A. 履行出资人职责的机构应当依照法律、行政法规以及企业章程履行出资人职责，保障出资人权益，防止企业国有资产损失 B. 履行出资人职责的机构应当维护企业作为市场主体依法享有的权利，除依法履行出资人职责外，不得干预企业经营活动 C. 履行出资人职责的机构对本级人民政府负责，向本级人民政府报告履行出资人职责的情况，接受本级人民政府的监督和考核，对企业国有资产的保值增值负责

考点4 国家出资企业

（一）国家出资企业的概念

【考点母题——万变不离其宗】国家出资企业的概念

（1）下列关于国有独资企业的表述中正确的有（　）。	
A. 国有独资企业是依照《全民所有制工业企业法》设立的，企业全部注册资本均为国有资本的非公司制企业 B. 全民所有制企业是依法自主经营、自负盈亏、独立核算的商品生产和经营单位 C. 国有独资企业财产属于全民所有，国家依照所有权和经营权分离的原则授予企业经营管理，企业对国家授予其经营管理的财产享有占有、使用和依法处分的权利	
D. 国有独资企业内部的治理结构与公司制企业不同	a. 国有独资企业的高级管理人员由政府或者履行出资人职责的机构直接任命 b. 政府通过向国有独资企业派出监事组成的监事会，对企业的财务活动及负责人的经营管理行为进行监督

续表

B. 国有独资公司	国有独资公司，是依照《公司法》设立的企业全部资本均为国有资本的公司制企业。《公司法》对国有独资公司作了专门规定，具体内容参见《公司法》相关内容
C. 国有资本控股公司	国有资本控股公司，是指根据《公司法》成立的国有资本具有控股地位的公司。包括有限责任公司和股份有限公司
	(2)国有资本控股，是指国有资本的出资人具有控股股东的地位。控股股东是指(　)。
	A. 其出资额占有限责任公司资本总额 50%以上或者其持有的股份占股份有限公司股本总额 50%以上的股东 B. 出资额或者持有股份的比例虽然不足 50%，但依其出资额或者持有的股份享有的表决权已足以对股东会、股东大会的决议产生重大影响的股东
D. 国有资本参股公司	国有资本参股公司，是指公司资本包含部分国有资本，但国有资本没有控股地位的股份公司
【注意】由国家出资企业出资设立的子企业不属于国家直接出资的企业，但国家出资企业的国有资本出资人权益，通过国家出资企业的投资延伸到子企业。对国家出资企业履行出资人职责的机构，应当通过对国家出资企业行使出资人权利，决定或者参与决定母企业的对外投资，并通过母企业行使对子企业的出资人权利，维护母企业作为出资人的权益，从而维护作为母企业的国有资本出资人的权益。	

【考点子题——举一反三，真枪实练】

[5] (2016 年 · 多选题)根据企业国有资产管理法律制度的规定，下列各项中，属于国家出资企业的有(　)。

A. 国有独资企业　　B. 国有资本参股公司

C. 国有资本控股公司　　D. 国有独资公司

[6] (2021 年 · 单选题)根据企业国有资产法律制度的规定，下列关于国有独资企业的表述中，正确的是(　)。

A. 国有独资企业设立的法律依据为《公司法》

B. 国有独资企业的企业财产属于全民所有

C. 国有独资企业包括国有独资公司和企业全部注册资本均属于国有的非公司制企业

D. 国有独资企业对国家授予其经营管理的财产不享有处分权

(二)国家出资企业管理者的任免范围

【考点母题——万变不离其宗】国家出资企业管理者的任免范围

根据企业国有资产法律制度的规定，履行出资人职责的机构依照法律、行政法规以及企业章程的规定，有权任免或者建议任免国家出资企业的下列人员。

续表

<table>
<tr><td rowspan="3">国有独资企业管理者的任免范围</td><td>(1)根据企业国有资产法律制度的规定，下列国有独资企业的人员中，应当由履行出资人职责的机构任免的有(　)。</td></tr>
<tr><td>A. 经理　B. 副经理　C. 财务负责人　D. 其他高级管理人员</td></tr>
<tr><td>【注意】上述企业管理者，国务院和地方人民政府规定由本级人民政府任免的，依照其规定。</td></tr>
<tr><td rowspan="3">国有独资公司管理者的任免范围</td><td>(2)根据企业国有资产法律制度的规定，下列国有独资公司的人员中，应当由履行出资人职责的机构任免的有(　)。</td></tr>
<tr><td>A. 董事长　B. 副董事长　C. 董事　D. 监事会主席　E. 监事</td></tr>
<tr><td>【注意】上述企业管理者，国务院和地方人民政府规定由本级人民政府任免的，依照其规定。</td></tr>
<tr><td rowspan="2">国有资本控股公司、国有资本参股公司管理者的任免范围</td><td>(3)根据企业国有资产法律制度的规定，下列国有资本控股公司、国有资本参股公司的人员中，由履行出资人职责的机构向公司股东会、股东大会提出人选的有(　)。</td></tr>
<tr><td>A. 董事　B. 监事</td></tr>
<tr><td colspan="2">【注意】国家出资企业中应当由职工代表出任的董事、监事，依照有关法律、行政法规的规定由职工民主选举产生。</td></tr>
</table>

【考点子题——举一反三，真枪实练】

[7] (2018年·单选题)根据企业国有资产法律制度的规定，下列国有独资公司的人员中，应当由履行出资人职责的机构任免的是(　)。

A. 副董事长　B. 副总经理　C. 总经理　D. 财务负责人

[8] (2017年·单选题)根据企业国有资产法律制度的规定，在选择国有资本控股公司的企业管理者时，履行出资人职责的机构所享有的权限是(　)。

A. 任免企业的董事长、副董事长、董事和监事

B. 任免企业的经理、副经理

C. 任免企业的财务负责人和其他高级管理人员

D. 向企业的股东会或者股东大会提出董事、监事人选

[9] (2015年·多选题)根据企业国有资产法律制度的规定，国有独资公司的下列人员中，应当由履行出资人职责的机构任免的有(　)。

A. 副董事长　B. 董事长　C. 董事　D. 监事

[10] (2021年·多选题)国有独资公司的下列人员中，除国务院或本级政府规定由本级政府委任的外，由履行出资人职责的机构委任的有(　)。

A. 董事长　B. 总经理　C. 财务负责人　D. 监事会主席

（三）国家出资企业管理者的任职要求

【考点母题——万变不离其宗】国家出资企业管理者的任职要求

<table>
<tr><td rowspan="3">国家出资企业管理者的任职条件</td><td>(1)根据企业国有资产法律制度的规定，履行出资人职责的机构任命或者建议任命的董事、监事、高级管理人员，应当具备的条件有(　)。</td></tr>
<tr><td>A. 有良好的品行　B. 有符合职位要求的专业知识和工作能力
C. 有能够正常履行职责的身体条件　D. 法律、行政法规规定的其他条件</td></tr>
<tr><td>【注意】董事、监事、高级管理人员在任职期间出现不符合上述规定情形或者出现《公司法》第一百四十七条规定的不得担任公司董事、监事、高级管理人员情形的，履行出资人职责的机构应当依法予以免职或者提出免职建议。</td></tr>
<tr><td rowspan="2">国家出资企业管理者的兼职限制</td><td>(2)根据企业国有资产法律制度的规定，下列关于国家出资企业管理者的兼职限制的表述中，正确的有(　)。</td></tr>
<tr><td>A. 未经履行出资人职责的机构同意，国有独资企业、国有独资公司的董事、高级管理人员不得在其他企业兼职
B. 未经股东会、股东大会同意，国有资本控股公司、国有资本参股公司的董事、高级管理人员不得在经营同类业务的其他企业兼职
C. 未经履行出资人职责的机构同意，国有独资公司的董事长不得兼任经理
D. 未经股东会、股东大会同意，国有资本控股公司的董事长不得兼任经理
E. 董事、高级管理人员不得兼任监事</td></tr>
<tr><td>国家出资企业管理者的义务</td><td>国家出资企业的董事、监事、高级管理人员，应当遵守法律、行政法规以及企业章程，对企业负有忠实义务和勤勉义务，不得利用职权收受贿赂或者取得其他非法收入和不当利益，不得侵占、挪用企业资产，不得超越职权或者违反程序决定企业重大事项，不得有其他侵害企业国有资产出资人权益的行为。</td></tr>
</table>

考点 5　企业改制

（一）企业改制的类型

【考点母题——万变不离其宗】企业改制的类型

<table>
<tr><td colspan="2">根据《企业国有资产法》规定，企业改制的情形包括(　)。</td></tr>
<tr><td>A. 国有独资企业改为国有独资公司</td><td>指依照《全民所有制工业企业法》登记成立的国有独资企业，依照《公司法》的有关规定改制成为国有独资的有限责任公司</td></tr>
<tr><td>B. 国有独资企业、国有独资公司改为国有资本控股公司或者非国有资本控股公司</td><td>指国有独资企业、国有独资公司依照《公司法》的有关规定，吸收其他法人、自然人出资，或者出让其部分资产，将原来由国家单独投资设立的国有独资企业、国有独资公司改制为多个主体投资的国有资本参股公司，或者出让其全部资产，将原来由国家独资设立的国有独资企业、国有独资公司改为没有国有资本的公司。</td></tr>
</table>

续表

C. 国有资本控股公司改为非国有资本控股公司	指国有资本控股公司依照《公司法》的有关规定，吸收其他法人、自然人改制为国有资本只参股不控股的公司，或者将该企业的国有资本出资全部转让，成为没有国有资本参股的公司

(二)企业改制的程序及方案制定

【考点母题——万变不离其宗】企业改制的程序及方案制定

企业改制的程序	(1)下列关于企业改制的程序的表述中，正确的有(　)。
	A. 一般情况下，企业改制应当依照法定程序，由履行出资人职责的机构决定或者由公司股东会、股东大会决定
	B. 重要的国有独资企业、国有独资公司、国有资本控股公司的改制，履行出资人职责的机构在作出决定或者向其委派参加国有资本控股公司股东会会议、股东大会会议的股东代表作出指示前，应当将改制方案报请本级人民政府批准
	C. 企业改制涉及重新安置企业职工的，还应当制定职工安置方案，并经职工代表大会或者职工大会审议通过
企业改制方案的制定	企业改制应当制定改制方案，载明改制后的企业组织形式、企业资产和债权债务处理方案、股权变动方案、改制的操作程序、资产评估和财务审计等中介机构的选聘等事项。
	根据有关规定，国有企业实施改制前，原企业应当与投资者就职工安置费用、劳动关系接续等问题明确相关责任，并制订职工安置方案。职工安置方案必须经职工代表大会或职工大会审议通过，企业方可实施改制。
	(2)职工安置方案必须及时向广大职工公布，其主要内容包括(　)。
	A. 企业的人员状况及分流安置意见 B. 职工劳动合同的变更、解除及重新签订办法 C. 解除劳动合同职工的经济补偿金支付办法 D. 社会保险关系接续 E. 拖欠职工的工资等债务和企业欠缴的社会保险费处理办法等
	企业实施改制时必须向职工公布企业总资产、总负债、净资产、净利润等主要财务指标的财务审计、资产评估结果，接受职工的民主监督。
职工的安置	(3)下列关于企业改制职工的安置问题的表述中，正确的有(　)。
	A. 改制为国有控股企业的，改制后企业继续履行改制前企业与留用的职工签订的劳动合同；留用的职工在改制前企业的工作年限应合并计算为在改制后企业的工作年限 B. 改制为非国有企业的，要严格按照有关法律法规和政策处理好改制企业与职工的劳动关系 C. 对企业改制时解除劳动合同且不再继续留用的职工，要支付经济补偿金。原企业不得向继续留用的职工支付经济补偿金 D. 企业国有产权持有单位不得强迫职工将经济补偿金等费用用于对改制后企业的投资或借给改制后企业(包括改制企业的投资者)使用

续表

职工的安置	E. 企业改制时，对经确认的拖欠职工的工资、集资款、医疗费和挪用的职工住房公积金以及企业欠缴社会保险费，原则上要一次性付清 F. 改制后的企业要按照有关规定，及时为职工接续养老、失业、医疗、工伤、生育等各项社会保险关系，并按时为职工足额交纳各种社会保险费

第二节 企业国有资产产权登记制度

本节考点、考点母题及考点子题

考点6 企业国有资产产权登记的概念

【考点讲解】企业国有资产产权登记的概念

概念	企业国有资产产权登记，是指履行出资人职责的机构代表政府对占有国有资产的各类企业的资产、负债、所有者权益等产权状况进行登记，依法确认产权归属关系的行为。
性质	企业国有资产产权登记是一种法律行为，这种行为不是简单地将国有资产记录在册，更重要的是记录在册后，要依法确认产权归属关系，履行出资人职责的机构将向企业颁发《中华人民共和国企业国有资产产权登记证》，该登记证是依法确认企业产权归属关系的法律凭证，也是企业的资信证明文件。
立法目的	加强企业国有资产产权登记管理，健全国有资产基础管理制度，防止国有资产流失。

考点7 企业国有资产产权登记的范围

【考点母题——万变不离其宗】企业国有资产产权登记的范围

应当进行企业国有资产产权登记的范围	(1)下列关于企业国有资产产权登记的范围的表述中，正确的有(　)。
	A. 根据企业国有资产法律制度的规定，国有企业、国有独资公司、持有国家股权的单位以及以其他形式占有国有资产的企业，应当依照规定办理产权登记 B. 在中华人民共和国境内或境外设立的占有国有金融资本的金融机构应当按规定办理国有资产产权登记 C. 国有控股金融机构拥有实际控制权的境内外各级企业及前述企业投资参股的企业，应当纳入产权登记范围，所属企业包括非金融企业 D. 国家出资企业、国家出资企业(不含国有资本参股公司)拥有实际控制权的境内外各级企业及其投资参股企业，应当纳入产权登记范围。国家出资企业所属事业单位视为其子企业进行产权登记 【注意】“拥有实际控制权”，是指国家出资企业直接或者间接合计持股比例超过50%，或者持股比例虽然未超过50%，但为第一大股东，并通过股东协议、公司章程、董事会决议或者其他协议安排能够实际支配企业行为的情形。
不需进行企业国有资产产权登记的范围	(2)上述企业为交易目的持有，不进行产权登记的股权包括(　)。
	A. 为了赚取差价从二级市场购入的上市公司股权 B. 为了近期内(一年以内)出售而持有的其他股权

续表

产权登记的申办	有限责任公司、股份有限公司、外商投资企业(即中外合资经营企业、中外合作经营企业)和联营企业，应由国有股权持有单位或委托企业按规定申办企业国有资产产权登记。
	有关部门所属未脱钩企业和事业单位及社会团体所投资企业的产权登记工作，由同级履行出资人职责的机构组织实施。
	企业产权归属关系不清楚或者发生产权纠纷的，可以申请暂缓办理产权登记。被批准暂缓办理产权登记的企业应当在暂缓期内，将产权界定清楚，将产权纠纷处理完毕，然后及时办理产权登记。

考点 8　企业国有资产产权登记的内容

企业国有资产产权登记分为占有产权登记、变动产权登记和注销产权登记。

（一）占有产权登记

【考点母题——万变不离其宗】占有产权登记

应当办理占有产权登记的情形	(1)根据企业国有资产法律制度，履行出资人职责的机构和履行出资人职责的企业应当办理占有产权登记的情形有(　)。	
	A. 因投资、分立、合并而新设企业的 B. 因收购、投资入股而首次取得企业股权的 C. 其他应当办理占有产权登记的情形	
占有产权登记的主要内容	(2)根据企业国有资产法律制度，下列各项中，属于占有产权登记的主要内容的有(　)。	
	A. 出资人名称、住所、出资金额及法定代表人　B. 企业名称、住所及法定代表人 C. 企业的资产、负债及所有者权益　D. 企业实收资本、国有资本 E. 企业投资情况　F. 国务院国有资产监督管理机构规定的其他事项	
占有产权登记程序	已取得法人资格的企业	(3)已取得法人资格的企业应当向产权登记机关申办占有产权登记，除了填写《企业国有资产占有产权登记表》，还应当提交的文件、资料有(　)。
		A. 由出资人或母公司或上级单位批准设立的文件、投资协议书或出资证明文件 B. 经注册会计师审计的或财政部门核定的企业上一年度财务报告 C. 各出资人的《企业法人营业执照》副本、经注册会计师审计的或财政部门核定的企业上一年度财务报告，其中国有资本出资人还应当提交产权登记证副本 D. 企业章程 E.《企业法人营业执照》副本

续表

占有产权登记程序	已取得法人资格的企业	F. 企业提供保证、定金或设置抵押、质押、留置以及资产被司法机关冻结的相关文件 G. 申办产权登记的申请 H. 产权登记机关要求提交的其他文件和资料
	申请取得法人资格的企业	(4)申请取得法人资格的企业应当于申请办理工商注册登记前30日内，向财政(国有资产管理)部门办理产权登记，除了填写《企业国有资产占有产权登记表》外，还应当提交的文件、资料有(　)。
		A. 出资人的母公司或上级单位批准设立的文件、投资协议书或出资证明文件 B. 企业章程 C. 企业名称预先核准书 D. 各出资人的《企业法人营业执照》、经注册会计师审计的或财政部门核定的企业上一年度财务报告和提供保证、定金或设置抵押、质押、留置以及资产被司法机关冻结的相关文件；其中国有资本出资人还应当提交产权登记证副本 E. 经注册会计师审核的验资报告，其中以货币投资的应当附银行进账单；以实物、无形资产投资的应当提交经财政(国有资产管理)部门合规性审核的资产评估报告 F. 申办产权登记的申请 G. 产权登记机关要求提交的其他文件、资料 【注意1】财政(国有资产管理)部门审定的产权登记表，是企业办理工商注册登记的资信证明文件。 【注意2】企业依据产权登记机关审定的产权登记表向市场监督管理部门申办注册登记，取得企业法人资格后30日内到原产权登记机关领取产权登记证，同时提交《企业法人营业执照》副本。
	履行出资人职责的机构和履行出资人职责的企业	(5)根据有关规定，履行出资人职责的机构和履行出资人职责的企业有特定情形之一的，应当办理占有产权登记。该特定情形有(　)。
		A. 因投资、分立、合并而新设企业的 B. 因收购、投资入股而首次办理占有产权登记 C. 其他应当办理占有产权登记的情形

【考点子题——举一反三，真枪实练】

[11] (2020年·多选题)根据企业国有资产法律制度的规定，下列各项中，属于企业国有资产产权登记内容的有(　　)。

A. 企业的现金流　　B. 出资人名称、住所

C. 企业的实收资本　　D. 企业的投资情况

（二）变动产权登记

【考点母题——万变不离其宗】变动产权登记

<table>
<tr><td rowspan="6">应当申办变动产权登记的情形</td><td colspan="2">（1）根据企业国有资产法律制度的规定，企业应当申办变动产权登记的情形有（　）。</td></tr>
<tr><td>A. 企业名称、住所或法定代表人改变的</td><td>企业应当于市场监督管理部门核准变动登记后30日内，向原产权登记机关申办变动产权登记</td></tr>
<tr><td>B. 企业组织形式发生变动的</td><td rowspan="4">企业应当自企业出资人或者有关部门批准、企业股东大会或者董事会作出决定之日起30日内，向市场监督管理部门申请变更登记前，向原产权登记机关申办变动产权登记</td></tr>
<tr><td>C. 企业国有资本额发生增减变动的</td></tr>
<tr><td>D. 企业国有资本出资人发生变动的</td></tr>
<tr><td>E. 产权登记机关规定的其他变动情形</td></tr>
<tr><td rowspan="3">变动产权登记程序</td><td colspan="2">（2）企业申办变动产权登记除应当填写《企业国有资产变动产权登记表》外，还应当提交的文件和资料有（　）。</td></tr>
<tr><td colspan="2">A. 政府有关部门或出资人的母公司或上级单位的批准文件、企业股东大会或董事会做出的书面决定及出资证明
B. 修改后的企业章程
C. 各出资人的企业法人营业执照、经注册会计师审计的或财政部门核定的企业上一年度财务报告和提供保证、定金或设置抵押、质押、留置以及资产被司法机关冻结的相关文件；其中，国有资本出资人还应当提交产权登记证副本
D. 本企业的《企业法人营业执照》副本、经注册会计师审计的或财政部门核定的企业上一年度财务报告和提供保证、定金或设置抵押、质押、留置以及资产被司法机关冻结的相关文件和企业的产权登记证副本
E. 经注册会计师审核的验资报告，其中以货币投资的应当附银行进账单；以实物、无形资产投资的应当提交财政（国有资产管理）部门合规性审核的资产评估报告
F. 企业发生企业国有资本额发生增减变动或者企业国有资本出资人发生变动情形且出资人是事业单位和社会团体法人的，应当提交《中华人民共和国国有资产产权登记证（行政事业单位）》和出资人上级单位批准的非经营性资产转经营性资产的可行性研究报告
G. 企业兼并、转让或减少国有资本的，应当提交与债权银行、债权人签订的有关债务保全协议
H. 经出资人的母公司或上级单位批准的转让国有产权的收入处置情况说明及有关文件
I. 申办产权登记的申请
J. 产权登记机关要求提交的其他文件、资料</td></tr>
<tr><td colspan="2">【注意】产权登记机关核准企业变动产权登记后，相应办理企业产权登记证正本和副本的变更手续。</td></tr>
</table>

（三）注销产权登记

【考点母题——万变不离其宗】注销产权登记

<table>
<tr><td rowspan="2">应当申办注销产权登记的情形</td><td>(1)根据企业国有资产法律制度的规定，企业应当申办注销产权登记的情形有（　）。</td></tr>
<tr><td>A. 企业解散、被依法撤销或被依法宣告破产
B. 企业转让全部国有资产产权或改制后不再设置国有股权的
C. 产权登记机关规定的其他情形</td></tr>
<tr><td rowspan="5">注销产权登记程序</td><td>(2)根据企业国有资产法律制度的规定，下列关于注销产权登记的表述中，正确的有（　）。</td></tr>
<tr><td>A. 企业解散的，应当自出资人的母公司或上级单位批准之日起30日内，向原产权登记机关申办注销产权登记
B. 企业被依法撤销的，应当自政府有关部门决定之日起30日内向原产权登记机关申办注销产权登记
C. 企业被依法宣告破产的，应当自法院裁定之日起60日内由企业破产清算机构向原产权登记机关申办注销产权登记
D. 企业转让全部国有资产产权(股权)或改制后不再设置国有股权的，应当自出资人的母公司或上级单位批准后30日内向原产权登记机关申办注销产权登记</td></tr>
<tr><td>(3)企业申办注销产权登记时除填写《企业国有资产注销产权登记表》外，还应当提交的文件和资料有（　）。</td></tr>
<tr><td>A. 政府有关部门、出资人的母公司或上级单位、企业股东大会的批准文件，市场监督管理部门责令关闭的文件或法院宣告企业破产的裁定书
B. 经注册会计师审计的或财政部门核定的企业上一年度财务报告
C. 企业的财产清查、清算报告或经财政(国有资产管理)部门合规性审核的资产评估报告
D. 企业有偿转让或整体改制的协议或方案
E. 本企业的产权登记证正本、副本和《企业法人营业执照》副本和提供保证、定金或设置抵押、质押、留置以及资产被司法机关冻结的相关文件
F. 受让企业的《企业法人营业执照》副本和经注册会计师审计的年度财务报告和提供保证、定金或设置抵押、质押、留置以及资产被司法机关冻结的相关文件
G. 转让方、受让方与债权银行、债权人签订的债务保全的协议
H. 经出资人的母公司或上级单位批准的资产处置或产权转让收入处置情况说明及相关文件
I. 申办产权登记的申请
J. 产权登记机关要求提交的其他文件、资料</td></tr>
<tr><td>【注意】产权登记机关核准企业注销产权登记后，收回被注销企业的产权证正本和副本。</td></tr>
</table>

第10章

考点 9　产权登记的程序

【考点母题——万变不离其宗】产权登记的程序

产权登记的程序	下列关于产权登记的程序的表述中，正确的有（　）。
	A. 企业申办产权登记，应当按规定填写相应的产权登记表，并向产权登记机关提交有关文件资料 B. 企业申办产权登记必须经政府管理的企业或企业集团母公司（含政府授权经营的企业）出具审核意见；仍由政府有关部门、机构或国有社会团体管理的企业，由部门、机构或社会团体出具审核意见。企业未按上述规定取得审核意见的，产权登记机关不予受理产权登记 C. 产权登记机关收到企业提交的符合规定的全部文件、资料后，发给《产权受理通知书》，并于 10 个工作日内对企业申报的产权登记作出准予登记或不予登记的决定 D. 产权登记机关核准产权登记的，发给、换发或收缴企业的产权登记证正本和副本；产权登记机关不予登记的，应当自做出决定之日起 3 日内通知登记申请人，并说明原因

考点 10　企业国有资产产权登记的管理

（一）产权登记的管理机关

【考点母题——万变不离其宗】产权登记的管理机关

产权登记的管理机关	（1）根据企业国有资产法律制度的规定，下列关于产权登记管理机关的表述中，正确的有（　）。
	A. 产权登记机关是县级以上各级政府负责国有资产管理的部门 B. 财政部主管全国产权登记工作，统一制定产权登记的各项政策法规 C. 上级产权登记机关指导下级产权登记机关的产权登记工作
	（2）根据企业国有资产法律制度的规定，产权登记机关依法履行的职责有（　）。
	A. 依法确认企业产权归属，理顺企业集团内部产权关系 B. 掌握企业国有资产占有、使用的状况 C. 监管企业的国有产权变动 D. 检查企业国有资产经营状况 E. 监督国家授权投资机构、国有企业和国有独资公司的出资行为 F. 备案企业的担保或资产被司法冻结等产权或有变动事项 G. 在汇总、分析的基础上，编报并向同级政府和上级产权登记机关呈送产权登记与产权变动状况分析报告

续表

<table>
<tr><td rowspan="4">财政部门负责的产权登记工作</td><td colspan="2">(3)根据企业国有资产法律制度的规定，财政部负责特定企业的产权登记工作。该特定企业有(　)。</td></tr>
<tr><td colspan="2">A. 由国务院管辖的企业(含国家授权投资机构)
B. 中央各部门、直属机构的后勤、事业单位，各直属事业单位及全国性社会团体管辖的企业
C. 中央国有企业、国有独资公司或国务院授权的国家授权投资机构投资设立的企业</td></tr>
<tr><td colspan="2">(4)根据企业国有资产法律制度的规定，由省、自治区、直辖市及计划单列市财政(国有资产管理)部门负责产权登记的企业有(　)。</td></tr>
<tr><td colspan="2">A. 由省级政府管辖的企业(含省属国家授权投资机构)
B. 省级各部门、直属机构的机关后勤、事业单位，各直属事业单位及省级社会团体管辖的企业
C. 省级国有企业、国有独资公司或省级政府授权的国家授权投资机构投资设立的企业
D. 财政部委托办理产权登记的企业</td></tr>
<tr><td rowspan="8">国有金融资本产权登记</td><td colspan="2">(5)国有金融资本产权登记和管理机关为(　)。</td></tr>
<tr><td rowspan="5">A. 同级财政部门</td><td>国有金融资本产权登记按照统一规制、分级管理的原则，由县级以上财政部门组织实施</td></tr>
<tr><td>财政部负责中央国有金融资本产权登记管理工作</td></tr>
<tr><td>县级以上地方财政部门负责本级国有金融资本产权登记管理工作</td></tr>
<tr><td>上级财政部门指导和监督下级财政部门财政部门的国有金融资本产权登记管理工作</td></tr>
<tr><td>财政部各地监管局根据财政部的委托，协助办理中央国有金融资本产权登记工作，开展属地国有金融资本产权登记监督管理工作</td></tr>
<tr><td colspan="2">(6)各级主管财政部门履行的职责有(　)。</td></tr>
<tr><td colspan="2">A. 依法确认金融机构国有产权归属、理顺产权关系，核发产权登记证(表)
B. 监督国有控股金融机构的出资和产权变动及处置行为
C. 对金融机构产权被司法冻结等产权或有变动事项进行备案
D. 监督金融机构国有资本经营状况
E. 统计、监测、汇总和分析国有金融资本占有、使用和变动情况
F. 向上级财政部门报送国有金融资本产权登记情况与产权变动状况分析报告</td></tr>
</table>

【考点子题——举一反三，真枪实练】

[12] (经典例题·单选题)根据企业国有资产法律制度的规定，国有金融资本产权登记和管理机关是(　)。

A. 同级财政部门　　B. 同级国有资产监督管理机构

C. 同级市场监督管理部门　　D. 同级商务主管部门

（二）产权登记的年度检查

【考点母题——万变不离其宗】产权登记的年度检查

<table>
<tr><td rowspan="4">产权登记的年度检查</td><td>(1)下列关于企业国有资产产权登记年度检查的表述中，正确的有(　)。</td></tr>
<tr><td>A. 企业应当于每个公历年度终了后 90 日内，办理工商年检登记之前，向原产权登记机关申办产权登记年度检查
B. 下级产权登记机关应当于每个公历年度终了后 150 日内，编制并向统计政府和上级产权登记机关报送产权登记与产权变动状况分析报告</td></tr>
<tr><td>(2)企业国有资产经营年度报告书是反映企业在检查年度内国有资产经营状况和产权变动状况的书面文件。其主要报告的内容有(　)。</td></tr>
<tr><td>A. 企业国有资产报纸增值情况
B. 企业国有资本经实际到位和增减变动情况
C. 企业及其子公司、孙公司等发生产权变动情况及是否及时办理相应产权登记手续情况
D. 企业对外投资及投资收益情况
E. 企业及其子公司的担保、资产被司法机关冻结等产权变动情况
F. 其他需要说明的问题</td></tr>
</table>

第三节　企业国有资产评估管理制度

本节考点、考点母题及考点子题

考点 11　企业国有资产评估的概念

【考点母题——万变不离其宗】企业国有资产评估的概念

资产评估的概念	资产评估，是指资产评估机构及其资产评估专业人员根据委托对不动产、动产、无形资产、企业价值、资产损失或者其他经济权益进行评定、估算，并出具资产评估报告的专业服务行为。
企业国有资产评估的概念	企业国有资产评估，是指对企业国有资产的价值进行的评估。
立法目的	为了正确体现企业国有资产的价值量，规范企业国有资产评估行为，维护国有资产出资人合法权益，防止国有资产流失。

考点 12　企业国有资产评估的范围

《资产评估法》规定，涉及国有资产或者公共利益等事项，法律、行政法规规定需要评估的，应当依法委托资产评估机构评估。

【考点母题——万变不离其宗】企业国有资产评估的范围

<table>
<tr><td rowspan="4">应当进行资产评估的范围</td><td rowspan="2">非金融企业</td><td>(1)根据企业国有资产法律制度的规定，国家出资企业及其各级子企业(本节以下统称企业)发生特定行为时，应当对相关资产进行评估。下列各项中，属于此类特定行为的有(　)。</td></tr>
<tr><td>A. 整体或者部分改建为有限责任公司或者股份有限公司
B. 以非货币资产对外投资　C. 合并、分立、破产、解散
D. 非上市公司国有股东股权比例变动　E. 产权转让
F. 资产转让、置换　G. 整体资产或者部分资产租赁给非国有单位
H. 以非货币资产偿还债务　I. 资产涉讼
J. 收购非国有单位的资产
K. 接受非国有单位以非货币资产出资
L. 接受非国有单位以非货币资产抵债
M. 法律、行政法规规定的其他需要进行资产评估的事项</td></tr>
<tr><td rowspan="2">金融企业</td><td>(2)金融企业除上述 A～M 项情形之外，也应当委托资产评估机构进行资产评估的情形包括(　)。</td></tr>
<tr><td>A. 资产拍卖　B. 债权转股权　C. 债务重组
D. 接受非货币性资产抵押或者质押　E. 处置不良资产等</td></tr>
</table>

续表

<table>
<tr><td rowspan="4">可以不进行资产评估的范围</td><td rowspan="2">非金融企业</td><td>(3)企业发生下列行为时，可以不对相关国有资产进行评估的有(　)。</td></tr>
<tr><td>A. 经各级人民政府或其履行出资人职责的机构批准，对企业整体或者部分资产实施无偿划转
B. 国有独资企业与其下属独资企业(事业单位)之间或其下属独资企业(事业单位)之间的合并、资产(产权)置换和无偿划转</td></tr>
<tr><td rowspan="2">金融企业</td><td>(4)金融企业除上述 A、B 项情形之外，也可以不对相关国有资产进行评估的有(　)。</td></tr>
<tr><td>A. 金融企业在发生多次同类型的经济行为时，同一资产在评估报告使用有效期内，并且资产、市场状况未发生重大变化的
B. 上市公司可流通的股权转让时</td></tr>
<tr><td rowspan="3">委托资产评估机构</td><td colspan="2">根据有关规定，企业发生应当进行资产评估行为的，应当由其产权持有单位委托具有相应专业服务能力的资产评估机构进行评估。</td></tr>
<tr><td colspan="2">(5)企业产权持有单位委托的资产评估机构应当具备的基本条件有(　)。</td></tr>
<tr><td colspan="2">A. 遵守国家有关法律、法规、规章以及企业国有资产评估的政策规定，严格履行法定职责，近 3 年内没有违法、违规记录
B. 具有与评估对象相适应的专业人员和专业特长
C. 与企业负责人无经济利益关系
D. 未向同一经济行为提供审计业务服务</td></tr>
</table>

【考点子题——举一反三，真枪实练】

[13] (2019 年 · 单选题)根据企业国有资产法律制度的规定，国家出资企业及其各级子企业发生特定行为时，应当对相关资产进行评估。下列各项中，属于此类特定行为的是(　)。

A. 经各级人民政府或其国有资产监督管理机构批准，对企业整体实施无偿划转

B. 国家出资企业整体或者部分改制为有限责任公司或股份有限公司

C. 经各级人民政府或其国有资产监督管理机构批准，对企业部分实施无偿划转

D. 国有独资企业与其下属独资企业之间的资产置换

[14] (2018 年 · 多选题)根据企业国有资产法律制度的规定，国家出资企业及其各级子企业发生特定行为时，应当对相关资产进行评估，下列各项中，属于此种行为的有(　)。

A. 合并、分立、破产、解散

B. 产权转让

C. 资产转让、置换

D. 以货币资产对外投资

[15] (2016 年 · 单选题)根据企业国有资产管理法律制度的规定，金融企业发生下列

情形时，对相关资产应当进行资产评估的是(　)。

A. 整体改制为有限责任公司

B. 县级人民政府批准其所属企业实施无偿划转

C. 国有独资企业与其下属的独资企业之间的合并

D. 上市公司可流通的股权转让

[16] (2021 年 · 多选题) 根据企业国有资产法律制度的规定，国家出资企业及其各级子企业的下列行为中，必须对相关国有资产进行评估的有(　)。

A. 整体资产或部分资产租赁给非国有单位

B. 非上市公司国有股东股权比例变动

C. 国有独资企业与其下属独资企业之间的合并

D. 资产转让、置换

考点 13 企业国有资产评估的组织管理系统

【考点母题——万变不离其宗】企业国有资产评估的组织管理系统

<table>
<tr><td>概念</td><td colspan="2">企业国有资产评估是一项政策性强、技术要求复杂的工作，必须要有一套科学严密的组织管理系统。企业国有资产评估的组织管理系统由履行出资人职责的机构和资产评估机构两部分组成。</td></tr>
<tr><td rowspan="2">国有资产监督管理机构</td><td colspan="2">(1) 下列关于国有资产评估组织管理系统中国有资产监督管理机构的职责的表述中，正确的有(　)。</td></tr>
<tr><td colspan="2">A. 各级履行出资人职责的机构负责其所出资企业的国有资产评估监管工作
B. 国务院国有资产监督管理机构主要负责对全国企业国有资产评估监管工作进行指导和监督
C. 各级国有资产监督管理机构及其所出资企业，应当建立企业国有资产评估管理工作制度，完善资产评估项目的档案管理，做好项目统计分析报告工作
D. 省级国有资产监督管理机构和中央企业应当于每年度终了 30 个工作日内将其资产评估项目情况的统计分析资料上报国务院国有资产监督管理机构</td></tr>
<tr><td rowspan="3">资产评估机构</td><td rowspan="3">概念</td><td>资产评估机构是指依法经市场监督管理部门登记设立并向有关评估行政管理部门备案的从事资产评估业务的专业服务机构。</td></tr>
<tr><td>(2) 下列关于资产评估机构的表述中，正确的有(　)。</td></tr>
<tr><td>A. 资产评估机构的组织形式为合伙制或者公司制
B. 资产评估机构开展国有资产评估业务，应当按规定向省级财政部门备案
C. 资产评估机构应当遵守有关法律、行政法规和评估准则，遵循独立、客观、公正的原则
D. 资产评估机构应当建立健全质量控制制度，保证资产评估报告的客观、真实、合理</td></tr>
</table>

续表

<table>
<tr><td rowspan="6">资产评估机构</td><td rowspan="6">法律责任</td><td>(3)根据《资产评估法》的规定，资产评估机构违反规定，存在法定情形的，由有关评估行政管理部门予以警告，可以责令停业 1 个月以上 6 个月以下；有违法所得的，没收违法所得，并处违法所得 1 倍以上 5 倍以下罚款；情节严重的，由市场监督管理部门吊销营业执照；构成犯罪的，依法追究刑事责任。该法定情形包括(　)。</td></tr>
<tr><td>A. 利用开展业务之便，谋取不正当利益的
B. 允许其他机构以本机构名义开展业务，或者冒用其他机构名义开展业务的
C. 以恶性压价、支付回扣、虚假宣传，或者贬损、诋毁其他评估机构等不正当手段招揽业务的
D. 受理与自身有利害关系的业务的
E. 分别接受利益冲突双方的委托，对同一评估对象进行评估的
F. 出具有重大遗漏的评估报告的　G. 未按规定的期限保存评估档案的
H. 聘用或者指定不符合规定的人员从事评估业务的
I. 对本机构的评估专业人员疏于管理，造成不良后果的</td></tr>
<tr><td>(4)资产评估机构违反法律规定，存在法定情形的，由有关评估行政管理部门责令停业 6 个月以上 1 年以下；有违法所得的，没收违法所得，并处违法所得 1 倍以上 5 倍以下罚款；情节严重的，由工商行政管理部门吊销营业执照；构成犯罪的，依法追究刑事责任。该法定情形为(　)。</td></tr>
<tr><td>A. 出具虚假评估报告的</td></tr>
</table>

考点 14　企业国有资产评估项目核准制和备案制

根据有关规定，企业国有资产评估项目实行核准制和备案制。

（一）核准制

【考点讲解】适用核准制的企业国有资产评估项目

<table>
<tr><th>企业</th><th>需经核准的项目</th><th>核准机构</th></tr>
<tr><td rowspan="2">非金融企业</td><td>经各级人民政府批准经济行为的事项涉及的资产评估项目</td><td>分别由其授权履行出资人职责的机构负责核准</td></tr>
<tr><td>国务院批准的重大经济事项同时涉及中央和地方的资产评估项目</td><td>可由国有股最大股东依照其产权关系，逐级报送国务院国有资产监督管理机构进行核准</td></tr>
<tr><td rowspan="2">金融企业</td><td>经批准进行改组改制、拟在境内或者境外上市、以非货币性资产与外商合资经营或者合作经营的经济行为</td><td rowspan="2">中央金融企业资产评估项目报财政部核准。地方金融企业资产评估项目报本级财政部门核准</td></tr>
<tr><td>经县级以上人民政府批准的其他涉及国有资产产权变动的经济行为</td></tr>
</table>

【考点母题——万变不离其宗】资产评估项目的核准程序

<table>
<tr><td rowspan="3">资产评估前的报告程序</td><td>(1)凡需经核准的资产评估项目，企业在资产评估前应当向履行出资人职责的机构报告的事项有(　)。</td></tr>
<tr><td>A. 相关经济行为批准情况　B. 评估基准日的选择情况
C. 资产评估范围的确定情况
D. 选择资产评估机构的条件、范围、程序及拟选定机构的资质、专业特长情况
E. 资产评估的时间进度安排情况</td></tr>
<tr><td>企业应当及时向履行出资人职责的机构报告资产评估项目的工作进展情况。履行出资人职责的机构认为必要时，可以对该项目进行跟踪指导和现场检查。</td></tr>
<tr><td rowspan="6">核准程序</td><td>(2)下列关于资产评估项目的核准程序表述中，正确的有(　)。</td></tr>
<tr><td>A. 企业收到资产评估机构出具的评估报告后应当逐级上报初审，经初审同意后，自评估基准日起8个月内向履行出资人职责的机构提出核准申请
B. 履行出资人职责的机构收到核准申请后，对符合核准要求的，及时组织有关专家审核，在20个工作日内完成对评估报告的核准；对不符合核准要求的，予以退回</td></tr>
<tr><td>(3)企业提出资产评估项目核准申请时，应当向履行出资人职责的机构报送的文件材料有(　)。</td></tr>
<tr><td>A. 资产评估项目核准申请文件
B. 资产评估项目核准申请表
C. 与评估目的相对应的经济行为批准文件或有效材料
D. 所涉及的资产重组方案或者改制方案、发起人协议等材料
E. 资产评估机构提交的资产评估报告(包括评估报告书、评估说明、评估明细表及其电子文档)
F. 与经济行为相对应的审计报告
G. 资产评估各当事方的相关承诺函
H. 其他有关材料</td></tr>
<tr><td>(4)履行出资人职责的机构应当对下列事项进行审核的有(　)。</td></tr>
<tr><td>A. 资产评估项目所涉及的经济行为是否获得批准
B. 资产评估机构是否具备相应评估资质
C. 评估人员是否具备相应执业资格
D. 评估基准日的选择是否适当，评估结果的使用有效期是否明示
E. 资产评估范围与经济行为批准文件确定的资产范围是否一致
F. 评估依据是否适当
G. 企业是否就所提供的资产权属证明文件、财务会计资料及生产经营管理资料的真实性、合法性和完整性作出承诺
H. 评估过程是否符合相关评估准则的规定
I. 参与审核的专家是否达成一致意见</td></tr>
</table>

（二）备案制

【考点母题——万变不离其宗】适用备案制的企业国有资产评估项目

<table>
<tr><td colspan="2">根据企业国有资产法律制度，下列关于企业国有资产评估项目的备案的表述中，正确的有（ ）。</td></tr>
<tr><td colspan="2">A. 经国务院国有资产监督管理机构或国务院授权的部门批准经济行为的事项涉及的资产评估项目，由国务院国有资产监督管理机构或国务院授权的部门负责备案</td></tr>
<tr><td colspan="2">B. 经国务院国有资产监督管理机构或国务院授权的部门所出资企业（以下简称中央企业）及其各级子企业批准经济行为的事项涉及的资产评估项目，由中央企业负责备案</td></tr>
<tr><td colspan="2">C. 经国务院国有资产监督管理机构批准经济行为的事项涉及的资产评估项目，其中包括采用协议方式转让企业国有产权事项涉及的资产评估项目和股份有限公司国有股权设置事项涉及的资产评估项目，由国务院国有资产监督管理机构负责备案</td></tr>
<tr><td rowspan="2">D. 经国务院国有资产监督管理机构批准进行主辅分离辅业改制项目中，按限额专项委托中央企业办理相关资产评估项目备案</td><td>a. 属于国家授权投资机构的中央企业负责办理资产总额账面值 5000 万元（不含）以下资产评估项目的备案，5000 万元以上的资产评估项目由国务院国有资产监督管理机构办理备案</td></tr>
<tr><td>b. 其他中央企业负责办理资产总额账面值 2000 万元（不含）以下资产评估项目的备案，2000 万元以上的资产评估项目由国务院国有资产监督管理机构办理备案</td></tr>
</table>

【考点母题——万变不离其宗】资产评估项目的备案程序

<table>
<tr><td rowspan="6">备案程序</td><td>（1）下列关于资产评估项目的备案程序的表述中，正确的有（ ）。</td></tr>
<tr><td>A. 企业收到资产评估机构出具的评估报告后，将备案材料逐级报送给履行出资人职责的机构或其所出资企业，自评估基准日起 9 个月内提出备案申请。
B. 履行出资人职责的机构或者所出资企业收到备案材料后，对材料齐全的，在 20 个工作日内办理备案手续，必要时可组织有关专家参与备案评审。</td></tr>
<tr><td>（2）资产评估项目备案应当报送的文件材料有（ ）。</td></tr>
<tr><td>A. 国有资产评估项目备案表一式三份
B. 资产评估报告（评估报告书、评估说明和评估明细表及其电子文档）
C. 与资产评估项目相对应的经济行为批准文件　　D. 其他有关材料</td></tr>
<tr><td>（3）履行出资人职责的机构及所出资企业确定是否对资产评估项目予以备案，应当依据的有（ ）。</td></tr>
<tr><td>A. 资产评估所涉及的经济行为是否获得批准
B. 资产评估机构是否具备相应评估资质，评估人员是否具备相应执业资格
C. 评估基准日的选择是否适当，评估结果的使用有效期是否明示
D. 资产评估范围与经济行为批准文件确定的资产范围是否一致
E. 企业是否就所提供的资产权属证明文件、财务会计资料及生产经营管理资料的真实性、合法性和完整性作出承诺
F. 评估程序是否符合相关评估准则的规定</td></tr>
</table>

考点15 企业国有资产评估程序

【考点母题——万变不离其宗】企业国有资产评估程序

下列关于企业国有资产评估程序的表述中，正确的有（ ）。
A. 企业国有资产评估业务委托人应当依法选择资产评估机构，应当与评估机构订立委托合同，约定双方的权利和义务。委托人应当按照合同约定向评估机构支付费用，不得索要、收受或者变相索要、收受回扣。委托人应当对其提供的权属证明、财务会计信息和其他资料的真实性、完整性和合法性负责
B. 资产评估机构受理企业国有资产评估业务后，应当指定至少两名相应专业类别的评估师承办。评估师应当恰当选择评估方法，除依据评估执业准则只能选择一种评估方法的外，应当选择两种以上评估方法，经综合分析，形成评估结论，编制资产评估报告。评估机构应当对评估报告进行内部审核
C. 资产评估报告应当由至少两名承办该项业务的评估师签名并加盖资产评估机构印章。资产评估机构及其评估师对其出具的资产评估报告依法承担责任。委托人不得串通、唆使评估机构或者评估师出具虚假评估报告。委托人对评估报告有异议的，可以要求评估机构解释
D. 资产评估档案的保存期限不少于15年，属于法定评估业务的，保存期限不少于30年
E. 委托人或者资产评估报告使用人应当按照法律规定和资产评估报告载明的使用范围使用评估报告。委托人或者资产评估报告使用人违反规定使用评估报告的，评估机构和评估师不承担责任

第四节　企业国有资产交易管理制度

本节考点、考点母题及考点子题

考点 16　企业国有资产交易概述

【考点母题——万变不离其宗】企业国有资产交易概述

<table>
<tr><td rowspan="2">企业国有资产交易的概念</td><td>概念</td><td>企业国有资产交易，是指履行出资人职责的机构、国有及国有控股企业、国有实际控制企业转让产权，或者增加资本、进行重大资产转让的活动。</td></tr>
<tr><td>适用法律</td><td>为了规范企业国有资产交易行为，加强企业国有资产交易监督管理，防止国有资产流失，2016 年国务院国有资产监督管理委员会、财政部联合发布了《企业国有资产交易监督管理办法》，对除金融、文化类国家出资企业的国有资产交易和上市公司的国有股权转让以外的企业国有资产交易行为的监督管理作出了规定。</td></tr>
<tr><td rowspan="2">企业国有资产交易的原则</td><td colspan="2">(1)下列关于企业国有资产交易的原则的表述中，正确的有(　)。</td></tr>
<tr><td colspan="2">A. 企业国有资产交易应当遵守国家法律法规和政策规定，有利于国有经济布局和结构调整优化，充分发挥市场配置资源作用，遵循等价有偿和公开公平公正的原则，在依法设立的产权交易机构中公开进行，国家法律法规另有规定的从其规定
B. 企业国有资产交易标的应当权属清晰，不存在法律法规禁止或限制交易的情形。已设定担保物权的国有资产交易，应当符合《民法典》等有关法律法规规定。涉及政府社会公共管理事项的，应当依法报政府有关部门审核</td></tr>
<tr><td rowspan="4">企业国有资产交易的范围</td><td rowspan="2">企业国有资产交易行为的界定</td><td>(2)根据企业国有资产法律制度，企业国有资产交易行为包括(　)。</td></tr>
<tr><td>A. 履行出资人职责的机构、国有及国有控股企业、国有实际控制企业转让其对企业各种形式出资所形成权益的行为(企业产权转让)
B. 国有及国有控股企业、国有实际控制企业增加资本的行为(企业增资)，政府以增加资本金方式对国家出资企业的投入除外
C. 国有及国有控股企业、国有实际控制企业的重大资产转让行为(企业资产转让)</td></tr>
<tr><td rowspan="2">国有及国有控股企业、国有实际控制企业的界定</td><td>(3)上述国有及国有控股企业、国有实际控制企业包括(　)。</td></tr>
<tr><td>A. 政府部门、机构、事业单位出资设立的国有独资企业(公司)，以及上述单位、企业直接或间接合计持股为 100%的国有全资企业
B. 上述第 A 中所列单位、企业单独或共同出资，合计拥有产(股)权比例超过 50%，且其中之一为最大股东的企业
C. 上述第 A、B 中所列企业对外出资，拥有股权比例超过 50%的各级子企业
D. 政府部门、机构、事业单位、单一国有及国有控股企业直接或间接持股比例未超过 50%，但为第一大股东，并且通过股东协议、公司章程、董事会决议或者其他协议安排能够对其实际支配的企业</td></tr>
</table>

考点17 企业产权转让

【考点母题——万变不离其宗】企业产权转让

<table>
<tr><td rowspan="6">审核批准</td><td rowspan="2">国家出资企业的产权转让</td><td>(1)下列关于国家出资企业的产权转让审核批准的表述中，正确的有(　)。</td></tr>
<tr><td>A. 履行出资人职责的机构负责审核国家出资企业的产权转让事项
B. 因产权转让致使国家不再拥有所出资企业控股权的，须由履行出资人职责的机构报本级人民政府批准</td></tr>
<tr><td rowspan="2">国家出资企业子企业的产权转让</td><td>(2)下列关于国家出资企业子企业的产权转让审核批准的表述中，正确的有(　)。</td></tr>
<tr><td>A. 国家出资企业应当制定其子企业产权转让管理制度，确定审批管理权限
B. 对主业处于关系国家安全、国民经济命脉的重要行业和关键领域，主要承担重大专项任务子企业的产权转让，须由国家出资企业报同级履行出资人职责的机构批准
C. 转让方为多家国有股东共同持股的企业，由其中持股比例最大的国有股东负责履行相关批准程序；各国有股东持股比例相同的，由相关股东协商后确定其中一家股东负责履行相关批准程序</td></tr>
<tr><td rowspan="2">程序</td><td>(3)下列关于产权转让审核批准程序的表述中，正确的有(　)。</td></tr>
<tr><td>A. 产权转让应当由转让方按照企业章程和企业内部管理制度进行决策，形成书面决议
B. 国有控股和国有实际控制企业中国有股东委派的股东代表，应当按照规定和委派单位的指示发表意见、行使表决权，并将履职情况和结果及时报告委派单位
C. 转让方应当按照企业发展战略做好产权转让的可行性研究和方案论证
D. 产权转让涉及职工安置事项的，安置方案应当经职工代表大会或职工大会审议通过；涉及债权债务处置事项的，应当符合国家相关法律法规的规定</td></tr>
<tr><td rowspan="2">审计评估</td><td colspan="2">(4)下列关于国家出资企业的产权转让审计评估的表述中，正确的有(　)。</td></tr>
<tr><td colspan="2">A. 产权转让事项经批准后，由转让方委托会计师事务所对转让标的企业进行审计
B. 涉及参股权转让不宜单独进行专项审计的，转让方应当取得转让标的企业最近一期年度审计报告
C. 对按照有关法律法规要求必须进行资产评估的产权转让事项，转让方应当委托具有相应专业能力的评估机构对转让标的进行资产评估，产权转让价格应以经核准或备案的评估结果为基础确定</td></tr>
<tr><td rowspan="2">确定受让方</td><td rowspan="2">信息披露</td><td>(5)下列关于国家出资企业的产权转让确定受让方信息披露的表述中，正确的有(　)。</td></tr>
<tr><td>A. 产权转让原则上通过产权市场公开进行。转让方可以根据企业实际情况和工作进度安排，采取信息预披露和正式披露相结合的方式，通过产权交易机构网站分阶段对外披露产权转让信息，公开征集受让方。其中正式披露信息时间不得少于20个工作日
B. 因产权转让导致转让标的企业的实际控制权发生转移的，转让方应当在转让行为获批后10个工作日内，通过产权交易机构进行信息预披露，时间不得少于20个工作日</td></tr>
</table>

续表

确定受让方	信息披露	C. 产权转让原则上不得针对受让方设置资格条件，确需设置的，不得有明确指向性或违反公平竞争原则，所设资格条件相关内容应当在信息披露前报同级履行出资人职责的机构备案，履行出资人职责的机构在 5 个工作日内未反馈意见的视为同意 D. 在正式披露信息期间，转让方不得变更产权转让公告中公布的内容，由于非转让方原因或其他不可抗力因素导致可能对转让标的价值判断造成影响的，转让方应当及时调整补充披露信息内容，并相应延长信息披露时间 E. 产权转让项目首次正式信息披露的转让底价，不得低于经核准或备案的转让标的评估结果
		(6)转让方披露信息的内容包括但不限于(　)。
		A. 转让标的基本情况　　B. 转让标的企业的股东结构 C. 产权转让行为的决策及批准情况 D. 转让标的企业最近一个年度审计报告和最近一期财务报表中的主要财务指标数据，包括但不限于资产总额、负债总额、所有者权益、营业收入、净利润等(转让参股权的，披露最近一个年度审计报告中的相应数据) E. 受让方资格条件(适用于对受让方有特殊要求的情形) F. 交易条件、转让底价 G. 企业管理层是否参与受让，有限责任公司原股东是否放弃优先受让权 H. 竞价方式，受让方选择的相关评判标准　　I. 其他需要披露的事项 【注意】其中信息预披露应当包括但不限于以上 A、B、C、D、E 项内容。
		转让方应当按照要求向产权交易机构提供披露信息内容的纸质文档材料，并对披露内容和所提供材料的真实性、完整性、准确性负责。产权交易机构应当对信息披露的规范性负责。
	意向受让方的登记	产权交易机构负责意向受让方的登记工作，对意向受让方是否符合受让条件提出意见并反馈转让方。产权交易机构与转让方意见不一致的，由转让行为批准单位决定意向受让方是否符合受让条件。
	未征集到受让方的	(7)下列关于信息披露期满未征集到意向受让方的处理的表述中，正确的有(　)。
		A. 信息披露期满未征集到意向受让方的，可以延期或在降低转让底价、变更受让条件后重新进行信息披露 B. 降低转让底价或变更受让条件后重新披露信息的，披露时间不得少于 20 个工作日 C. 新的转让底价低于评估结果的 90%时，应当经转让行为批准单位书面同意
		(8)下列关于转让项目自首次正式披露信息之日起超过 12 个月未征集到合格受让方的处理的表述中，正确的是(　)。
		A. 转让项目自首次正式披露信息之日起超过 12 个月未征集到合格受让方的，应当重新履行审计、资产评估以及信息披露等产权转让工作程序

续表

确定受让方	组织竞价	(9)下列关于国家出资企业产权转让组织竞价的表述中，正确的有(　)。
		A. 产权转让信息披露期满、产生符合条件的意向受让方的，按照披露的竞价方式组织竞价 B. 竞价可以采取拍卖、招投标、网络竞价以及其他竞价方式，且不得违反国家法律法规的规定
	受让方确定后	受让方确定后，转让方与受让方应当签订产权交易合同，交易双方不得以交易期间企业经营性损益等理由对已达成的交易条件和交易价格进行调整。
		产权转让导致国有股东持有上市公司股份间接转让的，应当同时遵守上市公司国有股权管理以及证券监管相关规定。企业产权转让涉及交易主体资格审查、反垄断审查、特许经营权、国有划拨土地使用权、探矿权和采矿权等政府审批事项的，按照相关规定执行。受让方为境外投资者的，应当符合外商投资产业指导目录和负面清单管理要求，以及外商投资安全审查有关规定。
结算交易价款	结算机构	交易价款应当以人民币计价，通过产权交易机构以货币进行结算。因特殊情况不能通过产权交易机构结算的，转让方应当向产权交易机构提供转让行为批准单位的书面意见以及受让方付款凭证。
	付款方式	(10)下列关于国家出资企业产权转让付款方式的表述中，正确的有(　)。
		A. 交易价款原则上应当自合同生效之日起5个工作日内一次付清
		B. 金额较大、一次付清确有困难的，可以采取分期付款方式。采用分期付款方式的，首期付款不得低于总价款的30%，并在合同生效之日起5个工作日内支付；其余款项应当提供转让方认可的合法有效担保，并按同期银行贷款利率支付延期付款期间的利息，付款期限不得超过1年
	交易结果公告	产权交易合同生效后，产权交易机构应当将交易结果通过交易机构网站对外公告，公告内容包括交易标的名称、转让标的评估结果、转让底价、交易价格，公告期不少于5个工作日。产权交易合同生效，并且受让方按照合同约定支付交易价款后，产权交易机构应当及时为交易双方出具交易凭证。
非公开协议方式转让企业产权的特殊规定	情形	(11)根据企业国有资产法律制度的规定，产权转让可以采取非公开协议转让方式的情形有(　)。
		A. 涉及主业处于关系国家安全、国民经济命脉的重要行业和关键领域企业的重组整合，对受让方有特殊要求，企业产权需要在国有及国有控股企业之间转让的，经履行出资人职责的机构批准，可以采取非公开协议转让方式 B. 同一国家出资企业及其各级控股企业或实际控制企业之间因实施内部重组整合进行产权转让的，经该国家出资企业审议决策，可以采取非公开协议转让方式
	转让价格	采取非公开协议转让方式转让企业产权，转让价格不得低于经核准或备案的评估结果。
		(12)按照《公司法》、企业章程履行决策程序后，转让价格可以资产评估报告或最近一期审计报告确认的净资产值为基础确定，且不得低于经评估或审计的净资产值的情形有(　)。

续表

非公开协议方式转让企业产权的特殊规定	转让价格	A. 同一国家出资企业内部实施重组整合，转让方和受让方为该国家出资企业及其直接或间接全资拥有的子企业 B. 同一国有控股企业或国有实际控制企业内部实施重组整合，转让方和受让方为该国有控股企业或国有实际控制企业及其直接、间接全资拥有的子企业
	审核文件	(13) 履行出资人职责的机构批准、国家出资企业审议决策采取非公开协议方式转让企业产权时，应当审核的文件有(　)。
		A. 产权转让的有关决议文件　　B. 产权转让方案 C. 采取非公开协议方式转让产权的必要性以及受让方情况 D. 转让标的企业审计报告、资产评估报告及其核准或备案文件 E. 产权转让协议 F. 转让方、受让方和转让标的企业的国家出资企业产权登记表(证) G. 产权转让行为的法律意见书　　H. 其他必要的文件

[17]　(2022 年多选题)根据企业国有资产法律制度的规定，下列关于企业产权转让的表述中，正确的有(　)。

A. 产权转让事项经批准后，应由受让方委托会计师事务所对转让标的企业进行审计

B. 产权转让原则上通过产权市场公开进行

C. 产权交易合同订立后，交易双方可以交易期间企业经营性损益为由对交易价格进行适当调整

D. 交易价款金额较大、一次付清确有困难的，可以采取分期付款方式

考点 18　企业增资

【考点母题——万变不离其宗】企业增资

审核批准	国家出资企业的增资	(1) 下列关于国家出资企业的增资审核批准的表述中，正确的有(　)。
		A. 履行出资人职责的机构负责审核国家出资企业的增资行为 B. 因增资致使国家不再拥有所出资企业控股权的，须由履行出资人职责的机构报本级人民政府批准
	国家出资企业子企业的增资	(2) 下列关于国家出资企业子企业的增资审核批准的表述中，正确的有(　)。
		A. 国家出资企业决定其子企业的增资行为 B. 对主业处于关系国家安全、国民经济命脉的重要行业和关键领域，主要承担重大专项任务的子企业的增资行为，须由国家出资企业报同级履行出资人职责的机构批准 C. 增资企业为多家国有股东共同持股的企业，由其中持股比例最大的国有股东负责履行相关批准程序；各国有股东持股比例相同的，由相关股东协商后确定其中一家股东负责履行相关批准程序

续表

<table>
<tr><td rowspan="2">审核批准</td><td rowspan="2">程序</td><td>(3)下列关于增资审核批准程序的表述中，正确的有(　)。</td></tr>
<tr><td>A. 企业增资应当符合国家出资企业的发展战略，做好可行性研究，制订增资方案，明确募集资金金额、用途、投资方应具备的条件、选择标准和遴选方式等，增资后企业的股东数量须符合国家相关法律法规的规定
B. 企业增资应当由增资企业按照企业章程和内部管理制度进行决策，形成书面决议
C. 国有控股、国有实际控制企业中国有股东委派的股东代表，应当按照规定和委派单位的指示发表意见、行使表决权，并将履职情况和结果及时报告委派单位</td></tr>
<tr><td rowspan="3">审计评估</td><td colspan="2">企业增资在完成决策批准程序后，应当由增资企业委托具有相应资质的中介机构开展审计和资产评估。</td></tr>
<tr><td colspan="2">(4)下列情形中，企业按照《公司法》、企业章程履行增资决策程序后，可以依据评估报告或最近一期审计报告确定企业资本及股权比例的有(　)。</td></tr>
<tr><td colspan="2">A. 增资企业原股东同比例增资的　B. 履行出资人职责的机构对国家出资企业增资的
C. 国有控股或国有实际控制企业对其独资子企业增资的
D. 增资企业和投资方均为国有独资或国有全资企业的</td></tr>
<tr><td rowspan="2">确定投资方</td><td colspan="2">(5)根据企业国有资产法律制度的规定，下列关于企业增资确定投资人的表述中，正确的有(　)。</td></tr>
<tr><td colspan="2">A. 企业增资通过产权交易机构网站对外披露信息公开征集投资方，时间不得少于40个工作日
B. 企业增资涉及上市公司实际控制人发生变更的，应当同时遵守上市公司国有股权管理以及证券监管相关规定
C. 产权交易机构接受增资企业的委托提供项目推介服务，负责意向投资方的登记工作，协助企业开展投资方资格审查。通过资格审查的意向投资方数量较多时，可以采用竞价、竞争性谈判、综合评议等方式进行多轮次遴选。产权交易机构负责统一接收意向投资方的投标和报价文件，协助企业开展投资方遴选有关工作。企业董事会或股东会以资产评估结果为基础，结合意向投资方的条件和报价等因素审议选定投资方
D. 投资方以非货币资产出资的，应当经增资企业董事会或股东会审议同意，并委托具有相应资质的评估机构进行评估，确认投资方的出资金额
E. 增资协议签订并生效后，产权交易机构应当出具交易凭证，通过交易机构网站对外公告结果，公告内容包括投资方名称、投资金额、持股比例等，公告期不少于5个工作日</td></tr>
<tr><td rowspan="5">非公开协议方式增资</td><td colspan="2">(6)经同级履行出资人职责的机构批准，可以采取非公开协议方式进行增资的情形有(　)。</td></tr>
<tr><td colspan="2">A. 因国有资本布局结构调整需要，由特定的国有及国有控股企业或国有实际控制企业参与增资
B. 因国家出资企业与特定投资方建立战略合作伙伴或利益共同体需要，由该投资方参与国家出资企业或其子企业增资</td></tr>
<tr><td colspan="2">(7)经国家出资企业审议决策，可以采取非公开协议方式进行增资的情形有(　)。</td></tr>
<tr><td colspan="2">A. 国家出资企业直接或指定其控股、实际控制的其他子企业参与增资
B. 企业债权转为股权　　C. 企业原股东增资</td></tr>
<tr><td colspan="2">(8)履行出资人职责的机构批准、国家出资企业审议决策采取非公开协议方式增资时，应当审核的文件有(　)。</td></tr>
</table>

续表

非公开协议方式增资	A. 增资的有关决议文件　　B. 增资方案 C. 采取非公开协议方式增资的必要性以及投资方情况 D. 增资企业审计报告、资产评估报告及其核准或备案文件　　E. 增资协议 F. 增资企业的国家出资企业产权登记表(证)　　G. 增资行为的法律意见书 H. 其他必要的文件

【考点子题——举一反三，真枪实练】

[18] (2017 年·单选题)国有资产监督管理机构负责审核国家出资企业的增资行为。其中，因增资致使国家不再拥有所出资企业控股权的，须由国有资产监督管理机构报特定主体批准。该特定主体是(　)。

A. 上级人民政府

B. 本级人民政府

C. 国家出资企业所在地省级人民政府

D. 上级国有资产监督管理机构

[19] (2020 年·单选题)根据企业国有资产法律制度的规定，国有金融企业经批准进行改组改制涉及资产评估的，资产评估项目应经特定部门核准。该特定部门是(　)。

A. 财政部门

B. 国有资产监督管理部门

C. 市场监督管理部门

D. 证券监督管理部门

考点 19　企业资产转让

【考点母题——万变不离其宗】企业资产转让

根据企业国有资产法律制度的规定，下列关于企业资产转让的表述中，正确的有(　)。
A. 企业一定金额以上的生产设备、房产、在建工程以及土地使用权、债权、知识产权等资产对外转让，应当按照企业内部管理制度履行相应决策程序后，在产权交易机构公开进行 B. 涉及国家出资企业内部或特定行业的资产转让，确需在国有及国有控股、国有实际控制企业之间非公开转让的，由转让方逐级报国家出资企业审核批准 C. 国家出资企业负责制定本企业不同类型资产转让行为的内部管理制度，明确责任部门、管理权限、决策程序、工作流程，对其中应当在产权交易机构公开转让的资产种类、金额标准等作出具体规定，并报同级履行出资人职责的机构备案

续表

D. 转让方应当根据转让标的情况合理确定转让底价和转让信息公告期：转让底价高于 100 万元、低于 1 000 万元的资产转让项目，信息公告期应不少于 10 个工作日；转让底价高于 1 000 万元的资产转让项目，信息公告期应不少于 20 个工作日 E. 资产转让价款原则上一次性付清。企业资产转让的具体工作流程参照上述关于企业产权转让的规定执行

考点 20 企业国有产权无偿划转

【考点母题——万变不离其宗】企业国有产权无偿划转

<table>
<tr><td>概念</td><td colspan="2">企业国有产权无偿划转，是指企业国有产权在政府机构、事业单位、国有独资企业、国有独资公司之间的无偿转移行为。</td></tr>
<tr><td rowspan="2">原则</td><td colspan="2">(1)根据企业国有资产法律制度的规定，企业国有产权无偿划转应当遵循的原则有(　)。</td></tr>
<tr><td colspan="2">A. 符合国家有关法律法规和产业政策的规定　B. 符合国有经济布局和结构调整的需要
C. 有利于优化产业结构和提高企业核心竞争力　D. 划转双方协商一致</td></tr>
<tr><td rowspan="5">程序</td><td rowspan="2">做好可行性研究</td><td>(2)企业国有产权无偿划转应当做好可行性研究，无偿划转可行性论证报告一般应当载明的内容有(　)。</td></tr>
<tr><td>A. 被划转企业所处行业情况及国家有关法律法规、产业政策规定
B. 被划转企业主业情况及与划入、划出方企业主业和发展规划的关系
C. 被划转企业的财务状况及或有负债情况
D. 被划转企业的人员情况
E. 划入方对被划转企业的重组方案，包括投入计划、资金来源、效益预测及风险对策等
F. 其他需说明的情况</td></tr>
<tr><td rowspan="2">划转双方审议</td><td>(3)下列关于企业国有产权无偿划转双方审议的表述中，正确的有(　)。</td></tr>
<tr><td>A. 划转双方应当在可行性研究的基础上，按照内部决策程序进行审议，并形成书面决议
B. 划入方(划出方)为国有独资企业的，应当由总经理办公会议审议；已设立董事会的，由董事会审议
C. 划入方(划出方)为国有独资公司的，应当由董事会审议；尚未设立董事会的，由总经理办公会议审议
D. 所涉及的职工分流安置事项，应当经被划转企业职工代表大会审议通过
E. 划出方应当就无偿划转事项通知本企业(单位)债权人，并制订相应的债务处置方案</td></tr>
<tr><td>审计或者清产核资</td><td>划转双方应当组织被划转企业按照有关规定开展审计或清产核资，以中介机构出具的审计报告或经划出方履行出资人职责的机构批准的清产核资结果作为企业国有产权无偿划转的依据。</td></tr>
</table>

续表

<table>
<tr><td rowspan="4">程序</td><td rowspan="3">签订划转协议</td><td>(4)划转双方协商一致后，应当签订企业国有产权无偿划转协议，划转协议应当包括的内容有(　)。</td></tr>
<tr><td>A. 划入划出双方的名称与住所　　B. 被划转企业的基本情况
C. 被划转企业国有产权数额及划转基准日
D. 被划转企业涉及的职工分流安置方案
E. 被划转企业涉及的债权、债务(包括拖欠职工债务)以及或有负债的处理方案
F. 划转双方的违约责任　　G. 纠纷的解决方式
H. 协议生效条件
I. 划转双方认为必要的其他条款</td></tr>
<tr><td>无偿划转事项按照规定程序批准后，划转协议生效。划转协议生效以前，划转双方不得履行或者部分履行。</td></tr>
<tr><td>办理产权登记手续</td><td>划转双方应当依据相关批复文件及划转协议，进行账务调整，按规定办理产权登记等手续。</td></tr>
<tr><td rowspan="5">批准</td><td rowspan="2">确定批准机构</td><td>(5)下列关于企业国有产权无偿划转批准机构的表述中，正确的有(　)。</td></tr>
<tr><td>A. 企业国有产权在同一履行出资人职责的机构所出资企业之间无偿划转的，由所出资企业共同报履行出资人职责的机构批准
B. 企业国有产权在不同履行出资人职责的机构所出资企业之间无偿划转的，依据划转双方的产权归属关系，由所出资企业分别报同级履行出资人职责的机构批准
C. 实施政企分开的企业，其国有产权无偿划转所出资企业或其子企业持有的，由同级履行出资人职责的机构和主管部门分别批准
D. 下级政府履行出资人职责的机构所出资企业国有产权无偿划转上级政府履行出资人职责的机构所出资企业或其子企业持有的，由下级政府和上级政府履行出资人职责的机构分别批准
E. 企业国有产权在所出资企业内部无偿划转的，由所出资企业批准并抄报同级履行出资人职责的机构</td></tr>
<tr><td rowspan="3">批准机构审查</td><td>(6)批准机构批准企业国有产权无偿划转事项，应当审查的书面材料有(　)。</td></tr>
<tr><td>A. 无偿划转的申请文件
B. 总经理办公会议或董事会有关无偿划转的决议
C. 划转双方及被划转企业的产权登记证
D. 无偿划转的可行性论证报告
E. 划转双方签订的无偿划转协议
F. 中介机构出具的被划转企业划转基准日的审计报告或同级履行出资人职责的机构清产核资结果批复文件
G. 划出方债务处置方案
H. 被划转企业职工代表大会通过的职工分流安置方案
I. 其他有关文件</td></tr>
<tr><td>企业国有产权无偿划转事项经批准后，划出方和划入方调整产权划转比例或者划转协议有重大变化的，应当按照规定程序重新报批。</td></tr>
</table>

续表

批准	批准机构审查	(7)根据企业国有资产法律制度的规定，下列情形中，不得实施无偿划转的有(　)。
		A. 被划转企业主业不符合划入方主业及发展规划的 B. 中介机构对被划转企业划转基准日的财务报告出具否定意见、无法表示意见或保留意见的审计报告的 C. 无偿划转涉及的职工分流安置事项未经被划转企业的职工代表大会审议通过的 D. 被划转企业或有负债未有妥善解决方案的 E. 划出方债务未有妥善处置方案的
	由政府决定的无偿划转事项	(8)根据企业国有资产法律制度的规定，下列国有产权无偿划转事项中，依据中介机构出具的被划转企业上一年度(或最近一次)的审计报告或经履行出资人职责的机构批准的清产核资结果，直接进行账务调整，并按规定办理产权登记等手续的有(　)。
		A. 由政府决定的所出资企业国有产权无偿划转本级履行出资人职责的机构其他所出资企业的 B. 由上级政府决定的所出资企业国有产权在上、下级政府履行出资人职责的机构之间的无偿划转 C. 由划入、划出方政府决定的所出资企业国有产权在互不隶属的政府的履行出资人职责的机构之间的无偿划转 D. 由政府决定的实施政企分开的企业，其国有产权无偿划转履行出资人职责的机构持有的 E. 其他由政府或履行出资人职责的机构根据国有经济布局、结构调整和重组需要决定的无偿划转事项

考点21 上市公司国有股权变动管理

(一)上市公司国有股权变动管理概述

【考点母题——万变不离其宗】上市公司国有股权变动管理概述

上市公司国有股权变动的概念	上市公司国有股权变动，是指上市公司国有股权持股主体、数量或比例等发生变化的行为。
	(1)下列各项中，属于上市公司国有股权变动行为的有(　)。
	A. 国有股东所持上市公司股份通过证券交易系统转让、公开征集转让、非公开协议转让、无偿划转、间接转让、国有股东发行可交换公司债券 B. 国有股东通过证券交易系统增持、协议受让、间接受让、要约收购上市公司股份和认购上市公司发行股票 C. 国有股东所控股上市公司吸收合并、发行证券 D. 国有股东与上市公司进行资产重组等行为
	(2)下列各项中，属于上述所称的国有股东的有(　)。
	A. 政府部门、机构、事业单位、境内国有独资或全资企业 B. 上述A项中所述单位或企业独家持股比例超过50%，或合计持股比例超过50%，且其中之一为第一大股东的境内企业 C. 上述B项中所述企业直接或间接持股的各级境内独资或全资企业

续表

<table>
<tr><td rowspan="3">上市公司国有股权变动管理的立法</td><td>立法目的：为规范上市公司国有股权变动行为，推动国有资源优化配置，平等保护各类投资者合法权益，防止国有资产流失。</td></tr>
<tr><td>(3)下列关于上市公司国有股权变动监督管理适用的法律规定的表述中，正确的有(　)。</td></tr>
<tr><td>A. 2018 年 5 月 16 日国务院国有资产监督管理委员会、财政部、中国证券监督管理委员会联合发布了《上市公司国有股权监督管理办法》，对上市公司国有股权变动管理作出了具体规定
B. 金融、文化类上市公司国有股权的监督管理，国家另有规定的，依照其规定
C. 国有或国有控股的专门从事证券业务的证券公司及基金管理公司转让、受让上市公司股份的监督管理按照相关规定办理
D. 国有出资的有限合伙企业不作国有股东认定，其所持上市公司股份按有关规定管理</td></tr>
<tr><td rowspan="2">上市公司国有股权变动管理的原则</td><td>(4)根据国有企业资产法律制度的规定，上市公司国有股权变动管理应当遵循的原则有(　)。</td></tr>
<tr><td>A. 上市公司国有股权变动行为应坚持公开、公平、公正原则，遵守国家有关法律、行政法规和规章制度规定，符合国家产业政策和国有经济布局结构调整方向，有利于国有资本保值增值，提高企业核心竞争力
B. 上市公司国有股权变动涉及的股份应当权属清晰，不存在受法律法规规定限制的情形
C. 国有股东所持上市公司股份变动应在作充分可行性研究的基础上制定方案，严格履行决策、审批程序，规范操作，按照证券监管的相关规定履行信息披露等义务。在上市公司国有股权变动信息披露前，各关联方要严格遵守保密规定
D. 上市公司国有股权变动应当根据证券市场公开交易价格、可比公司股票交易价格、每股净资产值等因素合理定价</td></tr>
</table>

（二）国有股东所持上市公司股份的方式

【考点母题——万变不离其宗】国有股东所持上市公司股份的方式

<table>
<tr><td rowspan="6">通过交易系统转让</td><td colspan="2">(1)国有股东通过证券交易系统转让上市公司股份，按照国家出资企业内部决策程序决定，应报履行出资人职责的机构审核批准的情形有(　)。</td></tr>
<tr><td rowspan="2">国有控股股东</td><td>A. 国有控股股东转让上市公司股份可能导致持股比例低于合理持股比例的</td></tr>
<tr><td>B. 总股本不超过 10 亿股的上市公司，国有控股股东拟于一个会计年度内累计净转让(累计转让股份扣除累计增持股份后的余额，下同)达到总股本 5%及以上的；总股本超过 10 亿股的上市公司，国有控股股东拟于一个会计年度内累计净转让数量达到 5 000 万股及以上的</td></tr>
<tr><td>国有参股股东</td><td>C. 国有参股股东拟于一个会计年度内累计净转让达到上市公司总股本 5%及以上的</td></tr>
<tr><td colspan="2">(2)国家出资企业、履行出资人职责的机构决定或批准国有股东通过证券交易系统转让上市公司股份时，应当审核的文件有(　)。</td></tr>
<tr><td colspan="2">A. 国有股东转让上市公司股份的内部决策文件
B. 国有股东转让上市公司股份方案，内容包括但不限于：转让的必要性，国有股东及上市公司基本情况、主要财务数据，拟转让股份权属情况，转让底价及确定依据，转让数量、转让时限等</td></tr>
</table>

第10章

续表

通过交易系统转让	C. 上市公司股份转让的可行性研究报告 D. 国家出资企业、履行出资人职责的机构认为必要的其他文件	
公开征集转让	概念	公开征集转让是指国有股东依法公开披露信息，征集受让方转让上市公司股份的行为。
	信息披露	国有股东拟公开征集转让上市公司股份的，在履行内部决策程序后，应书面告知上市公司，由上市公司依法披露，进行提示性公告。国有控股股东公开征集转让上市公司股份可能导致上市公司控股权转移的，应当一并通知上市公司申请停牌。
		上市公司发布提示性公告后，国有股东应及时将转让方案、可行性研究报告、内部决策文件、拟发布的公开征集信息等内容通过管理信息系统报送履行出资人职责的机构。履行出资人职责的机构通过管理信息系统对公开征集转让事项出具意见。国有股东在获得履行出资人职责的机构同意意见后书面通知上市公司发布公开征集信息。
		公开征集信息对受让方的资格条件不得设定指向性或违反公平竞争要求的条款，公开征集期限不得少于10个交易日。
	确定受让方	国有股东收到拟受让方提交的受让申请及受让方案后，应当成立由内部职能部门人员以及法律、财务等独立外部专家组成的工作小组，严格按照已公告的规则选择确定受让方。国有股东确定受让方后，应当及时与受让方签订股份转让协议。
	聘请财务顾问	公开征集转让可能导致上市公司控股权转移的，国有股东应当聘请具有上市公司并购重组财务顾问业务资格的证券公司、证券投资咨询机构或者其他符合条件的财务顾问机构担任财务顾问。
		财务顾问应当具有良好的信誉，近三年内无重大违法违规记录，且与受让方不存在利益关联。财务顾问应当勤勉尽责，遵守行业规范和职业道德，对上市公司股份的转让方式、转让价格、股份转让对国有股东和上市公司的影响等方面出具专业意见；并对拟受让方进行尽职调查，出具尽职调查报告。
	审核批准	国有股东与受让方签订协议后，按照审批权限由国家出资企业审核批准或由履行出资人职责的机构审核批准。
	确定转让价格	(3)国有股东公开征集转让上市公司股份的价格不得低于下列两者之中的较高者(　)。
		A. 提示性公告日前30个交易日的每日加权平均价格的算术平均值 B. 最近一个会计年度上市公司经审计的每股净资产值
	支付转让价款与过户	国有股东应在股份转让协议签订后5个工作日内收取不低于转让价款30%的保证金，其余价款应在股份过户前全部结清。

续表

<table>
<tr><td rowspan="3">公开征集转让</td><td rowspan="3">支付转让价款与过户</td><td colspan="2">在全部转让价款支付完毕或交由转让双方共同认可的第三方妥善保管前，不得办理股份过户登记手续。</td></tr>
<tr><td colspan="2">履行出资人职责的机构关于国有股东公开征集转让上市公司股份的批准文件或履行出资人职责的机构、管理信息系统出具的统一编号的备案表和全部转让价款支付凭证是证券交易所、中国证券登记结算有限责任公司办理上市公司股份过户登记手续的必备文件。</td></tr>
<tr><td colspan="2">上市公司股份过户前，原则上受让方人员不能提前进入上市公司董事会和经理层，不得干预上市公司正常生产经营。</td></tr>
<tr><td rowspan="9">非公开协议转让</td><td>概念</td><td colspan="2">非公开协议转让是指不公开征集受让方，通过直接签订协议转让上市公司股份的行为。</td></tr>
<tr><td rowspan="2">情形</td><td colspan="2">(4)下列情形中，国有股东可以非公开协议转让上市公司股份的有(　)。</td></tr>
<tr><td colspan="2">A. 上市公司连续两年亏损并存在退市风险或严重财务危机，受让方提出重大资产重组计划及具体时间表的
B. 企业主业处于关系国家安全、国民经济命脉的重要行业和关键领域，主要承担重大专项任务，对受让方有特殊要求的
C. 为实施国有资源整合或资产重组，在国有股东、潜在国有股东(经本次国有资源整合或资产重组后成为上市公司国有股东的)之间转让的
D. 上市公司回购股份涉及国有股东所持股份的
E. 国有股东因接受要约收购方式转让其所持上市公司股份的
F. 国有股东因解散、破产、减资、被依法责令关闭等原因转让其所持上市公司股份的
G. 国有股东以所持上市公司股份出资的</td></tr>
<tr><td>签订转让协议</td><td colspan="2">国有股东在履行内部决策程序后，应当及时与受让方签订股份转让协议。
涉及上市公司控股权转移的，在转让协议签订前，应按规定聘请财务顾问，对拟受让方进行尽职调查，出具尽职调查报告。</td></tr>
<tr><td>审核批准</td><td colspan="2">国有股东与受让方签订协议后，按照审批权限由国家出资企业审核批准或由履行出资人职责的机构审核批准。</td></tr>
<tr><td rowspan="4">确定转让价格</td><td colspan="2">(5)国有股东非公开协议转让上市公司股份的价格不得低于下列两者之中的较高者(　)。</td></tr>
<tr><td colspan="2">A. 提示性公告日前 30 个交易日的每日加权平均价格的算术平均值
B. 最近一个会计年度上市公司经审计的每股净资产值</td></tr>
<tr><td colspan="2">(6)国有股东非公开协议转让上市公司股份存在下列特殊情形的，其确定股份转让价格的原则有(　)。</td></tr>
<tr><td>A. 国有股东为实施资源整合或重组上市公司，并在其所持上市公司股份转让完成后全部回购上市公司主业资产的</td><td>股份转让价格由国有股东根据中介机构出具的该上市公司股票价格的合理估值结果确定</td></tr>
</table>

续表

<table>
<tr><td rowspan="2">非公开协议转让</td><td>确定转让价格</td><td>B. 为实施国有资源整合或资产重组，在国有股东之间转让且上市公司中的国有权益并不因此减少的</td><td>股份转让价格应当根据上市公司股票的每股净资产值、净资产收益率、合理的市盈率等因素合理确定</td></tr>
<tr><td>支付转让价款</td><td colspan="2">以现金支付股份转让价款的，国有股东应在股份转让协议签订后 5 个工作日内收取不低于转让价款 30% 的保证金，其余价款应在股份过户前全部结清；以非货币资产支付股份转让价款的，应当符合国家相关规定。</td></tr>
<tr><td rowspan="3">股份无偿划转</td><td colspan="3">政府部门、机构、事业单位、国有独资或全资企业之间可以依法无偿划转所持上市公司股份。国有股东所持上市公司股份无偿划转，按照审批权限由国家出资企业审核批准或由履行出资人职责的机构审核批准。</td></tr>
<tr><td colspan="3">(7)国家出资企业、履行出资人职责的机构批准国有股东所持上市公司股份无偿划转时，应当审核的文件有(　)。</td></tr>
<tr><td colspan="3">A. 国有股东无偿划转上市公司股份的内部决策文件
B. 国有股东无偿划转上市公司股份的方案和可行性研究报告
C. 上市公司股份无偿划转协议
D. 划转双方基本情况、上一年度经审计的财务会计报告
E. 划出方债务处置方案及或有负债的解决方案，及主要债权人对无偿划转的无异议函
F. 划入方未来 12 个月内对上市公司的重组计划或未来三年发展规划(适用于上市公司控股权转移的)
G. 律师事务所出具的法律意见书
H. 国家出资企业、履行出资人职责的机构认为必要的其他文件</td></tr>
<tr><td rowspan="6">股份间接转让</td><td>概念</td><td colspan="2">国有股东所持上市公司股份间接转让是指因国有产权转让或增资扩股等原因导致国有股东不再符合规定情形的行为。</td></tr>
<tr><td>信息披露</td><td colspan="2">国有股东拟间接转让上市公司股份的，履行内部决策程序后，应书面通知上市公司进行信息披露，涉及国有控股股东的，应当一并通知上市公司申请停牌。</td></tr>
<tr><td>聘请财务顾问</td><td colspan="2">国有控股股东所持上市公司股份间接转让，应当按规定聘请财务顾问，对国有产权拟受让方或投资人进行尽职调查，并出具尽职调查报告。</td></tr>
<tr><td rowspan="3">确定转让价格</td><td colspan="2">(8)国有股东所持上市公司股份间接转让，应当按照不得低于下列两者之中的较高者确定其所持上市公司股份价值(　)。</td></tr>
<tr><td colspan="2">A. 提示性公告日前 30 个交易日的每日加权平均价格的算术平均值
B. 最近一个会计年度上市公司经审计的每股净资产值</td></tr>
<tr><td colspan="2">上市公司股份价值确定的基准日应与国有股东资产评估的基准日一致，且与国有股东产权直接持有单位对该产权变动决策的日期相差不得超过一个月。
国有产权转让或增资扩股到产权交易机构挂牌时，因上市公司股价发生大幅变化等原因，导致资产评估报告的结论已不能反映交易标的真实价值的，原决策机构应对间接转让行为重新审议。</td></tr>
</table>

续表

<table>
<tr><td rowspan="4">股份间接转让</td><td rowspan="4">审核批准</td><td>国有股东所持上市公司股份间接转让的，国有股东应在产权转让或增资扩股协议签订后，产权交易机构出具交易凭证前报履行出资人职责的机构审核批准。</td></tr>
<tr><td>(9)履行出资人职责的机构批准国有股东所持上市公司股份间接转让时，应当审核的文件有(　)。</td></tr>
<tr><td>A. 产权转让或增资扩股决策文件、资产评估结果核准、备案文件及可行性研究报告
B. 经批准的产权转让或增资扩股方案　C. 受让方或投资人征集、选择情况
D. 国有产权转让协议或增资扩股协议
E. 国有股东资产作价金额，包括国有股东所持上市公司股份的作价说明
F. 受让方或投资人基本情况及上一年度经审计的财务会计报告
G. 财务顾问出具的尽职调查报告(适用于国有控股股东国有产权变动的)
H. 律师事务所出具的法律意见书
I. 履行出资人职责的机构认为必要的其他文件</td></tr>
</table>

(三)国有股东受让上市公司股份

【考点母题——万变不离其宗】国有股东受让上市公司股份

<table>
<tr><td>受让方式</td><td>国有股东受让上市公司股份行为主要包括国有股东通过证券交易系统增持、协议受让、间接受让、要约收购上市公司股份和认购上市公司发行股票等。</td></tr>
<tr><td rowspan="4">审核批准</td><td>(1)下列关于国有股东受让上市公司股份审核批准的表述中，正确的是(　)。</td></tr>
<tr><td>A. 国有股东受让上市公司股份，按照审批权限由国家出资企业审核批准或由履行出资人职责的机构审核批准</td></tr>
<tr><td>(2)国家出资企业、履行出资人职责的机构批准国有股东受让上市公司股份时，应当审核的文件有(　)。</td></tr>
<tr><td>A. 国有股东受让上市公司股份的内部决策文件
B. 国有股东受让上市公司股份方案，内容包括但不限于：国有股东及上市公司的基本情况、主要财务数据、价格上限及确定依据、数量及受让时限等
C. 可行性研究报告
D. 股份转让协议(适用于协议受让的)、产权转让或增资扩股协议(适用于间接受让的)
E. 财务顾问出具的尽职调查报告和上市公司估值报告(适用于取得控股权的)
F. 律师事务所出具的法律意见书
G. 国家出资企业、履行出资人职责的机构认为必要的其他文件</td></tr>
<tr><td>办理受让手续</td><td>国有股东将其持有的可转换公司债券或可交换公司债券转换、交换成上市公司股票的，通过司法机关强制执行手续取得上市公司股份的，按照相关法律、行政法规及规章制度的规定办理，并在上述行为完成后10个工作日内将相关情况通过管理信息系统按程序报告履行出资人职责的机构。</td></tr>
</table>

（四）国有股东发行可交换公司债券

【考点母题——万变不离其宗】国有股东发行可交换公司债券

<table>
<tr><td>概念</td><td>国有股东发行可交换公司债券，是指上市公司国有股东依法发行、在一定期限内依据约定条件可以交换成该股东所持特定上市公司股份的公司债券的行为。</td></tr>
<tr><td rowspan="4">确定可交换公司债券的价格和利率</td><td>（1）下列关于国有股东发行可交换公司债券确定可交换公司债券的价格的表述中，正确的是（ ）。</td></tr>
<tr><td>A. 国有股东发行的可交换公司债券交换为上市公司每股股份的价格，应不低于债券募集说明书公告日前1个交易日、前20个交易日、前30个交易日该上市公司股票均价中的最高者</td></tr>
<tr><td>（2）下列关于国有股东发行可交换公司债券确定可交换公司债券的利率的表述中，正确的是（ ）。</td></tr>
<tr><td>A. 国有股东发行的可交换公司债券，其利率应当在参照同期银行贷款利率、银行票据利率、同行业其他企业发行的债券利率，以及标的公司股票每股交换价格、上市公司未来发展前景等因素的前提下，通过市场询价合理确定</td></tr>
<tr><td rowspan="4">审批</td><td>（3）下列关于国有股东发行可交换公司债券审核批准的表述中，正确的是（ ）。</td></tr>
<tr><td>A. 国有股东发行可交换公司债券，按照审批权限由国家出资企业审核批准或由履行出资人职责的机构审核批准</td></tr>
<tr><td>（4）国家出资企业、履行出资人职责的机构批准国有股东发行可交换公司债券时，应当审核的文件有（ ）。</td></tr>
<tr><td>A. 国有股东发行可交换公司债券的内部决策文件
B. 国有股东发行可交换公司债券的方案，内容包括但不限于：国有股东、上市公司基本情况及主要财务数据，预备用于交换的股份数量及保证方式，风险评估论证情况、偿本付息及应对债务风险的具体方案，对国有股东控股地位影响的分析等
C. 可行性研究报告
D. 律师事务所出具的法律意见书
E. 国家出资企业、履行出资人职责的机构认为必要的其他文件</td></tr>
</table>

（五）国有股东所控股上市公司发行证券

【考点母题——万变不离其宗】国有股东所控股上市公司发行证券

发行方式	国有股东所控股上市公司发行证券包括上市公司采用公开方式向原股东配售股份、向不特定对象公开募集股份、采用非公开方式向特定对象发行股份以及发行可转换公司债券等行为。

续表

审批	(1)下列关于国有股东所控股上市公司发行证券审核批准的表述中，正确的是(　)。
	A. 国有股东所控股上市公司发行证券，应当在股东大会召开前，按照审批权限由国家出资企业审核批准或由履行出资人职责的机构审核批准
	(2)国家出资企业、履行出资人职责的机构批准国有股东所控股上市公司发行证券时，应当审核的文件有(　)。
	A. 上市公司董事会决议 B. 国有股东所控股上市公司发行证券的方案，内容包括但不限于：相关国有股东、上市公司基本情况，发行方式、数量、价格，募集资金用途，对国有股东控股地位影响的分析，发行可转换公司债券的风险评估论证情况、偿本付息及应对债务风险的具体方案等 C. 可行性研究报告　　D. 律师事务所出具的法律意见书 E. 国家出资企业、履行出资人职责的机构认为必要的其他文件

（六）国有股东所控股上市公司吸收合并

【考点母题——万变不离其宗】国有股东所控股上市公司吸收合并

概念	国有股东所控股上市公司吸收合并，是指国有控股上市公司之间或国有控股上市公司与非国有控股上市公司之间的吸收合并。
聘请财务顾问	国有股东所控股上市公司应当聘请财务顾问，对吸收合并的双方进行尽职调查和内部核查，并出具专业意见。
确定换股价格	(1)下列关于国有股东所控股上市公司吸收合并确定换股价格的表述中，正确的是(　)。
	A. 国有股东应指导上市公司根据股票交易价格，并参考可比交易案例，合理确定上市公司换股价格
审批	(2)下列关于国有股东所控股上市公司吸收合并审核批准的表述中，正确的是(　)。
	A. 国有股东应当在上市公司董事会审议吸收合并方案前，将该方案报履行出资人职责的机构审核批准。
	(3)履行出资人职责的机构批准国有股东所控股上市公司吸收合并时，应当审核的文件有(　)。
	A. 国家出资企业、国有股东的内部决策文件 B. 国有股东所控股上市公司吸收合并的方案，内容包括但不限于：国有控股股东及上市公司基本情况、换股价格的确定依据、现金选择权安排、吸收合并后的股权结构、债务处置、职工安置、市场应对预案等； C. 可行性研究报告　　D. 律师事务所出具的法律意见书 E. 国有资产监督管理机构认为必要的其他文件

（七）国有股东与上市公司进行资产重组

【考点母题——万变不离其宗】国有股东与上市公司进行资产重组

概念	国有股东与上市公司进行资产重组是指国有股东向上市公司注入、购买或置换资产并涉及国有股东所持上市公司股份发生变化的情形。
信息披露	(1)下列关于国有股东与上市公司进行资产重组信息披露程序的表述中，正确的有（　）。
	A. 国有股东就资产重组事项进行内部决策后，应书面通知上市公司，由上市公司依法披露，并申请股票停牌 B. 在上市公司董事会审议资产重组方案前，应当将可行性研究报告报国家出资企业、履行出资人职责的机构预审核，并由履行出资人职责的机构通过管理信息系统出具意见
审批	(2)下列关于国有股东与上市公司进行资产重组审核批准的表述中，正确的有（　）。
	A. 国有股东与上市公司进行资产重组方案经上市公司董事会审议通过后，应当在上市公司股东大会召开前，按照审批权限由国家出资企业审核批准或由履行出资人职责的机构审核批准
	(3)国家出资企业、履行出资人职责的机构批准国有股东与上市公司进行资产重组时，应当审核的文件有（　）。
	A. 国有股东决策文件和上市公司董事会决议 B. 资产重组的方案，内容包括但不限于：资产重组的原因及目的，涉及标的资产范围、业务情况及近三年损益情况、未来盈利预测及其依据，相关资产作价的说明，资产重组对国有股东及上市公司权益、盈利水平和未来发展的影响等 C. 资产重组涉及相关资产的评估备案表或核准文件　D. 律师事务所出具的法律意见书 E. 国家出资企业、履行出资人职责的机构认为必要的其他文件

国有股东参股的非上市企业参与非国有控股上市公司的资产重组事项由国家出资企业按照内部决策程序自主决定。

【本章考点子题答案及解析】

[1]　【答案：A】本题考查企业国有资产的监督管理体制。企业国有资产属于国家所有，国务院代表国家行使国有资产所有权。故选项A当选。

[2]　【答案：D】企业国有资产属于国家所有，国务院代表国家行使国有资产所有权，选项D正确。

[3]　【答案：BCD】国务院和地方人民政府应当按照下列原则依法履行出资人职责：政企分开；社会公共管理职能与企业国有企业出资人职能分开；不干预企业依法自主经营的原则。故选项BCD正确，当选。

[4]　【答案：C】财政部门是金融企业国有资产的监督管理部门，故选项C正确。

[5]　【答案：ABCD】本题考查国家出资企业的范围。国家出资企业包括国有独资企业、国有资本参股公司、国有资本控股公司和国有独资公司。

[6]　【答案：B】国有独资企业是依照《全民所有制工业企业法》设立的，企业全部注册资本均为国

有资本的非公司制企业。

[7]【答案：A】国有独资公司的履行出资人职责的机构可以任免的是董事长、副董事长、董事、监事会主席和监事，不包括高级管理人员。故选项 A 当选，选项 BCD 不当选。

[8]【答案：D】本题考查管理者的任免。国有资本控股公司履行出资人职责的机构所享有的权限是向股东会、股东大会提出董事、监事人选，选项 D 正确。选项 A，是国有独资公司中履行出资人职责的机构所享有的权限。选项 BC，是国有独资企业中履行出资人职责的机构所享有的权限。

[9]【答案：ABCD】本题考查国家出资企业管理者的任免范围。国有独资公司中履行出资人职责的机构所享有的权限是可以任免董事长（选项 B）、副董事长（选项 A）、董事（选项 C）、监事会主席和监事（选项 D）。

[10]【答案：AD】本题考核国家出资企业管理者的任免范围。履行出资人职责的机构依照法律、行政法规以及企业章程的规定，任免或者建议任免国家出资企业的下列人员：（1）任免国有独资企业的经理、副经理、财务负责人和其他高级管理人员；（2）任免国有独资公司的董事长、副董事长、董事、监事会主席和监事；（3）向国有资本控股公司、国有资本参股公司的股东会、股东大会提出董事、监事人选。

[11]【答案：BCD】企业产权登记的类型包括：占有产权登记、变动产权登记、注销产权登记。选项 BCD 属于占有产权登记的内容。

[12]【答案：A】国有金融资本产权登记和管理机关为同级财政部门关。

[13]【答案：B】本题考查国有资产应当评估的范围。选项 AC，关键词为“无偿划转”，已经无偿划转了，就不用评估了，不选。选项 B，关键词为“企业改制”，必须经过评估，当选。选项 D，关键词为“置换”，国有独资企业与其下属独资企业（事业单位）之间或者其下属的独资企业（事业单位）之间的合并、资产（产权）置换可以不对相关资产进行评估，不选。

[14]【答案：ABC】本题考查国有资产产权评估。选项 D 是以货币资产对外投资，所以是不需要评估的。

[15]【答案：A】选项 B 已经批准无偿划转了，不需再进行评估；选项 C，国有独资企业与其下属的独资企业之间，或者其下属独资企业之间的合并，可以不进行评估。选项 D，上市公司可流通的股权转让可以不进行评估。故 BCD 均不当选。

[16]【答案：ABD】本题考核企业国有资产评估的范围。应当进行资产评估的情形包括：（1）整体或部分改建为有限责任公司或者股份有限公司；（2）以非货币资产对外投资；（3）合并、分立、破产、解散；（4）非上市公司国有股东股权比例变动；（5）产权转让；（6）资产转让、置换；（7）整体资产或者部分资产租赁给非国有单位；（8）以非货币资产偿还债务；（9）资产涉讼；（10）收购非国有单位的资产；（11）接受非国有单位以非货币资产出资；（12）接受非国有单位以非货币资产抵债。国有独资企业与其下属独资企业（事业单位）之间或其下属独资企业（事业单位）之间的合并、资产（产权）置换和无偿划转，可以不进行资产评估。

[17]【答案：BD】产权转让事项经批准后，由转让方（而不是受让方）委托会计师事务所对转让标的企业进行审计，选项 A 不正确。受让方确定后，转让方与受让方应当签订产权交易合同，交易双方“不得”以交易期间企业经营性损益等理由对已达成的交易条件和交易价格进行调整，选项 C 不正确。

[18]【答案：B】国有资产监督管理机构负责审核国家出资企业的增资行为。其中，因增资致使国

家不再拥有所出资企业控股权的，须由国有资产监督管理机构报本级人民政府批准，所以应当选 B 选项。

[19] 【答案：A】本题考查企业国有资产评估项目核准制与备案制。中央金融企业资产评估项目报财政部门核准。地方金融企业资产评估项目报本级财政部门核准。

第 11 章　反垄断法律制度

本章思维导图

本章主要介绍了反垄断法律制度概述、垄断协议规制制度、滥用市场支配地位规制制度、经营者集中反垄断审查制度、滥用行政权力排除限制禁止规制制度五个方面的内容。具体知识结构分布如图 11-1。

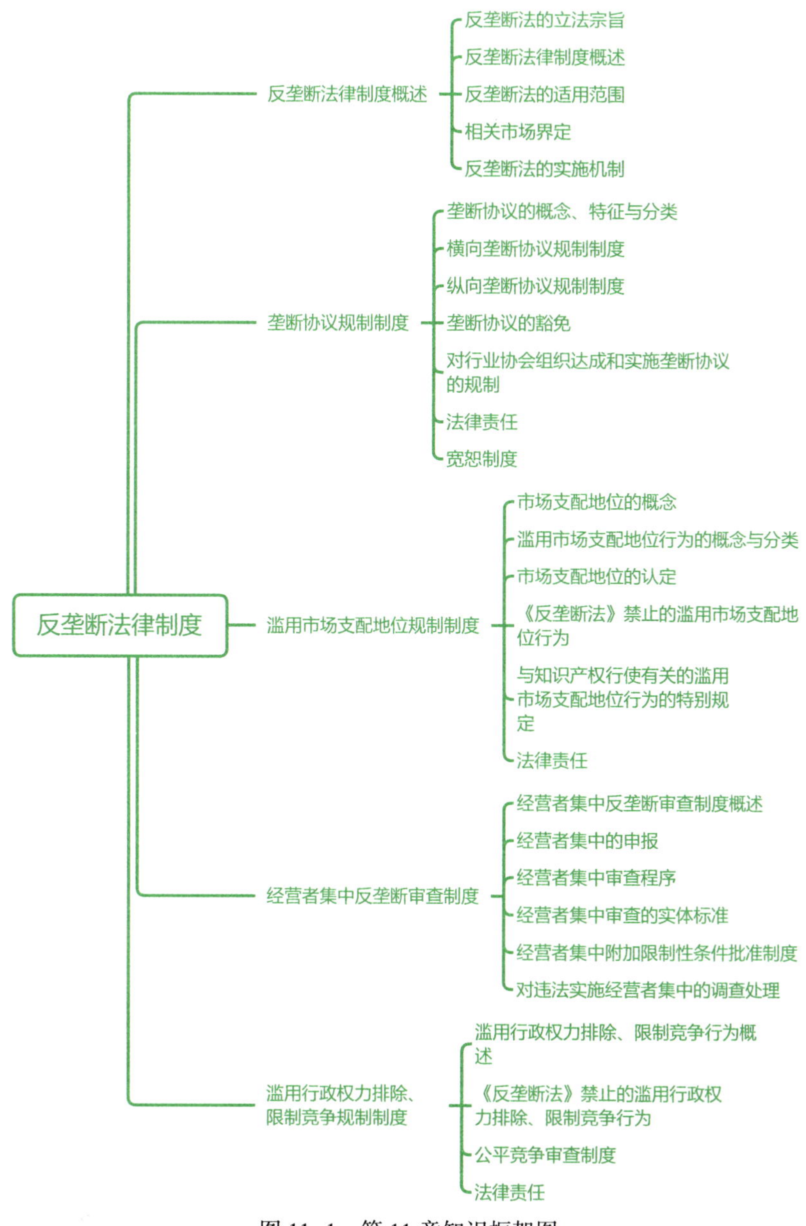

图 11-1　第 11 章知识框架图

近三年本章考试题型及分值分布

题型	2022（1卷）	2021（1卷）	2020（1卷）
单选题	2题2分	2题2分	2题2分
多选题	2题3分	2题3分	2题3分
合计	5分	5分	5分

扫码畅听增值课

第一节　反垄断法律制度概述

本节考点、考点母题及考点子题

考点 1　反垄断法的立法宗旨

【考点母题——万变不离其宗】反垄断法的立法宗旨

反垄断法的立法宗旨（立法目的）包括（　）。	
A. 保护竞争	a. 保护竞争是反垄断法的首要目标 b. 保护竞争是反垄断法最基本、最直接的目标。效率和消费者福利的提升建立在竞争受到很好保护的基础上
B. 鼓励创新	创新是市场主体展开竞争的重要维度，在科技驱动的现代经济中，创新已成为促进效率、消费者福利和推动社会进步的根本动力，更是竞争执法中的重要判断标准
C. 提高经济效率	是否有助于提高效率，是对限制竞争行为的违法性进行判断的主要标准
D. 提升消费者福利	提升消费者福利是反垄断法的重要目标
E. 社会公共利益目标	除上述四项外，制定反垄断法时还要考虑提升民族经济的竞争力甚至保障国家安全等因素

考点 2　反垄断法的适用范围

（一）反垄断法适用的地域范围

【考点母题——万变不离其宗】反垄断法适用的地域范围

（1）下列关于我国《反垄断法》适用的地域范围的表述中，正确的是（　）。
A. 对于《反垄断法》适用的地域范围，我国采用了“属地原则+效果原则”
（2）下列各项行为中，适用我国《反垄断法》的有（　）。
A. 我国境内经济活动中的垄断行为（属地原则） B. 发生在我国境外，对境内市场竞争产生排除、限制影响的垄断行为（效果原则） 【注意】这里所称的“境内”，不包括我国港、澳、台地区。

【考点子题——举一反三，真枪实练】

［1］（2017 年 · 多选题）下列关于《反垄断法》适用范围的表述中，正确的有（　）。

A. 只要垄断行为发生在境内，无论该行为是否对境内市场竞争产生排除、限制影响，均应适用《反垄断法》

B. 只要行为人是我国公民或境内企业，无论该行为是否发生在境内，均应适用《反垄断法》

C. 只要行为人是我国公民或境内企业，无论该行为是否对境内市场竞争产生排除、限制影响，均应适用《反垄断法》

D. 只要垄断行为对境内市场竞争产生排除、限制影响，无论该行为是否发生在境内，均应适用《反垄断法》

[2]（2021年·单选题）根据反垄断法律制度的规定，境外垄断行为，对境内市场竞争产生排除、限制影响的，适用《反垄断法》，这属于（ ）。

A. 属人管辖　B. 属地管辖　C. 普遍管辖　D. 效果原则

（二）反垄断法适用的主体和行为

【考点母题——万变不离其宗】反垄断法适用的主体和行为

<table>
<tr><th colspan="2">反垄断法适用主体</th><th>反垄断法适用行为</th></tr>
<tr><td rowspan="2">经营者</td><td rowspan="2">经营者是指从事商品生产、经营或者提供服务的自然人、法人和其他组织。</td><td>（1）以经营者为行为主体的下列垄断行为中，受到《反垄断法》规制的有（ ）。</td></tr>
<tr><td>A. 经营者达成垄断协议
B. 经营者滥用市场支配地位
C. 具有或者可能具有排除、限制竞争效果的经营者集中</td></tr>
<tr><td rowspan="3">行业协会</td><td rowspan="3">行业协会是指由同行业经济组织和个人组成，行使行业服务和自律管理职能的各种协会、学会、商会、联合会、促进会等社会团体法人。</td><td>（2）下列各项中，属于行业协会不得组织本行业的经营者从事的垄断行为的有（ ）。</td></tr>
<tr><td>A. 制定、发布含有排除、限制竞争内容的行业协会章程、规则、决定、通知、标准等
B. 召集、组织或者推动本行业的经营者达成含有排除、限制竞争内容的协议、决议、纪要、备忘录等</td></tr>
<tr><td>【注意】行业协会应当加强行业自律，引导本行业的经营者依法竞争，维护市场竞争秩序。行业协会不得组织本行业的经营者从事反垄断法禁止的垄断行为。</td></tr>
<tr><td rowspan="2">行政主体</td><td>行政机关</td><td>（3）以行政机关和法律、行政法规授权的具有管理公共事务职能的组织为主体的下列行为中，受到《反垄断法》规制的是（ ）。</td></tr>
<tr><td>法律、行政法规授权的具有管理公共事务职能的组织</td><td>A. 滥用行政权力排除、限制竞争行为（行政垄断行为）</td></tr>
</table>

【考点子题——举一反三，真枪实练】

[3]（2020 年 · 多选题）下列主体中，属于《反垄断法》的规制对象的有（ ）。

A. 行业协会　　B. 经营者

C. 行政机关　　D. 具有管理公共事务职能的组织

（三）反垄断法的适用除外

反垄断法上的适用除外，是指将特定领域排除在反垄断法的适用范围之外，根本不予适用的制度。

【考点母题——万变不离其宗】反垄断法的适用除外

<table>
<tr><td colspan="2">下列行为中，不适用《反垄断法》的有（ ）。</td></tr>
<tr><td rowspan="2">A. 知识产权的正当使用</td><td>经营者依照有关知识产权的法律、行政法规规定行使知识产权的行为，不适用反垄断法</td></tr>
<tr><td>【注意】经营者滥用知识产权，排除、限制竞争的行为，不可排除反垄断法的适用。</td></tr>
<tr><td>B. 农业生产中的联合或者协同行为</td><td>反垄断法对农业生产者及农业生产组织在农产品生产、加工、销售、运输、储存等经营活动中实施的联合或者协同行为排除适用</td></tr>
<tr><td rowspan="2">C. 国有垄断企业的合法经营活动</td><td>对于铁路、石油、电信、电网、烟草等重点行业，国家通过立法赋予国有企业以垄断性经营权</td></tr>
<tr><td>【注意】但是，如果这些国有垄断企业从事垄断协议、滥用市场支配地位行为，或者从事可能排除、限制竞争的经营者集中行为，同样应受反垄断法的规制。</td></tr>
</table>

【考点子题——举一反三，真枪实练】

[4]（2020 年 · 单选题）下列关于《反垄断法》适用范围的表述中，正确的是（ ）。

A. 行使知识产权的行为，不适用《反垄断法》

B. 农业生产中的协同行为，不适用《反垄断法》

C. 国家机关的行为，不适用《反垄断法》

D. 电信、石油等特殊行业的国有企业的行为，不适用《反垄断法》

考点 3 相关市场界定

竞争和垄断均为特定市场范围内的相对概念。在一定范围的市场内的垄断，如果放在更大范围的市场内考察，就不一定是垄断。因此，认定垄断之前必须先界定相关市场的范围。恰如其分地界定相关市场，是判断经营者之间的竞争关系（识别竞争者）、经营者的市场地位，评估垄断行为对竞争的影响的前提和条件。界定相关市场的意义在于：明确在特定的时间段内，哪些地域范围内的哪些商品之间存在着竞争关系。

【考点母题——万变不离其宗】相关市场界定的适用范围

相关市场界定是反垄断分析的重要步骤。下列反垄断案件中，可能涉及相关市场的界定问题的有（ ）。
A. 禁止垄断协议案件 B. 禁止滥用市场支配地位案件 C. 经营者集中的反垄断审查案件

（一）相关市场的概念及维度

【考点母题——万变不离其宗】相关市场的概念及维度

<table>
<tr><td>概念</td><td colspan="2">根据我国《反垄断法》的规定，相关市场是经营者在一定时期内就特定商品或者服务（统称商品）进行竞争的商品范围和地域范围。</td></tr>
<tr><td rowspan="5">维度</td><td colspan="2">相关市场的界定涉及不同的维度。根据我国《反垄断法》的规定，下列各项中，属于界定相关市场涉及的维度的有（ ）。</td></tr>
<tr><td>A. 商品维度</td><td>即相关商品市场</td></tr>
<tr><td>B. 地域维度</td><td>即相关地域市场</td></tr>
<tr><td>C. 时间维度</td><td>即相关时间市场</td></tr>
<tr><td colspan="2">【注意】并非任何市场界定都涉及全部三个维度。大部分反垄断分析中，相关市场只需从商品和地域两个维度进行界定；只有在时间因素可以影响商品之间的竞争关系的特定情形下，才会用到时间维度。</td></tr>
<tr><td>示例</td><td colspan="2">在“唐山人人诉百度滥用市场支配地位案”中，法院将相关市场界定为“中国搜索引擎服务市场”，其中商品维度就是“搜索引擎服务”，地域维度是“中国”。</td></tr>
</table>

【考点子题——举一反三，真枪实练】

[5]（2014年·单选题）在“唐山人人诉百度滥用市场支配地位案”中，人民法院将该案的相关市场界定为“中国搜索引擎服务市场”。根据反垄断法律制度的规定，“搜索引擎服务”属于（ ）。

A. 相关商品市场　　B. 相关技术市场

C. 相关创新市场　　D. 相关时间市场

（二）界定相关市场的基本标准与分析视角

【考点母题——万变不离其宗】界定相关市场的基本标准与分析视角

界定相关市场的基本标准	（1）根据反垄断法律制度的规定，判断商品之间是否具有竞争关系、是否在同一相关市场的基本标准是（ ）。
	A. 商品间的“较为紧密的相互替代性”

续表

<table>
<tr><td rowspan="8">界定相关市场的分析视角</td><td colspan="3">(2)根据反垄断法律制度的规定，界定相关市场的分析角度包括(　)。</td></tr>
<tr><td rowspan="3">A. 需求替代</td><td colspan="2">(3)下列关于界定相关市场需求替代的表述中，正确的有(　)。</td></tr>
<tr><td colspan="2">A. 需求替代是界定相关市场的主要分析视角</td></tr>
<tr><td>B. 需求替代是根据特定因素对商品之间的相互替代程度进行分析</td><td>a. 需求者对商品功能用途的需求
b. 质量的认可
c. 价格的接受以及获取的难易程度等因素</td></tr>
<tr><td rowspan="4">B. 供给替代</td><td colspan="2">(4)下列关于界定相关市场供给替代的表述中，正确的有(　)。</td></tr>
<tr><td colspan="2">A. 当供给替代对经营者行为产生的竞争约束类似于需求替代时，也应考虑供给替代
B. 供给替代是指当一种商品的需求增加时，其他经营者转产该种商品以进入市场、增加供给的可能性。一般来说，其他经营者的转产成本越低，提供紧密替代商品越迅速，则供给替代程度就越高，其就越可能划入同一相关市场</td></tr>
<tr><td>C. 其他经营者转产的成本</td><td>a. 改造生产设施的投入
b. 承担的风险
c. 进入目标市场的时间等</td></tr>
<tr><td colspan="2">D. 在需要计算市场份额时，其他经营者因转产而带来的潜在市场份额也将一并计入相关市场的总量</td></tr>
</table>

【考点子题——举一反三，真枪实练】

[6] (2019 年·单选题)下列关于相关市场界定的表述中，符合反垄断法律制度规定的是(　)。

A. 只有滥用市场支配地位案件，才需要界定相关市场

B. 界定相关市场的基本标准是商品间“较为紧密的相互替代性”

C. 任何反垄断案件的分析中，相关市场均应从商品、地域和时间三个维度界定

D. 供给替代是界定相关市场的主要分析视角

[7] (2018 年·单选题)根据反垄断法律制度的规定，下列各项中，属于界定相关市场的基本标准的是(　)。

A. 商品的外形、特性、质量和技术特点等总体特征的用途

B. 商品的运输成本和运输特征

C. 商品间较为紧密的相互替代性

D. 商品的使用期限和季节性

[8] (2021 年·多选题)根据反垄断法律制度的规定，界定相关市场，从供给替代角度

分析的有(　)。

A、进入相关市场时间　　B、转产的风险

C、产品的质量认可程度　　D、生产设备的投入

(三)相关商品市场及其界定

【考点母题——万变不离其宗】相关商品市场及其界定

<table>
<tr><td rowspan="2">相关商品市场概念</td><td colspan="2">(1)下列关于相关商品市场概念的表述中，正确的有(　)。</td></tr>
<tr><td colspan="2">A. 相关商品市场，是指具有较为紧密替代关系的商品范围。所有具有较为紧密的相互替代关系的商品构成同一个市场
B. “商品”，是个广义概念，不仅包括传统意义上的货物，而且还包括服务
C. 在技术贸易、许可协议等涉及知识产权的反垄断执法工作中，商品的概念还会拓展到技术以及为完成某项技术创新而从事的研发活动，也就是通常所说的“相关技术市场”和“相关创新市场”</td></tr>
<tr><td rowspan="6">从需求角度界定相关商品市场</td><td colspan="2">(2)下列各项中，属于从需求角度界定相关商品市场时，一般应考虑的因素的有(　)。</td></tr>
<tr><td colspan="2">A. 需求者因商品价格或其他竞争因素变化，转向或考虑转向购买其他商品的证据</td></tr>
<tr><td>B. 商品的外形、特性、质量和技术特点等总体特征和用途</td><td>商品可能在特征上表现出某些差异，但需求者仍可以基于商品相同或相似的用途将其视为紧密替代品。一般来说，如果商品之间具有相似的功能和用途，能满足消费者相同的使用目的，即可认定它们属同一商品市场</td></tr>
<tr><td>C. 商品之间的价格差异</td><td>通常情况下，替代性较强的商品价格比较接近，而且在价格变化时表现出同向变化趋势。反之，如果两种商品的价格相差悬殊，即使彼此的功能和用途相同或非常接近，也很难发生竞争关系，也就不可认定为属于同一相关商品市场</td></tr>
<tr><td>D. 商品的销售渠道</td><td>销售渠道不同的商品面对的需求者可能不同，相互之间难以构成竞争关系，属于同一相关商品市场的可能性较小</td></tr>
<tr><td>E. 其他重要因素</td><td>a. 需求者偏好或需求者对商品的依赖程度
b. 可能阻碍大量需求者转向某些紧密替代商品的障碍、风险和成本
c. 是否存在区别定价等</td></tr>
<tr><td rowspan="2">从供给角度界定相关商品市场</td><td colspan="2">(3)下列各项中，属于从供给角度界定相关商品市场时，一般应考虑的因素的有(　)。</td></tr>
<tr><td colspan="2">A. 经营者的生产流程和工艺　　B. 转产的难易程度
C. 转产需要的时间　　D. 转产的额外费用和风险
E. 转产后所提供商品的市场竞争力　　F. 营销渠道等</td></tr>
</table>

【考点子题——举一反三，真枪实练】

[9]（2019 年·单选题）根据反垄断法律制度的规定，下列各项中，属于在从供给角度界定相关商品市场时所应考虑的因素的是（　）。

A. 商品的功能及用途　　B. 商品间的价格差异

C. 其他经营者的转产成本　　D. 消费者的消费偏好

（四）相关地域市场及其界定

【考点母题——万变不离其宗】相关地域市场及其界定

<table>
<tr><td rowspan="2">相关地域市场概念</td><td colspan="2">(1)下列关于相关地域市场概念的表述中，正确的有（　）。</td></tr>
<tr><td colspan="2">A. 相关地域市场，是指相同或具有替代关系的商品相互竞争的地理区域。不同的地理区域之间因空间距离导致的运输成本以及关税等贸易壁垒形成的隔阻，会影响商品的自由流动，进而导致相同或近似的商品之间不具有竞争关系
B. 界定相关地域市场时有时还需要超越国界，考虑国际因素
C. 有些商品的地域市场可能是全国范围，有些商品的地域市场可能仅限于国内某个特定的地理区域</td></tr>
<tr><td rowspan="6">从需求角度界定相关地域市场</td><td colspan="2">(2)下列各项中，属于从需求角度界定相关地域市场，一般应考虑的因素的有（　）。</td></tr>
<tr><td colspan="2">A. 需求者因商品价格或其他竞争因素变化，转向或考虑转向其他地域购买商品的证据</td></tr>
<tr><td colspan="2">B. 多数需求者选择商品的实际区域和主要经营者商品的销售分布</td></tr>
<tr><td>C. 商品的运输成本、运输特征</td><td>相对于商品的价格来说，运输成本越高，相关地域市场的范围越小，如水泥等；商品的运输特征也决定了商品的销售地域，如需要管道运输的工业气体等</td></tr>
<tr><td>D. 地区间的贸易壁垒，包括关税、地方性法规、环保因素、技术因素等</td><td>如关税相对商品的价格来说占比例较高时，则相关地域市场很可能是一个区域性市场。</td></tr>
<tr><td>E. 其他重要因素</td><td>a. 特定区域需求者偏好
b. 商品运进和运出该地域的数量。</td></tr>
<tr><td rowspan="2">从供给角度界定相关地域市场</td><td colspan="2">(3)下列各项中，属于从供给角度界定相关地域市场，一般应考虑的因素的是（　）。</td></tr>
<tr><td colspan="2">A. 其他地域供应或销售相关商品的即时性和可行性，如将订单转向其他地域经营者的转换成本等</td></tr>
</table>

（五）相关时间市场

【考点母题——万变不离其宗】相关时间市场

<table>
<tr><td>概念</td><td>相关时间市场，是指相同或近似的商品在同一区域内相互竞争的时间范围。</td></tr>
<tr><td rowspan="2">应界定相关时间市场的情形</td><td>相对于相关商品市场和相关地域市场而言，相关时间市场并不是确定相关市场的主要维度。但是，界定相关市场时应考虑时间性的情形为（　）。</td></tr>
<tr><td>A. 商品的生产周期、使用期限、季节性、流行时尚性或知识产权保护期限等已构成商品不可忽视的特征</td></tr>
<tr><td>示例</td><td>假设某种水果只在夏季才出产，而另外某种水果是在秋季出产，即使两种水果从商品属性角度看具有较为紧密的相互替代性，但由于上市时间的错位，也不具有竞争关系，不能划在同一相关市场。</td></tr>
</table>

（六）假定垄断者测试

在经营者竞争的市场范围不够清晰或不易确定时，可以按照“假定垄断者测试”的分析思路来界定相关市场。假定垄断者测试是一种在相关市场界定实践中被普遍使用的计量分析方法。该方法提高了相关市场界定中的替代关系测试的客观性和准确性。

【考点母题——万变不离其宗】假定垄断者测试

<table>
<tr><td rowspan="4">假定垄断者测试在相关商品市场界定中的应用</td><td colspan="2">（1）下列各项中，属于通过假定垄断者测试界定相关商品市场的基本路径的有（　）。</td></tr>
<tr><td rowspan="2">A. 假设反垄断审查关注的经营者是以利润最大化为经营目标的垄断者，在其他商品的销售条件保持不变的情况下，看其能否持久（一般为1年）而小幅（一般为5%-10%）提高其商品的价格，并仍然有利可图</td><td>如果能，则其商品可以单独构成一个相关市场</td></tr>
<tr><td>如果在此过程中，由于其商品涨价导致需求者转向购买与其商品具有紧密替代关系的其他商品，从而引起假定垄断者销售量下降，并最终无利可图，则其商品不能单独构成一个相关市场，需求者所转向的其他商品与其商品也同处一个相关市场</td></tr>
<tr><td colspan="2">B. 按如此路径继续测试，直至该经营者可以通过持久而小幅的涨价实现盈利，由此便界定出相关商品市场</td></tr>
<tr><td rowspan="3">假定垄断者测试在相关地域市场界定中的应用</td><td colspan="2">（2）下列各项中，属于通过假定垄断者测试界定相关地域市场的基本路径的是（　）。</td></tr>
<tr><td rowspan="2">A. 假设反垄断审查关注的经营者是以利润最大化为经营目标的垄断者，在其他地域的销售条件不变的情况下，看其对目标地域内的相关商品进行持久（一般为1年）小幅涨价（一般为5%-10%）是否有利可图</td><td>如果答案是肯定的，目标地域就构成相关地域市场</td></tr>
<tr><td>如果其他地域市场的强烈替代使得涨价无利可图，就需要扩大地域范围，直到涨价最终有利可图，该地域就是相关地域市场</td></tr>
</table>

考点 4　反垄断法的实施机制

反垄断法的实施机制，是指行政执法机构和司法机关通过执法和司法活动实现反垄断法的机制，具体包括反垄断法的实施主体、法律责任及其追究方式等内容。我国反垄断法的实施机制采用行政执法与民事诉讼并行的“双轨制”模式。

【考点母题——万变不离其宗】反垄断民事诉讼

<table>
<tr><td colspan="2">我国反垄断民事诉讼的类型有（　）。</td></tr>
<tr><td>A. 私人诉讼</td><td>经营者实施垄断行为，给他人造成损失的，依法承担民事责任</td></tr>
<tr><td>B. 民事公益诉讼</td><td>经营者实施垄断行为，损害社会公共利益的，设区的市级以上人民检察院可以依法向人民法院提起民事公益诉讼</td></tr>
</table>

（一）反垄断法律责任

【考点母题——万变不离其宗】反垄断法律责任

<table>
<tr><td colspan="3">（1）下列各项中，属于实施垄断行为可能承担的法律责任的有（　）。</td></tr>
<tr><td rowspan="4">A. 行政责任</td><td colspan="2">（2）下列关于反垄断行政责任的表述中，正确的有（　）。</td></tr>
<tr><td colspan="2">A. 反垄断法上的行政责任，是指由反垄断行政执法机构针对违法垄断行为作出的制裁措施</td></tr>
<tr><td>B. 我国《反垄断法》规定的行政责任主要包括</td><td>a. 责令停止违法行为　b. 没收违法所得
c. 罚款　d. 限期恢复原状等</td></tr>
<tr><td colspan="2">C. 当事人不服反垄断法执法机构有关处罚决定的，可以申请行政复议，也可以直接向人民法院提起行政诉讼</td></tr>
<tr><td rowspan="4">B. 民事责任</td><td colspan="2">（3）下列关于反垄断民事责任的表述中，正确的有（　）。</td></tr>
<tr><td colspan="2">A. 非法垄断行为给他人造成损失的，行为人应当承担民事责任
B. 我国《反垄断法》上的民事责任主要包括停止侵害、赔偿损失等（其中，损害赔偿责任是最主要的民事责任）</td></tr>
<tr><td colspan="2">（4）下列情形中，相关当事人可依据反垄断法和民法主张赔偿责任的有（　）。</td></tr>
<tr><td colspan="2">A. 因经营者的滥用市场支配地位行为而受损的
B. 因垄断协议当事人一方对违反垄断协议的他方实施处罚，给其造成损失的
C. 因垄断协议无效，协议一方当事人向另一方当事人主张返还对价，恢复原状的
D. 因垄断协议无效，消费者向实施垄断协议的经营者主张返还多付价款的</td></tr>
<tr><td rowspan="2">C. 刑事责任</td><td colspan="2">（5）下列关于反垄断刑事责任的表述中，正确的是（　）。</td></tr>
<tr><td colspan="2">A. 违反反垄断法规定，构成犯罪的，依法追究刑事责任</td></tr>
</table>

【考点子题——举一反三，真枪实练】

[10]（2012 年·多选题改编）根据反垄断法律制度的规定，经营者因实施垄断行为可

能承担的法律责任类型有（　）。

A. 行政责任　　B. 民事责任　　C. 刑事责任　　D. 宪法责任

（二）反垄断行政执法

【考点讲解】反垄断行政执法行为

反垄断行政执法行为类型	适用对象	执法机构
调查、处罚	a. 涉嫌构成垄断协议 b. 涉嫌构成滥用市场支配地位行为 c. 涉嫌构成滥用行政权力排除、限制竞争行为	a. 国家市场监督管理总局 b. 省级市场监管部门负责本行政区域内反垄断执法工作
审查	经营者集中	执法权未对省级市场监管部门授权，仍全部保留于中央

1. 反垄断机构及执法权

【考点母题——万变不离其宗】反垄断机构及执法权

<table>
<tr><td rowspan="3">反垄断机构</td><td colspan="2">（1）我国的反垄断机构包括（　）。</td></tr>
<tr><td>A. 国务院反垄断执法机构</td><td>负责反垄断的行政执法</td></tr>
<tr><td>B. 国务院反垄断委员会</td><td>并不是反垄断执法机构，而是关于反垄断工作的议事协调机构。负责组织、协调、指导反垄断工作</td></tr>
<tr><td rowspan="5">反垄断执法权</td><td colspan="2">（2）根据反垄断法律制度的规定，可以负责反垄断执法工作的行政机构有（　）。</td></tr>
<tr><td rowspan="3">A. 国家市场监督管理总局</td><td>2018 年 4 月，国家市场监督管理总局组建并挂牌，国家发改委、商务部和原国家工商总局的反垄断执法职责全部整合于国家市场监督管理总局。至此，我国实现了反垄断执法机构的一元化。</td></tr>
<tr><td>（3）市场监管总局负责反垄断统一执法，直接管辖或者授权有关省级市场监管部门管辖的案件包括（　）。</td></tr>
<tr><td>A. 跨省、自治区、直辖市的垄断协议、滥用市场支配地位和滥用行政权力排除限制竞争案件，以及省级人民政府实施的滥用行政权力排除限制竞争行为
B. 案情较为复杂或者在全国有重大影响的垄断协议、滥用市场支配地位和滥用行政权力排除限制竞争案件
C. 总局认为有必要直接管辖的垄断协议、滥用市场支配地位和滥用行政权力排除限制竞争案件</td></tr>
<tr><td>B. 授权的省级市场监管部门</td><td>在权力的纵向配置上，反垄断执法权属于中央事权。但是，国务院反垄断执法机构根据工作需要，发布了《关于反垄断执法授权的通知》，概括授权各省、自治区、直辖市人民政府市场监督管理部门负责本行政区域内有关反垄断执法工作</td></tr>
</table>

续表

<table>
<tr><td rowspan="2">反垄断执法权</td><td rowspan="2">B. 授权的省级市场监管部门</td><td>(4)下列关于省级市场监管部门进行反垄断执法工作的表述中，正确的有(　)。</td></tr>
<tr><td>A. 省级市场监管部门负责本行政区域内垄断协议、滥用市场支配地位、滥用行政权力排除限制竞争案件反垄断执法工作，以本机关名义依法作出处理。经营者集中审查案件的执法权未对省级市场监管部门授权，仍全部保留于中央
B. 省级市场监管部门发现案件属于总局管辖范围的，要及时将案件移交总局
C. 省级市场监管部门对属于本机关管辖范围的案件，认为有必要由总局管辖的，可以报请总局决定</td></tr>
<tr><td rowspan="2">反垄断委托调查</td><td colspan="2">(5)根据反垄断法律制度的规定，下列关于反垄断委托调查的表述中，正确的有(　)。</td></tr>
<tr><td colspan="2">A. 总局在案件审查和调查过程中，可以委托省级市场监管部门开展相应的调查
B. 省级市场监管部门也可以委托其他省级市场监管部门或者下级市场监管部门开展调查
C. 受委托的市场监管部门在委托范围内，以委托机关的名义实施调查，不得再委托其他行政机关、组织或者个人实施调查</td></tr>
</table>

【考点子题——举一反三，真枪实练】

[11] (2021 年 · 单选题)根据反垄断法律制度的规定，对垄断行为进行审查和管理的机关是(　)。

A. 市场监督管理总局　　B. 反垄断委员会

C. 国务院　　D. 商务部

2. 反垄断调查程序

【考点母题——万变不离其宗】反垄断调查程序

<table>
<tr><td colspan="2">根据反垄断法律制度的规定，反垄断调查程序的三个阶段包括(　)。</td></tr>
<tr><td rowspan="2">A. 立案</td><td>反垄断执法机构可依举报人举报对涉嫌垄断行为立案调查，也可依职权主动立案</td></tr>
<tr><td>对涉嫌垄断行为，任何单位和个人有权向反垄断执法机构举报。举报采用书面形式并提供相关事实和证据的，反垄断执法机构应当进行必要的调查</td></tr>
<tr><td rowspan="2">B. 调查</td><td>立案后，反垄断执法机构应对涉嫌垄断的行为展开调查。反垄断执法机构调查涉嫌垄断行为，执法人员不得少于两人，并应当出示执法证件。执法人员进行询问和调查，应当制作笔录，并由被询问人或者被调查人签字。反垄断执法机构及其工作人员对执法过程中知悉的商业秘密负有保密义务</td></tr>
<tr><td>被调查的经营者、利害关系人或者其他有关单位或者个人应当配合反垄断执法机构依法履行职责，不得拒绝、阻碍反垄断执法机构的调查。被调查的经营者、利害关系人有权陈述意见。反垄断执法机构应当对被调查的经营者、利害关系人提出的事实、理由和证据进行核实</td></tr>
<tr><td>C. 处理</td><td>反垄断执法机构对涉嫌垄断行为调查核实后，认为构成垄断行为的，应当依法作出处理决定，并可以向社会公布</td></tr>
</table>

3. 反垄断调查措施

【考点母题——万变不离其宗】反垄断调查措施

下列各项中，属于反垄断执法机构调查涉嫌垄断行为时可以采取的措施的有（　）。
A. 进入被调查的经营者的营业场所或者其他有关场所进行检查 B. 询问被调查的经营者、利害关系人或者其他有关单位或者个人，要求其说明有关情况 C. 查阅、复制被调查的经营者、利害关系人或者其他有关单位或者个人的有关单证、协议、会计账簿、业务函电、电子数据等文件和资料 D. 查封、扣押相关证据 E. 查询（不包括冻结）经营者的银行账户

【考点子题——举一反三，真枪实练】

[12]（2019年·多选题）根据反垄断法律制度的规定，下列各项中，属于反垄断执法机构在调查涉嫌垄断行为时可以采取的措施的有（　）。

A. 进人被调查经营者的营业场所进行检查

B. 查询、冻结经营者账户

C. 复制被调查经营者的有关电子数据

D. 查封、扣押相关证据

[13]（2014年·多选题）根据反垄断法律制度的规定，反垄断执法机构调查涉嫌垄断行为时可以采取必要的调查措施。下列各项中，属于此类措施的有（　）。

A. 进入被调查经营者的营业场所进行检查

B. 查阅、复制被调查经营者的有关单证、协议、会计账簿等文件和资料

C. 查封、扣押相关证据

D. 冻结被调查经营者的银行账户

[14]（2020年·多选题）根据反垄断法律制度的规定，下列各项中，属于反垄断执法机构调查涉嫌垄断行为时可采取的措施的有（　）。

A. 复制被调查的有关单位的会计账簿和电子数据

B. 进入被调查的经营者的营业场所或者其他有关场所进行检查

C. 要求被调查的经营者的利害关系人说明有关情况

D. 查封、扣押相关证据

[15]（2021年·多选题）根据反垄断法律制度的规定，下列各项中，属于反垄断执法机构调查涉嫌垄断行为时可采取的措施的有（　）。

A. 复制被调查的有关单位的会计账簿和电子数据

B. 要求被调查的经营者的利害关系人说明有关情况

C. 查封、扣押相关证据

D. 进入被调查的经营者的营业场所或者其他有关场所进行检查

4. 经营者承诺

【考点母题——万变不离其宗】经营者承诺

<table>
<tr><td>概念</td><td colspan="2">经营者承诺是反垄断行政执法中的一种和解制度。根据该制度，对反垄断执法机构调查的涉嫌垄断行为，被调查的经营者承诺在反垄断执法机构认可的期限内采取具体措施消除该行为后果的，反垄断执法机构可以决定中止调查和终止调查。</td></tr>
<tr><td rowspan="5">经营者承诺制度的适用范围</td><td colspan="2">（1）根据反垄断法律制度的规定，可以适用经营者承诺制度的案件包括（　）。</td></tr>
<tr><td colspan="2">A. 垄断协议案件　　B. 滥用市场支配地位案件</td></tr>
<tr><td colspan="2">（2）下列各项中，属于反垄断执法机构不应接受经营者提出承诺和中止调查申请的情形有（　）。</td></tr>
<tr><td colspan="2">A. 反垄断执法机构对涉嫌垄断行为调查核实后，认为构成违法垄断行为的，应当依法作出处理决定，不再接受经营者提出承诺</td></tr>
<tr><td>B. 涉嫌三类严重限制竞争的横向垄断协议的，反垄断执法机构不应接受经营者提出承诺</td><td>a. 固定或者变更商品价格
b. 限制商品的生产数量或者销售数量
c. 分割销售市场或者原材料采购市场</td></tr>
<tr><td rowspan="2">中止调查及终止调查决定的法律后果</td><td colspan="2">（3）下列关于中止调查及终止调查决定法律后果的表述中，正确的有（　）。</td></tr>
<tr><td colspan="2">A. 执法机构中止调查及终止调查决定，不是对经营者的行为是否构成垄断行为作出认定
B. 执法机构仍然可以依法对其他类似行为实施调查并作出行政处罚
C. 中止调查及终止调查决定也不应作为认定该行为是否构成垄断行为的相关证据</td></tr>
<tr><td rowspan="7">经营者的承诺措施及对其的分析</td><td colspan="2">（4）根据反垄断法律制度的规定，经营者承诺的措施有（　）。</td></tr>
<tr><td>A. 结构性措施</td><td>剥离有形资产、知识产权等无形资产或者相关权益等</td></tr>
<tr><td>B. 行为性措施</td><td>调整定价策略、取消或者更改各类交易限制措施、开放网络或者平台基础设施、许可专利、技术秘密或者其他知识产权等</td></tr>
<tr><td colspan="2">C. 综合性措施</td></tr>
<tr><td colspan="2">【注意】承诺的措施需要明确、可行且可以自主实施。如果承诺的措施须经第三方同意方可实施，经营者需要提交第三方同意的书面意见。</td></tr>
<tr><td colspan="2">（5）执法机构在对经营者的承诺进行审查时，可以综合考虑的因素有（　）。</td></tr>
<tr><td colspan="2">A. 经营者实施涉嫌垄断行为的主观态度
B. 经营者实施涉嫌垄断行为的性质
C. 经营者承诺的措施及其预期效果</td></tr>
</table>

续表

调查的中止、终止和恢复	中止	决定中止调查的，反垄断执法机构应当对经营者履行承诺的情况进行监督。经营者应当在规定的时限内向反垄断执法机构书面报告承诺履行情况（承诺的履行与监督）
	终止	(6)下列关于经营者承诺制度终止调查决定的表述中，正确的是（　）。
		A. 反垄断执法机构确定经营者已经履行承诺的，可以决定终止调查
	恢复	(7)有特定情形之一的，反垄断执法机构应当恢复调查。该特定情形有（　）。
		A. 经营者未履行或者未完全履行承诺的 B. 作出中止调查决定所依据的事实发生重大变化的 C. 中止调查的决定是基于经营者提供的不完整或者不真实的信息作出的

（三）反垄断民事诉讼

【考点母题——万变不离其宗】反垄断民事诉讼

原告资格	(1)下列关于反垄断民事诉讼原告资格的表述中，正确的有（　）。	
	A. 我国法律并未对反垄断民事诉讼的原告资格作特别限制，因垄断行为受到损失以及因合同内容、行业协会的章程等违反反垄断法而发生争议的自然人、法人或者其他组织，可以向人民法院提起反垄断民事诉讼 B. 作为间接购买人的消费者，只要因垄断行为受损，也可以作为垄断民事案件的原告	
反垄断民事诉讼与行政执法的关系	(2)下列关于反垄断民事诉讼与行政执法的关系的表述中，正确的有（　）。	
	A. 在我国，人民法院受理垄断民事纠纷案件，是不以执法机构已对相关垄断行为进行了查处为前提条件的。原告可以直接向人民法院提起民事诉讼 B. 原告也可以在反垄断执法机构认定构成垄断行为的处理决定发生法律效力后向人民法院提起民事诉讼，并符合法律规定的其他受理条件的，人民法院应当受理	
专家在诉讼中的作用	(3)根据反垄断法律制度的规定，专家参与反垄断民事诉讼的情形包括（　）。	
	A. 专家出庭就专门问题进行说明	在反垄断民事诉讼中，当事人（原、被告双方）可以向人民法院申请一至二名具有相应专门知识的人员出庭，就案件的专门性问题进行说明
		在这种情形下，专家在法庭上提供的意见并不属于《民事诉讼法》上的证据形式，而是作为法官判案的参考依据
	B. 专家出具市场调查或者经济分析报告	当事人可以向人民法院申请委托专业机构或者专业人员就案件的专门性问题作出市场调查或者经济分析报告。专家的产生途径为：经人民法院同意，双方当事人可以协商确定专业机构或者专业人员；协商不成的，由人民法院指定
		在这种情形下，专业人员就案件的专门性问题作出的市场调查或者经济分析报告，应当视为鉴定意见。鉴定意见是《民事诉讼法》上的一种证据，有法定的审查和采信规则

续表

<table>
<tr><td rowspan="11">诉讼时效</td><td rowspan="2">起算</td><td colspan="2">(4)下列关于反垄断民事诉讼案件诉讼时效起算时点的表述中，正确的是(　)。</td></tr>
<tr><td colspan="2">A. 因垄断行为产生的损害赔偿请求权诉讼时效期间，从原告知道或者应当知道权益受侵害以及义务人之日起计算</td></tr>
<tr><td rowspan="4">中断</td><td colspan="2">(5)下列关于反垄断民事诉讼案件诉讼时效中断时点的表述中，正确的有(　)。</td></tr>
<tr><td>A. 原告向反垄断执法机构举报被诉垄断行为的</td><td>诉讼时效从其举报之日起中断</td></tr>
<tr><td>B. 反垄断执法机构决定不立案、撤销案件或者决定终止调查的</td><td>诉讼时效期间从原告知道或者应当知道不立案、撤销案件或者终止调查之日起重新计算</td></tr>
<tr><td>C. 反垄断执法机构调查后认定构成垄断行为的</td><td>诉讼时效期间从原告知道或者应当知道反垄断执法机构认定构成垄断行为的处理决定发生法律效力之日起重新计算</td></tr>
<tr><td rowspan="2">持续性垄断行为的诉讼时效抗辩</td><td colspan="2">(6)下列关于持续性垄断行为的诉讼时效抗辩的表述中，正确的是(　)。</td></tr>
<tr><td colspan="2">A. 原告知道或者应当知道权益受到损害以及义务人之日起超过 3 年，起诉时被诉垄断行为仍然持续，被告提出诉讼时效抗辩的，损害赔偿应当自原告向人民法院起诉之日起向前推算 3 年计算</td></tr>
<tr><td>最长诉讼时效</td><td colspan="2">自权利受到损害之日起超过 20 年的，人民法院不予保护，有特殊情况的，人民法院可以根据权利人的申请决定延长</td></tr>
</table>

【考点子题——举一反三，真枪实练】

[16] (2018 年·单选题)根据反垄断法律制度的规定，反垄断民事诉讼的当事人可以向人民法院申请具有相应专门知识的人员出庭，就案件的专门性问题进行说明。此类说明是(　)。

A. 证人证言　　　　B. 鉴定意见

C. 当事人陈述　　　　D. 法官判案的参考依据

[17] (2×19 年·单选题 改编)下列关于反垄断民事诉讼制度的表述中，符合反垄断法律制度规定的是(　)。

A. 作为间接购买人的消费者，不能作为垄断民事案件的原告

B. 原告起诉时，被诉垄断行为已经持续超过 3 年，被告提出诉讼时效抗辩的，损害赔偿应当自原告向人民法院起诉之日起向前推算 3 年计算

C. 原告提起反垄断民事诉讼，须以反垄断执法机构认定相关垄断行为违法为前提

D. 在反垄断民事诉讼中，具有相应专门知识的人员出庭就案件专门性问题所作说明，属于《民事诉论法》上的证人证言

[18] (2016年·多选题)下列关于我国反垄断民事诉讼制度的表述中，正确的有( )。

A. 因垄断行为受损的消费者，可以作为垄断民事案件的原告

B. 人民法院受理垄断民事纠纷案件，以执法机构已对相关垄断行为进行查处为前提

C. 在反垄断民事诉讼中当事人聘请具有相应专门知识的人员出庭就案件的专门性问题发表的专业意见，不属于民事诉讼法上的证据

D. 在反垄断民事诉讼中，经人民法院同意或指定的专业人员就案件的专门性问题作出的市场调查或者经济分析报告，视为鉴定意见

[19] (经典子题·单选题)根据反垄断法律制度的规定，当事人可以向人民法院申请委托专业机构或者专业人员就案件的专门性问题作出市场调查或者经济分析报告。此类市场调查或者经济分析报告应当视为( )。

A. 证人证言　　B. 鉴定意见

C. 当事人陈述　　D. 法官判案的参考依据

[20] (经典子题·单选题)甲公司在相关市场中具有市场支配地位。从2017年11月1日起，甲公司凭借其市场支配地位，持续从事不公平的垄断高价行为。2021年11月1日，该滥用行为的受害人乙公司向人民法院提起民事诉讼，要求判令甲公司赔偿损失。甲公司提出，其滥用行为始于2017年，开始之时乙公司即知情，直至今日才提出损害赔偿，3诉讼时效期间已过。下列关于本案损害赔偿的表述中，符合反垄断法律制度规定的是( )。

A. 诉讼时效期间已过，甲公司有权拒绝赔偿乙公司损失

B. 甲公司应赔偿乙公司全部经济损失

C. 甲公司应赔偿乙公司自2018年11月1日以来的经济损失

D. 甲公司应赔偿乙公司全部经济损失的50%

第二节　垄断协议规制制度

本节考点、考点母题及考点子题

考点 5　垄断协议的概念、特征与分类

（一）垄断协议的概念及特征

【考点母题——万变不离其宗】垄断协议的概念及特征

<table>
<tr><td>概念</td><td colspan="3">垄断协议，也称限制竞争协议、联合限制竞争行为，是指排除、限制竞争的协议、决定或者其他协同行为。</td></tr>
<tr><td rowspan="9">特征</td><td colspan="3">(1)下列关于垄断协议特征的表述中，正确的有(　)。</td></tr>
<tr><td colspan="3">A. 垄断协议的主体是两个或两个以上的经营者</td></tr>
<tr><td rowspan="6">B. 垄断协议的表现形式多样化。垄断协议为广义概念，泛指当事人之间通过意思联络并取得一致后而形成的协议、决定和其他协同行为</td><td colspan="2">(2)垄断协议的表现形式包括(　)。</td></tr>
<tr><td>A. 协议</td><td>与合同法意义上的协议相同，既包括书面协议，也包括口头协议。</td></tr>
<tr><td>B. 决定</td><td>是指企业集团、其他形式的企业联合组织以及行业协会等要求其成员企业共同实施排除、限制竞争的决议。</td></tr>
<tr><td rowspan="3">C. 其他协同行为</td><td>是指经营者虽然没有达成协议，也没有可供遵循的决定，但相互间通过意思联络，共同实施的排除、限制竞争的协调、合作行为。垄断协议的当事人未必都有明示的意思表示一致，“协同行为”即一种“默示”行为，经营者之间的意思联络是通过当事人客观上协调一致的行动表现出来的“心有灵犀”“心领神会”和“心照不宣”。</td></tr>
<tr><td>(3)下列各选项中，属于认定“其他协同行为”应当考虑的因素的有(　)。</td></tr>
<tr><td>A. 经营者的市场行为是否具有一致性
B. 经营者之间是否进行过意思联络或者信息交流
C. 经营者能否对行为的一致性作出合理解释
D. 相关市场的结构情况、竞争状况、市场变化等情况</td></tr>
<tr><td colspan="3">C. 垄断协议排除、限制竞争</td></tr>
</table>

（二）垄断协议的分类

根据参与垄断协议的经营者之间是否具有竞争关系，可将垄断协议分为横向垄断

协议和纵向垄断协议。两者在行为构成特别是对竞争的危害程度等方面有很大区别。

【考点讲解】垄断协议的分类

<table>
<tr><th></th><th>横向垄断协议</th><th>纵向垄断协议</th></tr>
<tr><td>概念</td><td>也称卡特尔，是指具有竞争关系的经营者之间达成的排除、限制竞争的协议</td><td>同一产业中处于不同市场环节而具有买卖关系的企业（即上下游经营者）通过共谋达成的联合限制竞争协议。《反垄断法》将其表述为“经营者与交易相对人”达成的垄断协议</td></tr>
<tr><td>示例</td><td>生产相同产品的经营者达成的固定产品价格的协议</td><td>产品生产商与销售商之间关于限制转售价格的协议</td></tr>
<tr><td>经济效果</td><td>横向垄断协议被认为是最原始、最直接、危害最大的垄断行为</td><td>在限制竞争的同时又有促进竞争和效率的效果，因此，纵向垄断协议对竞争和经济效率的净效果并不容易判断</td></tr>
<tr><td rowspan="2">规制态度</td><td>严格规制。在美国法中多适用本身违法原则</td><td>对于纵向垄断协议的规制态度要比横向垄断协议宽松得多。在美国法中多适用合理原则</td></tr>
<tr><td colspan="2">在美国法中有本身违法原则和合理原则。我国效仿欧盟模式，采取“原则禁止+例外豁免”的违法性认定模式，通过证明责任的分配区分主要横向协议和其他协议的认定规则</td></tr>
</table>

考点6 横向垄断协议规制制度

（一）《反垄断法》禁止的主要横向垄断协议

【考点母题——万变不离其宗】横向垄断协议规制制度

<table>
<tr><td colspan="3">（1）下列具有竞争关系的经营者之间的约定中，属于被《反垄断法》禁止的横向垄断协议的有（　）。</td></tr>
<tr><td rowspan="5">A. 固定或者变更商品价格的协议（价格卡特尔）</td><td colspan="2">（2）下列各项中，属于固定或者变更商品价格的协议（价格卡特尔）的表现形式的有（　）。</td></tr>
<tr><td colspan="2">A. 通过协议锁定、维持或提高商品销售价格（卖方）；或者通过协议锁定、维持或降低商品购买价格（买方）</td></tr>
<tr><td rowspan="3">B. 对经营者定价过程设定统一的限制</td><td>固定或者变更价格水平、价格变动幅度、利润水平或者折扣、手续费等其他费用</td></tr>
<tr><td>约定采用据以计算价格的标准公式</td></tr>
<tr><td>限制参与协议的经营者的自主定价权等</td></tr>
<tr><td>B. 限制商品的生产数量或者销售数量的协议</td><td colspan="2">（3）根据反垄断法律制度的规定，竞争者之间达成的数量限制协议的表现形式包括（　）。</td></tr>
</table>

续表

B. 限制商品的生产数量或者销售数量的协议	A. 以限制产量、固定产量、停止生产等方式限制商品的生产数量或者限制特定品种、型号商品的生产数量 B. 以限制商品投放量等方式限制商品的销售数量，或者限制特定品种、型号商品的销售数量等
C. 分割销售市场或者原材料采购市场的协议	(4)根据反垄断法律制度的规定，划分市场协议的表现形式包括(　)。
	A. 划分商品销售地域、市场份额、销售对象、销售收入、销售利润或者销售商品的种类、数量、时间 B. 划分原料、半成品、零部件、相关设备等原材料的采购区域、种类、数量、时间或者供应商等。此外，原材料还包括经营者生产经营所必需的技术和服务
D. 限制购买新技术、新设备或者限制开发新技术、新产品的协议	(5)根据反垄断法律制度的规定，限制购买新技术、新设备或者限制开发新技术、新产品的协议的表现形式有(　)。
	A. 限制购买、使用新技术、新工艺 B. 限制购买、租赁、使用新设备、新产品 C. 限制投资、研发新技术、新工艺、新产品 D. 拒绝使用新技术、新工艺、新设备、新产品等
E. 联合抵制交易	(6)根据反垄断法律制度的规定，联合抵制交易协议的具体表现包括(　)。
	A. 联合拒绝向特定经营者供应或者销售商品 B. 联合拒绝采购或者销售特定经营者的商品 C. 联合限定特定经营者不得与其具有竞争关系的经营者进行交易等

【考点子题——举一反三，真枪实练】

[21] (2018 年 · 多选题)根据反垄断法律制度的规定，下列具有竞争关系的经营者之间的约定中，属于横向垄断协议的有(　)。

A. 联合拒绝销售特定经营者的商品　　B. 划分销售商品的种类

C. 采用据以计算价格的标准公式　　D. 拒绝采用新的技术标准

(二)横向垄断协议违法性认定规则

【考点母题——万变不离其宗】横向垄断协议违法性认定规则

下列关于横向垄断协议违法性认定规则的表述中，正确的有(　)。
A. 上述五种横向垄断协议由法律推定其具有排除、限制竞争效果，执法机构无需调查其效果即可予以禁止 B. 在民事诉讼中，原告无需为其反竞争效果承担举证责任 C. 行为人无权提出协议不具有反竞争效果的抗辩，但可以依法提出豁免抗辩

考点7 纵向垄断协议规制制度

（一）反垄断法禁止的主要纵向垄断协议

【考点母题——万变不离其宗】反垄断法禁止的主要纵向垄断协议

<table>
<tr><td rowspan="7">纵向垄断协议的主要表现形式</td><td colspan="2">（1）常见的纵向垄断协议种类有（　）。</td></tr>
<tr><td rowspan="2">A. 维持转售价格协议</td><td>供应商对销售商的最终销售价格进行固定</td></tr>
<tr><td>供应商对销售商的最终销售价格作出不得低于或高于某一价格水平的限制</td></tr>
<tr><td>B. 地域或客户限制协议</td><td>供应商对不同销售商的销售区域和对象进行划分，严禁销售商越界销售</td></tr>
<tr><td rowspan="3">C. 排他性交易协议</td><td>约定供应商同意在特定的地区内向特定销售商独家供应商品</td></tr>
<tr><td>销售商同意只从特定供应商处购买用于转售的一类商品</td></tr>
<tr><td>双方当事人相互承担上述两个方面的约束</td></tr>
<tr><td rowspan="2">我国反垄断法规定的纵向垄断协议</td><td colspan="2">（2）下列各项中，属于我国《反垄断法》禁止的纵向垄断协议的有（　）。</td></tr>
<tr><td colspan="2">A. 固定向第三人转售商品的价格的协议
B. 限定向第三人转售商品的最低价格的协议
【注意】《反垄断法》明确禁止的是两类排除、限制竞争效果明确的维持转售价格的协议。</td></tr>
</table>

（二）纵向垄断协议的经济效果

【考点母题——万变不离其宗】纵向垄断协议的经济效果

<table>
<tr><td rowspan="4">纵向垄断协议的经济效果</td><td rowspan="2">消极效果</td><td>（1）纵向垄断协议的消极效果有（　）。</td></tr>
<tr><td>A. 促成价格卡特尔　　B. 导致市场进入障碍</td></tr>
<tr><td rowspan="2">积极效果</td><td>（2）纵向垄断协议的积极效果有（　）。</td></tr>
<tr><td>A. 减少“搭便车”　　B. 克服销售商加价，提升消费者福利
C. 改善售后服务　　D. 有利于经营者的市场进入</td></tr>
<tr><td colspan="3">【注意】纵向垄断协议与横向垄断协议的一个不同点在于，其在限制竞争的同时又有促进竞争和效率的效果，因此，其对竞争和经济效率的净效果并不容易判断。鉴于纵向垄断协议的经济效果比较模糊，反垄断法对其规制比较审慎，只有那些对竞争和效率的消极效果明确大于积极效果的纵向垄断协议才被法律认定为非法。</td></tr>
</table>

【考点子题——举一反三，真枪实练】

[22] (2022 年 · 多选题)根据反垄断法律制度的规定，下列关于纵向价格垄断协议积极效果的表述中，正确的有( )。

A. 改善售后服务　　B. 提升科技水平

C. 减少“搭便车”现象　　D. 克服销售商加价以提升消费者福利

(三) 纵向垄断协议违法性认定规则

【考点母题——万变不离其宗】纵向垄断协议的违法性认定规则

纵向垄断协议违法性认定规则有( )。
A. 反垄断法规定的两种纵向垄断协议，由法律假定其具有排除、限制竞争效果，但行为人可以依法提出协议不具有排除、限制竞争效果的抗辩，也可以依法提出豁免申请 B. (安全港规则)经营者能够证明其在相关市场的市场份额低于国务院反垄断执法机构规定的标准，并符合国务院反垄断执法机构规定的其他条件的，不予禁止

【考点子题——举一反三，真枪实练】

[23] (2013 年 · 多选题)经营者与其交易相对人达成的下列协议中，被我国反垄断法律制度明确禁止的有( )。

A. 固定向第三人转售商品的价格　　B. 限定向第三人转售商品的最低价格

C. 限定向第三人转售商品的最高价格　　D. 限定向第三人转售商品的地域范围

[24] (2014 年 · 单选题)下列行为中，涉嫌违反我国《反垄断法》的是( )。

A. 中国移动、中国联通等少数几家国有电信企业共同占据我国电信基础运营业务市场的全部份额

B. 经国家有关部门批准，中石油、中石化等石油企业联合上调成品油价格

C. 某行业协会召集本行业经营者，共同制定本行业产品的定价公式

D. 某生产企业通过协议，限制分销商转售商品的最高价格

考点 8 垄断协议的豁免

(一) 豁免的概念及其与适用除外的区别

豁免是反垄断法上的一项重要制度，是指对违反反垄断法的行为，由于其满足一定的条件，而不受反垄断法禁止。经营者(特别是具有竞争关系的经营者)之间的联合，乃反垄断法之大忌。但是，有些情形下，经营者之间的联合有利于防止竞争过度

和无效，有利于技术进步和效率的提高，从而符合社会公共利益，故而豁免。

【考点对比——一目了然】豁免与适用除外的区别

适用除外	豁免
反垄断法上的适用除外是指将特定领域排除在反垄断法的适用范围，根本不予适用(例如知识产权的正当使用、农业生产中的联合或者协同行为等)	豁免是在适用反垄断法过程中，发现某些违反反垄断法的行为符合法定条件而不予禁止

（二）垄断协议可被《反垄断法》豁免的条件

【考点母题——万变不离其宗】垄断协议可被《反垄断法》豁免的条件

<table>
<tr><td colspan="2">(1)根据反垄断法律制度的规定，垄断协议被《反垄断法》豁免需要满足的条件有(　)。</td></tr>
<tr><td rowspan="4">A. 符合《反垄断法》规定的特定情形</td><td>(2)下列各项中，属于垄断协议可被《反垄断法》豁免的情形的有(　)。</td></tr>
<tr><td>A. 为改进技术、研究开发新产品的(技术性卡特尔)
B. 为提高产品质量、降低成本、增进效率，统一产品规格、标准或者实行专业化分工的(标准化卡特尔和专业化卡特尔)
C. 为提高中小经营者经营效率，增强中小经营者竞争力的(中小企业合作卡特尔)
D. 为实现节约能源、保护环境、救灾救助等社会公共利益的
E. 因经济不景气，为缓解销售量严重下降或者生产明显过剩的(不景气卡特尔)
F. 为保障对外贸易和对外经济合作中的正当利益的(出口卡特尔)</td></tr>
<tr><td>(3)反垄断执法机构认定被调查的垄断协议是否属于上述情形时，应当考虑的因素有(　)。</td></tr>
<tr><td>A. 协议实现该情形的具体形式和效果　B. 协议与实现该情形之间的因果关系
C. 协议是否是实现该情形的必要条件
D. 其他可以证明协议属于相关情形的因素</td></tr>
<tr><td rowspan="2">B. 满足垄断协议豁免的附加条件</td><td>【注意】对于符合上述垄断协议可被《反垄断法》豁免的情形 A—E 项的垄断协议，《反垄断法》还要求经营者应当证明所达成的协议不会严重限制相关市场的竞争，并且能够使消费者分享由此产生的利益。否则，也不能获得豁免。</td></tr>
<tr><td>反垄断执法机构认定消费者能否分享协议产生的利益，应当考虑消费者是否因协议的达成、实施在商品价格、质量、种类等方面获得利益</td></tr>
<tr><td rowspan="2">调查的终止与重启</td><td>(4)下列关于垄断协议调查的终止和重启的表述中，正确的有(　)。</td></tr>
<tr><td>A. 反垄断执法机构认定被调查的垄断协议属于《反垄断法》规定的豁免情形的，应当终止调查并制作终止调查决定书。终止调查决定书应当载明协议的基本情况、适用《反垄断法》豁免的依据和理由等内容
B. 反垄断执法机构作出终止调查决定后，因情况发生重大变化，导致被调查的协议不再符合《反垄断法》豁免规定情形的，反垄断执法机构应当重新启动调查</td></tr>
</table>

【考点子题——举一反三，真枪实练】

[25] (2022 年 · 单选题) 为使垄断协议获得豁免，经营者应当证明所达成的协议不会严重限制相关市场的竞争，并且能够使消费者分享由此产生的利益，但特定情形除外。下列《反垄断法》列举的豁免情形中，属于该特定情形而无需证明上述内容的是(　)。

A. 为改进技术、研究开发新产品的垄断协议

B. 为实行专业化分工的垄断协议

C. 为实现节约能源的垄断协议

D. 为保障对外经济合作中的正当利益的垄断协议

[26] (2016 年 · 多选题) 下列行为中，违反我国《反垄断法》的有(　)。

A. 国有经济占控制地位的关系国民经济命脉行业的国有企业之间达成垄断协议的行为

B. 农业生产者在农产品生产、加工、销售、运输、储存等经营活动中实施的联合行为

C. 外国企业在中国境外实施的对中国境内市场竞争产生排除或限制效果的垄断行为

D. 具有竞争关系的境内企业就固定商品出口价格达成的垄断协议

[27] (2016 年 · 多选题) 下列行为中，违反我国《反垄断法》的有(　)。

A. 农业生产者在农产品生产加工、销售、运输、储存等经营活动中实施的联合行为

B. 外国企业在中国境外实施的对中国境内市场竞争产生排除或限制效果的行为

C. 具有竞争关系的境内企业就固定商品出口价格达成的垄断协议

D. 国有经济占控制地位的关系国民经济命脉行业的国有企业之间达成垄断协议的行为

[28] (2014 年 · 多选题) 下列垄断协议中，须由经营者证明不会严重限制相关市场的竞争且能使消费者分享由此产生的利益，才能获得《反垄断法》豁免的有(　)。

A. 为改进技术、研究开发新产品达成的垄断协议

B. 为提高中小经营者经营效率、增强中小经营者竞争力达成的垄断协议

C. 为实现节约能源、保护环境、救灾救助等社会公共利益达成的垄断协议

D. 为保障对外贸易和对外经济合作中的正当利益达成的垄断协议

考点9 “其他协同行为”的认定

【考点母题——万变不离其宗】“其他协同行为”的认定

<table>
<tr><td>概念</td><td>“其他协同行为”，是之经营者之间虽未达明确订立协议或者决定，但实质上存在协调一致的行动。</td></tr>
<tr><td colspan="2">根据反垄断法律制度的规定，认定其他协同行为，应当考虑的要素有(　)。</td></tr>
<tr><td colspan="2">A. 经营者的市场行为是否具有一致性
B. 经营者之间是否进行过意思联络或者信息交流
C. 经营者能否对行为的一致性作出合理解释
D. 相关市场的市场结构、竞争状况、市场变化等情况</td></tr>
</table>

考点10 对行业协会组织达成和实施垄断协议的规制

【考点母题——万变不离其宗】对行业协会组织达成和实施垄断协议的规制

<table>
<tr><td>行业协会概念</td><td>行业协会是指由同行业经济组织和个人组成，行使行业服务和自律管理职能的各种协会、学会、商会、联合会、促进会等社会团体法人。虽然行业协会不属于经营者，但它是同行经营者的共同体，在组织协调本行业经营者方面具有先天优势，因此成为反垄断法的关注对象。</td></tr>
<tr><td rowspan="2">对行业协会组织达成和实施垄断协议的规制</td><td>根据反垄断法律制度的规定，禁止行业协会从事的行为包括(　)。</td></tr>
<tr><td>A. 制定、发布含有排除、限制竞争内容的行业协会章程、规则、决定、通知、标准等
B. 召集、组织或者推动本行业的经营者达成含有排除、限制竞争内容的协议、决议、纪要、备忘录等</td></tr>
</table>

【考点子题——举一反三，真枪实练】

[29]（2011年·单选题）某行业协会的全体会员企业在相关市场的市场份额合计达到85%。由于近期原材料涨价影响了行业利润，该协会遂组织召开了由会员企业领导人参加的“行业峰会”，与会代表达成了提高产品价格的共识。会议结束后，该协会向全体会员企业印发了关于提高本行业产品价格的通知，明确要求会员企业统一将产品价格提高了15%。接到通知后，会员企业按要求实施了涨价。根据反垄断法律制度的规定，下列说法中，正确的是(　)。

A. 行业协会实施了滥用市场支配地位行为

B. 行业协会实施了经营者集中行为

C. 行业协会实施了行政性限制竞争行为

D. 行业协会实施了组织本行业经营者达成垄断协议行为

考点 11　垄断协议的法律责任

【考点讲解——精要解读】垄断协议的法律责任

法律责任	规制对象	具体规定
民事责任	经营者	因达成并实施垄断协议给他人造成损失的，依法承担民事责任
行政责任	经营者	经营者违反反垄断法规定，达成并实施垄断协议的，由反垄断执法机构责令停止违法行为，没收违法所得，并处上一年度销售额 1%以上 10%以下的罚款；上一年度没有销售额的，处 500 万元以下的罚款
		尚未实施所达成的垄断协议的，可以处 300 万元以下的罚款
		经营者的法定代表人、主要负责人和直接责任人员对达成垄断协议负有个人责任的，可以处 100 万元以下的罚款
		经营者组织其他经营者达成垄断协议或者为其他经营者达成垄断协议提供实质性帮助的，也按上述规定承担责任
	行业协会	行业协会违反反垄断法规定，组织本行业的经营者达成垄断协议的，由反垄断执法机构责令改正，可以处 300 万元以下的罚款；情节严重的，社会团体登记管理机关可以依法撤销登记
	【注意】反垄断执法机构确定具体罚款数额时，应当考虑违法行为的性质、情节、程度、持续时间等因素。经营者因行政机关和法律、法规授权的具有管理公共事务职能的组织滥用行政权力而达成垄断协议的，不影响其依法承担行政责任。经营者能够证明其达成垄断协议是被动遵守行政命令所导致的，可以依法从轻或减轻处罚。	

考点 12　宽大制度

【考点母题——万变不离其宗】垄断协议的宽大制度

概念	宽大制度，是指参与垄断协议的经营者主动向反垄断执法机构报告达成垄断协议的有关情况并提供重要证据的，反垄断执法机构可以对其宽大处理，酌情减轻或者免除其处罚。
"重要证据"的界定	(1)根据反垄断法律制度的规定，参与垄断协议经营者获得宽大处理的必要条件是(　)。
	A. 向执法机构提供有关垄断协议的重要证据
	(2)所谓"重要证据"，是指能够对反垄断执法机构启动调查或者对认定垄断协议起到关键性作用的证据。经营者提供的重要证据应当包括(　)。
	A. 参与垄断协议的经营者　B. 涉及的产品范围 C. 达成协议的内容和方式　D. 协议的具体实施等情况
	(3)经营者提供的重要证据，是执法机构尚未掌握的，并对最终认定垄断行为具有显著证明效力的证据。下列证据中，属于该具有显著证明效力的有(　)。

续表

“重要证据”的界定	A. 在垄断协议的达成方式和事实行为方面具有更大证明力或者补充证明价值的证据 B. 在垄断协议的内容、达成和实施的时间、涉及的产品或者服务范畴、参与成员等方面具有补充证明价值的证据 C. 其他能够证明和固定垄断协议证明力的证据
减免处罚的具体规则	(4)参与垄断协议的经营者主动报告达成垄断协议有关情况并提供重要证据的，可以申请依法减轻或者免除处罚。下列关于宽大制度减免处罚的具体规则的表述中，正确的有(　)。
	A. 反垄断执法机构应当根据经营者主动报告的时间顺序、提供证据的重要程度以及达成、实施垄断协议的有关情况，决定是否减轻或者免除处罚 B. 对于第一个申请者，反垄断执法机构可以免除处罚或者按照不低于80%的幅度减轻罚款 C. 对于第二个申请者，可以按照30%~50%的幅度减轻罚款 D. 对于第三个申请者，可以按照20%~30%的幅度减轻罚款 【注意1】经营者组织、胁迫其他经营者参与达成、实施垄断协议或者妨碍其他经营者停止该违法行为的，执法机构不对其免除处罚，但可以相应给予减轻处罚。(不可免但可减) 【注意2】执法机构在减免罚款的同时还可以考虑相应减免没收经营者的违法所得。

【考点子题——举一反三，真枪实练】

[30] (2015年·单选题 改编)在反垄断执法机构查处某横向价格垄断协议案件的过程中，作为垄断协议当事人之一的甲企业因主动向执法机构报告达成垄断协议的有关情况并提供重要证据被免除处罚。根据反垄断法律制度的规定，甲企业被免除处罚的依据是(　)。

A. 豁免制度　B. 宽大制度　C. 适用除外制度　D. 经营者承诺制度

[31] (2021年·单选题 改编)根据反垄断法律制度的规定，参与垄断协议的经营者主动报告垄断协议的有关情况并提供重要证据的，可以申请依法减轻或免除处罚。该制度是(　)。

A. 宽大制度　B. 承诺制度　C. 适用除外制度　D. 豁免制度

[32] (2021年·单选题)反垄断执法机构应当根据经营者主动报告的时间顺序、提供证据的重要程度以及达成、实施垄断协议的有关情况，决定是否减轻或者免除处罚。对于第一个申请者，反垄断执法机构可以免除处罚或者按照不低于特定的幅度减轻罚款。该幅度为(　)。

A. 80%　B. 70%　C. 60%　D. 50%

[33] (经典子题·多选题)参与垄断协议的经营者主动报告达成垄断协议有关情况并提供重要证据的，可以申请依法减轻或者免除处罚。但经营者有特定情形的，

执法机构不对其免除处罚，但可以相应给予减轻处罚。该特定情形有(　)。

A. 经营者组织其他经营者参与达成、实施垄断协议的

B. 经营者胁迫其他经营者参与达成、实施垄断协议的

C. 经营者欺诈其他经营者参与达成、实施垄断协议的

D. 经营者妨碍其他经营者停止实施所达成的垄断协议的

第三节　滥用市场支配地位规制制度

本节考点、考点母题及考点子题

考点13　市场支配地位的概念

【考点母题——万变不离其宗】市场支配地位的概念

市场支配地位的法律界定	市场支配地位，是指经营者在相关市场内具有能够控制商品价格、数量或者其他交易条件，或者能够阻碍、影响其他经营者进入相关市场能力的市场地位。（概念）
	(1)“其他交易条件”，是指除商品价格、数量之外能够对市场交易产生实质影响的其他因素，包括（　）。
	A. 商品品种　B. 商品品质　C. 付款条件　D. 交付方式 E. 售后服务　F. 交易选择　G. 技术约束等
	(2)“能够阻碍、影响其他经营者进入相关市场”，包括的情形有（　）。
	A. 排除其他经营者进入相关市场 B. 延缓其他经营者在合理时间内进入相关市场 C. 导致其他经营者虽能够进入该相关市场但进入成本大幅提高，无法与现有经营者开展有效竞争等情形
市场支配地位的含义	(3)根据反垄断法律制度的规定，下列关于市场支配地位的含义的理解中，正确的有（　）。
	A. 具有市场支配地位的经营者未必是“独占”者；市场的非独占者有足够强大的影响市场竞争的能力时，也会成为具有市场支配地位的经营者 B. 具有市场支配地位的经营者可以是一个，也可以是多个经营者共同具有市场支配地位 C. 市场支配地位是一种市场结构状态

【考点子题——举一反三，真枪实练】

[34]（2018年·多选题）根据反垄断法律制度的规定，市场支配地位是指经营者在相关市场内具有能够控制商品价格、数量或者其他交易条件，或者能够阻碍、影响其他经营者进入相关市场能力的市场地位。下列各项中，属于“其他交易条件”的有（　）。

A. 商品品质　B. 付款条件　C. 交付方式　D. 售后服务

[35]（2019年·多选题）根据反垄断法律制度的规定，下列关于经营者市场支配地位的理解中，正确的有（　）。

A. 具有市场支配地位的经营者能够阻碍、影响其他经营者进入相关市场

B. 经营者具有市场支配地位这一状态本身并不违法

C. 具有市场支配地位的经营者未必是“独占”者

D. 市场支配地位可能由多个经营者共同具有

考点 14　滥用市场支配地位的概念与分类

【考点母题——万变不离其宗】滥用市场支配地位的概念与分类

<table>
<tr><td rowspan="5">概念</td><td colspan="3">滥用市场支配地位行为，是指具有市场支配地位的经营者凭借其市场支配地位实施的排挤竞争对手或不公平交易行为。</td></tr>
<tr><td colspan="3">(1)根据反垄断法律制度的规定，滥用市场支配地位的构成要件包括(　)。</td></tr>
<tr><td>A. 行为主体</td><td colspan="2">行为主体须是具有市场支配地位的经营者</td></tr>
<tr><td>B. 客观方面</td><td colspan="2">实施了排挤竞争对手或不公平交易的反竞争行为</td></tr>
<tr><td>C. 行为后果</td><td colspan="2">削弱了竞争，破坏了市场竞争秩序</td></tr>
<tr><td rowspan="3">分类</td><td colspan="3">(2)根据反垄断法律制度的规定，滥用市场支配地位的基本类型包括(　)。</td></tr>
<tr><td>A. 排他性滥用</td><td>是指寻求损害竞争者的竞争地位，或者从根本上将它们排除出市场的行为</td><td>【例】掠夺定价、搭售、价格歧视和拒绝交易等</td></tr>
<tr><td>B. 剥削性滥用</td><td>是指具有市场支配地位的经营者凭借其市场支配地位对交易对方进行剥削的行为</td><td>【例】不公平定价行为</td></tr>
</table>

考点 15　市场支配地位的认定

(一)认定经营者具有市场支配地位时应当依据的因素

【考点母题——万变不离其宗】市场支配地位的认定

<table>
<tr><td colspan="3">(1)下列各项中，属于我国《反垄断法》规定的认定经营者具有市场支配地位时应当依据的因素的有(　)。</td></tr>
<tr><td rowspan="4">A. 经营者在相关市场的市场份额，以及相关市场的竞争状况</td><td rowspan="2">市场份额</td><td>市场份额是反映经营者在相关市场中所处地位的结构性指标，是判断经营者市场支配地位的重要标准，而且大多数时候是决定性标准</td></tr>
<tr><td>确定经营者在相关市场的市场份额，可以考虑一定时期内经营者的特定商品销售金额、销售数量或者其他指标在相关市场所占的比重</td></tr>
<tr><td rowspan="2">相关市场的竞争状况</td><td>相关市场的竞争状况主要是指市场中的竞争者的多寡以及他们之间的竞争程度</td></tr>
<tr><td>分析相关市场竞争状况，可以考虑相关市场的发展状况、现有竞争者的数量和市场份额、商品差异程度、创新和技术变化、销售和采购模式、潜在竞争者情况等因素</td></tr>
</table>

续表

<table>
<tr><td>B. 经营者控制销售市场或者原材料采购市场的能力</td><td colspan="2">确定经营者控制销售市场或者原材料采购市场的能力，可以考虑该经营者控制产业链上下游市场的能力，控制销售渠道或者采购渠道的能力，影响或者决定价格、数量、合同期限或者其他交易条件的能力，以及优先获得企业生产经营所必需的原料、半成品、零部件、相关设备以及需要投入的其他资源的能力等因素</td></tr>
<tr><td rowspan="2">C. 经营者的财力和技术条件</td><td colspan="2">确定经营者的财力和技术条件，可以考虑该经营者的资产规模、盈利能力、融资能力、研发能力、技术装备、技术创新和应用能力、拥有的知识产权等，以及该财力和技术条件能够以何种方式和程度促进该经营者业务扩张或者巩固、维持市场地位等因素</td></tr>
<tr><td colspan="2">应当注意的是，经营者拥有知识产权可以构成认定其市场支配地位的因素之一，但不能仅根据经营者拥有知识产权推定其在相关市场上具有市场支配地位。认定知识产权领域经营者具有市场支配地位，可以考虑知识产权的替代性、下游市场对利用知识产权所提供商品的依赖程度、交易相对人对经营者的制衡能力等因素</td></tr>
<tr><td rowspan="2">D. 其他经营者对该经营者在交易上的依赖程度</td><td colspan="2">其他经营者的交易依赖可表现为买方对卖方的依赖，如经销商对某种名牌产品生产 商的依赖；也可表现为卖方对买方的依赖，如产品生产商对某些大型销售商的依赖。这种依赖越甚，受依赖的经营者 具有市场支配地位的可能性就越大</td></tr>
<tr><td colspan="2">确定其他经营者对该经营者在交易上的依赖程度，可以考虑其他经营者与该经营者之间的交易关系、交易量、交易持续时间、在合理时间内转向其他交易相对人的难易程度等因素</td></tr>
<tr><td rowspan="6">E. 其他经营者进入相关市场的难易程度</td><td colspan="2">(2)其他经营者进入相关市场的障碍可能来自(　)。</td></tr>
<tr><td>A. 资金门槛</td><td>特定行业非常高的资金投入可能导致市场进入的困难，从而影响该市场中的充分竞争。但是，随着资本市场的不断发达，资本积聚渠道的日益畅通，资金门槛导致实质性市场进入障碍的可能性也在减小</td></tr>
<tr><td>B. 技术门槛</td><td>特定产业的技术开发难度大，尤其是在既有经营者已经通过专利保护等方式控制了相关核心技术的情况下，也可能对特定市场的进入造成实质性障碍。</td></tr>
<tr><td>C. 国家法令</td><td>国家可能通过法令赋予少数企业以特定行业的经营权，或者通过法令对特定行业的进入设置很高的审批门槛</td></tr>
<tr><td>D. 市场中已有的市场支配地位企业所采取的特殊市场策略</td><td>如频繁地开发和推出新产品并辅以大规模广告投入，或控制分销渠道等</td></tr>
<tr><td colspan="2">【注意】确定其他经营者进入相关市场的难易程度，可以考虑市场准入、获取必要资源的难度、采购和销售渠道的控制情况、资金投入规模、技术壁垒、品牌依赖、用户转换成本、消费习惯等因素。</td></tr>
</table>

续表

<table>
<tr><td rowspan="3">F. 认定互联网等新经济业态经营者具有市场支配地位考虑的特殊因素</td><td>(3)网络经营者之间的竞争纠纷不断涌现，互联网及其他涉及信息通信技术的相关产业具有的特征为(　)。</td></tr>
<tr><td>A. 高频创新　B. 动态竞争　C. 平台经济　D. 数据驱动</td></tr>
<tr><td>在认定互联网等新经济业态经营者具有市场支配地位时，可以考虑相关行业竞争特点、经营模式、用户数量、网络效应、锁定效应、技术特性、市场创新、掌握和处理相关数据的能力及经营者在关联市场的市场力量等因素</td></tr>
<tr><td rowspan="3">G. 认定共同市场支配地位考虑的特殊因素</td><td>共同滥用市场支配地位禁止制度主要是为了解决寡占市场结构下多个寡头企业之间的一致行为的违法性认定问题，是“其他协同行为”制度的补充。因此，只有当市场上出现多个经营者的一致行为时，才可能触发此类制度</td></tr>
<tr><td>(4)认定两个以上的经营者具有市场支配地位，还应当考虑的因素有(　)。</td></tr>
<tr><td>A. 市场结构　B. 相关市场透明度
C. 相关商品同质化程度　D. 经营者行为一致性等</td></tr>
</table>

【考点子题——举一反三，真枪实练】

[36] (2014 年 · 多选题)某行业协会组织本行业 7 家主要企业的领导人召开“行业峰会”，并就共同提高本行业产品价格及提价幅度形成决议，与会企业领导人均于决议上签字。会后，决议以行业协会名义下发全行企业。与会 7 家企业的市场份额合计达 85%。根据垄断法律制度的规定，下列表述中，正确的有(　)。

A. 行业协会实施了组织本行业经营者达成垄断协议的行为

B. 行业协会实施了行政性限制竞争行为

C. 7 家企业实施了滥用市场支配地位行为

D. 7 家企业实施了达成垄断协议的行为

(二)经营者市场支配地位的推定标准

【考点母题——万变不离其宗】经营者市场支配地位的推定

<table>
<tr><td rowspan="2">推定标准</td><td>根据反垄断法律制度的规定，下列关于经营者市场支配地位的推定标准的表述中，正确的有(　)。</td></tr>
<tr><td>A. 一个经营者在相关市场的市场份额达到 1/2 的，即可推定为具有市场支配地位
B. 两个经营者在相关市场的市场份额合计达到 2/3 的，这些经营者被推定为共同占有市场支配地位
C. 三个经营者在相关市场的市场份额合计达到 3/4 的，这些经营者被推定为共同占有市场支配地位</td></tr>
<tr><td>不应当推定</td><td>对于多个经营者被推定为共同占有市场支配地位时，其中有的经营者市场份额不足 1/10 的，不应当推定该经营者具有市场支配地位</td></tr>
</table>

续表

反证	被推定具有市场支配地位的经营者，如有证据证明不具有市场支配地位的，不应当认定其具有市场支配地位（证据应从市场份额以外的其他认定市场支配地位的因素中寻找）

【考点子题——举一反三，真枪实练】

[37]（经典子题·多选题）关于市场支配地位推定的下列表述中，符合我国《反垄断法》规定的有（　）。

A. 经营者在相关市场的市场份额达到二分之一的，推定为具有市场支配地位

B. 两个经营者在相关市场的市场份额合计达到三分之二，其中有的经营者市场份额不足十分之一的，不应当推定该经营者具有市场支配地位

C. 三个经营者在相关市场的市场份额合计达到四分之三，其中有两个经营者市场份额合计不足五分之一的，不应当推定该两个经营者具有市场支配地位

D. 被推定具有市场支配地位的经营者，有证据证明不具有市场支配地位的，不应当认定其具有市场支配地位

考点16 《反垄断法》禁止的滥用市场支配地位行为

【考点母题——万变不离其宗】《反垄断法》禁止的滥用市场支配地位行为

<table>
<tr><td colspan="2">(1)下列各项中，属于我国《反垄断法》禁止的滥用市场支配地位行为主要的有（　）。</td></tr>
<tr><td rowspan="3">A. 以不公平的高价销售商品或者以不公平的低价购买商品</td><td>(2)认定“不公平的高价”或者“不公平的低价”，应当考虑的因素有（　）。</td></tr>
<tr><td>A. 销售价格或者购买价格是否明显高于其他经营者在相同或者相似市场条件下销售同种商品或者可比较商品的价格，或者明显低于其他经营者在相同或者相似市场条件下购买同种商品或者可比较商品的价格
B. 销售价格或者购买价格是否明显高于同一经营者在其他相同或者相似市场条件区域销售商品的价格，或者明显低于同一经营者在其他相同或者相似市场条件区域购买商品的价格
C. 在成本基本稳定的情况下，是否超过正常幅度提高销售价格或者降低购买价格
D. 销售商品的提价幅度是否明显高于成本增长幅度，或者购买商品的降价幅度是否明显高于交易相对人成本降低幅度
E. 需要考虑的其他相关因素</td></tr>
<tr><td>【注意】认定市场条件相同或者相似，应当考虑销售渠道、销售模式、供求状况、监管环境、交易环节、成本结构、交易情况等因素。</td></tr>
</table>

续表

<table>
<tr><td rowspan="3">B. 没有正当理由，以低于成本的价格销售商品(掠夺性定价)</td><td colspan="2">(3)当具有正当理由时，以低于成本的价格销售商品行为不违法。根据反垄断法律制度，下列情形构成低于成本销售行为的正当理由的有(　)。</td></tr>
<tr><td colspan="2">A. 降价处理鲜活商品、季节性商品、有效期限即将到期的商品和积压商品的
B. 因清偿债务、转产、歇业降价销售商品的
C. 在合理期限内为推广新产品进行促销的</td></tr>
<tr><td colspan="2">【注意】认定低于成本的价格销售商品，应当重点考虑价格是否低于平均可变成本。</td></tr>
<tr><td rowspan="5">C. 没有正当理由，拒绝与交易相对人进行交易</td><td colspan="2">(4)下列行为中，属于没有正当理由、以间接方式拒绝交易的行为而应受到反垄断法律制度禁止的有(　)。</td></tr>
<tr><td colspan="2">A. 实质性削减与交易相对人的现有交易数量
B. 拖延、中断与交易相对人的现有交易
C. 拒绝与交易相对人进行新的交易
D. 设置限制性条件，使交易相对人难以与其进行交易</td></tr>
<tr><td>E. 拒绝交易相对人在生产经营活动中，以合理条件使用其必需设施</td><td>在依据 E 项认定经营者滥用市场支配地位时，应当综合考虑以合理的投入另行投资建设或者另行开发建造该设施的可行性、交易相对人有效开展生产经营活动对该设施的依赖程度、该经营者提供该设施的可能性以及对自身生产经营活动造成的影响等因素</td></tr>
<tr><td colspan="2">(5)只有无正当理由的拒绝交易才为非法。根据反垄断法律制度规定，下列各项中，能构成否认拒绝交易行为违法性的正当理由的有(　)。</td></tr>
<tr><td colspan="2">A. 因不可抗力等客观原因无法进行交易
B. 交易相对人有不良信用记录或者出现经营状况恶化等情况，影响交易安全
C. 与交易相对人进行交易将使经营者利益发生不当减损
D. 能够证明行为具有正当性的其他理由</td></tr>
<tr><td rowspan="4">D. 没有正当理由，限定交易相对人只能与其进行交易或者只能与其指定的经营者进行交易</td><td colspan="2">(6)下列各项中，属于限定交易行为的具体表现的有(　)。</td></tr>
<tr><td colspan="2">A. 限定交易相对人只能与其进行交易
B. 限定交易相对人只能与其指定的经营者进行交易
C. 限定交易相对人不得与特定经营者进行交易
【注意】从事上述限定交易行为可以是直接限定，也可以是以设定交易条件等方式变相限定。</td></tr>
<tr><td colspan="2">(7)只有经营者无正当理由地实施限定交易行为时才为非法。根据反垄断法律制度，限定交易的“正当理由”包括(　)。</td></tr>
<tr><td colspan="2">A. 为满足产品安全要求所必须　　B. 为保护知识产权所必须
C. 为保护针对交易进行的特定投资所必须
D. 能够证明行为具有正当性的其他理由</td></tr>
</table>

续表

<table>
<tr><td rowspan="6">E. 没有正当理由搭售商品，或者在交易时附加其他不合理的交易条件</td><td>(8)下列各项中，属于搭售及附加不合理交易条件行为的有(　)。</td></tr>
<tr><td>A. 违背交易惯例、消费习惯或者无视商品的功能，将不同商品捆绑销售或者组合销售
B. 对合同期限、支付方式、商品的运输及交付方式或者服务的提供方式等附加不合理的限制
C. 对商品的销售地域、销售对象、售后服务等附加不合理的限制
D. 交易时在价格之外附加不合理费用　　E. 附加与交易标的无关的交易条件</td></tr>
<tr><td>【注意】被搭售的商品与第一种商品须是两个独立的商品。如果两个商品从交易习惯或功能上看必须搭配使用，则不属于独立商品，如鞋和鞋带。</td></tr>
<tr><td>(9)搭售及附加不合理交易条件行为并不当然违法。根据反垄断法律制度，此类行为的“正当理由”包括(　)。</td></tr>
<tr><td>A. 符合正当的行业惯例和交易习惯　B. 为满足产品安全要求所必须
C. 实现特定技术所必须　D. 能够证明行为具有正当性的其他理由</td></tr>
<tr><td rowspan="5">F. 没有正当理由，对条件相同的交易相对人在交易价格等交易条件上实行差别待遇</td><td>(10)下列各项中，属于差别待遇行为的有(　)。</td></tr>
<tr><td>A. 实行不同的交易价格、数量、品种、品质等级
B. 实行不同的数量折扣等优惠条件
C. 实行不同的付款条件、交付方式
D. 实行不同的保修内容和期限、维修内容和时间、零配件供应、技术指导等售后服务条件</td></tr>
<tr><td>【注意】条件相同，是指交易相对人之间在交易安全、交易成本、规模和能力、信用状况、所处交易环节、交易持续时间等方面不存在实质性影响交易的差别。</td></tr>
<tr><td>(11)《反垄断法》只禁止无正当理由的差别待遇行为。下列各项中，属于差别待遇行为的“正当理由”的有(　)。</td></tr>
<tr><td>A. 根据交易相对人实际需求且符合正当的交易习惯和行业惯例，实行不同交易条件
B. 针对新用户的首次交易在合理期限内开展的优惠活动
C. 能够证明行为具有正当性的其他理由</td></tr>
<tr><td>G. 利用数据和算法、技术以及平台规则等从事滥用市场支配地位的行为</td><td>具有市场支配地位的经营者不得利用数据和算法、技术以及平台规则等从事滥用市场支配地位的行为</td></tr>
</table>

第11章

【考点子题——举一反三，真枪实练】

[38]（2013 年 · 多选题）我国反垄断法律制度禁止具有市场支配地位的经营者，无正当理由以低于成本的价格销售商品。下列各项中，属于法定正当理由的有（　）。

A. 处理鲜活商品　　B. 清偿债务

C. 为推广新产品进行促销　　D. 处理积压商品

考点 17　法律责任

【考点讲解】滥用市场支配地位行为的法律责任

法律责任	规制对象	具体规定
民事责任	经营者	经营者因实施滥用市场支配地位行为给他人造成损失的，依法承担民事责任。
行政责任	经营者	经营者违反《反垄断法》规定，滥用市场支配地位的，由反垄断执法机构责令停止违法行为，没收违法所得，并处上一年度销售额 1%以上 10%以下的罚款。
		反垄断执法机构确定具体罚款数额时，应当考虑违法行为的性质、情节、程度、持续时间等因素。经营者因行政机关和法律、法规授权的具有管理公共事务职能的组织滥用行政权力而滥用市场支配地位的，不影响其依法承担行政责任。经营者能够证明其从事的滥用市场支配地位行为是被动遵守行政命令所导致的，可以依法从轻或者减轻处罚。

第四节 经营者集中反垄断审查制度

本节考点、考点母题及考点子题

考点 18 经营者集中反垄断审查制度概述

【考点母题——万变不离其宗】经营者集中反垄断审查制度概述

<table>
<tr><td rowspan="8">经营者集中的概念</td><td>概念</td><td colspan="2">经营者集中，是指经营者之间通过合并、取得股份或者资产、委托经营或联营以及人事兼任等方式形成的控制与被控制状态。由于一定规模的经营者集中可能改变市场结构，并进而可能妨碍市场竞争，损害消费者福利，因此，反垄断法将其纳入调整视野</td></tr>
<tr><td colspan="3">(1)下列各项中，属于经营者集中的情形的有(　)。</td></tr>
<tr><td colspan="2">A. 合并</td><td>a. 吸收合并　b. 控股合并</td></tr>
<tr><td colspan="3">B. 通过取得股权或者资产的方式取得对其他经营者的控制权</td></tr>
<tr><td colspan="2">C. 通过合同等方式取得对其他经营者的控制权或者能够对其他经营者施加决定性影响</td><td>a. 委托经营　b. 联营　c. 人事兼任</td></tr>
<tr><td colspan="3">(2)判断经营者是否通过交易取得对其他经营者的控制权或者能够对其他经营者施加决定性影响，应当考虑的因素有(　)。</td></tr>
<tr><td colspan="3">A. 交易的目的和未来的计划
B. 交易前后其他经营者的股权结构及其变化
C. 其他经营考股东大会的表决事项及其表决机制，以及其历史出席率和表决情况
D. 其他经营者董事会或者监事会的组成及其表决机制
E. 其他经营者高级管理人员的任免等
F. 其他经营者股东、董事之间的关系，是否存在委托行使投票权、一致行动人等
G. 该经营者与其他经营者是否存在重大商业关系、合作协议等</td></tr>
<tr><td colspan="3"></td></tr>
<tr><td rowspan="4">经营者集中的分类</td><td colspan="3">(3)根据参与集中的经营者在产业中的位置和相互关系，可将经营者集中分类为(　)。</td></tr>
<tr><td>A. 横向集中</td><td colspan="2">是指因生产或销售同类产品，或者提供同种服务而具有相互直接竞争关系的经营者之间的集中</td></tr>
<tr><td>B. 纵向集中</td><td colspan="2">是指同一产业中处于不同阶段，彼此之间不存在竞争关系，但有买卖关系的经营者之间的集中，亦即某种产品的卖方和买方之间的集中或上游经营者与下游经营者间的集中</td></tr>
<tr><td>C. 混合集中</td><td colspan="2">是指生产经营的产品或服务在彼此没有关联的经营者之间的集中。参与混合集中的经营者之间既不存在竞争关系，也不存在买卖关系，即跨行业的经营者集中，如一个移动电话制造商与一个房地产商之间的集中</td></tr>
</table>

续表

<table>
<tr><td rowspan="2">经营者集中的经济效果</td><td>积极效果</td><td>A. 经营者集中有利于实现规模经济，提高经济效率
B. 经营者集中有利于提高企业的经营效率
C. 经营者集中有利于优化市场竞争环境</td></tr>
<tr><td>消极效果</td><td>A. 横向集中必然减少相关市场中的竞争者数量，并且极易造就具有市场支配地位的经营者，从而加大经营者达成横向垄断协议及滥用市场支配地位的风险
B. 当经营者集中导致相关市场经营者数量减少并形成寡占结构时，可为垄断协议的达成和实施创造便利条件
C. 纵向集中有可能产生阻碍市场进入的限制性效果</td></tr>
<tr><td rowspan="3">《反垄断法》对经营者集中的规制模式</td><td colspan="2">(4)下列各项中，属于我国经营者集中申报制度采取的模式的是(　)。</td></tr>
<tr><td colspan="2">A. 强制的事前申报模式</td></tr>
<tr><td colspan="2">【注意】因为经营者集中的经济效果具有两面性，所以《反垄断法》对经营者集中的规制在于“控制”，而不在于“禁止”。这种控制制度体现为经营者集中申报制度。我国的经营者集中申报制度采取强制的事前申报模式，即法律要求当事人在实施集中前必须事先向反垄断法执法机构申报，待执法机构审查批准后才可实施集中的制度。</td></tr>
</table>

考点 19　经营者集中的申报

【考点母题——万变不离其宗】经营者集中的申报

<table>
<tr><td rowspan="3">经营者集中申报标准（程序性标准）</td><td colspan="2">(1)经营者集中达到法定标准的，经营者应当事先向国务院商务主管部门申报，未申报的不得实施集中。下列各项中，属于经营者集中应当事先申报的标准的有(　)。</td></tr>
<tr><td>A. 参与集中的所有经营者上一会计年度在全球范围内的营业额合计超过 100 亿元人民币，并且其中至少两个经营者上一会计年度在中国境内的营业额均超过 4 亿元人民币
B. 参与集中的所有经营者上一会计年度在中国境内的营业额合计超过 20 亿元人民币，并且其中至少两个经营者上一会计年度在中国境内的营业额均超过 4 亿元人民币</td><td>“营业额”包括相关经营者上一会计年度内销售产品和提供服务所获得的收入，扣除相关税金及附加。</td></tr>
<tr><td colspan="2">【注意】经营者集中未达到上述申报标准，但有证据证明该经营者集中具有或者可能具有排除、限制竞争效果的，国务院反垄断执法机构课要求经营者申报。经营者未按照规定进行申报的，执法机构应当依法进行调查。</td></tr>
<tr><td rowspan="3">申报材料的提交与补正</td><td colspan="2">(2)经营者向国务院反垄断执法机构申报集中，应当提交的文件、资料包括(　)。</td></tr>
<tr><td colspan="2">A. 申报书　B. 集中对相关市场竞争状况影响的说明　C. 集中协议
D. 参与集中的经营者经会计师事务所审计的上一会计年度财务会计报告
E. 国务院反垄断执法机构规定的其他文件、资料</td></tr>
<tr><td colspan="2">【注意】经营者提交的文件、资料不完备的，应当在国务院反垄断执法机构规定的期限内补交文件、资料。经营者逾期未补交文件、资料的，视为未申报。</td></tr>
</table>

续表

申报豁免	(3)下列各项中，属于我国《反垄断法》规定的经营者集中可以不向国务院反垄断执法机构申报的法定情形的有(　)。
	A. 参与集中的一个经营者拥有其他每个经营者50%以上有表决权的股份或者资产的 B. 参与集中的每个经营者50%以上有表决权的股份或者资产被同一个未参与集中的经营者拥有的
	【注意】为了提高效率，节约国家执法资源，对于虽达申报标准，但属于关系极为紧密的关联企业之间的集中，可以免于申报。其道理在于，这些企业之间在集中前本来就已具有控制与被控制关系，集中不会产生或加强其市场地位。

【考点子题——举一反三，真枪实练】

[39] (2019年·多选题)下列关于我国经营者集中申报制度的表述中，符合反垄断法律制度规定的有(　)。

A. 我国对经营者集中实行强制的事前申报制

B. 参与集中的每个经营者30%以上有表决权的股份或者资产被同一未参与集中的经营者拥有的，可以免于申报

C. 参与集中的所有经营者上一会计年度在全球范围内的营业额合计达到100亿元，并且其中至少两个经营者上一会计年度在中国境内的营业额均达到4亿元的经营者集中，应当申报

D. 经营者在国务院反垄断执法机构规定的期限内未补交应当补交的申报材料的，视为未申报

[40] (2021年·多选题)根据反垄断法律制度的规定，下列情形中，经营者集中达到标准，应当事先向市场监管总局申报的有(　)。

A. 参与集中的所有经营者上一会计年度在全球范围内营业总额80亿，并且其中两个经营者上一会计年度在中国境内营业额分别为5亿、6亿

B. 参与集中的所有经营者上一会计年度在中国境内营业总额16亿，并且其中两个经营者上一会计年度在中国境内营业额分别为5亿、6亿

C. 参与集中的所有经营者上一会计年度在全球范围内营业总额120亿，并且其中两个经营者上一会计年度在中国境内营业额分别为5亿、8亿

D. 参与集中的所有经营者上一会计年度在中国境内营业总额30亿，并且其中两个经营者上一会计年度在中国境内营业额分别为5亿、8亿

考点 20　经营者集中审查程序

【考点母题——万变不离其宗】经营者集中审查程序

<table>
<tr><td rowspan="12">两阶段审查</td><td rowspan="4">第一阶段审查（初步审查）</td><td>(1)根据反垄断法律制度，经营者集中初步审查的最长期限为自收到经营者提交的符合规定的文件、资料之日起(　)。</td></tr>
<tr><td>A. 30 日</td></tr>
<tr><td>(2)下列关于经营者集中第一阶段审查程序的表述中，正确的有(　)。</td></tr>
<tr><td>A. 反垄断执法机构应当自收到经营者提交的符合规定的文件、资料之日起 30 日内，对申报的经营者集中进行初步审查，作出是否实施进一步审查的决定，并书面通知经营者
B. 反垄断执法机构作出决定前，经营者不得实施集中
C. 反垄断执法机构作出不实施进一步审查的决定或者逾期未作出决定的，经营者可以实施集中</td></tr>
<tr><td rowspan="8">第二阶段审查（进一步审查）</td><td>(3)第二阶段审查应当自执法机构作出实施进一步审查决定之日起(　)日内完毕，并作出是否禁止经营者集中的决定，书面通知经营者。</td></tr>
<tr><td>A. 90 日</td></tr>
<tr><td>(4)符合法定情形的，国务院反垄断执法机构经书面通知经营者，可以延长第二阶段审查的审查期限，但最长不得超过(　)。</td></tr>
<tr><td>A. 60 日</td></tr>
<tr><td>(5)市场监管总局可以延长第二阶段审查的审查期限的法定情形有(　)。</td></tr>
<tr><td>A. 经营者同意延长审查期限的
B. 经营者提交的文件、资料不准确，需要进一步核实的
C. 经营者申报后有关情况发生重大变化的</td></tr>
<tr><td>(6)下列关于经营者集中第二阶段审查程序的表述中，正确的有(　)。</td></tr>
<tr><td>A. 进一步审查期间，经营者不得实施集中
B. 国务院反垄断执法机构逾期未作出决定的，经营者可以实施集中
C. 反垄断执法机构作出禁止经营者集中的决定，应当说明理由</td></tr>
<tr><td rowspan="3">审查期限中止</td><td colspan="2">(7)有特定情形之一的，反垄断执法机构可以决定中止计算经营者集中的审查期限。该特定情形有(　)。</td></tr>
<tr><td colspan="2">A. 经营者未按照规定提交文件、资料，导致审查工作无法进行
B. 出现对经营者集中审查具有重大影响的新情况、新事实，不经核实将导致审查工作无法进行
C. 需要对经营者集中附加的限制性条件进一步评估，且经营者提出中止请求</td></tr>
<tr><td colspan="2">【注意】执法机构在实践中面临复杂的经营者集中问题时，可以暂停计算审查期间，突破反垄断法对第二阶段审查限制的最长期限，直至解决相关问题。</td></tr>
</table>

续表

<table>
<tr><td rowspan="4">简易程序</td><td colspan="2">(8)为了提高经营者集中的审查效率，降低集中方的合规成本，符合法定情形的集中交易，为简易案件，可以适用简易案件审查程序。下列各项中，属于可以适用经营者集中简易案件审查程序的法定情形的有(　　)。</td></tr>
<tr><td colspan="2">A. 在同一相关市场，参与集中的经营者所占的市场份额之和小于15%
B. 在上下游市场，参与集中的经营者所占的市场份额均小于25%
C. 不在同一相关市场也不存在上下游关系的参与集中的经营者，在与交易有关的每个市场所占的市场份额均小于25%
D. 参与集中的经营者在中国境外设立合营企业，合营企业不在中国境内从事经济活动的
E. 参与集中的经营者收购境外企业股权或资产，该境外企业不在中国境内从事经济活动的
F. 由两个以上经营者共同控制的合营企业，通过集中被其中一个或一个以上经营者控制的</td></tr>
<tr><td colspan="2">(9)虽符合上述条件，但存在下列情形的经营者集中案件，不视为简易案件(　　)。</td></tr>
<tr><td colspan="2">A. 由两个以上经营者共同控制的合营企业，通过集中被其中的一个经营者控制，该经营者与合营企业属于同一相关市场的竞争者，且市场份额之和大于15%的
B. 经营者集中涉及的相关市场难以界定的
C. 经营者集中对市场进入、技术进步可能产生不利影响的
D. 经营者集中对消费者和其他有关经营者可能产生不利影响的
E. 经营者集中对国民经济发展可能产生不利影响的
F. 市场监管总局认为可能对市场竞争产生不利影响的其他情形</td></tr>
<tr><td rowspan="4">审查决定</td><td colspan="2">(10)根据反垄断审查的不同情况，国务院反垄断执法机构作出的不同决定类型包括(　　)</td></tr>
<tr><td>A. 禁止集中决定</td><td>国务院反垄断执法机构认为经营者集中具有或者可能具有排除、限制竞争效果的，应当作出禁止经营者集中的决定</td></tr>
<tr><td>B. 不予禁止决定</td><td>国务院反垄断执法机构认为经营者集中不具有排除、限制竞争效果的，或者国务院反垄断执法机构虽认为经营者集中具有或者可能具有排除、限制竞争效果，但是经营者能够证明该集中对竞争产生的有利影响明显大于不利影响或者符合社会公共利益的，国务院反垄断执法机构可以作出对经营者集中不予禁止的决定</td></tr>
<tr><td>C. 附条件的不予禁止决定</td><td>对不予禁止的经营者集中，国务院反垄断执法机构可以决定附加减少集中对竞争产生不利影响的限制性条件。对于禁止集中决定和附条件的不予禁止决定，国务院反垄断执法机构应当及时向社会公布</td></tr>
</table>

【考点子题——举一反三，真枪实练】

[41]（2013年·单选题）根据反垄断法律制度的规定，我国经营者集中反垄断审查程序的最长审查时限为(　　)日。

A. 60　　B. 90　　C. 180　　D. 210

考点 21　经营者集中审查的实体标准

【考点母题——万变不离其宗】经营者集中审查的实体标准

<table>
<tr><td>概念</td><td>经营者集中反垄断审查的实体标准是相对于申报标准这一程序性标准而言的，是指反垄断执法机构据以判断一个经营者集中案是否应依法予以禁止的标准。经营者集中反垄断审查的实体标准包括一般标准和竞争影响评估的具体规则等两个层面的内容。</td></tr>
<tr><td rowspan="2">一般标准</td><td>(1)根据反垄断法律制度，我国《反垄断法》规定的经营者集中审查的一般标准是(　)。</td></tr>
<tr><td>A. 具有或者可能具有排除、限制竞争效果</td></tr>
<tr><td rowspan="4">对经营者集中竞争影响的评估</td><td>(2)下列关于经营者集中竞争影响评估的具体规则的表述中，正确的有(　)。</td></tr>
<tr><td>A. 反垄断执法机构在评估经营者集中对竞争产生不利影响的可能性时，首先考察集中是否产生或加强了某一经营者单独排除、限制竞争的能力、动机及其可能性
B. 当集中所涉及的相关市场中有少数几家经营者时，还应考察集中是否产生或加强了相关经营者共同排除、限制竞争的能力、动机及其可能性
C. 集中涉及上下游市场或者关联市场的，可以考察相关经营者利用在一个或者多个市场的控制力，排除、限制其他市场竞争的能力、动机及可能性</td></tr>
<tr><td>(3)审查经营者集中，根据个案具体情况和特点，应当综合考虑的因素有(　)。</td></tr>
<tr><td>A. 参与集中的经营者在相关市场的市场份额及其对市场的控制力
B. 相关市场的市场集中度
C. 经营者集中对市场进入、技术进步的影响
D. 经营者集中对消费者和其他有关经营者的影响
E. 经营者集中对国民经济发展的影响
F. 应当考虑的影响市场竞争的其他因素</td></tr>
</table>

考点 22　经营者集中附加限制性条件批准制度

【考点母题——万变不离其宗】经营者集中附加限制性条件批准制度

<table>
<tr><td>概念</td><td colspan="3">经营者集中附加限制性条件，也称经营者集中的救济措施，是指在经营者集中反垄断审查中，为了消除集中对竞争造成的不利影响，由参与集中的经营者向执法机构提出消除不利影响的解决办法，执法机构附条件批准该项集中的制度。</td></tr>
<tr><td rowspan="3">限制性条件的分类</td><td colspan="3">(1)根据反垄断法律制度，经营者集中附加限制性条件的类型包括(　)。</td></tr>
<tr><td rowspan="2">A. 结构性条件</td><td colspan="2">(2)下列经营者集中附加的限制性条件中，属于结构性条件的有(　)。</td></tr>
<tr><td>A. 剥离有形资产
B. 剥离知识产权等无形资产或相关权益</td><td>剥离有形资产、知识产权等无形资产或相关权益，简称业务剥离，是指由参与集中的经营者将自己的部分业务出售给第三方经营者，以保持这部分业务的竞争性</td></tr>
</table>

续表

<table>
<tr><td rowspan="3">限制性条件的分类</td><td rowspan="2">B. 行为性条件</td><td>(3)下列经营者集中附加的限制性条件中，属于行为性条件的有(　)。</td></tr>
<tr><td>A. 开放网络或平台等基础设施
B. 许可关键技术(包括专利、专有技术或其他知识产权)
C. 终止排他性协议</td></tr>
<tr><td>C. 综合性条件</td><td>即结构性条件和行为性条件相结合</td></tr>
<tr><td rowspan="2">限制性条件的确定</td><td colspan="2">(4)下列关于经营者集中附加限制性条件的确定程序的表述中，正确的有(　)。</td></tr>
<tr><td colspan="2">A. 为减少集中具有或者可能具有的排除、限制竞争的效果，参与集中的经营者可以向市场监管总局提出附加限制性条件承诺方案
B. 市场监管总局应当对承诺方案的有效性、可行性和及时性进行评估，并及时将评估结果通知申报人
C. 市场监管总局认为承诺方案不足以减少集中对竞争的不利影响的，可以与参与集中的经营者就限制性条件进行磋商，要求其在合理期限内提出其他承诺方案
D. 承诺方案存在不能实施的风险的，参与集中的经营者可以提出备选方案。备选方案应当在首选方案无法实施后生效，并且比首选方案的条件更为严格</td></tr>
<tr><td rowspan="2">限制性条件的履行监督</td><td colspan="2">(5)下列关于经营者集中附加限制性条件的履行监督的表述中，正确的有(　)。</td></tr>
<tr><td colspan="2">A. 对于附加限制性条件批准的经营者集中，义务人应当严格履行审查决定规定的义务，并按规定向市场监管总局报告限制性条件履行情况
B. 市场监管总局可以自行对义务人履行限制性条件的行为进行监督检查
C. 可以市场监管总局通过受托人对义务人履行限制性条件的行为进行监督检查。通过受托人监督检查的，市场监管总局应当在审查决定中予以明确。</td></tr>
<tr><td rowspan="6">限制性条件的解除与变更</td><td colspan="2">(6)审查决定应当规定附加限制性条件的期限。下列关于限制性条件到期后的解除与变更的表述中，正确的有(　)。</td></tr>
<tr><td colspan="2">A. 根据审查决定，限制性条件到期自动解除的，经市场监管总局核查，义务人未违反审查决定的，限制性条件自动解除；义务人存在违反审查决定情形的，市场监管总局可以适当延长附加限制性条件的期限，并及时向社会公布
B. 根据审查决定，限制性条件到期后义务人需要申请解除的，义务人应当提交书面申请并说明理由。市场监管总局评估后决定解除限制性条件的，应当及时向社会公布
C. 限制性条件为业务剥离的，经市场监管总局核查，义务人履行完成所有义务的，限制性条件自动解除</td></tr>
<tr><td colspan="2">(7)下列关于限制性条件经重新审查后的解除与变更的表述中，正确的有(　)。</td></tr>
<tr><td colspan="2">A. 审查决定生效期间，市场监管总局可以主动或者应义务人申请对限制性条件进行重新审查，变更或者解除限制性条件</td></tr>
<tr><td colspan="2">B. 市场监管总局决定变更或者解除限制性条件的，应当及时向社会公布</td></tr>
<tr><td>C. 市场监管总局变更或者解除限制性条件时应当考虑的因素</td><td>a. 集中交易方是否发生重大变化
b. 相关市场竞争状况是否发生实质性变化
c. 实施限制性条件是否无必要或者不可能
d. 应当考虑的其他因素</td></tr>
</table>

【考点子题——举一反三，真枪实练】

[42]（2020 年 · 单选题）下列经营者集中附加的限制性条件中，属于结构性条件的是（　）。

A. 许可关键技术

B. 剥离知识产权

C. 终止排他性协议

D. 开放平台等基础设施

[43]（2020 年 · 多选题）下列经营者集中附加的限制性条件中，属于行为性条件的有（　）。

A. 剥离知识产权　　B. 许可关键技术

C. 开放平台等基础设施　　D. 终止排他性协议

[44]（2021 年 · 多选题）根据反垄断法律制度的规定，经营者集中附加的限制性条件中，属于结构性条件的有（　）。

A. 剥离有形资产

B. 剥离知识产权等无形资产

C. 许可关键技术

D. 开放平台等基础设施

考点 23　对违法实施经营者集中的调查处理

【考点母题——万变不离其宗】对违法实施经营者集中的调查处理

违法实施经营者集中的主要情形	(1)经营者不顾《反垄断法》的相关规定，违法实施经营者集中的主要情形有（　）。 A. 经营者集中达到申报标准，相关经营者未申报径行实施集中 B. 经营者集中申报后，相关经营者未经批准实施集中 C. 违反经营者集中审查决定
违法实施经营者集中的行政责任	(2)下列各项中，属于我国《反垄断法》规定的经营者违法实施集中应当承担的行政责任的有（　）。 A. 经营者违反规定实施集中，且具有或者可能具有排除、限制竞争效果的，由国务院反垄断执法机构责令停止实施集中、限期处分股份或者资产、责令限期转让营业以及采取其他必要措施恢复到集中前的状态，处上一年度销售额 10%以下的罚款 B. 经营者违反规定实施集中，不具有排除、限制竞争效果的，国务院反垄断执法机构可以处 500 万元以下的罚款 【注意】反垄断执法机构要对被调查的违法集中交易是否具有或者可能具有排除、限制竞争效果进行评估，并据此决定是否给予“恢复到集中前的状态”的处罚。

【考点总结】经营者、行业协会实施垄断行为的行政责任

主体	垄断协议	滥用市场支配地位	违法实施经营者集中
经营者	经营者违反反垄断法规定，达成并实施垄断协议的，由反垄断执法机构责令停止违法行为，没收违法所得，并处上一年度销售额1%以上10%以下的罚款； 尚未实施所达成的垄断协议的，可以处50万元以下的罚款。	经营者违反《反垄断法》规定，滥用市场支配地位的，由反垄断执法机构责令停止违法行为，没收违法所得，并处上一年度销售额1%以上10%以下的罚款。	由国务院反垄断执法机构责令停止实施集中、限期处分股份或者资产、责令限期转让营业以及采取其他必要措施恢复到集中前的状态； 可以处50万元以下的罚款。
经营者	【宽大制度】参与垄断协议的经营者主动向反垄断执法机构报告达成垄断协议的有关情况并提供重要证据的，反垄断执法机构可以对其宽大处理，酌情减轻或者免除其处罚。		
经营者	【从轻或减轻】经营者因行政机关和法律、法规授权的具有管理公共事务职能的组织滥用行政权力而达成垄断协议的，不影响其依法承担行政责任。经营者能够证明其达成垄断协议是被动遵守行政命令所导致的，可以依法从轻或者减轻处罚。	【从轻或减轻】经营者因行政机关和法律、法规授权的具有管理公共事务职能的组织滥用行政权力而滥用市场支配地位的，不影响其依法承担行政责任。经营者能够证明其从事的滥用市场支配地位行为是被动遵守行政命令所导致的，可以依法从轻或者减轻处罚。	
行业协会	行业协会违反反垄断法规定，组织本行业的经营者达成垄断协议的，反垄断执法机构可以处50万元以下的罚款； 情节严重的，社会团体登记管理机关可以依法撤销登记。		

【考点子题——举一反三，真枪实练】

[45]（2016年·多选题）根据反垄断法律制度的规定，下列情形中，可以处50万元以下罚款的有（ ）。

A. 经营者达成垄断协议，但未实施

B. 行业协会组织本行业经营者从事垄断协议行为

C. 经营者未依法申报达到申报标准的经营者集中

D. 行政机关滥用行政权力限制、排除竞争

第五节　滥用行政权力排除、限制竞争规制制度

本节考点、考点母题及考点子题

考点 24　滥用行政权力排除、限制竞争行为概述

【考点母题——万变不离其宗】滥用行政权力排除、限制竞争行为概述

<table>
<tr><td>概念</td><td>滥用行政权力排除、限制竞争，即通常所谓“行政性垄断”，是指行政机关和法律、法规授权的具有管理公共事务职能的组织滥用行政权力，排除、限制竞争的行为。</td></tr>
<tr><td rowspan="2">成因</td><td>下列各项中，属于滥用行政权力排除、限制竞争行为的成因的有（　）。</td></tr>
<tr><td>A. 政府职能转变不到位　　B. 利益驱动是直接动因
C. 观念原因（一些地方、部门负责人的全局意识、法律意识和市场意识不强）
D. 制度原因（我国规范行政权力运行程序、运行方式的制度不够健全，行政权力的具体边界不十分清楚）</td></tr>
<tr><td>危害</td><td>行政性垄断与一般的市场性垄断一样具有破坏市场秩序，损害市场绩效，减损消费者福利的效果。此外，它还助长腐败，毒化社会风气、破坏社会主义政治民主和制度文明。因此，应予以禁止。</td></tr>
</table>

考点 25　《反垄断法》禁止的滥用行政权力排除、限制竞争行为

【考点母题——万变不离其宗】《反垄断法》禁止的滥用行政权力排除、限制竞争行为

<table>
<tr><td colspan="2">（1）下列各项中，属于我国《反垄断法》禁止的滥用行政权力排除、限制竞争行为的有（　）。</td></tr>
<tr><td rowspan="3">A. 行政强制交易</td><td>概念：行政性垄断意义上的强制交易，是指行政机关和法律、法规授权的具有管理公共事务职能的组织滥用行政权力，限定或者变相限定单位或者个人经营、购买、使用其指定的经营者提供的商品的行为。《反垄断法》第三十二条对此种行为明确予以禁止</td></tr>
<tr><td>（2）根据反垄断法律制度的规定，行政强制交易的具体表现包括（　）。</td></tr>
<tr><td>A. 以明确要求、暗示、拒绝或者拖延行政审批、重复检查、不予接入平台或者网络等方式，限定或者变相限定经营、购买、使用特定经营者提供的商品
B. 通过限制投标人所在地、所有制形式、组织形式等方式，限定或者变相限定经营、购买、使用特定投标人提供的商品
C. 没有法律、法规依据，通过设置项目库、名录库等方式，限定或者变相限定经营、购买、使用特定经营者提供的商品
D. 限定或者变相限定单位或者个人经营、购买、使用其指定的经营者提供的商品的其他行为</td></tr>
</table>

续表

B. 利用合作协议实施垄断行为	行政机关和法律、法规授权的具有管理公共事务职能的组织不得滥用行政权力，通过与经营者签订合作协议、备忘录等方式，妨碍其他经营者进入相关市场或者对其他经营者实行不平等待遇，排除、限制竞争
C. 地区封锁	概念：地区封锁，是指行政机关和法律、法规授权的具有管理公共事务职能的组织滥用行政权力，限制外地商品进入本地市场，或者限制本地商品流向外地市场的行为
	(3)根据反垄断法律制度的规定，地区封锁行为的具体表现包括(　)。
	A. 对外地商品设定歧视性收费项目、实行歧视性收费标准，或者规定歧视性价格、实行歧视性补贴政策 B. 对外地商品规定与本地同类商品不同的技术要求、检验标准，或者对外地商品采取重复检验、重复认证等措施，阻碍、限制外地商品进入本地市场 C. 没有法律、法规依据，采取专门针对外地商品的行政许可、备案，或者对外地商品实施行政许可、备案时，设定不同的许可或者备案条件、程序、期限等，阻碍、限制外地商品进入本地市场 D. 没有法律、法规依据，设置关卡、通过软件或者互联网设置屏蔽等手段，阻碍、限制外地商品进入本地市场或者本地商品运往外地市场 E. 妨碍商品在地区之间自由流通的其他行为
D. 排斥或限制外地经营者参加本地招标投标	排斥或限制外地经营者参加本地招标投标、政府采购，意在减少本地招标投标、政府采购市场中的竞争，保护本地企业的商业机会。此种行为的手段包括对外地投标者、供应商设定歧视性资质要求、评审标准或者不依法发布信息等。此种行为不仅违反《反垄断法》，而且违反《招标投标法》《政府采购法》等相关法律
	(4)根据反垄断法律制度的规定，排斥或限制外地经营者参加本地招标投标、政府采购行为的具体表现包括(　)。
	A. 不依法发布信息 B. 明确外地经营者不能参与本地特定的招标投标、政府采购活动 C. 对外地经营者设定歧视性的资质要求或者评审标准 D. 通过设定与招标项目的具体特点和实际需要不相适应或者与合同履行无关的资格、技术和商务条件，变相限制外地经营者参加本地招标投标、政府采购活动 E. 排斥或者限制外地经营者参加本地招标投标、政府采购活动的其他行为
E. 排斥或者限制外地经营者在本地投资或者设立分支机构或者妨碍外地经营者在本地的正常经营活动	(5)根据反垄断法律制度的规定，排斥或者限制外地经营者在本地投资或者设立分支机构或者妨碍外地经营者在本地的正常经营活动行为的具体表现包括(　)。
	A. 拒绝外地经营者在本地投资或者设立分支机构 B. 没有法律、法规依据，对外地经营者在本地投资的规模、方式以及设立分支机构的地址、商业模式等进行限制 C. 对外地经营者在本地的投资或者设立的分支机构在投资、经营规模、经营方式、税费缴纳等方面规定与本地经营者不同的要求，在安全生产、节能环保、质量标准等方面实行歧视性待遇 D. 排斥或者限制外地经营者在本地投资或者设立分支机构的其他行为

第11章

续表

F. 强制经营者从事垄断行为	(6)根据反垄断法律制度的规定，强制经营者从事垄断行为的具体表现包括(　)。
	A. 行政机关和法律、法规授权的具有管理公共事务职能的组织滥用行政权力，强制经营者达成、实施排除、限制竞争的垄断协议 B. 行政机关和法律、法规授权的具有管理公共事务职能的组织滥用行政权力，强制具有市场支配地位的经营者从事滥用市场支配地位的行为 C. 行政机关和法律、法规授权的具有管理公共事务职能的组织滥用行政权力，强制经营者实施违法经营者集中等
G. 抽象行政性垄断行为	(7)下列关于抽象行政性垄断行为的表述中，正确的有(　)。
	A. 抽象行政性垄断行为，是指行政机关滥用行政权力，制定含有排除、限制竞争内容的规定的行为，其具体形式包括决定、公告、通告、通知、意见、会议纪要等 B. 与具体行政行为只针对特定主体和特定事项不同，抽象行政行为则是行政机关针对不特定对象发布的能反复适用的行政规范性文件，具有一定的"普适性"，因此，抽象行政性垄断行为比具体行政性垄断行为的危害更大 C. 行政机关不得滥用行政权力，制定含有排除、限制竞争内容的规定

【考点子题——举一反三，真枪实练】

[46] (2012 年 · 单选题)甲市市政府办公厅下发红头文件，要求本市各级政府机构在公务接待待中必须使用本市乙酒厂生产的"醉八仙"系列白酒，并根据有关政府机构的公务接待预算分别下达了一定数量的用酒任务。根据反垄断法律制度的规定，下列表述中，正确的是(　)。

A. 甲市市政府的行为不违法，乙酒厂实施了滥用行政权力排除、限制竞争行为

B. 甲市市政府的行为不违法，乙酒厂实施了滥用市场支配地位行为

C. 甲市市政府实施了滥用行政权力排除、限制竞争行为，乙酒厂不违法

D. 甲市市政府实施了滥用行政权力排除、限制竞争行为，乙酒厂实施了滥用市场支配地位行为

[47] (经典子题 · 多选题)根据反垄断法律制度的规定，下列情形中，构成地区封锁的有(　)。

A. 甲省政府规定，凡外省生产的汽车，必须经过本省交管部门的技术安全认证，领取省内销售许可证以后，方可在本省市场销售

B. 乙省政府决定，在进出本省的交通要道设置关卡，阻止本省生产的猪肉运往外省

C. 丙省政府规定，省内各机关和事业单位在公务接待等活动时需要消费香烟的，只能选用本省生产的"金丝雀"牌香烟，否则财政不予报销

D. 丁省政府规定，外省生产的化肥和农药在本省销售的，一律按销售额加收15%的环保附加费

考点26 公平竞争审查制度

国家建立健全公平竞争审查制度。行政机关和法律、法规授权的具有管理公共事务职能的组织在制定涉及市场主体经济活动的规定时，应当进行公平竞争审查。

（一）公平竞争审查制度的基本原则

【考点母题——万变不离其宗】公平竞争审查制度的基本原则

公平竞争审查制度的目标	规范政府有关行为，防止出台排除、限制竞争的政策措施，逐步清理废除妨碍全国统一市场和公平竞争的规定和做法。	
公平竞争审查制度的基本原则	根据反垄断法律制度，下列各项中，属于公平竞争审查制度的基本原则的有（ ）。	
	A. 尊重市场，竞争优先	尊重市场经济规律，处理好政府与市场的关系，着力转变政府职能，最大限度减少对微观经济的干预，促进和保护市场主体公平竞争，保障市场配置资源的决定性作用得到充分发挥
	B. 立足全局，统筹兼顾	着力打破地区封锁和行业垄断，清除市场壁垒，促进商品和要素在全国范围内自由流动。统筹考虑维护国家利益和经济安全、促进区域协调发展、保持经济平稳健康运行等多重目标需要，稳妥推进制度实施
	C. 依法审查，强化监督	加强与现行法律体系和行政管理体制的衔接，提高公平竞争审查的权威和效能。建立健全公平竞争审查保障机制，把自我审查和外部监督结合起来，加强社会监督和执法监督，及时纠正滥用行政权力排除、限制竞争行为

（二）公平竞争审查制度的适用范围和方式

【考点母题——万变不离其宗】公平竞争审查制度的适用范围和方式

公平竞争审查制度的适用范围和方式	下列各项中，属于公平竞争审查的对象的有（ ）。	
	A. 行政机关以及法律、法规授权的具有管理公共事务职能的组织制定的政策措施	行政机关以及法律、法规授权的具有管理公共事务职能的组织（统称政策制定机关），在制定市场准入和退出、产业发展、招商引资、招标投标、政府采购、经营行为规范、资质标准等涉及市场主体经济活动的规章、规范性文件、其他政策性文件以及“一事一议”行使的具体政策措施（统称政策措施）时，应当进行公平竞争审查，评估对市场竞争的影响，防止排除、限制市场竞争
		经公平审查认为不不具有除、限制竞争效果或者符合例外规定的，可以实施；具有排除、限制竞争效果且不符合例外规定的，应当不出台或者调整至符合相关要求后出台；未经公平审查的，不得出台

续表

公平竞争审查制度的适用范围和方式	B. 国务院制定的行政法规、政策措施、地方性法规、自治条例和单行条例	涉及市场主体经济活动的行政法规、国务院制定的政策措施，以及政府部门负责起草的地方性法规、自治条例和单行条例，由起草部门在起草过程中进行公平竞争审查；未经公平竞争审查的，不得提交审议
		以县级以上地方各级人民政府名义出台的政策措施，由起草部门或者本级人民政府指定的相关部门进行公平竞争审查；起草部门在审查过程中，可以会同本级市场监管部门进行公平竞争审查；未经审查的，不得提交审议。以多个部门名义联合制定出台的政策措施，由牵头部门负责公平竞争审查，其他部门在各自职责范围参与公平竞争审查。政策措施涉及其他部门职权的，政策制定机关在公平竞争审查中应当充分征求其意见

【考点子题——举一反三，真枪实练】

[48] (2021 年 · 单选题)根据反垄断法律制度的规定，我国公平竞争审查采取的审查方式为(　)。

A. 事前自我审查　　B. 事前由反垄断执法机构审查

C. 事后自我审查　　D. 事后司法审查

(三) 公平竞争审查的联席会议制度

【考点母题——万变不离其宗】公平竞争审查的联席会议制度

公平竞争审查的联席会议制度	下列关于公平竞争审查联席会议制度的表述中，正确的有(　)。
	A. 市场监管总局、发展改革委、财政部、商务部会同有关部门，建立公平竞争审查工作部际联席会议制度，统筹协调和监督指导全国公平竞争审查工作 B. 县级以上地方各级人民政府负责建立健全本地区公平竞争审查联席会议制度(统称联席会议)，统筹协调和监督指导本地区公平竞争审查工作，原则上由本级人民政府分管负责同志担任联席会议召集人；联席会议办公室设在市场监管部门，承担联席会议日常工作 C. 地方各级联席会议应当每年向本级人民政府和上一级联席会议报告本地区公平竞争审查制度实施情况，接受指导和监督

(四) 公平竞争审查标准

【考点母题——万变不离其宗】公平竞争审查标准

(1)进行公平竞争审查时，从维护全国统一市场和公平竞争的角度看，审查标准包括(　)。	
A. 市场准入和退出标准	(2)下列各项中，属于公平竞争审查市场准入和退出标准的有(　)。
	A. 不得设置不合理和歧视性的准入和退出条件

续表

A. 市场准入和退出标准	B. 未经公平竞争审查不得授予经营者特许经营权 C. 不得限定经营、购买、使用特定经营者提供的商品和服务 D. 不得设置没有法律法规依据的审批或者事前备案程序 E. 不得对市场准入负面清单以外的行业、领域、业务等设置审批程序
B. 商品和要素自由流动标准	(3)下列各项中，属于公平竞争审查商品和要素自由流动标准的有(　)。
	A. 不得对外地和进口商品、服务实行歧视性价格和歧视性补贴政策 B. 不得限制外地和进口商品、服务进入本地市场或者阻碍本地商品运出、服务输出 C. 不得排斥或者限制外地经营者、供应商参加本地招标投标、政府采购活动 D. 不得排斥、限制或者强制外地经营者在本地投资或者设立分支机构 E. 不得对外地经营者在本地的投资或者设立的分支机构实行歧视性待遇，侵害其合法权益
C. 影响生产经营成本标准	(4)下列各项中，属于公平竞争审查影响生产经营成本标准的有(　)。
	A. 不得违法给予特定经营者优惠政策 B. 安排财政支出一般不得与企业缴纳的税收或非税收入挂钩 C. 不得违法违规减免或者缓征特定经营者应当缴纳的社会保险费用 D. 不得在法律规定之外要求经营者提供或者扣留经营者各类保证金
D. 影响生产经营行为标准	(5)下列各项中，属于公平竞争审查影响生产经营行为标准的有(　)。
	A. 不得强制经营者从事《中华人民共和国反垄断法》规定的垄断行为 B. 不得违法披露或者要求经营者披露生产经营敏感信息，为经营者从事垄断行为提供便利条件 C. 不得超越定价权限进行政府定价 D. 不得违法干预实行市场调节价的商品和服务的价格水平

（五）例外规定

【考点母题——万变不离其宗】例外规定

公平竞争审查的例外规定，是指政策制定机关对政策措施进行公平竞争审查时，认为虽然具有一定限制竞争的效果，但属于例外情形，且在同时符合三个条件的情况下仍可以实施的规定	
例外情形	(1)下列各项中，属于公平竞争审查的例外情形的有(　)。
	A. 维护国家经济安全、文化安全、科技安全或者涉及国防建设的 B. 为实现扶贫开发、救灾救助等社会保障目的 C. 为实现节约能源资源、保护生态环境、维护公共卫生安全等社会公共利益 D. 法律、行政法规规定的其他情形 【注意】属于上述 A-C 项情形的，对实现政策目的不可或缺，且不会严重限制市场竞争，并明确实施期限。

续表

同时符合三个条件	(2)适用公平竞争审查的例外规定的，政策制定机关应当说明相关政策措施同时符合的三个条件为(　)。
	A. 对实现政策目的不可或缺(即为实现相关目标必须实施此项政策措施) B. 不会严重排除和限制市场竞争　　C. 明确实施期限

考点 27　法律责任

【考点母题——万变不离其宗】法律责任

政策制定机关未进行公平审查或者违反公平审查标准出台政策措施的	(1)下列政策制定机关未进行公平审查或者违反公平审查标准出台政策措施的法律责任的表述中，正确的有(　)。	
	政策制定机关的上级机关	A. 政策制定机关的上级机关经核实认定政策制定机关未进行公平审查或者违反公平审查标准出台政策措施的，应当责令改正；拒不改正或者不及时改正的，对直接负责的主管人员和其他直接责任人员依据《公务员法》《公职人员政务处分法》《行政机关公务员处分条例》等法律法规给予处分
	市场监管部门	B. 本级及以上市场监管部门可以向政策制定机关或者其上级机关提出整改建议；整改情况要及时向有关方面反馈
违反《反垄断法》的	(2)下列关于行政主体的行为违反《反垄断法》规定应承担法律责任的表述中，正确的是(　)。	
	A. 反垄断执法机构可以向有关上级机关提出依法处理的建议，相关处理决定和建议依法向社会公开	

【本章考点子题答案及解析】

[1]　【答案：AD】我国反垄断法适用的地域范围采取“属地原则+效果原则”。中华人民共和国境内(不包含“港澳台”)经济活动中的垄断行为，适用《反垄断法》(属地原则)；中华人民共和国境外的垄断行为，对境内市场竞争产生排除、限制影响的，适用《反垄断法》(效果原则)。故选项 AD 正确。

[2]　【答案：D】本题考核反垄断法的适用范围。在反垄断法适用的地域范围方面，我国采用“属地原则+效果原则”。我国《反垄断法》第二条规定：“中华人民共和国境内经济活动中的垄断行为，适用本法。”这就是属地原则。同时，该条后半段还对效果原则进行了规定：“中华人民共和国境外的垄断行为，对境内市场竞争产生排除、限制影响的，适用本法。

[3]　【答案：ABCD】反垄断法适用的主体包括：①经营者；②行业协会；③行政主体，《反垄断法》第八条规定：“行政机关和法律、法规授权的具有管理公共事务职能的组织不得滥用行政权力，排除、限制竞争。”故选项 ABCD 均当选。

[4]　【答案：B】选项 A，知识产权的正当使用，不适用《反垄断法》。但是，经营者滥用知识产权，

排除、限制竞争的行为，不可排除《反垄断法》的适用，不选。选项 B,《反垄断法》对农业生产者及农业生产组织在农产品生产、加工、销售、运输、储存等经营活动中实施的联合或者协同行为排除适用，当选。选项 C，滥用行政权力排除、限制竞争行为，是我国反垄断法的规制对象，不选。选项 D，对于铁路、石油、电信、电网、烟草等重点行业，国家通过立法赋予国有企业以垄断性经营权。但是，如果这些国有垄断企业从事垄断协议、滥用市场支配地位行为，或者从事可能排除、限制竞争的经营者集中行为，同样应受《反垄断法》的限制，不选。

[5] 【答案：A】界定相关市场涉及的维度包括时间、商品和地域等三个维度，即相关时间市场、相关商品市场和相关地域市场，因此选项 B、C 不正确。并非任何的市场界定都涉及全部三个维度。大部分反垄断分析中，相关市场只需从商品和地域两个维度进行界定；只有在时间因素可以影响商品之间的竞争关系的特定情形下，才会用到时间维度。在“唐山人人诉百度滥用市场支配地位案”中，法院将相关市场界定为“中国搜索引擎服务市场”，其中商品维度就是“搜索引擎服务”，地域维度是“中国”，因此选项 A 当选。

[6] 【答案：B】选项 A，在垄断协议及滥用市场支配地位的禁止，以及经营者集中的反垄断审查案件中，均可能涉及相关市场的界定问题，不选。选项 C，界定相关市场涉及的维度包括时间、商品和地域等三个维度，但并非任何市场界定都涉及全部三个维度。大部分反垄断分析中，相关市场只需界定商品和地域两个维度，只有在时间因素可以影响商品之间的竞争关系的特定情形下，才会用到时间维度，不选。选项 D，需求替代是界定相关市场的主要分析视角，不选。

[7] 【答案：C】选项 A，属于从需求角度界定相关商品市场考虑的因素，不是界定相关市场的基本标准，不选。选项 B，属于从需求角度界定相关地域市场考虑的因素，不是界定相关市场的基本标准，不选。选项 C，界定相关市场的意义在于，明确在特定的时间段内，哪些地域范围内的哪些商品之间存在着竞争关系。判断商品之间是否具有竞争关系、是否为同一相关市场的基本标准，是商品间的较为紧密的相互替代性，当选。选项 D，属于相关时间市场应考虑的因素，不是界定相关市场的基本标准，不选。

[8] 【答案：ABD】本题考核界定相关市场分析视角。界定商品市场可以从需求替代和供给替代两个视角进行分析。需求替代是根据需求者对商品功能用途的需求、质量的认可、价格的接受以及获取的难易程度等因素，对商品之间的相互替代程度进行分析。供给替代是指当一种商品的需求增加时，其他经营者转产该种商品以进入市场、增加供给的可能性。其他经营者转产的成本主要表现为改造生产设施的投入、承担的风险、进入目标市场的时间等。

[9] 【答案：C】C 选项为从供给角度界定相关商品市场时一般应考虑的因素。选项 ABD 属于从需求角度界定时需考虑的因素。

[10] 【答案：ABC】我国《反垄断法》中规定的垄断行为的法律责任包括行政责任与民事责任，选项 AB 正确。违反反垄断法规定，构成犯罪的，依法追究刑事责任，选项 C 正确。

[11] 【答案：A】本题考核反垄断行政执法。市场监管总局负责反垄断统一执法。

[12] 【答案：ACD】反垄断执法机构调查涉嫌垄断行为，可以查询经营者的银行账户，但不可以“冻结”经营者的银行账户，故选项 B 不选。

[13] 【答案：ABC】反垄断执法机构调查涉嫌垄断行为，可以查询经营者的银行账户，但不可以“冻结”经营者的银行账户，故选项 D 不选。

［14］【答案：ABCD】反垄断执法机构调查涉嫌垄断行为，可以采取下列措施：①进入被调查的经营者的营业场所或者其他有关场所进行检查（选项 B）；②询问被调查的经营者、利害关系人或者其他有关单位或者个人，要求其说明有关情况（选项 C）；③查阅、复制被调查的经营者、利害关系人或者其他有关单位或者个人的有关单证、协议、会计账簿、业务函电、电子数据等文件和资料（选项 A）；④查封、扣押相关证据（选项 D）；⑤查询（不包括冻结）经营者的银行账户。

［15］【答案：ABCD】反垄断执法机构调查涉嫌垄断行为，可以采取下列措施：（1）进入被调查的经营者的营业场所或者其他有关场所进行检查（选项 D）；（2）询问被调查的经营者、利害关系人或者其他有关单位或者个人，要求其说明有关情况（选项 B）；（3）查阅、复制被调查的经营者、利害关系人或者其他有关单位或者个人的有关单证、协议、会计账簿、业务函电、电子数据等文件和资料（选项 A）；（4）查封、扣押相关证据（选项 C）；（5）查询经营者的银行账户。

［16］【答案：D】反垄断民事诉讼的当事人向人民法院申请具有相应专门知识的人员出庭，出庭的专家在法庭上提供的意见并不属于《民事诉讼法》上的证据形式，而是作为法官判案的参考依据，故选项 D 正确。

［17］【答案：B】选项 A，作为间接购买人的消费者，只要因垄断行为受损，就可以作为垄断民事案件原告，不选。选项 C，人民法院受理垄断民事纠纷案件，是不以执法机构已对相关垄断行为进行了查处为前提条件的，不选。选项 D，在反垄断民事诉讼中，当事人可以向人民法院申请一至二名具有相应专门知识的人员出庭，就案件的专门性问题进行说明。专家在法庭上提供的意见并不属于《民事诉讼法》上的证据形式，而是作为法官判案的参考依据，不选。

［18］【答案：ACD】选项 A，我国法律未对反垄断民事诉讼的原告资格作特别限制。因垄断行为受到损失以及因合同内容、行业协会的章程等违反反垄断法而发生争议的自然人、法人或其他组织，可以向人民法院提起反垄断民事诉讼，当选。选项 B，人民法院受理垄断民事纠纷案件，是不以执法机构已对相关垄断行为进行了查处为前提条件的，不选。选项 C，专家出庭就专门问题进行说明，不属于民事诉讼证据，仅作为法官判案的参考依据，当选。选项 D 应视为民事诉讼证据中的鉴定意见，当选。

［19］【答案：B】当事人可以向人民法院申请委托专业机构或者专业人员就案件的专门性问题作出市场调查或者经济分析报告。在这种情形下，专业人员就案件的专门性问题作出的市场调查或者经济分析报告，应当视为鉴定意见。

［20］【答案：C】原告知道或者应当知道权益受到损害以及义务人之日起超过 3 年，起诉时被诉垄断行为仍然持续，被告提出诉讼时效抗辩的，损害赔偿应当自原告向人民法院起诉之日起向前推算 3 年计算。

［21］【答案：ABCD】选项 A 属于联合抵制交易中的第二点“联合拒绝采购或者销售特定经营者的商品”；选项 B 属于分割销售市场或者原材料采购市场的协议中的第一点“划分商品销售地域、市场份额、销售对象、销售收入、销售利润或者销售商品的种类、数量、时间”；选项 C 属于固定或变更商品价格协议的第二点“约定采用据以计算价格的标准公式”；选项 D 属于限制购买新技术、新设备或者限制开发新技术、新产品的协议中的第四点“拒绝使用新技术、新工艺、新设备、新产品等”。

［22］【答案：ACD】纵向垄断协议的积极效果包括：减少“搭便车”（选项 C）；克服销售商加价，提

升消费者福利(选项D);改善售后服务(选项A);有利于经营者的市场进入。

[23] 【答案:AB】我国《反垄断法》明确列举的两种受到禁止的纵向垄断协议形式为:①固定向第三人转售商品的价格;②限定向第三人转售商品的最低价格。故选项A、B当选。

[24] 【答案:C】对于铁路、石油、电信、电网、烟草等重点行业,国家通过立法赋予其垄断性经营权,国有垄断企业的合法经营活动属于《反垄断法》的适用除外,故选项A、B不当选。选项D,由于限定的是转售商品的"最高"价格,故并不属于纵向垄断协议,不属于我国《反垄断法》禁止的行为,不当选。

[25] 【答案:D】可被《反垄断法》豁免的情形的垄断协议,《反垄断法》还要求经营者应当证明所达成的协议不会严重限制相关市场的竞争,并且能够使消费者分享由此产生的利益。但是,为保障对外贸易和对外经济合作中的正当利益的垄断协议,无需证明上述内容。

[26] 【答案:AC】选项A,对于铁路、石油、电信、电网、烟草等重点行业,国家通过立法赋予国有企业以垄断性经营权,但是,如果这些国有企业从事垄断协议、滥用市场支配地位,或者从事可能排除、限制竞争的经营者集中行为,同样应受《反垄断法》的限制,当选。选项B,属于反垄断法的适用除外,不选。选项C,中华人民共和国境外的垄断行为,对境内市场竞争产生排除、限制影响的,适用《反垄断法》,当选。选项D为出口卡特尔,属于垄断协议的豁免情形,不选。

[27] 【答案:BD】选项A,农业生产者在农产品生产加工、销售、运输、储存等经营活动中实施的联合行为属于《反垄断法》的适用除外,不选。选项B,根据反垄断法适用范围的"属地原则",中华人民共和国境外的垄断行为,对境内市场竞争产生排除、限制影响的,适用《反垄断法》,当选。选项C属于出口卡特尔,是垄断协议的豁免情形,不选。选项D,国有垄断企业从事垄断协议,受《反垄断法》的限制,当选。

[28] 【答案:ABC】选项D,为保障对外贸易和对外经济合作中的正当利益的(出口卡特尔),不须由经营者证明所达成的协议不会严重限制相关市场的竞争,并且能够使消费者分享由此产生的利益。

[29] 【答案:D】行业协会不得组织本行业的经营者从事的《反垄断法》禁止的垄断行为有:①制定、发布含有排除、限制竞争内容的行业协会章程、规则、决定、通知、标准等②召集、组织或者推动本行业的经营者达成含有排除、限制竞争内容的协议、决议、纪要、备忘录等

[30] 【答案:B】参与垄断协议的经营者主动向反垄断执法机构报告达成垄断协议的有关情况并提供重要证据的,反垄断执法机构可以对其宽大处理,酌情减轻或者免除其处罚。该制度为宽大制度,故选项B正确。

[31] 【答案:A】宽大制度,是指参与垄断协议的经营者主动向反垄断执法机构报告达成垄断协议的有关情况并提供重要证据的,反垄断执法机构可以对其宽大处理,酌情减轻或者免除其处罚。

[32] 【答案:A】反垄断执法机构应当根据经营者主动报告的时间顺序、提供证据的重要程度以及达成、实施垄断协议的有关情况,决定是否减轻或者免除处罚。对于第一个申请者,反垄断执法机构可以免除处罚或者按照不低于80%的幅度减轻罚款;对于第二个申请者,可以按照30%~50%的幅度减轻罚款;对于第三个申请者,可以按照20%~30%的幅度减轻罚款。

[33] 【答案:ABD】经营者组织、胁迫其他经营者参与达成、实施垄断协议或者妨碍其他经营者停止该违法行为的,执法机构不对其免除处罚,但可以相应给予减轻处罚。(不可免但可减)

[34]【答案：ABCD】“其他交易条件”是指除商品价格、数量之外能够对市场交易产生实质影响的其他因素，包括商品品种、商品品质、付款条件、交付方式、售后服务、交易选择、技术约束等。故选项 ABCD 正确。

[35]【答案：ABCD】选项 A，市场支配地位是指经营者在相关市场内具有能够控制商品价格、数量或其他交易条件，或能够阻碍、影响其他经营者进入相关市场能力的市场地位。选项 B，市场支配地位是一种市场结构状态。当今世界的反垄断法已由结构主义转变为行为主义，即法律主要关注垄断行为，对市场支配地位这种结构状态并无否定性评价。选项 C，具有市场支配地位的经营者未必是“独占”者。选项 D，具有市场支配地位的经营者可以是一个，也可以是多个经营者共同具有市场支配地位。

[36]【答案：AD】行业协会不得组织本行业的经营者从事的《反垄断法》禁止的垄断行为有：①制定、发布含有排除、限制竞争内容的行业协会章程、规则、决定、通知、标准等②召集、组织或者推动本行业的经营者达成含有排除、限制竞争内容的协议、决议、纪要、备忘录等。题目中，经营者就提高产品价格及提价幅度形成协议。这是横向垄断协议中的“固定或变更商品价格的协议”，故选项 AD 正确。本题已知与会 7 家企业的市场份额合计达 85%，但是未告知是否存在单个经营者的市场份额均达到 10%的要求(根据规定，对于多个经营者被推定为共同占有市场支配地位时，其中有的经营者市场份额不足 1/10 的，不应当推定该经营者具有市场支配地位)，因此，所给条件不满足市场支配地位的推定条件，也就谈不上滥用市场支配地位，故选项 C 错误。

[37]【答案：ABD】有下列情形之一的，可以推定经营者具有市场支配地位：一个经营者在相关市场的市场份额达到 1/2 的(选项 A)；两个经营者在相关市场的市场份额合计达到 2/3 的；三个经营者在相关市场的市场份额合计达到 3/4 的。有前述情形，其中有的经营者市场份额不足十分之一的，不应当推定该经营者具有市场支配地位(选项 BC)。被推定具有市场支配地位的经营者，有证据证明不具有市场支配地位的，不应当认定其具有市场支配地位(选项 D)。

[38]【答案：ABCD】当具有正当理由时，以低于成本的价格销售商品行为不违法。构成低于成本销售行为的正当理由的情形有：①降价处理鲜活商品、季节性商品、有效期限即将到期的商品和积压商品的；②因清偿债务、转产、歇业降价销售商品的；③为推广新产品进行促销的；④能够证明行为具有正当性的其他理由。

[39]【答案：AD】选项 B，我国《反垄断法》规定，经营者集中有下列情形之一的，可以不向国务院反垄断执法机构申报：①参与集中的一个经营者拥有其他每个经营 50%以上有表决权的股份或者资产的②参与集中的每个经营者 50%以上有表决权的股份或资产被同一个未参与集中外经营者拥有的。故 B 选项不正确。选项 C，参与集中的所有经营者上一会计年度在全球范围内的营业额合计超过 100 亿元人民币，并且其中至少两个经营者上一会计年度在中国境内的营业额均超过 4 亿元人民币中营者集中，应当事先向商务部申报，未申报的不得实施集中。因为“超过”是不含本数的，“达到”是含本数的，故 C 选项不正确。

[40]【答案：CD】本题考核经营者集中申报标准。经营者集中达到下列标准之一的，经营者应当事先向市场监管总局申报：(1)参与集中的所有经营者上一会计年度在全球范围内的营业额合计超过 100 亿元人民币，并且其中至少两个经营者上一会计年度在中国境内的营业额均超过 4 亿元人民币。(2)参与集中的所有经营者上一会计年度在中国境内的营业额合计超过 20 亿元人民币，并且其中至少两个经营者上一会计年度在中国境内的营业额均超过 4 亿元人民币。

[41] 【答案：C】反垄断执法机构对经营者集中实施两阶段审查制。第一阶段为初步审查，时限为30日内；第二阶段审查期限为90日内，如果出现特殊情况延长审查期限的，最长不得超过60日。因此，反垄断审查程序的最长审查时限是180日。

[42] 【答案：B】经营者集中附加限制性条件包括如下几类：①剥离有形资产、知识产权等无形资产或相关权益等结构性条件；②开放网络或平台等基础设施、许可关键技术(包括专利、专有技术或其他知识产权)、终止排他性协议等行为性条件；③结构性条件和行为性条件相结合的综合性条件。

[43] 【答案：BCD】选项A，剥离有形资产、知识产权等无形资产或相关权益等属于结构性条件。

[44] 【答案：AB】本题考核经营者集中附加限制性条件。限制性条件包括如下几类：(1)剥离有形资产、知识产权等无形资产或相关权益等结构性条件；(2)开放网络或平台等基础设施、许可关键技术(包括专利、专有技术或其他知识产权)、终止排他性协议等行为性条件；(3)结构性条件和行为性条件相结合的综合性条件。

[45] 【答案：ABC】选项A，根据规定，经营者违反反垄断法规定，达成并实施垄断协议的，由反垄断执法机构责令停止违法行为，没收违法所得，并处上一年度销售额1%以上10%以下的罚款，尚未实施所达成的垄断协议的，可以处50万元以下的罚款，当选。

选项B，行业协会违反反垄断法规定，组织本行业经营者达成垄断协议的，反垄断执法机构可以处50万元以下的罚款；情节严重的，社会团体登记管理机关可以依法撤销登记，当选。

选项C，经营者违反《反垄断法》规定实施集中的(应该申报而未申报的)，由国务院反垄断执法机构责令停止实施集中、限期处分股份或者资产、限期转让营业以及采取其他必要措施恢复到集中前的状态，可以处50万元以下的罚款，当选。

选项D，行政机关和法律、法规授权的具有管理公共事务职能的组织滥用行政权力，实施排除、限制竞争行为的，由上级机关责令改正，对直接负责的主管人员和其他直接责任人员依法给予处罚。反垄断执法机构可以向有关上级机关提出依法处理的建议(不能直接作出“责令改正、行政处分”等处罚规定)，不选。

[46] 【答案：C】行政机关不得滥用行政权力，制定含有排除、限制竞争内容的规定。本题中，甲市市政府构成滥用行政权力排除、限制竞争行为，但是并未说明乙酒厂是否知情，是否和甲市政府有内部不合规交易，故不能断定乙酒厂存在违法行为。综上所述选项C当选。

[47] 【答案：ABD】选项C属于行政强制交易。选项ABD均属于阻碍商品在地区间自由流动的地区封锁行为。

[48] 【答案：A】公平竞争审查采取事前自我审查的方式。

第 12 章　涉外经济法律制度

本章思维导图

本章主要介绍了涉外投资法律制度、对外贸易法律制度、外汇管理法律制度三个方面的内容。具体知识结构分布如图 12-1。

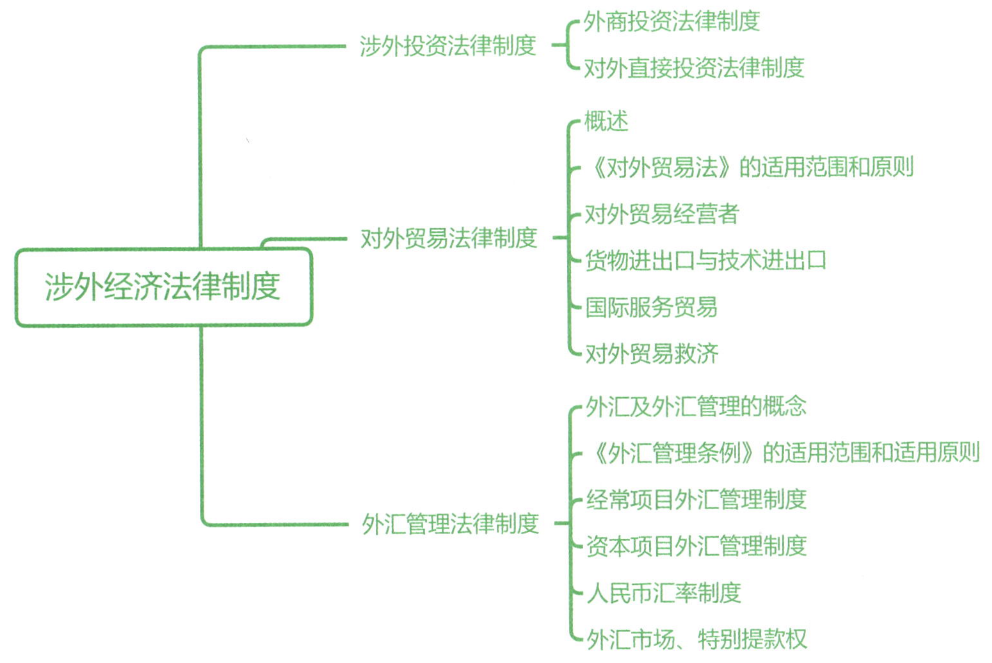

图 12-1　第 12 章知识框架图

近三年本章考试题型及分值分布

题型	2022（1 卷）	2021（1 卷）	2020（1 卷）
单选题	2 题 2 分	2 题 2 分	3 题 3 分
多选题	2 题 3 分	2 题 3 分	2 题 3 分
合计	5 分	5 分	6 分

扫码畅听增值课

【考点母题——万变不离其宗】涉外经济法律制度

(1)下列关于涉外经济法律制度的表述中，正确的有(　)。
A. 涉外经济法律制度是调整涉外经济关系的法律规范的总称 B. 涉外经济关系是指具有涉外因素的经济关系，是因国际经贸往来亦即货物(商品)、服务、资本和劳动力的跨境流动而形成的经济关系 C. 一国的涉外经济法律制度尽管仍属国内法，却必然需要较多的考虑其他国家(地区)的相关法律制度以及通行的国际规则 D. 一国缔结或参加的双边和多边国际条约、协定，对于其涉外经济法律制度有着重要影响
(2)下列关于涉外经济法制度构成的表述中，正确的有(　)。
A. 涉外投资和对外贸易是涉外经济关系的主要内容，涉外投资法律制度和对外贸易法律制度，也因此构成涉外经济法律制度的主体部分 B. 按照资本流入、流出的方向不同，涉外投资又分为外商投资和对外投资，从而形成外商投资法律制度和对外投资法律制度这两套各有特点而又相互联系的法律制度 C. 无论是涉外投资还是对外贸易，都要受制于我国的外汇管理制度

【考点子题——举一反三，真枪实练】

[1] (2021年·多选题)下列关于涉外经济法律制度的表述中，正确的有(　)。

A. 涉外经济法律制度是调整涉外经济关系的法律规范的总称

B. 一国的涉外经济法律制度属于其国内法

C. 一国缔结或参加的双边或多边国际条约、协定，对其涉外经济法律制度有重要影响

D. 外商投资法律制度和对外投资法律制度同属涉外投资法律制度

第一节　涉外投资法律制度

本节考点、考点母题及考点子题

考点 1　外商投资法律制度

（一）从“外资三法”到《外商投资法》

【考点母题——万变不离其宗】《外商投资法》的特色和创新

相较于“外资三法”，《外商投资法》的特色与创新主要体现在（　）。	
A. 从企业组织法转型为投资行为法	外商投资企业的组织形式、组织机构，如企业设立、注册资本、组织机构、股权转让、变更终止等，适用《公司法》《合伙企业法》等法律的规定；《外商投资法》自身则集中于与外商投资行为直接相关的特色性内容，包括外资界定、外资准入、外资保护、外资审查等
B. 强调对外商投资的促进和保护	与“外资三法”侧重于管理不同，《外商投资法》更为强调对外商投资的促进与保护。《外商投资法》的一些具体规定，也体现出较以往更强的保护力度和更高的保护水平
C. 全面落实国民待遇原则	《外商投资法》以法律形式确认国家对外商投资实行准入前国民待遇加负面清单管理制度。这里所说的准入前国民待遇，实际上是包含准入阶段和准入后的运营阶段在内的整个投资阶段的国民待遇
D. 更加周延地覆盖外商投资实践	“外资三法”仅涉及新设投资亦即设立外商投资企业这种外商投资形式，对于跨国并购未予规定，对于通过协议控制等方式进行的间接投资也未涉及。《外商投资法》将现在已有和将来可能的各种外商投资形式都涵盖在内，实现了立法的周延覆盖

【考点子题——举一反三，真枪实练】

［2］（2020 年·单选题）下列关于《外商投资法》的特色与创新的表述中，正确的有（　）。

A. 全面落实外商投资国民待遇原则

B. 从投资行为法转型为企业组织法

C. 仅适用于外商直接投资，不适用于间接投资

D. 相比外商投资促进和保护，更加强调对外商投资的管理

（二）关于外商投资的界定

【考点母题——万变不离其宗】外商投资的界定

<table>
<tr><td>外商投资的概念</td><td colspan="2">外商投资，是指外国投资者直接或者间接在中国境内进行的投资活动。</td></tr>
<tr><td rowspan="4">外商投资的情形</td><td colspan="2">(1)下列各项中，属于外商投资的具体情形有（ ）。</td></tr>
<tr><td colspan="2">A. 外国投资者单独或者与其他投资者共同在中国境内设立外商投资企业
B. 外国投资者取得中国境内企业的股份、股权、财产份额或者其他类似权益</td></tr>
<tr><td>C. 外国投资者单独或者与其他投资者共同在中国境内投资新建项目</td><td>“在中国境内投资新建项目”，是指外国投资者在中国境内对特定项目建设进行投资，但不设立外商投资企业，不取得中国境内企业的股份、股权、财产份额或者其他类似权益(如，外国投资者以服务费、特许经营费或其他约定方式获取投资收益)</td></tr>
<tr><td colspan="2">D. 法律、行政法规或者国务院规定的其他方式的投资</td></tr>
<tr><td rowspan="2">间接投资的情形</td><td colspan="2">(2)下列外商投资情形中，属于间接投资的有（ ）。</td></tr>
<tr><td colspan="2">A. 资本市场投资 B. 协议控制模式投资
C. 外商投资企业中国境内再投资</td></tr>
<tr><td>金融行业外商投资的特殊规定</td><td colspan="2">《外商投资法》规定，对于外国投资者在中国境内投资银行、证券、保险等金融行业，或者在证券市场、外汇市场等金融市场进行投资，国家另有规定的，依照其规定。</td></tr>
<tr><td rowspan="3">港澳台、华侨投资者的特殊规定</td><td colspan="2">香港特别行政区、澳门特别行政区投资者在内地投资，参照《外商投资法》和《实施条例》执行；法律、行政法规或者国务院另有规定的，从其规定。</td></tr>
<tr><td colspan="2">台湾地区投资者在大陆投资，适用《中华人民共和国台湾同胞投资保护法》及其实施细则的规定；台湾同胞投资保护法及其实施细则未规定的事项，参照《外商投资法》和《实施条例》执行。</td></tr>
<tr><td colspan="2">定居在国外的中国公民(即通常所说的华侨)在中国境内投资，参照《外商投资法》和《实施条例》执行；法律、行政法规或者国务院另有规定的，从其规定。</td></tr>
</table>

（三）关于外商投资促进

为积极促进外商投资，《外商投资法》在总则中明确规定，国家坚持对外开放的基本国策，鼓励外国投资者依法在中国境内投资；国家实行高水平投资自由化便利化政策，建立和完善外商投资促进机制，营造稳定、透明、可预期和公平竞争的市场环境。《外商投资法》和《实施条例》为此作出了一系列具体规定。

【考点母题——万变不离其宗】外商投资促进

<table>
<tr><td colspan="3">(1)根据涉外经济法律制度，外商投资促进的具体规定包括(　)。</td></tr>
<tr><td rowspan="2">A. 提高外商投资政策的透明度</td><td colspan="2">(2)下列关于提高外商投资政策的透明度的表述中，正确的有(　)。</td></tr>
<tr><td colspan="2">A. 政府及其有关部门制定的支持企业发展的政策应当依法公开；对政策实施中需要由企业申请办理的事项，政府及其有关部门应当公开申请办理的条件、流程、时限等，并在审核中依法平等对待外商投资企业和内资企业
B. 制定与外商投资有关的行政法规、规章、规范性文件，或者政府及其有关部门起草与外商投资有关的法律、地方性法规，应当根据实际情况，采取书面征求意见以及召开座谈会、论证会、听证会等多种形式，听取外商投资企业和有关商会、协会等方面的意见和建议；对反映集中或者涉及外商投资企业重大权利义务问题的意见和建议，应当通过适当方式反馈采纳的情况
C. 与外商投资有关的规范性文件应当依法及时公布，未经公布的不得作为行政管理依据。与外商投资企业生产经营活动密切相关的规范性文件，应当结合实际，合理确定公布到施行之间的时间</td></tr>
<tr><td rowspan="4">B. 保障外商投资企业平等参与市场竞争</td><td rowspan="2">标准制定的平等</td><td>(3)下列关于外商投资企业参与标准制定、修订的表述中，正确的有(　)。</td></tr>
<tr><td>A. 外商投资企业依法和内资企业平等参与国家标准、行业标准、地方标准和团体标准的制定、修订工作
B. 外商投资企业可以根据需要自行制定或者与其他企业联合制定企业标准
C. 外商投资企业可以向标准化行政主管部门和有关行政主管部门提出标准的立项建议，在标准立项、起草、技术审查以及标准实施信息反馈、评估等过程中提出意见和建议，并按照规定承担标准起草、技术审查的相关工作以及标准的外文翻译工作
D. 标准化行政主管部门和有关行政主管部门应当建立健全相关工作机制，提高标准制定、修订的透明度，推进标准制定、修订全过程信息公开
E. 国家制定的强制性标准对外商投资企业和内资企业平等适用，不得专门针对外商投资企业适用高于强制性标准的技术要求</td></tr>
<tr><td rowspan="2">政府采购的平等</td><td>(4)下列关于外商投资企业参与政府采购的表述中，正确的有(　)。</td></tr>
<tr><td>A. 国家保障外商投资企业依法通过公平竞争参与政府采购活动，政府采购依法对外商投资企业在中国境内生产的产品和提供的服务平等对待
B. 政府及其有关部门不得阻挠和限制外商投资企业自由进入本地区和本行业的政府采购市场
C. 政府采购的采购人、采购代理机构不得在政府采购信息发布、供应商条件确定和资格审查、评标标准等方面，对外商投资企业实行差别待遇或者歧视待遇，不得以所有制形式、组织形式、股权结构、投资者国别、产品或者服务品牌以及其他不合理的条件对供应商予以限定，不得对外商投资企业在中国境内生产的产品、提供的服务和内资企业区别对待</td></tr>
</table>

续表

<table>
<tr><td rowspan="3">B. 保障外商投资企业平等参与市场竞争</td><td>政府采购的平等</td><td>D. 外商投资企业可以依照《中华人民共和国政府采购法》及其实施条例的规定，就政府采购活动事项向采购人、采购代理机构提出询问、质疑，向政府采购监督管理部门投诉。采购人、采购代理机构、政府采购监督管理部门应当在规定的时限内作出答复或者处理决定</td></tr>
<tr><td rowspan="2">融资方式的平等</td><td>(5)下列关于外商投资企业融资方式的表述中，正确的是(　)。</td></tr>
<tr><td>A. 外商投资企业可以依法在中国境内或者境外通过公开发行股票、公司债券等证券，以及公开或者非公开发行其他融资工具、借用外债等方式进行融资</td></tr>
<tr><td rowspan="2">C. 加强外商投资服务</td><td colspan="2">(6)下列关于建立健全外商投资服务体系的表述中，正确的有(　)。</td></tr>
<tr><td colspan="2">A. 国家建立健全外商投资服务体系，为外国投资者和外商投资企业提供法律法规、政策措施、投资项目信息等方面的咨询和服务
B. 各级人民政府应当按照政府主导、多方参与的原则，建立健全外商投资服务体系，不断提升外商投资服务能力和水平
C. 政府及其有关部门应当通过政府网站、全国一体化在线政务服务平台集中列明有关外商投资的法律、法规、规章、规范性文件、政策措施和投资项目信息，并通过多种途径和方式加强宣传、解读，为外国投资者和外商投资企业提供咨询、指导等服务</td></tr>
<tr><td rowspan="4">D. 依法依规鼓励和引导外商投资</td><td colspan="2">(7)国家根据国民经济和社会发展需要，制定鼓励外商投资产业目录，列明鼓励和引导外国投资者投资的特定行业、领域、地区。下列关于鼓励外商投资产业目录制定程序的表述中，正确的是(　)。</td></tr>
<tr><td colspan="2">A. 鼓励外商投资产业目录由国务院投资主管部门会同国务院商务主管部门等有关部门拟订，报国务院批准后由国务院投资主管部门、商务主管部门发布</td></tr>
<tr><td colspan="2">(8)下列关于鼓励和引导外商投资的优惠政策措施的表述中，正确的有(　)。</td></tr>
<tr><td colspan="2">A. 国家根据需要，设立特殊经济区域，或者在部分地区实行外商投资试验性政策措施，促进外商投资，扩大对外开放。此处所称特殊经济区域，是指经国家批准设立、实行更大力度的对外开放政策措施的特定区域；国家在部分地区实行的外商投资试验性政策措施，经实践证明可行的，根据实际情况在其他地区或者全国范围内推广
B. 外国投资者、外商投资企业可以依照法律、行政法规或者国务院的规定，享受财政、税收、金融、用地等方面的优惠待遇
C. 外国投资者以其在中国境内的投资收益在中国境内扩大投资的，依法享受相应的优惠待遇
D. 县级以上地方人民政府可以根据法律、行政法规、地方性法规的规定，在法定权限内制定费用减免、用地指标保障、公共服务提供等方面的外商投资促进和便利化政策措施</td></tr>
</table>

（四）关于外商投资保护

为加强对外商投资合法权益的保护，《外商投资法》在总则中明确规定，国家依法保护外国投资者在中国境内的投资、收益和其他合法权益。《外商投资法》和《实施条例》为此作出了一系列具体规定。

【考点母题——万变不离其宗】外商投资保护

<table>
<tr><td colspan="3">(1)根据涉外经济法律制度，外商投资保护的具体规定包括(　)。</td></tr>
<tr><td rowspan="8">A. 加强对外商投资企业的产权保护</td><td rowspan="2">征收政策</td><td>(2)下列关于对外国投资者的征收政策的表述中，正确的有(　)。</td></tr>
<tr><td>A. 国家对于外国投资者的投资原则上不实行征收
B. 在特殊情况下、为了公共利益的需要，可以依照法律规定对外国投资者的投资实行征收或者征用，但应当依照法定程序、以非歧视性的方式进行，并按照被征收投资的市场价值及时给予补偿
C. 外国投资者对征收决定不服的，可以依法申请行政复议或者提起行政诉讼</td></tr>
<tr><td rowspan="2">外汇管理</td><td>(3)下列关于对外国投资者的外汇管理的表述中，正确的有(　)。</td></tr>
<tr><td>A. 外国投资者在中国境内的出资、利润、资本收益、资产处置所得、取得的知识产权许可使用费、依法获得的补偿或者赔偿、清算所得等，可以依法以人民币或者外汇自由汇入、汇出，任何单位和个人不得违法对币种、数额以及汇入、汇出的频次等进行限制
B. 外商投资企业的外籍职工和香港、澳门、台湾职工的工资收入和其他合法收入，可以依法自由汇出</td></tr>
<tr><td rowspan="2">知识产权</td><td>(4)下列关于保护外商投资企业知识产权的表述中，正确的有(　)。</td></tr>
<tr><td>A. 国家保护外国投资者和外商投资企业的知识产权，保护知识产权权利人和相关权利人的合法权益
B. 国家鼓励在外商投资过程中基于自愿原则和商业规则开展技术合作，合作条件由投资各方遵循公平原则平等协商确定
C. 行政机关(包括法律、法规授权的具有管理公共事务职能的组织)及其工作人员不得利用实施行政许可、行政检查、行政处罚、行政强制以及其他行政手段，强制或者变相强制外国投资者、外商投资企业转让技术</td></tr>
<tr><td rowspan="2">商业秘密</td><td>(5)下列关于保护外商投资企业商业秘密的表述中，正确的有(　)。</td></tr>
<tr><td>A. 行政机关依法履行职责，确需外国投资者、外商投资企业提供涉及商业秘密的材料、信息的，应当限定在履行职责所必需的范围内，并严格控制知悉范围，与履行职责无关的人员不得接触有关材料、信息
B. 行政机关应当建立健全内部管理制度，采取有效措施保护履行职责过程中知悉的外国投资者、外商投资企业的商业秘密；依法需要与其他行政机关共享信息的，应当对信息中含有的商业秘密进行保密处理，防止泄露</td></tr>
</table>

续表

B. 强化对制定涉及外商投资规范性文件的约束	(6)下列关于政府及有关部门制定涉及外商投资的规范性文件的表述中，正确的有(　)。
	A. 各级人民政府及其有关部门制定涉及外商投资的规范性文件，应当符合法律法规的规定；没有法律、行政法规依据的，不得减损外商投资企业的合法权益或者增加其义务，不得设置市场准入和退出条件，不得干预外商投资企业的正常生产经营活动 B. 涉及外商投资的规范性文件，应当按照国务院的规定进行合法性审核 C. 外国投资者、外商投资企业认为行政行为所依据的国务院部门和地方人民政府及其部门制定的规范性文件不合法，在依法对行政行为申请行政复议或者提起行政诉讼时，可以一并请求对该规范性文件进行审查
C. 促使地方政府守约践诺	(7)下列关于促使地方政府守约践诺的表述中，正确的有(　)。
	A. 地方各级人民政府及其有关部门应当履行向外国投资者、外商投资企业依法作出的政策承诺以及依法订立的各类合同，不得以行政区划调整、政府换届、机构或者职能调整以及相关责任人更替等为由违约毁约 B. 因国家利益、社会公共利益需要改变政策承诺、合同约定的，应当依照法定权限和程序进行，并依法对外国投资者、外商投资企业因此受到的损失及时予以公平、合理的补偿
	【注意】此处所称政策承诺，是指地方各级人民政府及其有关部门在法定权限内，就外国投资者、外商投资企业在本地区投资所适用的支持政策、享受的优惠待遇和便利条件等作出的书面承诺。
D. 建立健全外商投资企业投诉工作机制	(8)下列关于建立健全外商投资企业投诉工作机制的表述中，正确的有(　)。
	A. 国家建立外商投资企业投诉工作机制，协调完善外商投资企业投诉工作中的重大政策措施，及时处理外商投资企业或者其投资者反映的问题 B. 县级以上人民政府及其有关部门应当按照公开透明、高效便利的原则，建立健全外商投资企业投诉工作机制，及时处理外商投资企业或者其投资者反映的问题，协调完善相关政策措施 C. 国务院商务主管部门会同国务院有关部门建立外商投资企业投诉工作部际联席会议制度，协调、推动中央层面的外商投资企业投诉工作，对地方的外商投资企业投诉工作进行指导和监督 D. 县级以上地方人民政府应当指定部门或者机构负责受理本地区外商投资企业或者其投资者的投诉 E. 外商投资企业或者其投资者认为行政机关及其工作人员的行政行为侵犯其合法权益，通过外商投资企业投诉工作机制申请协调解决的，有关方面进行协调时可以向被申请的行政机关及其工作人员了解情况，被申请的行政机关及其工作人员应当予以配合。协调结果应当以书面形式及时告知申请人 F. 外商投资企业或者其投资者依照前款规定申请协调解决有关问题的，不影响其依法申请行政复议、提起行政诉讼 G. 对外商投资企业或者其投资者通过外商投资企业投诉工作机制反映或者申请协调解决问题，任何单位和个人不得压制或者打击报复。除外商投资企业投诉工作机制外，外商投资企业或者其投资者还可以通过其他合法途径向政府及其有关部门反映问题

续表

E. 外商投资企业可以依法成立商会、协会	(9)下列关于外商投资企业成立商会、协会的表述中，正确的有(　)。
	A. 外商投资企业可以依法成立商会、协会 B. 除法律、法规另有规定外，外商投资企业有权自主决定参加或者退出商会、协会，任何单位和个人不得干预 C. 商会、协会应当依照法律法规和章程的规定，加强行业自律，及时反映行业诉求，为会员提供信息咨询、宣传培训、市场拓展、经贸交流、权益保护、纠纷处理等方面的服务 D. 国家支持商会、协会依照法律法规和章程的规定开展相关活动

【考点子题——举一反三，真枪实练】

[3] (2020 年·多选题)根据涉外投资法律制度的规定，下列关于外商投资保护的表述中，正确的有(　)。

A. 国家对于外国投资者的投资，原则上可以实行征收

B. 外国投资者在中国境内的利润，可以依法以人民币或者外汇自由汇出

C. 行政机关及其工作人员不得利用行政手段强制或者变相强制外国投资者、外商投资企业转让技术

D. 外国投资者、外商投资企业认为行政行为所依据的国务院部门和地方人民政府及其部门制定的规范性文件不合法，在依法对行政行为申请行政复议或者提起行政诉讼时，可以一并请求对该规范性文件进行审查

(五) 关于外商投资管理

1. 准入前国民待遇加负面清单管理制度

【考点母题——万变不离其宗】准入前国民待遇加负面清单管理制度

国家对外商投资实行准入前国民待遇加负面清单管理制度。	
准入前国民待遇	准入前国民待遇，是指在投资准入阶段给予外国投资者及其投资不低于本国投资者及其投资的待遇。
	(1)下列关于准入前国民待遇的理解中，正确的有(　)。
	A. 国家对负面清单之外的外商投资，实行国民待遇 B. 中华人民共和国缔结或者参加的国际条约、协定对外国投资者准入待遇有更优惠规定的，可以按照相关规定执行
负面清单	负面清单，是指国家规定在特定领域对外商投资实施的准入特别管理措施。负面清单由国务院投资主管部门会同国务院商务主管部门等有关部门提出，报国务院发布或者报国务院批准后由国务院投资主管部门、商务主管部门发布。
	(2)下列关于负面清单管理制度的表述中，正确的有(　)。

续表

负面清单	A. 负面清单规定禁止投资的领域，外国投资者不得投资 B. 负面清单规定限制投资的领域，外国投资者进行投资应当符合负面清单规定的股权要求、高级管理人员要求等限制性准入特别管理措施 C. 有关主管部门在依法履行职责过程中，对外国投资者拟投资负面清单内领域，但不符合负面清单规定的，不予办理许可、企业登记注册等相关事项；涉及固定资产投资项目核准的，不予办理相关核准事项

【考点子题——举一反三，真枪实练】

[4]（2019年·单选题）根据涉外投资法律制度的规定，下列关于准入前国民待遇加负面清单管理模式的表述中，正确的是（ ）。

A. 准入前国民待遇是指在企业设立阶段给予外资国民待遇，不包括企业设立后的经营阶段

B. 负面清单由商务部发布或批准发布

C. 准入前国民待遇加负面清单管理模式目前在我国仅适用于自由贸易试验区

D. 负面清单是指国家规定的准入特别管理措施

2. 外商投资安全审查制度

【考点母题——万变不离其宗】外商投资安全审查制度

<table>
<tr><td colspan="3">国家建立外商投资安全审查制度，对影响或者可能影响国家安全的外商投资进行安全审查，依法作出的安全审查决定为最终决定。《反垄断法》规定，外资并购境内企业涉及国家安全的，应当按照国家有关规定进行国家安全审查。</td></tr>
<tr><td rowspan="7">安全审查申报的范围</td><td colspan="2">(1)国家建立外商投资安全审查工作机制，负责组织、协调、指导外资安审工作。特定范围内的外商投资，外国投资者或者境内相关当事人应当在实施投资前主动向工作机制办公室申报。该特定范围有（ ）。</td></tr>
<tr><td colspan="2">A. 投资军工、军工配套等关系国防安全的领域，以及在军事设施和军工设施周边地域投资</td></tr>
<tr><td rowspan="2">B. 投资关系国家安全的重要农产品、重要能源和资源、重大装备制造、重要基础设施、重要运输服务、重要文化产品与服务、重要信息技术和互联网产品服务、重要金融服务、关键技术以及其他重要领域，并取得所投资企业的实际控制权</td><td>(2)“实际控制权”包括（ ）。</td></tr>
<tr><td>A. 外国投资者持有所投资企业50%以上股权
B. 外国投资者持有所投资企业股权不足50%，但所享有的表决权对董事会、股东会或者股东大会的决议产生重大影响
C. 其他导致外国投资者能够对所投资企业的经营决策、人事、财务、技术等产生重大影响的情形</td></tr>
<tr><td colspan="2">(3)下列关于安全审查申报程序的表述中，正确的有（ ）。</td></tr>
<tr><td colspan="2">A. 对于上述申报范围内的外商投资，工作机制办公室有权要求当事人申报。有关机关、企业、社会团体、社会公众等认为外商投资影响或者可能影响国家安全的，可以向工作机制办公室提出进行安全审查的建议</td></tr>
</table>

续表

<table>
<tr><td>安全审查申报的范围</td><td colspan="2">B. 对申报范围内的外商投资，当事人未依照《安审办法》的规定申报即实施投资的，由工作机制办公室责令限期申报
C. 拒不申报的，责令限期处分股权或者资产以及采取其他必要措施，恢复到投资实施前的状态，消除对国家安全的影响</td></tr>
<tr><td rowspan="6">外资安全审查的分类</td><td rowspan="2">一般审查</td><td>(4)下列关于外资安全审查中一般审查的表述中，正确的有(　)。</td></tr>
<tr><td>A. 工作机制办公室决定对申报的外商投资进行安全审查的，应当自决定之日起 30 个工作日内完成一般审查
B. 审查期间，当事人不得实施投资
C. 经一般审查，认为申报的外商投资不影响国家安全的，应当作出通过安全审查的决定；认为影响或者可能影响国家安全的，应当作出启动特别审查的决定
D. 决定应当书面通知当事人</td></tr>
<tr><td rowspan="4">特别审查</td><td>(5)工作机制办公室决定对申报的外商投资启动特别调查的，审查后应当按照相关规定作出决定，并书面通知当事人。该相关规定有(　)。</td></tr>
<tr><td>A. 认为不影响国家安全的，作出通过安全审查的决定
B. 认为影响国家安全的，作出禁止投资的决定；通过附加条件能够消除对国家安全的影响，且当事人书面承诺接受附加条件的，可以作出附条件通过安全审查的决定，并在决定中列明附加条件。</td></tr>
<tr><td>(6)下列关于特别审查期限的表述中，正确的有(　)。</td></tr>
<tr><td>A. 特别审查应当自启动之日起 60 个工作日内完成；特殊情况下，可以延长审查期限，但应书面通知当事人
B. 审查期间当事人不得实施投资</td></tr>
<tr><td rowspan="2">审查决定及其效力</td><td colspan="2">(7)下列关于外商投资安全审查决定及其效力的表述中，正确的有(　)。</td></tr>
<tr><td colspan="2">A. 工作机制办公室作出通过安全审查决定的，当事人可以实施投资
B. 工作机制办公室作出禁止投资决定的，当事人不得实施投资；已经实施的，应当限期处分股权或者资产以及采取其他必要措施，恢复到投资实施前的状态，消除对国家安全的影响
C. 工作机制办公室作出附条件通过安全审查决定的，当事人应当按照附加条件实施投资；工作机制办公室可以采取要求提供有关证明材料、现场检查等方式，对附加条件的实施情况进行核实</td></tr>
<tr><td rowspan="2">特殊规定</td><td colspan="2">外国投资者通过证券交易所或者国务院批准的其他证券交易场所购买境内企业股票，影响或者可能影响国家安全的，其适用《安审办法》的具体办法由国务院证券监督管理机构会同工作机制办公室制定。</td></tr>
<tr><td colspan="2">中国香港、中国澳门、中国台湾地区投资者进行投资，影响或者可能影响国家安全的，参照《安审办法》的规定执行。</td></tr>
</table>

【考点子题——举一反三，真枪实练】

[5] (2021 年 · 多选题) 根据涉外投资法律制度的规定，下列外商投资中，外国投资者

或者境内相关当事人应当在实施投资前主动向外商投资安全审查工作机制办公室申报的有（　）。

A. 投资军工配套设施

B. 在军事设施周边地域投资

C. 在军工设施周边地域投资

D. 投资关系国家安全的重要基础设施，并取得所投企业的实际控制权

3. 外商投资合同效力的认定

在既往外商投资审批制下，相关审批机关的审批、登记行为是投资合同的生效要件。而在准入前国民待遇加负面清单管理模式下，原则上外商投资无需再经审批，投资合同的效力应当贯彻当事人意思自治原则；只有负面清单列明采取特别管理措施的投资领域和项目，才继续涉及审批行为对投资合同效力的影响问题。

【考点母题——万变不离其宗】外商投资合同效力的认定

<table>
<tr><td rowspan="4">投资合同的概念</td><td colspan="2">(1)根据涉外投资法律制度的规定，下列关于投资合同概念的表述中，正确的有（　）。</td></tr>
<tr><td colspan="2">A. 投资合同，是指外国投资者即外国的自然人、企业或者其他组织因直接或者间接在中国境内进行投资而形成的相关协议</td></tr>
<tr><td>B. 投资合同的种类包括</td><td>a. 设立外商投资企业合同　b. 股份转让合同　c. 股权转让合同
d. 财产份额或者其他类似权益转让合同　e. 新建项目合同</td></tr>
<tr><td colspan="2">C. 外国投资者因赠与、财产分割、企业合并、企业分立等方式取得相应权益所产生的合同纠纷，也适用投资合同效力认定的相关规定</td></tr>
<tr><td rowspan="4">外商投资合同效力的认定</td><td colspan="2">(2)下列关于外商投资合同的效力的表述中，正确的有（　）。</td></tr>
<tr><td>负面清单之外的领域</td><td>A. 对于外商投资准入负面清单之外的领域形成的投资合同，当事人以合同未经有关行政主管部门批准、登记为由主张合同无效或者未生效的，人民法院不予支持</td></tr>
<tr><td>负面清单规定禁止投资的领域</td><td>B. 外国投资者投资外商投资准入负面清单规定禁止投资的领域，当事人主张投资合同无效的，人民法院应予支持</td></tr>
<tr><td>负面清单规定限制投资的领域</td><td>C. 外国投资者投资外商投资准入负面清单规定限制投资的领域，当事人以违反限制性准入特别管理措施为由，主张投资合同无效的，人民法院应予支持
D. 在人民法院作出生效裁判前，当事人采取必要措施满足准入特别管理措施的要求，并据此主张所涉投资合同有效的，人民法院应予支持
E. 在生效裁判作出前，因外商投资准入负面清单调整，外国投资者投资不再属于禁止或者限制投资的领域，当事人主张投资合同有效的，人民法院应予支持</td></tr>
</table>

【考点子题——举一反三，真枪实练】

[6]（2021年·单选题）根据外商投资法律制度的规定，下列关于外商投资合同效力的

表述中，不正确的是(　)。

A. 对负面清单禁止领域内的投资合同，当事人主张投资合同有效的，人民法院应予支持

B. 对负面清单禁止领域内的投资合同，当事人主张投资合同无效的，人民法院应予支持

C. 对负面清单之外的领域形成的投资合同，当事人以合同未经有关行政主管部门批准、登记为由主张合同无效的，人民法院不予支持

D. 对负面清单之外的领域形成的投资合同，当事人以合同未经有关行政主管部门批准、登记为由主张合同未生效的，人民法院不予支持

4. 外商投资管理

在准入前国民待遇加负面清单管理制度的基础上，《外商投资法》相关条款还对外商投资管理作出了一些指引性、衔接性的规定，以便与投资经营领域的现有制度框架配套和衔接。

【考点母题——万变不离其宗】外商投资管理

明确按照内外资一致的原则对外商投资实施监督管理	登记注册	(1)下列关于外商投资企业注册登记的表述中，正确的有(　)。
		A. 外商投资企业的登记注册，由国务院市场监督管理部门或者其授权的地方人民政府市场监督管理部门依法办理 B. 注册资本可以用人民币或者可自由兑换外币表示
	行政许可	(2)下列关于外国投资者投资需要取得许可的行业、领域的程序的表述中，正确的是(　)。
		A. 外国投资者在依法需要取得许可的行业、领域进行投资的，除法律、行政法规另有规定外，负责实施许可的有关主管部门应当按照与内资一致的条件和程序，审核外国投资者的许可申请，不得在许可条件、申请材料、审核环节、审核时限等方面对外国投资者设置歧视性要求
	组织形式	(3)下列关于外商投资企业的组织形式的表述中，正确的是(　)。
		A. 外商投资企业的组织形式、组织机构适用公司法、合伙企业法等法律的规定
	生产经营	(4)下列关于外商投资企业开展生产经营活动的表述中，正确的是(　)。
		A. 外商投资企业开展生产经营活动，应当依照有关法律、行政法规和国家有关规定办理税收、会计、外汇等事宜，并接受有关主管部门依法实施的监督检查
	经营者集中审查	(5)下列关于外国投资者接受经营者集中审查的表述中，正确的是(　)。
		A. 外国投资者并购中国境内企业或者以其他方式参与经营者集中的，应当依照反垄断法的规定接受经营者集中审查

续表

<table>
<tr><td rowspan="2">建立健全外商投资信息报告制度</td><td>(6)下列关于外商投资信息报告制度的表述中，正确的有(　)。</td></tr>
<tr><td>A. 外国投资者或者外商投资企业应当通过企业登记系统以及国家企业信用信息公示系统向商务主管部门报送投资信息，所报送的投资信息应当真实、准确、完整
B. 商务部负责统筹和指导全国范围内外商投资信息报告工作。县级以上地方人民政府商务主管部门以及自贸试验区、国家级经济技术开发区的相关机构负责本区域内外商投资信息报告工作
C. 市场监管总局统筹指导全国企业登记系统、国家企业信用信息公示系统建设，保障外商投资信息报告制度的实施
D. 商务部建立外商投资信息报告系统，及时接收、处理市场监管部门推送的投资信息以及部门共享信息
E. 外国投资者或者外商投资企业应当通过提交初始报告、变更报告、注销报告、年度报告等方式报送投资信息。相关投资信息根据《企业信息公示暂行条例》应当向社会公示，或者外国投资者、外商投资企业同意公示的，通过国家企业信用信息公示系统及外商投资信息报告系统向社会公示</td></tr>
</table>

（六）关于过渡问题的处理

【考点母题——万变不离其宗】关于过渡问题的处理

下列关于过渡问题处理的表述中，正确的有(　)。
A.《外商投资法》施行前依照“外资三法”设立的外商投资企业，在《外商投资法》施行后5年内，可以依照《中华人民共和国公司法》《中华人民共和国合伙企业法》等法律的规定调整其组织形式、组织机构等，并依法办理变更登记，也可以继续保留原企业组织形式、组织机构等 B. 自2025年1月1日起，对未依法调整组织形式、组织机构等并办理变更登记的现有外商投资企业，市场监督管理部门不予办理其申请的其他登记事项，并将相关情形予以公示 C. 现有外商投资企业的组织形式、组织机构等依法调整后，原合营、合作各方在合同中约定的股权或者权益转让办法、收益分配办法、剩余财产分配办法等，可以继续按照约定办理 D. 2020年1月1日前制定的有关外商投资的规定与《外商投资法》和《实施条例》不一致的，以《外商投资法》和《实施条例》为准

【考点子题——举一反三，真枪实练】

[7] (2020年·单选题) 为保持制度稳定性和连续性、保护投资者合理预期，根据《中华人民共和国外商投资法》规定，依照“外资三法”已经设立的外商投资企业，在该法施行后一定年限内可以继续保留原企业组织形式。该年限是(　)年。

A. 1　　B. 3　　C. 10　　D. 5

考点 2 对外直接投资法律制度

（一）对外直接投资概述

对外直接投资与外商直接投资从性质上说均属国际直接投资，区别仅在于资金的流向：在外商直接投资中，中国是资金输入国，是投资者的东道国；在对外直接投资中，中国是资金输出国，是投资者的母国。

【考点母题——万变不离其宗】对外直接投资概述

概念	中国对外直接投资(以下简称对外直接投资)，是指中国境内投资者以现金、实物、无形资产等方式在国外及港澳台地区设立或购买境外企业，并控制企业经营管理权的投资活动。
	同外商直接投资一样，对外直接投资也与被投资企业的经营管理控制权相联系，这是其区别于对外间接投资的核心特征。
形式	(1)对外直接投资的形式包括(　)。
	A. 新设　B. 并购　C. 参股　D. 增资　E. 再投资
对外直接投资的法律规制	(2)中国境内投资者对外直接投资，需要遵守的法律规则包括(　)。
	A. 投资所在国即东道国的法律和政策 B. 中国与有关东道国签订的双边投资保护协定 C. 中国与有关东道国双方共同缔结或参加的多边条约中的相关规定 D. 作为投资者的母国，中国国内法中的相关规定当然也要予以适用

【考点子题——举一反三，真枪实练】

[8] (2019 年 · 多选题) 根据涉外投资法律制度的规定，中国境内投资者对外直接投资时需要遵守的法律规则包括(　)。

A. 中国法律　　B. 中国与投资所在国共同缔结或参加的多边条约

C. 投资所在国法律　　D. 中国与投资所在国签订的双边投资保护协定

[9] (2021 年 · 单选题) 下列关于对外直接投资的表述，正确的是(　　)。

A. 我国境内投资者对外直接投资不属于国际直接投资

B. 我国境内投资者对外直接投资不适用我国国内法

C. 对外直接投资仅包括新设和并购，不包括增资和参股

D. 不同的对外直接投资实施核准和备案管理

（二）对外直接投资核准备案制度

1. 商务部门的核准和备案

根据商务部2014年9月6日发布、2014年10月6日起施行的《境外投资管理办法》，商务部和省级商务主管部门按照企业境外投资的不同情形，分别实行备案和核准管理。

【考点母题——万变不离其宗】商务部门的核准和备案

概述	(1)下列关于商务部门对外直接投资核准备案制度的表述中，正确的有（ ）。
	A. 企业境外投资涉及敏感国家和地区、敏感行业的，实行核准管理 B. 企业其他情形的境外投资，实行备案管理
核准管理	(2)下列关于商务部门对外直接投资核准管理的表述中，正确的有（ ）。
	A. 实行核准管理的国家是指与中华人民共和国未建交的国家、受联合国制裁的国家，必要时商务部可另行公布其他实行核准管理的国家和地区的名单 B. 实行核准管理的行业是指涉及出口中华人民共和国限制出口的产品和技术的行业、影响一国（地区）以上利益的行业
	(3)企业境外投资不得有下列情形（ ）。
	A. 危害我国国家主权、安全和社会公共利益，或违反我国法律法规 B. 损害我国与有关国家（地区）关系 C. 违反我国缔结或者参加的国际条约、协定 D. 出口我国禁止出口的产品和技术
	(4)下列关于商务部门对外直接投资核准程序的表述中，正确的有（ ）。
	A. 对属于核准情形的境外投资，中央企业向商务部提出申请，地方企业通过所在地省级商务主管部门向商务部提出申请 B. 核准境外投资应当征求中国驻外使领馆意见，涉及中央企业的，由商务部征求意见；涉及地方企业的，由省级商务主管部门征求意见
备案管理	(5)下列关于商务部门对外直接投资备案程序的表述中，正确的是（ ）。
	A. 对属于备案情形的境外投资，中央企业报商务部备案，地方企业报所在地省级商务主管部门备案
两个以上企业共同开展境外投资的情形	(6)下列关于两个以上企业共同开展境外投资的核准备案程序的表述中，正确的有（ ）。
	A. 两个以上企业共同开展境外投资的，应当由相对大股东在征求其他投资方书面同意后办理备案或申请核准 B. 如果各方持股比例相等，应当协商后由一方办理备案或申请核准 C. 如投资方不属同一行政区域，负责办理备案或核准的商务部或省级商务主管部门应当将备案或核准结果告知其他投资方所在地商务主管部门

2. 发展改革部门的核准和备案

根据国家发展改革委 2017 年 12 月 26 日发布、2018 年 3 月 1 日起施行的《境外企业投资管理办法》，国家发展改革委和省级政府发展改革部门根据不同情况，对境外投资项目分别实行相应的核准或备案管理。

【考点母题——万变不离其宗】发展改革部门的核准和备案

<table>
<tr><td rowspan="8">核准管理</td><td colspan="2">(1) 下列关于发展改革部门对外直接投资核准管理的表述中，正确的是(　)。</td></tr>
<tr><td>A. 实行核准管理的范围是投资主体直接或通过其控制的境外企业开展的敏感类项目</td><td>所谓敏感类项目，是指涉及敏感国家和地区的项目，以及涉及敏感行业的项目</td></tr>
<tr><td colspan="2">(2) 下列国家和地区中，属于敏感国家和地区的有(　)。</td></tr>
<tr><td colspan="2">A. 与我国未建交的国家和地区　B. 发生战争、内乱的国家和地区
C. 根据我国缔结或参加的国际条约、协定等，需要限制企业对其投资的国家和地区
D. 其他敏感国家和地区</td></tr>
<tr><td colspan="2">(3) 敏感行业包括(　)。</td></tr>
<tr><td colspan="2">A. 武器装备的研制生产维修　B. 跨境水资源开发利用　C. 新闻传媒
D. 根据我国法律法规和有关调控政策，需要限制企业境外投资的行业
【注意】敏感行业目录由国家发展改革委发布。</td></tr>
<tr><td colspan="2">(4) 发展改革部门对外直接投资核准机关是(　)。</td></tr>
<tr><td colspan="2">A. 国家发展改革委</td></tr>
<tr><td rowspan="4">备案管理</td><td colspan="2">(5) 下列关于发展改革部门对外直接投资备案管理的表述中，正确的是(　)。</td></tr>
<tr><td colspan="2">A. 实行备案管理的范围是投资主体直接开展的非敏感类项目，亦即不涉及敏感国家和地区且不涉及敏感行业的项目</td></tr>
<tr><td colspan="2">(6) 下列关于发展改革部门对外直接投资备案机关的表述中，正确的有(　)。</td></tr>
<tr><td colspan="2">A. 实行备案管理的项目中，投资主体是中央管理企业(含中央管理金融企业、国务院或国务院所属机构直接管理的企业)的，备案机关是国家发展改革委
B. 投资主体是地方企业且中方投资额 3 亿美元及以上的，备案机关是国家发展改革委
C. 投资主体是地方企业且中方投资额 3 亿美元以下的，备案机关是投资主体注册地的省级政府发展改革部门
【注意】所称中方投资额，是指投资主体直接以及通过其控制的境外企业为项目投入的货币、证券、实物、技术、知识产权、股权、债权等资产、权益以及提供融资、担保的总额；所称省级政府发展改革部门，包括各省、自治区、直辖市及计划单列市人民政府发展改革部门和新疆生产建设兵团发展改革部门。</td></tr>
<tr><td rowspan="2">核准备案项目实施程序</td><td colspan="2">(7) 下列关于属于发展改革部门核准、备案管理范围的项目的实施程序的表述中，正确的有(　)。</td></tr>
<tr><td colspan="2">A. 投资主体可以向核准、备案机关咨询拟开展的项目是否属于核准、备案范围，核准、备案机关应当及时予以告知
B. 两个以上投资主体共同开展的项目，应当由投资额较大一方在征求其他投资方书面同意后提出核准、备案申请。如各方投资额相等，应当协商一致后由其中一方提出核准、备案申请</td></tr>
</table>

续表

核准备案项目实施程序	C. 投资主体通过其控制的境外企业开展大额非敏感类项目（中方投资额3亿美元及以上）的，投资主体应当在项目实施前通过网络系统提交大额非敏感类项目情况报告表，将有关信息告知国家发展改革委 D. 境外投资过程中发生外派人员重大伤亡、境外资产重大损失、损害我国与有关国家外交关系等重大不利情况的，投资主体应当在有关情况发生之日起5个工作日内通过网络系统提交重大不利情况报告表 E. 属于核准、备案管理范围的项目，投资主体应当在项目完成之日起20个工作日内通过网络系统提交项目完成情况报告表。项目完成情况报告表格式文本由国家发展改革委发布；此处所称项目完成，是指项目所属的建设工程竣工、投资标的股权或资产交割、中方投资额支出完毕等情形

【考点子题——举一反三，真枪实练】

[10]（2016年·单选题）某省属企业拟实施一项境外投资项目，中方投资额2.5亿美元，项目所在国系敏感国家。下列表述中，符合涉外法律制度规定的是（　）。

A. 该项目应报国家发展改革委备案

B. 该项目应报国家发展改革委核准

C. 该项目应报该省投资主管部门备案

D. 该项目应报该省投资主管部门核准

[11]（2020年·单选题）某非敏感类境外投资项目，投资主体为地方企业，中方投资额为2亿美元。根据涉外投资法律制度的规定，下列表述中，正确的是（　）。

A. 该项目应由国家发展改革委备案

B. 该项目应由国家发展改革委核准

C. 该项目应由投资主体注册地的省级政府发展改革部门核准

D. 该项目应由投资主体注册地的省级政府发展改革部门备案

[12]（2015年·多选题）根据涉外法律制度的规定，投资者对外直接投资实行（　）制度

A. 核准制　　B. 备案制　　C. 注册制　　D. 特许制

第二节 对外贸易法律制度

本节考点、考点母题及考点子题

考点 3 对外贸易法律制度概述

【考点讲解】对外贸易法律制度概述

对外贸易概念	中国对外贸易是国际贸易的组成部分，是指中国同其他国家或地区之间发生的贸易活动，包括货物进出口贸易、技术进出口贸易和国际服务贸易。
对外贸易法律制度	《中华人民共和国对外贸易法》(以下简称《对外贸易法》)是我国调整对外贸易的基本法律依据。国务院颁布的相关行政法规以及商务部等政府主管部门颁行的管理对外贸易的相关规章，也构成对外贸易法律制度的重要内容。
《对外贸易法》立法目的	为发展对外贸易，维护对外贸易秩序，促进社会主义市场经济的健康发展。
	我国于 2004 年对《对外贸易法》进行了全面修订，新法在立法目的中增加了“扩大对外开放”和“保护对外贸易经营者的合法权益”这两条。一方面，表明我国加入世贸组织后将以更加开放的心态来面对世界；另一方面，强调《对外贸易法》不仅是管理性质的法律，也是保护和服务性质的法律，体现出鲜明的时代特征。

考点 4 《对外贸易法》的适用范围和原则

(一)《对外贸易法》的适用范围

【考点母题——万变不离其宗】《对外贸易法》的适用范围

适用对象	(1)《对外贸易法》规定，该法适用于对外贸易以及与对外贸易有关的知识产权保护。下列各项中，属于我国对外贸易法律制度适用对象的有(　)。
	A. 货物进出口　B. 技术进出口　C. 国际服务贸易 D. 与前三项相关的知识产权保护
适用范围	(2)下列关于《对外贸易法》适用范围的表述中，正确的有(　)。
	A. 地域范围看，我国《对外贸易法》仅适用于中国内地，不适用于香港特别行政区、澳门特别行政区和台湾地区

续表

<table>
<tr><td rowspan="2">适用范围</td><td>B.《对外贸易法》规定，中华人民共和国的单独关税区不适用该法。我国香港特别行政区、澳门特别行政区和台湾地区已经分别以“中国香港”、“中国澳门”和“台湾、澎湖、金门、马祖单独关税区”(简称“中国台北”)名义加入世贸组织，成为我国的单独关税区。因此，我国《对外贸易法》不适用于港、澳、台地区同其他国家或地区之间的贸易活动。</td></tr>
<tr><td>【注意】“单独关税区”是世贸组织的专有名词，是指在对外经济贸易方面有自主权而在政治外交方面无自主权的地方政府所颁布的海关法规得以全面实施的区域。在单独关税区内，进出口关税征收等措施均依照该地方政府颁布的海关法规办理。单独关税区同主权国家一样，是世贸组织的独立成员。</td></tr>
</table>

【考点子题——举一反三，真枪实练】

［13］(2014 年·单选题)下列各项中，属于世界贸易组织所称的“单独关税区”的是(　)。

A. 中国(上海)自由贸易试验区　　B. 海南经济特区

C. 京津冀一体化都市圈　　D. 中国香港特别行政区

［14］(2021 年·多选题)下列各项中，适用《对外贸易法》的有(　)。

A. 货物进出口　　B. 与贸易有关的知识产权保护

C. 技术进出口　　D. 国际服务贸易

(二)《对外贸易法》的原则

【考点母题——万变不离其宗】《对外贸易法》的原则

<table>
<tr><td colspan="2">(1)根据涉外经济法律制度，下列各项中，属于我国《对外贸易法》的适用原则的有(　)。</td></tr>
<tr><td>A. 统一管理原则</td><td>我国实行统一的对外贸易制度。国务院对外贸易主管部门，亦即商务部，依照《对外贸易法》的规定主管全国对外贸易工作。在商务部主管之下，其他有关政府部门也根据分工，在不同程度上参与对外贸易管理</td></tr>
<tr><td>B. 公平自由原则</td><td>《对外贸易法》规定，我国鼓励发展对外贸易，维护公平、自由的对外贸易秩序。这表明，我国在对外贸易中坚持自由贸易与公平贸易并重的原则，既崇尚自由贸易，致力于减少乃至消除关税和非关税贸易壁垒；又主张公平贸易，反对和打击倾销、补贴等不公平贸易行为</td></tr>
<tr><td>C. 平等互利原则</td><td>我国根据平等互利的原则，促进和发展同其他国家和地区的贸易关系，缔结或者加入关税同盟协定、自由贸易区协定等区域经济贸易协定，参加区域经济组织</td></tr>
<tr><td>D. 区域合作原则</td><td>我国通过签订区域贸易协定、参加区域经济组织等方式，积极参与区域经济合作，推进区域经济一体化。区域经济一体化是与经济全球化并存的现象和趋势，自由贸易区和关税同盟是世贸组织所允许的区域经济合作方式，区域内国家之间相互给予的特殊优惠待遇，不违反世贸组织国民待遇和最惠国待遇原则。目前，我国已经与世界上多个国家或地区签订自由贸易协定，建成或商建自由贸易区</td></tr>
</table>

续表

<table>
<tr><td>D. 区域合作原则</td><td colspan="2">我国内地同单独关税区港、澳、台之间的经济合作，既有区域经济合作的一般属性，也有“一个中国”框架下的特殊性。2003 年，我国中央政府与香港、澳门特区政府分别签署了内地与香港、澳门《关于建立更紧密经贸关系的安排》；2010 年，我国大陆与台湾地区签署了《海峡两岸经济合作框架协议》</td></tr>
<tr><td rowspan="5">E. 非歧视原则</td><td colspan="2">(2) 我国对外贸易的非歧视原则包括(　)。</td></tr>
<tr><td>A. 最惠国待遇原则</td><td>最惠国待遇是指一国(给惠国)给予另一国(受惠国)的个人、企业、商品等的待遇不低于给惠国给予任何第三国(最惠国)的相应待遇</td></tr>
<tr><td>B. 国民待遇原则</td><td>国民待遇是指一国给予他国国民(包括个人和企业)与本国国民相同的待遇</td></tr>
<tr><td colspan="2">(3) 下列关于我国在对外贸易中给予非歧视待遇的表述中，正确的有(　)。</td></tr>
<tr><td colspan="2">A. 我国在对外贸易方面根据所缔结或者参加的国际条约、协定，给予其他缔约方、参加方最惠国待遇、国民待遇等待遇，或者根据互惠、对等原则给予对方最惠国待遇、国民待遇等待遇
B. 换言之，我国缔结或参加的国际条约、协定有规定的，依规定给予非歧视待遇；没有相关国际条约、协定或者相关国际条约、协定没有规定的，则根据互惠、对等原则给予非歧视待遇</td></tr>
<tr><td rowspan="2">F. 互惠对等原则</td><td colspan="2">(4) 下列关于我国对外贸易互惠对等原则的表述中，正确的有(　)。</td></tr>
<tr><td colspan="2">A. 互惠、对等是指我国给予另一国某种待遇或者对其采取某种措施，以该国给予我国相应待遇或者对我国采取相应措施为前提
B. 对于没有相关国际条约、协定或者相关国际条约、协定没有规定的情形，我国可以根据互惠、对等原则给予他国最惠国待遇和国民待遇
C. 任何国家或地区在贸易方面对我国采取歧视性的禁止、限制或其他类似措施的，我国可以根据实际情况对该国家或地区采取相应措施</td></tr>
</table>

【考点子题——举一反三，真枪实练】

[15] (2019 年 · 单选题)《中华人民共和国对外贸易法》第 7 条规定：“任何国家或地区在贸易方面对中华人民共和国采取歧视性的禁止、限制或者其他类似措施的，中华人民共和国可以根据实际情况对该国或者该地区采取相应的措施。”该条款体现的原则是(　)。

A. 统一管理原则　B. 平等互利原则　C. 公平自由原则　D. 互惠对等原则

[16] (2022 · 年单选题)《中华人民共和国和德意志联邦共和国关于促进和相互保护投资的协定》第 3 条规定：“缔约一方投资者在缔约另一方境内投资所享受的待遇，不应低于同缔约另一方订有同类协定的第三国投资者的投资所享受的待遇。”该条规定所体现的待遇是(　)。

A. 最惠国待遇　B. 国民待遇　C. 公平公正待遇　D. 最低限度待遇

考点5 对外贸易经营者

【考点母题——万变不离其宗】对外贸易经营者

<table>
<tr><td rowspan="3">对外贸易经营者的概念</td><td colspan="2">对外贸易经营者是我国对外贸易活动的经营主体，是指依法办理工商登记或者其他执业手续，依照《对外贸易法》和其他有关法律、行政法规的规定从事对外贸易经营活动的法人、其他组织或者个人。（概念）</td></tr>
<tr><td colspan="2">（1）下列关于对外贸易经营者的表述中，正确的有（　）。</td></tr>
<tr><td colspan="2">A. 对外贸易经营者包括法人、其他组织和个人。对外贸易经营者既可以是法人，也可以是非法人组织如合伙，还可以是个人亦即自然人
B. 对外贸易经营无需专门许可。《对外贸易法》于2004年修订时取消了外贸特许制，规定依法办理了工商登记或其他执业手续的单位和个人均可从事外贸经营。当然，对外贸易经营者必须首先依据《公司法》《非公司型企业法》《个体工商户条例》等法律法规的规定，完成设立登记</td></tr>
<tr><td rowspan="4">关于国营贸易的特别规定</td><td>国营贸易的概念</td><td>国营贸易是世贸组织明文允许的贸易制度。所谓国营贸易，是指国家设立的国有企业以及国家给予排他性特权的私营企业所进行贸易，亦即国家通过授予对外贸易经营者在特定贸易领域内的专营权或特许权的方式，对特定产品的进出口实施的管理。</td></tr>
<tr><td>国营贸易企业的概念</td><td>经授权从事国营贸易的企业，亦即所谓国营贸易企业，是指在国际贸易中基于国内法律规定或者事实上享有专营权或特许权的政府企业和非政府企业。判断一个企业是不是国营贸易企业，关键是看该企业是否在国际贸易中享有专营权或特许权。国营贸易企业的判断标准并非所有制形式，其与我国过去所称的国营企业是完全不同的概念。</td></tr>
<tr><td rowspan="2">国营贸易管理</td><td>（2）根据对外贸易法律制度，下列关于国营贸易的表述中，正确的有（　）。</td></tr>
<tr><td>A. 国家只对部分而非全部货物实行国营贸易管理，且此类货物应当是明确和公开的，通过目录的方式让公众周知。从商务部公布的《进口国营贸易管理货物目录》和《出口国营贸易管理货物目录》看，实行进口国营贸易管理的货物涉及粮食、植物油、糖、烟草、原油、成品油、化肥和棉花等类别，而实行出口国营贸易管理的货物主要是烟草专卖品
B. 国营贸易一般由经授权的企业经营
C. 国家可以根据具体情况，允许部分数量的国营贸易管理货物的进出口业务由非授权企业经营
D. 实行国营贸易管理的货物和经授权经营企业的目录，由商务部会同国务院其他有关部门确定、调整并公布</td></tr>
</table>

【考点子题——举一反三，真枪实练】

[17]（2020年·单选题）根据对外贸易法律制度的规定，下列关于国营贸易的表述中，正确的是（　）。

A. 国家可以对全部货物的进出口实行国营贸易管理

B. 实行国营贸易管理的货物和经授权经营企业的目录，由海关总署会同国务院

其他有关部门规定、调整并公布

C. 国家可以根据具体情况，允许部分数量的国营贸易管理货物的进出口业务由非授权企业经营

D. 国营贸易企业就是我国过去所称的国营企业

[18] (2018 年·单选题)根据对外贸易法律制度的规定，下列关于国营贸易和国营贸易企业的表述中，正确的是(　)。

A. 实行国营贸易管理的货物的目录，由海关总署会同其他有关部门确定

B. 实行国营贸易管理的货物的进出口业务一概由授权企业经营

C. 国营贸易是世界贸易组织明文允许的贸易制度

D. 判断一个企业是不是国营贸易企业，关键是看该企业的所有制形式

[19] (2013 年·单选题)下列关于对外贸易经营者及其管理的表述中，符合对外贸易法律制度规定的是(　)。

A. 对外贸易经营者包括法人和其他组织，但不包括个人

B. 对外贸易经营实行特许制，经营者需经审批并获得外贸经背资格

C. 国家可以允许部分效量的国营贸易管理货物的进出口业务由非授权企业经营

D. 从事货物进出口或者技术进出口的对外贸易经营者，应当向国家工商总局或其委托的机构办理备案登记

[20] (2019 年·单选题)下列关于我国国营贸易制度的表述中，符合对外贸易法律制度规定的是(　)。

A. 实行国营贸易管理的货物进出口业务只能由经授权的企业专属经营，一律不得由其他企业经营

B. 实行国营贸易管理的货物和经授权经营企业的目录，由商务部会同国务院其他有关部门确定、调整并公布

C. 国家可以对全部货物的进出口实行国营贸易管理

D. 判断一个企业是不是国营贸易企业，关键是看该企业的所有制形式

考点 6　货物进出口与技术进出口

（一）货物和技术进出口的一般原则

国家准许货物与技术的自由进出口，但法律、行政法规另有规定的除外。我国对货物和技术进出口实施一定限制管理下的自由贸易制度，根据这一规定，国家在保证进出口贸易不对国家安全和社会公共利益等造成损害的情况下，允许货物和技术自由进出口；当法律、行政法规另有规定时，则按照特别法优于一般法的原理，根据具体规定对某些货物和技术的进出口实施限制。

（二）货物和技术自由进出口的例外情形

【考点母题——万变不离其宗】货物和技术自由进出口的例外情形

可以限制或者禁止有关货物、技术的进出口的情形	(1)根据对外贸易法律制度，下列各项中，国家可以限制或者禁止有关货物、技术的进出口的有（ ）。
	A. 为维护国家安全、社会公共利益或者公共道德，需要限制或者禁止进口或者出口的 B. 为保护人的健康或者安全，保护动物、植物的生命或者健康，保护环境，需要限制或者禁止进口或者出口的 C. 为实施与黄金或者白银进出口有关的措施，需要限制或者禁止进口或者出口的 D. 国内供应短缺或者为有效保护可能用竭的自然资源，需要限制或者禁止出口的 E. 输往国家或者地区的市场容量有限，需要限制出口的 F. 出口经营秩序出现严重混乱，需要限制出口的 G. 为建立或者加快建立国内特定产业，需要限制进口的 H. 对任何形式的农业、牧业、渔业产品有必要限制进口的 I. 为保障国家国际金融地位和国际收支平衡，需要限制进口的 J. 依照法律、行政法规的规定，其他需要限制或者禁止进口或者出口的 K. 根据我国缔结或者参加的国际条约、协定的规定，其他需要限制或者禁止进口或者出口的
可以采取任何必要措施的情形	(2)下列对外贸易情形中，国家可以采取任何必要措施的有（ ）。
	A. 国家对与裂变、聚变物质或者衍生此类物质的物质有关的货物、技术进出口，以及与武器、弹药或者其他军用物资有关的进出口，可以采取任何必要措施，维护国家安全 B. 在战时或者为维护国际和平与安全，国家在货物、技术进出口方面可以采取任何必要措施

【注意】上述两类对自由进出口予以限制的例外情形也是世贸组织法律文件明文允许的。商务部会同国务院其他有关部门，依照以上两类规定，制定、调整并公布限制或者禁止进出口的货物、技术目录。此外，商务部或者由其会同国务院其他有关部门，经国务院批准，可以在以上两类规定的范围内，临时决定限制或者禁止上述目录以外的特定货物、技术的进口或者出口。

（三）货物和技术进出口的管理制度

1. 货物进出口自动许可制度

【考点母题——万变不离其宗】货物进出口自动许可制度

概述	商务部基于监测进出口情况的需要，可以对部分自由进出口的货物实行进出口自动许可并公布其目录。实行自动许可的进出口货物，收货人、发货人在办理海关报关手续前提出自动许可申请的，商务部应当予以许可；未办理自动许可手续的，海关不予放行。

续表

下列关于货物进出口自动许可制度的理解中，正确的有(　)。
A. 进出口自动许可针对的是部分而非全部货物，并通过目录方式让公众周知 B. 进出口自动许可仅是出于监测进出口情况的需要，并非对自由进出口的限制 C. 自动许可申请仅具有“备案”意义，商务部对于申请应当许可，这也正是“自动”的含义所在 D. 实行自动进口许可管理的货物目录，包括具体货物名称和海关商品编码，由商务部会同海关总署等有关部门确定和调整，并由商务部至少在实施前 21 天以公告形式发布

2. 技术进出口备案登记制度

【考点母题——万变不离其宗】技术进出口备案登记制度

概述	我国对自由进出口技术的进出口实行合同登记制度。进出口属于自由进出口的技术，应当向商务部或其委托的机构办理合同备案登记。但是，此种合同登记仅具有备案意义，合同自依法成立时生效，不以登记作为合同生效的条件。
技术进出口合同的类型	(1)技术进出口合同包括(　)。
	A. 专利权转让合同　B. 专利申请权转让合同　C. 专利实施许可合同 D. 技术秘密许可合同　E. 技术服务合同　F. 含有技术进出口的其他合同
管理部门	(2)下列关于技术进出口合同登记管理部门的表述中，正确的有(　)。
	A. 商务主管部门是技术进出口合同的登记管理部门 B. 商务部负责对《政府核准的投资项目目录》和政府投资项目中由国务院或国务院投资主管部门核准或审批的项目下的技术进口合同进行登记管理 C. 各省、自治区、直辖市和计划单列市商务主管部门负责对除此以外的自由进出口技术合同进行登记管理 D. 中央管理企业的自由进出口技术合同，按属地原则到各省、自治区、直辖市和计划单列市商务主管部门办理登记 E. 各省、自治区、直辖市和计划单列市商务主管部门可授权下一级商务主管部门对自由进出口技术合同进行登记管理

3. 配额和许可证制度

【考点母题——万变不离其宗】配额和许可证制度

概述	(1)根据对外贸易法律制度的规定，下列关于配额和许可制度的表述中，正确的有(　)。
	A. 国家对限制进口或者出口的货物，实行配额、许可证等方式管理：国家规定有数量限制的限制进出口货物，实行配额管理；其他限制进出口货物，实行许可证管理。国家对部分进口货物还可以实行关税配额管理 B. 国家对限制进口或者出口的技术，实行许可证管理 C. 实行配额、许可证管理的货物、技术，经商务部或者经其会同国务院其他有关部门许可方可进口或者出口

续表

货物进出口配额和许可证制度	配额管理	(2)下列关于货物进出口配额管理的表述中，正确的有(　)。
		A. 国家对规定有数量限制的限制进出口货物，实行配额管理 B. 实行配额管理的限制进出口货物，由商务部和国务院有关经济管理部门(统称“进出口配额管理部门”)按照国务院规定的职责划分进行管理 C. 进出口经营者凭进出口配额管理部门发放的配额证明，向海关办理报关验放手续 D. 国务院有关经济管理部门应当及时将年度配额总量、分配方案和配额证明实际发放的情况向商务部备案
	许可证管理	(3)下列关于货物进出口许可证管理的表述中，正确的有(　)。
		A. 实行许可证管理的限制进出口货物，进出口经营者应当向商务部或者国务院有关部门(统称“进出口许可证管理部门”)提出申请，后者应当自收到申请之日起30日内决定是否许可 B. 进出口经营者凭进出口许可证管理部门发放的进出口许可证，向海关办理报关验放手续
	关税配额管理	关税配额是将关税和配额制度结合起来的一种数量限制措施，是指在一定时期内对进口商品的绝对数量不加限制，但对在规定关税配额内的进口货物适用较低的关税税率，对超过规定数量限额的进口货物则适用较高的关税税率，以此来调节货物进口的数量。进出口货物配额和关税配额由商务部或者国务院其他有关部门在各自职责范围内，按照公开、公平、公正和效益的原则进行分配。(概念)
		(4)下列关于货物进出口关税配额管理的表述中，正确的有(　)。
		A. 实行关税配额管理的进口货物目录，由商务部会同国务院有关经济管理部门制定、调整并公布 B. 属于关税配额内进口的货物，按照配额内税率缴纳关税；属于关税配额外进口的货物，按照配额外税率缴纳关税 C. 进口经营者凭进口配额管理部门发放的关税配额证明，向海关办理关税配额内货物的报关验放手续 D. 国务院有关经济管理部门应当及时将年度关税配额总量、分配方案和关税配额证明实际发放的情况向商务部备案
技术进出口许可证制度	(5)下列关于技术进出口许可证管理的表述中，正确的有(　)。	
	A. 我国对属于限制进出口的技术实行许可证管理，未经许可不得进出口 B. 进口属于限制进口的技术，应当向商务部提出技术进口申请并附有关文件；技术进口项目需经有关部门批准的，还应当提交有关部门的批准文件。商务部收到申请后，应当会同国务院有关部门进行审查，并自收到申请之日起30个工作日内作出批准或者不批准的决定 C. 出口属于限制出口的技术，应当向商务部提出申请。商务部收到申请后，应当会同国务院科技管理部门对申请出口的技术进行审查，并自收到申请之日起30个工作日内作出批准或者不批准的决定 D. 技术进出口申请获得批准的，由商务部发给技术进出口许可意向书。进出口经营者取得技术进出口许可意向书后，方可对外签订技术进出口合同。进出口经营者签订技术进出口合同后，应当向商务部提交合同副本及有关文件，申请技术进出口许可证，技术进出口合同自许可证颁发之日起生效。进出口经营者凭技术进出口许可证，办理外汇、银行、税务、海关等相关手续	

第12章

【考点子题——举一反三，真枪实练】

[21] (2016 年 · 单选题)根据涉外经济法律制度的规定，对于国家规定有数量限制的进出口货物，我国实行的管理方式是(　)。

A. 配额管理　　B. 许可证管理

C. 备案登记管理　　D. 自由进出口管理

[22] (2013 年 · 单选题)根据对外贸易法律制度的规定，我国对限制进出口的技术实行的管理措施是(　)。

A. 配额管理　　B. 许可证管理

C. 关税配额及许可证管理　　D. 非关税配额及许可证管理

国际服务贸易

【考点母题——万变不离其宗】国际服务贸易

国际服务贸易范围	我国在国际服务贸易方面根据所缔结或者参加的国际条约、协定中的承诺，给予其他缔约方、参加方市场准入和国民待遇。商务部会同国务院其他有关部门，依照下列规定以及其他有关法律、行政法规的规定，制定、调整并公布国际服务贸易市场准入目录。
	(1)根据对外贸易法律制度，下列各项中，国家可以限制或者禁止有关的国际服务贸易的有(　)。
	A. 为维护国家安全、社会公共利益或者公共道德，需要限制或者禁止的 B. 为保护人的健康或者安全，保护动物、植物的生命或者健康，保护环境，需要限制或者禁止的 C. 为建立或者加快建立国内特定服务产业，需要限制的 D. 为保障国家外汇收支平衡，需要限制的 E. 依照法律、行政法规的规定，其他需要限制或者禁止的 F. 根据我国缔结或者参加的国际条约、协定的规定，其他需要限制或者禁止的
	(2)根据对外贸易法律制度，下列国际贸易中，国家可以采取任何必要措施的有(　)。
	A. 国家对与军事有关的国际服务贸易，以及与裂变、聚变物质或者衍生此类物质的物质有关的国际服务贸易，可以采取任何必要措施，维护国家安全 B. 在战时或者为维护国际和平与安全，国家在国际服务贸易方面可以采取任何必要措施
国际服务贸易管理	(3)下列关于国际服务贸易管理的表述中，正确的是(　)。
	A. 我国对于国际服务贸易不实行统一的备案登记制，而是由相关行业主管部门分别予以管理

续表

<table>
<tr><td>国际服务贸易管理</td><td>【例】在会计服务方面，允许获得我国主管部门颁发的中国注册会计师执业资格许可证的人在华设立会计师事务所，并在国民待遇基础上向通过中国注册会计师资格考试的外国人颁发执业许可证。对外贸易经营者在从事国际服务贸易时，必须遵守所属服务行业的相关法律、行政法规和部门规章。例如，根据《注册会计师法》，外国会计师事务所在中国境内设立常驻代表机构，须经财政部批准；需要在中国境内临时办理有关业务的，须经省级人民政府财政部门批准。又如，根据司法部和原国家工商总局《关于外国律师事务所在中国境内设立办事处的暂行规定》，外国律师事务所在中国境内设立办事处，须经司法部批准、原国家工商总局登记注册。</td></tr>
</table>

考点8 对外贸易救济

《对外贸易法》规定，国家根据对外贸易调查结果，可以采取适当的对外贸易救济措施。所谓贸易救济措施，是指对外贸易中其他国家或地区的不公平贸易行为或者特定条件下的公平贸易行为对我国相关产业造成实质损害或者产生实质损害威胁，或者对建立国内产业造成实质阻碍时，我国根据国际条约、协定和国内法律、行政法规所采取的，旨在消除或者减轻此种损害、损害威胁或者阻碍的措施。对外贸易救济措施包括反倾销措施、反补贴措施和保障措施。

（一）反倾销措施

1. 基本概念

【考点母题——万变不离其宗】反倾销措施基本概念

<table>
<tr><td>反倾销措施概述</td><td colspan="2">其他国家或者地区的产品以低于正常价值的倾销方式进入我国市场，对已建立的国内产业造成实质损害或者产生实质损害威胁，或者对建立国内产业造成实质阻碍的，国家可以采取反倾销措施，消除或者减轻这种损害、损害的威胁或者阻碍。</td></tr>
<tr><td rowspan="6">基本概念</td><td rowspan="6">“倾销”</td><td>“倾销”是指在正常贸易过程中进口产品以低于其正常价值的出口价格进入中国市场。进口产品的出口价格低于其正常价值的幅度，为倾销幅度。（概念）</td></tr>
<tr><td>（1）负责对倾销的调查和确定的部门是（　）。</td></tr>
<tr><td>A. 商务部</td></tr>
<tr><td>（2）进口产品的正常价值的确定方法为（　）。</td></tr>
<tr><td>A. 进口产品的同类产品在出口国（地区）国内市场的正常贸易过程中有可比价格的，以该可比价格为正常价值
B. 进口产品的同类产品在出口国（地区）国内市场的正常贸易过程中没有销售的，或者该同类产品的价格、数量不能据以进行公平比较的，以该同类产品出口到一个适当第三国（地区）的可比价格或者以该同类产品在原产国（地区）的生产成本加上合理费用、利润，作为正常价值</td></tr>
</table>

第12章

续表

<table>
<tr><td rowspan="11">基本概念</td><td rowspan="3">“倾销”</td><td>(3)进口产品的出口价格的确定方法为(　)。</td></tr>
<tr><td>A. 进口产品有实际支付或者应当支付的价格的，以该价格为出口价格
B. 进口产品没有出口价格或者其价格不可靠的，以根据该进口产品首次转售给独立购买人的价格推定的价格为出口价格，若该进口产品未转售给独立购买人或者未按进口时的状态转售，可以商务部根据合理基础推定的价格为出口价格</td></tr>
<tr><td>【注意】对进口产品的出口价格和正常价值，应当考虑影响价格的各种可比性因素，按照公平、合理的方式进行比较。</td></tr>
<tr><td rowspan="6">“损害”</td><td>“损害”是指倾销对已经建立的国内产业造成实质损害或者产生实质损害威胁，或者对建立国内产业造成实质阻碍。(概念)</td></tr>
<tr><td>(4)负责对损害的调查和确定的主管部门为(　)。</td></tr>
<tr><td>A. 对损害的调查和确定，由商务部负责
B. 其中，涉及农产品的反倾销国内产业损害调查，由商务部会同农业部进行。</td></tr>
<tr><td>(5)在确定倾销对国内产业造成的损害时，应当审查的事项有(　)。</td></tr>
<tr><td>A. 倾销进口产品的数量，包括倾销进口产品的绝对数量或者相对于国内同类产品生产或者消费的数量是否大量增加，或者倾销进口产品大量增加的可能性
B. 倾销进口产品的价格，包括倾销进口产品的价格削减或者对国内同类产品的价格产生大幅度抑制、压低等影响
C. 倾销进口产品对国内产业的相关经济因素和指标的影响
D. 倾销进口产品的出口国(地区)、原产国(地区)的生产能力、出口能力，被调查产品的库存情况
E. 造成国内产业损害的其他因素</td></tr>
<tr><td>对实质损害威胁的确定，应当依据事实，不得仅依据指控、推测或者极小的可能性。在确定倾销对国内产业造成的损害时，应当依据肯定性证据，不得将造成损害的非倾销因素归因于倾销。</td></tr>
<tr><td>“国内产业”</td><td>“国内产业”是指中国国内同类产品的全部生产者，或者其总产量占国内同类产品全部总产量的主要部分的生产者；但是，国内生产者与出口经营者或者进口经营者有关联的，或者其本身为倾销进口产品的进口经营者的，可以排除在国内产业之外。</td></tr>
<tr><td>“同类产品”</td><td>“同类产品”是指与倾销进口产品相同的产品；没有相同产品的，以与倾销进口产品的特性最相似的产品为同类产品。</td></tr>
</table>

2. 反倾销调查

【考点母题——万变不离其宗】反倾销调查

<table>
<tr><td rowspan="2">反倾销调查的启动</td><td>(1)下列关于反倾销调查的启动的表述中，正确的有(　)。</td></tr>
<tr><td>A. 国内产业或者代表国内产业的自然人、法人或者有关组织(统称“申请人”)，可以依照《反倾销条例》的规定向商务部提出反倾销调查的书面申请
B. 商务部应当自收到申请书及有关证据之日起60日内，对申请是否由国内产业或者代表国内产业提出、申请书内容及所附具的证据等进行审查，并决定立案调查或者不立案调查。在决定立案调查前，应当通知有关出口国(地区)政府
C. 在表示支持申请或者反对申请的国内产业中，支持者的产量占支持者和反对者的总产量的50%以上的，应当认定申请是由国内产业或者代表国内产业提出，可以启动反倾销调查
D. 但是，表示支持申请的国内生产者的产量不足国内同类产品总产量的25%的，不得启动反倾销调查
E. 在特殊情形下，商务部虽未收到反倾销调查的书面申请，但有充分证据认为存在倾销和损害以及二者之间有因果关系的，可以自行决定立案调查</td></tr>
<tr><td rowspan="2">反倾销调查的程序</td><td>(2)下列关于反倾销调查的程序的表述中，正确的有(　)。</td></tr>
<tr><td>A. 立案调查决定由商务部予以公告，并通知申请人、已知的出口经营者和进口经营者、出口国(地区)政府以及其他有利害关系的组织、个人。立案调查的决定一经公告，商务部应当将申请书文本提供给已知的出口经营者和出口国(地区)政府
B. 商务部根据调查结果，就倾销、损害和二者之间的因果关系是否成立作出初裁决定，并予以公告
C. 初裁决定确定倾销、损害以及二者之间的因果关系成立的，商务部应当对倾销及倾销幅度、损害及损害程度继续进行调查，并根据调查结果作出终裁决定，予以公告
D. 在作出终裁决定前，应当由商务部将终裁决定所依据的基本事实通知所有已知的利害关系方</td></tr>
<tr><td rowspan="2">调查时限</td><td>(3)下列关于反倾销调查时限的表述中，正确的有(　)。</td></tr>
<tr><td>A. 反倾销调查应当自立案调查决定公告之日起12个月内结束
B. 特殊情况下可以延长，但延长期不得超过6个月</td></tr>
<tr><td rowspan="2">反倾销调查应当终止的情形</td><td>(4)根据对外贸易法律制度的规定，下列情形中，反倾销调查应当终止并由商务部予以公告的有(　)。</td></tr>
<tr><td>A. 申请人撤销申请的
B. 没有足够证据证明存在倾销、损害或者二者之间有因果关系的
C. 倾销幅度低于2%的
D. 倾销进口产品实际或者潜在的进口量或者损害属于可忽略不计的
E. 商务部认为不适宜继续进行反倾销调查的</td></tr>
</table>

3. 反倾销措施

【考点母题——万变不离其宗】反倾销措施

<table>
<tr><td colspan="3">(1)根据对外贸易法律制度的规定，反倾销措施主要包括(　)。</td></tr>
<tr><td rowspan="6">A. 临时反倾销措施</td><td colspan="2">(2)初裁决定确定倾销成立，并由此对国内产业造成损害的，可以采取的临时反倾销措施有(　)。</td></tr>
<tr><td>A. 征收临时反倾销税</td><td>征收临时反倾销税，由商务部提出建议，国务院关税税则委员会根据商务部的建议作出决定，由商务部予以公告。海关自公告规定实施之日起执行</td></tr>
<tr><td>B. 要求提供保证金、保函或者其他形式的担保</td><td>要求提供保证金、保函或者其他形式的担保，由商务部作出决定并予以公告。海关自公告规定实施之日起执行</td></tr>
<tr><td colspan="2">【注意】临时反倾销税税额或者提供的保证金、保函或者其他形式担保的金额，不得超过初裁决定确定的倾销幅度。</td></tr>
<tr><td colspan="2">(3)下列关于临时反倾销措施实施期限的表述中，正确的有(　)。</td></tr>
<tr><td colspan="2">A. 临时反倾销措施实施的期限，自临时反倾销措施决定公告规定实施之日起，不超过 4 个月
B. 在特殊情形下，可以延长至 9 个月
C. 自反倾销立案调查决定公告之日起 60 天内，不得采取临时反倾销措施</td></tr>
<tr><td rowspan="2">B. 价格承诺</td><td colspan="2">(4)根据对外贸易法律制度的规定，下列关于价格承诺的表述中，正确的有(　)。</td></tr>
<tr><td colspan="2">A. 倾销进口产品的出口经营者在反倾销调查期间，可以向商务部作出改变价格或者停止以倾销价格出口的价格承诺
B. 商务部可以向出口经营者提出价格承诺的建议，但不得强迫出口经营者作出价格承诺
C. 商务部对倾销以及由倾销造成的损害作出肯定的初裁决定前，不得寻求或者接受价格承诺
D. 出口经营者不作出价格承诺或者不接受价格承诺的建议的，不妨碍对反倾销案件的调查和确定；出口经营者继续倾销进口产品的，商务部有权确定损害威胁更有可能出现
E. 商务部认为出口经营者作出的价格承诺能够接受并符合公共利益的，可以决定中止或者终止反倾销调查，不采取临时反倾销措施或者征收反倾销税；中止或者终止反倾销调查的决定由商务部予以公告
F. 商务部不接受价格承诺的，应当向有关出口经营者说明理由
G. 出口经营者违反其价格承诺的，商务部可以立即决定恢复反倾销调查；根据可获得的最佳信息，可以决定采取临时反倾销措施，并可以对实施临时反倾销措施前 90 天内进口的产品追溯征收反倾销税，但违反价格承诺前进口的产品除</td></tr>
</table>

续表

C. 反倾销税	适用情形	(5)下列关于可以征收反倾销税的情形的表述中，正确的是(　)。 A. 终裁决定确定倾销成立，并由此对国内产业造成损害的，可以征收反倾销税。征收反倾销税应当符合公共利益
	征收程序	(6)下列关于反倾销税征收程序的表述中，正确的是(　)。 A. 征收反倾销税，由商务部提出建议，国务院关税税则委员会根据商务部的建议作出决定，由商务部予以公告；海关自公告规定实施之日起执行
	征税对象	反倾销税原则上仅适用于终裁决定公告之日以后进口的产品
	纳税人	反倾销税的纳税人为倾销进口产品的进口经营者
	税额及税率	反倾销税应当根据不同出口经营者的倾销幅度，分别确定；对于未包括在审查范围内的出口经营者的倾销进口产品，需要征收反倾销税的，应当按照合理的方式确定对其适用的税率。在任何情形下，反倾销税税额不超过终裁决定确定的倾销幅度
	征收期限	(7)下列关于反倾销税的征收期限的表述中，正确的是(　)。 A. 反倾销税的征收期限不超过5年，但经商务部复审确定终止征收反倾销税有可能导致倾销和损害的继续或者再度发生的，反倾销税的征收期限可以适当延长

【考点子题——举一反三，真枪实练】

[23] (2017年·单选题)根据对外贸易法律制度的规定，负责决定征收反倾销税的机构是(　)。

A. 财政部　　B. 商务部

C. 国家税务总局　　D. 国务院关税税则委员会

[24] (2016年·单选题)根据对外贸易法律制度的规定，有权作出征收反倾销税决定的机构是(　)。

A. 商务部　　B. 海关总署

C. 国家税务总局　　D. 国务院关税税则委员会

(二)反补贴措施

1. 基本概念

【考点母题——万变不离其宗】反补贴措施基本概念

反补贴措施概述	进口的产品直接或者间接地接受出口国家或者地区给予的任何形式的专向性补贴，对已建立的国内产业造成实质损害或者产生实质损害威胁，或者对建立国内产业造成实质阻碍的，国家可以采取反补贴措施，消除或者减轻这种损害或者损害的威胁或者阻碍。

续表

基本概念	“补贴”	“补贴”是指出口国(地区)政府或者其任何公共机构[统称“出口国(地区)政府”]提供的并为接受者带来利益的财政资助以及任何形式的收入或者价格支持。
		(1)负责对补贴的调查和确定的部门为(　)。
		A. 商务部
		(2)此处所称的“财政资助”包括(　)。
		A. 出口国(地区)政府以拨款、贷款、资本注入等形式直接提供资金，或者以贷款担保等形式潜在地直接转让资金或者债务 B. 出口国(地区)政府放弃或者不收缴应收收入 C. 出口国(地区)政府提供除一般基础设施以外的货物、服务，或者由出口国(地区)政府购买货物 D. 出口国(地区)政府通过向筹资机构付款，或者委托、指令私营机构履行上述职能
		(3)依照《反补贴条例》进行调查、采取反补贴措施的补贴必须具有专向性。根据对外贸易法律制度的规定，下列补贴中，具有专向性的有(　)。
		A. 由出口国(地区)政府明确确定的某些企业、产业获得的补贴 B. 由出口国(地区)法律、法规明确规定的某些企业、产业获得的补贴 C. 指定特定区域内的企业、产业获得的补贴 D. 以出口实绩为唯一条件或条件之一而获得的补贴 E. 以使用本国(地区)产品替代进口产品为条件而获得的补贴
		【注意】在确定补贴专向性时，还应当考虑受补贴企业的数量和企业受补贴的数额、比例、时间以及给予补贴的方式等因素。
	“损害”	“损害”是指补贴对已经建立的国内产业造成实质损害或者产生实质损害威胁，或者对建立国内产业造成实质阻碍。
		(4)负责对损害的调查和确定的部门为(　)。
		A. 对损害的调查和确定，由商务部负责 B. 涉及农产品的反补贴国内产业损害调查，由商务部会同农业部进行
		(5)在确定补贴对国内产业造成的损害时，应当审查的事项有(　)。
		A. 补贴可能对贸易造成的影响 B. 补贴进口产品的数量，包括补贴进口产品的绝对数量或者相对于国内同类产品生产或者消费的数量是否大量增加，或者补贴进口产品大量增加的可能性 C. 补贴进口产品的价格，包括补贴进口产品的价格削减或者对国内同类产品的价格产生大幅度抑制、压低等影响 D. 补贴进口产品对国内产业的相关经济因素和指标的影响 E. 补贴进口产品出口国(地区)、原产国(地区)的生产能力、出口能力，被调查产品的库存情况 F. 造成国内产业损害的其他因素
	“国内产业”、“同类产品”概念见反倾销措施部分的讨论。	

第12章

2. 反补贴调查与反补贴措施

【考点母题——万变不离其宗】反补贴调查与反补贴措施

<table>
<tr><td rowspan="2">反补贴调查</td><td colspan="2">反补贴调查在申请、启动、实施、终止等方面的条件和程序与反倾销调查基本相同。</td></tr>
<tr><td colspan="2">略有差异的是,《反补贴条例》规定的终止情形之一是“补贴金额为微量补贴”,而不是“幅度低于2%”;还有一种终止情形是“通过与有关国家(地区)政府磋商达成协议,不需要继续进行反补贴调查”,该终止情形为反倾销调查所无。</td></tr>
<tr><td rowspan="4">反补贴措施</td><td colspan="2">根据对外贸易法律制度,反补贴措施包括( )。</td></tr>
<tr><td>A. 临时反补贴措施</td><td>临时反补贴措施实施的期限,自临时反补贴措施决定公告规定实施之日起不超过4个月,不得延长。除此之外,其他具体内容和实施程序与反倾销措施基本相同</td></tr>
<tr><td>B. 取消、限制补贴或者其他有关措施的承诺</td><td rowspan="2">具体内容和实施程序与反倾销措施基本相同</td></tr>
<tr><td>C. 反补贴税</td></tr>
</table>

(三)保障措施

【考点母题——万变不离其宗】保障措施

<table>
<tr><td rowspan="3">基本含义</td><td colspan="2">因进口产品数量大量增加,对生产同类产品或者与其直接竞争的产品的国内产业造成严重损害或者严重损害威胁的,国家可以采取必要的保障措施,消除或者减轻这种损害或者损害的威胁,并可以对该产业提供必要的支持。</td></tr>
<tr><td colspan="2">因其他国家或者地区的服务提供者向我国提供的服务增加,对提供同类服务或者与其直接竞争的服务的国内产业造成损害或者产生损害威胁的,国家可以采取必要的救济措施,消除或者减轻这种损害或者损害的威胁(即服务贸易中的保障措施)</td></tr>
<tr><td colspan="2">因第三国限制进口而导致某种产品进入我国市场的数量大量增加,对已建立的国内产业造成损害或者产生损害威胁,或者对建立国内产业造成阻碍的,国家可以采取必要的救济措施,限制该产品进口(即针对贸易转移的保障措施)</td></tr>
<tr><td rowspan="2">适用情形</td><td colspan="2">(1)根据对外贸易法律制度的规定,下列关于保障措施适用情形的表述中,正确的是( )。</td></tr>
<tr><td colspan="2">A. 从性质上说,保障措施与反倾销和反补贴措施有所不同:反倾销和反补贴措施针对的是倾销和补贴这样的不公平贸易行为,而保障措施针对的则是公平贸易条件下的特殊情形</td></tr>
<tr><td rowspan="3">基本概念</td><td rowspan="3">“进口产品数量增加”</td><td>进口产品数量增加是指进口产品数量的绝对增加或者与国内生产相比的相对增加。</td></tr>
<tr><td>(2)负责对进口产品数量增加及损害的调查和确定的主管部门为( )。</td></tr>
<tr><td>A. 对进口产品数量增加及损害的调查和确定,由商务部负责
B. 及农产品的保障措施国内产业损害调查,由商务部会同农业部进行</td></tr>
</table>

第12章

续表

<table>
<tr><td rowspan="3">基本概念</td><td rowspan="2">“损害”</td><td>(3)在确定进口产品数量增加对国内产业造成的损害时，应当审查的相关因素有(　)。</td></tr>
<tr><td>A. 进口产品的绝对和相对增长率与增长量
B. 增加的进口产品在国内市场中所占的份额
C. 进口产品对国内产业的影响，包括对国内产业在产量、销售水平、市场份额、生产率、设备利用率、利润与亏损、就业等方面的影响
D. 造成国内产业损害的其他因素</td></tr>
<tr><td>“国内产业”</td><td>国内产业是指中国国内同类产品或者直接竞争产品的全部生产者，或者其总产量占国内同类产品或者直接竞争产品全部总产量的主要部分的生产者。</td></tr>
<tr><td rowspan="2">保障措施的启动</td><td colspan="2">(4)下列关于保障措施的启动的表述中，正确的有(　)。</td></tr>
<tr><td colspan="2">A. 与国内产业有关的自然人、法人或者其他组织，可以依照《保障措施条例》的规定，向商务部提出采取保障措施的书面申请；商务部应当及时对申请进行审查，决定立案调查或者不立案调查
B. 商务部虽未收到采取保障措施的书面申请，但有充分证据认为国内产业因进口产品数量增加而受到损害的，也可以决定立案调查。商务部应当将立案调查决定予以公告，并及时通知世贸组织保障措施委员会(以下简称保障措施委员会)</td></tr>
<tr><td>调查结果的公布</td><td colspan="2">对于进口产品数量增加和损害的调查结果及其理由的说明，由商务部予以公布，并及时通知保障措施委员会。商务部根据调查结果，可以作出初裁决定，也可以直接作出终裁决定，并予以公告。</td></tr>
<tr><td rowspan="8">临时保障措施</td><td rowspan="2">适用情形</td><td>(5)下列关于采取临时保障措施的表述中，正确的是(　)。</td></tr>
<tr><td>A. 有明确证据表明进口产品数量增加，不采取临时保障措施将对国内产业造成难以补救的损害时，商务部可以作出初裁决定，并采取临时保障措施</td></tr>
<tr><td rowspan="2">形式</td><td>(6)临时保障措施采取的形式为(　)。</td></tr>
<tr><td>A. 提高关税</td></tr>
<tr><td rowspan="2">程序</td><td>(7)下列关于临时保障措施实施程序的表述中，正确的是(　)。</td></tr>
<tr><td>A. 采取临时保障措施由商务部提出建议，国务院关税税则委员会根据商务部的建议作出决定，由商务部予以公告；海关自公告规定实施之日起执行。在采取临时保障措施前，商务部应当将有关情况通知保障措施委员会</td></tr>
<tr><td rowspan="2">实施期限</td><td>(8)下列关于临时保障措施的实施期限的表述中，正确的是(　)。</td></tr>
<tr><td>A. 临时保障措施的实施期限，自临时保障措施决定公告规定实施之日起，不超过 200 天</td></tr>
<tr><td rowspan="2">保障措施</td><td rowspan="2">适用情形</td><td>(9)下列关于采取保障措施的表述中，正确的是(　)。</td></tr>
<tr><td>A. 终裁决定确定进口产品数量增加，并由此对国内产业造成损害的，可以采取保障措施</td></tr>
</table>

续表

保障措施	形式	(10)保障措施采取的形式为(　)。
		A. 提高关税形式　　B. 数量限制形式等
	程序	(11)下列关于保障措施实施程序的表述中，正确的有(　)。
		A. 保障措施采取提高关税形式的，由商务部提出建议，国务院关税税则委员会根据商务部的建议作出决定，由商务部予以公告 B. 保障措施采取数量限制形式的，由商务部作出决定并予以公告 C. 海关自公告规定实施之日起执行。商务部应当将采取保障措施的决定及有关情况及时通知保障措施委员会。
	限度	采取数量限制措施的，限制后的进口量不得低于最近3个有代表性年度的平均进口量，但有正当理由表明为防止或者补救严重损害而有必要采取不同水平数量限制措施的除外。
		采取保障措施应当限于防止、补救严重损害并便利调整国内产业所必要的范围内。在采取保障措施前，商务部应当为与有关产品的出口经营者有实质利益的国家(地区)政府提供磋商的充分机会。
	实施期限	(12)下列关于保障措施的实施期限的表述中，正确的有(　)。
		A. 保障措施的实施期限不超过4年 B. 保障措施的实施期限可以适当延长，但在任何情况下，一项保障措施的实施期限及其延长期限不得超过10年
		(13)延长保障措施的实施期限需要符合的条件有(　)。
		A. 按照《保障措施条例》规定的程序确定保障措施对于防止或者补救严重损害仍有必要 B. 有证据表明相关国内产业正在进行调整 C. 已经履行有关对外通知、磋商的义务 D. 延长后的措施不严于延长前的措施

【考点子题——举一反三，真枪实练】

[25](2015年·单选题)根据对外贸易法律制度的规定，针对公平贸易条件下的特殊情形，可以采取特定的贸易救济措施，下列各项中，属于该措施的是(　)。

A. 反补贴税　　B. 反倾销税　　C. 价格承诺　　D. 保障措施

第12章

第三节　外汇管理法律制度

本节考点、考点母题及考点子题

考点 9　外汇及外汇管理的概念

各国(地区)均有自己独立的货币和货币制度，一国(地区)之货币一般而言不能在他国(地区)自由流通。因此，在跨国投资、国际贸易或者其他国际经济往来活动中要进行结算和支付，就需要将外国(地区)货币与本国(地区)货币相互兑换，于是产生了汇兑和外汇的概念。

【考点母题——万变不离其宗】外汇及外汇管理的概念

<table>
<tr><td rowspan="6">外汇的概念</td><td colspan="2">根据我国《外汇管理条例》的规定，外汇包括(　)。</td></tr>
<tr><td>A. 外币现钞</td><td>a. 纸币　b. 铸币</td></tr>
<tr><td>B. 外币支付凭证或者支付工具</td><td>a. 票据　b. 银行存款凭证　c. 银行卡等</td></tr>
<tr><td>C. 外币有价证券</td><td>a. 债券　b. 股票等</td></tr>
<tr><td colspan="2">D. 特别提款权</td></tr>
<tr><td colspan="2">E. 其他外汇资产</td></tr>
<tr><td rowspan="2">外汇管理的概念</td><td colspan="2">外汇管理又称外汇管制，是指一国为保持本国的国际收支平衡，对外汇的买卖、借贷、转让、收支、国际清偿、汇率和市场实行一定限制措施的管理制度。外汇管制的目的在于维持本国国际收支平衡、稳定汇率、限制资本外流、防止外汇投机，以及促进本国经济发展。</td></tr>
<tr><td colspan="2">1996 年 1 月 29 日发布，并经 1997 年和 2008 年两次修订的《外汇管理条例》，是我国现行外汇管理制度的基本法律依据。</td></tr>
</table>

【考点子题——举一反三，真枪实练】

[26] (2012 年 · 多选题) 下列各项中，属于我国《外汇管理条例》所规定的外汇的有(　)。

A. 中国银行开出的欧元本票

B. 境内机构持有的纳斯达克上市公司股票

C. 中国政府持有的特别提款权

D. 中国公民持有的日元现钞

[27] (2021年·多选题)根据我国《外汇管理条例》的规定，下列属于外汇的有( )。

A. 外钞　　B. 外币支付凭证

C. 外币支付工具　　D. 外币有价证券

考点10 《外汇管理条例》的适用范围和基本原则

【考点母题——万变不离其宗】《外汇管理条例》的适用范围和基本原则

<table>
<tr><td rowspan="6">适用范围</td><td>(1)下列关于《外汇管理条例》适用范围的表述中，正确的有( )。</td></tr>
<tr><td>A. 下列关于《外汇管理条例》对适用范围的规定采取了属人主义与属地主义相结合的原则
B. 境内机构和境内个人的外汇收支或者外汇经营活动，不论其发生在境内或境外，均适用该条例(属人主义)
C. 而对于境外机构和境外个人而言，则仅对其发生在中国境内的外汇收支和外汇经营活动适用该条例(属地主义)</td></tr>
<tr><td>(2)《外汇管理条例》特别对境内机构的概念进行了界定。所谓“境内机构”，是指( )。</td></tr>
<tr><td>A. 所谓境内机构，是指中华人民共和国境内的国家机关、企业、事业单位、社会团体、部队等，外国驻华外交领事机构和国际组织驻华代表机构除外</td></tr>
<tr><td>(3)《外汇管理条例》特别对境内个人的概念进行了界定。所谓“境内个人”，是指( )。</td></tr>
<tr><td>A. 所谓境内个人，是指中国公民和在中华人民共和国境内连续居住满1年的外国人，外国驻华外交人员和国际组织驻华代表除外</td></tr>
<tr><td rowspan="6">基本原则</td><td>(4)根据外汇管理法律制度，下列各项中，属于我国目前外汇管理的基本原则的是( )。</td></tr>
<tr><td>A. 经常项目与资本项目区别管理原则，即经常项目开放(可自由兑换)，资本项目部分管制</td></tr>
<tr><td>(5)下列关于经常项目外汇管理原则的表述中，正确的有( )。</td></tr>
<tr><td>A.《外汇管理条例》规定，国家对经常性国际支付和转移不予限制，即通常所说的人民币经常项目可兑换
B. 人民币经常项目可兑换，是指取消对经常性国际交易支付和转移的所有汇兑限制，即只要是确属经常项目下的国际交易支付和转移，而不是用于资本转移目的，就可以对外支付，不得有数量限制
C. 经常项目可兑换并不意味着没有管理。在经常项目外汇活动中，银行仍需根据外汇管理制度的要求，通过核对交易单证进行真实性审核</td></tr>
<tr><td>(6)下列关于资本项目外汇管理原则的表述中，正确的是( )。</td></tr>
<tr><td>A. 与经常项目管理不同的是，资本项目外汇管理主要是通过外汇管理部门进行事前审批和事后备案。对于风险较大、管制较多的资本项目，即使符合真实性原则，也可能不被允许</td></tr>
</table>

【考点子题——举一反三，真枪实练】

[28] (2019年·单选题)我国《外汇管理条例》在适用范围上采取属人主义与属地主义相结合的原则，对于特定主体，仅对其发生在中国境内的外汇收支和外汇经营

活动适用该条例。下列各项中，属于此类主体的是(　)。

A. 到广州旅游 1 个月的美国公民甲

B. 持中华人民共和国居民身份证的中国公民丁

C. 在北京设立的中德合资企业乙

D. 已在上海连续居住 3 年的法国公民丙

[29] (2013 年 · 单选题)根据外汇管理法律制度的规定，外国人在我国境内连续居住满一定期限后，即成为“境内个人”，其发生在境内外的外汇收支或者外汇经营活动，均适用《外汇管理条例》。该连续居住的期限是(　)。

A. 6 个月　　B. 1 年

C. 2 年　　D. 3 年

[30] (2011 年 · 单选题)根据外汇法律制度的规定，下列外汇收支活动中，应当适用《外汇管理条例》的是(　)。

A. 美国驻华大使洪某在华任职期间的薪酬

B. 最近 2 年一直住在上海的美国公民汤姆，出租其在美国的住房获得的租金

C. 美国花旗银行伦敦分行在香港的营业所得

D. 正在中国短期旅行的美国人彼得，得知其在美国购买的彩票中了 300 万美元的大奖

考点 11　经常项目外汇管理制度

(一)经常项目及经常项目外汇的概念

【考点母题——万变不离其宗】经常项目及经常项目外汇的概念

<table>
<tr><td rowspan="9">经常项目的概念</td><td colspan="3">经常项目，通常是指一个国家或地区对外交往中经常发生的交易项目，包括(　)。</td></tr>
<tr><td>A. 贸易收支</td><td colspan="2">贸易收支又称货物贸易收支，是一国出口货物所得外汇收入和进口货物所需外汇支出的总称</td></tr>
<tr><td>B. 服务收支</td><td colspan="2">服务收支又称服务贸易收支，是一国对外提供各类服务所得外汇收入和接受服务发生的外汇支出的总称，包括国际运输、旅游等项下外汇收支</td></tr>
<tr><td rowspan="2">C. 收益</td><td>a. 职工报酬</td><td>主要是工资、薪金和其他福利</td></tr>
<tr><td>b. 投资收益</td><td>主要是利息、红利等</td></tr>
<tr><td rowspan="3">D. 经常转移</td><td colspan="2">经常转移也称单方面转移，是指国家间单方面进行的、无须归还或偿还的外汇收支</td></tr>
<tr><td>a. 个人转移</td><td>指个人之间的无偿赠与或赔偿等</td></tr>
<tr><td>b. 政府转移</td><td>指政府间的军事及经济援助、赔款、赠与等</td></tr>
</table>

续表

经常项目外汇的概念	在经常项目下发生的外汇收支，就是经常项目外汇。

【考点子题——举一反三，真枪实练】

[31] (2015年·多选题)根据外汇法律律制度的规定，下列各项中，属于外汇经常性项目的有( )。

A. 贸易收支 B. 对外借款 C. 投资收益 D. 单方转移

(二) 经常项目外汇收支管理的一般规定

【考点母题——万变不离其宗】经常项目外汇收支管理的一般规定

我国经常项目外汇管理制度经历了严格管制、逐步放松和不予限制即完全可兑换的过程。《外汇管理条例》对经常项目外汇收支管理的一般规定主要包括( )。	
A. 经常项目外汇收入实行意愿结汇制	《外汇管理条例》规定，经常项目外汇收入，可以按照国家有关规定保留或者卖给经营结汇、售汇业务的金融机构。此前，我国实行强制结汇制，境内机构的所有外汇收入都必须按照规定卖给外汇指定银行，或者在外汇指定银行开立的外汇账户中，在经批准的限额内保留一部分
B. 经常项目外汇支出凭有效单证，无需审批	《外汇管理条例》规定，经常项目外汇支出，应当按照国务院外汇管理部门关于付汇与购汇的管理规定，凭有效单证以自有外汇支付或者向经营结汇、售汇业务的金融机构购汇支付
C. 经常项目外汇收支需有真实、合法的交易基础	人民币经常项目可兑换后，对企业和个人经常项目下用汇的管理，主要体现为对外汇收支及汇兑环节的真实性审核。《外汇管理条例》规定，经常项目外汇收支应当具有真实、合法的交易基础。经营结汇、售汇业务的金融机构应当按照国务院外汇管理部门的规定，对交易单证的真实性及其与外汇收支的一致性进行合理审查。外汇管理机关有权对前款规定事项进行监督检查

【考点子题——举一反三，真枪实练】

[32] (2020年·单选题)根据外汇管理法律制度的规定，下列关于经常项目外汇管理制度的表述中，正确的是( )。

A. 经常项目外汇收入实行强制结汇制

B. 经常项目包括贸易收支、服务收支和经常转移，但不包括投资收益

C. 经常项目外汇支出凭有效单证进行审批

D. 经常项目外汇收支需有真实、合法的交易基础

[33] (2012年·单选题)根据外汇管理法律制度的规定，我国对企业和个人经常项目下用汇的管理，主要体现为( )。

A. 对用汇额度的审核

B. 对外汇用途的审核

C. 对外汇收支及汇兑环节真实性的审核

D. 强制结售汇的管理

（三）货物贸易外汇管理制度

【考点母题——万变不离其宗】货物贸易外汇管理制度

<table>
<tr><td rowspan="2">概述</td><td colspan="3">(1)根据外汇管理法律制度的规定，下列关于货物贸易外汇管理制度的表述中，正确的有(　)。</td></tr>
<tr><td colspan="3">A. 我国实现经常项目可兑换后，国家对具有真实、合法交易基础的货物贸易外汇支付不予以限制，仅对贸易外汇资金流动的真实性及其与货物进出口的一致性实施监督管理，防范本无贸易背景的外汇资金假借货物贸易渠道非法流出和流入
B. 2012 年 6 月，国家外汇管理局、海关总署、国家税务总局联合发布公告，决定自 2012 年 8 月 1 日起在全国范围内实施货物贸易外汇管理制度改革，并发布《货物贸易外汇管理指引》
C. 货物贸易外汇管理制度的核心内容是总量核查、动态监测和分类管理
D. 货物贸易外汇管理制度的基本做法是：依托全国集中的货物贸易外汇监测系统全面采集企业进出口收付汇及进出口货物流的完整信息，以企业主体为单位，对其资金流和货物流进行非现场总量核查，对非现场总量核查中发现的可疑企业实施现场核查，进而对企业实行动态监测和分类管理</td></tr>
<tr><td rowspan="2">企业名录管理</td><td colspan="3">(2)下列关于货物贸易外汇收支企业名录管理的表述中，正确的有(　)。</td></tr>
<tr><td colspan="3">A. 企业在依法取得对外贸易经营权后，应当持有关材料到国家外汇管理局及其分支机构(以下简称“外汇局”)办理名录登记手续
B. 外汇局实行“贸易外汇收支企业名录”(以下简称“名录”)登记管理，统一向金融机构发布名录
C. 金融机构不得为不在名录的企业直接办理贸易外汇收支业务</td></tr>
<tr><td rowspan="4">企业分类管理</td><td colspan="3">(3)外汇局根据非现场或现场核查结果，结合企业遵守外汇管理规定等情况，将企业分类为(　)。</td></tr>
<tr><td>A. A 类企业</td><td colspan="2">核查期内企业遵守外汇管理相关规定，且贸易外汇收支经外汇局非现场或现场核查情况正常的，可被列为 A 类企业。在分类管理有效期内，对 A 类企业贸易外汇收支，适用便利化的管理措施。</td></tr>
<tr><td>B. B 类企业</td><td>外汇局建立贸易外汇收支电子数据核查机制，对 B 类企业贸易外汇收支实施电子数据核查管理。</td><td rowspan="2">对 B、C 类企业的贸易外汇收支，在单证审核、业务类型及办理程序、结算方式等方面实施审慎监管。</td></tr>
<tr><td>C. C 类企业</td><td>对 C 类企业贸易外汇收支业务以及外汇局认定的其他业务，由外汇局实行事前逐笔登记管理，金融机构凭外汇局出具的登记证明为企业办理相关手续。</td></tr>
</table>

续表

货物贸易外汇收支	(4)下列关办理货物贸易外汇收支业务程序的表述中，正确的有(　)。 A. 企业应当按照“谁出口谁收汇、谁进口谁付汇”的原则办理贸易外汇收支业务 B. 企业应当根据贸易方式、结算方式以及资金来源或流向，凭相关单证在金融机构办理贸易外汇收支，并按规定进行贸易外汇收支信息申报 C. 金融机构应当查询企业名录和分类状态，按规定进行合理审查，并向外汇局报送贸易外汇收支信息
非现场核查和现场核查	(5)下列关于外汇局实施非现场核查及现场核查的表述中，正确的有(　)。 A. 外汇局定期或不定期对企业一定期限内的进出口数据和贸易外汇收支数据进行总量比对，核查企业贸易外汇收支的真实性及其与货物进出口的一致性 B. 外汇局可对企业非现场核查中发现的异常或可疑的贸易外汇收支业务实施现场核查 C. 外汇局可对金融机构办理贸易外汇收支业务的合规性与报送信息的及时性、完整性和准确性实施现场核查

(四)服务贸易外汇管理制度

【考点母题——万变不离其宗】服务贸易外汇管理制度

(1)根据外汇管理法律制度的规定，下列关于服务贸易外汇管理制度的表述中，正确的有(　)。
A. 经营外汇业务的金融机构(以下简称“金融机构”)办理服务贸易外汇收支业务，应当按照国家外汇管理规定对交易单证的真实性及其与外汇收支的一致性进行合理审查，确认交易单证所列的交易主体、金额、性质等要素与其申请办理的外汇收支相一致 B. 境内机构和境内个人办理服务贸易外汇收支，应按规定提交能够证明交易真实合法的交易单证；提交的交易单证无法证明交易真实合法或与其申请办理的外汇收支不一致的，金融机构应要求其补充其他交易单证 C. 办理服务贸易外汇收支业务，金融机构应按规定期限留存审查后的交易单证备查；境内机构和境内个人应按规定期限留存相关交易单证备查 D. 外汇局通过外汇监测系统，监测服务贸易外汇收支情况，对外汇收支异常的境内机构、境内个人和相关金融机构进行非现场核查、现场核查或检查，查实外汇违法行为
(2)服务贸易外汇收支涉及的交易单证应符合国家法律法规和通行商业惯例的要求，主要包括(　)。
A. 包含交易标的、主体等要素的合同(协议) B. 发票(支付通知)或列明交易标的、主体、金额等要素的结算清单(支付清单) C. 其他能证明交易真实合法的交易单证。例如，除法律明确规定不需要提交税务证明的服务贸易项目之外，其他服务贸易项目的对外支付，除提交合同等材料外，还须提交相关税务证明；对于有市场准入、事前审核、登记备案等管理要求的行业，境内机构在办理服务贸易对外支付时，除提交合同等材料外，还须提交行业主管部门出具的核准、登记或备案证明材料

（五）个人外汇管理制度

【考点母题——万变不离其宗】个人外汇管理制度

根据外汇管理法律制度的规定，下列关于个人外汇管理制度的表述中，正确的有（　）。
A. 个人外汇收支管理遵循经常项目可兑换的总体原则，立足于满足个人正当合理的用汇需求，采用额度管理的方式 B. 目前，对于个人结汇和境内个人购汇实行年度总额管理，年度总额为每人每年等值 5 万美元，国家外汇管理局根据国际收支状况对年度总额进行调整 C. 个人经常项目项下外汇收支分为经营性外汇收支和非经营性外汇收支 D. 对于个人开展对外贸易产生的经营性外汇收支，视同机构按照货物贸易的有关原则进行管理 E. 随着近年来出国留学、移民人员的增多，境内个人在境外买房、投资等方面的需求增加，境外个人在境内买房、购买股权等行为时有发生，这些资本项下的外汇交易行为按照资本项目的管理原则和相关政策办理
概念：境内个人是指持有中华人民共和国居民身份证、军人身份证件、武装警察身份证件的中国公民。 概念：境外个人是指持外国护照、港澳居民来往内地通行证、台湾居民来往大陆通行证的外国公民（包括无国籍人）以及港澳台同胞。

【考点子题——举一反三，真枪实练】

［34］（2014 年·单选题）下列关于经常项目外汇收支管理的表述中，符合外汇管理法律制度规定的是（　）。

A. 我国对经常项目外汇收支实行有限度的自由兑换

B. 经常项目外汇收入实行强制结汇制

C. 经营外汇业务的金融机构应当对经常项目外汇收支的真实性进行审核

D. 境内个人购汇额度为每人每年等值 5 万美元，应凭相关贸易单证办理

考点 12　资本项目外汇管理制度

（一）资本项目外汇管理制度概述

【考点母题——万变不离其宗】资本项目外汇管理制度概述

<table>
<tr><td rowspan="3">资本项目概念</td><td colspan="3">（1）资本项目，是指国际收支中引起对外资产和负债水平发生变化的交易项目，包括（　）。</td></tr>
<tr><td>A. 资本转移
D. 证券投资</td><td>B. 非生产及非金融资产的收买或放弃
E. 衍生产品投资</td><td>C. 直接投资
F. 贷款等</td></tr>
<tr><td colspan="3">在资本项目下发生的外汇收支，即资本项目外汇。</td></tr>
</table>

续表

<table>
<tr><td>管制目的</td><td colspan="2">对资本项目外汇实施管制主要是为了避免短期资本流动剧烈变动引起的国际收支危机或汇率波动。通常认为，短期资本流动大多是投资者不顾经济的基本情况，根据传闻进行交易或出于投机性动机引起的，因而，对其进行限制有利于长期、正常的经济发展。对于资本流出进行管理可以避免本币汇率急剧贬值，抑制资本外逃；对于资本流入进行管理可以避免本币汇率过度升值，防止通货膨胀。</td></tr>
<tr><td rowspan="4">资本项目外汇收支管理的一般规定</td><td colspan="2">(2)外汇管理法律制度对资本项目外汇收支管理的一般规定主要包括(　)。</td></tr>
<tr><td>A. 资本项目外汇收入</td><td>资本项目外汇收入保留或者卖给经营结汇、售汇业务的金融机构，应当经外汇管理机关批准，但国家规定无需批准的除外</td></tr>
<tr><td>B. 资本项目外汇支出</td><td>资本项目外汇支出，应当按照国务院外汇管理部门关于付汇与购汇的管理规定，凭有效单证以自有外汇支付或者向经营结汇、售汇业务的金融机构购汇支付。国家规定应当经外汇管理机关批准的，应当在外汇支付前办理批准手续。依法终止的外商投资企业，按照国家有关规定进行清算、纳税后，属于外方投资者所有的人民币，可以向经营结汇、售汇业务的金融机构购汇汇出</td></tr>
<tr><td>C. 资本项目外汇及结汇资金的使用</td><td>资本项目外汇及结汇资金，应当按照有关主管部门及外汇管理机关批准的用途使用。外汇管理机关有权对资本项目外汇及结汇资金使用和账户变动情况进行监督检查</td></tr>
</table>

(二)直接投资项下的外汇管理

【考点母题——万变不离其宗】直接投资项下的外汇管理

<table>
<tr><td rowspan="2">外商直接投资</td><td>(1)根据外汇管理法律制度的规定，下列关于外商直接投资的表述中，正确的有(　)。</td></tr>
<tr><td>A. 国家外汇管理局对外商境内直接投资的外汇实行登记管理制度。对外商直接投资的外汇管理，重点在于统计监测外商直接投资项下的跨境资本流动，同时以外汇账户为核心进行相应的外商投资企业外汇资本金结汇管理
B. 无论是直接投资的汇入还是汇出，外国投资者应先在外汇局办理登记。如果登记事项发生变化，外国投资者还应当办理变更登记。境内直接投资所涉主体在办理登记后，可根据实际需要到银行开立前期费用账户、资本金账户及资产变现账户等境内直接投资账户
C. 外商投资企业资本金结汇及使用应符合外汇管理相关规定。外商投资企业外汇资本金及其结汇所得人民币资金，应在企业经营范围内使用，并符合真实自用原则
D. 银行在为境内直接投资所涉主体办理账户开立、资金入账、结售汇、境内划转以及对外支付等业务前，应确认其已按规定在外汇局办理相应登记。银行应按外汇管理规定对境内直接投资所涉主体提交的材料进行真实性、一致性审核，并通过外汇局指定业务系统办理相关业务。同时，银行应按照规定将相关信息及时、完整、准确地向外汇局报送</td></tr>
</table>

续表

<table>
<tr><td rowspan="6">境外直接投资</td><td rowspan="2">概述</td><td>(2)下列关于境外直接投资的表述中，正确的有(　)。</td></tr>
<tr><td>A. 国家外汇管理局对境外投资外汇资金实行登记备案制度
B. 境内机构、境内个人向境外直接投资，应当按照国务院外汇管理部门的规定办理登记
C. 国家规定需要事先经有关主管部门批准或者备案的，应当在外汇登记前办理批准或者备案手续</td></tr>
<tr><td rowspan="2">可以使用的外汇资金来源</td><td>(3)下列外汇资金中，境内机构可以用于境外直接投资的有(　)。</td></tr>
<tr><td>A. 自有外汇资金，包括经常项目外汇账户、外商投资企业资本金账户等账户内的外汇资金
B. 符合规定的国内外汇贷款　C. 人民币购汇　D. 实物或无形资产
E. 经外汇局核准的其他外汇资产来源等
F. 境内机构境外直接投资所得利润也可留存境外用于其境外直接投资</td></tr>
<tr><td rowspan="2">程序</td><td>(4)下列关于境外直接投资程序的表述中，正确的有(　)。</td></tr>
<tr><td>A. 外汇局对境内机构境外直接投资及其形成的资产和相关权益取消了来源审核，实行外汇登记备案制度。境内机构境外直接投资获得相关主管部门核准后，持有关材料到所在地外汇局办理境外直接投资外汇登记
B. 外汇局审核上述材料无误后，在相关业务系统中登记有关情况，并向境内机构颁发境外直接投资外汇登记证；境内机构凭登记证办理境外直接投资项下的外汇收支业务
C. 多个境内机构共同实施一项境外直接投资的，由境内机构所在地外汇局分别向相关境内机构颁发境外直接投资外汇登记证，并在相关业务系统中登记有关情况
D. 境内机构将其所得的境外直接投资利润汇回境内的，可以保存在其经常项目外汇账户或办理结汇</td></tr>
</table>

【考点子题——举一反三，真枪实练】

[35] (2020 年 · 多选题) 根据外汇管理法律制度的规定，下列外汇资金中，境内机构可以用于境外直接投资的有(　)。

A. 符合规定的国内外汇贷款

B. 自有外汇资金

C. 人民币购汇

D. 该机构留存境外的境外直接投资所得利润

(三) 间接投资项下的外汇管理

目前，我国关于有价证券及衍生产品发行、交易(即间接投资)项下的外汇管理主要涉及合格境外机构投资者、合格境内机构投资者、境外上市外资股、境内上市外资股等制度。

【考点母题——万变不离其宗】间接投资项下的外汇管理

<table>
<tr><td rowspan="2">概述</td><td colspan="2">(1)根据外汇管理法律制度的规定，下列关于间接投资项下的外汇管理的表述中，正确的有(　)。</td></tr>
<tr><td colspan="2">A. 境外机构、境外个人在境内从事有价证券或者衍生产品发行、交易(即间接投资，相对于外商直接投资而言)，应当遵守国家关于市场准入的规定，并按照国务院外汇管理部门的规定办理登记
B. 境内机构、境内个人从事境外有价证券、衍生产品发行、交易，应当按照国务院外汇管理部门的规定办理登记
C. 国家规定需要事先经有关主管部门批准或者备案的，应当在外汇登记前办理批准或者备案手续</td></tr>
<tr><td rowspan="5">合格境外机构投资者(QFII)制度</td><td>概念</td><td>合格境外机构投资者(QFII)制度是指允许符合条件的境外机构投资者经批准汇入一定额度的外汇资金，并转换为当地货币，通过严格监管的专用账户投资当地证券市场，其本金、资本利得、股息等经批准后可购汇汇出。</td></tr>
<tr><td rowspan="2">管制性内容</td><td>(2)我国QFII制度的管制性内容主要包括(　)。</td></tr>
<tr><td>A. 资格条件的限制
B. 投资规模的限制
C. 投资通道的控制(专用账户制度)
D. 资金汇出入限制等</td></tr>
<tr><td rowspan="2">管理部门</td><td>(3)下列关于对QFII制度实施监督管理的表述中，正确的有(　)。</td></tr>
<tr><td>A. 中国证监会、中国人民银行依法对合格境外机构投资者的境内证券期货投资实施监督管理
B. 中国人民银行、国家外汇管理局依法对合格境外机构投资者境内银行账户、资金汇兑等实施监督管理</td></tr>
<tr><td rowspan="5">合格境内机构投资者(QDII)制度</td><td>概念</td><td>合格境内机构投资者(QDII)制度是QFII的反向制度，是指允许符合条件的境内机构经监管部门批准，在一定额度内，通过专用账户投资境外证券市场。目前，我国的QDII包括但不限于商业银行、证券公司、信托公司、保险公司和基金管理公司。</td></tr>
<tr><td rowspan="2">管理部门</td><td>(4)下列关于QDII制度管理部门的表述中，正确的有(　)。</td></tr>
<tr><td>A. 根据职责分工，银保监会和证监会分别负责各自监管范围内金融机构境外投资业务的市场准入，包括资格审批、投资品种确定以及相关风险管理
B. 国家外汇管理局负责QDII机构境外投资额度、账户及资金汇兑管理等</td></tr>
<tr><td rowspan="2">人民币合格境内机构投资者(RQDII)制度</td><td>获得国家金融监管机构许可的境内金融机构，可以使用自有人民币资金或募集境内机构和个人的人民币资金，投资于境外金融市场的人民币计价产品，此即所谓人民币合格境内机构投资者(RQDII)制度。</td></tr>
<tr><td>(RQDII)开展境外投资，不得将人民币资金汇出境外购汇。</td></tr>
</table>

第12章

【考点子题——举一反三，真枪实练】

[36]（2022 年单选题）根据外汇管理法律制度的规定，负责合格境内投资者境外投资额度、账户及资金汇兑管理的部门是（　）。

A. 银保监会　　B. 证监会

C. 中国人民银行　　D. 国家外汇管理局

（四）外债管理

【考点母题——万变不离其宗】外债管理

<table>
<tr><td rowspan="2">外债的界定</td><td colspan="2">（1）外债是指境内机构对非居民承担的以外币表示的债务，包括（　）。</td></tr>
<tr><td colspan="2">A. 境外借款　B. 发行债券　C. 国际融资租赁</td></tr>
<tr><td rowspan="2">外债资金用途</td><td colspan="2">（2）下列关于外债资金用途的表述中，正确的有（　）。</td></tr>
<tr><td colspan="2">A. 外商投资企业借用的外债资金可以结汇使用
B. 除另有规定外，境内金融机构和中资企业借用的外债资金不得结汇使用
C. 债务人借款合同中约定的外债资金用途应当符合外汇管理规定
D. 短期外债原则上只能用于流动资金，不得用于固定资产投资等中长期用途</td></tr>
<tr><td rowspan="2">外债登记管理</td><td colspan="2">（3）下列关于外债登记管理的表述中，正确的有（　）。</td></tr>
<tr><td colspan="2">A. 外债登记是指债务人借用外债后，按照规定方式向所在地外汇局登记或报送外债的签约、提款、偿还和结售汇等信息
B. 根据债务人的不同类型，实行不同的外债登记方式。外债借款合同发生变更时，债务人应按照规定到外汇局办理外债签约变更登记。外债未偿余额为零且债务人不再发生提款时，债务人应按照规定到外汇局办理外债注销登记手续</td></tr>
<tr><td rowspan="5">外保内贷</td><td>概念</td><td>外保内贷是指，符合规定的债务人向境内金融机构借款时，可以接受境外机构或个人提供的担保。</td></tr>
<tr><td rowspan="2">条件</td><td>（4）境内非金融机构从境内金融机构借用贷款或获得授信额度，在同时满足特定条件的前提下，可以接受境外机构或个人提供的担保，并自行签订外保内贷合同。该特定条件有（　）。</td></tr>
<tr><td>A. 债务人为在境内注册经营的非金融机构
B. 债权人为在境内注册经营的金融机构
C. 担保标的为金融机构提供的本外币贷款（不包括委托贷款）或有约束力的授信额度
D. 担保形式符合境内外法律法规</td></tr>
<tr><td rowspan="2">程序</td><td>（5）下列关于办理外保内贷业务程序的表述中，正确的有（　）。</td></tr>
<tr><td>A. 境内债务人从事外保内贷业务，由发放贷款或提供授信额度的境内金融机构向外汇局的资本项目系统集中报送外保内贷业务数据
B. 境内债务人向债权人申请办理外保内贷业务时，应真实、完整地向债权人提供其已办理外保内贷业务的债务违约、外债登记及债务清偿情况</td></tr>
</table>

续表

外保内贷	担保履约	(6)下列关于外保内贷业务发生担保履约的表述中，正确的有(　)。
		A. 外保内贷业务发生担保履约的，金融机构可直接与境外担保人办理担保履约收款 B. 境内债务人应到所在地外汇局办理短期外债签约登记及相关信息备案手续，外汇局在外债签约登记环节对债务人外保内贷业务的合规性进行事后核查 C. 境内债务人因外保内贷项下担保履约形成的对外负债，其未偿本金余额不得超过其上年度末经审计的净资产数额 D. 超出上述限额的，须占用其自身的外债额度；外债额度仍然不够的，按未经批准擅自对外借款进行处理 E. 在境内债务人偿清其对境外担保人的债务之前，未经外汇局批准，境内债务人应暂停签订新的外保内贷合同；已经签订外保内贷合同但尚未提款或尚未全部提款的，未经所在地外汇局批准，境内债务人应暂停办理新的提款

【考点子题——举一反三，真枪实练】

[37] (2013年·多选题)根据外汇管理法律制度的规定，可以结汇的外债有(　)。

A. 外商投资企业的外债　　B. 国际金融组织贷款

C. 外国政府贷款　　D. 中资企业直接对外商业性借款

考点13 人民币汇率制度

【考点母题——万变不离其宗】人民币汇率制度

人民币汇率制度	(1)根据外汇管理法律制度的规定，下列关于当前人民币汇率制度的表述中，正确的有(　)。
	A. 从1994年1月1日起，我国将官方汇率和调剂市场汇率两种汇率并轨，实行单一汇率制 B. 我国实行以市场供求为基础，参考"一篮子"货币进行调节、有管理的浮动汇率制度
	(2)我国目前实行的浮动汇率制度包括的主要内容有(　)。
	A. 以市场供求为基础的汇率浮动，发挥汇率的价格信号作用 B. 根据经常项目主要是贸易平衡状况动态调节汇率浮动幅度，发挥"有管理"的优势 C. 参考"一篮子"货币，即从"一篮子"货币的角度看汇率，不片面地关注人民币与某个单一货币的双边汇率
人民币汇率形成机制	(3)下列关于人民币兑美元汇率中间价报价依据的表述中，正确的是(　)。
	A. 自2015年8月11日起，做市商在每日银行间外汇市场开盘前，参考上日银行间外汇市场收盘汇率，综合考虑外汇供求情况以及国际主要货币汇率变化，向中国外汇交易中心提供中间价报价

【考点子题——举一反三，真枪实练】

[38]（2015 年·多选题）下列关于人民币汇率制度的表述中，符合外汇管理法律制度规定的有（　）。

A. 单一汇率制度　　B. 固定汇率制度

C. 双重汇率制度　　D. 有管理的浮动汇率制度

[39]（2016 年·单选题）根据涉外法律制度的规定，下列关于人民币汇率制度的表述中，正确的是（　）。

A. 双重汇率制　　B. 固定汇率制

C. 自由浮动汇率制　　D. 有管理的浮动汇率制

[40]（2018 年·多选题）根据外汇管理法律制度的规定，下列关于当前人民币汇率制度的表述中，正确的有（　）。

A. 参考"一篮子"货币进行调节　　B. 有管理的浮动汇率制度

C. 以市场供求为基础　　D. 官方汇率与调剂市场汇率并存

考点 14　外汇市场

【考点母题——万变不离其宗】外汇市场

外汇市场的分类	(1)基于参与主体和交易方式的不同，外汇市场可以划分为（　）。	
	A. 外汇零售市场	外汇零售市场是指银行与企业、银行与个人之间进行柜台式外汇买卖所形成的市场
	B. 外汇批发市场	外汇批发市场则是指以银行业金融机构为主、以非银行金融机构和非金融企业为辅的机构间外汇买卖市场，也称银行间外汇市场。《外汇管理条例》第五章"人民币汇率和外汇市场管理"中所称的"外汇市场"，特指银行间外汇市场
外汇市场的交易主体	(2)下列关于外汇市场的交易主体的表述中，正确的有（　）。	
	A. 经营结汇、售汇业务的金融机构和符合国务院外汇管理部门规定条件的其他机构，可以按照国务院外汇管理部门的规定在银行间外汇市场进行外汇交易 B. 目前，我国银行间外汇市场的参与主体以境内银行业金融机构为主，同时包括部分非银行金融机构和非金融企业	
外汇市场交易的币种和形式	(3)下列关于外汇市场交易的币种和形式的表述中，正确的有（　）。	
	A. 外汇市场交易的币种和形式由国务院外汇管理部门规定。 B. 目前，银行间外汇市场提供集中竞价、双边询价和撮合交易三种交易模式	

【考点子题——举一反三，真枪实练】

[41]（2019 年·多选题）根据外汇管理法律制度的规定，外汇市场可以划分为外汇零

售市场和外汇批发市场。下列市场参与者之间进行的外汇买卖中，形成外汇批发市场的有(　)。

A. 银行与企业之间进行的柜台式外汇买卖

B. 银行与其他金融机构之间进行的外汇买卖

C. 银行与个人客户之间进行的外汇买卖

D. 银行与银行之间进行的外汇买卖

考点15 人民币加入特别提款权货币篮及其影响

【考点母题——万变不离其宗】人民币加入特别提款权货币篮及其影响

<table>
<tr><td rowspan="3">特别提款权货币篮</td><td colspan="2">(1)根据外汇管理法律制度的规定，下列货币中，属于特别提款权货币篮组成货币的有(　)。</td></tr>
<tr><td colspan="2">A. 美元　B. 欧元　C. 人民币　D. 日元　E. 英镑</td></tr>
<tr><td colspan="2">2015年12月，基金组织执行董事会正式批准人民币加入特别提款权货币篮，自2016年10月1日起生效。人民币由此成为第五种可自由使用货币。</td></tr>
<tr><td rowspan="3">特别提款权的概念</td><td colspan="2">特别提款权是国际货币基金组织(以下简称基金组织)创设的一种特殊的国际储备和支付手段，它是由基金组织根据各成员国在该组织中的出资份额多少按比例分配的。当成员国发生国际收支逆差时，可以用特别提款权向基金组织指定的其他成员国换取特定种类的外汇，或者基于该成员国与其他成员国之间的自愿约定向后者换取外汇，以偿付国际收支逆差。此外，特别提款权还可以与黄金、其他外汇资产一样充作国际储备。</td></tr>
<tr><td colspan="2">(2)下列关于特别提款权的表述中，正确的有(　)。</td></tr>
<tr><td colspan="2">A. 特别提款权本身不是货币，但可用于成员国与基金组织之间的官方结算，并可基于基金组织指定机制或者成员国之间的协议，用于换取(“提取”)等量的可自由使用货币
B. 特别提款权本身有价值，其“币值”由货币篮组成货币的币值按各自权重计算并加总而成
C. 货币篮组成货币的权重由基金组织执行董事会每5年审议一次</td></tr>
<tr><td rowspan="4">可自由使用货币的概念及判定</td><td colspan="2">(3)下列关于可自由使用货币的表述中，正确的有(　)。</td></tr>
<tr><td rowspan="2">A. 所谓可自由使用货币，是指基金组织认定同时符合两个条件的成员国货币</td><td>a. 事实上在国际交易中广泛用于支付(关于贸易结算)</td></tr>
<tr><td>b. 在主要外汇市场上被广泛交易(关于外汇交易)</td></tr>
<tr><td colspan="2">B. 可自由使用货币的判定涉及相关货币在国际上的实际使用和交易，与货币是否自由兑换、汇率是否自由浮动是不同的概念。这也正是人民币尚未完全实现可自由兑换(资本项目下还存在限制)，却能被基金组织认定为可自由使用货币的原因所在</td></tr>
</table>

续表

人民币加入特别提款权货币篮的影响	(4)下列关于人民币加入特别提款权货币篮的影响的表述中，正确的有(　)。
	A. 从基金组织的相关规则看，人民币加入特别提款权货币篮本身并不会对我国外汇管理制度直接提出新的要求或者施加新的义务 B. 这是对人民币国际地位的重要承认，标志着国际社会正式认可人民币成为世界主要货币之一

【考点子题——举一反三，真枪实练】

[42] (2018 年 · 多选题)根据外汇管理法律制度的规定，下列货币中，属于特别提款权货币篮组成货币的有(　)。

A. 美元　　B. 日元　　C. 人民币　　D. 加拿大元

[43] (2017 年 · 多选题)根据外汇管理法律制度的规定，下列货币中，属于特别提款权货币篮组成货币的有(　)。

A. 美元　　B. 加拿大元　　C. 英镑　　D. 人民币

[44] (2016 年 · 多选题)根据涉外法律制度的规定，下列关于特别提款权的表述中，正确的有(　)。

A. 特别提款权本身具有价值

B. 特别提款权的“货币篮”由 5 种货币组成

C. 特别提款权是一种货币

D. 加入特别提款权“货币篮”标志着人民币完全实现了可自由兑换

【本章考点子题答案及解析】

[1] 【答案：ABCD】涉外经济法律制度是调整涉外经济关系的法律规范的总称(选项 A)。一国的涉外经济法律制度尽管仍属国内法，却必然需要较多的考虑其他国家(地区)的相关法律制度以及通行的国际规则(选项 B)。一国缔结或参加的双边和多边国际条约、协定，对于其涉外经济法律制度有着重要影响(选项 C)。按照资本流入、流出的方向不同，涉外投资又分为外商投资和对外投资，从而形成外商投资法律制度和对外投资法律制度这两套各有特点而又相互联系的法律制度(选项 D)。

[2] 【答案：A】相较于“外资三法”，《外商投资法》的特色与创新主要体现在 4 个方面：即从企业组织法特型为投资行为法；更加强调对外商投资的促进和保护；全面落实内外资一视同仁的国民待遇原则；以及更加周延地覆盖外商投资实践。故选项 B、D 错误。根据对间接投资通常的几种理解，《外商投资法》和《实施条例》至少提供了将资本市场投资、协议控制模式投资、外商投资企业中国境内再投资等涵盖在内的可能性，故选项 C 错误。

[3] 【答案：BCD】选项 A，国家对外国投资者的投资原则上不实行征收。选项 B，外国投资者在

第 12 章

中国境内的出资、利润、资本收益、资产处置所得、知识产权许可使用费、依法获得的补偿或者赔偿、清算所得等，可以依法以人民币或者外汇自由汇入、汇出。选项 C，行政机关(包括法律、法规授权的具有管理公共事务职能的组织)及其工作人员不得利用实施行政许可、行政行政检查、行政处罚、行政强制以及其他行政手段，强制或者变相强制外国投资者、外商投资企业转让技术。选项 D，外国投资者、外商投资企业认为行政行为所依据的国务院部门和地方人民政府及其部门制定的规范性文件不合法，在依法对行政行为申请行政复议或者提起行政诉讼时，可以一并请求对该规范性文件进行审查。因此选项 B、C、D 正确，当选。

[4] 【答案：D】本题考查准入前国民待遇加负面清单管理制度。选项 A，所谓准入前国民待遇，是指在投资准入阶段给予外国投资者及其投资不低于本国投资者及其投资的待遇，并不是说准入后就不享受国民待遇，不选。选项 B，负面清单由国务院发布或者批准发布，不选。选项 C，“准入前国民待遇加负面清单”模式已经推广到全国范围，不选。选项 D，负面清单是指国家在特定领域对外商投资实施的准入特别管理措施，当选。

[5] 【答案：ABCD】下列范围内的外商投资，外国投资者或者境内相关当事人应当在实施投资前主动向工作机制办公室申报：(1)投资军工、军工配套(选项 A)等关系国防安全的领域，以及在军事设施(选项 B)和军工设施周边地域投资(选项 C)；(2)投资关系国家安全的重要农产品、重要能源和资源、重大装备制造、重要基础设施(选项 D)、重要运输服务、重要文化产品与服务、重要信息技术和互联网产品服务、重要金融服务、关键技术以及其他重要领域，并取得所投资企业的实际控制权。

[6] 【答案：A】外国投资者投资外商投资准入负面清单规定限制投资的领域，当事人以违反限制性准入特别管理措施为由，主张投资合同无效的，人民法院应予支持。但是，在人民法院作出生效裁判前，当事人采取必要措施满足准入特别管理措施的要求，并据此主张所涉投资合同有效的，人民法院应予支持。选项 A 说法错误，选项 B 说法正确。对于外商投资准入负面清单之外的领域形成的投资合同，当事人以合同未经有关行政主管部门批准、登记为由主张合同无效或者未生效的，人民法院不予支持。选项 CD 说法正确。

[7] 【答案：D】《外商投资法》设置了 5 年的过渡期，规定在其施行前依照“外资三法”设立的外商投资企业，在其施行后 5 年内可以继续保留原企业组织形式。

[8] 【答案：ABCD】中国境内投资者对外直接投资，需要遵守投资所在国即东道国的法律和政策，以及中国与有关东道国签订的双边投资保护协定和双方共同缔结或参加的多边条约中的相关规定。与此同时，作为投资者的母国，中国国内法律中的相关规定当然也要予以适用。故本题 ABCD 全选。

[9] 【答案：D】本题考核对外直接投资。选项 A 错误：对外直接投资与外商直接投资从性质上说均属国际直接投资。选项 B 错误：中国境内投资者对外直接投资，作为投资者的母国，中国国内法中的相关规定当然要予以适用。选项 C 错误：对外直接投资的形式包括新设、并购、参股增资、再投资等。选项 D 正确：对外直接投资实行核准备案制度。

[10] 【答案：B】本题考查国家发展改革委的核准与备案。涉及敏感国家和地区敏感行业的境外投资项目，由国家发展改革委核准，故选项 B 当选

[11] 【答案：D】地方企业实施的中方投资额 3 亿美元以下境外投资项目，由投资主体注册地的省级政府发展改革部门备案。

[12] 【答案：AB】对外直接投资核实行核准备案制度，即无论是商务部还是国家发展改革委，都是

核准或备案制度。

[13]【答案：D】我国香港特别行政区、澳门特别行政区和台湾地区已经分别以"中国香港"、"中国澳门"和"台湾、澎湖、金门、马祖单独关税区"(简称"中国台北")名义加入世贸组织，成为我国的单独关税区。因此，我国《对外贸易法》不适用于港、澳、台地区同其他国家或地区之间的贸易活动。

[14]【答案：ABCD】本题考核《对外贸易法》的适用范围。我国对外贸易法律制度适用于货物进出口、技术进出口、国际服务贸易以及与对外贸易有关的知识产权保护

[15]【答案：D】选项 D，互惠对等原则：我国给予另一国某种待遇或者对其采取某种措施，以该国给予我国相应待遇或者对我国采取相应措施为前提。该条款体现的侧重点应该是对等措施，当选。

[16]【答案：A】最惠国待遇是指一国(给惠国)给予另一国(受惠国)的个人、企业、商品等的待遇不低于给惠国给予任何第三国(最惠国)的相应待遇，选项 A 符合题意，当选。

[17]【答案：C】本题考查对外贸易经营者的管理。选项 A，国家只对部分而非全部货物实行国营贸易管理，不选。选项 B，实行国营贸易管理的货物和经授权经营企业的目录，由商务部会同国务院其他有关部门确定、调整并公布不是海关部署，不选。选项 C，实行国营贸易管理货物的进出口业务只能由经授权的企业经营，但国家允许部分数量的国营贸易管理货物的进出口业务由非授权企业经营的除外，当选。选项 D，国营贸易企业的判断标准并非所有制形式，其与我国过去所称的国营企业是完全不同的概念，不选。

[18]【答案：C】实行国营贸易管理的货物和经授权经营企业的目录，由商务部会同国务院其他有关部门确定、调整并公布，故选项 A 错误。国营贸易一般由经授权的企业经营，国家可以根据具体情况，允许部分数量的国营贸易管理货物的进出口业务由非授权企业经营，故选项 B 错误。判断一个企业是不是国营贸易企业，关键是看该企业是否在国际贸易中享有专营权或特许权，国营贸易企业的判断标准并非所有制形式，故选项 D 错误。

[19]【答案：C】选项 A，根据规定，对外贸易经营者包括法人、其他组织和个人，因此选项 A 说法错误。选项 B，2004 年，《对外贸易法》修订时取消了外贸特许制，规定依法办理了工商登记或其他执业手续的单位和个人均可从事外贸经营，因此选项 B 说法错误。选项 C，实行国营贸易管理货物的进出口业务只能由经授权的企业经营，但国家允许部分数量的国营贸易管理货物的进出口业务由非授权企业经营的除外。因此选项 C 说法正确。选项 D，从事货物进出口或者技术进出口的对外贸易经营者，应当向商务部或者其委托的机构办理备案登记；但是，法律、行政法规和商务部规定不需要备案登记的除外，因此选项 D 说法错误。

[20]【答案：B】选项 A 不正确，实行国营贸易管理货物的进出口业务只能由经授权的企业经营，但国家允许部分数量的国营贸易管理货物的进出口业务由非授权企业经营的除外。选项 C 不正确，国营贸易是世界贸易组织明文允许的贸易制度，国家可以对部分货物的进出口实行国营贸易管理。选项 D 不正确，判断一个企业是不是国营贸易企业，关键是看该企业是否在国际贸易中享有专营权或者特许权，与该企业的所有制形式并无必然联系。

[21]【答案：A】国家对限制进出口的货物实行配额、许可证等方式管理。国家规定有数量限制的限制进出口货物，实行配额管理。其他限制进出口的货物实行许可证管理。国家对限制进出口的技术，实行并可该管理，未经许可，不得进出口。

[22]【答案：B】我国对限制进口或者出口的技术，实行许可证管理。我国对限制进口或出口的货

物，实行配额、许可证等方式管理。因此，选项 B 当选。

[23] 【答案：D】本题考查反倾销措施。征收临时反倾销税，由商务部提出建议，国务院关税税则委员会根据商务部的建议作出决定，由商务部予以公告。

[24] 【答案：D】根据规定，征收临时反倾销税，由商务部提出建议，国务院关税税则委员会根据商务部的建议作出决定，由商务部予以公告，因此选项 D 当选。

[25] 【答案：D】本题考查保障措施。

反倾销与反补贴措施针对的是倾销和补贴这样的不公平贸易行为；而保障措施针对的则是公平贸易条件下的特殊情形。因此本题选项 D 正确。

[26] 【答案：ABCD】根据我国《外汇管理条例》的规定，外汇包括外币现钞、外币支付凭证或者支付工具、外币有价证券、特别提款权及其他外汇资产。

[27] 【答案：ABCD】根据我国《外汇管理条例》的规定，外汇包括外币现钞、外币支付凭证或者支付工具、外币有价证券、特别提款权及其他外汇资产。

[28] 【答案：A】选项 A，在中国短期旅行的美国公民甲属于境外个人。根据规定，对于境外机构和境外个人而言，仅对其发生在中国境内的外汇收支和外汇经营活动适用该条例，当选。选项 B，中国公民丁属于境内个人，因此不管发生在境内还是境外的外汇收支和外汇经营活动都是适用本法，不选。选项 C，中德合资企业乙属于境内机构，因此不管发生在境内还是境外的外汇收支和外汇经营活动都是适用本法，不选。选项 D，丙在中国已经居住 3 年，属于境内个人（在中国境内连续居住满 1 年的外国人），因此不管发生在境内还是境外的外汇收支和外汇经营活动都适用本法，不选。

[29] 【答案：B】所谓境内个人，是指中国公民和在中华人民共和国境内连续居住满 1 年的外国人，外国驻华外交人员和国际组织驻华代表除外，因此选项 B 正确。

[30] 【答案：B】《外汇管理条例》规定：境内机构、境内个人的外汇收支或者外汇经营活动，以及境外机构、境外个人在境内的外汇收交或者外汇经营活动，适用本条例。境内机构，是指中华人民共和国境内的国家机关、企业、事业单住、社会团体、部队等，外国驻华外交领事机构和国际组织驻华代表机构除外。境内个人，是指中国公民和在中华人民共和国境内连续居住满 1 年的外国人，外国驻华外交人员和国际组织驻华代表除外。选项 A 是外国驻华外交人员，不选；选项 B 是境内个人的外汇收支，当选；选项 C 是境外机构在境外的外汇收支，不选；选项 D 中外国人没有连续居住满 1 年，不是境内个人，也不是在境内的外汇收支，不选。

[31] 【答案：ACD】经常性项目包括贸易收支、服务收支、收益（包括职工报酬和股息、红利等投资收益）和经常转移（单方面转移）；对外借款属于资本项目。选项 ACD 正确。

[32] 【答案：D】选项 A，经常项目外汇收入实行意愿结汇制（而非强制结汇制），不选。选项 B，经常项目包括贸易收支、服务收支、收益（包括职工报酬和利息、红利等投资收收益）和经常转移，不选。选项 C，经常项目外汇支出凭有效单证，无须审批，不选。选项 D，经常项目外汇收支需有真实、合法的交易基础，表述正确，当选。

[33] 【答案：C】人民币经常项目可兑换后，对企业和个人经常项目下用汇的管理，主要体现为对外汇收支及汇兑环节的真实性审核，选项 C 正确。

[34] 【答案：C】选项 A，经常项目可自由兑换，不选。选项 B，经常项目外汇收入实行意愿结汇制，不选。选项 C，经营结汇、售汇业务的金融机构应当按照国务院外汇管理部门的规定，对交易单证的真实性及其与外汇收支的一致性进行合理审查，表述正确，当选。选项 D，应

当是凭本人有效身份证件在银行办理，不选。

[35]【答案：ABCD】境内机构可以使用自有外汇资金、符合规定的国内外汇贷款、人民币购汇或者实物、无形资产及经外汇局核准的其他外汇资产来源等进行境外直接投资；境内机构境外直接投资所得利润也可留存境外用于其境外直接投资。因此选项 ABCD 均当选。

[36]【答案：D】本题考查间接投资项下的外汇管理。国家外汇管理局负责境外投资额度、账户及资金汇兑管理等。

[37]【答案：ABC】本题考查外债管理的规定。外商投资企业的外债和国际金融组织或外国政府贷款可以结汇，其他外债（包括境内金融机构的外债和中资企业借用的外债资金）均不能结汇，选项 D 不选。

[38]【答案：AD】本题考查我国人民币汇率制度。我国目前实行的是单一的，以市场供求为基础，参考“一篮子”货币进行调节、有管理的浮动汇率制度。

[39]【答案：D】本题考查人民币汇率制度。我国实行的外汇管管理制度是以市场供求为基础，参考“一篮子”货币进行调节、有管理的浮动汇率制度。

[40]【答案：ABC】从 2005 年 7 月 21 日起，我国实行以市场供求为基础，参考“一篮子”货币进行调节、有管理的汇率浮动制度。因此选项 ABC 正确，选项 D 这种制度已经取消。

[41]【答案：BD】外汇零售市场是指银行与企业、银行与个人之间进行柜台式外汇买卖所形成的市场；外汇批发市场是指银行业金融机构为主、以非银行金融机构和非金融企业为辅的机构间外汇买卖市场，也称银行间外汇市场。因此选项 BD 符合题意，当选。

[42]【答案：ABC】属于特别提款权货币篮组成货币的有人民币、美元、欧元、日元、英镑，所以选项 ABC 正确。

[43]【答案：ACD】属于特别提款权货币篮组成货币的有人民币、美元、欧元、日元、英镑。所以选项 ACD 正确。

[44]【答案：AB】选项 A，特别提款权本身具有价值，其“币值”由货币篮组成货币的币值按各自权重计算并加总而成，当选。选项 B，特别提款权的“货币篮”由 5 种货币组成，分别是：美元、欧元、日元、英镑、人民币，当选。选项 C，特别提款权本身不是货币，不选。选项 D，人民币尚未完全实现可自由兑换，不选。

“四精”课程服务

高效通关有保障

精致

内容质量高

精准

考点定位准

精短

时间消耗少

精彩

专家讲授棒

神奇的考点母题——“三六”原则

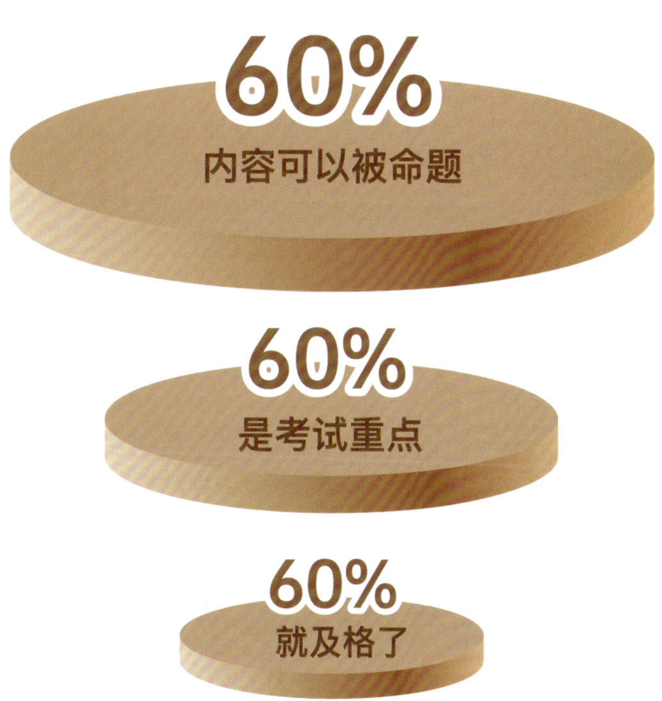

花少量的时间，掌握**关键内容**，

抓住重点你也可以轻松上岸

神奇的考点母题——五步教学法

五步教学法是一个教学闭环和通关阵法，环环相扣、互为依托，相辅相成。神奇的考点母题五步教学法通过大量实践，已经展现了其独特的魅力。

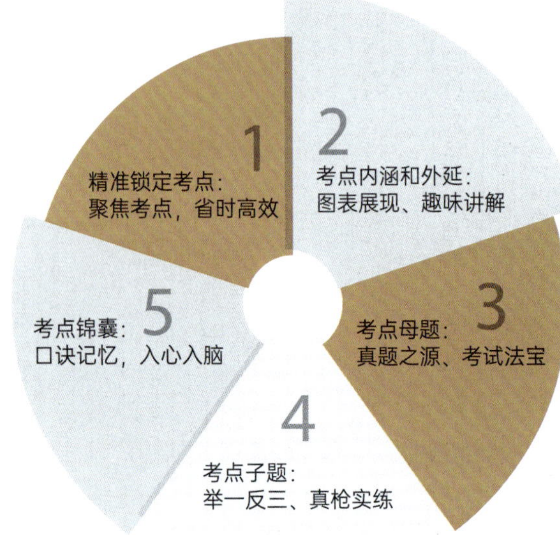

全程专家直播授课

全程直播授课

专家全程直播授课，"博士级"名师在线答疑

母题模式

母题讲解模式，摆脱题海战术， 以不变应万变

考点剖析精讲

浓缩考试精华，直击要点，考点全覆盖， 一题顶十题

其他培训机构	VS	神奇的考点母题
机构讲师授课	VS	全国性考试前命题专家授课
大部分为录播 +少部分课程直播	VS	全程100%直播+答疑
常规讲解模式	VS	独创母题讲解模式
无答疑或者 松散答题服务	VS	全国性考试前命题专家授课 +211，985具有博士学历 大学老师联合答疑